75-летняя история
футбола в Корее

**75-летняя история
футбола в Корее**

История корейского футбола 70-х годов

От автора

13 лет назад я начал собирать материалы, организовывать статьи и делать записи о футбольных матчах сборной Кореи. Первую книгу о корейском футболе я выпустил, находясь в Корее. Затем вторую книгу - в Англии, третью – в Бразилии. А четвертую книгу, посвященную Кубку мира 2018 - в России. Книги я выпускаю на языке страны, в которой проводился Кубок мира. В них я хочу рассказать историю футбола в Корее и передать значимые события этого вида спорта.

Дебютной книгой стали исторические заметки «60-летняя история красных дьяволов». Следом были изданы исторические записи «65-летняя история футбола в Корее». А в 2014 году- «70-летняя история футбола в Корее», написанная по десятилетиям. Здесь я рассказал о незабываемых матчах, которые навечно останутся в истории футбола Кореи и в сердцах фанатов корейского футбола.

История футбола Кореи, берущая свое начало в 1945 году, в нынешнем 2018 году празднует свое 75-летие. Книга «75-летняя история футбола в Корее» издана по случаю проведения Кубка мира 2018 в России. Я надеюсь, что книга об истории футбола в Корее, впервые изданная на русском языке, принесет успех в открытии Кубка мира в России и победу корейской сборной. Через эту книгу весь мир узнает историю футбола в Корее. И хотелось бы, чтобы эта книга послужила плодотворному развитию отношений Кореи и России.

Я хотел бы выразить глубочайшую благодарность тренерам, героям корейского футбола, и футболистам, которые дали интервью для выпуска этой книги. Также выражаю искреннюю благодарность директору Центра исследования культуры и истории футбола за предоставленные фото материалы для издания книги.

Я, в свою очередь, вложу всю свою душу и силы в издание, пусть не больших, но полезных материалов, которые послужат развитию футбола в Корее.

Май 2018 года автор Ким Дже Хён

Рецензии

Депутат Ким Хак Ёнг

председатель Комитета обороны Национального собрания, 20-й президент Федерации футбола членов парламента

Создание культуры также важно, как и сохранение достоверных записей о происходящих событиях. Потому как такие записи как раз и передают культуру. Книга «75-летняя история футбола в Корее» автора Ким Дже Хёна, который, будучи первопроходцем в спортивном маркетинге Кореи, стал ведущим лицом в развитии спортивной промышленности нашей страны, станет важным материалом в передаче культуры футбола Кореи будущему поколению. Поэтому, я считаю, что эта книга очень значима. К тому же в преддверии открытия Кубка мира 2018 в России книга издается на русском языке, языке хозяйки открытия Кубка мира. Поэтому она несет еще большую ценность в распространении культуры футбола Кореи по всему миру. Я надеюсь, что книга «75-летняя история футбола в Корее» станет началом в извещении футбола Кореи и культуры Кореи по всему миру.

Депутат Кан Гиль Бу

Комитет туризма, спорта, культуры и образования Национального собрания Кореи

Профессор Ким Дже Хён- талантливый писатель. Еще ярче проявляет талант и способности человека его характер. Любой, кто когда-либо сталкивался с профессором Ким Дже Хёном, может это подтвердить. И эта книга как ничто иное раскрывает лучшие качества профессора: правдивость, искренность, добросовестность, имеющие альтруистичное начало. Любое дело он стремится сделать совместно. В написание данной книги профессор Ким Дже Хён вложил неподдельную страсть к футболу. Когда в 2014 году, в год проведения Чемпионата мира в Бразилии, была выпущена еще одна книга на тему футбола, она связала Бразилию и Корею. Я думаю, что данное издание, выпущенное в преддверии Чемпионата мира в России, сыграет важную роль в развитии дипломатических отношений и спорта Кореи. Мне хочется верить, что книга «75-летняя история футбола в Корее» станет отражением не только истории футбола, но и исторических достижений Кореи как страны.

Ким Док Нёнг

главный заместитель председателя Консультативного совета по мирному объединению

Кубок мира, являющийся мероприятием мирового уровня, является исторически важным событием для каждой страны-организатора. С проведением Кубка мира появляются мечты и надежды. Хотя есть радость и разочарование. На стадионе нация сплочена и едина.

Кубок мира, проводящийся раз в 4 года, позволяет нации повествовать о своей истории и традициях соотечественникам за пределами государства, а также несет важную роль в международной популяризации Кореи по всему миру, распространении корейской волны и основополагающих национальных принципов гуманного человечества.

Помимо этого соревнования в рамках Кубка мира дарят душещипательные моменты, когда представители корейской диаспоры вместе с народом страны проживания, крепко держась за руки, от всего сердца болеют за Корею. Книга «75- летняя история футбола в Корее» автора Ким Дже Хёна издавалась в каждый финальный турнир Кубка мира на языке страны, проводящей Чемпионат. В этой книге можно узнать не только об истории корейского футбола и Кубке мира, но еще и о том как корейский народ своей страстью к футболу превозмогает историческую боль насильственной оккупации Японией и разделения Корейского полуострова.

Я надеюсь, что и впредь эта книга будет издаваться на языках страны проводящей Кубок мира, и в результате будет издана на всех языках мира, тем самым еще больше распространяя знания о футболе в Корее, Кубке мира и духе корейского народа.

История корейского футбола 70-х годов

01
Футбол в Корее до 1970 года

Время, когда современный футбол пришел в Корею, приходится на 1882 год. В июне 1882 года, на 19-м году правления короля Ко Джонг к г. Инчхон (тогда назывался Джемульпохан) причалил английский военный корабль «Флайинг Фиш» (Flying Fish), на пристани которого играли в футбол члены экипажа корабля. И с того момента, как наблюдавшие за игрой в футбол корейцы обучились этому виду спорта, было положено начало зарождения футбола в Корее. После футбол был популяризован проповедниками, а в 1902 году в Бедже Хактанг (первая средняя школа современного формата в Корее) были организованы футбольные команды. Затем в 1904 году в Сеульской школе иностранных языков вводят футбол в качестве учебного предмета. Первый официальный матч по футболу состоялся 10 июня 1905 года между Молодежным обществом христиан «Хвансон» и Спортивным клубом «Дехан». Молодежное общество христиан «Хвансон» было основано проповедниками 28 октября 1903 года. На сегодняшний день эта организация является Сеульским

«YMCA» (Христианским союзом молодых людей). А спортивно-оздоровительный клуб «Дехан», основанный 11 марта 1906, является первой современной спортивной организацией. Игра этих команд завершилась вничью. Проведение футбольных игр со всем необходимым оборудованием для соблюдения международных требований начинается с 1920 года.

В 1921 году состоялся первый турнир по футболу в Корее - «1-ый футбольный турнир Чосон». Он проходил с 11 по 13 февраля под руководством Корейского спортивного совета. В турнире приняли участие 18 команд. 22 мая 1928 года была создана Корейская ассоциация судей Чосон. 19 сентября 1933 года была создана Футбольная ассоциация Кореи, которая является предшественником современной Корейской футбольной ассоциации. Корейская футбольная ассоциация вошла в состав ФИФА 21 мая 1948 года, сменив свое название на Корейскую футбольную ассоциацию 4 сентября, а членом АФК Корея стала в 1954 году. В 1946 году был проведен Национальный футбольный чемпионат, организованный Корейской футбольной ассоциацией (KFA).

В августе 1948 года сборная Кореи по футболу участвует на Олимпиаде в Лондоне, тем самым впервые выходит на международную арену. Впервые после освобождения сборная Кореи по футболу участвовала под своим флагом. И в первом раунде матча с Мексикой одержала победу со счетом 5:3. Но в 1/4 финала проиграла в неравной борьбе команде Швеции со счетом 0:12. В 1954 году Корея дебютировала на Кубке Мира в Швейцарии. После двух игр- с Венгрией и с Турцией, окончившихся поражением со счетом 0:9 и

0:7 соответственно, Корея, осознав колоссально высокий уровень мирового футбола, заканчивает игру в Кубке Мира. В 1956 году корейская сборная участвует в 1-ом Кубке Азии, в котором одерживает блестящую победу. Этот успех взрывает популярность футбола в стране. Но, в связи с нелепой утерей заявочного документа в Футбольной ассоциации, участие на Чемпионате мира в Швеции в 1958 году стало невозможным. А в 1959 году молодежная сборная команда приняла участие в 1-ом Азиатском Чемпионате, где одержала победу. И следом одержала победу и во 2-ом Азиатском чемпионате, тем самым добавив побед в копилку своих достижений. А взрослая сборная в 1960 году на 2-м Кубке Азии опять, как и в первом чемпионате, потерпела поражение.

Корея, сохраняющая титул чемпиона в Азии, попыталась пройти в финальный турнир Кубка мира в 1962 году, проходившем в Чили, но в последнем отборочном турнире проиграла в двух матчах команде Югославии, и в результате не смогла пройти в финальный турнир. Через 4 года КНДР объявила о своем участии в Чемпионате мира, проводившем в 1966 г. в Англии. Тогда, Южная Корея, чтобы избежать игры с КНДР, объявила о неучастии в данном чемпионате, тем самым Корее пришлось забыть о выходе в финальный турнир Кубка мира. На этом чемпионате КНДР обыграла Италию со счетом 1:0 и вышла в 1/4 финала, тем самым стала объектом прессы. На Кубке мира 2002 в 1/8 финала во время матча Корея-Италия происходит смена карт 'Повтор 1966 г'. После Корея не прошла Азиатский отборочный турнир для участия в Кубке мира 1966 г. в Мексике. Футбольная ассоциация была шокирована повторяющимися неудачами в попытках выхода на Кубок мира. Для того чтобы повысить уровень сборной, в 1970 году в сборной команде внедрили систему постоянной армии №1 'Чоннён' («Синие драконы») и постоянной армии № 2 'Бекхо' («Белые лисы»). В настоящее время в зоне подготовки сборной в Пхаджу (Пхаджу NFC) существуют два футбольных поля, называющиеся 'Чоннён' и 'Бекхо'. Эти названия соответствуют названиям систем в прошлом. Изменившая систему подготовки сборная Кореи с успехом участвовала на Кубке Мердека, Кубке Короля, Азиатских играх в Бангкоке и множестве других чемпионатов, одержав победу 13 раз и став лидером азиатского региона.

2 мая 1971 года в Корее проводился Международный чемпионат по футболу 'Кубок Президента (Park's Cup)', это был первый и значимый чемпионат мирового уровня, проводившийся в Корее. На этом чемпионате команда Кореи одержала победу совместно с командой Бирмы. В 1973 году проводился отборочный турнир на участие в Кубке мира 1974 в Западной Германии, на котором Корея проиграла Австралии по итогам трех матчей и снова лишилась участия в Кубке мира. Затем Корея вновь потерпела поражение на отборочном турнире Кубка мира 1978 в Аргентине, тем самым отложив участие в Кубке мира до 80-х годов.

В декабре 1978 года на 8-х Азиатских играх в Бангкоке в финале Южная Корея сыграла с КНДР. В результате, после 120-минутной игры, включающей дополнительный тайм, две команды разделили победу.

Как бы ни сложились обстоятельства, первые моменты
всегда очень значимы. И действительно, только по той
простой причине, что событие происходит впервые, оно
приобретает особую важность: будь то первый день нового
года, первый день нового семестра, первая работа, первая
любовь и так далее. Тогда что же значила для Кореи эта первая
корейско-японская игра? Этот матч против наисильнейшего
противника? Конечно, он был значим потому, что это первая
игра с японской командой, но не только в связи с этим с этой
игрой связано много рассказов, которые превратили ее в еще
более особенную.

7 марта 1954 года, в то время, когда
еще не зажили раны корейского
народа от Корейской войны, когда не
прошло и года, со дня заключения
перемирия между Кореей и Японией,
стало датой первого и исторического
футбольного матча Корея–Япония.
На Азиатском отборочном турнире

The first Korea-Japan match in the mud (Photo
Provider : Jae-Hyung Lee)

Кубка мира в Швейцарии, проводившимся в том году, Израиль участвовал в европейском отборочном турнире, а Китай отозвал свою заявку на участие, и в итоге остались две страны- Корея и Япония. На мосту под названием «Выход на Кубок мира» сталкиваются Корея и Япония, в борьбе за титул единственного азиатского представителя. Было непросто организовать первую игру Кореи с Японией. По правилам нужно было провести игру в гостях, но антияпонский настрой корейского народа, возникший за время японской оккупации, стал серьезным препятствием к приезду японских спортсменов. А также после резких антияпонских заявлений в приветственной речи Президента И Сын Мана ясным стал запрет не только на приезд японской команды в Корею, но и выездной игры корейской команды. Вот так, еще на начавшись, закончился бы первый корейско-японский матч, но посыпались просьбы от разных социальных слоев населения в частности, которые были заинтересованы в футболе, на которые в конце концов Президент И Сын Ман дал разрешение провести оба матча в Японии. Вот так осуществился первый в истории корейско-японский матч. На этот раз Президент дал разрешение с одним условием, не возвращаться без победы. На что тренер сборной И Ю Хён в свою очередь дал обещание Президенту: «Если мы проиграем японцам, то вся наша команда сбросится в Корейский пролив».

Корейская сборная прибыла в Японию 1 марта. В Корее в этот день празднуют День движения за независимость. И сразу же со следующего дня начались тренировки, а японская пресса, Асахи, Ёмиури, Маиничи и другие публиковали интересные статьи о сборной. Интересно то, что все три компании делали акцент на превосходстве корейской команды, гадая кто же все таки сильней. Корейская газета «Чосон» (от 7 марта 1954 года) освятила статью японской прессы о корейской сборной:

В соответствии с информацией, которой располагает наше издательство, у корейской команды огромное рвение к победе. Настрой на матч у корейской команды схож с японской, и спортсмены совсем не отличаются от европейских спортсменов, приезжавших в прошлом году,» - сообщалось в газете «Асахи».

«Физическая подготовка корейской сборной находится на высшем уровне сравнительно с японской. Корейской командой также движет рвение к победе, поэтому они сильней. Японская команда должна противостоять защитными действиями. В первой половине матча японская сборная установит господство, но во втором тайме она не сможет победить корейскую команду,» - предсказывала газета «Ёмиури».

«Японская команда проведет защитную игру, а корейская команда выиграет со счетом 3:2,» - сообщала газета «Маиничи».

Может от того, что проведение этой первой игры было достигнуто путем разрешения множества трудностей? И слишком многое было поставлено на кон? Со дня приезда в Японию беспрерывно лил дождь, поэтому наша команда ни разу не смогла потренироваться на соревновательном стадионе Мейдзи Дзингу. В добавок в день матча шел сильный дождь со снегом, из-за чего стадион превратился в 'грязевое болото'. Да еще в тот день дул сильный ветер со скоростью 4 метра в секунду. Складывается предположение, что это было началом истории противостояния Кореи и Японии, которое продолжалось после матча еще несколько десятков лет.

Спустя некоторое время, в 2:04 дня послышался звук свистка, дающего знак о начале исторического первого матча. Уже в первой половине матча корейская команда активно шла в нападение и несколько раз атаковала ворота противника, но пока безрезультатно. Может, это было результатом сильного давления на пути к победе? На 16 минуте 1-го тайма корейская команда дает возможность японской команде взять преимущество. Японский футболист Наганума Кен перехватил защитный пасс Пак Гю Чона, самого возрастного на тот момент футболиста в корейской команде, и забил гол в корейские ворота. Но недолго лидировали японцы. Первый гол японской команды, выведший их в лидеры, пробудил еще больше ярости в сердцах корейских спортсменов. Через 6 минут, на 22-й минуте, Пак Иль Гап ведет мяч, прорывается через защиту, делает пасс Джон Нам Сигу, и тот сравнивает счет. Затем на 34-й минуте капитан команды и самый молодой игрок Цой Кван Сок принимает дальний пасс игрока Мин Бёнг Де и забивает гол, выводя команду в лидеры.

Закончив первый тайм со счетом 2:1 и выйдя в лидеры, корейская команда во втором тайме играла еще настойчивей. Во втором тайме японцы также играли активней. На двадцатой минуте игрок Сон Нак Ун принимает с кросса мяч от Че Кван Сока, который своим предыдущим голом вывел команду вперед, и головой бьет мяч в ворота. Со счетом 3:1 сборная команда Кореи подает надежды на победу. На тридцать седьмой минуте второго тайма основной нападающий сборной, 'золотая нога' Че Джон Мин, стремительно ведя мяч к воротам, забивает четвертый гол, а на сороковой минуте, буквально через три минуты, принимая мяч Че Кван Сока с кросса, он забивает еще один, пятый, гол. Япония потеряла все надежды на победу. К концу матча корейская команда получает пенальти. Его выполнил Кано Такаси, но вратарь корейской сборной Хон Док Ён отразил его. Матч закончился со счетом 5:1 в пользу Кореи. Эти пять голов, забитых в тот день, до сих пор являются самым весомым счетом в отношениях Кореи и Японии за всю историю.

Этот матч передавали по корейскому радио. Популярность зашкаливала также, как и перед матчем с Японией. Перед кофейными домами, печатными изданиями- везде, где было радио, перед громкоговорителями собралось множество людей. Как только слышался голос ведущего 'гол', тут же народ поддерживал аплодисментами и возгласами.

Через неделю, 14 марта, на том же стадионе открылся второй матч. Помимо результатов этого матча, все остальные игры проходили сравнительно не привлекая особого внимания. На самом деле второй матч, как и первый, прошел напряжённо. Тогда как в правилах еще не было такого понятия как 'победа по количеству голов', поэтому победа одного матча с разницей в 4 гола, засчитывалась всего лишь как одна победа. И если два матча заканчивались с результатом: одна победа и одно поражение,- команды должны были организовать решающий матч. Это означало, что если Япония выиграет вторую игру хотя бы с разницей в один гол, то имела возможность сыграть в третий раз. Поэтому, хоть и выиграв первый матч с большим преимуществом очков, Корея еще не могла спокойно вздохнуть.

Япония, проиграв первый матч с большим отставанием, решительно настроилась на второй матч. Во втором матче тренер сборной Японии Такекоси Сигемару сделал замену аж восьми игроков, игравших в первом матче. Кардинальное изменение состава игроков во втором матче дало эффект. И на шестнадцатой минуте первого тайма Иватани Тосиога забивает первый гол с подачи Кано Такаси. Однако сборная Кореи не намеревалась играть в третий раз. На двадцать шестой минуте футболист Джон Нам Сик, проведя мяч с прорывом, в одиночку забивает мяч коротким ударом левой ноги и сравнивает счет. После игра шла спокойно, при этом мяч 3 раза попадал в штангу ворот. И за две минуты до окончания первого тайма игрок-герой Че Джон Мин, который в первом матче забил два гола, после одиночного прохода, выводит свою команду в лидеры. По окончанию игры, голкипер второго тайма японской команды Хираки Рюджо, вспоминая игру Че Джон Мина, говорил: «Сложилось впечатление, что мы- дети, играющие против взрослой команды.»

Закончив первый тайм со счетом 2:1 в свою пользу, во втором тайме корейская команда увидела в глазах японцев еще большее соперничество. Японцы, находящиеся в состоянии пограничном отчаянию, в конце концов на шестнадцатой минуте сравнивают счет. Иватани Тосиога принимает мяч с контр-атаки и, не теряя шанса, забивает гол. Счет равный 2:2. Затем обе команды вели равную игру, то нападая, то защищаясь. И во втором тайме вратарь Хон Дон Ён, который в первом тайме смог отразить мяч с пенальти, отважно защищал ворота своей команды. За пять минут до окончания игры японский игрок Кавамото Таджиока, направляет мяч в корейские ворота, но вратарь И Джон Габ молниеносно перехватывает мяч за секунду до попадания мяча в сетку ворот. Поистине драматическим зрелищем корейская команда поставила жирную точку в матче с Японией.

Корейская команда, сыграв два матча, один завершив победой, в другой ничьей, получает выход на участие в Кубке мира в Швейцарии. А момент возвращения на Родину с триумфальной победой тепло поддерживался горячо болеющей нацией. Возвращаясь из Сеула в Пусан на поезде, на каждой остановке их встречали с поздравительными плакатами. Они получали от народа бесконечные поздравления, множество подарков, фруктов. Ликующий народ так настойчиво вручал благодарственные подарки своей сборной, что казалось, этот напор был гораздо сильней, чем напористость японской сборной. Конечно, на этот раз не было необходимости отпираться.

Даже если бы это был не первый матч, встреча Кореи и Японии была обречена на драматичность.

1945

04.12. 1945 Yeonhee University - Boseong University OB Match

1946

01. 11 . 1946 1st Korean National Football Championship

1947

China Korea Repubilc Away Match(Played: 5, Win:3, Daw:1, Lose:1)

1948

China & Hong Kong Utd. - South Korea 1-5 (1-3)

Friendly Match

(Hong Kong - ? – 06.07.1948 - ?)

South Korea: Soon-Jong Gha(46' Duk-Young Hong)(GK), Kyu-Jung Park, Dae-Jong Park(46' Si-Dong Lee), Sung-Gon Choi, Kyu-Hwan Kim(46' Yoo-Hyung Lee), Byung-Dae Min, Jung-Hwan Woo(46' Jong-Soo An), Jong-Ho Bae(46' Kyung-Hwan Oh), Gook-Jin Chung, Nam-Shik Chung, Yong-Shik Kim.

·**Coach:** Young-Min Lee

Scorers: 0-1 5' Nam-Shik Chung, 0-2 7' Gook-Jin Chung, 1-1 27' TAM Wooncheung, 1-3 44' Nam-Shik Chung, 1-4 47 Nam-Shik Chung, 1-5 55' Nam-Shik Chung

South Korea - Mexico 5-3 (2-1)

XIV. Olympic Games London 1948, Final Phase, Preliminary Round

(London - Dulwich Stadium - 02.08.1948 - 14:00)

South Korea: Duk-Young Hong (GK), Kyu-Jung Park, Dae-Jong Park, Sung-Gon Choi, Kyu-Hwan Kim, Byung-Dae Min, Jung-Hwan Woo, Jong-Ho Bae, Gook-Jin Chung, Nam-Shik Chung, Yong-Shik Kim.

·**Coach:** Young-Min Lee

Mexico: José Luis Quintero (GK), José Luis Rodríguez, Jorge Rodríguez, Carlos Thompson (C), Antonio Figueroa, Jesús Córdoba, Mario Garduño, José Mercado, Raúl Cárdenas, Mario Sánchez, José Ruíz.

·**Coach:** Abel Ramírez Herrera

Scorers: 1-0 13' Sung-Gon Choi, 1-1 23' Raúl Cárdenas, 2-1 30' Jong-Ho Bae, 3-1 63' Gook-Jin Chung, 4-1 66' Gook-Jin Chung, 4-2 85' Antonio Figueroa, 5-2 87' Nam-Shik Chung, 5-3 89' José Ruíz

·**Referee:** Leo Lemesić (Yugoslavia)

Note: It was the 1st official international match of South Korea.

Sweden - South Korea 12-0 (4-0)

XIV. Olympic Games London 1948, Final Phase, Quarter Final

(London - Selhurst Park - 05.08.1948 - 13:00)

Sweden (White-Blue-White): Torsten Lindberg (GK), Borje Leander, Erik Nilsson, Birger Rosengren (C), Bertil Nordahl, Sune Andersson, Kjell Rosen, Gunnar Gren, Gunnar Nordahl, Henry Garvis Carlsson, Niels Liedholm.

·**Coach:** Rudolf Kock

South Korea (Red-White-Red): Duk-Young Hong (GK), Kyu-Jung Park, Dae-Jong Park, Sung-Gon Choi, Kyu-Hwan Kim, Buyng-Dae Min, Jung-Hwan Woo, Jong-Ho Bae, Nam-Shik Chung, Yong-Shik Kim, Gook-Jin Chung.

·**Coach:** Young-Min Lee

Scorers: 1-0 11' Niels Liedholm, 2-0 25' Gunnar Nordahl, 3-0 27' Gunnar Gren, 4-0 40' Gunnar Nordahl, 5-0 61' Garvis Carlsson, 6-0 62' Niels Liedholm, 7-0 64' Garvis Carlsson, 8-0 72' Birger Rosen, 9-0 78' Gunnar Nordahl, 10-0 80' Gunnar Nordahl, 11-0 82' Garvis Carlsson, 12-0 85' Birger Rosen

·**Referee:** Giuseppe Carpani (Italy)

·**Attendance:** 7,110

1949

Hong Kong league Selected - South Korea 2-5 (0-5)

Friendly Match

(Hong Kong - Xinwian Stadium - 01.01.1949-?)

South Korea: Duk-Young Hong (GK), Kyu-Jung Park, Dae-Jong Park, Sung-Gon Choi, Si-Dong Lee, Kyu-Hwan Kim, Byung-Dae Min, Jong-Ho Bae, Nam-Shik Chung, Gook-Jin Chung, Jung-Ha Hwang.

·**Coach:** Jung-Hwi Park

Scorers: 0-1 5' Gook-Jin Chung, 0-2 9' Gook-Jin Chung, 0-3 23' Byung-Dae Min, 0-4 27' Jong-Ho Bae, 0-5 45' Jong-Ho Bae, 1-5 68' WEATHERALL, 2-5 75'(P) CHEUNG Kamhoi

Note: Not a full international match

China & Hong Kong Selected - South Korea 3-2 (2-0)

Friendly Match

(Hong Kong - Xianwian Stadium - 02.01.1949-?)

South Korea: Duk-Young Hong (GK), Ii-Gun Choi, Dae-Jong Park, Sung-Gon Choi, Si-Dong Lee, Jong-Ho Bae, Nam-Shik Chung, Gook-Jin Chung, Yoo-Hyung Lee, Ji-Sung Kim, Kyung-Hwan Jang

·**Coach:** Jung-Hwi Park

Scorers: 1-0 30' LAI Shiuwing, 2-0 32' CHEUNG Kamhoi, 2-1 54' Kyung-Hwan Jang, 2-2 62' Gook-Jin Chung, 3-2 89' LAI Shiuwing

Note: Not a full international match

Hong Kong Foreigner Selected- South Korea 3-2 (2-1)

Friendly Match

(Hong Kong - Xianwian Stadium - 04.01.1949-?)

South Korea: Duk-Young Hong (GK), Ji-Sung Kim, Byung-Dae Min, Kyu-Jung Park, Sang-Eui Lee, Si-Dong Lee, Kyung-Hwan Jang, Gook-Jin Chung, Nam-Shik Chung, Sung-Gon Choi, Jung-Ha Hwang.

·**Coach:** Jung-Hwi Park

Scorers: 1-0 7' LAI KIERNAN, 1-1 12' Kyung-Hwan Jang, 2-1 22' MULLEN, 3-1 69' MULLEN, 3-2 77' Ji-Sung Kim

Note: Not a full international match.

Hong Kong league Selected - South Korea 2-4 (2-1)

Friendly Match

(Hong Kong - South China Stadium - 09.01.1949-?)

South Korea: Duk-Young Hong (GK), Kyu-Hwan Kim, Ji-Sung Kim, Byung-Dae Min, Dae-Jong Park, Sang-Eui Lee, Si-Dong Lee, Kyung-Hwan Jang, Gook-Jin Chung, Nam-Shik Chung, Sung-Gon Choi.

·**Coach:** Jung-Hwi Park

Scorers: 1-0 17' LI Chunfai, 1-1 26' Gook-Jin Chung, 2-1 35'(P) CHEUNG Kamhoi, 2-2 53'(P) Nam-Shik Chung, 2-3 65' Nam-Shik Chung, 2-4 88' Byung-Dae Min

·**Attendance:** 15,000

Note: Sung-Gon Choi was injured and carried out of the field in the first half. Not a full international match.

Vietnam Farm Team - South Korea 2-4 (?-?)

Friendly Match

(Saigon - ? - 15.01.1949-?)

South Korea: Duk-Young Hong (GK), Kyu-Hwan Kim, Ji-Sung Kim, Byung-Dae Min, Kyu-Jung Park, Dae-Jong Park, Sang-Eui Lee, Kyung-Hwan Jang, Gook-Jin Chung, Nam-Shik Chung, Il-Gun Choi.

·**Coach:** Jung-Hwi Park

Scorers: ?

Note: Not a full international match.

Vietnam - South Korea 3-3 (?-?)

Friendly Match

(Saigon - ? - 16.01.1949 ?)

South Korea: Duk-Young Hong (GK), Kyu-Hwan Kim, Ji-Sung Kim, Byung-Dae Min, Sang-Eui Lee, Si-Dong Lee, Kyung-Hwan Jang, Gook-Jin Chung, Woon-Jeon Cha, Byung-Sub Choi, Jung-Ha Hwang.

·**Coach:** Jung-Hwi Park

Scorers: ?

Note: Not a full international match.

Vietnam France Army - South Korea 0-5 (?-?)

Friendly Match

(Saigon - ? - 18.01.1949 ?)

South Korea: Gang-Kuk Seo (GK), Kyu-Hwan Kim,

Ji-Sung Kim, Dae-Jong Park, Sang-Eui Lee, Kyung-Hwan Jang, Gook-Jin Chung, Woon-Jeon Cha, Byung-Sub Choi, Il-Gun Choi, Jung-Ha Hwang.

·**Coach:** Jung-Hwi Park

Scorers: ?

Note: Not a full international match.

Macao - South Korea 0-3 (0-1)

Friendly Match

(Macao - 25.01.1949 -?)

South Korea: Duk-Young Hong (GK), Kyu-Hwan Kim, Ji-Sung Kim, Byung-Dae Min, Dae-Jong Park, Sang-Eui Lee, Si-Dong Lee, Gook-Jin Chung, Nam-Shik Chung, Il-Gun Choi, Jung-Ha Hwang(46' Il-Gun Choi)..

·**Coach:** Jung-Hwi Park

Scorers: 0-1 30' Nam-Shik Chung, 0-2 60' Gook-Jin Chung, 0-3 63' Gook-Jin Chung.

Note: Not a full international match.

Hong Kong - South Korea 3-6 (3-4)

Friendly Match

(Hong Kong - ? - 15.04.1950 - ?)

South Korea: Sung-Won Jeon (GK), Kyu-Hwan Kim, Yong-Shik Kim, Byung-Dae Min, Dae-Jong Park, Si-Dong Lee, Jong-Gap Lee, Kyung-Hwan Jang, Gook-Jin Chung, Nam-Shik Chung, Young-Kwang Joo.

·**Coach:** Yong Gyeom Lee

Scorers: 0-1 3' Yong-Shik Kim, 0-2 8' Nam-Shik Chung, 1-2 15'(P) LEE Taifai, 1-3 17' Nam-Shik Chung, 2-3 24' LEE Taifai, 3-3 35'(P) LEE Taifai, 3-4 43' Nam-Shik Chung, 3-5 65' Nam-Shik Chung, 3-6 67' Nam-Shik Chung.

Note: Not a full international match.

China & Hong Kong Selected - South Korea 1-3 (1-1)

Friendly Match

(Hong Kong - ? - 16.04.1950 - ?)

South Korea: Sung-Won Jeon (GK), Kyu-Hwan Kim, Yong-Shik Kim, Dae-Jong Park, Ki-Joo Lee, Si-Dong Lee, Kyung-Hwan Jang, Gook-Jin Chung, Nam-Shik Chung, Young-Kwang Joo, Young-Geoun Choi.

·**Coach:** Yong Gyeom Lee

Scorers: 0-1 15' Yong-Shik Kim, 1-1 38' TANG Yeekit, 1-2 75' Yong-Shik Kim, 1-3 85', Young-Geoun Choi

Note: Not a full international match.

Hong Kong - South Korea 1-0 (0-0)

Friendly Match

(Hong Kong - ? - 19.04.1950 - ?)

South Korea: Sung-Won Jeon (GK), Kyu-Hwan Kim, Gun Sub Park, Dae-Jong Park, Ki-Joo Lee, Si-Dong Lee, Kyung-Hwan Jang, Gook-Jin Chung, Nam-Shik Chung, Young-Kwang Joo, Young-Geoun Choi.

·**Coach:** Yong Gyeom Lee

Scorers: 1-0 49'(P) LEE Taifai

Note: Not a full international match

Macao - South Korea 1-4 (1-1)

Friendly Match

(Macao - ? - 22.04.1950 - ?)

South Korea: Sung-Won Jeon (GK), Byung-Dae Min(46' Kyung-Hwan Jang), Ki-Joo Lee, Si-Dong Lee, Jong-Kap Lee, Han-Sang Lee, Gook-Jin Chung, Nam-Shik Chung, Young-Kwang Joo, Young-Geoun Choi.

·**Coach:** Yong Gyeom Lee

Scorers: 0-1 35' Byung-Dae Min, 1-1 40' JIA Huaru, 1-2 60' Nam-Shik Chung, 1-3 63' Gook-Jin Chung, 1-4 85' Han Sang Lee.

Note: Not a full international match

1953

Singapore - South Korea 2-3 (0-1)

Friendly Match

(Singapore - ? - 11.04.1953 - ?)

South Korea: Duk-Young Hong (GK), Byung-Dae Min, Kyu-Jung Park, Dae-Jong Park, Il-Kab Park, Ki-Joo Lee, Sang-Eui Lee, Nam-Shik Chung, Young-Kwang Joo, Young-Geoun Choi(46' Jung-Ho Kang), Jung-Min Choi.

·**Coach:** Hwa-Jib Kim

Scorers: 0-1 15' Jung-Min Choi, 0-2 54' Il-Kab Park, 0-3 61' Jung-Ho Kang(C), 1-3 66' Boon Khim, 2-3 86' Ismail Yusoff

Note: Not a full international match

China & Malaysia - South Korea 2-0 (1-0)

Friendly Match

(Singapore - ? - 12.04.1953 - ?)

South Korea: Duk-Young Hong (GK), Byung-Dae Min, Kyu-Jung Park, Dae-Jong Park, Il-Kab Park, Ki-Joo Lee, Sang-Eui Lee, Nam-Shik Chung, Young-Kwang Joo, Young-Geoun Choi, Jung-Min Choi.

·**Coach:** Hwa-Jib Kim

Scorers: 1-0 42'(P) Harith, 2-0 53' Boon Seong

Note: Not a full international match

Singapore (ENG Army Selected) - South Korea 2-1 (1-0)

Friendly Match

(Singapore - ? - 14.04.1953 - ?)

South Korea: Sung-Won Jeon (GK), Jung-Ho Kang, Byung-Dae Min, Kyu-Jung Park, Dae-Jong Park, Il-Kab Park, Wan-Sub Shim, Sang-Eui Lee, Nam-Shik Chung, Young-Kwang Joo, Jung-Min Choi.

·**Coach:** Hwa-Jib Kim

Scorers: 1-0 2' Davenport, 1-1 76' Nam-Shik Chung, 2-1 89'(OG) Byung-Dae Min.

Note: Not a full international match

Malaysia Selected - South Korea 2-3 (1-2)

Friendly Match

(Singapore - ? - 16.04.1953 - ?)

South Korea: Duk-Young Hong (GK), Young-Il Kim, Byung-Dae Min, Kyu-Jung Park, Dae-Jong Park, Wan-Sub Shim, Sang-Kwon Woo, Sang-Eui Lee, Nam-Shik Chung, Young-Kwang Joo, Jung-Min Choi.

·**Coach:** Hwa-Jib Kim

Scorers: 0-1 9' Byung-Dae Min, 0-2 22' Jung-Min Choi, 1-2 44' Siang Teik, 1-3 46' Jung-Min Choi, 2-3 55' Sai Chong

Note: Not a full international match

Singapore - South Korea 3-1 (2-1)

Friendly Match

(Singapore - ? - 18.04.1953 - ?)

South Korea: Duk-Young Hong (GK), Dong-Keun Kim, Young-Il Kim, Dae-Jong Park, Il-Kab Park, Jae-Seung Park, Wan-Sub Shim, Ki-Joo Lee, Sung-Yoo Lim(46' Sang-Eui Lee), Young-Keun Choi, Jung-Min Choi.

·**Coach:** Hwa-Jib Kim

Scorers: 1-0 10' Ismail Yusoff, 2-0 20' Boon Khim, 2-1 26' Young-Keun Choi, 3-1 81' Boon Khim.

Note: Not a full international match

Singapore - South Korea 1-3 (0-0)

Friendly Match

(Singapore - ? - 19.04.1953 - ?)

South Korea: Duk-Young Hong (GK), Dong-Keun Kim,

Byung-Dae Min, Kyu-Jung Park, Dae-Jong Park, Il-Kab Park, Sang-Eui Lee, Nam-Shik Chung, Young-Kwang Joo, Young-Keun Choi, Jung-Min Choi.

·**Coach:** Hwa-Jib Kim

Scorers: 0-1 46' Jung-Min Choi, 1-1 53' Boon Seong, 1-2 60' Nam-Shik Chung, 1-3 75' Il-Kab Park.

Note: Not a full international match

China & Singapore Utd - South Korea 0-4 (0-2)

Friendly Match

(Singapore - ? - 22.04.1953 - ?)

South Korea: Duk-Young Hong (GK), Dong-Keun Kim, Byung-Dae Min, Kyu-Jung Park, Dae-Jong Park, Il-Kab Park, Sang-Eui Lee, Nam-Shik Chung, Young-Kwang Joo, Young-Keun Choi, Jung-Min Choi.

·**Coach:** Hwa-Jib Kim

Scorers: 0-1 5' Young-Keun Choi, 0-2 11' Il-Kab Park, 0-3 61' Jung-Min Choi, 0-4 63' Jung-Min Choi.

Note: Not a full international match

Singapore - South Korea 0-0 (0-0)

Friendly Match

(Singapore - ? - 24.04.1953 - ?)

South Korea: Duk-Young Hong (GK), Dong-Keun Kim, Byung-Dae Min, Kyu-Jung Park, Dae-Jong Park, Il-Kab Park, Sang-Eui Lee, Nam-Shik Chung, Young-Kwang Joo, Young-Keun Choi, Jung-Min Choi.

·**Coach:** Hwa-Jib Kim

Scorers: -

Note: Not a full international match

Hong Kong - South Korea 5-3 (1-2)

Friendly Match

(Hong Kong - ? - 27.04.1953 - ?)

South Korea: Duk-Young Hong (GK), Dong-Keun Kim, Byung-Dae Min, Kyu-Jung Park, Dae-Jong Park, Il-Kab Park, Ki-Joo Lee, Nam-Shik Chung, Young-Kwang Joo, Young-Keun Choi, Jung-Min Choi.

·**Coach:** Hwa-Jib Kim

Scorers: 1-0 6' KAM Loksang, 1-1 20' Young-Kwang Joo, 1-2 39' Young-Keun Choi, 2-2 46' CHU Wingwah, 2-3

48' Nam-Shik Chung, 3-3 54' SZETO Man, 4-3 62' CHU Wingwah, 5-3 79' SZETO Man.

Note: Not a full international match

Indonesia - South Korea 1-3 (0-1)

Friendly Match

(Hong Kong - ? -30.04.1953 - ?)

South Korea: Duk-Young Hong (GK), Young-Il Kim, Kyu-Jung Park, Dae-Jong Park, Il-Kab Park, Jae-Seung Park, Pyung-Soo Yoo, Sang-Eui Lee, Nam-Shik Chung, Young-Keun Choi, Jung-Min Choi.

·**Coach:** Jung-Hwi Park

Scorers: 0-1 18' Nam-Shik Chung, 1-1 24' Dalhar DJAMIAT, 1-2 80' Jung-Min Choi, 1-3 85' Young-Keun Choi.

Hong Kong(ENG Army Selected) - South Korea 0-2 (0-1)

Friendly Match

(Hong Kong - ? -07.05.1953 - ?)

South Korea: Sung-Won Jeon (GK), Kyu-Jung Park, Il-Kab Park, Jae-Seung Park, Wan-Sub Shim, Sang-Eui Lee, Sung-Yoo Lim, Nam-Shik Chung, Young-Kwang Joo, Young-Keun Choi, Jung-Min Choi.

·**Coach:** Jung-Hwi Park

Scorers: 0-1 32' Nam-Shik Chung, 0-2 54' Young-Keun Choi.

China & Hong Kong Selected - South Korea 4-2 (1-1)

Friendly Match

(Hong Kong - ? -16.05.1953 - ?)

South Korea: Duk-Young Hong (GK), Young-Il Kim, Kyu-Jung Park, Il-Kab Park, Jae-Seung Park, Wan-Sub Shim, Pyung-Soo Yoo, Sung-Yoo Lim, Young-Kwang Joo, Young-Keun Choi, Jung-Min Choi.

·**Coach:** Jung-Hwi Park

Scorers: 1-0 18' AU Chiyin, 1-1 25' Il-Kab Park, 1-2 51' Young-Keun Choi, 2-2 55' AU Chiyin, 3-2 62' AU Chiyin, 4-2 63'(P) HAU Chingto

.

1954

South Korea - Japan 5-1 (2-1)

V. FIFA World Cup Switzerland 1954, Preliminaries, Group 13

(Tokyo – Meiji Stadium - 07.03.1954 - 14:04)

South Korea: Duk-Young Hong (GK), Byung-Dae Min, Kyu-Jung Park, Chang-Ki Kang, Sang-Eui Lee, Il-Kab Park, Nak-Woon Sung, Nam-Shik Chung, Gwang-Seok Choi, Jung-Min Choi.

·**Coach:** Yoo-Hyung Lee

Japan: Hiroto Muraoka (GK), Osamu Yamaji, Yoshio Okada, Koji Miyata, Shigeo Sugimoto, Ken Inoue, Kenzo Kimura, Taro Kagawa, Hiroshi Ninomiya, Ken Naganuma, Takashi Kanoh.

·**Coach:** Shigemaru Takakoshi

Scorers: 0-1 16' NAGANUMA Ken, 1-1 22' Nam-Shik Chung, 2-1 34' Gwang-Seok Choi, 3-1 68' Jung-Min Choi, 4-1 83' Nam-Shik Chung, 5-1 87' Jung-Min Choi.

·**Referee:** J.J.Haran (England)

·**Attendance:** -

Japan - South Korea 2-2 (1-2)

V. FIFA World Cup Switzerland 1954, Preliminaries, Group 13

(Tokyo - Meiji Stadium - 14.03.1954 - 14:00)

Japan: Hidemaro Watanabe (GK), Ryuzo Hiraki, Yoshio Okada, Takashi Takabayashi, Nobuo Matsunaga, Masao Ono, Masanori Tokita, Taro Kagawa, Tajio Kawamoto, Toshio Iwatani, Takashi Kanoh.

·**Coach:** Shigemaru Takekoshi

South Korea: Duk-Young Hong (GK), Byung-Dae Min, Kyu-Jung Park, Ji-Sung Kim, Sang-Eui Lee, Il-Kab Park, Nak-Woon Sung, Nam-Shik Chung, Gwang-Seok Choi, Jung-Min Choi.

·**Coach:** Yoo-Hyung Lee

Scorers: 1-0 16' IWATANI Toshio, 1-1 24' Nam-Shik Chung, 1-2 43' Jung-Min Choi, 2-2 60' IWATANI Toshio.

·**Referee:** J.J.Haran (England)

·**Attendance:** 30,000

Note: South Korean government didn't allow for Japan to come to Korea. So the 2nd match was held in Tokyo, Japan.

South Korea - Hong Kong 3-3 (1-1)

II. Asian Games Manila 1954, 1st Round Group D

(Manila - Rizal Memorial Stadium - 02.05.1954 - 19:00)

South Korea: 1-Duk-Young Hong (GK), 15-Byung-Dae Min, 3-Kyu-Jung Park, 7-Chang-Ki Kang, 5-Sang-Eui Lee, 10-Il-Kab Park(46' 16-Gook-Jin Chung), 13-Nak-Woon Sung, 14-Nam-Shik Chung, 12-Gwang-Seok Choi, 11-Jung-Min Choi.

·**Coach:** Yoo-Hyung Lee

Scorers: 0-1 2' CHU Wingwah, 1-1 26' Il-Kab Park, 1-2 63'(P) LEE Yuktak, 2-2 69' Gook-Jin Chung, 2-3 72' LEE Yuktak, 3-3 76' Nak-Woon Sung.

South Korea - Afghanistan 8-2 (5-?)

II. Asian Games Manila 1954, 1st Round Group D

(Manila - Rizal Memorial Stadium - 04.05.1954 - 19:35)

South Korea: 1-Duk-Young Hong (GK), 15-Byung-Dae Min, 7-Chang-Ki Kang, 6-Ji-Sung Kim, 9- Young-Kwang Joo, 13-Nak-Woon Sung, 16-Gook-Jin Chung, 14-Nam-Shik Chung, 12-Gwang-Seok Choi, 11-Jung-Min Choi.

·**Coach:** Yoo-Hyung Lee

Scorers: 7' Jung-Min Choi, 22' Gwang-Seok Choi, 23' Nak-Woon Sung, 42' Nam-Shik Chung, 45' Nak-Woon Sung, 80' Nak-Woon Sung, * 49' OG, ?' Afghanistan 2 goal.

South Korea - Burma 2-2 (1-?,2-2,2-2) a.e.t. South Korea progressed on lots

II. Asian Games Manila 1954, Semi FInal

(Manila - Rizal Memorial Stadium - 07.05.1954 - 19:00)

South Korea: 1-Duk-Young Hong (GK), 15-Byung-Dae Min, 3-Kyu-Jung Park, 7-Chang-Ki Kang, 5-Sang-Eui Lee, 10-Il-Kab Park(46' 16-Gook-Jin Chung), 13-Nak-Woon Sung, 14-Nam-Shik Chung, 12-Gwang-Seok Choi(46' 9-Young-Kwang Joo), 11-Jung-Min Choi.

·**Coach:** Yoo-Hyung Lee

Scorers: 18' Chang-Ki Kang, 71' Jung-Min Choi, * ?' Burma 2 goal

South Korea - Taiwan 2-5 (1-2)

II. Asian Games Manila 1954, FInal

(Manila - Rizal Memorial Stadium - 08.05.1954 - 20:00)

South Korea: 1-Duk-Young Hong (GK), 15-Byung-Dae Min, 3-Kyu-Jung Park, 6-Ji-Sung Kim(46' 7-Chang-Ki Kang), 9-Young-Kwang Joo, 13-Nak-Woon Sung, 16-Gook-Jin Chung, 14-Nam-Shik Chung, 12-Gwang-Seok Choi(46' 10-Il-Kab Park), 11-Jung-Min Choi.

·Coach: Yoo-Hyung Lee

Scorers: 0-1 6' YIU Cheukyin, 0-2 17'(P) CHU Wingkeung, 1-2 30' Jung-Min Choi, 1-3 50' SZETO Man, 1-4 68' CHU Wingkeung, 2-4 71' Il-Kab Park, 2-5 80' HO Yingfan.

Hungary - South Korea 9-0 (4-0)

V. FIFA World Cup Switzerland 1954, Final Phase, 1st Round Group B

(Zurich - Hardturm Stadium - 17.06.1954 - 18:00)

Hungary (White-Blue-White): 1-Gyula Grosics (GK), 2-Jeno Buzánszky, 3-Gyula Lóránt, 4-Mihaly Lantos, 5-József Bozsik, 15-Ferenc Szojka, 16-László Budai, 8-Sándor Kocsis, 19-Péter Palotás, 10-Ferenc Puskás (C), 11-Zoltán Czibor.

·Coach: Gusztav Sebes

South Korea (Red-White-White): 1-Duk-Young Hong (GK), 2-Kyu-Jung Park, 3-Jae-Seung Park, 4-Chang-Ki Kang, 6-Byung-Dae Min , 16-Young-Gwang Joo, 11-Nam-Shik Chung, 17-Il-Kab Park, 10-Nak-Woon Sung, 9-Sang-Kwon Woo, 8-Jung-Min Choi.

·Coach: Yong-Shik Kim

Scorers: 1-0 12' Ferenc Puskás, 2-0 18' Mihaly Lantos, 3-0 24' Sandor Kocsis, 4-0 36' Sandor Kocsis, 5-0 50' Sandor Kocsis, 6-0 59' Zoltan Czibor, 7-0 75' Peter Palotás, 8-0 83' Peter Palotas, 9-0 89' Ferenc Puskás

·Referee: Raymond Vincenti (France)

·Attendance: 13,000

Turkey - South Korea 7-0 (4-0)

V. FIFA World Cup Switzerland 1954, Final Phase, 1st Round Group B

(Geneve - Charmilles Stadium - 20.06.1954 - 17:00)

Turkey: 1-Turgay Şeren (GK), 3-Basri Dirimlili, 10-Burhan Sargun, 5-Çetin Zeybek, 7-Erol Keskin, 9-Ismail Feridun, 11-Lefter Küçükandonyadis, 2-Rıdvan Bolatlı, 4-Mustafa Ertan, 6-Rober Eryol, 8-Suat Mamat.

·Coach: Sandro Puppo (Italy)

South Korea: 1-Duk-Young Hong (GK), 2-Kyu-Jung Park, 13-Jong-Gap Lee, 4-Chang-Ki Kang, 14-Chang-Hwa Han, 15-Ji-Sung Kim, 7-Soo-Nam Lee, 19-Ki-Joo Lee, 20-Gook-Jin Chung, 9-Sang-Kwon Woo, 18-Young-Geun Choi.

·Coach: Yong-Shik Kim

Scorers: 1-0 10' Suat Mamat, 2-0 18' Lefter Kucukandonyadis, 3-0 30' Suat Mamat, 4-0 37' Burhan Sargun, 5-0 64' Burhan Sargun, 6-0 70' Burhan Sargun, 7-0 76' Erol Keskin.

·Referee: Esteban Marino (Uruguay)

·Attendance: 4,000

1956

Philippines - South Korea 0-2 (0-0)

I. Asian Cup Hong Kong 1956, Preliminaries, Group 3

(Manila - Riza Memorial Stadium - 25.02.1956)

South Korea: Heung-Chul Ham (GK), Dong-Keun Kim, Young-Jin Kim, Il-Kab Park, Nak-Woon Sung, Jung-Min Choi. * 5 missings.

·Coach: Young-Kwang Joo

Scorers: 0-1 54' Nak-Woon Sung, 0-2 61' Jung-Min Choi

Taiwan - South Korea 1-2 (1-2)

Friendly Match

(Manila - ? - 26.02.1956 - ?)

South Korea: Hong-Woo Kim, Il-Kab Park, Sang-Kwon Woo, Hyung Sik Jung. * 7 missings.

·Coach: Young-Kwang Joo

Scorers: 1-0 3' Larry Chua, 1-1 15' Sang-Kwon Woo, 1-2 27' Hong-Woo Kim.

Taiwan Univ Selected - South Korea 1-6 (1-2)

Friendly Match

(Manila - ? - 28.02.1956 - ?)

South Korea: Chan-Woo Kang(GK), Dong-Keun Kim, Young-Jin Kim, Jin-Woo Kim, Hong-Woo Kim, Il-Kab Park, Nak-Woon Sung, Soo-Nam Lee, Jung-Min Choi. * 2 missings.

·**Coach:** Young-Kwang Joo

Scorers: 0-1 13' Jung-Min Choi, 1-1 17'(P) Larry Chua, 1-2 30' Jung-Min Choi, 1-3 49' Il-Kab Park, 1-4 61' Jung-Min Choi, 1-5 79' Young-Jin Kim, 1-6 80' Young-Jin Kim.

South Korea - Philippines 3-0 (1-0)

I. Asian Cup Hong Kong 1956, Preliminaries, Group 3

(Seoul - Dongdaemun Stadium - 21.04.1956 - 15:00)

South Korea: Heung-Chul Ham (GK), Dong-Keun Kim, Hong-Woo Kim, Il-Kab Park, Jae-Seung Park, Myung-Sub Son, Sang-Kwon Woo, Hyung-Shik Chung, Tae-Sung Cha, Jung-Min Choi.

·**Coach:** Young-Kwang Joo

Scorers: 1-0 5' Hong-Woo Kim, 2-0 64' Sang-Kwon Woo, 3-0 78' Hong-Woo Kim.

Japan - South Korea 2-0 (0-0)

XVI. Olympic Games Melbourne 1956, Preliminaries, Group Far East

(Tokyo - Gorakuen Stadium - 03.06.1956 - 15:00)

Japan: Yoshio Furukawa (GK), Ryuzo Hiraki, Yasuo Kageyama, Hiroaki Sato, Michihiro Ozawa, Waichiro Omura, Masanori Tokita, Masao Uchino, Shigeo Yaegashi, Tadao Kobayashi, Isao Iwabuchi (C).

·**Coach:** Shigemaru Takakoshi

South Korea: Heung-Chul Ham (GK), Ji-Sung Kim, Hong-Woo Kim, Il-Kab Park, Myung-Sub Son, Sang-Kwon Woo, Hyung-Shik Chung, Tae-Sung Cha, Gwang-Seok Choi, Jung-Min Choi.

·**Coach:** Young-Gwang Joo

Scorers: 1-0 54' UCHINO Masao, 2-0 77' IWABUCHI Isao.

·**Referee:** Ildeponso Tronked (Philippines)

·**Attendance:** 20,000

South Korea - Japan 2-0 (0-0)

XVI. Olympic Games Melbourne 1956, Preliminaries,

Group Far East

(Tokyo - Gorakuen Stadium - 10.06.1956 - 15:00)

South Korea: Heung-Chul Ham (GK), Dong-Keun Kim, Young-Jin Kim, Jin-Woo Kim, Nak-Woon Sung, Myung-Sub Son, Seok-Ui Lee, Hyung-Shik Chuńg, Tae-Sung Cha, Gwang-Seok Choi, Jung-Min Choi.

·**Coach:** Young-Gwang Joo

Japan: Yoshio Furukawa (GK), Ryuzo Hiraki, Yasuo Kageyama, Hiroaki Sato, Michihiro Ozawa, Waichiro Omura, Shigeo Yaegashi, Masao Uchino, Toshio Iwatani, Tadao Kobayashi, Isao Iwabuchi.

·**Coach:** Shigemaru Takakoshi

Scorers: 0-1 59' Nak-Woon Sung, 0-2 65' Gwang-Seok Choi

·**Referee:** Ildeponso Tronked (Philippines)

Note: 7' Heung-Chul Ham saved Iwatani's penalty. Japan qualified on lots. South Korean government didn't allow for Japan to come to Korea. So the 2nd match was held in Tokyo, Japan.

South Korea - Taiwan 2-0 (1-0)

I. Asian Cup Hong Kong 1956, Preliminaries, Group 3

(Seoul - Dongdaemun Stadium - 26.08.1956 - 17:05)

South Korea (Red-Black-Red): Heung-Chul Ham (GK), Dong-Keun Kim, Young-Jin Kim, Ji-Sung Kim, Jin-Woo Kim, Jae-Seung Park, Nak-Woon Sung, Myung-Sub Son, Tae-Sung Cha, Gwang-Seok Choi, Jung-Min Choi.

·**Coach:** Young-Kwang Joo

Scorers: 1-0 23' Jung-Min Choi, 2-0 78' Dong-Geun Kim

·**Referee:** Duk-Joon Kim (South Korea)

·**Attendance:** 30,000

Taiwan - South Korea 1-2 (1-0)

I. Asian Cup Hong Kong 1956, Preliminaries, Group 3

(Taipei - National Stadium - 02.09.1956-?)

South Korea (Red-Black-Red): Heung-Chul Ham (GK), Dong-Keun Kim, Young-Jin Kim, Ji-Sung Kim, Jin-Woo Kim, Jae-Seung Park, Nak-Woon Sung, Myung-Sub Son, Sang-Kwon Woo, Hyung-Shik Chung, Tae-Sung Cha, Jung-Min Choi.

·**Coach:** Young-Kwang Joo

Scorers: 1-0 20' CHU Wingkeung, 1-1 55'(P) Dong-Geun Kim, 1-2 89' Dong-Geun Kim

---

Hong Kong - South Korea 2-2 (2-1)

I. Asian Cup Hong Kong 1956, Final Phase, Group Stage
(Hong Kong - Government Stadium - 06.09.1956 - 19:00)

South Korea (Red-Black-Red): Heung-Chul Ham (GK), Dong-Keun Kim, Young-Jin Kim, Ji-Sung Kim, Jin-Woo Kim, Jae-Seung Park, Nak-Woon Sung, Myung-Sub Son, Sang-Kwon Woo, Tae-Sung Cha, Gwang-Seok Choi.

· **Coach:** Yoo-Hyung Lee

Scorers: 1-0 10' TANG Yeekit, 2-0 39' KO Pokeung, 2-1 45' Ji-Sung Kim, 2-2 62' Nak-Woon Sung.

· **Attendance:** 30,000

South Korea - Israel 2-1 (0-0)

I. Asian Cup Hong Kong 1956, Final Phase, Group Stage
(Hong Kong - Government Stadium - 08.09.1956 - 19:00)

South Korea (Red-Black-Red): Heung-Chul Ham (GK), Dong-Keun Kim, Young-Jin Kim, Ji-Sung Kim, Jin-Woo Kim, Jae-Seung Park, Nak-Woon Sung, Myung-Sub Son, Sang-Kwon Woo, Tae-Sung Cha, Jung-Min Choi.

· **Coach:** Yoo-Hyung Lee

Israel: Yaacov Hodorov (GK), David Kremer, Itzhak Shneor, Binyamin Rabinovich, Shabtai Silberstein, Boaz Kofman, Moshe Haldi, Rehavia Rozenboim, Yehoshua Glazer, Nahum Stelmach, Yosef Mirmovich.

· **Coach:** Jack Gibons

Scorers: 1-0 52' Sang-Kwon Woo, 2-0 62' Nak-Woon Sung, 2-1 71' Nahum STELMACH

· **Referee:** Truang Van Ti(South Vietnam)

· **Attendance:** 20,000

South Korea - South Vietnam 5-3 (1-1)

I. Asian Cup Hong Kong 1956, Final Phase, Group Stage
(Hong Kong - Government Stadium - 15.09.1956 - 19:00)

South Korea (Red-Black-Red): Heung-Chul Ham (GK), Dong-Keun Kim, Young-Jin Kim, Ji-Sung Kim, Jin-Woo Kim, Jae-Seung Park, Nak-Woon Sung, Myung-Sub Son, Sang-Kwon Woo, Tae-Sung Cha, Jung-Min Choi.

· **Coach:** Yoo-Hyung Lee

Scorers: 1-0 5' Nak-Woon Sung, 1-1 19' Truang Van Tho, 2-1 46'(P) Sang-Kwon Woo, 2-2 51' Le Hu Duc, 3-2 56' Jung-Min Choi, 4-2 58' Sang-Kwon Woo, 4-3 62' Le Hu Duc, 5-3 68' Jung-Min Choi.

· **Attendance:** 11,000

Hong Kong Selected - South Korea 2-4 (2-4)

Friendly Match

(Hong Kong - Central Stadium - 18.09.1956-?)

South Korea (Red-Black-Red): Sang-Hoon Park (GK), Dong-Keun Kim, Ji-Sub Kim, Ji-Sung Kim, Jin-Woo Kim, Hong-Book Kim, Kyung-Ho Park, Sang-Kwon Woo, Soo-Nam Lee, Tae-Sung Cha, Jung-Min Choi.

· **Coach:** Yoo-Hyung Lee

Scorers: 1-0 8' CHU Wingwah, 1-1 13' Soo-Nam Lee, 2-1 19' YIU Cheukyin, 2-2 22' Dong-Keun Kim, 2-3 33' Jung-Min Choi, 2-4 44' Sang-Kwon Woo.

South Korea - U.S.A 1-0 (0-0)

Friendly Match

(Seoul - Seoul Dongdaemun Stadium - 31.10.1956- ?)

South Korea (Red-Black-Red): Heung-Chul Ham (GK), Dong-Keun Kim, Young-Jin Kim, Ji-Sung Kim, Jin-Woo Kim, Hong-Book Kim, Jae Seung Park, Nak-Woon Sung, Sang-Kwon Woo, Tae-Sung Cha, Jung-Min Choi.

· **Coach:** Hwa-Jib Kim

Scorers: 1-0 87' Dong-Keun Kim.

Hong Kong - South Korea 3-2 (0-2)

Friendly Match

(Hong Kong - Central Stadium - 18.02.1958 -?)

South Korea: Sang-Hoon Park (GK), Dong-Keun Kim, Ji-Sung Kim, Chan-Ki Kim, Hong-Book Kim, Jae-Seung Park, Nak-Woon Sung, Sang-Kwon Woo, Tae-Sung Cha(46' Jae-Hak Yang), Gwang-Seok Choi(46' Soo-Nam Lee), Jung-Min Choi.

· **Coach:** Kyu-Hwan Kim

Scorers: 0-1 25'Gwang-Seok Choi, 0-2 40' Jung-Min Choi, 1-2 49' CHU Wingwah, 2-2 76' MOK Chunwah, 3-2 87' MOK Chunwah.

Hong Kong - South Korea 1-1(1-0)

Friendly Match

(Hong Kong - Central Stadium - 19.02.1958 -?)

South Korea: Sang-Jin Kim (GK), Dong-Keun Kim, Young-Jin Kim, Chan-Ki Kim, Hong-Book Kim, Kyung-Ho Park(46' Jung-Min Choi), Sang-Kwon Woo, Kwang-Jun Yoo, Hyung-Shik Chung(46' Jae-Seung Park), Tae-Sung Cha, Gwang-Seok Choi.

· **Coach:** Kyu-Hwan Kim

Scorers: 1-0 21' LO Kwoktai, 1-1 66' Sang-Kwon Woo.

Chinese Selected - South Korea 3-1(1-0)

Friendly Match

(Hong Kong - ? - 22.02.1958 - ?)

South Korea: Sang-Hoon Park (GK), Dong-Keun Kim, Young-Jin Kim, Chan-Ki Kim, Hong-Book Kim, Jae-Seung Park, Nak-Woon Sung, Sang-Kwon Woo, Kwang-Jun Yoo, Tae-Sung Cha, Jung-Min Choi.

· **Coach:** Kyu-Hwan Kim

Scorers: 1-0 17' TANG Sum, 2-0 53' HO Chengyau, 2-1 59' Sang-Kwon Woo, 3-1 64' YIU Cheukyin.

Chinese Selected - South Korea 0-0(0-0)

Friendly Match

(Hong Kong - ? – 04.03.1958 - ?)

South Korea: Sang-Hoon Park (GK), Young-Jin Kim, Ji-Sung Kim, Chan-Ki Kim, Hong-Book Kim, Nak-Woon Sung, Jae-Hak Yang, Sang-Kwon Woo, Tae-Sung Cha, Gwang-Seok Choi, Jung-Min Choi.

· **Coach:** Kyu-Hwan Kim

Scorers: -

South Korea - Singapore 2-1(1-1)

III. Asian Games Tokyo 1958, 1st Round Group D

(Tokyo - National Stadium - 26.05.1958 – 10:00)

South Korea: Heung-Chul Ham (GK), Dong-Keun Kim, Ji-Sung Kim, Chan-Ki Kim, Hong-Book Kim, Nak-Woon Sung, Gun-Taek Shim, Sang-Kwon Woo, Tae-Sung Cha, Gwang-Seok Choi, Jung-Min Choi.

· **Coach:** Geun-Chan Kim

Scorers: 0-1 30' Arthur KOH, 1-1 35' Dong-Geun, 2-1 65' Sang-Kwon Woo.

South Korea - Iran 5-0 (2-0)

III. Asian Games Tokyo 1958, 1st Round Group D

(Tokyo - Metropolitan Stadium - 28.05.1958 -?)

South Korea: Heung-Chul Ham (GK), Young-Il Kim, Young-Jin Kim, Jin-Woo Kim, Chan-Ki Kim, Hong-Book Kim, Jung-Shik Moon, Sang-Kwon Woo, Soo-Nam Lee, Tae-Sung Cha, Jung-Min Choi.

· **Coach:** Geun-Chan Kim

Iran: Ali Jafarzadeh (GK), Aref Gholizadeh, Davoud Arghavani, Amir Eraghi, Javad Beheshti, Parviz Dehdari, Bivak Jedikar, Masoud Boroumand, Nader Afshar Alavinejad, Parviz Kozehkanani, Mahmoud Bayati

· **Coach:** Hussain Sadeghiani

Scorers: 1-0 6' Soo-Nam Lee, 2-0 33' Young-Jin Kim, 3-0 50' Jung-Shik Moon, 4-0 53' Jung-Min Choi, 5-0 84' Sang-Kwon Woo.

· **Attendance:** 7,000

South Korea - South Vietnam 3-1 (0-1)

III. Asian Games Tokyo 1958, Quarterfinals

(Tokyo - ? - 30.05.1958 - ?)

South Korea: Heung-Chul Ham (GK), Dong-Keun Kim, Ji-Sung Kim, Jin-Woo Kim, Chan-Ki Kim, Hong-Book Kim, Nak-Woon Sung, Sang-Kwon Woo, Tae-Sung Cha,

Gwang-Seok Choi, Jung-Min Choi.

·**Coach:** Geun-Chan Kim

Scorers: 0-1 20' Lai Van Ngon, 1-1 55' Gwang-Seok Choi, 2-1 75' Sang-Kwon Woo, 3-1 80' Nak-Woon Sung.

India- South Korea 1-3 (1-1)

III. Asian Games Tokyo 1958, Semi Final

(Tokyo - ? - 31.05.1958 - ?)

South Korea: Heung-Chul Ham (GK), Ji-Sung Kim, Jin-Woo Kim, Chan-Ki Kim, Hong-Book Kim, Jung-Shik Moon, Kyung-Ho Park, Sang-Kwon Woo, Soo-Nam Lee, Tae-Sung Cha, Jung-Min Choi.

·**Coach:** Geun-Chan Kim

Scorers: 0-1 7' Jung-Min Choi, 1-1 25' Damodaran, 1-2 75' Soo-Nam Lee, 1-3 83' Jung-Shik Moon.

Taiwan - South Korea 3-2 (0-1,2-2,2-2) a.e.t

III. Asian Games Tokyo 1958, Final

(Tokyo - Yoyoki National Stadium - 01.06.1958)

South Korea: Heung-Chul Ham (GK), Ji-Sung Kim, Jin-Woo Kim, Chan-Ki Kim, Hong-Book Kim, Nak-Woon Sung, Sang-Kwon Woo, Soo-Nam Lee, Tae-Sung Cha, Gwang-Seok Choi, Jung-Min Choi.

·**Coach:** Geun-Chan Kim

Scorers: 0-1 15' Soo-Nam Lee, 1-1 65' YIU Cheukyin, 2-1 85'(P) LAU Yee, 2-2 88' Gwang-Seok Choi, 3-2 110' LO Kwoktai.

·**Referee:** Yoshiyuki Maruyama (Japan)

·**Attendance:** 80,000

1959

South Korea - South Vietnam 2-3(2-2)

III. Merdeka Cup 1959, Preliminary Round

(Kuala Lumpur - Merdeka Stadium - 30.08.1959)

South Korea: Heung-Chul Ham (GK), Dong-Keun Kim, Chan-Ki Kim, Hong-Book Kim, Jung-Shik Moon, Myung-Sub Son, Gun-Taek Shim, Yoon-Ok Cho, Tae-Sung Cha, Jung-Min Choi.

·**Coach:** Nam-Shik Chung

Scorers: 1-0 2'(P) Myung-Sub Son, 2-0 10' Yoon-Ok Cho, 2-1 38' Ha Tam, 2-2 39' Do Thoivinh, 2-3 88' Ha Tam.

South Korea - Singapore 4-1 (2-1)

III. Merdeka Cup 1959, Consolation Tournament

(Kuala Lumpur - Merdeka Stadium - 02.09.1959)

South Korea: Sang-Hoon Park (GK), Chan-Ki Kim, Hong-Book Kim, Jung-Shik Moon, Myung-Sub Son, Gun-Taek Shim, Pan-Soon Yoo, Soon-Myung Lee, Yoon-Ok Cho (30' Jung-Min Choi), Tae-Sung Cha.

·**Coach:** Nam-Shik Chung

Scorers: 1-0 33' Sang-Kwon Woo, 1-1 37' QUAH Kimswee, 2-1 39' Pan-Soon Yoo, 3-1 57' Jung-Min Choi, 4-1 60' Tae-Sung Cha.

South Korea - Japan 0-0 (0-0)

III. Merdeka Cup 1959, Consolation Tournament

(Kuala Lumpur - Merdeka Stadium - 05.09.1959 - 19:00)

South Korea: Sang-Hoon Park (GK), Dong-Keun Kim, Chan-Ki Kim, Hong-Book Kim, Jung-Shik Moon, Myung-Sub Son, Gun-Taek Shim, Sang-Kwon Woo, Pan-Soon Yoo, Tae-Sung Cha, Jung-Min Choi.

·**Coach:** Nam-Shik Chung

Japan: Yoshio Furukawa (GK), Ryuzo Hiraki, Yasuo Takamori, Masakatsu Miyamoto, Michihiro Ozawa, Mitsuo Kamada, Masanori Tokita (Hiroshi Ninomiya), Masao Uchino, Saburo Kawabuchi, Kouji Sasaki, Shigeo Yaegashi.

·**Coach:** Shigemaru Takakoshi

Scorers: -

·**Referee:** Torun Van Kee (South Vietnam)

·**Attendance**: 14,000

Note: At half time Yaegashi was injured and went out of the field.

South Korea - Japan 3-1 (2-1)

III. Merdeka Cup 1959, Consolation Tournament(rematch)

(Kuala Lumpur - Merdeka Stadium - 06.09.1959 - 18:00)

South Korea: Heung-Chul Ham (GK), Chan-Ki Kim, Hong-Book Kim, Jung-Shik Moon, Myung-Sub Son, Gun-Taek Shim, Sang-Kwon Woo, Pan-Soon Yoo, Yoon-Ok Cho, Tae-Sung Cha, Jung-Min Choi.

·**Coach**: Nam-Shik Chung

Japan: Yoshio Furukawa (GK), Ryuzo Hiraki, Yasuo Takamori, Masakatsu Miyamoto, Michihiro Ozawa, Mitsuo Kamada, Hiroshi Ninomiya, Masao Uchino, Saburo Kawabuchi, Masashi Watanabe, Akira Kitaguchi.

·**Coach**: Shigemaru Takakoshi

Scorers: 1-0 2' Jung-Min Choi, 2-0 8' Yoon-Ok Cho, 2-1 12' UCHINO Masao, 3-1 57' Tae-Sung Cha.

·**Referee**: Torun Van Kee (South Vietnam)

·**Attendance**: 20,000

South Korea - Malaysia 4-2 (2-1)

Friendly Match

(Kuala Lumpur - ? - 07.09.1959 - ?)

South Korea: Heung-Chul Ham (GK), Chan-Ki Kim, Hong-Book Kim, Jung-Shik Moon, Myung-Sub Son, Gun-Taek Shim, Sang-Kwon Woo, Pan-Soon Yoo(46' Dong-Keun Kim), Yoon-Ok Cho, Tae-Sung Cha, Jung-Min Choi.

·**Coach**: Nam-Shik Chung

Scorers: 0-1 7' Arthur Koh, 1-1 22' Sang-Kwon Woo, 2-1 28' Tae-Sung Cha, 2-2 60' Govindarajoo, 3-2 62' Tae-Sung Cha, 4-2 64' Yoon-Ok Cho.

South Korea - India 1-1 (1-1)

Friendly Match

(Penang - ? - 08.09.1959 - ?)

South Korea: Sang-Hoon Park (GK), Dong-Keun Kim, Jung-Seok Kim, Chan-Ki Kim, Hong-Book Kim, Jung-Shik Moon, Myung-Sub Son, Sang-Kwon Woo, Pan-Soon Yoo, Yoon-Ok Cho, Tae-Sung Cha.

·**Coach**: Nam-Shik Chung

Scorers: 0-1 6' Pradip Banerjee, 1-1 30' Yoon-Ok Cho.

South Korea - Hong Kong 3-2 (2-1)

Friendly Match

(Penang - ? - 10.09.1959 - ?)

South Korea: Sang-Hoon Park (GK), Dong-Keun Kim, Jung-Seok Kim, Chan-Ki Kim, Hong-Book Kim, Jung-Shik Moon, Myung-Sub Son, Sang-Kwon Woo, Pan-Soon Yoo, Yoon-Ok Cho, Tae-Sung Cha.

·**Coach**: Nam-Shik Chung

Scorers: 1-0 3' Sang-Kwon Woo, 2-0 20' Yoon-Ok Cho, 2-1 23' LEE Yuktak, 3-1 50' Jung-Shik Moon, 3-2 55' LEE Takwai.

South Korea – Singapore Selected 5-1 (1-1)

Friendly Match

(Singapore - ? - 12.09.1959 - ?)

South Korea: Heung-Chul Ham (GK), Dong-Keun Kim, Chan-Ki Kim, Hong-Book Kim, Jung-Shik Moon, Myung-Sub Son, Gun-Taek Shim(46' Jung-Seok Kim), Sang-Kwon Woo, Nam-Soo Cho, Yoon-Ok Cho, Tae-Sung Cha, GwI-In Choi.

·**Coach**: Nam-Shik Chung

Scorers: 1-0 15' Jung-Shik Moon, 1-1 37' Fewtrell, 2-1 47' Jung-Min Choi, 3-1 55' Sang-Kwon Woo, 4-1 65' Yoon-Ok Cho, 5-1 67' Yoon-Ok Cho.

Singapore - South Korea 0-4 (0-3)

Friendly Match

(Singapore - ? - 13.09.1959 - ?)

South Korea: Sang-Hoon Park (GK), Chan-Ki Kim, Hong-Book Kim, Jung-Shik Moon, Myung-Sub Son, Gun-Taek Shim, Pan-Soon Yoo, Soon-Myung Lee, Nam-Soo Cho, Yoon-Ok Cho, Tae-Sung Cha.

·**Coach**: Nam-Shik Chung

Scorers: 0-1 13' Jung-Shik Moon, 0-2 32' Pan-Soon Yoo, 0-3 37' Soon-Myung Lee, 0-4 67' Yoon-Ok Cho.

Japan - South Korea 0-2 (0-0)

XVI. Olympic Games Roma 1960, Preliminaries, 1st

Round

(Tokyo - Korakuen Stadium - 13.12.1959 - 14:00)

Japan: Yoshio Furukawa (GK), Ryuzo Hiraki, Yasuo Takamori, Masakatsu Miyamoto, Michihiro Ozawa, Mitsuo Kamata, Hiroshi Ninomiya, Masao Uchino, Masashi Watanabe, Yasuharu Sasaki, Akira Kitaguchi.

·**Coach:** Shigemaru Takakoshi

South Korea: Heung-Chul Ham (GK), Dong-Geun Kim, Jung-Seok Kim, Chan-Ki Kim, Hong-Bok Kim, Jung-Shik Moon, Myung-Sub Son, Sang-Kwon Woo, Gwang-Joon Yoo, Tae-Sung Cha, Jung-Min Choi.

·**Coach:** Yong-Sik Kim

Scorers: 0-1 51' Jung-Min Choi, 0-2 57' Jung-Shik Moon

·**Referee:** Yung Fay Mek (Hong Kong)

·**Attendance:** 30,000

Note: In the beginning of 1959, FIFA sent an absurd directive to the Korea Football Association, upon the recommendation of the IOC, to compete in the Olympics as a unified soccer team between the two Koreas. Of course, the KFA refused to say, " It is practically impossible in reality, " in which the IOC and FIFA agreed, and the idea of a unified team ended in an incident.

South Korea - Japan 0-1 (0-0)

XVI. Olympic Games Roma 1960, Preliminaries, 1st Round

(Tokyo - Korakuen Stadium - 20.12.1959 – 14:00)

South Korea: Heung-Chul Ham (GK), Jung-Seok Kim, Chan-Ki Kim, Hong-Bok Kim, Jung-Shik Moon, Myung-Sub Son, Sang-Kwon Woo, Gwang-Joon Yoo, Soon-Chun Jung, Tae-Sung Cha, Jung-Min Choi.

·**Coach:** Yong-Sik Kim

Japan: Yoshio Furukawa (GK), Ryuzo Hiraki, Yasuo Takamori, Masakatsu Miyamoto, Michihiro Ozawa, Mitsuo Kamata, Hiroshi Ninomiya, Takehiko Kawanishi, Saburo Kawabuchi, Yasuharu Sasaki, Masashi Watanabe.

·**Coach:** Shigemaru Takakoshi

Scorers: 0-1 70' Ninomiya Hiroshi

·**Referee:** Fernando Álvarez (Philippines)

·**Attendance:** 10,000

South Korea - Taiwan 2-1(1-1)

XVI. Olympic Games Roma 1960, Preliminaries, Final Round

(Taipei - National Stadium - 25.04.1960)

South Korea: Heung-Chul Ham (GK), Jung-Seok Kim, Chan-Ki Kim, Hong-Bok Kim, Jung-Shik Moon, Myung-Sub Son, Sang-Kwon Woo, Gwang-Joon Yoo, Pan-Soon Yoo, Tae-Sung Cha, Jung-Min Choi.

·**Coach:** Yong-Sik Kim

Scorers: 0-1 41' WONG Chi-Keung, 1-1 44' Tae-Sung Cha, 2-1 73' Jung-Min Choi

·**Referee:** John Petry (England)

Taiwan - South Korea 0-0 (0-0) match abandoned

XVI. Olympic Games Roma 1960, Preliminaries, Final Round

(Taipei - National Stadium - 30.04.1960)

South Korea: Heung-Chul Ham (GK), Jung-Seok Kim, Chan-Ki Kim, Hong-Bok Kim, Jung-Shik Moon, Myung-Sub Son, Sang-Kwon Woo, Gwang-Joon Yoo, Pan-Soon Yoo, Tae-Sung Cha, Jung-Min Choi.

·**Coach:** Yong-Sik Kim

·**Referee:** John Petry (England)

·**Attendance:** 10,000

Note: 22' Because the referee commanded kicking a penalty again, South Korean players protested him so later FIFA banned South Korea. This match was awarded to Taiwan.

South Korea - Indonesia 2-0 (2-0)

IV. Merdeka Cup 1960, 1st Round Group A

(Kuala Lumpur - Merdeka Stadium - 06.08.1960)

South Korea: Heung-Chul Ham (GK), Jung-Seok Kim, Chan-Ki Kim, Hong-Bok Kim, Jung-Shik Moon, Myung-Sub Son, Sang-Kwon Woo, Gwang-Joon Yoo, Soon-Chun Jung, Tae-Sung Cha, Jung-Min Choi.

·**Coach:** Young-Kwang Joo

Scorers: 1-0 35' Tae-Sung Cha, 2-0 38' Tae-Sung Cha.

South Korea - Hong Kong 3-1 (1-1)

IV. Merdeka Cup 1960, 1st Round Group A

(Kuala Lumpur - Merdeka Stadium - 08.08.1960)

South Korea: Heung-Chul Ham (GK), Jung-Seok Kim, Chan-Ki Kim, Hong-Bok Kim, Jung-Shik Moon, Myung-Sub Son, Sang-Kwon Woo, Gwang-Joon Yoo, Choong-Suk Yoo, Tae-Sung Cha, Jung-Min Choi.

·**Coach:** Young-Kwang Joo

Scorers: 0-1 9' LAU Chi-Lam, 1-1 41' Pan-Soon Yoo, 2-1 60' Sang-Kwon Woo, 3-1 64'(P) Gwang-Joon Yoo.

South Korea - South Vietnam 0-0 (0-0)

IV. Merdeka Cup 1960, 1st Round Group A

(Kuala Lumpur - Merdeka Stadium - 10.08.1960)

South Korea: Heung-Chul Ham (GK), Jung-Seok Kim, Chan-Ki Kim, Hong-Bok Kim, Jung-Shik Moon, Myung-Sub Son, Sang-Kwon Woo, Gwang-Joon Yoo, Pan-Soon Yoo, Tae-Sung Cha, Jung-Min Choi.

·**Coach:** Young-Kwang Joo

Scorers: -

South Korea - Singapore 3-3 (1-1)

IV. Merdeka Cup 1960, 1st Round Group A

(Kuala Lumpur - Merdeka Stadium - 11.08.1960)

South Korea: Heung-Chul Ham (GK), Jung-Seok Kim, Chan-Ki Kim, Hong-Bok Kim, Jung-Shik Moon, Myung-Sub Son, Sang-Kwon Woo, Gwang-Joon Yoo, Choong-Suk Yoo(45' Jung-Min Choi), Soon-Chun Jung, Tae-Sung Cha.

·**Coach:** Young-Kwang Joo

Scorers: 1-0 11' Sang-Kwon Woo, 1-1 20' Sahar Hussein, 1-2 57' Ibrahim Mansoor, 1-3 61' Sahar Hussein, 2-3 69' Sang-Kwon Woo, 3-3 76' Jung-Shik Moon.

Malaysia - South Korea 0-0 (0-0)

IV. Merdeka Cup 1960, Final

(Kuala Lumpur - Merdeka Stadium - 14.08.1960)

South Korea: Heung-Chul Ham (GK), Jung-Seok Kim, Chan-Ki Kim, Hong-Bok Kim, Jung-Shik Moon, Myung-Sub Son, Sang-Kwon Woo, Gwang-Joon Yoo, Soon-Chun Jung, Tae-Sung Cha, Jung-Min Choi.

·**Coach:** Young-Kwang Joo

Scorers: -

Note: Trophy was shared.

South Korea – Penang(Malaysia) 4-0 (2-0)

Friendly Match

(Penang - ? – 17.08.1960 - ?)

South Korea: Kyung-Hwa Park, Pan-Soon Yoo, Soon-Chun Chung, Tae-Sung Cha, * 7 missings.

·**Coach:** Young-Kwang Joo

Scorers: 1-0 9' Soon-Chun Chung, 2-0 20' Tae-Sung Cha, 3-0 63' Kyung-Hwa Park, 4-0 70' Pan-Soon Yoo.

South Korea – Perak (Malaysia) 1-2 (1-1)

Friendly Match

(Perak - ? – 19.08.1960 - ?)

South Korea: Heung-Chul Ham (GK), Pan-Soon Yoo, * 9 missings.

·**Coach:** Young-Kwang Joo

Scorers: 0-1 5' Abdul Rahman Bin Daie, 1-1 19' Pan-Soon Yoo, 1-2 61' Abdul Rahman Bin Daie.

South Korea – Selangor (Malaysia) 2-1 (1-1)

Friendly Match

(Kuala Lumpur - ? – 21.08.1960 - ?)

South Korea: Jung-Seok Kim, Kyung-Hwa Park, Tae-Sung Cha, Jung-Min Choi, * 7 missings.

·**Coach:** Young-Kwang Joo

Scorers: 0-1 21' ?, 1-1 25' Tae-Sung Cha, 2-1 52' Jung-Min Choi.

South Korea – Hong Kong Selected 5-2 (1-2)

Friendly Match

(Hong Kong - ? – 30.08.1960 - ?)

South Korea: Heung-Chul Ham (GK), Jung-Seok Kim, Chan-Ki Kim, Hong-Bok Kim, Jung-Shik Moon, Myung-Sub Son, Sang-Kwon Woo, Gwang-Joon Yoo, Soon-Chun Jung, Tae-Sung Cha, Jung-Min Choi.

·**Coach:** Young-Kwang Joo

Scorers: 0-1 4' ?, 1-1 28' Soon-Chun Jung, 1-2 35' ?, 2-2 68' Soon-Chun Jung, 3-2 75' Tae-Sung Cha, 4-2 81'

Sang-Kwon Woo, 5-2 90' Soon-Chun Jung.

South Korea – Hong Kong Selected 1-2 (0-0)

Friendly Match

(Hong Kong - ? – 01.09.1960 - ?)

South Korea: Heung-Chul Ham (GK), Jung-Seok Kim, Chan-Ki Kim, Hong-Bok Kim, Kyung-Hwa Park, Myung-Sub Son, Sang-Kwon Woo, Gwang-Joon Yoo, Soon-Chun Jung, Tae-Sung Cha, Jung-Min Choi.

·**Coach:** Young-Kwang Joo

Scorers: 1-0 46' Pan-Soon Yoo, 1-1 59' ?, 1-2 81' ?.

South Korea - South Vietnam 5-1 (2-0)

II. Asian Cup South Korea 1960, Final Phase, Group Stage

(Seoul - Hyochang Stadium - 14.10.1960 - 15:15)

South Korea (Red-White-White): Heung-Chul Ham (GK), Chan-Ki Kim, Hong-Bok Kim, Jung- Sik Moon, Myung-Sub Son, Sang-Kwon Woo, Gwang-Joon Yoo, Soon-Chun Jung, Yoon-Ok Cho, Tae-Sung Cha, Jung-Min Choi.

·**Coach:** Yong-Shik Kim

South Vietnam (White-White-White): Van Noh Tran (GK), Van Ket Hen, Lo Ri Pam, Van Bon Dam, Van Hu Pan, Gok Sang Kusin, Van Heng Tran, Sa Ts Doguang, Van Guang Qen, Van Tu Qen, Lin Gu Tu (Ning Van Hun).

Scorers: 1-0 15' Yoon-Ok Cho, 2-0 28' Sang-Kwon Woo, 3-0 47' Jung-Min Choi, 4-0 56' Jung-Shik Moon, 4-1 65' Van TuQen, 5-1 66' Yoon-Ok Cho

·**Referee:** Haji Ibrahim (Malaya)

·**Attendance:** 60,000

South Korea - Israel 3-0 (2-0)

II. Asian Cup South Korea 1960, Final Phase, Group Stage

(Seoul - Hyochang Stadium - 17.10.1960 - 15:00)

South Korea (Red-White-White): Heung-Chul Ham (GK), Chan-Ki Kim, Hong-Bok Kim, Jung- Sik Moon, Myung-Sub Son, Sang-Kwon Woo, Gwang-Joon Yoo, Soon-Chun Jung, Yoon-Ok Cho, Tae-Sung Cha, Jung-Min Choi.

·**Coach:** Yong-Shik Kim

Israel (Sky Blue-White-Sky Blue): Yaacov Hodorov (35' Yaacov

Visoker), Mordechai Benbinisti, Amatsia Levkovich, Gidon Tish, Zvi Muisescu, Avraham Menchel, Aharon Amar, Shlomo Nahari, Nahum Stelmach, Rafi Levi, Yehoshua Glazer (Shlomo Levi).

·**Coach:** Gyula Mandi

Scorers: 1-0 14' Yoon-Ok Cho, 2-0 26' Sang-Kwon Woo, 3-0 60' Yoon-Ok Cho

·**Referee:** Yozo Yokoyama (Japan)

·**Attendance:** 60,000

Note: More than 100,000 people came to the stadium and tried to go into the stadium. Therefore it was so crowded and 27 people were injured. Also one part of the stadium was demolished.

South Korea - Taiwan 1-0 (0-0)

II. Asian Cup South Korea 1960, Final Phase, Group Stage

(Seoul - Hyochang Stadium - 21.10.1960 - 15:00)

South Korea (Red-White-White): Heung-Chul Ham (GK) (47' Sang-Hoon Park (GK)), Chan-Ki Kim, Hong-Bok Kim, Jung- Sik Moon, Myung-Sub Son, Sang-Kwon Woo, Gwang-Joon Yoo, Soon-Chun Jung, Yoon-Ok Cho (36' Soon-Myung Lee), Tae-Sung Cha, Jung-Min Choi.

·**Coach:** Yong-Shik Kim

Scorers: 1-0 42' Jung-Shik Moon

·**Referee:** Haji Ibrahim (Malaya)

·**Attendance:** 20,000

South Korea - Japan 2-1 (2-1)

VII. FIFA World Cup Chile 1962, Preliminaries, UEFA/AFC Sub-Group 1

(Seoul - Hyochang Stadium - 06.11.1960 - 14:00)

South Korea (Red-White-Red): Heung-Chul Ham (GK), Chan-Ki Kim, Hong-Bok Kim, Jung-Shik Moon, Myung-Sub Son, Sang-Kwon Woo, Gwang-Joon Yoo, Soon-Chun Jung, Yoon-Ok Cho, Tae-Sung Cha, Jung-Min Choi.

·**Coach:** Yong-Shik Kim

Japan (White-Blue-White): Tsukasa Hosaka (GK), Ryuzo Hiraki, Yasuo Takamori, Masakatsu Miyamoto, Michihiro Ozawa, Takehiko Kawanishi, Masao Uchino, Saburo Kawabuchi, Shigeo Yaegashi, Yasuharu Sasaki,

Masashi Watanabe.

·**Coach:** Hidetoki Takahashi

Scorers: 0-1 21' SASAKI Koji, 1-1 39' Soon-Chun Chung, 2-1 41' Soon-Chun Chung

·**Referee:** Duk-Joon Kim (South Korea)

·**Attendance:** 40,000

Note: 15' Jung-Shik Moon was injured and carried out of the field. From 15' South Korea played with 10.

1961

South Korea – Madureira (Brazil) 2-4 (0-2)

Friendly Match

(Seoul - Hyochang Stadium – 01.04.1961 - ?)

South Korea: Sang-Hoon Park (GK), Sun-Hwi Kim, Seung-Hwan Kim, Jung-Seok Kim, Kyung-Hwa Park, Kyung-Jin Uhm, Choong-Suk Yoo, Pan-Soon Yoo, Soon-Myung Lee, Eun-Sung Lee, Myung-Gon Choi.

·**Coach:** Yong-Shik Kim

Scorers: 0-1 4' Furaita, 0-2 44' Vericimo 0-3 48' Santos 0-4 57' Vericimo, 1-4 67'(P) Soon-Chun Jung, 2-4 75' Soon-Myung Lee.

South Korea – Madureira (Brazil) 2-4 (0-2)

Friendly Match

(Seoul - Hyochang Stadium – 02.04.1961 - ?)

South Korea: Heung-Chul Ham (GK), Chan-Ki Kim, Hong-Bok Kim, Jung- Sik Moon, Myung-Sub Son, Sang-Kwon Woo, Gwang-Joon Yoo, Soon-Chun Jung, Yoon-Ok Cho, Tae-Sung Cha, Jung-Min Choi.

·**Coach:** Yong-Shik Kim

Scorers: 0-1 21' Vericimo, 0-2 28' Vericimo.

Japan - South Korea 0-2 (0-1)

VII. FIFA World Cup Chile 1962, Preliminaries, UEFA/AFC Sub-Group 1

(Tokyo - Yoyoki National Stadium - 11.06.1961 - 14:35)

Japan (White-Blue-White): Tsukasa Hosaka (GK), Kenji Tochio, Masakatsu Miyamoto, Ryuzo Hiraki, Michihiro Ozawa, Mitsuo Kamata, Masao Uchino, Shigeo Yaegashi,

Teruki Miyamoto, Hiroshi Okayama, Ryuichi Sugiyama.

·**Coach:** Hidetoki Takahashi

South Korea (Red-White-Red): Heung-Chul Ham (GK), Juns-Suk Kim, Chan-Ki Kim, Hong-Bok Kim, Jung- Sik Moon, Sang-Kwon Woo, Gwang-Joon Yoo, Pan-Soo Yoo, Soon-Chun Jung, Yoon-Ok Cho, Jung-Min Choi.

·**Coach:** Yong-Shik Kim

Scorers: 0-1 20' Soon-Chun Chung, 0-2 71' Pan-Soon Yoo

·**Referee:** F.Pratlett (Hong Kong)

·**Attendance:** 20,000

Yugoslavia - South Korea 5-1 (1-0)

VII. FIFA World Cup Chile 1962, Preliminaries, UEFA/AFC Final

(Beograd - J.N.A. Stadium - 08.10.1961 - 15:00)

Yugoslavia: Milutin Soskić (GK), Vladimir Durković, Fahrudin Jusufi, Petar Radaković, Zarko Nikolić, Velibor Vasović, Zvezdan Cebinac, Asim Ferhatović, Dragoslav Sekularać, Muhamed Mujić, Milan Galić.

·**Coach:** Ljubomir Lovrić

South Korea: Heung-Chul Ham (GK), Sun-Hwi Kim, Jung-Seok Kim, Hong-Bok Kim, Jung-Shik Moon, Sang-Kwon Woo, Gwang-Joon Yoo, Soon-Chun Chung, Sung-Dal Cho, Yoon-Ok Cho, Jung-Min Choi.

·**Coach:** Jong-Kap Lee

Scorers: 1-0 42' Zvezdan Cebinac, 2-0 54' Dragoslav Sekularać, 3-0 67' Petar Radaković, 4-0 70' Dragoslav Sekularać, 4-1 82' Soon-Chun Chung, 5-1 89' Milan Galić.

·**Referee:** Ioannidis (Greece)

·**Attendance:** 20,000

Turkey - South Korea 1-0 (0-0)

Friendly Match

(Ankara - 19 Mayis Stadium - 18.10.1961)

Turkey: Necmi Mutlu (GK), Candemir Berkman, Münir Altay, Mustafa Yürür, Sabahattin Kuruoğlu (Süreyya Özkefe), Ahmet Berman, Ogün Altıparmak, Cahit Dikici, Şenol Birol (Tarık Kutver), Birol Pekel (Rahmi Kaleci), Aydın Yelken.

·**Coach:** Coskun Özari

South Korea: Heung-Chul Ham (GK), Sun-Hwi Kim, Jung-Seok Kim, Chan-Ki Kim, Hong-Bok Kim, Jung-Shik Moon, Kyung-Hwa Park, Seong-Ok Park, Sang-Kwon Woo, Soon-Chun Chung, Yoon-Ok Cho.

·**Coach:** Jong-Kap Lee

Scorers: 1-0 66' Tarık Kutver

·**Referee:** Cezmi Başar (Turkey)

·**Attendance:** 20,000

Israel - South Korea 1-1 (0-1)

Friendly Match

(Ramat-Gan - National Stadium - 22.10.1961)

Israel: Yaacov Horodov (GK), Mordechai Benbinisti, Amatsia Levkovich, Gidon Tish, Zvi Tendler, Shalom Peterburg(46' Yaacov Grundman), Dani Shmulevich-Rom (20' Asher Almani (65' Bohos Jojosian)), Shlomo Levi (45' Zecharia Ratzabi), Avraham Menchel, Nahum Stelmach, Reuven Young.

·**Coach:** Gyula Mandi

South Korea: Heung-Chul Ham (GK), Sun-Hwi Kim, Jung-Seok Kim, Hong-Bok Kim, Jung-Shik Moon, Kyung-Hwa Park, Sang-Kwon Woo, Gwang-Joon Yoo, Eun-Sung Lee, Soon-Chun Chung.

·**Coach:** Jong-Kap Lee

Scorers: 0-1 10' Soon-Chun Chung, 1-1 86' Nahum STELMACH.

·**Referee:** Avraham Dudai (Israel)

·**Attendance:** 30,000

Burma - South Korea 1-3 (0-2)

Friendly Match

(Rangoon - Aung San Memorial Stadium - 28.10.1961)

South Korea: Heung-Chul Ham (GK), Sun-Hwi Kim, Jung-Seok Kim, Chan-Ki Kim, Hong-Bok Kim, Jung-Shik Moon, Sang-Kwon Woo, Gwang-Joon Yoo, Soon-Chun Chung, Yoon-Ok Cho, Jung-Min Choi.

·**Coach:** Jong-Kap Lee

Scorers: 0-1 13' Jung-Min Choi, 0-2 34' Jung-Min Choi, 1-2 77' MG KO, 1-3 84' Soon-Chun Chung.

Thailand - South Korea 1-4 (?-2)

Friendly Match

(Bangkok - ? – 04.11.1961 - ?)

South Korea: Sang-Jin Kim (10' Heung-Chul Ham) (GK), Sun-Hwi Kim, Jung-Seok Kim, Soon-Chun Chung, Sung-Dal Cho.

·**Coach:** Jong-Kap Lee

Scorers: 0-1 10' Sung-Dal Cho, 0-2 44' Soon-Chun Chung, 1-? ?' ?, 3-1 55' Soon-Chun Chung, 1-4 75' Sun-Hwi Kim.

Hong Kong - South Korea 1-0 (0-0)

Friendly Match

(Hong Kong - ? – 06.11.1961 - ?)

South Korea: Heung-Chul Ham (GK), Sun-Hwi Kim, Jung-Seok Kim, Chan-Ki Kim, Jung-Shik Moon, Kyung-Hwa Park, Seong-Ok Park, Sang-Kwon Woo, Gwang-Joon Yoo, Soon-Chun Chung, Yoon-Ok Cho.

·**Coach:** Jong-Kap Lee

Scorers: 1-0 85' LUA Wen Chung.

South Korea - Yugoslavia 1-3 (0-2)

VII. FIFA World Cup Chile 1962, Preliminaries, UEFA/AFC Final

(Seoul - Hyochang Stadium - 26.11.1961 - 13:30)

South Korea: Heung-Chul Ham (GK), Sun-Hwi Kim, Jung-Seok Kim, Chan-Ki Kim, Hong-Bok Kim, Jung-Shik Moon, Sang-Kwon Woo, Gwang-Joon Yoo, Pan-Soon Yoo, Soon-Chun Chung, Yoon-Ok Cho.

·**Coach:** Jong-Kap Lee

Yugoslavia: Milutin Soskić (GK), Vladimir Durković, Fahrudin Jusufi, Petar Radaković, Zarko Nikolić, Velibor Vasović, Zvezdan Cebinać, Dragoslav Sekularać, Drazen Jerković, Milan Galić, Zvonko Bego.

·**Coach:** Ljubomir Lovrić

Scorers: 0-1 16' Milan Galić, 0-2 29' Drazen Jerković, 1-2 61' Pan-Soon Yoo, 1-3 88' Milan Galić

·**Referee:** Yung Fay Mek (Hong Kong)

·**Attendance:** 25,000

1962

South Korea - Sporting Cristal (Peru) 0-1 (0-1)

Friendly Match

(Seoul - Hyochang Stadium – 10.03.1962 - ?)

South Korea: Sang-Jin Kim (GK), Sam-Rak Kim, Jung-Seok Kim, Seung-Ok Park, Choong-Seok Yoo, Soon-Chung, Soon-Myung Lee, Woo-Bong Lee, Young-Kook Lim, Ik-Soon Jang, Sung-Dal Cho, Myung-Gon Choi.

·**Coach:** Byung-Dae Min

Scorers: 0-1 20' Alberto GALLARDO

South Korea - Sporting Cristal (Peru) 1-3 (1-1)

Friendly Match

(Seoul - Hyochang Stadium – 11.03.1962 - ?)

South Korea: Heung-Chul Ham (GK), Sun-Hwi Kim, Chan-Ki Kim, Hong-Bok Kim, Jung-Shik Moon, Sang-Kwon Woo, Gwang-Joon Yoo, Pan-Soon Yoo, Soon-Chun Chung, Yoon-Ok Cho, Tae-Sung Cha.

·**Coach:** Byung-Dae Min

Scorers: 1-0 14' Soon-Chun Chung, 1-1 25' Alberto GALLARDO, 1-2 61' Matias Quintos, 1-3 79' ?

Indonesia Selected A - South Korea 1-2 (0-1)

Friendly Match

(Jakarka - ? – 26.05.1962 - ?)

South Korea: Young-Hwan Chung (GK), Jung-Seok Kim, Hong-Bok Kim, Jung-Shik Moon, Seung-Ok Park, Sang-Kwon Woo, Gwang-Joon Yoo(45' Sun-Hwi Kim), Soon-Chun Chung, Sung-Dal Cho (45' Pan-Soon Yoo) , Tae-Sung Cha.

·**Coach:** Byung-Dae Min

Scorers: 0-1 43' Soon-Chun Chung, 0-2 55' Pan-Soon Yoo, 1-2 65'(P) Sian Liong.

Indonesia Selected B - South Korea 1-2 (1-)

Friendly Match

(Jakarka - ? – 29.05.1962 - ?)

South Korea: Sang-Kwon Woo, Yoon-Ok Cho, * 9 missings.

·**Coach:** Byung-Dae Min

Scorers: 0-1 25' Sang-Kwon Woo, 1-1 30' Mubarak, 1-2 ?' Yoon-Ok Cho.

Malaysia Selected - South Korea 1-3 (1-2)

Friendly Match

(Kuala Lumpur - ? - 04.06.1962 - ?)

South Korea: Heung-Chul Ham (GK), Sun-Hwi Kim, Hong-Bok Kim, Jung-Shik Moon, Seung-Ok Park, Gwang-Joon Yoo, Pan-Soon Yoo, Soon-Chun Chung, Sung-Dal Cho, Yoon-Ok Cho, Tae-Sung Cha.

·**Coach:** Dae-Jong Park

Scorers: 1-0 6' Robert CHOE, 1-1 11' Pan-Soon Yoo, 1-2 35' Yoon-Ok Cho, 1-3 58' Yoon-Ok Cho

Malaysia Selected - South Korea 3-4 (2-1)

Friendly Match

(Penang - ? – 06.06.1962 - ?)

South Korea: Heung-Chul Ham (GK), Chan-Ki Kim, Hong-Bok Kim, Jung-Shik Moon, Seung-Ok Park, Sang-Kwon Woo, Gwang-Joon Yoo, Sung-Dal Cho, Yoon-Ok Cho, Tae-Sung Cha, Myung-Gon Choi.

·**Coach:** Dae-Jong Park

Scorers: 1-0 5' GOVINDARAJU, 2-0 8' GOVINDARAJU, 2-1 23' Sung-Dal Cho, 3-1 48' Arthur KOH, 3-2 55' Yoon-Ok Cho, 3-3 57' Soon-Chun Chung, 3-4 67' Jung-Shik Moon.

Malaysia Selected - South Korea 1-0 (0-0)

Friendly Match

(Alosetar - ? - 08.06.1962 - ?)

South Korea: Young-Hwan Chung (GK), Duk-Joong Kim, Sun-Hwi Kim, Chan-Ki Kim, Hong-Bok Kim, Jung-Shik Moon, Seung-Ok Park, Pan-Soon Yoo, Soon-Chun Chung, Yoon-Ok Cho, Tae-Sung Cha.

·**Coach:** Dae-Jong Park

Scorers: 1-0 68' Gani MINHAT

Hong Kong Selected - South Korea 2-6 (2-5)

Friendly Match

(Hong Kong - ? - 13.06.1962 - ?)

South Korea: Heung-Chul Ham (GK), Jung-Seok Kim,

Chan-Ki Kim, Hong-Bok Kim, Seung-Ok Park, Sang-Kwon Woo, Gwang-Joon Yoo, Soon-Chun Chung, Sung-Dal Cho, Yoon-Ok Cho, Tae-Sung Cha.

·Coach: Dae-Jong Park

Scorers: 0-1 7' Sung-Dal Cho, 0-2 13' Yoon-Ok Cho, 1-2 15' Ji-Rim Yoo, 1-3 19' Yoon-Ok Cho, 1-4 31' Sang-Kwon Woo, 2-4 35' Ji-Rim Yoo, 2-5 43' Tae-Sung Cha, 2-6 47' Sang-Kwon Woo.

Chinese Selected- South Korea 1-2 (1-1)

Friendly Match

(Hong Kong - ? - 16.06.1962 - ?)

South Korea: Heung-Chul Ham (GK), Jung-Seok Kim, Chan-Ki Kim, Hong-Bok Kim, Jung-Shik Moon, Seung-Ok Park, Gwang-Joon Yoo, Soon-Chun Chung, Sung-Dal Cho, Yoon-Ok Cho, Tae-Sung Cha.

·Coach: Dae-Jong Park

Scorers: 1-0 21' Tae-Sung Cha, 1-1 33' Ja-Hye Jang, 1-2 69' Yoo Kwak.

South Korea - Korea Army 0-0 (0-0)

Warm up Match

(Seoul - Hyochang Stadium – 11.08.1962 - ?)

South Korea: Heung-Chul Ham (GK), Chan-Ki Kim, Hong-Bok Kim, Jung-Shik Moon, Kyung-Hwa Park, Seung-Ok Park, Kyung-Ho Son, Hyun Lee, Soon-Chun Chung, Yoon-Ok Cho, Tae-Sung Cha.

·Coach: Yong-Shik Kim

Scorers: -

South Korea - Korea farm Taem 2-0 (0-0)

Warm up Match

(Seoul - Hyochang Stadium – 12.08.1962 - ?)

South Korea: Kyung-Hwa Park, Yoon-Ok Cho. * 9 missings

·Coach: Yong-Shik Kim

Scorers: 1-0 65' Kyung-Hwa Park, 2-0 66' Yoon-Ok Cho.

South Korea - India 2-0 (1-0)

IV. Asian Games Jakarta 1962, 1st Round Group B

(Jakarta - Utama Senayan Stadium - 26.08.1962 - 22:30)

South Korea (Red-White-Red): Heung-Chul Ham (GK),

Chan-Ki Kim, Hong-Bok Kim, Jung-Shik Moon, Kyung-Hwa Park, Seung-Ok Park, Kyung-Ho Son, Soon-Chun Chung, Nam-Soo Cho, Yoon-Ok Cho, Tae Sung Cha.

·Coach: Yong-Shik Kim

India (Blue-White-Blue): Prodyut Barman (GK), O.Chandrashekar, Trilok Singh, Fortunata Franco, Jarnail Singh, Ram Bahadur, Pradip Kumar Banerjee, Mohammed Yousuf Khan, D.M.K.Afzal, Chuni Goswami (C), Thlsidas Balaram.

·Coach: Syed Abdul Rahim

Scorers: 1-0 30' Soon-Chun Chung, 2-0 80' Tae-Sung Cha

·**Referee:** H.A.B.Mansour (Malaya)

South Korea - Thailand 3-2 (1-2)

IV. Asian Games Jakarta 1962, 1st Round Group B

(Jakarta - Utama Senayan Stadium - 27.08.1962 - 17:30)

South Korea (Red-White-Red): Heung-Chul Ham (GK), Doo-Sun Kim, Hong-Bok Kim, Kyung-Hwa Park, Seung-Ok Park, Kyung-Ho Son, Hyun Lee, Seok-Woo Jang, Soon-Chun Chung, Nam-Soo Cho, Yoon-Ok Cho.

·Coach: Yong-Shik Kim

Thailand (Blue-White-Blue): Amaroktanond (GK), Pranbeebutr, Chaicharoen, Cuphot Panich, Chalerm Jones, Asdang Panikabuir, Mutukan, Nilphiirom, Yanyong Na-Nongkai, Vichit Yambooruang, Panananda.

Scorers: 0-1 13' Asdang Panikabuir, 0-2 21' Yanyong Na-Nongkai, Seok-Woo 1-2 45' OG Amaroktanond (GK), 2-2 70' Seok-Woo Jang, 3-2 90'(P) Nam-Soo Cho.

·**Referee:** Edgardo Llamas (Philippines)

South Korea - Japan 1-0 (0-0)

IV. Asian Games Jakarta 1962, 1st Round Group B

(Jakarta - Utama Senayan Stadium - 30.08.1962 - 21:00)

South Korea (Red-White-Red): Heung-Chul Ham (GK), Chan-Ki Kim, Hong-Bok Kim, Jung-Shik Moon, Kyung-Hwa Park, Seung-Ok Park, Kyung-Ho Son, Soon-Chun Chung, Nam-Soo Cho, Yoon-Ok Cho, Tae Sung Cha.

·Coach: Yong-Shik Kim

Japan (White-Blue-White): Tsukasa Hosaka (GK), Yasuo Takamori, Masakatsu Miyamoto, Ryuzo Hiraki, Michihiro Ozawa, Mitsuo Kamata, Masao Uchino,

Shigeo Yaegashi, Saburo Kawabuchi, Teruki Miyamoto, Masashi Watanabe.

· **Coach:** Hidetoki Takahashi

Scorers: 1-0 80' Yoon-Ok Cho

· **Referee:** K.B.Menon (Singapore)

· **Attendance:** 90,000

South Korea - Malaya 2-1 (0-0,2-1) a.e.t.

IV. Asian Games Jakarta 1962, Semi Final

(Jakarta - Utama Senayan Stadium - 01.09.1962 - 21:00)

South Korea (Red-White-Red): Heung-Chul Ham (GK), Chan-Ki Kim, Hong-Bok Kim, Jung-Shik Moon, Kyung-Hwa Park, Seung-Ok Park, Kyung-Ho Son, Soon-Chun Chung, Nam-Soo Cho, Yoon-Ok Cho, Tae Sung Cha.

· **Coach:** Yong-Shik Kim

Malaya (Yellow-Black-Yellow): S.D.Lourdes (GK), B.Yusin, Ahmad Narari, Abdullah Noordin, Kamaruddin Ahma, I.J.Singh, Arthur Koh, Robert Choe, Mahat Ambu, Ghaniminaat, W.S.Gabrielle.

Scorers: 0-1 70' Arthur KOH, 1-1 72' Soon-Chun Chung, 2-1 97' Tae-Sung Cha.

· **Referee:** Mxhosil (Indonesia)

South Korea - India 1-2 (0-2)

IV. Asian Games Jakarta 1962, Final

(Jakarta - Utama Senayan Stadium - 04.09.1962 - 16:00)

South Korea (Red-White-Red): Heung-Chul Ham (GK), Chan-Ki Kim, Hong-Bok Kim, Jung-Shik Moon, Kyung-Hwa Park, Seung-Ok Park, Kyung-Ho Son, Soon-Chun Chung, Nam-Soo Cho, Yoon-Ok Cho, Tae Sung Cha.

· **Coach:** Yong-Shik Kim

India (Blue-White-Blue): Peter Thangaraj (GK), O.Chandrashekar, Trilok Singh, Fortunata Franco, Arun Ghosh, Prasanto Sinha, Pradip Kumar Banerjee, Mohammed Yousuf Khan, Jarnail Singh, Ghuni Goswammi(C), Tulsidas Balaram.

· **Coach:** Syed Abdul Rahim

Scorers: 0-1 16' Pradip Kumar Banerjee, 0-2 20' Jarnail Singh, 1-2 85' Tae-Sung Cha

· **Referee:** J.Ferguson (Singapore)

· **Attendance:** 120,000

Note: 15' Hong-Bok Kim was injured and carried out of the field. From 15' South Korea played with 10.

South Korea - Indonesia 2-0 (2-0)

Friendly Match

(Seoul - Hyochang Stadium - 12.10.1962 - 16:00)

South Korea (Blue-White-Blue): Heung-Chul Ham (GK), Chan-Ki Kim, Jung-Shik Moon, Kyung-Hwa Park, Seung-Ok Park, Kyung-Ho Son, Sang-Kwon Woo, Soon-Chun Chung, Nam-Soo Cho, Yoon-Ok Cho, Tae Sung Cha.

· **Coach:** Yong-Shik Kim

Indonesia (Red-Red-Red): Judo Hadianto (GK), Issac, Faisal, Messe, Saruna, Aggmet, Hemen, Fatta, Marinos, Denki, Sorong.

Scorers: 1-0 30' Soon-Chun Chung, 2-0 32' Sang-Kwon Woo

· **Referee:** Young-Chang Lee (South Korea)

· **Attendance:** 10,000

South Korea - Indonesia 2-0 (2-0)

Friendly Match

(Seoul - Hyochang Stadium - 14.10.1962 - ?)

South Korea (Red-White-White): Heung-Chul Ham (GK), Chan-Ki Kim, Jung-Shik Moon, Kyung-Hwa Park, Seung-Ok Park, Sang-Kwon Woo, Soon-Chun Chung, Nam-Soo Cho, Yoon-Ok Cho, Jin-Man Cha, Tae Sung Cha.

· **Coach:** Yong-Shik Kim

Indonesia (White-White-Red): Judo Hadianto (GK), Issac, Faisal, Messe, Saruma, Aggmet, Hemen, Denki, Mashut, Fatta, Sorong.

Scorers: 1-0 12' Tae-Sung Cha, 2-0 33' Soon-Chun Chung

· **Referee:** Myung-Sub Maeng (South Korea)

· **Attendance:** 15,000

1963

South Korea - Korea Farm Taem 0-1 (?-?)

Warm up Match

(Seoul - Hyochang Stadium – - ?)

South Korea: Young-Hwan Chung (GK), Sam-Rak Kim, Sun-Hwi Kim, Hong-Bok Kim, Kyung-Hwa Park, Yo-Won Lee, Woo-Bong Lee, Soon-Chun Chung, Sung-Dal Cho, Yoon-Ok Cho, Tae Sung Cha.

·Coach: ?

Korea farm Taem: Woo-Shik Yang(GK), Kyung-Soo Gil, Duk-Joong Kim, Soon-Oh, Young-Bae Kim, Jung-Seok Kim, Kyung-Ho Son, Gook-Chan Lim, Suk-Woo Jang, Ji-Eon Jang, Myung-Gon Choi.

·Coach: ?

Scorers: 0-1 ?.

South Korea - ENG Army 1-0 (0-0)

VII. Merdeka Cup 1963, Group Stage

(Kuala Lumpur - Merdeka Stadium - 09.08.1963)

South Korea: Woo-Shik Yang (GK), Sam-Rak Kim, Jung-Seok Kim, Pan-Soon Yoo, Hyun Lee, Soon-Chun Chung, Nam-Soo Cho, Sung-Dal Cho, Yoon-Ok Cho, Tae-Sung Cha, Myung-Gon Choi.

·Coach: Kyu-Jung Park

Scorers: 1-0 77' Yoon-Ok Cho

South Korea - Thailand 5-1 (4-1)

VII. Merdeka Cup 1963, Group Stage

(Kuala Lumpur - Merdeka Stadium - 11.08.1963)

South Korea: Woo-Shik Yang (GK), Kyung-Soo Gil, Sun-Hwi Kim, Jung-Seok Kim, Pan-Soon Yoo, Soon-Chun Chung, Nam-Soo Cho, Yoon-Ok Cho, Tae-Sung Cha, Yoon-Jung Huh.

·Coach: Kyu-Jung Park

Scorers: 1-0 3' Myung-Gon Choi, 1-1 21' Yanyong Na Nongkhai, 2-1 24' Yoon-Jung Huh, 3-1 33' Yoon-Ok Cho, 4-1 37' Yoon-Ok Cho, 5-1 78' Pan-Soon Yoo

·Attendance: 18,000

South Korea - Japan 1-1 (0-0)

VII. Merdeka Cup 1963, Group Stage

(Kuala Lumpur - Merdeka Stadium - 13.08.1963)

South Korea (Red-White-Red): Woo-Shik Yang (GK), Sam-Rak Kim, Young-Bae Kim, Jung-Seok Kim, Hyun Lee, Soon-Chun Chung, Nam-Soo Cho, Yoon-Ok Cho, Tae-Sung Cha, Myung-Gon Choi, Yoon-Jung Huh.

·Coach: Kyu-Jung Park

Japan (White-Blue-White): Tsukasa Hosaka (GK), Hiroshi Katayama, Masakatsu Miyamoto, Ryozo Suzuki, Michihiro Ozawa, Mitsuo Kamata, Teruki Miyamoto, Shigeo Yaegashi, Masashi Watanabe, Shozo Tsugutani, Ryuichi Sugiyama.

·Coach: Ken Naganuma

Scorers: 1-0 64' Tae-Sung Cha, 1-1 65' Shozo Tsugutani.

·Referee: Mansoa (Malaya)

·Attendance: 15,000

South Korea - South Vietnam 3-1 (2-1)

VII. Merdeka Cup 1963, Group Stage

(Kuala Lumpur - Merdeka Stadium - 14.08.1963)

South Korea: Woo-Shik Yang (GK), Kyung-Soo Gil, Jung-Seok Kim, Pan-Soon Yoo, Nak-Won Lee, Soon-Chun Chung, Nam-Soo Cho, Yoon-Ok Cho, Tae-Sung Cha, Myung-Gon Choi, Yoon-Jung Huh.

·Coach: Kyu-Jung Park

Scorers: 1-0 26' Yoon-Jung Huh, 1-1 28' Van Quang, 2-1 43' Yoon-Jung Huh, 3-1 69' Yoon-Ok Cho

·Attendance: 10,000

Malaysia - South Korea 3-0 (2-0)

VII. Merdeka Cup 1963, Group Stage

(Kuala Lumpur - Merdeka Stadium - 16.08.1963)

South Korea: Young-Hwan Jung (GK), Sam-Rak Kim, Sum-Hwi Kim, Young-Bae Kim, Jung-Seok Kim, Pan-Soon Yoo, Hyun Lee, Soon-Chun Chung, Yoon-Ok Cho, Tae-Sung Cha, Yoon-Jung Huh.

·Coach: Kyu-Jung Park

Scorers: 1-0 15' Majid Alif, 2-0 24' Mahat Ambu, 3-0 48' Wong Fook-Yung.

South Korea - Taiwan 0-1 (0-0)

VII. Merdeka Cup 1963, Group Stage

(Kuala Lumpur - Merdeka Stadium - 18.08.1963)

South Korea: Young-Hwan Jung (GK), Sam-Rak Kim, Young-Bae Kim, Jung-Seok Kim, Pan-Soon Yoo, Soon-Chun Chung, Nam-Soo Cho, Yoon-Ok Cho, Tae-Sung Cha, Myung-Gon Choi, Yoon-Jung Huh.

·**Coach:** Kyu-Jung Park

Scorers: 0-1 73' WONG Manwai.

Penang (Malaysia) - South Korea 1-4 (0-2)

Friendly Match

(Penang - ? - 20.08.1963 - ?)

South Korea: Soon-Chun Chung, Tae-Sung Cha, Yoon-Jung Huh. *8 missings.

·**Coach:** Kyu-Jung Park

Scorers: 0-1 22' Soon-Chun Chung, 0-2 27' Yoon-Jung Huh, 1-2 48' ?, 1-3 65' Tae-Sung Cha, 1-4 70' Tae-Sung Cha.

Burma (Myanmar) - South Korea 1-1 (1-0)

Friendly Match

(Rangoon- Aung San Memorial Stadium - 24.08.1963 - ?)

South Korea: Young-Hwan Jung (GK), Sam-Rak Kim, Young-Bae Kim, Jung-Seok Kim, Hyun Lee, Soon-Chun Chung, Nam-Soo Cho, Yoon-Ok Cho, Tae-Sung Cha, Myung-Gon Choi, Yoon-Jung Huh.

·**Coach:** Kyu-Jung Park

Scorers: 1-0 20' THAN Htay, 1-1 88' Hyun Lee

·**Attentance:** 40,000

Burma U-20 (Myanmar) - South Korea 1-1 (?-?)

Friendly Match

(Rangoon- Aung San Memorial Stadium - 25.08.1963 - ?)

South Korea: ?

Scorers: ?

Burma Junior (Myanmar) - South Korea 1-1 (0-1)

Friendly Match

(Rangoon- ? - 25.08.1963 - ?)

South Korea: Young-Hwan Jung (GK), Sam-Rak Kim, Sun-Hwi Kim, Young-Bae Kim(45' Kyung-Soo Gil), Jung-Seok Kim, Hyun Lee, Byung-Tak Chung, Soon-Chun Chung, Nam-Soo Cho(45' Nak-Won Lee), Tae-Sung Cha, Myung-Gon Choi(45' Yoon-Ok Cho).

·**Coach:** Kyu-Jung Park

Scorers: 0-1 43' Hla Shwe, 1-1 81' Yoon-Ok Cho.

Burma(Myanmar) - South Korea 1-3 (0-2)

Friendly Match

(Rangoon - ? - 27.08.1963 - ?)

South Korea: Young-Hwan Jung (GK), Sam-Rak Kim, Sun-Hwi Kim, Jung-Seok Kim, Nak-Won Lee, Hyun Lee, Byung-Tak Chung, Soon-Chun Chung, Yoon-Ok Cho, Tae-Sung Cha, Myung-Gon Choi.

·**Coach:** Kyu-Jung Park

Scorers: 0-1 6' Yoon-Ok Cho, 0-2 28' Yoon-Ok Cho, 1-2 68' OG Jung-Seok Kim, 1-3 88' Yoon-Jung Huh

South Korea - Chinese Selected 2-2 (2-1)

Friendly Match

(Hong Kong - ? - 01.09.1963 - ?)

South Korea: Young-Hwan Jung (GK), Sam-Rak Kim, Sun-Hwi Kim, Jung-Seok Kim, Hyun Lee, Byung-Tak Chung, Soon-Chun Chung, Nam-Soo Cho, Yoon-Ok Cho, Tae-Sung Cha, Myung-Gon Choi.

·**Coach:** Kyu-Jung Park

Scorers: 1-0 4' Hyun Lee, 2-0 16' Nam-Soo Cho, 2-1 35' ?, 2-2 60' ?.

Chinese Selected- South Korea 1-2 (0-0)

Friendly Match

(Hong Kong - ? – 03.09.1963 - ?)

South Korea: Young-Hwan Jung (GK), Sam-Rak Kim, Young-Bae Kim, Jung-Seok Kim, Hyun Lee, Byung-Tak Chung, Soon-Chun Chung, Nam-Soo Cho, Yoon-Ok Cho, Tae-Sung Cha, Yoon-Jung Huh.

·**Coach:** Kyu-Jung Park

Scorers: 0-1 53' Yoon-Ok Cho, 0-2 62' Myung-Gon Choi, 1-2 76' ?.

South Korea - Taiwan 2-1 (0-1)

XVIII. Olympic Games Tokyo 1964, Preliminaries, Round 1, 1st

(Seoul - Hyochang Stadium - 27.11.1963)

South Korea (Red-White-Red): Young-Hwan Jung (GK), Sam-Rak Kim, Hong-Bok Kim, Seong-Ok Park, Sang-Kwon Woo, Hyun Lee, Soon-Chun Chung, Nam-Soo Cho, Yoon-Ok Cho, Tae-Sung Cha, Myung-Gon Choi.

·**Coach:** Gook-Jin Chung

Scorers: 0-1 6' (OG) Nam-Soo Cho, 1-1 48' Yoon-Ok Cho, 2-1 73'(P) Yoon-Ok Cho.

·**Attendance:** 20,000

Taiwan - South Korea 1-0 (0-0)

XVIII. Olympic Games Tokyo 1964, Preliminaries, Round 1, 2st

(Taipei - National Stadium - 07.12.1963)

South Korea: Heung-Chul Ham (GK), Sam-Rak Kim, Hong-Bok Kim, Seong-Ok Park, Sang-Kwon Woo, Hyun Lee, Soon-Chun Chung, Nam-Soo Cho, Yoon-Ok Cho, Tae-Sung Cha, Myung-Gon Choi.

·**Coach:** Gook-Jin Chung

Scorers: 1-0 49' WONG Manwai

Note: Total score was 2-2 from the two matches so FIFA commanded play-off to South Korea and Taiwan in 19 January 1964 in Kyoto, Japan but Taiwan withdrew and South Korea qualified for the second round. The opponent Philippines also withdrew so South Korea qualified for final round against South Vietnam.

1964

South Korea - India 0-2 (0-1)

III. AFC Asian Cup Israel 1964

(Haifa - Municipal Stadium - 27.05.1964 - 16:30)

South Korea: Woo-Shik Yang (GK), Young-Yeol Kim, Jung-Seok Kim, Seong-Ok Park, Sung-Oh Seo, Soon-Myung Lee, Byung-Tak Chung, Soon-Chun Chung, Nam-Soo Cho, Myung-Gon Choi, Yoon-Jung Huh.

·**Coach:** Yoo-Hyung Lee

Scorers: 0-1 2' K. Appalaraju, 0-2 57' Inder Singh.

·**Attendance:** 7,000

·**Referee:** Davoud Nassiri (Iran)

Note: All the others withdrew, so South Korea qualified automatically.

South Korea - South Vietnam 3-0 (1-0)

XVIII. Olympic Games Tokyo 1964, Preliminaries, Round 2, 1st

(Seoul - Hyochang Stadium - 30.05.1964)

South Korea (Red-White-Red): Heung-Chul Ham (GK), Sam-Rak Kim, Young-Bae Kim, Jung-Nam Kim, Hong-Bok Kim, Sang-Kwon Woo, Pan-Soon Yoo, Yi-Woo Lee, Sung-Dal Cho, Yoon-Ok Cho, Tae-Sung Cha.

·**Coach:** Gook-Jin Chung

Scorers: 1-0 9' Sung-Dal Cho, 2-0 79' Yi-Woo Lee, 3-0 82'(P) Yoon-Ok Cho.

·**Attendance:** 20,000

South Korea - Hong Kong 1-0 (0-0)

III. AFC Asian Cup Israel 1964

(Jerusalem - Hebrew University Stadium - 30.05.1963 - 16:30)

South Korea: Woo-Shik Yang (GK), Doo-Sun Kim, Jung-Seok Kim, Seong-Ok Park, Sung-Oh Seo, Soon-Myung Lee, Byung-Tak Chung, Soon-Chun Chung, Nam-Soo Cho, Myung-Gon Choi, Yoon-Jung Huh.

·**Coach:** Yoo-Hyung Lee

Scorers: 1-0 74' Seong-Ok Park.

·**Attendance:** 7,000

·**Referee:** Pisit Ngarampanich (Thailand)

South Korea - South Vietnam 2-1 (2-0)

Friendly Match

(Seoul - Hyochang Stadium - 31.05.1964)

South Korea (Red-White-Red): Chan-Hee Kang, Duk-Joong Kim, Sam-Rak Kim, Sang-Kwon Woo, Yoon-Ok Cho. * 6 missings. · **Coach:** Gook-Jin Chung

Scorers: 1-0 35' Sang-Kwon Woo, 2-0 39' Yoon-Ok Cho, 2-1 53'(P) KakHoI

South Korea – Israel 1-2 (0-2)

III. AFC Asian Cup Israel 1964

(Tel-Aviv - Ramat Gan Stadium – 03.06.1963 – 16:00)

South Korea: Woo-Shik Yang (GK), Young-Yeol Kim, Jung-Seok Kim, Seong-Ok Park, Sung-Oh Seo, Soon-Myung Lee, Seok-Woo Jang, Soon-Chun Chung, Nam-Soo Cho, Myung-Gon Choi, Yoon-Jung Huh.

· **Coach:** Yoo-Hyung Lee

Scorers: 0-1 20' Moshe Leon, 0-2 38' Gidon Tish, 1-2 79' Soon-Myung Lee.

· **Attendance:** 35,000

· **Referee:** Davoud Nassiri (Iran)

South Vietnam - South Korea 2-2 (1-2)

XVIII. Olympic Games Tokyo 1964, Preliminaries, Round 2, 2st

(Saigon - Cong Hoa Stadium - 28.06.1964- ?)

South Korea (Red-White-Red): Heung-Chul Ham (GK), Young-Bae Kim, Chan-Ki Kim, Hong-Bok Kim, Sang-Kwon Woo, Gwang-Joon Yoo, Woo-Bong Lee, Yi-Woo Lee, Sung-Dal Cho, Tae-Sung Cha.

· **Coach:** Gook-Jin Chung

Scorers: 0-1 17' Yi-Woo Lee, 1-1 29' Kam, 1-2 39' Yi-Woo Lee, 2-2 70' Kam

· **Attendance:** 30,000

Note: South Korea won 5–2 on aggregate, so South Korea qualified.

South Korea - Hong Kong league Selected 5-4 (4-4)

Friendly Match

(Hong Kong - ? – 04.07.1964 - ?)

South Korea: Heung-Chul Ham (GK), Young-Bae Kim, Chan-Ki Kim, Hong-Bok Kim, Sang-Kwon Woo, Gwang-Joon Yoo, Woo-Bong Lee, Yi-Woo Lee, Sung-Dal Cho, Yoon-Ok Cho, Tae-Sung Cha.

· **Coach:** Gook-Jin Chung

Scorers: 5' Sung-Dal Cho, 33' Tae-Sung Cha, 35' Sang-Kwon Woo, 40' Yoon-Ok Cho, 68' Yoon-Ok Cho, ?' Hong Kong league Selected FP 4 Goal.

South Korea - Hong Kong league Selected 3-0 (2-0)

Friendly Match

(Hong Kong - ? - 05.07.1964 - ?)

South Korea: Young-Hwan Chung (GK), Sam-Rak Kim(46' Gwang-Joon Yoo), Young-Bae Kim, Hong-Bok Kim, Sang-Kwon Woo, Woo-Bong Lee, Yi-Woo Lee, Sung-Dal Cho, Yoon-Ok Cho, Kyung-Bok Cha, Tae-Sung Cha.

· **Coach:** Gook-Jin Chung

Scorers: 1-0 17' Yoon-Ok Cho, 2-0 27' Yoon-Ok Cho, 3-0 64' Kyung-Bok Cha.

South Korea - Korea farm Taem 1-3 (?-?)

Warm up Match

(Seoul - Hyochang Stadium – 15.08.1964 - ?)

South Korea: Heung-Chul Ham (GK), * 10 missings.

· **Coach:** Gook-Jin Chung

Scorers: ?' South Korea 1 Goal, ?' Korea farm Taem 3 Goals.

South Korea - Korea farm Taem 3-0 (2-0)

Warm up Match

(Seoul - Hyochang Stadium – 20.09.1964 - ?)

South Korea: Heung-Chul Ham (GK), Young-Bae Kim, Jung-Seok Kim, Hong-Bok Kim, Seong-Ok Park, Sang-Kwon Woo, Yi-Woo Lee, Sung-Dal Cho, Yoon-Ok Cho, Tae-Sung Cha, Yoon-Jung Huh.

· **Coach:** Gook-Jin Chung

Scorers: 1-0 3' Yoon-Ok Cho, 2-0 8' Yoon-Ok Cho, 3-0 80' Sung-Dal Cho.

South Korea - Korea farm Taem 4-0 (2-0)

Warm up Match

(Seoul - Hyochang Stadium – 21.09.1964 - ?)

South Korea: Young-Hwan Chung (GK), Duk-Joong Kim, Sam-Rak Kim, Jung-Nam Kim, Chan-Ki Kim, Gwang-Joon Yoo, Woo-Bong Lee, Yi-Woo Lee, Yoon-Ok Cho, Kyung-Bok Cha, Yoon-Jung Huh.

·**Coach:** Gook-Jin Chung

Scorers: ?' South Korea 2 Goal, ?' Korea farm Taem 2 Goal.

Czechoslovakia - South Korea 6-1 (4-0)

XVIII. Olympic Games Tokyo 1964, Final Phase, 1st Round Group C

(Saitama - Omiya Stadium - 12.10.1964 - 14:00)

Czechoslovakia: 1-Frantisek Schmucker (GK), 2-Anton Urban, 3-Vladimir Weiss, 4-Karel Picman, 5-Josef Vojta, 6-Jan Geleta, 9-Karel Lichtnegl, 8-Ivan Mraz, 16-Jan Brumovsky, 11-Frantisek Valosek, 10- Vojtech Masny.

South Korea (Red-White-White): 1-Heung-Chul Ham (GK), 4-Sam-Rak Kim, 13-Jung-Nam Kim, 2-Jung-Seok Kim, 3-Hong-Bok Kim, 9-Sang-Kwon Woo, 7-Yi-Woo Lee, 11-Sung-Dal Cho, 10-Yoon-Ok Cho, 5-Tae-Sung Cha, 8-Yoon-Jung Huh.

·**Coach:** Gook-Jin Chung

Scorers: 1-0 25' Karel Lichtnegl, 2-0 26' Josef Vojta, 3-0 32' Ivan Mraz, 4-0 43' Vojtech Masny, 4-1 59' Yi-Woo Lee, 5-1 68' Ivan Mraz, 6-1 71' Vojtech Masny.

·**Attendance:** 12,943

·**Referee:** Rafael Valenzuela (Mexico)

Brazil - South Korea 4-0 (2-0)

XVIII. Olympic Games Tokyo 1964, Final Phase, 1st Round Group C

(Yokohama - Mitsuzawa Stadium - 14.10.1964 - 14:00)

Brazil: 12-Helio Dias (GK), 2-Marcio Pereira Mura, 3-Zé Luiz, 4-Valdez Quirino Lemos, 5-Adevaldo Virgilio Netto, 19-Elizeu Antonio Ferreira, 10-Ivo Soares, 7-Roberto Miranda, 8-Zé Roberto, 17-Antonio Mattar, 11-Ademar Francisco Caravetti.

·**Coach:** Vicente Feola

South Korea: 1-Heung-Chul Ham (GK), 6-Young-Bae Kim, 2-Jung-Seok Kim, 3-Hong-Bok Kim, 14-Seong-Ok Park, 12-Woo-Bong Lee, 7-Yi-Woo Lee, 11-Sung-Dal

Cho, 10-Yoon-Ok Cho, 5-Tae-Sung Cha, 8-Yoon-Jung Huh.·**Coach:** Gook-Jin Chung

Scorers: 1-0 30' Zé Roberto, 2-0 44' Elizeu Antonio Ferreira, 3-0 54' Elizeu Antonio Ferreira, 5-0 73' Roberto Miranda.

·**Cautions:** Hong-Bok Kim, Seong-Ok Park, Woo-Bong Lee, Antonio Mattar.

·**Attendance:** 12,672

·**Referee:** Saleh Mohammed Boukkili (MAR)

U.A.R.(Egypt) - South Korea 10-0 (3-0)

XVIII. Olympic Games Tokyo 1964, Final Phase, 1st Round Group C

(Tokyo - Chichinomiya Stadium - 16.10.1964 – 14:00)

U.A.R.: 2-Reda AHMED (GK), 3-Ibrahim RIAD, 5-Seddik MOHAMED, 7-Amin EL ESNAWI, 8-Ahmed GAD, 9-Darwish AMIN, 12-Rifaat ELFANAGILI, 13-Mahmoud HASSAN, 16-Taha ISMAIL, 18-Aly ETMAN 19-Mohamed BADAWI

·**Coach:** Foad Sedki

South Korea: 1-Heung-Chul Ham (GK), 18-Duk-Joong Kim, 4-Sam-Rak Kim, 13-Jung-Nam Kim, 2-Jung-Seok Kim, 3-Hong-Bok Kim, 9-Sang-Kwon Woo, 10-Yoon-Ok Cho, 5-Tae-Sung Cha, 8-Yoon-Jung Huh.

·**Coach:** Gook-Jin Chung

Scorers: 1-0 14' Ibrahim RIAD, 2-0 17' Ibrahim RIAD, 3-0 40' Ibrahim RIAD, 4-0 48' Ibrahim RIAD, 5-0 50' Seddik MOHAMED, 6-0 61' Rifaat ELFANAGILI, 7-0 66' Aly ETMAN, 8-0 72' Ibrahim RIAD, 9-0 77' Ibrahim RIAD, 10-0 78' Mahmoud HASSAN.

·**Cautions:** Hong-Bok Kim.

·**Attendance:** 16,039

·**Referee:** Rudi Glockner (East Germany)

Thailand - South Korea 3-2 (1-1)

IX. Merdeka Cup 1965, Group Allocation Match

(Kuala Lumpur - Merdeka Stadium - 14.08.1965 - ?)

South Korea: In-Bok Oh (GK), Jung-Seok Kim, Kyung-Ho Son, Jung-Soo Cho, Tea-Sung Cha, Young-Bae Kim, Jung-Nam Kim, Soo-Il Kim, Sung-Dal Cho, Yoon-Ok Cho, Yoon-Jung Huh.

·**Coach:** Nam-Shik Chung

Scorers: 0-1 24' Young-Bae Kim, 1-1 26' Thaveepong, 2-1 61' Asdang, 3-1 68' Asdang, 3-2 89' Yoon-Ok Cho.

Malaysia - South Korea 0-2 (0-1)

IX. Merdeka Cup 1965, 1st Round Group A

(Kuala Lumpur - Merdeka Stadium - 17.08.1965 - ?)

South Korea: Moon-Sung Yoo (GK), Kyung-Ho Son, Jung-Soo Cho, Tea-Sung Cha, Sam-Rak Kim, Young-Bae Kim, Jung-Nam Kim, Young-Geon Lee, Sung-Dal Cho, Yoon-Ok Cho, Yoon-Jung Huh.

·**Coach:** Nam-Shik Chung

Scorers: 0-1 30' Sung-Dal Cho, 0-2 68' Yoon-Ok Cho.

·**Attendance:** 12,000

South Vietnam - South Korea 0-0 (0-0)

IX. Merdeka Cup 1965, 1st Round Group A

(Ipoh - Ipoh Stadium - 21.08.1965 - ?)

South Korea: In-Bok Oh (GK), Kyung-Ho Son, Jung-Soo Cho, Tea-Sung Cha, Sam-Rak Kim, Young-Bae Kim, Jung-Nam Kim, Soo-Il Park, Sung-Dal Cho, Yoon-Ok Cho, Yoon-Jung Huh.

·**Coach:** Nam-Shik Chung

Scorers: -

South Korea - India 1-0 (1-0)

IX. Merdeka Cup 1965, 1st Round Group A

(Kuala Lumpur - Merdeka Stadium - 23.08.1965 - ?)

South Korea: In-Bok Oh (GK), Kyung-Ho Son, Jung-Soo Cho, Tea-Sung Cha, Sam-Rak Kim, Young-Bae Kim, Jung-Nam Kim, Young-Geon Lee, Sung-Dal Cho, Yoon-Ok Cho, Yoon-Jung Huh.

·**Coach:** Nam-Shik Chung

Scorers: 1-0 33' Sam-Rak Kim

South Korea - Hong Kong 1-0 (0-0)

IX. Merdeka Cup 1965, 1st Round Group A

(Kuala Lumpur - Merdeka Stadium - 25.08.1965 - ?)

South Korea: In-Bok Oh (GK), Kyung-Ho Son, Jung-Soo Cho, Tea-Sung Cha, Sam-Rak Kim, Young-Bae Kim, Jung-Nam Kim, Young-Geon Lee (35' Yoon-Jung Huh), Sung-Dal Cho, Yoon-Ok Cho.

·**Coach:** Nam-Shik Chung

Scorers: 64' Yoon-Jung Huh

South Korea - Taiwan 1-1 (1-1)

IX. Merdeka Cup 1965, Final

(Kuala Lumpur - Merdeka Stadium - 28.08.1965 - ?)

South Korea: In-Bok Oh (GK), Jung-Seok Kim, Kyung-Ho Son, Jung-Soo Cho, Tea-Sung Cha, Sam-Rak Kim, Young-Bae Kim, Jung-Nam Kim, Sung-Dal Cho, Yoon-Ok Cho, Yoon-Jung Huh.

·**Coach:** Nam-Shik Chung

Scorers: 0-1 9' CHEONG Chiwai, 1-1 18' Yoon-Ok Cho

Note: Trophy was shared

South Korea – Japan Farm Team 2-0 (0-0)

X. Merdeka Cup 1966, Group Allocation Matches

(Kuala Lumpur - Merdeka Stadium - 14.08.1966 - ?)

South Korea: Woo-Shik Yang (GK), Jung-Seok Kim, Ho Kim, Tea-Sung Cha, Sam-Rak Kim, Jung-Nam Kim, Sung-Oh Seo, Byung-Tak Chung, Yoon-Ok Cho, Kyung-Bok Cha, Yoon-Jung Huh.

·**Coach:** Chang-Hwa Han

Scorers: 1-0 50' Tea-Sung Cha, 2-0 76' Jung-Nam Kim.

South Korea - Hong Kong 1-0 (0-0)

X. Merdeka Cup 1966, 1st Round Group B

(Kuala Lumpur - Merdeka Stadium - 19.08.1966 - ?)

South Korea: In-Bok Oh (GK), Jung-Seok Kim, Ho Kim, Tea-Sung Cha, Soo-Gil Kang, Jung-Nam Kim, Sung-Oh Seo, Moo-Woong Park, Byung-Tak Chung, Sung-Dal Cho, Yoon-Jung Huh.

·**Coach:** Chang-Hwa Han

Scorers: 1-0 72' Yoon-Jung Huh

South Korea - Thailand 2-1 (1-1)

X. Merdeka Cup 1966, 1st Round Group B

(Kuala Lumpur - Merdeka Stadium - 21.08.1966 - ?)

South Korea: In-Bok Oh (GK), Jung-Seok Kim, Ho Kim, Soo-Gil Kang, Sam-Rak Kim, Sung-Oh Seo, In-Seon Park, Byung-Tak Chung, Sung-Dal Cho, Yoon-Ok Cho, Yoon-Jung Huh.

·**Coach:** Chang-Hwa Han

Scorers: 0-1 3' Asadang, 1-1 19' Sam-Rak Kim, 2-1 82' Byung-Tak Chung

·**Attendance:** 25,000

South Korea - Burma 0-2 (0-0)

X. Merdeka Cup 1966, 1st Round Group B

(Kuala Lumpur - Merdeka Stadium - 23.08.1966 - ?)

South Korea: Woo-Shik Yang (GK), Jung-Seok Kim, Ho Kim, Tea-Sung Cha, Soo-Gil Kang, Sung-Oh Seo, Moo-Woong Park(45' Young-Geon Lee), In-Seon Park, Yoon-Ok Cho, Kyung-Bok Cha, Yoon-Jung Huh.

·**Coach:** Chang-Hwa Han

Scorers: 0-1 73' Aung Khin, 0-2 75' Aung Khin.

South Korea - Malaysia 0-0

X. Merdeka Cup 1966, 1st Round Group B

(suspended due to heavy rain at half time)

(Kuala Lumpur - Merdeka Stadium - 25.08.1966 - ?)

South Korea: ·**Coach:** Chang-Hwa Han

Note: Replay on 27 August.

Malaysia - South Korea 1-2 (0-2)

X. Merdeka Cup 1966, 1st Round Group B

(Kuala Lumpur - Merdeka Stadium - 27.08.1966 - ?)

South Korea: In-Bok Oh (GK), Ho Kim, Tea-Sung Cha, Soo-Gil Kang, Sam-Rak Kim, Sung-Oh Seo, In-Seon Park, Byung-Tak Chung, Sung-Dal Cho, Yoon-Ok Cho, Yoon-Jung Huh.

·**Coach:** Chang-Hwa Han

Scorers: 0-1 10' (OG) ?, 0-2 23' Sung-Dal Cho, 1-2 49' Dali Omar.

South Korea - India 0-1 (0-1)

X. Merdeka Cup 1966, Third Place Match

(Kuala Lumpur - Merdeka Stadium - 28.08.1966 - ?)

South Korea: Woo-Shik Yang (GK), Jung-Seok Kim, Ho Kim, Soo-Gil Kang, Sam-Rak Kim, Jung-Nam Kim, Sung-Oh Seo(45' Tae-Sung Cha), In-Seon Park, Young-Geon Lee, Sung Dal Cho, Yoon-Jung Huh.

·**Coach:** Chang-Hwa Han

Scorers: 0-1 29' Arumanaiyagam

Singapore - South Korea 1-3 (1-1)

Friendly Match

(Singapore - National Stadium - 31.08.1966 - ?)

South Korea:

·**Coach:** Chang-Hwa Han

Scorers: ?

Hong Kong Selected - South Korea 1-2 (0-2)

Friendly Match

(Hong Kong - ? - 04.09.1966 - ?)

South Korea: In-Bok Oh(GK), Ho Kim (42' Jung-Seok Kim), Tea-Sung Cha, Soo-Gil Kang, Sam-Rak Kim, Jung-Nam Kim, Sung-Oh Seo, Young-Geon Lee, Sung-Dal Cho, Yoon-Ok Cho, Yoon-Jung Huh.

·**Coach:** Chang-Hwa Han

Scorers: 0-1 10' Yoon-Jung Huh, 0-2 17' Sung-Dal Cho, 1-2 67' Yo-Kook Jang.

Thailand - South Korea 3-0 (0-0)

V. Asian Games Bangkok 1966, Preliminary round Group A

(Bangkok - Suphachalasai Stadium - 10.12.1966)

Thailand (Blue-Blue-Blue): Saravut Pathipakornchai (GK), Chuchart Thanormchat, Yongyouth Cankhagowit, Ananta Hongchareon, Chalerm Jones, Cuphot Panich, Udomsilp Sonbutnag, Asdang Panikabuir, Yanyong Na-Nongkai, Vichit Yamboonruang, Vanakit Prasan Danchareon.

South Korea (Red-White-Red): Joon-Ok Lee (GK), Ki-Bok Kim, Gwang-Jo Park, Soo-Il Park, Geum-Soo Bae, Young-Geun Baek, Yoon-Chan Seo, Hyo-Gil Seok, Won-Nam An, Hoi-Taek Lee, Jung-Soo Cho.

·**Coach:** Jong-Soo An

Score: Vichit Yamboonraung 1 goal, Yanyong Nanogkai 2 goals.

·**Attendance:** 60,000

South Korea - Burma 0-1 (0-0)

V. Asian Games Bangkok 1966, Preliminary round Group A

(Bangkok - Suphachalasai Stadium - 12.12.1966)

South Korea (Red-White-Red): Se-Yeon Lee (GK), Sung-Chul Kim, Chang-Il Kim, Gwang-Jo Park, Geum-Soo Bae, Young-Geun Baek, Won-Nam An, Wan-Seok Lee, Yi-Woo Lee, Gook-Chan Lim, Min-Hwan Joo.

·**Coach:** Jong-Soo An

Burma (White-White-White): Maung Tin Aung (GK), Than Lwin, Tin Han, Kyaw Thaung, Soe Mying, Aye Maung Aye, Bahadur Suk, Maung Hla Htay, Han Thien, Hla Kyi, Pu Ba.

Scorers: 0-1 88' Han Thien

·**Attendance:** 50,000

South Korea - Middlesex Wonderers (England) 1-2 (?-?)

Friendly Match

(Seoul- Hyochang Stadium – 04.06.1967 - ?)

South Korea: Yi-Woo Lee, * 10missisngs

·**Coach:** ?

Scorers: ?' Yi-Woo Lee, ?' Middlesex Wonderers (England) 2 Goals.

South Korea - Indonesia 1-1 (1-0)

IV. AFC Asian Cup Iran 1968, Preliminary round Eastern zone

(Taipei - National Stadium - 29.07.1967 - 16:30)

South Korea: In-Bok Oh (GK), Soo-Gil Kang, Jung-Seok Kim, Ho Kim, Sung-Oh Seo, In-Woong Hong, Hoi-Taek Lee, Byung-Tak Chung, Sung-Dal Cho(46' Chang-il Kim), Yoon-Ok Cho, Yoon-Jung Huh.

·**Coach:** Kyung-Hwan Jang

Scorers: 0-1 34' Yoon-Jung Huh, 1-1 72'(P) Manan

·**Attendance:** 20,000

Japan - South Korea 2-1 (1-0)

IV. Asian Cup Iran 1968, Preliminary round Eastern zone

(Taipei - National Stadium - 01.08.1967 - 17:00)

South Korea (Red-White-White): Se-Yeon Lee (GK), Soo-Gil Kang(46' Young-Bae Kim), Jung-Seok Kim, Ho Kim, Sung-Oh Seo, Won-Nam An, In-Woong Hong, Hoi-Taek Lee, Byung-Tak Chung, Yoon-Ok Cho, Yoon-Jung Huh(46' Chang-Il Kim).

·**Coach:** Kyung-Hwan Jang

Scorers: 1-0 40' Katsuyoshi Kuwahara, 2-0 46' Hiroshi Hamada, 2-1 52' Byung-Tak Chung

Note: Japan fielded sub-strength side.

South Korea - Philippines 7-0 (2-0)

IV. Asian Cup Iran 1968, Preliminary round Eastern zone

(Taipei - National Stadium - 05.08.1967 - 16:30)

South Korea: In-Bok Oh (GK), Jung-Nam Kim, Jung-Seok

Kim, Ho Kim, Sung-Oh Seo, Young-Bae Kim, Won-Nam An, Soon-Myung Lee(46' Min-Hwan Joo), Hoi-Taek Lee, Byung-Tak Chung, Sung-Dal Cho(46' Yoon-Jung Huh).

·**Coach**: Kyung-Hwan Jang

Scorers: 1-0 22' Hoi-Taek Lee, 2-0 45' Byung-Tak Chung, 3-0 54' Won-Nam An, 4-0 67' Young-Bae Kim, 5-0 75' Won-Nam An, 6-0 83' Yoon-Jung Huh, 7-0 85' Yoon-Jung Huh.

Taiwan - South Korea 1-0 (0-0)

IV. Asian Cup Iran 1968, Preliminary round Eastern zone

(Taipei - National Stadium - 07.08.1967 - 16:00)

South Korea: Se-Yeon Lee (GK), Soo-Gil Kang(46' Jung-Nam Kim), Jung-Seok Kim, Ho Kim, Sung-Oh Seo, In-Woong Hong, Hoi-Taek Lee, Byung-Tak Chung, Yoon-Ok Cho(46' Won-Nam An), Yoon-Jung Huh.

·**Coach**: Kyung-Hwan Jang

Scorers: 1-0 69' Lam Sheungyi

·**Attendance**: 20,000

South Korea - Indonesia 3-1 (1-0)

XI. Merdeka Cup 1967, 1st Round Group B

(Kuala Lumpur - Merdeka Stadium - 11.08.1967)

South Korea (Red-White-White): In-Bok Oh (GK), Jung-Seok Kim, Ho Kim, Sung-Oh Seo, In-Woong Hong, Hoi-Taek Lee, Byung-Tak Chung, Yoon-Ok Cho, Min-Hwan Joo, Yoon-Jung Huh, Soo-Gil Kang.

·**Coach**: Kyung-Hwan Jang

Scorers: 1-0 20' In-Woong Hong, 1-1 50' Abdul Kadir, 2-1 56' Yoon-Jung Huh, 3-1 73' Hoi-Taek Lee.

South Korea - Burma 1-0 (1-0)

XI. Merdeka Cup 1967, 1st Round Group B

(Ipoh - Perak Stadium - 13.08.1967)

South Korea: In-Bok Oh (GK), Jung-Nam Kim, Jung-Seok Kim, Ho Kim, In-Woong Hong, Hoi-Taek Lee, Byung-Tak Chung, Yoon-Ok Cho, Min-Hwan Joo, Yoon-Jung Huh, Soo-Gil Kang.

·**Coach**: Kyung-Hwan Jang

Scorers: 1-0 3' Min-Hwan Joo

South Korea - Taiwan 2-1 (0-1)

XI. Merdeka Cup 1967, 1st Round Group B

(Kuala Lumpur - Merdeka Stadium - 18.08.1967)

South Korea: In-Bok Oh (GK), Jung-Nam Kim, Ho Kim, Kwang-Jo Park, Yoon-Chan Seo, Hoi-Taek Lee, Byung-Tak Chung(61' Ki-Bok Kim), Yoon-Ok Cho, Min-Hwan Joo, Yoon-Jung Huh, Soo-Gil Kang.

·**Coach**: Kyung-Hwan Jang

Scorers: 0-1 1'(P) Chung ChiWai, 1-1 56' Min-Hwan Joo, 2-1 66' Ki-Bok Kim.

South Korea - Singapore 3-0 (0-0)

XI. Merdeka Cup 1967, 1st Round Group B

(Kuala Lumpur - Merdeka Stadium - 20.08.1967)

South Korea: Se-Yeon Lee (GK), Jung-Nam Kim, Jung-Seok Kim, Ho Kim(25' Kwang-Jo Park), Yoon-Chan Seo, Hoi-Taek Lee, Byung-Tak Chung(45' Won-Nam An), Yoon-Ok Cho, Min-Hwan Joo, Yoon-Jung Huh, Soo-Gil Kang.

·**Coach**: Kyung-Hwan Jang

Scorers: 1-0 47' Hoi-Taek Lee, 2-0 53' Yoon-Ok Cho, 3-0 79' Won-Nam An.

Malaysia - South Korea 1-3 (1-0)

XI. Merdeka Cup 1967, Semi Final

(Kuala Lumpur - Merdeka Stadium - 23.08.1967)

South Korea (Red-White-Red): In-Bok Oh (GK), Jung-Nam Kim, Jung-Seok Kim, Ho Kim, Yoon-Chan Seo, Hoi-Taek Lee, Byung-Tak Chung, Yoon-Ok Cho(46' Ki-Bok Kim), Min-Hwan Joo, Yoon-Jung Huh, Soo-Gil Kang.

·**Coach**: Kyung-Hwan Jang

Scorers: 1-0 31' Thana Balan, 1-1 55' Byung-Tak Chung, 1-2 60' Ki-Bok Kim, 1-3 69' Hoi-Taek Lee

·**Attendance**: 10,000

South Korea - Burma 0-0 (0-0,0-0) a.e.t.

XI. Merdeka Cup 1967, Final

(Kuala Lumpur - Merdeka Stadium - 26.08.1967)

South Korea: In-Bok Oh (GK), Jung-Nam Kim, Jung-Seok Kim(50' In-Woong Hong), Ho Kim, Yoon-Chan Seo, Ki-Bok Kim(46' Yoon-Ok Cho), Hoi-Taek Lee, Byung-Tak Chung,

Min-Hwan Joo, Yoon-Jung Huh, Soo-Gil Kang.

·**Coach:** Kyung-Hwan Jang

Scorers: -

Note: Trophy was shared.

South Korea - Taiwan 4-2 (3-2)

XIX. Olympic Games Mexico City 1968, Prelminaries, Group 1

(Tokyo - Yoyoki National Stadium - 28.09.1967 - 19:30)

South Korea (Red-White-White): In-Bok Oh (GK), Jung-Seok Kim, Ho Kim, Sung-Oh Seo, Yoon-Chan Seo, Soo-Gil Kang, Ki-Bok Kim, Hoi-Taek Lee, Byung-Tak Chung, Yoon-Jung Huh, Young-Geun Lee.

·**Coach:** Kyung-Hwan Jang

Scorers: 0-1 2' Tsang Kinghung, 1-1 4' Ki-Bok Kim, 2-1 14' Ki-Bok Kim, 3-1 15' Hoi-Taek Lee, 3-2 44'(P) Cheung Tzewai, 4-2 79'(P) Ki-Bok Kim

·**Attendance:** 3,000

Note: FIFA didn't count this Olympic match as a full international.

South Korea - Lebanon 2-0 (1-0)

XIX. Olympic Games Mexico City 1968, Prelminaries, Group 1

(Tokyo - Yoyoki National Stadium - 01.10.1967 - 19:30)

South Korea: Se-Yeon Lee (GK), Jung-Seok Kim, Ho Kim, Yoon-Chan Seo, Jung-Soo Cho, Ki-Bok Kim, Won-Nam An (50' Yoon-Jung Huh), In-Woong Hong, Hoi-Taek Lee, Byung-Tak Chung, Young-Geun Lee.

·**Coach:** Kyung-Hwan Jang

Scorers: 1-0 24' Byung-Tak Chung, 2-0 58' Byung-Tak Chung

Note: FIFA didn't count this Olympic match as a full international.

South Korea - South Vietnam 3-0 (2-0)

XIX. Olympic Games Mexico City 1968, Prelminaries, Group 1

(Tokyo - Yoyoki National Stadium - 04.10.1967 - 19:30)

South Korea (Red-White-White): In-Bok Oh (GK), Jung-Nam Kim, Jung-Seok Kim, Ho Kim, Yoon-Chan Seo, Soo-Gil

Kang (45' In-Woong Hong), Ki-Bok Kim, Hoi-Taek Lee, Byung-Tak Chung, Min-Hwan Joo, Yoon-Jung Huh.

·**Coach:** Kyung-Hwan Jang

Scorers: 1-0 12' Yoon-Jung Huh, 2-0 43' Byung-Tak Chung, 3-0 88' Ki-Bok Kim

Note: FIFA didn't count this Olympic match as a full international.

Japan - South Korea 3-3 (2-0)

XIX. Olympic Games Mexico City 1968, Preliminaries, Group 1

(Tokyo - Yoyoki National Stadium - 07.10.1967 - 19:30)

Japan (Blue-White-Blue): 20-Kenzo Yokoyama (GK), 2-Hiroshi Katayama, 11-Takaji Mori, 7-Hisao Kami, 5-Yoshitada Yamaguchi, 10-Aritatsu Ogi, 13-Shigeo Yaegashi, 16-Teruki Miyamoto, 12-Ikuo Matsumoto, 15-Kunishige Kamamoto, 18-Ryuichi Sugiyama.

·**Coach:** Ken Naganuma

South Korea (Red-White-White): In-Bok Oh (GK), Jung-Nam Kim, Jung-Seok Kim, Ho Kim, Yoon-Chan Seo, Ki-Bok Kim, In-Woong Hong, Hoi-Taek Lee, Byung-Tak Chung, Yoon-Jung Huh, Young-Keoun Lee(46' Chang-Il Kim).

·**Coach:** Kyung-Hwan Jang

Scorers: 1-0 13' Miyamoto Teruki, 2-0 37' Sugiyama Ryuichi, 2-1 54' Hoi-Taek Lee, 2-2 69' Yoon-Jung Huh, 3-2 70' Kamamoto Kunishige, 3-3 72' Yoon-Jung Huh

·**Cautions:** -

·**Referee:** Tang Sun Cheung (Taiwan)

·**Attendance:** 45,789

Note: FIFA didn't count this Olympic match as a full international.

South Korea - Philippines 5-0 (2-0)

XIX. Olympic Games Mexico City 1968, Preliminaries, Group 1

(Tokyo - Yoyoki National Stadium - 10.10.1967 - 19:30)

South Korea: Se-Yeon Lee (GK), Jung-Nam Kim, Jung-Seok Kim, Ho Kim, Yoon-Chan Seo, Jung-Soo Cho, Ki-Bok Kim, Won-Nam An(46' Chang-Il Kim), Hoi-Taek Lee, Byung-Tak Chung, Yoon-Jung Huh.

·**Coach:** Kyung-Hwan Jang

Scorers: ?-0 31' Ki-Bok Kim, ?-0 Ki-Bok Kim, ?-0 Yoon-Jung Huh, ?-0 Yoon-Chan Seo, ?-0 Hoi-Taek Lee

·**Attendance:** 23,010

Note: FIFA didn't count this Olympic match as a full international.

South Korea - Hong Kong 1-0 (1-0)

III. Vietnam National Day Soccer Tournament 1967 Quoc Khanh Cup, 1st Round Group B

(Saigon - Cong Hoa Stadium - 05.11.1967)

South Korea: Se-Yeon Lee (GK), Jung-Seok Kim, Ho Kim, Jung-Soo Cho, Ki-Bok Kim, Won-Nam An, Hoi-Taek Lee, Byung-Tak Chung, Yoon-Jung Huh, Young-Geon Lee, In-Woong Hong.

·**Coach:** Il-Kab Park

Scorers: 1-0 19' Yoon-Jung Huh

·**Attendance:** 20,000

South Korea - Thailand 3-1 (1-1)

III. Vietnam National Day Soccer Tournament 1967 Quoc Khanh Cup, 1st Round Group B

(Saigon - Cong Hoa Stadium - 07.11.1967)

South Korea: Ho Kim, Byung-Tak Chung, Ki-Bok Kim, Yoon-Jung Huh, Young-Geon Lee. * 6 missings.

·**Coach:** Il-Kab Park

Scorers: 1-0 40' Ki-Bok Kim, 2-0 55' Byung-Tak Chung, 2-1 58' Niwatana Sesawasdi, 3-1 59' Yoon-Jung Huh

·**Attendance:** 25,000

South Korea - Malaysia 2-1 (1-1)

III. Vietnam National Day Soccer Tournament 1967 Quoc Khanh Cup, 1st Round Group B

(Saigon - Cong Hoa Stadium - 11.11.1967)

South Korea: Ki-Bok Kim. * 10 missings.

·**Coach:** Il-Kab Park

Scorers: 1-0 9' Ki-Bok Kim, 1-1 39' Lim Kimlean, 2-1 87' Ki-Bok Kim.

South Vietnam - South Korea 0-3 (0-2)

III. Vietnam National Day Soccer Tournament 1967 Quoc Khanh Cup, Semi Final

(Saigon - Cong Hoa Stadium - 12.11.1967)

South Korea: Se-Yeon Lee (GK), Jung-Seok Kim, Ho Kim, Jung-Soo Cho, Ki-Bok Kim, Hoi-Taek Lee, Byung-Tak Chung, Yoon-Jung Huh, Yoon-Chan Seo, Young-Geon Lee, In-Woong Hong.

·**Coach:** Il-Kab Park

Scorers: 0-1 15' Hoi-Taek Lee, 0-2 25' Byung-Tak Chung, 0-3 46' Yoon-Jung Huh

Australia - South Korea 3-2 (1-1)

III. Vietnam National Day Soccer Tournament 1967 Quoc Khanh Cup, Final

(Saigon - Cong Hoa Stadium - 14.11.1967)

Australia: Ron Corry (GK), George Keith (Nuttall), Stan Ackerley, Manfred Schaefer, Dick van Alphen, Alan Westwater, Tommy McColl, Atti Abonyi, John Warren, Ray Baartz, Billy Vojtek.

·**Coach:** Joe Vlatsis

South Korea: In-Bok Oh (GK), Ho Kim, Kwang-Jo Park, Ki-Bok Kim, Hoi-Taek Lee, Byung-Tak Chung, Yoon-Jung Huh, Young-Geun Lee. * 3 missings.

·**Coach:** Il-Kab Park

Scorers: 0-1 1' Young-Geun Lee, 1-1 35' Billy Vojtek, 2-1 53' Atti Abonyi, 3-1 84' John Warren, 3-2 85' Yoon-Jung Huh

·**Expulsions:** Ho Kim

·**Attendance:** 14,547

West Ausralia Selected - South Korea 3-0 (1-0)

XII. Merdeka Cup 1968, 1st Round Group A

(Kuala Lumpur - Merdeka Stadium - 10.08.1968)

South Korea: In-BoK Oh (45' Se-Yeon Lee) (GK), Ki-Bok Kim, Sam-Rak Kim, Jung-Nam Kim, Ho Kim, Yoon-Chan Seo, Won-Nam An, Young-Geon Lee, Yi-Woo Lee, Hoi-Taek Lee, Kang-Ji Chung.

·**Coach:** Il-Kab Park

Scorers: 0-1 27' John van Oosten, 0-2 75' Jim Mcintosh, 0-3 90' Nino Segon

South Korea - Singapore 3-2 (0-2)

XII. Merdeka Cup 1968, 1st Round Group A

(Ipoh - Ipoh Stadium - 12.08.1968)

South Korea: Se-Yeon Lee (GK), Soo-Gil Kang, Ki-Bok Kim, Sam-Rak Kim, Ho Kim, Yoon-Chan Seo, Tae-Ho Son, Hoi-Taek Lee, Kang-Ji Chung(46' Yi-Woo Lee), Byung-Tak Chung(15' Young-Geon Lee), Yoon-Jung Huh.

·**Coach:** Il-Kab Park

Scorers: 0-1 31' Quah Kimswee, 0-2 39' Quah Kimlye, 1-2 54' Hoi-Taek Lee, 2-2 57' Ki-Bok Kim, 3-2 88' Yoon-Jung Huh

·**Expulsions:** 65' Tae-Ho Son

·**Attendance:** 4,000

South Korea - Taiwan 2-1 (0-1)

XII. Merdeka Cup 1968, 1st Round Group A

(Kuala Lumpur - Merdeka Stadium - 14.08.1968)

South Korea: In-Bok Oh(45' Se-Yeon Lee) (GK), Soo-Gil Kang, Ki-Bok Kim, Sam-Rak Kim, Ho Kim, Yoon-Chan Seo, Tae-Ho Son, Yi-Woo Lee, Hoi-Taek Lee, Kang-Ji Chung, Yoon-Jung Huh.

·**Coach:** Il-Kab Park

Scorers: 0-1 8' Chan Chiuki, 1-1 57' Yoon-Jung Huh, 2-1 66' Yoon-Jung Huh

Indonesia - South Korea 4-2 (2-1)

XII. Merdeka Cup 1968, 1st Round Group A

(Ipoh - Ipoh Stadium - 17.08.1968)

South Korea: Se-Yeon Lee (GK), Soo-Gil Kang, Ki-Bok Kim, Sam-Rak Kim, Yoon-Chan Seo, Tae-Ho Son, Young-Geon Lee, Woo-Bong Lee, Yi-Woo Lee, Hoi-Taek Lee, Kang-Ji Chung.

·**Coach:** Il-Kab Park

Scorers: 1-0 3' Iswadi Idris, 2-0 15' Abdul Kadin, 2-1 42' Ki-Bok Kim, 3-1 48' Abdul Kadin, 4-1 60' Jacob Siha Sale, 4-2 87' Ki-Bok Kim

South Korea - Japan Farm Team 2-0 (1-0)

XII. Merdeka Cup 1968, 1st Round Group A

(Ipoh - Ipoh Stadium - 18.08.1968)

South Korea: In-Bok Oh (GK), Kang-Ji Chung, Yoon-Jung Huh, * 8missings.

·**Coach:** Il-Kab Park

Scorers: 1-0 4' Kang-Ji Chung, 2-0 54' Yoon-Jung Huh.

South Korea - Thailand 2-1 (0-0)

XII. Merdeka Cup 1968, Semifinals (Places 5-8)

(Kuala Lumpur - Merdeka Stadium - 21.08.1968)

Se-Yeon Lee (GK), Soo-Gil Kang, Ki-Bok Kim, Yoon-Chan Seo, Young-Geon Lee, Yi-Woo Lee, Hoi-Taek Lee, Kang-Ji Chung, Yoon-Jung Huh, *2 missings.

·**Coach:** Il-Kab Park

Scorers: 1-0 61' Ki-Bok Kim, 1-1 75'(P) Udomsilp Sornbutnark, 2-1 78' Hoi-Taek Lee

South Korea - India 1-0 (0-0)

XII. Merdeka Cup 1968, Fifth Place Match

(Kuala Lumpur - Merdeka Stadium - 24.08.1968)

South Korea: Se-Yeon Lee (GK), Soo-Gil Kang, Ki-Bok Kim, Sam-Rak Kim, Jung-Nam Kim, Yoon-Chan Seo, Tae-Ho Son, Young-Geon Lee, Hoi-Taek Lee, Kang-Ji Chung, Yoon-Jung Huh.

·**Coach:** Il-Kab Park

Scorers: 1-0 89' Ki-Bok Kim

Singapore - South Korea 4-3 (3-1)

Friendly Match

(Singapore - National Stadium - 27.08.1968)

South Korea: Se-Yeon Lee (GK), Soo-Gil Kang, Ki-Bok

Kim, Sam-Rak Kim, Jung-Nam Kim, Tae-Ho Son, Young-Geon Lee, Woo-Bong Lee, Hoi-Taek Lee, Kang-Ji Chung, Yoon-Jung Huh.

· Coach : Il-Kab Park

Scorers : 1-0 6' Quah Kim Siak, 2-0 10' Majid Arifft, 3-0 15' Majid Ariff, 3-1 20' Ki-Bok Kim, 3-2 75' Kang-Ji Chung, 3-3 86'(P) Kang-Ji Chung, 4-3 90' Mathew Chin.

Hong Kong Selected - South Korea 1-7 (0-0)

Friendly Match

(Singapore - National Stadium - 31.08.1968)

South Korea : In-Bok Oh (GK), Soo-Gil Kang, Ki-Bok Kim, Sam-Rak Kim, Ho Kim, Yoon-Chan Seo, Tae-Ho Son(45' Jung-Nam Kim), Young-Geon Lee, Hoi-Taek Lee, Kang-Ji Chung(45' Yi-Woo Lee).

· Coach : Il-Kab Park

Scorers : 0-1 54' Hoi-Taek Lee, 0-2 57' Yoon-Jung Huh, 0-3 65' Hoi-Taek Lee, 0-4 67' Yoon-Jung Huh, 1-4 69' KWONG Yinying, 1-5 70' Yoon-Jung Huh, 1-6 79' Hoi-Taek Lee, 1-7 89' Ki-Bok Kim.

1969

South Korea - Korea Farm Team 4-0

Warm up Match

(Seoul - Dongdaemun Stadium - 02.10.1969 -?)

South Korea : Byung-Tak Chung, Yi-Chun Park, Kyung-Ku Hong, Sang-Chul Choi, * 7missings.

· Coach : ?

Scorers : Byung-Tak Chung, Yi-Chun Park, Kyung-Ku Hong, Sang-Chul Choi

---

South Korea - Japan 2-2 (2-1)

IX. FIFA World Cup Mexico 1970, Preliminaries, 1st Round Group 15-A

(Seoul - Dongdaemun Stadium - 12.10.1969 - 16:00)

South Korea (Red-Black-Red) : 1-Se-Yeon Lee (GK), 2-Yoon-Chan Seo, 5-Ho Kim, 6-Jung-Nam Kim, 3-Jung-Seok Kim, 7-Gook-Chan Lim (72' 11-In-Woong Hong), 13-Soo-Il Park, 12-Ki-Bok Kim, 14-Hoi-Taek Lee, 15-Yi-Woo Lee, 16-Byung-Tak Chung(70' 18-Yi-Chun Park).

· Coach : Yong-Shik Kim

Japan (White-White-White) : 1-Kenzo Yokoyama (GK), 5-Yoshio Kikukawa, 2-Hiroshi Katayama, 3-Yoshidata Yamaguchi, 6-Mitsuo Kamata, 11-Aritatsu Ogi, 20-Ikuo Matsumoto, 9-Takaji Mori, 18-Yasuyuki Kuwahara, 15-Teruki Miyamoto, 19-Ryuichi Sugiyama.

· Coach : Ken Naganuma

Scorers : 1-0 8' Ki-Bok Kim, 1-1 33' Teruki Miyamoto, 2-1 38' Soo-Il Park, 2-2 50' Yasuyuki Kuwahara

· Referee : Cheng Tan Sun (Hong Kong)

· Attendance : 35,000

South Korea - Australia 1-2 (1-1)

IX. FIFA World Cup Mexico 1970, Preliminaries, 1st Round Group 15-A

(Seoul - Dongdaemun Stadium - 14.10.1969 - 19:30)

South Korea (Red-Black-Red) : 22-Jo-Myung Son (GK), 3-Jung-Seok Kim, 5-Ho Kim, 6-Jung-Nam Kim, 4-Jung-Soo Cho, 2-Yoon-Chan Seo,12-Ki-Bok Kim (52' 11-In-Woong Hong), 18-Yi-Chun Park, 14-Hoi-Taek Lee, 15-Yi-Woo Lee, 13-Soo-Il Park.

·**Coach**: Yong-Shik Kim

Australia (Yellow-Yellow-Yellow): 1-Ron Corry (GK), 3-George Keith, 2-Manfred Schaefer, 5-Alan Marnoch, 4-Stan Ackerley, 7-John Warren, 8-John Watkiss, 12-Tommy McColl (45' Gary Manuel), 15-Atti Abonyi, 16-Ray Baartz, 18-Billy Vojtek.

·**Coach**: Joe Vlatsis

Scorers: 0-1 37' John Watkiss, 1-1 44' Yi-Woo Lee, 1-2 79' Tommy McColl

·**Referee**: Govindasamy Suppiah (Singapore)

·**Attendance**: 30,000

Japan - South Korea 0-2 (0-1)

IX. FIFA World Cup Mexico 1970, Preliminaries, 1st Round Group 15-A

(Seoul - Dongdaemun Stadium - 18.10.1969 - 16:00)

Japan (White-White-White): 21-Koji Funamoto (GK), 2-Hiroshi Katayama, 3-Yoshidata Yamaguchi, 5-Yoshio Kikukawa (67' 6-Mitsuo Kamata), 12-Tsuyoshi Kunieta, 9-Takaji Mori, 10-Eizo Yuguchi (45' 4-Masakatsu Miyamoto), 16-Masashi Watanabe, 18-Yasuyuki Kuwahara, 11-Aritatsu Ogi, 19-Ryuichi Sugiyama.

·**Coach**: Ken Naganuma

South Korea (Red-Black-Red): 1-Se-Yeon Lee (GK), 2-Yoon-Chan Seo, 5-Ho Kim, 6-Jung-Nam Kim, 7-Gook-Chan Lim, 3-Jung-Seok Kim, 11-In-Woong Hong, 17-Gang-Ji Chung, 14-Hoi-Taek Lee (57' 13-Soo-Il Park), 15-Yi-Woo Lee (63' 18-Yi-Chun Park), 16-Byung-Tak Chung.

·**Coach**: Yong-Shik Kim

Scorers: 0-1 17' Gang-Ji Chung, 0-2 40' Gang-Ji Chung

·**Cautions**: Masakatsu Miyamoto, Yoon-Chan Seo

·**Referee**: Kan Chi Lee (Hong Kong)

·**Attendance**: 30,000

Australia - South Korea 1-1 (0-1)

IX. FIFA World Cup Mexico 1970, Preliminaries, 1st Round Group 15-A

(Seoul - Dongdaemun Stadium - 20.10.1969 - 19:30)

Australia (Yellow-Green-White): 1-Ron Corry (GK), 3-George Keith, 2-Manfred Schaefer, 5-Alan Marnoch (45' 6-David Zeman), 4-Stan Ackerley, 7-John Warren, 10-J.

Perin, 12-Tommy McColl, 15-Atti Abonyi (45' 14-William Rutherford), 16-Ray Baartz, 18-Billy Vojtek.

·**Coach**: Joe Vlatsis

South Korea (Red-Black-Red): 1-Se-Yeon Lee (GK), 2-Yoon-Chan Seo, 3-Jung-Seok Kim(45' 10-Jae-Mo Choi) 5-Ho Kim, 6-Jung-Nam Kim, 7-Gook-Chan Lim, 12-Ki-Bok Kim, 17-Gang-Ji Chung(45' 18-Yi-Chun Park), 14-Hoi-Taek Lee, 15-Yi-Woo Lee, 13-Soo-Il Park.

·**Coach**: Yong-Shik Kim

Scorers: 0-1 29' Soo-Il Park, 1-1 58' Ray Baartz

·**Referee**: Patrick Nice (Malaysia)

·**Attendance**: 30,000

Note: 65' Corry saved a penalty to Gook-Chan Lim.

Laos - South Korea 0-2 (0-0)

II. Thailand King's Cup 1969, 1st Round Group A

(Bangkok - Suphachalasai Stadium - 19.11.1969)

South Korea: Se-Yeon Lee (GK), Jung-Nam Kim, Ho Kim, Yoon-Chan Seo, Ki-Bok Kim, Yi-Woo Lee, Hoi-Taek Lee, Kang-Ji Chung, Kyu-Poong Chung, Sang-Chul Choi, Byung-Tak Chung.

·**Coach**: Joon-Young Kang

Scorers: 0-1 62' Sang-Chul Choi, 0-2 83' Byung-Tak Chung

·**Attendance**: 30,000

South Korea - Malaysia 2-0 (1-0)

II. Thailand King's Cup 1969, 1st Round Group A

(Bangkok - Suphachalasai Stadium - 21.11.1969)

South Korea (Red-White-Red): Byung-Tak Chung, Gang-Ji Chung, Kyu-Poong Chung, Hoi-Taek Lee, Sang-Chul Choi. * 6missings.

·**Coach**: Joon-Young Kang

Scorers: 1-0 7' Gang-Ji Chung, 2-0 85' Hoi-Taek Lee

South Korea - Thailand 0-0 (0-0)

II. Thailand King's Cup 1969, 1st Round Group A

(Bangkok - Suphachalasai Stadium - 23.11.1969)

South Korea: Se-Yeon Lee (GK), Ho Kim, Yoon-Chan Seo, Ki-Bok Kim, Yi-Woo Lee, Kang-Ji Chung, Sang-Chul Choi, *4missings.

·**Coach**: Joon-Young Kang

Scorers: -

·**Attendance**: 40,000

South Korea - South Vietnam 3-0 (2-0)

II. Thailand King's Cup 1969, Semi Final

(Bangkok - Suphachalasai Stadium - 26.11.1969)

South Korea: Joon-Ok Lee (GK), Jung-Nam Kim, Ho Kim, Yoon-Chan Seo, Gook-Chan Lim, In-Woong Hong, Hoi-Taek Lee, Gang-Ji Chung, Kyu-Poong Chung(70' Sang-Chul Choi), Byung-Tak Chung, Tae-Yeol Choi.

·**Coach**: Joon-Young Kang

South Vietnam: Hong Chau Lam (GK), Tan Chin Ho, Ongsak Tai Du, Van Po Lai, Tan Lung Nguyen, Van Mong Nguyen, Tai Hu Vu, Tai Hung Nguyen, Vam Lam Phan, Van Ve Le, Toi Vin Du.

Scorers: 1-0 40' Kyu-Poong Chung, 2-0 41' Byung-Tak Chung, 3-0 56' Kyu-Poong Chung

---

Indonesia - South Korea 0-1 (0-1)

II. Thailand King's Cup 1969, Final

(Bangkok - Suphachalasai Stadium - 28.11.1969 - 19:05)

South Korea (Red-White-Red): Se-Yeon Lee (GK), Jung-Nam Kim, Ho Kim, Yoon-Chan Seo, Ki-Bok Kim, Gook-Chan Lim, In-Woon Hong, Hoi-Taek Lee, Kang-Ji Chung(46' Sang-Chul Choi), Byung-Tak Chung, Tae-Yeol Choi.

·**Coach**: Joon-Young Kang

Scorers: 1-0 16' Gang-Ji Chung

·**Attendance**: 40,000

South Korea - Flamengo (Brazil) 0-0 (0-0)

Friendly Match

(Seoul- Dongdaemun Stadium -29.03.1970 - ?)

South Korea: ?

·**Coach**: ?

Scorers: -

South Korea - Flamengo (Brazil) 0-0 (0-0)

Friendly Match

(Seoul- Dongdaemun Stadium - 01.04.1970 - ?)

South Korea: Hoi-Taek Lee, *10missings.

·**Coach**: ?

Scorers: Hoi-Taek Lee 2 goals.

South Korea - Olaria (Brazil) 1-1 (?-?)

Friendly Match

(Seoul- Dongdaemun Stadium – 11.05.1970 - ?)

South Korea: Byung-Tak Chung, *10missings.

·**Coach**: ?

Scorers: Byung-Tak Chung

South Korea - Olaria (Brazil) 0-0 (0-0)

Friendly Match

(Seoul- Dongdaemun Stadium – 13.05.1970 - ?)

South Korea: ?

·**Coach**: ?

Scorers: -

South Korea - Boldklubben(Denmark) 2-1 (?-?)

Friendly Match

(Seoul- Dongdaemun Stadium – 05.07.1970 - ?)

South Korea: Soo-Il Park, Byung-Tak Chung, *9missings.

·**Coach**: ?

Scorers: Soo-Il Park, Byung-Tak Chung

South Korea - Boldklubben(Denmark) 1-1 (?-?)

Friendly Match

(Seoul- Dongdaemun Stadium – 07.07.1970 - ?)

South Korea: Chang-Il Kim *10missings.

· **Coach**: ?

Scorers: Chang-Il Kim

South Korea - Thailand 0-0 (0-0)

XIV. Merdeka Cup 1970, 1st Round Group B

(Kuala Lumpur - Merdeka Stadium - 31.07.1970)

South Korea (Red-White-Red): Se-Yeon Lee (GK), Jung-Nam Kim, Ho Kim, Yoon-Chan Seo, Jae-Mo Choi, Byung-Joo Park, In-Woong Hong, Chang-Il Kim, Soo-Il Park, Hoi-Taek Lee, Byung-Tak Chung.

· **Coach**: Hong-Ki Han

Scorers: -

· **Attendance**: 10,000

Japan - South Korea 1-1 (0-0)

XIV. Merdeka Cup 1970, 1st Round Group B

(Kuala Lumpur - Merdeka Stadium - 02.08.1970)

Japan (White-White-White): Kenzo Yokoyama (GK), Yoshitada Yamaguchi, Takaji Mori, Aritatsu Ogi, Masafumi Hara, Yoshio Kikukawa, Daishiro Yoshimura, Masakao Miyamoto, Takeo Kimura, Tadahiko Ueda, Ryuichi Sugiyama.

· **Coach**: Shunichiro Okano

South Korea (Red-White-Red): Se-Yeon Lee (GK), Jae-Mo Choi, Jung-Nam Kim, Byung-Joo Park, Yoon-Chan Seo, Ho Kim, Soo-Il Park, In-Woong Hong (45' Gang-Ji Chung), Hoi-Taek Lee, Chang-Il Kim (45' Yi-Chun Park), Byung-Tak Chung.

· **Coach**: Hong-Ki Han

Scorers: 0-1 60' Kimura Takeo, 1-1 89' Yi-Chun Park

· **Referee**: Patrick Nice (Malaysia)

· **Attendance**: 8,000

South Korea - Singapore 4-0 (1-0)

XIV. Merdeka Cup 1970, 1st Round Group B

(Penang - Negeri Pulau Pinang Stadium - 04.08.1970)

South Korea (Red-White-Red): Se-Yeon Lee (GK), Ki-Hyo Kim, Jung-Nam Kim, Ho Kim, Yoon-Chan Seo, Jae-Mo Choi, Byung-Joo Park, Soo-Il Park, Yi-Chun Park(46' Gang-Ji Chung), Hoi-Taek Lee, Byung-Tak Chung.

· **Coach**: Hong-Ki Han

Scorers: 1-0 44' Hoi-Taek Lee, 2-0 51' Gang-Ji Chung, 3-0 70' Gang-Ji Chung, 4-0 75' Yoon-Chan Seo

---

Indonesia - South Korea 1-2 (0-0)

XIV. Merdeka Cup 1970, 1st Round Group B

(Kuala Lumpur - Merdeka Stadium - 06.08.1970)

South Korea (Red-White-Red): Se-Yeon Lee (GK), Ki-Hyo Kim, Jung-Nam Kim, Ho Kim, Yoon-Chan Seo, Byung-Joo Park, In-Woong Hong (45' Gang-Ji Chung), Chang-Il Kim, Soo-Il Park (45' Yi-Chun Park), Hoi-Taek Lee, Byung-Tak Chung.

· **Coach**: Hong-Ki Han

Scorers: 0-1 49' Chang-Il Kim, 1-1 62' Abdul Kabiri, 1-2 68' Gang-Ji Chung

---

Hong Kong - South Korea 0-0 (0-0)

XIV. Merdeka Cup 1970, 1st Round Group B

(Kuala Lumpur - Merdeka Stadium - 09.08.1970)

South Korea (Red-White-Red): Se-Yeon Lee (GK), Ki-Hyo Kim, Jung-Nam Kim, Ho Kim, Yoon-Chan Seo, Jae-Mo Choi(45' In-Woong Hong), Byung-Joo Park, Chang-Il Kim(45' Byung-Tak Chung), Soo-Il Park, Hoi-Taek Lee, Gang-Ji Chung.

· **Coach**: Hong-Ki Han

Scorers: -

India - South Korea 2-3 (2-0)

XIV. Merdeka Cup 1970, Semi Final

(Kuala Lumpur - Merdeka Stadium - 13.08.1970)

South Korea (Red-White-Red): Se-Yeon Lee (GK), Ki-Hyo Kim, Jung-Nam Kim, Ho Kim, Yoon-Chan Seo, Byung-Joo Park, In-Woong Hong(45' In-Woong Hong), Chang-Il Kim(45' Yi-Chun Park), Hoi-Taek Lee, Gang-Ji Chung, Byung-Tak Chung.

· **Coach**: Hong-Ki Han

Scorers: 1-0 16' Subhas Bhowmick, 2-0 25' Mohammed Habib, 2-1 65' Gang-Ji Chung, 2-2 67' Yi-Chun Park, 2-3 76' Hoi-Taek Lee

· **Attendance**: 25,000

Burma - South Korea 0-1 (0-1)

XIV. Merdeka Cup 1970, Final

(Kuala Lumpur - Merdeka Stadium - 16.08.1970)

South Korea (Red-White-Red): Se-Yeon Lee (GK), Jung-Nam Kim, Ho Kim, Yoon-Chan Seo, Jae-Mo Choi, Byung-Joo Park, In-Woong Hong, Yi-Chun Park, Hoi-Taek Lee (45' Chang-Il Kim), Gang-Ji Chung, Byung-Tak Chung.

·**Coach:** Hong-Ki Han

Scorers: 1-0 43' Hoi-Taek Lee

·**Expulsions:** 50' Maung Hla Htay

·**Referee:** K.Mahendran (Malaysia)

·**Attendance:** 40,000

South Korea - Benfica (Portugal) 1-1 (?-?)

Friendly Match

(Seoul- Dongdaemun Stadium – 05.09.1970 - ?)

South Korea: Hoi-Taek Lee, *10missings.

·**Coach:** ?

Scorers: Hoi-Taek Lee

South Korea – Korea Farm Team 1-2 (?-?)

Warm up Match

(Seoul- Hyochang Stadium – 05.09.1970 - ?)

South Korea: Hoi-Taek Lee, *10missings.

·**Coach:** ?

Scorers: Hoi-Taek Lee

South Korea - Hong Kong 3-0 (0-0)

III. Thailand King's Cup 1970, 1st Round Group A

(Bangkok - Suphachalasai Stadium - 10.11.1970)

South Korea (Red-White-Red): Se-Yeon Lee (GK), Yoon-Chan Seo, Ki-Bok Kim, Soo-Duk Park, Yi-Chun Park, Hoi-Taek Lee. * 5 missings.

·**Coach:** Hong-Ki Han

Scorers: 1-0 71' Ki-Bok Kim, 2-0 73' Hoi-Taek Lee, 3-0 75' Yi-Chun Park

·**Expulsions:** 85' Siu Hung Chan, 89' Yoon-Chan Seo

South Korea - Laos 4-0 (0-0)

III. Thailand King's Cup 1970, 1st Round Group A

(Bangkok - Suphachalasai Stadium - 12.11.1970)

South Korea (Red-White-Red): In-Bok Oh (GK), Ki-Hyo Kim, Jung-Nam Kim, Ho Kim, Yoon-Chan Seo, Gil-Soo Choi, Jae-Mo Choi, Ki-Bok Kim(45' Sang-Chul Choi), Soo-Duk Park, Yi-Chun Park, Hoi-Taek Lee.

·**Coach:** Hong-Ki Han

Scorers: 1-0 58' Yoon-Chan Seo, 2-0 60' Soo-Duk Park, 3-0 80' Yoon-Chan Seo, 4-0 86' Soo-Duk Park

·**Attendance:** 40,000

South Korea - Thailand 0-0 (0-0)

III. Thailand King's Cup 1970, 1st Round Group A

(Bangkok - Suphachalasai Stadium - 14.11.1970)

South Korea (Red-White-Red): Se-Yeon Lee (GK), Ki-Hyo Kim(45' Yoon-Chan Seo), Jung-Nam Kim, Ho Kim, Jae-Mo Choi, Byung-Joo Park, Gook-Chan Lim, Chang-Il Kim, Yi-Chun Park, Hoi-Taek Lee, Kyu-Poong Chung (45' Soo-Duk Park).

·**Coach:** Hong-Ki Han

Scorers: -

·**Attendance:** 40,000

South Korea - Singapore 4-0 (1-0)

III. Thailand King's Cup 1970, 1st Round Group A

(Bangkok - Suphachalasai Stadium - 16.11.1970)

South Korea (Red-White-Red): In-Bok Oh (GK), Jung-Nam Kim, Ho Kim, Jae-Mo Choi, Ki-Bok Kim, Chang-Il Kim, Soo-Duk Park, Yi-Chun Park, Kyu-Poong Chung * 2 missings.

·**Coach:** Hong-Ki Han

Scorers: 1-0 7' Soo-Duk Park, 2-0 71' Yi-Chun Park, 3-0 73' Yi-Chun Park, 4-0 79' Soo-Duk Park

·**Attendance:** 5,000

South Korea - Malaysia 2-0 (0-0)

III. Thailand King's Cup 1970, Semi Final

(Bangkok - Suphachalasai Stadium - 18.11.1970)

South Korea (Red-White-Red): Se-Yeon Lee (GK), Jung-Nam Kim, Ho Kim, Yoon-Chan Seo, Jae-Mo Choi, Ki-Bok Kim (89' Kyu-Poong Chung), Byung-Joo Park, Gook-Chan Lim, Chang-Il Kim, Yi-Chun Park, Hoi-Taek Lee.

·**Coach:** Hong-Ki Han

Scorers: 1-0 80' Yi-Chun Park, 2-0 87' Ki-Bok Kim

·**Referee:** Harpajan Singh Dhillon (Singapore)

·**Attendance:** 40,000

Thailand - South Korea 0-1 (0-0)

III. Thailand King's Cup 1970, Final

(Bangkok - Suphachalasai Stadium - 20.11.1970)

South Korea (Red-White-Red): Se-Yeon Lee (GK), Jung-Nam Kim, Ho Kim, Yoon-Chan Seo, Gil-Soo Choi(45' Jae-Mo Choi), Ki-Bok Kim(45' Ki-Hyo Kim), Byung-Joo Park, Chang-Il Kim, Soo-Duk Park, Yi-Chun Park, Hoi-Taek Lee.

·**Coach:** Hong-Ki Han

Scorers: 0-1 80' Soo-Duk Park

·**Referee:** K.Mahendran (Malaysia)

·**Attendance:** 50,000

Iran - South Korea 0-1 (0-0)

VI. Asian Games Bangkok 1970, 1st Round Group C

(Bangkok - Suphachalasai Stadium - 11.12.1970 - 20:00)

Iran (White-White-White): Nasser Hejaji (GK), Ebrahim Ashtiani, Raza Vatankhah, Majid Halvai, Aziz Haqvardian, Parviz Chelichkhani, Asghar Adibi, Hossein Kalani, Ali Jabbari, Ali Parvin.

·**Coach:** Igor Netto (USSR)

South Korea (Blue-Blue-Blue): Se-Yeon Lee (GK), Jung-Nam Kim, Ho Kim, Yoon-Chan Seo, Jae-Mo Choi, Byung-Joo Park, In-Woong Hong, Soo-Il Park(45' Ki-Bok Kim), Yi-Chun Park, Hoi-Taek Lee, Kang-Ji Chung.

·**Coach:** Hong-Ki Han

Scorers: 0-1 52' Hoi-Taek Lee

·**Referee:** EunGuYan Kuwang ThoaI(VNM)

·**Attendance:** 5,000

Note: 51' goal deleted to Kalani for off-side.

Indonesia - South Korea 0-0 (0-0)

VI. Asian Games Bangkok 1970, 1st Round Group C

(Bangkok - Suphachalasai Stadium - 13.12.1970 - 20:00)

South Korea (Red-White-Red): Se-Yeon Lee (GK), Jung-Nam Kim, Ho Kim, Gil-Soo Choi, Ki-Bok Kim, Byung-Joo Park, Gook-Chan Lim, Yi-Chun Park, Hoi-Taek Lee,

Gang-Ji Chung, Kyu-Poong Chung.

·**Coach:** Hong-Ki Han

Indonesia (White-White-White): 1-Judo Hadijanto (GK), 4-Juswardi, 5-Sunarto, 7-Anwar Udjang, 8-Hadi Muljadi, 12-Basri, 20-Iswadi Idris, 17-Sutjipto Suntoro, 19-Jacob Sihasaleh, 11-Jurja Lesmana, 15-Abdul Kadir.

Scorers: -

·**Referee:** Ukiyanaine(Burma)

·**Attendance:** 3,000

South Korea - Thailand 2-1 (2-0)

VI. Asian Games Bangkok 1970, 2nd Round Group B

(Bangkok - Suphachalasai Stadium - 15.12.1970 - 20:45)

South Korea (Red-Black-Red): Se-Yeon Lee (GK), Ki-Hyo Kim, Jung-Nam Kim, Ho Kim, 2-Yoon-Chan Seo(45' 7-Gil-Soo Choi), Jae-Mo Choi, Byung-Joo Park, 16-Soo-Il Park(45' 11-Gook-Chan Lim), Yi-Chun Park, Hoi-Taek Lee, Gang-Ji Chung.

·**Coach:** Hong-Ki Han

Thailand: Sarah Booth Patipakornchai (GK), Nanjong Sungasuwan, Niwatana Sessawadi, Vitsit Yampounluwang, Sahat Ponswan, Suchin Kashiwat, Sutda Sudsa-Ahde, Sufakit Mellarfkids, Chatchai Parhallpat, Chirawatt Pimpawatin, 10-Pretcha Kidsbun(45' 8-Purlop Marklamtong).

Scorers: 1-0 8' Yi-Chun Park, 2-0 21' Soo-Il Park, 2-1 65' Chatchai Parhallpat

·**Referee:** EunGuYan Kuwang ThoaI(VNM)

·**Attendance:** 3,000

Burma - South Korea 1-0 (0-0)

VI. Asian Games Bangkok 1970, 2nd Round Group B

(Bangkok - Suphachalasai Stadium - 17.12.1970 - 20:45)

Burma: 1-Maung Tin Aung (GK), 2-Maung Maung Myint, 3-Maung Maung Tin, 6-Maung Aye Maung I, 16-Maung Aye Maung II, 9-Maung Hla Htay, 8-Maung Ye Nyunt(45' 14-So Pang), 10-Maung Win Maung, 17-Maung Than Soe, 4-Maung Tin Sen, 5-Maung Pe Khin.

·**Coach:** Bachu

South Korea (Red-Black-Red): Se-Yeon Lee (GK), Jung-Nam Kim, Gil-Soo Choi, Jae-Mo Choi, Byung-Joo Park,

11-Gook-Chan Lim(45' 21-Soo-Duk Park), In-Woong Hong, Soo-Il Park, Yi-Chun Park, Hoi-Taek Lee, Gang-Ji Chung.

·**Coach:** Hong-Ki Han

Scorers: 0-1 70' Maung Hla Htay

·**Referee:** Ohyi Pho Hwa(Malaysia)

Japan - South Korea 1-2 (0-1,1-1) a.e.t.

VI. Asian Games Bangkok 1970, Semi Final

(Bangkok - Suphachalasai Stadium - 18.12.1970 - 19:00)

Japan (Blue-Blue-Blue): 1-Kenzo Yokoyama (GK), 3-Yoshio Kikukawa, 6-Kozo Arai, 7-Aritatsu Ogi, 2-Yoshitada Yamaguchi, 11-Eizo Yuguchi, 9-Takaji Mori, 10-Teruki Miyamoto (65' 17-Tadahiko Ueda), 16-Takeo Kimura (65' 18-Minoru Kobata), Kunishige Kamamoto, Ryuichi Sugiyama.

·**Coach:** Shunichiro Okano

South Korea (Red-White-Red): 24-Se-Yeon Lee (GK), 4-Ki-Hyo Kim, 5-Jung-Nam Kim, 3-Ho Kim(45' 7-Gil-Soo Choi), 2-Yoon-Chan Seo(45' 12-In-Woong Hong), 6-Jae-Mo Choi, 8-Byung-Joo Park, 16-Soo-Il Park, 15-Yi-Chun Park, 14-Hoi-Taek Lee, 17-Gang-Ji Chung.

·**Coach:** Hong-Ki Han

Scorers: 0-1 40' Gang-Ji Chung, 1-1 73' Tadahiko Ueda, 1-2 114' Yi-Chun Park

·**Referee:** Wanchai Suvare(Thailand)

·**Attendance:** 25,000

South Korea - Burma 0-0 (0-0,0-0) a.e.t.

VI. Asian Games Bangkok 1970, Final

(Bangkok - Suphachalasai Stadium - 20.12.1970 - 17:00)

South Korea (Red-Black-Red): Se-Yeon Lee (GK), Ki-Hyo Kim, Jung-Nam Kim, Ho Kim, Yoon-Chan Seo, Jae-Mo Choi, Byung-Joo Park, Soo-Il Park, Yi-Chun Park, Hoi-Taek Lee, 18-Gang-Ji Chung(45' 17-Kang-Ji Chung).

Burma (Blue-White-Blue): Maung Tin Aung (GK), Maung Maung Myint, Maung Pe Khin, Maung Maung Tin, Maung Tin Sen, Maung Aye Maung I, Myo Win Nyunt, Maung Ye Nyunt, Maung Hla Htay, Maung Win Maung, Maung Than Soe.

·**Coach:** Bachu

Scorers: -

·**Referee:** Manit Sridaranob(Thailand)

·**Attendance:** 30,000

Note: Gold Medal was shared.

1971

Argentina U-23 - South Korea 3-1 (?-?)

Friendly Match

(Argentina - ? – 15.01.1971 - ?)

South Korea: Soo-Il Park, *10missings.

·**Coach:** ?

Scorers: Soo-Il Park

Argentina Junior - South Korea 3-1(?-?)

Friendly Match

(Argentina - ? – 18.01.1971 - ?)

South Korea: Soo-Il Park, *10missings.

·**Coach:** ?

Scorers: Soo-Il Park

Noroeste (Brazil)- South Korea 2-0 (?-?)

Friendly Match

(Bauru - ? – 29.01.1971 - ?)

South Korea: ?

·**Coach:** ?

Scorers: ?

Comercial (Brazil)- South Korea 3-2 (?-?)

Friendly Match

(Ribeirao Preto - ? – 31.01.1971 - ?)

South Korea: Yi-Chun Park, Hoi-Taek Lee, * 9missings.

·**Coach:** ?

Scorers: Yi-Chun Park, Hoi-Taek Lee

Ferroviaria (Brazil)- South Korea 3-1 (?-?)

Friendly Match

(Araraquara - ? – 03.02.1971 - ?)

South Korea: Ki-Hyo Kim *10 missings.

·**Coach:** ?

Scorers: Ki-Hyo Kim

Peru - South Korea 0-0 (0-0)

Friendly Match

(Lima - ? – 10.02.1971 - ?)

South Korea: ?

·**Coach:** ?

Scorers: -

Colombia Junior - South Korea 2-5 (0-0)

Friendly Match

(Colombia - ? – 15.02.1971 - ?)

South Korea: Ki-Bok Kim, Dae-Shik Nam, Yi-Chun Park, Hoi-Taek Lee,*7 missings.

·**Coach:** ?

Scorers: Ki-Bok Kim, Dae-Shik Nam, Yi-Chun Park 2 goals, Hoi-Taek Lee.

South Korea - Thailand 1-0 (0-0)

I. Park's Cup Asia Football Championship 1971, 1st Round Group A

(Seoul - Dongdaemun Stadium - 02.05.1971 - 15:00)

South Korea (Blue-Blue-Blue): 1-Se-Yeon Lee (GK), 4-Ki-Hyo Kim, 5-Jung-Nam Kim, 3-Ho Kim, 7-Gil-Soo Choi, 22-Ki-Bok Kim, 8-Byung-Joo Park, 18-Chang-Il Kim, 16-Soo-Il Park, 15-Yi-Chun Park, 14-Hoi-Taek Lee.

·**Coach:** Hong-Ki Han

Thailand (White-White-White): 1-Chaoon Iam (GK), Pewat Baim, 8-Piruk Silgarasir, 9-Chusak Jabisut, 17-Sutan Namjak, 18-Kriemshak Vivosane, 10-Jongnuk Tongplao, 12-Jota Sasiam, 13-Adon Injarang, 11-Shaman Rudinan, 15-Shonmaisha Hajainra.

·**Coach:** Navarathna

Scorers: 1-0 73' Yi-Chun Park

·**Attendance:** 30,000

Note: The name of this tournament was origined from former Korean president, Jung-Hee Park (1961-1979).

South Korea - Malaysia 5-1 (4-0)

I. Park's Cup Asia Football Championship 1971, 1st Round Group A

(Seoul - Dongdaemun Stadium - 06.05.1971 - 19:50)

South Korea (Blue-Blue-Blue): 1-Se-Yeon Lee (GK), 8-Byung-Joo Park, 6-Jae-Mo Choi, 3-Ho Kim, 5-Jung-Nam Kim(C), 19-Dae-Shik Nam, 15-Yi-Chun Park, 22-Ki-Bok Kim, 21-Soo-Duk Park, 17-Gang-Ji Chung, 20-Kyu-Poong Chung.

·**Coach:** Hong-Ki Han

Malaysia (Yellow-Black-Yellow): 1-Wong Hi Kok (GK), 3-Kok Leong Chan, 5-T.Jamadan, 4-Namat Abdullah, 2-Dil Akbal, 17-Hamzah Hussein, 7-Abdullah Mohammed, 8-Ibrahim Midin, 9-Saeed Ahmad, 10-Chun Wa Wong, 11-Saleh Ibrahim.

·**Coach:** George S. Joseph

Scorers: 1-0 16' Gang-Ji Chung, 2-0 22' Yi-Chun Park, 3-0 37' Gang-Ji Chung, 4-0 43' Ki-Bok Kim, 4-1 48' Hamzah Hussein, 5-1 63' Kyu-Poong Chung

·**Attendance:** 15,000

South Korea - Khmer 2-0 (1-0)

I. Park's Cup Asia Football Championship 1971, 1st Round Group A

(Seoul - Dongdaemun Stadium - 09.05.1971 - 16:50)

South Korea (Red-White-Red): 0-Ho-Young Byun (GK), 8-Byung-Joo Park, 3-Ho Kim, 9-Joong-Hui Lee, 6-Jae-Mo Choi, 7-Gil-Soo Choi, 4-Ki-Hyo Kim, 18-Chang-Il Kim (20-Kyu-Poong Chung), 14-Hoi-Taek Lee, 17-Gang-Ji Chung (21-Soo-Duk Park), 16-Soo-Il Park.

·**Coach:** Hong-Ki Han

Khmer (White-White-White): Rim Sac (GK), Tol Kimchib, Loris Salakhan, Neem Samkol, Sok Ron, Du Gog Miladord, Sliman Salim, Pen Pat, Deywer Sukhom, Se Chun Ng, Rim Tong Hot.

·**Coach:** Ham Phon Vao

Scorers: 1-0 38' Hoi-Taek Lee, 2-0 67' Hoi-Taek Lee

·**Attendance:** 15,000

South Korea - Indonesia 3-0 (2-0)

I. Park's Cup Asia Football Championship 1971, Semi Final

(Seoul - Dongdaemun Stadium - 11.05.1971 - 19:50)

South Korea (Blue-Blue-Blue): 1-Se-Yeon Lee (GK), 8-Byung-Joo Park, 6-Jae-Mo Choi (45' 7-Gil-Soo Choi), 3-Ho Kim,

5-Jung-Nam Kim (C), 4-Ki-Hyo Kim, 15-Yi-Chun Park, 20-Kyu-Poong Chung, 14-Hoi-Taek Lee (80' 21-Soo-Duk Park), 17-Gang-Ji Chung, 18-Chang-Il Kim.

·Coach: Hong-Ki Han

Indonesia (White-White-White): Judo Hadianto (GK), Daman, Sunarto, Juswardi, Anwar Udjang, Jopie Madi, Iswadi Idris, Ronny Pattinasarany, Jakob Sihasale, Waskito, Abdul Kadir.

·Coach: Witarsya

Scorers: 1-0 12' Kyu-Poong Chung, 2-0 31' (OG) ?, 3-0 66' Kyu-Poong Chung

·Attendance: 30,000

South Korea - Burma 0-0 (0-0)

I. Park's Cup Asia Football Championship 1971, Final
(Seoul - Dongdaemun Stadium - 13.05.1971 - 18:50)

South Korea (Blue-Blue-Blue): 1-Se-Yeon Lee (GK), 8-Byung-Joo Park, 6-Jae-Mo Choi, 3-Ho-Kim, 5-Jung-Nam Kim (C), 4-Ki-Hyo Kim, 20-Kyu-Poong Chung, 15-Yi-Chun Park, 14-Hoi-Taek Lee, 17-Gang-Ji Chung (46' 22-Ki-Bok Kim), 18-Chang-Il Kim(46' 16-Soo-Il Park).

·Coach: Hong-Ki Han

Burma (Red-White-Red): 1-Maung Tin Aung (GK), 2-Maung Maung Myint, 3-Maung Maung Tin, 6-Maung Tin Sen, 5-Maung So Peng, 8-Maung Aye Maung I, 10-Maung Aye Maung II, 11-Maung Ye Nyunt, 14-Maung Win Maung, 15-Maung La Te (C), 16-Maung Than Soe.

·Coach: Bachu

Scorers: -

·Referee: Oei Poh Hwa (Malaysia)

·Attendance: 35,000

Note: Due to heavy rain, the refree decide not to continue extra time and replay after two days.

South Korea - Burma 0-0 (0-0,0-0) a.e.t.

I. Park's Cup Asia Football Championship 1971, Final (Replay)
(Seoul - Dongdaemun Stadium - 15.05.1971 - 15:00)

South Korea (Blue-Blue-Blue): 1-Se-Yeon Lee (GK), 8-Byung-Joo Park, 6-Jae-Mo Choi, 7-Gil-Soo Choi, 5-Jung-Nam Kim (C), 3-Ho Kim, 20-Kyu-Poong Chung, 15-Yi-Chun

Park, 14-Hoi-Taek Lee, 4-Ki-Hyo Kim, 18-Chang-Il Kim (83' 17-Gang-Ji Chung).

·Coach: Hong-Ki Han

Burma (Red-White-Red): 1-Maung Tin Aung (GK), 2-Maung Maung Myint, 3-Maung Maung Tin, 6-Maung Tin Sen, 5-Maung So Peng, 8-Maung Aye Maung I, 10-Maung Aye Maung II, 11-Maung Ye Nyunt (12-Chao Min), 14-Maung Win Maung, 15-Maung La Te (C), 16-Maung Than Soe.

·Coach: Bachu

Scorers: -

·Referee: Oei Poh Hwa (Malaysia)

·Attendance: 30,000

Note: The trophy was shared.

South Korea - Dundee United (Scotland) 3-3 (?-?)

Friendly Match
(Seoul - Dongdaemun Stadium - 24.07.1971 - ?)

South Korea: Yi-Chun Park, Kyu-Poong Chung, *9 missings.

·Coach: ?

Scorers: Yi-Chun Park 2goals, Kyu-Poong Chung

South Korea - Dundee United (Scotland) 3-4 (?-?)

Friendly Match
(Seoul - Dongdaemun Stadium - 26.07.1971 - ?)

South Korea: Soo-Il Park, Soo-Duk Park, *9 missings.

·Coach: ?

Scorers: Soo-Il Park, Soo-Duk Park 2goals,

South Korea - Setubal (Portugal) 2-4 (?-?)

Friendly Match
(Seoul - Dongdaemun Stadium - 26.08.1971 - ?)

South Korea: Yi-Chun Park, Kyu-Poong Chung, *9 missings.

·Coach: ?

Scorers: Yi-Chun Park, Kyu-Poong Chung

South Korea - Setubal (Portugal) 0-2 (?-?)

Friendly Match
(Seoul - Dongdaemun Stadium - 28.08.1971 - ?)

South Korea: ?

·Coach: ?

Scorers: ?

South Korea - Setubal (Portugal) 0-3 (?-?)

Friendly Match

(Seoul - Dongdaemun Stadium - 30.08.1971 - ?)

South Korea: ?

·Coach: ?

Scorers: ?

South Korea - Iran 2-0 (2-0)

Friendly Match

(Seoul - Dongdaemun Stadium - 10.09.1971 - 19:30)

South Korea (Red-White-Red): 1-Se-Yeon Lee (GK), 7-Gil-Soo Choi, 3-Ho Kim, 5-Jung-Nam Kim (C), 6-Jae-Mo Choi, 18-Chang-Il Kim(45' 4-Ki-Hyo Kim), 9-Cha-Man Lee, 17-Gang-Ji Chung(45' 21-Soo-Duk Park), 15-Yi-Chun Park, 11-Hoi-Taek Lee, 20-Kyu-Poong Chung.

·Coach: Hong-Ki Han

Iran (White-White-White): 1-Nasser Hejazi (GK), 2-Ebrahim Ashtiani (14-Habib Arizadeh), 3-Akbar Kargharjam (16-Pourhidir), 4-Jaffar Kashani, 5-Parviz Qleechkhani, 12-Mehdi Gazal, 7-Ali Parvin (C) (15-Jalal Talebi), 20-Safar Iranpak, 9-Nuperdial, 10-Homayoun Behzadi, 11-Mostafa Arab (13-Javad Ghurab).

·Coach: Igor Netto (USSR)

Scorers: 1-0 8' Kyu-Poong Chung, 2-0 12' Yi-Chun Park

·**Attendance:** 25,000

South Korea - Iran 0-2 (0-2)

Friendly Match

(Seoul - Dongdaemun Stadium - 12.09.1971 - 19:30)

South Korea (Red-White-Red): 1-Se-Yeon Lee (45' Ho-Young Byun) (GK), 7-Gil-Soo Choi, 3-Ho Kim(45' 2-Sung-Oh Seo), 5-Jung-Nam Kim (C), 6-Jae-Mo Choi, 18-Chang-Il Kim, 9-Cha-Man Lee, 15-Yi-Chun Park, 21-Soo-Duk Park (45' 10-Yoon-Jung Huh), 11-Hoi-Taek Lee, 20-Kyu-Poong Chung.

·Coach: Hong-Ki Han

Iran (White-White-White): 1-Bahram Mavadat (GK), 2-Ebrahim Ashtiani, 3-Akbar Kargharjam, 4-Jaffar Kashani, 5-Parviz Qleechkhani, 18-Ashgar Adibi (13-

Javar Ghurab), 7-Ali Parvin (C), 20-Safar Iranpak, 9-Karo Haqvardian (6-Mehdi Gazal), 10-Homayoun Behzadi, 11-Ali Reza Korsheedi.

·Coach: Igor Netto (USSR)

Scorers: 0-1 38' Ali Reza Korsheedi, 0-2 41' (OG) Ho Kim

·**Attendance:** 30,000

South Korea - Malaysia 0-1 (0-0)

XX. Olympic Games Munchen 1972, Preliminaries, Group 1

(Seoul - Dongdaemun Stadium - 25.09.1971 - 16:45)

South Korea (Blue-Blue-Blue): 1-Se-Yeon Lee (GK), 8-Byung-Joo Park, 3-Ho Kim, 5-Jung-Nam Kim, 7-Gil-Soo Choi, 9-Cha-Man Lee (45' 4-Ki-Hyo Kim), 18-Chang-Il Kim, 15-Yi-Chun Park, 21-Soo-Duk Park, 11-Hoi-Taek Lee, 20-Kyu-Poong Chung (45' 17-Gang-Ji Chung).

·Coach: Hong-Ki Han

Malaysia (White-White-White): 1-Wong Kam Puc (GK), 6-Chan Ju Rong, 8-V.Krishna Sami, 4-M.Chandran, 10-Saleh Ibrahim, 5-Namat Abdullah, 3-Soh Chin Aun, 11-Yasif Eng Kok, 14-Saeed Ahmad (60' 2-Rong Li Kok), 13-Chun Wa Wong, 18-Rui Run Tek.

·Coach: Peter Velapan

Scorers: 0-1 51' Saeed Ahmad

·**Referee:** Nguyen Quang Toai (South Vietnam)

·**Attendance:** 25,000

Note: FIFA didn't count this Olympic match as a full international.

South Korea - Philippines 6-0 (0-0)

XX. Olympic Games Munchen 1972, Preliminaries, Group 1

(Seoul - Dongdaemun Stadium - 29.09.1971 - 19:45)

South Korea (Blue-Blue-Blue): 1-Se-Yeon Lee (GK), 7-Gil-Soo Choi, 3-Ho Kim, 5-Jung-Nam Kim, 6-Jae-Mo Choi, 4-Ki-Hyo Kim, 9-Cha-Man Lee, 18-Chang-Il Kim (46' 20-Kyu-Poong Chung), 15-Yi-Chun Park, 21-Soo-Duk Park, 17-Gang-Ji Chung.

·Coach: Hong-Ki Han

Philippines (Blue-White-Blue): 1-Eddie Llamas (45' Edgardo Fadul) (GK), 14-Eduardo Talmadeo, 11-Luis Tabuena,

16-Edmundo Veloso, 2-Vicente Maristela, 3-Romerico Serrado, 7-Eufemio Agustin, 9-José Mari Martínez, 12-Gerardo Delgado, 10-Miguel Crame, 13-Ignacio Vicente.

·**Coach:** Fernando Álvarez

Scorers: 1-0 49' Soo-Duk Park, 2-0 55' Soo-Duk Park, 3-0 60' Kyu-Poong Chung, 4-0 65'(P) Jae-Mo Choi, 5-0 70' Cha-Man Lee, 6-0 85' Soo-Duk Park

·**Referee:** Kan Chee Lee (Hong Kong)

·**Attendance:** 5,000

Note: FIFA didn't count this Olympic match as a full international.

South Korea - Japan 2-1 (0-0)

XX. Olympic Games Munchen 1972, Preliminaries, Group 1

(Seoul - Dongdaemun Stadium - 02.10.1971 - 16:45)

South Korea (Blue-Blue-Blue): 1-Se-Yeon Lee (GK), 8-Byung-Joo Park (80' 10-Yoon-Jung Huh), 3-Ho Kim, 5-Jung-Nam Kim (C), 6-Jae-Mo Choi, 18-Chang-Il Kim (72' 4-Ki-Hyo Kim), 7-Gil-Soo Choi, 9-Cha-Man Lee, 15-Yi-Chun Park, 21-Soo-Duk Park, 20-Kyu-Poong Chung.

·**Coach:** Hong-Ki Han

Japan (White-White-White): 1-Kenzo Yokoyama (GK), 2-Yoshitada Yamaguchi, 3-Masakatsu Miyamoto, 5-Kozo Arai, 4-Hiroshi Katayama, 11-Seiji Tomizawa (72' 6-Takaji Mori), 8-Aritsatsu Ogi, 13-Teruki Miyamoto (14' 14-Daishiro Yoshimura), 15-Yoshikazu Nagai, 17-Kunishige Kamamoto, 16-Ryuichi Sugiyama.

·**Coach:** Shunichiro Okano

Scorers: 1-0 47' Soo-Duk Park, 1-1 51' Yoshikazu Nagai, 2-1 83' Kyu-Poong Chung

·**Referee:** Govindasamy Suppiah (Singapore)

·**Attendance:** 30,000

Note: FIFA didn't count this Olympic match as a full international.

South Korea - Taiwan 8-0 (4-0)

XX. Olympic Games Munchen 1972, Preliminaries, Group 1

(Seoul - Dongdaemun Stadium - 04.10.1971 - 18:00)

South Korea (Blue-Blue-Blue): 1-Ho-Young Byun (GK), Kyung-Joong Kim, 2-Sung-Oh Seo, 5-Jung-Nam Kim (C) (45' 7-Gil-Soo Choi), 14-Ho-Gon Kim, 9-Cha-Man Lee, 6-Ki-Hyo Kim, 15-Yi-Chun Park, 17-Gang-Ji Chung (45' 18-Chang-Il Kim), 21-Soo-Duk Park, 20-Kyu-Poong Chung.

·**Coach:** Hong-Ki Han

Taiwan (White-White-White): 1-Wishang Feng (GK), 6-Guangshung Chen, Qingbong Wang, 3-Shenming Lin, 2-Zhixiang Xu, Tukuai Li, 9-Zhenquei Zhao, 4-Fucai Li, 18-Xianxin Huang, Huifeng Rang, 11-Jinshui Yang.

·**Coach:** Shusheang Cheng

Scorers: 1-0 7' Kyu-Poong Chung, 2-0 11' Soo-Duk Park, 3-0 26' Gang-Ji Chung, 4-0 33' Yi-Chun Park, 5-0 58' Soo-Duk Park, 6-0 68' Cha-Man Lee, 7-0 84' Ki-Hyo Kim, 8-0 89' Kyu-Poong Chung.

·**Referee:** D.A.Matulessy (Indonesia)

Note: FIFA didn't count this Olympic match as a full international.

South Korea - Malaysia 2-2 (2-1)

IV. Thailand King's Cup 1971, 1st Round

(Bangkok - Suphachalasai Stadium - 08.11.1971)

South Korea: Se-Yeon Lee (GK), Kyung-Joong Kim, Ho Kim, Jae-Mo Choi, Cha-Man Lee, Kyu-Poong Chung, Chang-Il Kim, Soo-Duk Park, Yi-Chun Park. * 2 missings.

·**Coach:** Duk-Young Hong

Scorers: 0-1 13' Looi Run Tek, 1-1 16' Kyu-Poong Chung, 2-1 31' Soo-Duk Park, 2-2 66' Saharuddin Abdullah

·**Attendance:** 15,000

South Korea - Indonesia 0-0 (0-0)

IV. Thailand King's Cup 1971, 1st Round

(Bangkok - Suphachalasai Stadium - 12.11.1971)

South Korea: Se-Yeon Lee (GK), Kyu-Poong Chung, Soo-Duk Park, Yi-Chun Park, Kang-Ji Chung. * 6 missings.

·**Coach:** Duk-Young Hong

Scorers: -

South Korea - South Vietnam 1-1 (0-1,1-1) a.e.t. 2-1 on penalties

IV. Thailand King's Cup 1971, Semi Final

(Bangkok - Suphachalasai Stadium - 14.11.1971 - 20:00)

South Korea: Se-Yeon Lee (GK), Kyung-Joong Kim, Ho-Gon Kim, Gil-Soo Choi, Jae-Mo Choi, Jung-Nam Kim, Cha-Man Lee, Chang-Il Kim, Yi-Chun Park, Kyu-Poong Chung, Soo-Duk Park.

· **Coach:** Duk-Young Hong

Scorers: 0-1 16' Thiet An Tran, 1-1 68' Chang-Il Kim

· **Penalties:** 1-0 Yi-Chun Park, 1-1 Tran VanKinh, 2-1 Chang-Il Kim 2-1 Vo BaHung(missed), 2-1 Kyu-Poong Chung (missed), 2-1 Nguyen VanNgon (missed), 2-1 Cha-Man Lee (missed), 2-1 Tran TietAnh(missed), 2-1 Soo-Duk Park (missed)

Thailand - South Korea 0-1 (0-0)

IV. Thailand King's Cup 1971, Final

(Bangkok - Suphachalasai Stadium - 16.11.1971 - 19:00)

South Korea: Se-Yeon Lee (GK), Kyung-Joong Kim, Ki-Hyo Kim, Ho Kim, Gil-Soo Choi, Cha-Man Lee, Chang-Il Kim, Jae-Mo Choi, Cha-Man Lee, Yi-Chun Park, Kyu-Poong Chung, Soo-Duk Park.

· **Coach:** Duk-Young Hong

Scorers: 0-1 63' Kyu-Poong Chung

· **Attendance:** 35,000

South Korea - U-20 4-1 (?-?)

Warm up Match

(Busan - ? – 19.01.1972 - ?)

South Korea: Soo-Duk Park, Yi-Chun Park, Cha-Man Lee, Jae-Wook Go, *7 missings.

· **Coach:** ?

Scorers: Soo-Duk Park, Yi-Chun Park, Cha-Man Lee, Jae-Wook Go.

South Korea - U-20 2-0 (?-?)

Warm up Match

(Daejeon - ? – 04.03.1972 - ?)

South Korea: Yi-Chun Park, Sang-Chul Choi *9 missings.

· **Coach:** ?

Scorers: Yi-Chun Park, Sang-Chul Choi.

South Korea - U-20 2-0 (?-?)

Warm up Match

(Daegu - ? – 05.03.1972 - ?)

South Korea: Yi-Chun Park, Jae-Wook Go *9 missings.

· **Coach:** ?

Scorers: Yi-Chun Park, Jae-Wook Go.

South Korea - U-20 1-0 (?-?)

Warm up Match

(Gwangju - ? – 25.03.1972 - ?)

South Korea: Jae-Geon Kwon *10 missings.

· **Coach:** ?

Scorers: Jae-Geon Kwon

South Korea - U-20 1-0 (?-?)

Warm up Match

(Jeonju - ? – 26.03.1972 - ?)

South Korea: Tae-Joo Lim *10 missings.

· **Coach:** ?

Scorers: Tae-Joo Lim

South Korea - Trust Bank 0-0 (0-0)

Warm up Match

(Seoul - ? – 02.04.1972 - ?)

South Korea: ?

·**Coach:** ?

Scorers: -

South Korea - Korea Farm Team 2-0 (?-?)

Warm up Match

(Seoul - ? – 30.04.1972 - ?)

South Korea: Hoi-Taek Lee, Cha-Man Lee, * 9missings.

·**Coach:** ?

Scorers: Hoi-Taek Lee, Cha-Man Lee

South Korea - Iraq 0-0 (0-0,0-0) 2-4 on penalties

V. Asian Cup Thailand 1972, Final Phase, Group Allocation Match

(Bangkok - Suphachalasai Stadium - 07.05.1972)

South Korea: 1-Se-Yeon Lee (GK), 3-Ho Kim, 17-Ho-Gon Kim, 13-Kyung-Joong Kim, 2-Young-Tae Park, 6-Jae-Wook Ko, 6-Jae-Man Hwang, 19-Bum-Geun Cha, 10-Soo-Duk Park, 11-Hoi-Taek Lee, 15-Yi-Chun Park (C).

·**Coach:** Byung-Seok Park

Scorers: -

·**Penalties:** 1-?, 2-?, Bum-Kun Cha (missed), Jae-Man Hwang (missed), Soo-Duk Park (missed), ?-1 Aziz, ?-2 Noori, 2-3 Kadhim, 2-4 Fathi

·**Attendance:** 6,000

South Korea - Khmer Republic 4-1 (1-0)

V. Asian Cup Thailand 1972, Final Phase, 1st Round Group B

(Bangkok - Suphachalasai Stadium - 10.05.1972)

South Korea: 1-Se-Yeon Lee (GK), 3-Ho Kim, 17-Ho-Gon Kim, 13-Kyung-Joong Kim, 2-Young-Tae Park, 6-Jae-Wook Ko(45' 16-Jae-Man Hwang), 4-Cha-Man Lee, 19-Bum-Geun Cha, 10-Soo-Duk Park, 11-Hoi-Taek Lee, 15-Yi-Chun Park (C).

·**Coach:** Byung-Seok Park

Scorers: 1-0 37' Soo-Duk Park, 2-0 60' Hoi-Taek Lee, 3-0 72' Bum-Geun Cha, 4-0 78'(P) Yi-Chun Park, 4-1 82' Doeur Sokhom

---

South Korea - Kuwait 1-2 (1-1)

V. Asian Cup Thailand 1972, Final Phase, 1st Round Group B

(Bangkok - Suphachalasai Stadium - 12.05.1972)

South Korea (Red-White-Red): 1-Se-Yeon Lee (GK), 3-Ho Kim, 17-Ho-Gon Kim, 13-Kyung-Joong Kim, 2-Young-Tae Park, 4-Cha-Man Lee, 16-Jae-Man Hwang, 19-Bum-Geun Cha, 10-Soo-Duk Park, 11-Hoi-Taek Lee, 15-Yi-Chun Park (C).

·**Coach:** Byung-Seok Park

Scorers: 1-0 2'(P) Yi-Chun Park, 1-1 24' Mohamed Sultan Al-Aspo, 1-2 74' Ibrahim Edraihim

---

South Korea - Thailand 1-1 (0-0,1-1) a.e.t. 2-1 on penalties

V. Asian Cup Thailand 1972, Final Phase, Semi Final

(Bangkok - Suphachalasai Stadium - 17.05.1972)

South Korea: 1-Se-Yeon Lee (GK), 3-Ho Kim, 17-Ho-Gon Kim, ?-Jin-Gook Kim, 2-Young-Tae Park, 6-Jae-Wook Ko, 16-Jae-Man Hwang (46' Tae-Joo Lim), 19-Bum-Geun Cha, 10-Soo-Duk Park, 11-Hoi-Taek Lee, 15-Yi-Chun Park (C).

·**Coach:** Byung-Seok Park

Scorers: 0-1 97' Niwat Srisawat, 1-1 113' Yi-Chun Park

·**Penalties:** 1-0 Yi-Chun Park, 1-1 Chirawat Pimpawatin, 2-1 Jae-Wook Ko, 2-1 Chatchai Paholpat(missed), 2-1 Cha-Man Lee(missed), 2-1 Prapon Tantariyanond(missed), 2-1 Jin-Gook Kim(missed), 2-1 Niwat Srisawat(missed), 2-1 Bum-Geun Cha, 2-1 Narong Sangkasuwan.

·**Attendance:** 50,000

Iran - South Korea 2-1 (0-0,1-1) a.e.t.

V. Asian Cup Thailand 1972, Final Phase, Final

(Bangkok - Suphachalasai Stadium - 19.05.1972)

Iran (Blue-White-Blue): Nasser Hejazi (GK), Ibrahim Ashtiani, Majeed Halvaei, Akbar Kargharjam, Mostafa Arab, Ali Jabbari (76' Mehdi Monajati), Parviz Qleechkhani, Javad Ghurab, Homayoun Behzadi, 13-Hussain Kalani, Ghulam Hussain Mazloomi (77' Safar Iranpak).

·**Coach:** Mohamed Ranjbar

South Korea (Red-White-Red): 1-Se-Yeon Lee (GK), 2-Young-Tae Park, 3-Ho Kim, 17-Ho-Gon Kim, 13-Kyung-Joong

Kim, 4-Cha-Man Lee(46' 16-Jae-Man Hwang), 6-Jae-Wook Ko, 10-Soo-Duk Park (46' 11-Hoi-Taek Lee), 19-Bum-Geun Cha, 15-Yi-Chun Park (C), 12-Jin-Gook Kim.

·Coach: Byung-Seok Park

Scorers: 1-0 49' Ali Jabbari, 1-1 65' Yi-Chun Park, 2-1 108' Hussain Kalani

·Referee: Sivapalan Kathiravale (Malaysia)

·Attendance: 15,000

South Korea - Coventry City (England) 0-3 (0-?)

Friendly Match

(Seoul - ? – 28.05.1972 - ?)

South Korea: ?

·Coach: ?

Scorers: ?

South Korea - Santos (Brazil) 2-3 (?-?)

Friendly Match

(Seoul - ? – 02.06.1972 - ?)

South Korea: Bum-Kun Cha, Hoi-Taek Lee, *9 missings

·Coach: ?

Scorers: Bum-Kun Cha, Hoi-Taek Lee

South Korea - Korea Farm Team 1-1 (?-?)

Warm up Match

(Seoul - ? – 01.07.1972 - ?)

South Korea: Jin-Gook Kim, *10 missings

·Coach: ?

Scorers: Jin-Gook Kim

South Korea - Malaysia Farm Team 3-1 (1-1)

XV. Merdeka Cup 1972, 1st Round Group B

(Kuala Lumpur - Merdeka Stadium - 13.07.1972)

South Korea (Red-White-Red): 1-Se-Yeon Lee (GK), 3-Ho Kim, 17-Ho-Gon Kim, 2-Young-Tae Park, 13-Kyung-Joong Kim, 6-Jae-Wook Ko, 16-Jae-Man Hwang, 10-Soo-Duk Park, 19-Bum-Geun Cha, 15-Yi-Chun Park (C), 11-Hoi-Taek Lee.

·Coach: Heung-Chul Ham

Scorers: 1-0 34' Soo-Duk Park, 1-1 43' Mohamed Bakar, 2-1 48' Hoi-Taek Lee, 3-1 70' Yi-Chun Park

·Attendance: 8,000

Hong Kong - South Korea 0-0 (0-0)

XV. Merdeka Cup 1972, 1st Round Group B

(Kuala Lumpur - Merdeka Stadium - 15.07.1972)

South Korea (Red-White-Red): 1-Se-Yeon Lee (GK), 3-Ho Kim, 17-Ho-Gon Kim, 2-Young-Tae Park, 13-Kyung-Joong Kim, 6-Jae-Wook Ko, 10-Soo-Duk Park, 16-Jae-Man Hwang(46' 12- Jin-Gook Kim), 19-Bum-Geun Cha(46' Tae-Joo Lim), 15-Yi-Chun Park (C).

·Coach: Heung-Chul Ham

Scorers: -

·Attendance: 8,000

South Korea - Thailand 2-0 (0-0)

XV. Merdeka Cup 1972, 1st Round Group B

(Kuala Lumpur - Merdeka Stadium - 17.07.1972)

South Korea: 1-Se-Yeon Lee (GK), 3-Ho Kim, 17-Ho-Gon Kim, 2-Young-Tae Park, 13-Kyung-Joong Kim, 6-Jae-Wook Ko, 16-Jae-Man Hwang, 11-Hoi-Taek Lee (45' 8-Jae-Han Kim), 12-Jin-Gook Kim, 19-Bum-Geun Cha, 15-Yi-Chun Park (C).

·Coach: Heung-Chul Ham

Scorers: 1-0 51' Yi-Chun Park, 2-0 81'(P) Yi-Chun Park

·Referee: Thaung Tin (Burma)

South Korea - Singapore 4-1 (3-1)

XV. Merdeka Cup 1972, 1st Round Group B

(Kuala Lumpur - Merdeka Stadium - 19.07.1972)

South Korea: 1-Se-Yeon Lee (GK), 13-Kyung-Joong Kim, 3-Ho Kim, 17-Ho-Gon Kim, 2-Young-Tae Park, 6-Jae-Wook Ko, 16-Jae-Man Hwang, 19-Bum-Geun Cha, 15-Yi-Chun Park (C), 10-Soo-Duk Park, 11-Hoi-Taek Lee.

·Coach: Heung-Chul Ham

Scorers: 1-0 13' Jae-Wook Ko, 2-0 30' Soo-Duk Park, 3-0 43' Bum-Geun Cha, 3-1 44' Samad Ali, 4-1 52' Yi-Chun Park

---

South Korea - Indonesia 2-0 (0-0)

XV. Merdeka Cup 1972, 1st Round Group B

(Kuala Lumpur - Merdeka Stadium - 23.07.1972)

South Korea (Red-White-Red): 1-Se-Yeon Lee (GK), 13-Kyung-Joong Kim, 3-Ho Kim, 17-Ho-Gon Kim, 2-Young-Tae Park, 6-Jae-Wook Ko, 16-Jae-Man Hwang, 12-Jin-Gook Kim(45' 19-Bum-Geun Cha), 15-Yi-Chun Park (C), 10-Soo-Duk Park, 11-Hoi-Taek Lee.

·**Coach:** Heung-Chul Ham

Scorers: 1-0 51' Hoi-Taek Lee, 2-0 56' Bum-Geun Cha

·**Referee:** H.S Dhillon (Singapore)

South Korea - Japan 3-0 (1-0)

XV. Merdeka Cup 1972, Semi Final

(Kuala Lumpur - Merdeka Stadium - 26.07.1972)

South Korea (Red-White-Red): 1-Se-Yeon Lee (GK), 13-Kyung-Joong Kim, 3-Ho Kim, 17-Ho-Gon Kim, 2-Young-Tae Park, 6-Jae-Wook Ko, 16-Jae-Man Hwang, 19-Bum-Geun Cha, 15-Yi-Chun Park (C), 10-Soo-Duk Park(45' 7-Tea-Joo Lim), 11-Hoi-Taek Lee(15' 12-jin-Gook Kim).

·**Coach:** Heung-Chul Ham

Japan:

Kenzo Yokoyama (GK), Kuniya Daini, Yoshitada Yamaguchi, Nobuo Kawakami, Kozo Arai, Takaji Mori, Daishiro Yoshimura, Aritatsu Ogi, Kazumi Takada, Kunishige Kamamoto, Yasuhiko Okudera (Mitsunori Fujiguchi).

·**Coach:** Ken Naganuma

Scorers: 1-0 27' Soo-Duk Park, 2-0 58' Yi-Chun Park, 3-0 64' Soo-Duk Park

·**Attendance:** 40,000

South Korea - Malaysia 2-1 (1-0)

XV. Merdeka Cup 1972, Final

(Kuala Lumpur - Merdeka Stadium - 29.07.1972 - 20:15)

South Korea (Red-White-Red): 1-Se-Yeon Lee (GK), 13-Kyung-Joong Kim, 3-Ho Kim, 17-Ho-Gon Kim, 2-Young-Tae Park, 6-Jae-Wook Ko, 16-Jae-Man Hwang, 12-jin-Gook Kim, 19-Bum-Geun Cha, 15-Yi-Chun Park (C), 10-Soo-Duk Park(45' 7-Tea-Joo Lim).

·**Coach:** Heung-Chul Ham

Scorers: 1-0 44' (OG) Chandra, 2-0 49' Bum-Geun Cha, 2-1 68' Soh Chin Aun

·**Referee:** Tadashi Kimura (Japan)

·**Attendance:** 40,000

Japan - South Korea 2-2 (1-0)

I. Korea-Japan Annual Match

(Tokyo - Yoyoki National Stadium - 14.09.1972 - 19:00)

Japan (White-White-White): Koji Funamoto (GK), Atsuyoshi Furuta, Nobuo Kawakami, Aritatsu Ogi, Kuniya Daini, Nobuo Fujishima(Takaji Mori), Kozo Arai, Noridaka Hidaka (Michio Ashikaga), Daishiro Yoshimura, Kunishige Kamamoto, Kazumi Takada (Yasuhiko Okudera).

·**Coach:** Ken Naganuma

South Korea (Red-White-Red): 1-Se-Yeon Lee (GK), 3-Ho Kim, 13-Kyung-Joong Kim (46' 4-Cha-Man Lee), 6-Jae-Wook Ko, 2-Young-Tae Park, 17-Ho-Gon Kim, 16-Jae-Man Hwang, 15-Yi-Chun Park, 10-Soo-Duk Park (45' 7-Tae-Joo Lim), 12-Jin-Gook Kim, 19-Bum-Geun Cha.

·**Coach:** Heung-Chul Ham

Scorers: 1-0 18' Kamamoto Kunishige, 1-1 48' Yi-Chun Park, 1-2 65' Cha-Man Lee, 2-2 89' Kamamoto Kunishige

·**Referee:** Rook Tat Soon(Hong Kong)

South Korea - Thailand 3-0 (2-0)

II. Park's Cup Asia Football Championship 1972, 1st Round Group A

(Seoul - Dongdaemun Stadium - 20.09.1972 - 18:00)

South Korea (Red-White-Red): 1-Se-Yeon Lee (GK), 2-Young-Tae Park, 3-Ho Kim, 17-Ho-Gon Kim, 13-Kyung-Joong Kim (45' 4-Cha-Man Lee), 6-Jae-Wook Ko, 16-Jae-Man Hwang, 19-Bum-Geun Cha, 15-Yi-Chun Park, 10-Soo-Duk Park (45' 7-Tae-Joo Lim), 12-Jin-Gook Kim.

·**Coach:** Heung-Chul Ham

Thailand: 1-Saravuth Parthipakoranchai (GK), 3-Chirawat Pimpawasin, 7-Chumpol Ruangrung, 5-Supakich Melakit, 10-Omnat, 6-Chatchai Paholpat (9-Juta), 12-Nitawana Sesawadi, 11-Pricha, 14-Sudda, 16-Saman, 18-Pririt Pungdee.

Scorers: 1-0 14' Yi-Chun Park, 2-0 33' Soo-Duk Park, 3-0 70' Bum-Geun Cha

·**Attendance:** 20,000

South Korea - Khmer 3-1 (2-0)

II. Park's Cup Asia Football Championship 1972, 1st Round Group A

(Seoul - Dongdaemun Stadium - 22.09.1972 - 18:40)

South Korea (Red-White-Red): 1-Se-Yeon Lee (GK), 2-Young-Tae Park, 3-Ho Kim, 17-Ho-Gon Kim, 13-Kyung-Joong Kim (46' 4-Cha-Man Lee), 6-Jae-Wook Ko, 16-Jae-Man Hwang, 15-Yi-Chun Park, 19-Bum-Geun Cha, 10-Soo-Duk Park, 12-Jin-Gook Kim(62' 9-Ho-Seon Chung).

·**Coach:** Heung-Chul Ham

Khmer: 1-Rim Sac (GK), 2-Tol Kimchib, 3-Loris Salakhan, 4-Kong Van, 5-Sok Ron, 6-Du Gog Miladord, 7-Te Seang, 8-Sliman Salim, 9-Deywer Sukhom, 10-Se Chun Ng, 16-Tuikat.

Scorers: 1-0 26'(P) Yi-Chun Park, 2-0 32' Jin-Gook Kim, 3-0 61' Jin-Gook Kim, 3-1 80' Tuy Khath

·**Referee:** Harpajan Singh Dhillon (Singapore)

·**Attendance:** 30,000

South Korea - Malaysia 2-0 (1-0)

II. Park's Cup Asia Football Championship 1972, 1st Round Group A

(Seoul - Dongdaemun Stadium - 24.09.1972 - 16:40)

South Korea (Red-White-Red): 1-Se-Yeon Lee (GK), 2-Young-Tae Park, 3-Ho Kim, 17-Ho-Gon Kim, 13-Kyung-Joong Kim, 6-Jae-Wook Ko, 16-Jae-Man Hwang (45' 4-Cha-Man Lee), 19-Bum-Geun Cha, 15-Yi-Chun Park, 10-Soo-Duk Park, 12-Jin-Gook Kim.

·**Coach:** Heung-Chul Ham

Malaysia: 1-Hong Ke Lim (GK), 2-Osman Abdullah, 6-Mon Rong Wong, 3-Namat Abdullah, 4-Soh Chin Aun, 5-Sukor Saleh, 7-Hamzah Hussein, 14-Rahim Abdullah, 11-Mohammed Bakar, 10-Wan Joaway (12-Saharuhdin Abdullah), 17-Harun Jusoh.

Scorers: 1-0 20'(P) Yi-Chun Park, 2-0 80' Yi-Chun Park

·**Referee:** Dimasay (Philippines)

·**Attendance:** 30,000

South Korea - Burma 0-1 (0-1)

II. Park's Cup Asia Football Championship 1972, Semi Final

(Seoul - Dongdaemun Stadium - 27.09.1972 - 19:40)

South Korea (Red-White-Red): 1-Se-Yeon Lee (GK), 2-Young-Tae Park, 3-Ho Kim, 17-Ho-Gon Kim, 13-Kyung-Joong Kim, 6-Jae-Wook Ko (45' 4-Cha-Man Lee), 16-Jae-Man Hwang, 19-Bum-Geun Cha, 15-Yi-Chun Park (45' 7-Tae-Joo Lim), 10-Soo-Duk Park, 12-Jin-Gook Kim.

·**Coach:** Heung-Chul Ham

Burma: 1-Maung Tin Aung (GK), 7-Maung San Ye, 3-Maung Maung Tin, 4-Maung Tin Sen, 5-Myo Win Sen, 8-Maung Aye Maung I, 9-Maung Aye Maung II(4-Maung Tiong Mo), 11-Maung Ye Nyunt, 12-Maung Wing Maung, 13-Maung Tan So, 15-Maung Tin Shin.

Scorers: 0-1 23' Maung Ye Nyunt

·**Referee:** Harpajan Singh Dhillon (Singapore)

·**Attendance:** 25,000

Note: 57' Maung Tin Aun saved a penalty to Jin-Gook Kim.

South Korea - Malaysia 1-0 (0-0)

II. Park's Cup Asia Football Championship 1972, Third Place Match

(Seoul - Dongdaemun Stadium - 30.09.1972 - 15:00)

South Korea (Red-White-Red): 0-Yi-Woon Kwon (GK), 2-Young-Tae Park, 13-Kyung-Joong Kim, 3-Ho Kim, 17-Ho-Gon Kim, 4-Cha-Man Lee, 16-Jae-Man Hwang, 7-Tae-Joo Lim (45' 10-Soo-Duk Park), 6-Jae-Wook Ko (45' 8-Jae-Han Kim), 19-Bum-Geun Cha, 12-Jin-Gook Kim.

·**Coach:** Heung-Chul Ham

Scorers: 1-0 56' Soo-Duk Park

·**Attendance:** 20,000

South Korea - Australia 1-1 (0-1)

Friendly Match

(Seoul - Dongdaemun Stadium - 22.10.1972 - 15:00)

South Korea (Red-White-Red): 1-Se-Yeon Lee (GK), 2-Young-Tae Park, 3-Ho Kim, 17-Ho-Gon Kim, 13-Kyung-Joong Kim, 16-Jae-Man Hwang, 4-Cha-Man Lee, 19-Bum-Geun Cha, 15-Yi-Chun Park, 10-Soo-Duk Park (20' Han-Heung Cho, 45' 12-Jin-Gook Kim), 7-Kyu-Poong Chung(67' 11-Hoi-

Taek Lee).

·Coach: Heung-Chul Ham

Australia: 1-Jack Reilly (GK), 2-George Harris, 3-Peter Wilson, 4-Manfred Schaefer, 5-Bobby Hogg, 6-Ray Richards, 7-Jim Mackay, 8-Atti Abonyi, 9-Ray Baartz, 10-Max Tolson (51' 13-Adrian Alston), 11-Branko Buljevic.

·Coach: Rale Rasic

Scorers: 0-1 9' Ray Baartz, 1-1 65' Cha-Man Lee

·Referee: Joo-Won Kim (South Korea)

·Attendance: 20,000

South Korea - Australia 0-2 (0-2)

Friendly Match

(Seoul - Dongdaemun Stadium - 24.10.1972 - 15:00)

South Korea (Red-White-Red): 1-Se-Yeon Lee (GK), 2-Young-Tae Park, 3-Ho Kim, 17-Ho-Gon Kim, 13-Kyung-Joong Kim, 4-Cha-Man Lee, 6-Jae-Wook Ko (27' 16-Jae-Man Hwang), 19-Bum-Geun Cha, 15-Yi-Chun Park, 9-Kyu-Poong Chung, 12-Jin-Gook Kim(46' 11-Hoi-Taek Lee).

·Coach: Heung-Chul Ham

Australia: 1-Ron Corry (GK), 2-Doug Utjesenovic, 3-Peter Wilson, 4-Manfred Schaefer, 5-Bobby Hogg (85' Bogdan Nyskohus), 10-Adrian Alston, 6-Ray Richards, 8-John Warren, 7-Jim Rooney (64' 14-Jim Mackay), 9-Ray Baartz, 11-Jim Armstrong (61' 12-Max Tolson).

·Coach: Rale Rasic

Scorers: 0-1 14' Ray Baartz, 0-2 41' Jim Armstrong

·Referee: Myung-Sub Maeng (South Korea)

·Attendance: 17,000

South Korea - Malaysia 4-1 (1-0)

V. Thailand King's Cup 1972, Group Stage

(Bangkok - Suphachalasai Stadium - 18.11.1972)

South Korea (Red-White-Red): Yi-Woon Kwon (GK), Jae-Man Hwang, Kyung-Bok Park, Ki-Heung Yoo, Young-Tae Park, Cha-Man Lee, Jae-Wook Ko, Yi-Chun Park, Jin-Gook Kim, Kyu-Poong Chung, Bum-Geun Cha.

·Coach: Jung-Shik Moon

Scorers: 1-0 20' Jin-Gook Kim, 2-0 53' Kyu-Poong Chung, 2-1 64' Affendi Yusoff, 3-1 65'(P) Yi-Chun Park, 4-1 83' Jae-Wook Ko

---

Indonesia - South Korea 1-1 (1-1)

V. Thailand King's Cup 1972, Group Stage

(Bangkok - Suphachalasai Stadium - 22.11.1972)

South Korea (Red-White-Red): Yi-Woon Kwon (GK), Young-Tae Park, Ki-Heung Yoo, Kyung-Bok Park, Jae-Man Hwang, Cha-Man Lee, Jae-Wook Ko, Yi-Chun Park, Jin-Gook Kim (45' In-Kwon Kim), Kyu-Poong Chung, Bum-Geun Cha.

·Coach: Jung-Shik Moon

Scorers: 1-0 33' Bum-Geun Cha, 1-1 34' (OG) Young-Tae Park

·Attendance: 10,000

South Korea - Singapore 2-0 (1-0)

V. Thailand King's Cup 1972, Group Stage

(Bangkok - Suphachalasai Stadium - 24.11.1972)

South Korea: Young-Tae Park, Ki-Heung Yoo, Jae-Man Hwang, Cha-Man Lee, Bum-Geun Cha, Yi-Chun Park, Kyu-Poong Chung, In-Kwon Kim (45' Jin-Gook Kim). * 3 missings.

·Coach: Jung-Shik Moon

Scorers: 1-0 44' Yi-Chun Park, 2-0 65' Yi-Chun Park

·Attendance: 20,000

South Korea - Thailand 0-1 (0-1)

V. Thailand King's Cup 1972, Group Stage

(Bangkok - Suphachalasai Stadium - 26.11.1972)

South Korea (Red-White-Red): Yi-Woon Kwon (GK), Jin-Gook Kim, Jae-Man Hwang, In-Kwon Kim(63' Bum-Geun Cha), Yi-Chun Park, Kyu-Poong Chung(73' Han-Heung Cho). * 4 missings.

·Coach: Jung-Shik Moon

Scorers: 0-1 40' Niwat Srisawat

·Attendance: 40,000

South Korea - Singapore 0-0 (0-0)

V. Thailand King's Cup 1972, Third Place Match

(Bangkok - Suphachalasai Stadium - 28.11.1972)

South Korea (Red-White-Red): Yi-Woon Kwon (GK), Kyung-Bok Park, Young-Tae Park, Ki-Myeon Bae, Sang-Yeop

Lee, Cha-Man Lee(45' Jae-Wook Ko), Jae-Man Hwang, In-Kwon Kim, Yi-Chun Park, Dong-Hyun Cho, Han-Heung Cho.

·**Coach:** Jung-Shik Moon

Scorers: -

Note: No extra time. The 3rd place was shared.

1973

South Korea - U-20 0-1 (?-?)

Warm up Match

(Seoul - Dongdaemun Stadium – 01.04.1973)

South Korea: ?

·**Coach:** ?

South Korea - Middlesex Wonderers (England) 1-0 (?-?)

Friendly Match

(Seoul - Dongdaemun Stadium – 19.04.1973)

South Korea: Ki-Hyo Kim, *10missings

·**Coach:** ?

Scorers: Ki-Hyo Kim

South Korea - Middlesex Wonderers (England) 3-1 (?-?)

Friendly Match

(Seoul - Dongdaemun Stadium – 21.04.1973)

South Korea: Bum-Geun Cha, Yi-Chun Park, Tae-Hyun Kang, *8missings

·**Coach:** ?

Scorers: Bum-Geun Cha, Yi-Chun Park, Tae-Hyun Kang

South Korea - Thailand 4-0 (0-0)

X. FIFA World Cup West Germany 1974, Preliminaries, 1st Round Group A - Sub Group 2

(Seoul - Dongdaemun Stadium - 19.05.1973 - 15:40)

South Korea (Blue-Blue-Blue): 1-Se-Yeon Lee (GK), 3-Ho-Gon Kim, 5-Jung-Nam Kim, 6-Ki-Heung Yoo, 2-Young-Tae Park, 8-Ki-Hyo Kim, 7-Jae-Wook Ko, 9-Bum-Geun Cha (69' 12-Kyu-Poong Chung), 10-Gang-Ji Chung (46' 20-Jae-Han Kim), 15-Yi-Chun Park, 17-Jin-Gook Kim.

·**Coach:** Byung-Dae Min

Thailand: 1-Saravuth Parthipakoranchai (GK), 8-Tinakorn Patchareon, 5-Sukapit Meelarpkij, 17-Juta Thingsabat, 4-Chumpol Ruangrung, 6-Aumnat Charemchavalit, 9-Chatchai Paholpat, 11-Pricha Kitboon, 10-Prapon Tantariyanoth, 7-Pririt Pungdee, 12-Nitawana Sesawadi.

·**Coach:** Lemchan Hasdin

Scorers: 1-0 52' Jae-Han Kim, 2-0 60' Bum-Geun Cha, 3-0 79' Kyu-Poong Chung, 4-0 84' Kyu-Poong Chung

·**Referee:** R.Hatta (Indonesia)

·**Attendance:** 30,000

South Korea - Malaysia 0-0 (0-0)

X. FIFA World Cup West Germany 1974, Preliminaries, 1st Round Group A - Sub Group 2

(Seoul - Dongdaemun Stadium - 21.05.1973 - 19:45)

South Korea (Red-White-Red): 1-Se-Yeon Lee (GK), 3-Ho-Gon Kim, 5-Jung-Nam Kim, 6-Ki-Heung Yoo, 2-Young-Tae Park, 11-Cha-Man Lee, 7-Jae-Wook Ko, 9-Bum-Geun Cha, 10-Gang-Ji Chung, 20-Jae-Han Kim, 12-Kyu-Poong Chung (77' 18-Tae-Hyun Kang).

·**Coach:** Byung-Dae Min

Malaysia: 1-Ramasamy Amurgam Ali (GK), 2-Namat Abdullah, 5-M.Chandran (C), 3-Soh Chin Aun, 6-Woong Voon Leong, 4-Sukor Saleh, 10-Wan Zawawi, 19-Rahim Abdullah (45' 17-Juta), 15-Mokhtar Dahari (43' 16-Shaharuhdin Abdullah), 9-Wan Hassan, 18-Harun Jusoh.

·**Coach:** Tam Sitwa

Scorers: -

·**Referee:** U Tin Thut (Burma)

·**Attendance:** 30,000

South Korea - Israel 0-0 (0-0)

X. FIFA World Cup West Germany 1974, Preliminaries, 1st Round Group A - Sub Group 2

(Seoul - Dongdaemun Stadium - 23.05.1973 - 19:45)

South Korea (Red-White-Red): 1-Se-Yeon Lee (GK), 3-Ho-Gon Kim, 6-Ki-Heung Yoo, 5-Jung-Nam Kim (45' 8-Ki-Hyo Kim), 2-Young-Tae Park, 20-Ki-Wook Kang,

7-Jae-Wook Ko, 9-Bum-Geun Cha, 11-Cha-Man Lee, 15-Yi-Chun Park, 13-Kyu-Poong Chung(45' Tae-Hyun Kang).

·**Coach**: Byung-Dae Min

Israel: 1-Itzik Visoker (GK), 12-Yeshaayahu Schwager, 3-George Borba, 4-David Primo(45' 15-Yehuda Shaharabani), 5-Zvi Rozen, 6-Yaron Oz, 7-Itzhak Shum, 16-Rahamim Talbi, 17-Gidi Damti, 10-Mordechai Spiegler, 11-Moshe Onana.

·**Coach**: Edmond Schmilovich

Scorers: -

·**Referee**: U Tin Thut (Burma)

·**Attendance**: 35,000

South Korea - Hong Kong 3-1 (1-1)

X. FIFA World Cup West Germany 1974, Preliminaries, 1st Round Group A - Semi Final

(Seoul - Dongdaemun Stadium - 26.05.1973 - 15:00)

South Korea (Blue-Blue-Blue): 1-Se-Yeon Lee (GK), 3-Ho-Gon Kim, 5-Jung-Nam Kim, 6-Ki-Heung Yoo, 2-Young-Tae Park, 11-Cha-Man Lee, 7-Jae-Wook Ko, 10-Gang-Ji Chung (22' 9-Bum-Geun Cha), 15-Yi-Chun Park, 20-Jae-Han Kim (57' 13-Kyu-Poong Chung), 17-Jin-Gook Kim.

·**Coach**: Byung-Dae Min'

Hong Kong: 2-Nai Chen Kam (GK), 3-Ying Kit Lam, 7-Ting Huai Sang, 8-Yun Yue Cheng, 9-Man Kwong Wong (45' Sun Cheung Lai), 13-Fuk Kwong Ip (45' Kwok Wah Li), 12-Guk Kan Cheng, 16-Ka Ming Kwak, 17-Tat Choi Wong, 19-Kuen Chu Yen, 21-Hong Hoi Lo.

·**Coach**: Cham Shu Chow

Scorers: 0-1 5' Kuen Chu Yuen, 1-1 44' Jae-Han Kim, 2-1 52' Yi-Chun Park, 3-1 72' Kyu-Poong Chung

·**Referee**: R.Hatta (Indonesia)

·**Attendance**: 40,000

Israel - South Korea 0-1 (0-0,0-0) a.e.t.

X. FIFA World Cup West Germany 1974, Preliminaries, 1st Round Group A - Final

(Seoul - Dongdaemun Stadium - 28.05.1973 - 19:00)

Israel: 1-Itzik Visoker (GK), 2-Avraham Gindin, 3-George

Borba, 5-Zvi Rozen, 12-Yeshaayahu Schwager, 4-David Primo, 6-Yaron Oz (16-Rahamim Talbi), 7-Itzhak Shum, 17-Gidi Damti, 10-Mordechai Spiegler, 11-Moshe Onana.

·**Coach**: Edmond Schmilovich

South Korea (Blue-Blue-Blue): 1-Se-Yeon Lee (GK), 3-Ho-Gon Kim, 6-Ki-Heung Yoo, 16-Ki-Wook Kang, 2-Young-Tae Park, 8-Ki-Hyo Kim, 7-Jae-Wook Ko, 9-Bum-Geun Cha, 15-Yi-Chun Park, 20-Jae-Han Kim, 12-Kyu-Poong Chung.

·**Coach**: Byung-Dae Min

Scorers: 1-0 109' Bum-Geun Cha

·**Referee**: U Tin Thut (Burma)

·**Attendance**: 40,000

South Korea - Japan 2-0 (0-0)

II. Korea-Japan Annual Match

(Seoul - Dongdaemun Stadium - 23.06.1973 - 17:00)

South Korea (Blue-Blue-Blue): 1-Se-Yeon Lee (GK), 3-Ho-Gon Kim, 5-Jung-Nam Kim (C) (46' 16-Ki-Wook Kang), 6-Ki-Heung Yoo, 2-Young-Tae Park, 11-Cha-Man Lee, 7-Jae-Wook Ko (70' 18-Tae-Hyun Kang), 9-Bum-Geun Cha, 15-Yi-Chun Park, 10-Gang-Ji Chung(36' 20-Jae-Han Kim), 12-Kyu-Poong Chung.

·**Coach**: Byung-Dae Min

Japan (White-White-White): 22-Tatsuhiko Seta(77' 1-Koji Funamoto) (GK), 2-Yoshitada Yamaguchi, 5-Aritatsu Ogi, 6-Nobuo Kawakami, 12-Nobuo Fujishima, 11-Shusaku Hirasawa, 9-Kozo Arai, 10-Daishiro Yoshimura, 19-Yoshikazu Nagai, 17-Noridaka Hidaka(77' 16-Akira Matsunaga), 18-Mitsunori Fujiguchi (80' 13-Minoru Gobata).

·**Coach**: Ken Naganuma

Scorers: 1-0 56' Cha-Man Lee, 2-0 74' Jae-Han Kim

·**Referee**: K.Mahendran (Malaysia)

·**Attendance**: 30,000

South Korea - Khmer 6-0 (4-0)

III. Park's Cup Asia Football Championship 1973, 1st Round Group A

(Seoul - Dongdaemun Stadium - 22.09.1973 - 16:20)

South Korea (Red-White-Red): 21-Ho-Young Byun (GK),

3-Ho-Gon Kim, 6-Ki-Heung Yoo, 16-Ki-Wook Kang, 2-Young-Tae Park (46' 8-Byung-Chul Park), 11-Cha-Man Lee, 7-Jae-Wook Ko, 9-Bum-Geun Cha, 15-Yi-Chun Park, 20-Jae-Han Kim (70' 18-Tae-Hyun Kang), 17-Jin-Gook Kim.

·**Coach :** Byung-Dae Min

Khmer : 1-Lim Sak (GK), 2-Tol Kimchib, 3-L.Salakan, 4-Kong Van, 5-Sok Ron, 6-Duc Milatol (45' 14-Ham Kimsan), 7-Le Zeang(17' 17-Dam Pala), 8-S.Salim, 9-D. Sorom, 10-Se Chimeam, 11-Sok Sunheang.

Scorers : 1-0 5' Jin-Gook Kim, 2-0 14' Bum-Geun Cha, 3-0 24' Jin-Gook Kim, 4-0 32' Bum-Geun Cha, 5-0 53' Jae-Han Kim, 6-0 72'(P) Yi-Chun Park

·**Attendance :** 25,000

South Korea - Indonesia 3-1 (1-1)

III. Park's Cup Asia Football Championship 1973, 1st Round Group A

(Seoul - Dongdaemun Stadium - 24.09.1973 - 19:40)

South Korea (Blue-Blue-Blue) : 1-Se-Yeon Lee (GK), 3-Ho-Gon Kim, 6-Ki-Heung Yoo, 16-Ki-Wook Kang, 19-Hee-Tae Kim, 11-Cha-Man Lee, 7-Jae-Wook Ko, 9-Bum-Geun Cha, 15-Yi-Chun Park (46' 14-Dong-Choon Yoo), 20-Jae-Han Kim, 17-Jin-Gook Kim.

·**Coach :** Byung-Dae Min

Indonesia : 18-Judo Hadianto (GK), 17-Sutan Harhara, 3-Ojong Riza, 6-Ronny Pattinasarany, 5-Subodro, 4-Widodo, 9-Sarman Panggabean, 7-Iswadi Idris, 10-Jakob Sihasale (45' 8-Budi Santoso), 13-Sofyan Hadi, 11-Abdul Kadir.

Scorers : 1-0 11' Jae-Han Kim, 1-1 21' Abdul Kadir, 2-1 73' Jin-Gook Kim, 3-1 79' Jae-Han Kim

·**Attendance :** 30,000

South Korea - Burma 0-1 (0-1)

III. Park's Cup Asia Football Championship 1973, Semi Final

(Seoul - Dongdaemun Stadium - 28.09.1973 - 18:00)

South Korea (Blue-Blue-Blue) : 21-Ho-Young Byun (GK), 3-Ho-Gon Kim (38' 19-Hee-Tae Kim), 16-Ki-Wook Kang, 5-Goo-Ho Moon, 2-Young-Tae Park, 11-Cha-Man Lee,

7-Jae-Wook Ko, 9-Bum-Geun Cha, 14-Dong-Choon Yoo (59' 15-Yi-Chun Park), 20-Jae-Han Kim, 17-Jin-Gook Kim.

·**Coach :** Byung-Dae Min

Burma : 1-Maung Tin Aung (GK), 3-Maung Maung Tin, 2-Maung Sen Win, 4-Maung Tin Sen, 5-Myo Win Tin, 6-Asoke, 8-Maung Aye Maung I, 9-Maung Aye Maung II, 12-Maung Aye Tin, 14-Maung Miya Kien (45' 16-Maung Thin Maung Rei), 15-Maung Tin Win.

Scorers : 0-1 30' Maung Tin Win

·**Attendance :** 30,000

South Korea - Malaysia 2-0 (1-0)

III. Park's Cup Asia Football Championship 1973, Third Place Match

(Seoul - Dongdaemun Stadium - 30.09.1973 - 14:00)

South Korea : 21-Ho-Young Byun (GK), 19-Hee-Tae Kim, 5-Goo-Ho Moon, 16-Ki-Wook Kang, 2-Young-Tae Park, 8-Byung-Chul Park, 7-Jae-Wook Ko, 9-Bum-Geun Cha, 14-Dong-Choon Yoo(45' 17-Jin-Gook Kim), 18-Tae-Hyun Kang, 10-Keon-Soo Yoo (45' 20-Jae-Han Kim).

·**Coach :** Byung-Dae Min

Malaysia : 1-Ramasamy Amurgam Ali (GK), 2-Namat Abdullah, 3-Soh Chin Aun, 4-Sukor Saleh, 7-Vincent Pamviraza, 8-Wan Hassan, 14-Wong Chun Wa, 15-Rahim Abdullah, 10-Mokhtar Dahari, 12-Apandi Yusof, 18-R.Visvanasan(45' 11-Shaharuhdin Abdullah).

Scorers : 1-0 14' Bum-Geun Cha, 2-0 70' Tae-Hyun Kang

Australia - South Korea 0-0 (0-0)

X. FIFA World Cup West Germany 1974, Preliminaries, Final Round

(Sydney - Sports Ground - 28.10.1973 - 15:00)

Australia (Yellow-Green-Green) : 1-Jim Fraser (GK), 2-Doug Utjesenevic, 3-Peter Wilson, 4-John Watkiss, 5-Col Curran, 6-Ray Richards, 9-Jim Mackay, 7-John Warren (75' 13-Ernie Campbell), 8-Ray Baartz, 11-Atti Abonyi, 10-Adrian Alston (60' 12-Max Tolson).

·**Coach :** Rale Rasic

South Korea (Red-White-Red) : 21-Ho-Young Byun (GK), 3-Ho-Gon Kim, 6-Ki-Heung Yoo, 16-Ki-Wook Kang, 2-Young-Tae Park, 9-Bum-Geun Cha, 7-Jae-Wook Ko,

8-Byung-Chul Park, 15-Yi-Chun Park (65' 18-Tae-Hyun Kang), 20-Jae-Han Kim, 12-Kyu-Poong Chung.

·Coach: Byung-Dae Min

Scorers: -

·Cautions: 34' Ho-Gon Kim, 48' Young-Tae Park

·Referee: Vital Loraux (Belgium)

·Attendance: 32,005

South Korea - Australia 2-2 (2-1)

X. FIFA World Cup West Germany 1974, Preliminaries, Final Round

(Seoul - Dongdaemun Stadium - 10.11.1973 - 15:00)

South Korea (Red-White-Red): 21-Ho-Young Byun (GK), 3-Ho-Gon Kim, 6-Ki-Heung Yoo, 16-Ki-Wook Kang, 2-Young-Tae Park, 9-Bum-Geun Cha, 7-Jae-Wook Ko, 8-Byung-Chul Park, 15-Yi-Chun Park, 20-Jae-Han Kim, 12-Kyu-Poong Chung.

·Coach: Byung-Dae Min

Australia (Yellow-Green-Green): 1-Jim Fraser (GK), 2-Doug Utjesenovic, 3-Peter Wilson, 14-Manfred Schaefer, 5-Col Curran, 6-Ray Richards (76' 10-Adrian Alston), 9-Jim Mackay, 12-Jim Rooney, 11-Atti Abonyi, 8-Ray Baartz, 22-Branko Buljevic.

·Coach: Rale Rasic

Scorers: 1-0 15' Jae-Han Kim, 2-0 27' Jae-Wook Ko, 2-1 29' Branko Buljevic, 2-2 48' Ray Baartz

·Referee: Arie van Gemert (Nederland)

·Attendance: 32,000

South Korea - Australia 0-1 (0-0)

X. FIFA World Cup West Germany 1974, Preliminaries, Final Round Play-Off

(Hong Kong - Hong Kong Stadium - 13.11.1973 - 20:00)

South Korea (Blue-Blue-Blue): 1-Se-Yeon Lee (GK), 3-Ho-Gon Kim, 6-Ki-Heung Yoo, 16-Ki-Wook Kang, 2-Young-Tae Park, 9-Bum-Geun Cha, 7-Jae-Wook Ko, 8-Byung-Chul Park, 17-Jin-Gook Kim (59' 12-Kyu-Poong Chung), 20-Jae-Han Kim, 18-Tae-Hyun Kang (80' 15-Yi-Chun Park).

·Coach: Byung-Dae Min

Australia (Yellow-Green-Green): 1-Jim Fraser (GK), 2-Doug

Utjesenovic, 3-Peter Wilson, 14-Manfred Schaefer, 5-Col Curran, 6-Ray Richards, 7-Jim Mackay, 12-Jim Rooney, 11-Atti Abonyi (56' 10-Adrian Alston), 9-Ray Baartz, 22-Branko Buljevic.

·Coach: Rale Rasic

Scorers: 0-1 70' Jim Mackay

·Cautions: Manfred Schaefer

·Referee: Arie van Gemert (Nederland)

·Attendance: 27,284

South Korea - Khmer 5-0 (3-0)

VI. Thailand King's Cup 1973, 1st Round Group B

(Bangkok - Suphachalasai Stadium - 16.12.1973)

South Korea (Blue-Blue-Blue): Ho-Young Byun (GK) (C), Ho-Gon Kim, Ki-Wook Kang, Ki-Heung Yoo, Hee-Tae Kim, Yi-Chun Park, Jae-Wook Ko, Cha-Man Lee (80' Byung-Chul Park), Jae-Han Kim, Bum-Geun Cha, Kyu-Poong Chung (80' Keon-Soo Yoo).

·Coach: Byung-Dae Min

Scorers: 1-0 16' Kyu-Poong Chung, 2-0 23' Yi-Chun Park, 3-0 40' Jae-Han Kim, 4-0 58' Bum-Geun Cha, 5-0 75' Kyu-Poong Chung

---

South Korea - Malaysia 0-0 (0-0)

VI. Thailand King's Cup 1973, 1st Round Group B

(Bangkok - Suphachalasai Stadium - 18.12.1973)

South Korea: Se-Yeon Lee (GK), Ho-Gon Kim, Ki-Heung Yoo, Ki-Wook Kang, Byung-Chul Park, Cha-Man Lee, Jae-Wook Ko, Yi-Chun Park, Kyu-Poong Chung, Jae-Han Kim, Bum-Geun Cha.

·Coach: Byung-Dae Min

Scorers: -

South Korea - Burma 2-0 (0-0)

VI. Thailand King's Cup 1973, Semi Final

(Bangkok - Suphachalasai Stadium - 22.12.1973)

South Korea (Red-White-Red): Se-Yeon Lee (GK), Ho-Gon Kim, Ki-Heung Yoo, Ki-Wook Kang, Hee-Tae Kim, Cha-Man Lee, Jae-Wook Ko, Yi-Chun Park, Kyu-Poong Chung, Jae-Han Kim, Bum-Geun Cha.

·Coach: Byung-Dae Min

Scorers: 1-0 58' Yi-Chun Park, 2-0 89' Bum-Geun Cha

·**Attendance:** 25,000

Malaysia - South Korea 1-2 (0-2)

VI. Thailand King's Cup 1973, Final

(Bangkok - Suphachalasai Stadium - 25.12.1973)

South Korea (Red-White-Red): Ho-Young Byun (C) (45' Se-Yeon Lee) (GK), Ki-Heung Yoo, Ki-Wook Kang, Ho-Gon Kim, Hee-Tae Kim, Jae-Wook Ko, Cha-Man Lee, Bum-Geun Cha (45' Jin-Gook Kim), Yi-Chun Park, Keon-Soo Yoo, Kyu-Poong Chung.

·**Coach:** Byung-Dae Min

Scorers: 1-0 3' Keon-Soo Yoo, 2-0 12' Bum-Geun Cha, 2-1 75' Mokhtar Dahari

1974

South Korea - Business Team Selected 0-0 (0-0)

Warm up Match

(Seoul – Hyochang Stadium – 21.04.1974)

South Korea: ?

·**Coach:** ?

Scorers: -

South Korea - Business Team Selected 3-0 (0-0)

Warm up Match

(Seoul – Hyochang Stadium – 04.05.1974)

South Korea: Hoi-Taek Lee, Jae-Wook Ko, *9 missings.

·**Coach:** ?

Scorers: Hoi-Taek Lee - 2goals, Jae-Wook Ko

South Korea - Japan Farm Team 3-0 (?-?)

IV. Park's Cup Asia Football Championship 1974, 1st Round Group A

(Seoul - Dongdaemun Stadium - 11.05.1974)

South Korea (Blue-Blue-Blue): 9-Bum-Geun Cha, 10-Yi-Chun Park, * 9 missisngs

Scorers: Bum-Geun Cha 2goals, Yi-Chun Park

South Korea - Khmer 0-1 (0-1)

IV. Park's Cup Asia Football Championship 1974, 1st Round Group A

(Seoul - Dongdaemun Stadium - 13.05.1974 - 19:40)

South Korea (Blue-Blue-Blue): 1-Ho-Young Byun (GK), 5-Jae-Mo Choi, 18-Ki-Wook Kang, 3-Ho-Gon Kim, 2-Kyung-Bok Park, 13-Byung-Chul Park, 7-Jae-Wook Ko, 9-Bum-Geun Cha, 10-Yi-Chun Park, 11-Hoi-Taek Lee, 8-Kyu-Poong Chung (55' 17-Jae-Han Kim).

·**Coach:** Young-Geun Choi

Khmer: 1-Rim Sak (GK), 2-Tol Kimchib, 3-Loris Salakhan, 4-Kong Van, 5-Sok Ron, 6-Te Seang, 14-Dam Pala, 13-Sliman Salim, 9-Done Sokom, 15-Hun Chan Gi (45' 10-Se Chengeang), 11-Sok Sun Heng (45' 7-Ching Che Se).

Scorers: 0-1 3' Done Sokom

·**Referee:** Kosasih Kartadireja (Indonesia)

·**Attendance:** 3,000

South Korea - Malaysia Farm Team 4-0 (1-0)

IV. Park's Cup Asia Football Championship 1974, 1st Round Group A

(Seoul - Dongdaemun Stadium - 15.05.1974 - 19:40)

South Korea (Red-White-Red): 1-Ho-Young Byun (GK), 5-Jae-Mo Choi, 2-Kyung-Bok Park, 3-Ho-Gon Kim, 18-Ki-Wook Kang, 13-Byung-Chul Park, 9-Bum-Geun Cha, 11-Hoi-Taek Lee, 17-Jae-Han Kim, 7-Jae-Wook Ko (16-Jae-Man Hwang), 10-Yi-Chun Park.

·**Coach:** Young-Geun Choi

Malaysia: 1-Wong Hi Kok (GK), 2-Osman Abdullah, 12-S. Hussein, 4-P.Buyong, 5-Sukor Saleh, 6-Rahim Abdullah, 15-M.Yusong, 8-R.Visvanathan, 9-Yahya Yusof (16-M. Sahanoviri), 10-Eng Kok Rap, 11-Harun Jusoh.

Scorers: 1-0 32' Jae-Han Kim, 2-0 48' Hoi-Taek Lee, 3-0 55' Yi-Chun Park, 4-0 80' Yi-Chun Park

·**Referee:** Yurm (Thailand)

·**Attendance:** 30,000

South Korea - Burma 3-0 (0-0)

IV. Park's Cup Asia Football Championship 1974, Semi Final

(Seoul - Dongdaemun Stadium - 18.05.1974 - 16:40)

South Korea (Blue-Blue-Blue): 1-Ho-Young Byun (GK), 5-Jae-Mo Choi, 2-Kyung-Bok Park, 3-Ho-Gon Kim, 18-Ki-Wook Kang, 13-Byung-Chul Park, 7-Jae-Wook Ko (45' 16-Jae-Man Hwang), 9-Bum-Geun Cha, 11-Hoi-Taek Lee, 17-Jae-Han Kim, 10-Yi-Chun Park(80' Keon-Soo Yoo).

·**Coach:** Young-Geun Choi

Burma: 1-Maung Tin Aung (GK), 2-Asoke, 3-Maung Maung Tin, 4-Maung Tin Sen, 5-Sun Win Nyunt, 8-Maung Aye Maung, 6-Maung Sen Win, 16-Maung Tin Win, 12-Maung Win Maung, 14-Maung Tan Soe, 15-Maung Tin Ande (45' 11-Maung Ye Nyunt).

Scorers: 1-0 50' Yi-Chun Park, 2-0 71' Bum-Geun Cha, 3-0 74' Jae-Han Kim

·**Referee:** Yasuda (Japan)

·**Attendance:** 30,000

South Korea - Medan(Indonesia) 7-1 (?-?)

IV. Park's Cup Asia Football Championship 1974, Final
(Seoul - Dongdaemun Stadium - 20.05.1974)

South Korea: 7-Jae-Wook Ko, 9-Bum-Geun Cha, 17-Jae-Han Kim, 10-Yi-Chun Park.

·**Coach:** Young-Geun Choi

Scorers: : Jae-Wook Ko, Bum-Geun Cha, Jae-Han Kim 2goals, Yi-Chun Park 2goals, (OG) ?.

South Korea - Middlesex Wonderers (England) 2-1 (2-0)

Friendly Match
(Seoul - Dongdaemun Stadium - 15.06.1974)

South Korea: 1-Ho-Young Byun (GK), 5-Jae-Mo Choi, 3-Ho-Gon Kim, 18-Ki-Wook Kang, 13-Byung-Chul Park, 7-Jae-Wook Ko, 9-Bum-Geun Cha, Ki-Heung Yoo, Keon-Soo Yoo(45' 11-Hoi-Taek Lee), 17-Jae-Han Kim, 10-Yi-Chun Park.

·**Coach:** ?

Scorers: : 1-0 21' Jae-Han Kim, 2-0 22' Yi-Chun Park, 2-1 75' John Brooks.

South Korea - Middlesex Wonderers (England) 1-1 (0-1)

Friendly Match
(Seoul - Dongdaemun Stadium – 17.06.1974)

South Korea: 1-Ho-Young Byun(46' Yi-Woon Kwon)(GK), 5-Jae-Mo Choi, 3-Ho-Gon Kim, 18-Ki-Wook Kang, 13-Byung-Chul Park, 7-Jae-Wook Ko(45' Jae-Man Hwang), 9-Bum-Geun Cha, Ki-Heung Yoo, 11-Hoi-Taek Lee(68' Keon-Soo Yoo), 17-Jae-Han Kim, 10-Yi-Chun Park.

·**Coach:** ?

Scorers: : 0-1 31' John Brooks, 1-1 71' Bum-Geun Cha.

South Korea – Korean Army 0-0 (?-?)

Warm up Match
(Seoul - HyoChangStadium – 14.07.1974)

South Korea: ?

·**Coach:** ?

Scorers: : -

South Korea – Korea Farm Team 1-0 (?-?)

Warm up Match
(Seoul - HyoChangStadium – 17.07.1974)

South Korea: Yi-Chun Park, * 10 missings

·**Coach:** ?

Scorers: : Yi-Chun Park

South Korea - Thailand 1-0 (1-0)

VII. Asian Games Teheran 1974, 1st Round Group A
(Teheran - Amjadieh Stadium - 04.09.1974 - 16:30)

South Korea (Red-White-Red): Ho-Young Byun (GK), Jae-Mo Choi, Ki-Wook Kang, Ho-Gon Kim, Young-Tae Park, Jae-Wook Ko, Byung-Chul Park, Yi-Chun Park, Jae-Han Kim, Hoi-Taek Lee, Bum-Geun Cha.

·**Coach:** Young-Geun Choi

Scorers: 1-0 41' Jae-Wook Ko

·**Attendance:** 10,000

Kuwait - South Korea 4-0 (3-0)

VII. Asian Games Teheran 1974, 1st Round Group A
(Teheran - Arayamehr Stadium - 06.09.1974 - 18:30)

South Korea (Red-White-Red): Yi-Woon Kwon (GK), Ho-Gon Kim, Jae-Mo Choi, Ki-Wook Kang, Young-Tae Park, Byung-Chul Park, 16-Jae-Man Hwang (46' Jae-Wook Ko), Bum-Geun Cha, Hoi-Taek Lee, Yi-Chun Park, 17-Jae-Han Kim (32' 19-Dong-Hyun Cho).

·**Coach:** Young-Geun Choi

Scorers: 1-0 5' Fathi Kamel, 2-0 24' Fathi Kamel, 3-0 30' Jasem Yaqoub, 4-0 89' Jasem Yaqoub

South Korea - Iraq 1-1 (0-0)

VII. Asian Games Teheran 1974, 2nd Round Group A

(Teheran - Arayamehr Stadium - 09.09.1974 - 19:00)

South Korea (Red-White-Red): Ho-Young Byun (GK), Ki-Wook Kang, Jae-Mo Choi, Young-Tae Park, Ho-Gon Kim, Byung-Chul Park, Jae-Wook Ko, Bum-Geun Cha, Hoi-Taek Lee, Yi-Chun Park(45' 12-Keon-Soo Yoo), Jae-Han Kim.

·**Coach:** Young-Geun Choi

Scorers: 1-0 49' Byung-Chul Park, 1-1 73' Hazim Jassam

Iran-South Korea 2-0 (0-0)

Hazim Jassam VII. Asian Games Teheran 1974, 2nd Round Group A

(Teheran - Arayamehr Stadium - 11.09.1974 - 19:00)

Iran (White-White-White): Mansour Rasheedi (GK), Ibrahim Ashtiani, Akbar Kargharjam, Ezzatollah Janmalaki, Masih Masihnia, Ali Jabbari, Karo Haqvardian (64' Ghafour Jahani), Ali Parvin (C), Mohammed Sadeghi, Ghulamhussain Mazloomi, Mohammed Reza Adelkhani.

·**Coach:** Frank O'Farell

South Korea (Red-White-Red): 21-Yi-Woon Kwon (GK), 18-Ki-Wook Kang, 5-Jae-Mo Choi, 3-Ho-Gon Kim, 20-Young-Tae Park, Byung-Chul Park, Jae-Wook Ko, Hoi-Taek Lee, 9-Bum-Geun Cha(76' 12-Keon-Soo Yoo), Yi-Chun Park, 17-Jae-Han Kim.

·**Coach:** Young-Geun Choi

Scorers: 1-0 75' Ghulamhussain Mazloomi, 2-0 89' Ghulamhussain Mazloomi

·**Referee:** Ibrahim Al-Doy (Bahrain)

·**Attendance:** 50,000

South Korea - Malaysia 2-3 (1-2)

VII. Asian Games Teheran 1974, 2nd Round Group A

(Teheran - Arayamehr Stadium - 13.09.1974 - 19:00)

South Korea: Yi-Woon Kwon (GK), Ki-Wook Kang, Jae-Mo Choi, Ho-Gon Kim, Young-Tae Park, Byung-Chul Park, Jae-Wook Ko, Bum-Geun Cha, Hoi-Taek Lee, Yi-Chun

Park, 19-Dong-Hyun Cho(45' 17-Jae-Han Kim).

·**Coach:** Young-Geun Choi

Scorers: 0-1 10' Haroun Jusoh, 1-1 12' Hoi-Taek Lee, 1-2 22' Haroun Jusoh, 1-3 79' Issa Bakar, 2-3 81' Yi-Chun Park

Japan - South Korea 4-1 (2-0)

III. Korea-Japan Annual Match

(Tokyo - Yoyoki National Stadium - 28.09.1974 - 15:30)

Japan (White-Blue-White): Kenzo Yokoyama (GK), Hiroshi Ochiai, Nobuo Kawakami, Eijun Kiyokumo, Kuniya Daini, Nobuo Fujishima, Takaji Mori, Kozo Arai (85' Shusaku Hirasawa), Daishiro Yoshimura, Kunishige Kamamoto, Masashi Watanabe.

·**Coach:** Ken Naganuma

South Korea (Red-White-Red): Jin-Bok Kim (GK), Jae-Mo Choi, Young-Tae Park, Ki-Wook Kang, Yeon-Tae Chung, Jae-Wook Ko, Keon-Soo Yoo(46' Jin-Gook Kim), Byung-Chul Park, Hoi-Taek Lee, Jae-Han Kim, Yi-Chun Park.

·**Coach:** Young-Geun Choi

Scorers: 1-0 35' Kunishige Kamamoto, 2-0 39' Daishiro Yoshimura, 3-0 53' Kunishige Kamamoto, 3-1 65' Jae-Han Kim, 4-1 89' Kozo Arai

·**Referee:** Govindasamy Suppiah (Singapore)

·**Attendance:** 12,000

South Korea - Indonesia 4-0 (3-0)

VII. Thailand King's Cup 1974, 1st Round Group A

(Bangkok - Suphachalasai Stadium - 11.12.1974)

South Korea (Blue-Blue-Blue): Ho-Young Byun (GK), Jae-Man Hwang, Jae-Mo Choi, Ho-Gon Kim, Ki-Wook Kang, Byung-Chul Park, Jae-Wook Ko(45' Cha-Man Lee), Bum-Geun Cha, Jin-Gook Kim, Jung-Moo Huh (54' Jae-Han Kim), Yi-Chun Park.

·**Coach:** Heung-Chul Ham

Scorers: 1-0 7' Jin-Gook Kim, 2-0 11' Jae-Wook Ko, 3-0 14' Jin-Gook Kim, 4-0 83' Yi-Chun Park

·**Attendance:** 15,000

South Korea - Khmer Republic 2-1 (0-0)

VII. Thailand King's Cup 1974, 1st Round Group A

(Bangkok - Suphachalasai Stadium - 13.12.1974)

South Korea: Ho-Young Byun (GK), Jae-Man Hwang, Young-Tae Park, Ho-Gon Kim, Ki-Wook Kang, Byung-Chul Park, Cha-Man Lee, Bum-Geun Cha (72' Jae-Wook Ko), Jin-Gook Kim, Jung-Moo Huh(30' Dong-Hyun Cho), Yi-Chun Park.

·**Coach:** Heung-Chul Ham

Scorers: 0-1 72' Seacheng Eang, 1-1 75' Byung-Chul Park, 2-1 87' Ki-Wook Kang

South Korea - South Vietnam 2-2 (0-1)

VII. Thailand King's Cup 1974, 1st Round Group A

(Bangkok - Suphachalasai Stadium - 15.12.1974)

South Korea: Yi-Woon Kwon (GK), Jae-Man Hwang, Jae-Mo Choi, Ho-Gon Kim, Ki-Wook Kang, Byung-Chul Park, Jae-Wook Ko, Bum-Geun Cha (75' Cha-Man Lee), Jin-Gook Kim, Jung-Moo Huh (34' Dong-Hyun Cho), Yi-Chun Park.

·**Coach:** Heung-Chul Ham

Scorers: 0-1 16' La Van Tam, 0-2 79' Vo Thannh Son, 1-2 83' Cha-Man Lee, 2-2 85'(P) Jae-Mo Choi

South Korea - Malaysia 0-0 (0-0,0-0) a.e.t. 5-3 on penalties

VII. Thailand King's Cup 1974, Semi Final

(Bangkok - Suphachalasai Stadium - 18.12.1974)

South Korea (Red-White-Red): Ho-Young Byun (GK), Jae-Mo Choi, Dong-Hyun Cho, Ki-Wook Kang, Ho-Gon Kim, Byung-Chul Park, Cha-Man Lee(29' Jae-Wook Ko), Jae-Man Hwang, Yi-Chun Park, Bum-Geun Cha, Jin-Gook Kim.

·**Coach:** Heung-Chul Ham

Scorers: -

·**Penalties:** 1-0 Jae-Mo Choi, 1-1 Mohd Shah Norbit, 2-1 Ki-Wook Kang, 2-2 Mokhtar Dahari, 3-2 Byung-Chul Park, 3-3 Harun Jusoh, 4-3 Jae-Man Hwang, 4-3 ? (missed), 5-3 Yi-Chun Park

·**Attendance:** 50,000

Thailand - South Korea 1-3 (1-1,1-2) a.e.t.

VII. Thailand King's Cup 1974, Final

(Bangkok - Suphachalasai Stadium - 20.12.1974 - 19:00)

South Korea (Red-White-Red): Ho-Young Byun (GK), Ki-Wook Kang, Ho-Gon Kim, Jae-Mo Choi, Jae-Man Hwang, Jae-Wook Ko, Byung-Chul Park, Bum-Geun Cha, Jin-Gook Kim (99' Cha-Man Lee), Dong-Hyun Cho (91' Jung-Moo Huh), Yi-Chun Park.

·**Coach:** Heung-Chul Ham

Scorers: 1-0 19' Newat Srisawat, 1-1 22' Yi-Chun Park, 1-2 97' Jin-Gook Kim, 1-3 112' Jung-Moo Huh

·**Attendance:** 50,000

South Korea - South China (Hong Kong) 3-0 (1-0)

Hong Kong Tournament, 1st Round

(Hong Kong - Hong Kong Stadium - 22.12.1974)

South Korea: Ho-Young Byun (GK), Ki-Wook Kang, Ho-Gon Kim, Jae-Mo Choi, Jae-Man Hwang(53' Young-Tae Park), Jae-Wook Ko, Byung-Chul Park, Bum-Geun Cha, Jin-Gook Kim, Jung-Moo Huh, Yi-Chun Park(76' Cha-Man Lee).

·**Coach:** Heung-Chul Ham

Scorers: 1-0 10' Jin-Gook Kim, 2-0 75' Jae-Wook Ko, 3-0 80' Bum-Geun Cha

South Korea - Indonesia 3-1 (1-0)

Hong Kong Tournament, Final

(Hong Kong - Hong Kong Stadium - 25.12.1974)

South Korea: Ho-Young Byun (GK), Ki-Wook Kang, Ho-Gon Kim, Jae-Mo Choi, Young-Tae Park, Jae-Wook Ko, Byung-Chul Park(86' Byung-Chan Kang), Bum-Geun Cha, Jin-Gook Kim, Jung-Moo Huh, Yi-Chun Park(71' Cha-Man Lee).

·**Coach:** Heung-Chul Ham

Scorers: 1-0 4' Jin-Gook Kim, 2-0 55' Bum-Geun Cha, 3-0 73' Jin-Gook Kim, 3-1 75' ?

·**Attendance:** 25,000

South Korea - Malaysia 1-2 (1-1)

VI. Asian Cup Iran 1976, Preliminaries, Group 4

(Bangkok - Suphachalasai Stadium - 16.03.1975)

South Korea (Red-White-Red): Ho-Young Byun (GK), Kyung-Bok Park, Ho-Gon Kim, Chul-Soo Kim, Jae-Man Hwang (45' Jong-Duk Choi), Byung-Chul Park, Cha-Man Lee, Bum-Geun Cha, Dong-Hyun Cho, Jung-Moo Huh, Jin-Gook Kim.

· **Coach:** Heung-Chul Ham

Scorers: 0-1 19' Issa Bakar, 1-1 33' Dong-Hyun Cho, 1-2 49'(P) ?

· **Attendance:** 4,000

South Korea - South Vietnam 1-0 (0-0)

VI. Asian Cup Iran 1976, Preliminaries, Group 4

(Bangkok - Suphachalasai Stadium - 19.03.1975)

South Korea: Ho-Young Byun (GK), Young-Jeung Cho, Jae-Man Hwang, Byung-Chul Park, Cha-Man Lee, Dong-Hyun Cho, Jung-Moo Huh, Bum-Geun Cha. * 3 missings.

· **Coach:** Heung-Chul Ham

Scorers: 1-0 79' Jae-Man Hwang

South Korea - Indonesia 1-0 (0-0)

VI. Asian Cup Iran 1976, Preliminaries, Group 4

(Bangkok - Suphachalasai Stadium - 22.03.1975)

South Korea: Ho-Young Byun (GK), Young-Jeung Cho, Byung-Chul Park, Jae-Wook Ko, Jung-Moo Huh, Jin-Gook Kim, Bum-Geun Cha. * 4 missings.

· **Coach:** Heung-Chul Ham

Scorers: 1-0 54' Jae-Wook Ko

· **Attendance:** 2,500

Thailand - South Korea 1-0 (1-0)

VI. Asian Cup Iran 1976, Preliminaries, Group 4

(Bangkok - Suphachalasai Stadium - 24.03.1975)

South Korea: Ho-Young Byun (GK), Ho-Gon Kim, Young-Jeung Cho, Jong-Duk Choi, Jae-Man Hwang, Byung-Chul Park, Cha-Man Lee, Jin-Gook Kim, Bum-Geun Cha. * 2 missings.

· **Coach:** Heung-Chul Ham

Scorers: 1-0 10'(P) Sithiporn Pongsri

· **Attendance:** 20,000

South Korea - Tennis Borussia Berlin(Germany) 1-0 (0-0)

Friendly Match

(Seoul - Dongdaemun Stadium – 24.04.1975)

South Korea: 1-Ho-Young Byun (GK), 5-Jae-Man Hwang, 3-Ho-Gon Kim, 12-Hee-Tae Kim, 8-Young-Jeung Cho, 10-Byung-Chul Park, 7-Cha-Man Lee, 9-Young-Moo Lee, 17-Jung-Moo Huh, 14-Jin-Gook Kim, 16-Hyun-Ho Shin.

· **Coach:** ?

Scorers: : 1-0 77' Jin-Gook Kim

South Korea - Tennis Borussia Berlin(Germany) 1-1 (0-0)

Friendly Match

(Seoul - Dongdaemun Stadium – 27.04.1975)

South Korea: 1-Ho-Young Byun (GK), 5-Jae-Man Hwang, 3-Ho-Gon Kim, 12-Hee-Tae Kim, 8-Young-Jeung Cho, 10-Byung-Chul Park, 7-Cha-Man Lee(45' Kwang-Rae Cho), 9-Young-Moo Lee(45' Dong-Choon Yoo), 14-Jin-Gook Kim, 16-Hyun-Ho Shin(40' 17-Jung-Moo Huh), 15-Dong-Hyun Cho.

· **Coach:** ?

Scorers: : 0-1 53' Jurgen Schulz, 1-1 85' Dong-Choon Yoo

South Korea - Tennis Borussia Berlin(Germany) 1-1 (1-0)

Friendly Match

(Busan – Gudeok Stadium – 28.04.1975)

South Korea: 21-Yi-Woon Kwon (GK), 5-Jae-Man Hwang(45' Kwang-Rae Cho), 3-Ho-Gon Kim, 12-Hee-Tae Kim, 8-Young-Jeung Cho, 10-Byung-Chul Park, 7-Cha-Man Lee, 9-Young-Moo Lee, 17-Jung-Moo Huh, 14-Jin-Gook Kim, 16-Hyun-Ho Shin(45' Dong-Choon Yoo), Chul-Soo Kim(78' 20-Jong-Duk Choi).

· **Coach:** ?

Scorers: : 1-0 19' Byung-Chul Park, 1-1 54' Karl-Heinz Subklewe

South Korea - Homa (Iran) 0-1 (0-1)

V. Park's Cup Asia Football Championship 1975, Group

organization

(Seoul - Dongdaemun Stadium - 10.05.1975)

South Korea: 1-Ho-Young Byun(45' 21-Yi-Woon Kwon) (GK), 8-Young-Jeung Cho, 5-Jae-Man Hwang, 3-Ho-Gon Kim ,12-Hee-Tae Kim, 10-Byung-Chul Park, 7-Cha-Man Lee, 14-Jin-Gook Kim, 17-Jung-Moo Huh, 9-Young-Moo Lee(80' 15-Dong-Hyun Cho), 16-Hyun-Ho Shin.

·**Coach:** Heung-Chul Ham

Scorers: 0-1 37' Ahmad Nazmi

South Korea - Japan Farm Team 1-0 (1-0)

V. Park's Cup Asia Football Championship 1975, Group B

(Seoul - Dongdaemun Stadium - 14.05.1975 - 19:40)

South Korea: 1-Ho-Young Byun (GK), 8-Young-Jeung Cho, 5-Jae-Man Hwang, 3-Ho-Gon Kim, 20-Jong-Duk Choi, 10-Byung-Chul Park, 7-Cha-Man Lee, 17-Jung-Moo Huh, 15-Dong-Hyun Cho, Dong-Choon Yoo(45' 16-Hyun-Ho Shin), Chul-Soo Kim(40' 9-Young-Moo Lee).

·**Coach:** Heung-Chul Ham

Scorers: 1-0 5' Cha-Man Lee

South Korea - Lebanon 1-0 (1-0)

V. Park's Cup Asia Football Championship 1975, Group B

(Seoul - Dongdaemun Stadium - 16.05.1975 - 19:40)

South Korea (Red-White-Red): 1-Ho-Young Byun (GK), 8-Young-Jeung Cho, 5-Jae-Man Hwang, 20-Jong-Duk Choi, 3-Ho-Gon Kim (45' 12-Hee-Tae Kim), 10-Byung-Chul Park, 7-Cha-Man Lee (45' Chul-Soo Kim), 14-Jin-Gook Kim, 17-Jung-Moo Huh, 15-Dong-Hyun Cho, 9-Young-Moo Lee (45' 16-Hyun-Ho Shin).

·**Coach:** Heung-Chul Ham

Scorers: 1-0 36' Byung-Chul Park

·**Attendance:** 25,000

South Korea - Indonesia Farm Team 3-0 (1-0)

V. Park's Cup Asia Football Championship 1975, Group B

(Seoul - Dongdaemun Stadium - 18.05.1975)

South Korea (Red-White-Red): 21-Yi-Won Kwon (GK), 20-Jong-Duk Choi, 3-Ho-Gon Kim 12-Hee-Tae Kim, Kwang-Rae Cho, 10-Byung-Chul Park, Chul-Soo Kim, 14-Jin-Gook Kim(45' 9-Young-Moo Lee), 17-Jung-Moo

Huh, 15-Dong-Hyun Cho(45' Dong-Choon Yoo), 16-Hyun-Ho Shin.

·**Coach:** Heung-Chul Ham

Scorers: 1-0 6' Kwang-Rae Cho, 2-0 10' Hyun-Ho Shin, 3-0 17' Byung-Chul Park

---

South Korea - Homa (Iran) 1-0 (1-0)

V. Park's Cup Asia Football Championship 1975, Semi-Final

(Seoul - Dongdaemun Stadium - 20.05.1975)

South Korea: 1-Ho-Young Byun (GK), 8-Young-Jeung Cho, 5-Jae-Man Hwang, 3-Ho-Gon Kim, 20-Jong-Duk Choi, 10-Byung-Chul Park, 7-Cha-Man Lee, 14-Jin-Gook Kim(70' 16-Hyun-Ho Shin), 17-Jung-Moo Huh, 9-Young-Moo Lee, 15-Dong-Hyun Cho.

·**Coach:** Heung-Chul Ham

Scorers: 1-0 18' Jung-Moo Huh

South Korea - Burma 1-0 (1-0)

V. Park's Cup Asia Football Championship 1975, Final

(Seoul - Dongdaemun Stadium - 22.05.1975 - 18:40)

South Korea (Blue-Blue-Blue): 1-Ho-Young Byun (GK), 20-Jong-Duk Choi, 3-Ho-Gon Kim, 8-Young-Jeung Cho, 5-Jae-Man Hwang, 10-Byung-Chul Park, 7-Cha-Man Lee, 9-Young-Moo Lee(45' 16-Hyun-Ho Shin), 17-Jung-Moo Huh, 15-Dong-Hyun Cho, 14-Jin-Gook Kim(45' 12-Hee-Tae Kim).

·**Coach:** Heung-Chul Ham

Burma: 1-Maung Tin Aung(45' 17-Maung Nyunt Maung) (GK), 6-Tenharaang, 3-Maung Maung Tin, 4-Maung Tin Sen, 5-Myo Win Nyunt, 8-Maung Aye Maung I, 10-Maung Tin Win, 14-Maung Tan Soe, 15-Mi Ya Gang (45' 12-Maung Win Min), 11-Tin Kin Maung.

·**Coach:** U.Hararin.

Scorers: 1-0 8' Jung-Moo Huh

·**Referee:** Masatoshi Nagashima (Japan)

·**Attendance:** 30,000

South Korea - Burma 2-0 (1-0)

VI. Jakarta Anniversary Tournament 1975, 1st Round Group B

(Jakarta - Utama Senayan Stadium - 12.06.1975)

South Korea:

21- Yi-Woon Kwon (GK), 20-Jong-Duk Choi, 3-Ho-Gon Kim, 8-Young-Jeung Cho, 5-Jae-Man Hwang, 10-Byung-Chul Park, 7-Cha-Man Lee, 9-Young-Moo Lee, 16-Hyun-Ho Shin(84' Dong-Choon Yoo), 15-Dong-Hyun Cho, 14-Jin-Gook Kim.

·**Coach:** Heung-Chul Ham

Scorers: 1-0 15' Dong-Hyun Cho, 2-0 86' Dong-Hyun Cho

South Korea - Australia Farm Team 1-1 (1-0)

VI. Jakarta Anniversary Tournament 1975, 1st Round Group B

(Jakarta - Utama Senayan Stadium - 13.06.1975)

South Korea: 21- Yi-Woon Kwon (GK), 20-Jong-Duk Choi, 3-Ho-Gon Kim, 10-Byung-Chul Park, 7-Cha-Man Lee, 9-Young-Moo Lee, 16-Hyun-Ho Shin, 15-Dong-Hyun Cho, 14-Jin-Gook Kim, Chul-Soo Kim, * 1 missing.

·**Coach:** Heung-Chul Ham

Scorers: 1-0 33' Young-Moo Lee, 1-1 73' Fausto Tarquinio

South Korea - Malaysia 1-1 (1-1) a.e.t. 3-4 on penalties

VI. Jakarta Anniversary Tournament 1975, Semi Final

(Jakarta - Utama Senayan Stadium - 16.06.1975)

South Korea: Ho-Gon Kim, Young-Jeung Cho, Jong-Duk Choi, Byung-Chul Park, Kyung-Bok Park, Dong-Hyun Cho, Young-Moo Lee, Jin-Gook Kim, Dong-Choon Yoo, * 2 missings.

·**Coach:** Heung-Chul Hamss

Scorers: 0-1 10' Mokhtar Dahari, 1-1 35' Young-Moo Lee
·**Penalties:** 1-0 Young-Moo Lee, 2-? Dong-Choon Yoo, 3-? Jong-Duk Choi, 3-? Kyung-Bok Park(missied), 3-? Byung-Chul Park(missied), 3-? Young-Jeung Cho

Indonesia - South Korea 3-2 (0-2)

VI. Jakarta Anniversary Tournament 1975, Third Place Match

(Jakarta - Utama Senayan Stadium - 18.06.1975)

South Korea: Ho-Gon Kim, Byung-Chul Park, Young-Moo Lee, Cha-Man Lee, Jin-Gook Kim, Dong-Hyun Cho, Kyung-Bok Park, *4 missings.

·**Coach:** Heung-Chul Ham

Scorers: Byung-Chul Park, Dong-Hyun Cho, Indonesia 3 goals

Malaysia - South Korea 1-3 (0-2)

XIX. Merdeka Cup 1975, Group Stage

(Kuala Lumpur - Merdeka Stadium - 29.07.1975 - 19:00)

Malaysia (Yellow-Black-Yellow): Ramasamy Amurgam Ali (GK), Mokhtar Dahari, Santokh Singh, So Chin Aun, Sukor Saleh, Ali Bakar, Wan Hassan, Wong Chun Wa, Wong Kam Puc, Isa Bakar, Hanafy Ali.

·**Coach:** ?

South Korea (Red-White-Red): Yi-Woon Kwon (GK), Ho-Gon Kim (C), Young-Jeung Cho, Jong-Duk Choi, Jae-Man Hwang, Byung-Chul Park, Sang-In Park (45' Sung-Hwa Park), Young-Moo Lee, Jin-Gook Kim, Dong-Hyun Cho, Bum-Geun Cha.

·**Coach:** Heung-Chul Ham

Scorers: 0-1 2' Jin-Gook Kim, 0-2 38' Bum-Geun Cha, 0-3 84' Sung-Hwa Park, 1-3 90' Mokhtar Dahari.
·**Referee:** U Tin Thut (Burma)
·**Attendance:** 35,000

South Korea - Hong Kong 1-0 (0-0)

XIX. Merdeka Cup 1975, Group Stage

(Kuala Lumpur - Merdeka Stadium - 01.08.1975 - 20:40)

South Korea (Red-White-Red): Yi-Woon Kwon (GK), Ho-Gon Kim (C), Sung-Hwa Park, Young-Jeung Cho, Jong-Duk Choi, Jae-Man Hwang, Byung-Chul Park, Young-Moo Lee (67' Dong-Choon Yoo), Jin-Gook Kim, Dong-Hyun Cho, Bum-Geun Cha.

·**Coach:** Heung-Chul Ham

Hong Kong (White-White-White): Yi Tung Cheng (GK), Wing Yip Lau, Sun Cheng Lai, Kwok Wah Lee, Kwok Kit Yu, Fuk Kwong Ip, Chor Wai Chung, Sai Kau Chan, Ting Fai Tsang, Yun Yue Cheng, Kin He Che.

·**Coach:** ?

Scorers: 1-0 70' Jin-Gook Kim
·**Referee:** Nan Basak (Bangladesh)
·**Attendance:** ?

South Korea - Burma 3-2 (2-2)

XIX. Merdeka Cup 1975, Group Stage

(Kuala Lumpur - Merdeka Stadium - 03.08.1975 - 21:15)

South Korea (Red-White-Red)**:** Yi-Woon Kwon (GK), Ho-Gon Kim (C), Young-Jeung Cho, Jong-Duk Choi, Jae-Man Hwang, Byung-Chul Park, Young-Moo Lee, Jae-Han Kim (46' Sung-Hwa Park), Jin-Gook Kim, Dong-Hyun Cho, Bum-Geun Cha.

· **Coach:** Heung-Chul Ham

Burma (White-White-White)**:** Maung Nyunt (GK), Myo Win Nyunt, Maung Maung Tin, Maung San Ye, Maung Ye Nyunt, Maung Aye Maung, Maung Than Soe, Maung Tin Sein, Maung Tin Aung (45' Mi Ya Gang), Maung Tink Kin, Sei Win Lei

· **Coach:** ?

Scorers: 1-0 8' Dong-Hyun Cho, 2-0 10' Jae-Han Kim, 2-1 22' Maung Tan soe, 2-2 44' Maung Tin Kin, 3-2 49' (P) Ho-Gon Kim

· **Referee:** Sivapalan Kathiravale (Malaysia)

· **Attendance:** ?

Note: 25' Yi-Woon Kwon saved a penalty to Maung Maung Tin.

South Korea - Thailand 6-0 (4-0)

XIX. Merdeka Cup 1975, Group Stage

(Kuala Lumpur - Merdeka Stadium - 07.08.1975 - 21:15)

South Korea (Red-White-Red)**:** Yi-Woon Kwon (GK), Ho-Gon Kim (C), Sung-Hwa Park, Young-Jeung Cho, Jong-Duk Choi, Jae-Man Hwang (45' Ki-Moon Jang), Byung-Chul Park, Young-Moo Lee, Jin-Gook Kim, Dong-Hyun Cho, Bum-Geun Cha (45' Hyun-Ho Shin).

· **Coach:** Heung-Chul Ham

Thailand (Blue-White-Blue)**:** Saravuth Parthipakoranchai (GK), Veraus, Songtai, Surasadi, Surin, Suchin, Suparek, Sitipon Kongsri, Arom, Kitichai, Pririt Pungdee.

· **Coach:** ?

Scorers: 1-0 14' Jin-Gook Kim, 2-0 20' Jin-Gook Kim, 3-0 41' Bum-Geun Cha, 4-0 43' Jin-Gook Kim, 5-0 74' Byung-Chul Park, 6-0 83' Young-Moo Lee

· **Referee:** Koh Guan Kiat (Malaysia)

· **Attendance:** 8,000

South Korea - Japan 3-1 (2-1)

XIX. Merdeka Cup 1975, Group Stage

(Kuala Lumpur - Merdeka Stadium - 09.08.1975 - 21:15)

South Korea (Red-White-Red)**:** Yi-Woon Kwon (GK), Ho-Gon Kim (C), Sung-Hwa Park, Young-Jeung Cho, Jong-Duk Choi, Jae-Man Hwang(45' Ki-Moon Jang), Byung-Chul Park, Young-Moo Lee, Jin-Gook Kim, Dong-Hyun Cho(45' Dong-Choon Yoo), Bum-Geun Cha.

· **Coach:** Heung-Chul Ham

Japan (White-Blue-White)**:** Koji Funamoto (GK), Kunishige Kamamoto, Eijun Kiyokumo, Yoshikazu Nagai, Kuniya Daini, Takaji Mori, Hiroshi Ochiai, Mitsuo Watanabe, Masaagi Yokotani, Atsuyoshi Furuta, Nobuo Fujishima.

· **Coach:** Ken Naganuma

Scorers: 1-0 4' Bum-Geun Cha, 1-1 17' Hiroshi Ochiai, 2-1 42' Bum-Geun Cha, 3-2 47' Bum-Geun Cha

· **Referee:** Mohamed Noor Saud (Malaysia)

· **Attendance:** ?

South Korea - Indonesia 5-1 (2-0)

XIX. Merdeka Cup 1975, Group Stage

(Kuala Lumpur - Merdeka Stadium - 11.08.1975 - 19:30)

South Korea (Red-White-Red)**:** Yi-Woon Kwon (GK), Ho-Gon Kim(C), Young-Jeung Cho, Jong-Duk Choi, Jae-Man Hwang, Byung-Chul Park(45' Sung Hwa Park), Young-Moo Lee, Jae-Han Kim, Jin-Gook Kim(60' Dong-Choon Yoo), Dong-Hyun Cho, Bum-Geun Cha.

· **Coach:** Heung-Chul Ham

Scorers: 1-0 22' Bum-Geun Cha, 2-0 39' Dong-Hyun Cho, 3-0 59' Dong-Hyun Cho, 4-0 Dong-Choon Yoo, 5-0 Sung-Hwa Park, 5-1 89'(P) Junaidi Abdallah

· **Referee:** ?

· **Attendance:** ?

Note: 49' Ho-Gon Kim missed a penalty.

South Korea - Bangladesh 4-0 (1-0)

XIX. Merdeka Cup 1975, Group Stage

(Kuala Lumpur - Merdeka Stadium - 15.08.1975)

South Korea (Red-Red-Red)**:** Hee-Cheon Kim (GK), Ho-Gon Kim, Sung-Hwa Park, Young-Jeung Cho, Jong-Duk Choi, Jae-Man Hwang, Byung-Chul Park, Young-Moo Lee (67'

Hyun-Ho Shin), Jin-Gook Kim, Dong-Hyun Cho, (45' Dong-Choon Yoo), Bum-Geun Cha. * 4 missings.

·Coach: Heung-Chul Ham

Scorers: 1-0 41' Jin-Gook Kim, 2-0 57' Sung-Hwa Park, 3-0 60' Sung-Hwa Park, 4-0 87' Bum-Geun Cha

·Referee: ?

·Attendance: ?

South Korea - Malaysia 1-0 (1-0)

XIX. Merdeka Cup 1975, Final

(Kuala Lumpur - Merdeka Stadium - 17.08.1975 - 20:00)

South Korea (Red-Red-Red): Yi-Woon Kwon (GK), Ho-Gon Kim (C), Sung-Hwa Park, Young-Jeung Cho, Jong-Duk Choi, Jae-Man Hwang, Byung-Chul Park, Young-Moo Lee, Jin-Gook Kim, Dong-Hyun Cho (52' Ki-Moon Jang), Bum-Geun Cha.

·Coach: Heung-Chul Ham

Malaysia (Yellow-Black-Yellow): Ramasamy Amurgam Ali (GK), R.Visvanasan, Mokhtar Dahari, Santokh Singh (45' Ali Bakar), Soh Chin Aun (C), Sukor Saleh(45' Rosidi Sahri), Ali Isa Bakar, Wong Chun Wa, Ku Fu Wong, Zainiddin Hussein, Hassan Sani.

·Coach: Hurun Idriss

Scorers: 1-0 31' Young-Moo Lee

·Cautions: 48' S.Singh, 57' Soh Chin Aun, 60' Dahari

·Referee: Toshio Asami (Japan)

·Attendance: 60,000

South Korea - Japan 3-0 (3-0)

IV. Korea-Japan Annual Match

(Seoul - Dongdaemun Stadium - 08.09.1975 - 19:50)

South Korea (Red-White-Red): 1-Yi-Woon Kwon (GK), 3-Ho-Gon Kim, 8-Young-Jeung Cho, 12-Jong-Duk Choi, 5-Jae-Man Hwang, 10-Byung-Chul Park, 17-Sang-In Park (72' 6-Sung-Hwa Park), 9-Young-Moo Lee (72' 16-Jung-Moo Huh), 14-Jin-Gook Kim, 15-Dong-Hyun Cho, 11-Bum-Geun Cha.

·Coach: Heung-Chul Ham

Japan (White-White-White): 1-Koji Funamoto (45' 21-Mitsuhisa Taguchi) (GK), 15-Kunishige Kamamoto, 4-Nobuo Kawakami, 5-Eijun Kiyokumo, 16-Yoshikazu Nagai, 2-Kuniya Daini, 13-Kazumi Takada (68' 12-Daishiro Yoshimura), 10-Hideaki Maeda (45' 14-Michio Ashikaga), 11-Hiroshi Ochiai, 7-Masaagi Yokotani, 9-Nobuo Fujishima

·Coach: Ken Naganuma

Scorers: 1-0 3' Dong-Hyun Cho, 2-0 20' Sang-In Park, 3-0 30' Young-Moo Lee

·Referee: Vijit Getkaew (Thailand)

·Attendance: 20,000

Taiwan - South Korea 0-2 (0-1)

XXI. Olympic Games Montreal 1976, Preliminaries, Group 3 First Round

(Taipei - Taipei Civil Stadium - 14.12.1975)

Chinese Taipei (Blue-White-Blue):

South Korea (Red-White-Red): 1-Yi-Woon Kwon (GK), 2-Ho-Gon Kim, 8-Young-Jeung Cho, 12-Jong-Duk Choi, 5-Jae-Man Hwang, 10-Byung-Chul Park, 17-Sang-In Park, 9-Young-Moo Lee, 14-Jin-Gook Kim(45' 18-Jung-Moo Huh), 15-Dong-Hyun Cho(45' 6-Sung-Hwa Park), 11-Bum-Geun Cha.

·Coach: Heung-Chul Ham

Scorers: 1-0 35' Sang-In Park, 2-0 62' Young-Moo Lee

·Referee: Govindasamy Suppiah (Singapore)

·Attendance: 24,000

Note: 27' goal deleted to Young-Moo Lee for off-side. FIFA didn't count this Olympic match as a full international.

South Korea - Burma 3-1 (2-1)

VIII. Thailand King's Cup 1975, Group Stage

(Bangkok - Suphachalasai Stadium - 21.12.1975 – 17:40)

South Korea (Blue-Blue-Blue): Yi-Woon Kwon (GK), Ho-Gon Kim (C), Young-Jeung Cho, Jong-Duk Choi, Jae-Man Hwang, Byung-Chul Park, Sang-In Park, Young-Moo Lee, Cha-Man Lee, Jin-Gook Kim (70' Dong-Hyun Cho), Bum-Geun Cha.

·Coach: Heung-Chul Ham

Scorers: 1-0 13' Bum-Geun Cha, 2-0 17' Bum-Geun Cha, 2-1 24' Maung Tan Soe, 3-1 67' Jin-Gook Kim

·Referee: ?

·Attendance : ?

Thailand - South Korea 2-1 (2-0)

VIII. Thailand King's Cup 1975, Group Stage

(Bangkok - Suphachalasai Stadium - 23.12.1975)

South Korea (Red-White-Red) : Yi-Woon Kwon (GK), Ho-Gon Kim (C), Young-Jeung Cho, Jong-Duk Choi, Jae-Man Hwang, Byung-Chul Park, Young-Moo Lee, Cha-Man Lee (55' Sang-In Park), Jin-Gook Kim, Dong-Hyun Cho, Bum-Geun Cha.

·**Coach :** Heung-Chul Ham

Scorers : 1-0 18' Cherdsak ChaiBut, 2-0 31' Sawadi Virayut, 2-1 78' (OG) Jin-Gook Kim

·**Referee :** ?

·**Attendance :** 25,000

South Korea - Indonesia 2-0 (0-0)

VIII. Thailand King's Cup 1975, Group Stage

(Bangkok - Suphachalasai Stadium - 27.12.1975)

South Korea : Ho-Gon Kim, Jae-Man Hwang, Byung-Chul Park, Sang-In Park, Hyun-Ho Shin, Young-Moo Lee, Jin-Gook Kim, Bum-Geun Cha. * 3missings.

·**Coach :** Heung-Chul Ham

Scorers : 1-0 63' Byung-Chul Park, 2-0 66' Young-Moo Lee

·**Referee :** ?

·**Attendance :** 25,000

South Korea - Singapore 5-0 (3-0)

VIII. Thailand King's Cup 1975, Group Stage

(Bangkok - Suphachalasai Stadium - 30.12.1975)

South Korea (Red-White-Red) : Byung-Chul Park, Young-Moo Lee, Jin-Gook Kim, Dong-Hyun Cho, Bum-Geun Cha. * 6missings.

·**Coach :** ?

Scorers : 1-0 4' Dong-Hyun Cho, 2-0 20' Young-Moo Lee, 3-0 29' Jin-Gook Kim, 4-0 83' Young-Moo Lee, 5-0 89' Young-Moo Lee

·**Referee :** ?

·**Attendance :** 3,000

South Korea - Malaysia Farm Team 4-0 (1-0)

VIII. Thailand King's Cup 1975

(Bangkok - Suphachalasai Stadium - 02.01.1976)

South Korea : Ki-Moon Jang, Young-Moo Lee. *9missings.

·**Coach :** Heung-Chul Ham

Scorers : 1-0 12' Young-Moo Lee, 2-0 50' Young-Moo Lee, 3-0 57' Ki-Moon Jang, 4-0 59' Ki-Moon Jang

·**Referee :** ?

·**Attendance :** ?

South Korea - Burma 1-0 (1-0)

VIII. Thailand King's Cup 1975, Final

(Bangkok - Suphachalasai Stadium - 04.01.1976)

South Korea (Blue-Blue-Blue) : Yi-Woon Kwon (GK), Ho-Gon Kim (C), Young-Jeung Cho, Jong-Duk Choi, Jae-Man Hwang, Byung-Chul Park (45' Sung-Hwa Park), Sang-In Park, Young-Moo Lee, Jung-Moo Huh (45' Jin-Gook Kim), Dong-Hyun Cho, Bum-Geun Cha.

·**Coach :** Heung-Chul Ham

Scorers : 1-0 19' Dong-Hyun Cho

·**Referee :** ?

·**Attendance :** 20,000

South Korea – U-20 2-1

Warm up Match

(Busan – 07.02.1976)

·**Coach :** ?

Scorers : Bum-Geun Cha, Dong-Hyun Cho *9missings

·**Referee :** ?

·**Attendance :** ?

South Korea – Homa(Iran) 3-0 (2-0)

Friendly Match

(Seoul – Dongdaemun Stadium – 15.02.1976)

South Korea : Yi-Woon Kwon (GK), Ho-Gon Kim, Jong-Duk Choi, Jae-Man Hwang, Jin-Gook Kim (45' Jung-Moo Huh), Byung-Chul Park (45' Kang-Nam Kim), Sang-In Park (45' Sung-Hwa Park), Young-Moo Lee, Young-Jeung Cho, Dong-Hyun Cho, Bum-Geun Cha (80' Hyun-Ho Shin).

·**Coach:** Heung-Chul Ham

Scorers: 1-0 13' Young-Moo Lee, 2-0 29' Young-Moo Lee, 3-0 70' Dong-Hyun Cho

·**Referee:** ?

·**Attendance:** ?

South Korea – Korea Army 4-0

Warm up Match

(Seoul – Dongdaemun Stadium – 01.03.1976)

South Korea:

·**Coach:** ?

Scorers: Jung-Moo Huh 2 goals, Bum-Geun Cha, Jae-Man Hwang

·**Referee:** ?

·**Attendance:** ?

South Korea - Taiwan 3-0 (2-0)

XXI. Olympic Games Montreal 1976, Preliminaries, Group 3 First Round

(Seoul - Dongdaemun Stadium - 06.03.1976)

South Korea (Red-White-Red): 1-Yi-Woon Kwon (GK), 3-Ho-Gon Kim, 6-Sung-Hwa Park, 8-Young-Jeung Cho, 12-Jong-Duk Choi, 10-Byung-Chul Park, 17-Sang-In Park, 9-Young-Moo Lee, 14-Jin-Gook Kim (46' 2-Ki-Moon Jang), 15-Dong-Hyun Cho (46' 16-Jung-Moo Huh), 11-Bum-Geun Cha.

·**Coach:** Heung-Chul Ham

Taipei (White-White-White): 1-Hanggang Chen (GK), 4-Renli Luo, 21-Zhonghui Li, 15-Fucai Li, 5-Chanming Lin, 3-Xixiang Xu, 11-Zhenguo Zhao, 9-Guoji Zhang, 22-Chengjong Zhu, 13-Hubo Cheon, 7-Xianxin Huang.

·**Coach:** Shengyun Zhang

Scorers: 1-0 16' Bum-Geun Cha, 2-0 44' Jin-Gook Kim, 3-0 80' Byung-Chul Park

·**Referee:** Watana Promsaka (Thailand)

·**Attendance:** 25,000

Note: FIFA didn't count this Olympic match as a full international.

Japan - South Korea 0-2 (0-1)

XXI. Olympic Games Montreal 1976, Preliminaries, Group 3 Final Round

(Tokyo - Yoyoki National Stadium - 21.03.1976 - 14:30)

Japan (White-Blue-White): 1-Tatsuhiko Seta (GK), 16-Kunishige Kamamoto, 5-Nobuo Kawakami, 6-Eijun Kiyokumo, 19-Yoshikazu Nagai, 3-Kuniya Daini, 9-Takaji Mori (45' 13-Hideki Maeda), 12-Kazuo Saito, 4-Hiroshi Ochiai, 24-Toshio Takabayashi (45' 15-Daishiro Yoshimura), 10-Nobuo Fujishima.

·**Coach:** Ken Naganuma

South Korea (Red-White-Red): 1-Yi-Woon Kwon (GK), 3-Ho-Gon Kim, 8-Young-Jeung Cho, 12-Jong-Duk Choi, 5-Jae-Man Hwang, 10-Byung-Chul Park, 17-Sang-In Park, 9-Young-Moo Lee, 16-Jung-Moo Huh, 14-Jin-Gook Kim (72' 6-Sung-Hwa Park), 11-Bum-Geun Cha.

·**Coach:** Heung-Chul Ham

Scorers: 0-1 2' Young-Moo Lee, 0-2 71' Sang-In Park

·**Referee:** Govindasamy Suppiah (Singapore)

·**Attendance:** 58,000

Note: FIFA didn't count this Olympic match as a full international.

South Korea - Japan 2-2 (1-1)

XXI. Olympic Games Montreal 1976, Preliminaries, Group 3 Final Round

(Seoul - Dongdaemun Stadium - 27.03.1976 - 14:30)

South Korea (Red-White-Red): 1-Yi-Woon Kwon (GK), 3-Ho-Gon Kim, 6-Sung-Hwa Park, 8-Young-Jeung Cho, 12-Jong-Duk Choi, 5-Jae-Man Hwang, 10-Byung-Chul Park, 9-Young-Moo Lee, 16-Jung-Moo Huh, 14-Jin-Gook Kim, 11-Bum-Geun Cha.

·**Coach:** Heung-Chul Ham

Japan (White-Blue-White): 1-Tatsuhiko Seta (GK), 16-Kunishige Kamamoto, 5-Nobuo Kawakami, 19-Yoshikazu Nagai, 3-Kuniya Daini, 9-Takaji Mori, 12-Kazuo Saito, Kozo Arai (45' 13-Hideki Maeda), 4-Hiroshi Ochiai, 15-Daishiro Yoshimura (45' Akira Matsunaga), 10-Nobuo Fujishima.

·**Coach:** Ken Naganuma

Scorers: 1-0 3' Jin-Gook Kim, 1-1 40' Kunishige Kamamoto, 2-1 77' Bum-Geun Cha, 2-2 88' Kunishige Kamamoto

· **Referee:** Kwok Kui Cheung (Hong Kong)

· **Attendance:** 30,000

Note: FIFA didn't count this Olympic match as a full international.

South Korea - Israel 1-3 (0-1)

XXI. Olympic Games Montreal 1976, Preliminaries, Group 3 Final Round

(Seoul - Dongdaemun Stadium - 04.04.1976 - 14:30)

South Korea (Red-White-Red): 1-Yi-Woon Kwon (GK), 3-Ho-Gon Kim, 12-Jong-Duk Choi, 5-Jae-Man Hwang, 10-Byung-Chul Park, 17-Sang-In Park (80' 6-Sung-Hwa Park), 9-Young-Moo Lee, 16-Jung-Moo Huh, 14-Jin-Gook Kim, 15-Dong-Hyun Cho, 11-Bum-Geun Cha.

· **Coach:** Heung-Chul Ham

Israel (Blue-White-White): 1-Itzik Visoker (GK), 17-Gidi Damti, 13-Meir Nimni, 10-Moshe Schweitzer, 16-Viki Peretz (45' 9-Meir Barad), 19-Avraham Lev (45' 5-Yehiel Salam), 4-Alon Ben-Dor, 8-Yaron Oz, 12-Eli Leventhal, 7-Itzhak Shum, 6-Haim Bar.

· **Coach:** David Schweitzer

Scorers: 1-0 19' Moshe Schweitzer, 2-0 51' Gidi Damti, 2-1 64' (P) Ho-Gon Kim, 3-1 73' Gidi Damti

· **Referee:** Harpajan Singh Dhillon (Singapore)

· **Attendance:** 35,000

Note: FIFA didn't count this Olympic match as a full international.

Israel - South Korea 0-0 (0-0)

XXI. Olympic Games Montreal 1976, Preliminaries, Group 3 Final Round

(Ramat-Gan - National Stadium - 28.04.1976 - 15:30)

Israel (Blue-White-Blue): 1-Itzik Visoker (GK), 17-Gidi Damti, 13-Meir Nimni, 9-Meir Barad (45' Israel Hajaj), 10-Moshe Schweitzer, 16-Viki Peretz (45' Shalom Schwartz), 19-Avraham Lev, 4-Alon Ben-Dor, 8-Yaron Oz, 12-Eli Leventhal, 6-Haim Bar.

· **Coach:** David Schweitzer

South Korea (Red-White-Red): 1-Yi-Woon Kwon (GK), 3-Ho-Gon Kim, 6-Sung-Hwa Park, 8-Young-Jeung Cho, 12-Jong-Duk Choi, 5-Jae-Man Hwang, 10-Byung-Chul Park, 9-Young-Moo Lee (58' 17-Sang-In Park), 14-Jin-Gook Kim, 15-Dong-Hyun Cho (23' 16-Jung-Moo Huh), 11-Bum-Geun Cha.

· **Coach:** Heung-Chul Ham

Scorers: -

· **Referee:** Erich Linemayr (Austria)

· **Attendance:** 20,000

South Korea – Manchester United (England) 0-3 (0-1)

Friendly Match

(Busan – Gudeok Stadium – 01.06.1976)

South Korea: Jin-Bok Kim (GK), Sung-Hwa Park (45' Jong-Won Park), Ki-Moon Jang, Jong-Duk Choi, Jae-Man Hwang, Jin-Gook Kim, Sang-In Park, Chang-Sun Park, Young-Moo Lee, Jung-Moo Huh, Bum-Geun Cha.

· **Coach:** Jung-Shik Moon

Scorers: 1-0 27' Mike Lester, 2-0 50' Kenny Clements, 3-0 85' Kenny Clements

· **Referee:** ?

· **Attendance:** ?

South Korea – Manchester United (England) 0-3 (0-3)

Friendly Match

(Daegu – Civil Stadium – 03.06.1976)

South Korea: 1-Yi-Woon Kwon (45' Jin-Bok Kim) (GK), Ho-Gon Kim, Sung-Hwa Park, Jong-Duk Choi, Jae-Man Hwang(45' Jung-Moo Huh), Jin-Gook Kim, Sang-In Park, Young-Moo Lee, Bum-Geun Cha, Jong-Won Park, Yeon-Tae Jung.

· **Coach:** Jung-Shik Moon

Scorers: 1-0 6' Mike Lester, 2-0 24' Paul Power, 3-0 30' Dennis Tueart

· **Referee:** ?

· **Attendance:** ?

South Korea – Korea Farm Team 1-1 (0-0)

Warmup Match

(Seoul - Dongdaemun Stadium – 24.06.1976)

South Korea: Jin-Bok Kim (GK), Jin-Gook Kim, Ho-Gon Kim (45' Yeon-Tae Jung), Sang-In Park, Sung-Hwa Park, Jong-Won Park, Young-Moo Lee, Kwang-Rae Cho (45'

Chang-Seon Park), Bum-Geun Cha, Jong-Duk Choi, Jae-Man Hwang

·**Coach:** Jung-Shik Moon

Scorers: 1-0 68' Sang-In Park, 1-1 83' Yong-Joo Park

·**Referee:** ?

·**Attendance:** ?

South Korea – Korea Farm Team 0-0 (0-0)

Warmup Match

(Jeonju – Public Stadium – 26.06.1976)

South Korea: Jin-Bok Kim (GK), Jin-Gook Kim, Sang-In Park, Sung-Hwa Park, Jong-Won Park (45' Kwang-Rae Cho), Chang-Sun Park, Young-Moo Lee, Yeon-Tae Jung, Bum-Geun Cha, Jong-Duk Choi, Jae-Man Hwang

·**Coach:** Jung-Shik Moon

Scorers: -

·**Referee:** ?

·**Attendance:** ?

South Korea – Korea Farm Team 2-3 (2-0)

Warmup Match

(Cheongju – City Stadium – 27.06.1976)

South Korea: Jin-Bok Kim (GK), Jin-Gook Kim, Ho-Gon Kim, Sang-In Park, Chang-Sun Park, Young-Moo Lee, Bum-Geun Cha, Jae-Man Hwang *3missings

·**Coach:** Jung-Shik Moon

Scorers: 1-0 1' Jin-Gook Kim, 2-0 40' Bum-Geun Cha, 2-1 58' Dong-Hyun Cho, 2-2 60' Dong-Hyun Cho, 2-3 68' Hyun-Ho Shin

·**Referee:** ?

·**Attendance:** ?

Malaysia - South Korea 2-1 (1-0)

XX. Merdeka Cup 1976, Group Stage

(Kuala Lumpur - Merdeka Stadium - 07.08.1976)

South Korea (Red-White-Red): Jin-Bok Kim (GK), Ho-Gon Kim (C), Jong-Duk Choi, Jae-Man Hwang, Sang-In Park (46', Gang-Nam Kim), Young-Moo Lee, Jin-Gook Kim (46' Jong-Won Park), Bum-Geun Cha, Chul-Soo Kim, Byung-Duk Song, Yeon-Tae Chung

·**Coach:** Jung-Shik Moon

Scorers: 0-1 3' Mokhtar Dahari, 1-1 62' Jong-Duk Choi, 2-1 69' Issa Bakar

·**Referee:** ?

·**Attendance:** 30,000

South Korea - India 8-0 (5-0)

XX. Merdeka Cup 1976, Group Stage

(Kuala Lumpur - Merdeka Stadium - 10.08.1976)

South Korea (Red-Red-Red): Hee-Chun Kim (GK), Ho-Gon Kim (C), Jong-Duk Choi, Jae-Man Hwang, Gang-Nam Kim, Sang-In Park, Young-Moo Lee, Jin-Gook Kim, Bum-Geun Cha, Chul-Soo Kim, Yong-Joo Park.

·**Coach:** Jung-Shik Moon

Scorers: 1-0 12' Bum-Geun Cha, 2-0 15' Sang-In Park, 3-0 18' Jin-Gook Kim, 4-0 34' Sang-In Park, 5-0 45' Bum-Geun Cha, 6-0 67' Gang-Nam Kim, 7-0 76' Ho-Gon Kim, 8-0 80' Bum-Geun Cha

·**Referee:** ?

·**Attendance:** 10,000

South Korea - Indonesia 2-0 (1-0)

XX. Merdeka Cup 1976, Group Stage

(Kuala Lumpur - Merdeka Stadium - 12.08.1976)

South Korea: Hee-Chun Kim (GK), Byung-Chan Kang, Ho-Gon Kim, Sung-Hwa Park(45' Jong-Won Park), Jae-Man Hwang, Gang-Nam Kim(45' Jong-Duk Choi), Sang-In Park, Jin-Gook Kim, Bum-Geun Cha, Chul-Soo Kim, Yong-Joo Park.

·**Coach:** Jung-Shik Moon

Scorers: 1-0 36' Sang-In Park, 2-0 87' Jong-Duk Choi

·**Referee:** ?

·**Attendance:** 3,000

South Korea - Burma 2-2 (1-1)

XX. Merdeka Cup 1976, Group Stage

(Kuala Lumpur - Merdeka Stadium - 15.08.1976)

South Korea: Hee-Chun Kim (GK), Byung-Chan Kang, Ho-Gon Kim, Jae-Man Hwang, Gang-Nam Kim (46' Jong-Duk Choi), Sang-In Park, Young-Moo Lee, Jin-Gook Kim, Bum-Geun Cha, Chul-Soo Kim, Yong-Joo Park.

·**Coach:** Jung-Shik Moon

Scorers: 0-1 3' Maung Mia Kains Mong, 1-1 43' Yong-Joo Park, 1-2 58' Tin Win Mong, 2-2 65' Bum-Geun Cha

·Referee: ?

·Attendance: ?

South Korea - Japan 0-0 (0-0)

XX. Merdeka Cup 1976, Group Stage

(Kuala Lumpur - Merdeka Stadium - 18.08.1976)

South Korea: Hee-Chun Kim (GK), Byung-Chan Kang, Ho-Gon Kim, Sung-Hwa Park(45' Jong-Duk Choi), Jae-Man Hwang, Sang-In Park, Young-Moo Lee, Jin-Gook Kim, Bum-Geun Cha, Chul-Soo Kim, Yong-Joo Park

·Coach: ?

Japan: Tatsuhiko Seta (GK), Kuniya Daini, Hiroshi Ochiai, Kozo Arai, Kazuo Saitou, Daishiro Yoshimura, Nobuo Fujishima, Kunishige Kamamoto, Toshio Takabayashi, Yasuhiko Okudera, Yoshikazu Nagai.

·Coach: Hiroshi Ninomiya

Scorers: -

·Referee: ?

·Attendance: ?

South Korea - Thailand 2-1 (1-0)

XX. Merdeka Cup 1976, Group Stage

(Kuala Lumpur - Merdeka Stadium - 20.08.1976)

South Korea: Hee-Chun Kim (GK), Byung-Chan Kang, Ho-Gon Kim, Jong-Duk Choi, Jae-Man Hwang, Sang-In Hwang, Young-Moo Lee (46' Sung-Hwa Park), Jin-Gook Kim, Bum-Geun Cha, Chul-Soo Kim, Yong-Joo Park.

·Coach: Jung-Shik Moon

Scorers: 1-0 35' Jin-Gook Kim, 2-0 54' Byung-Chan Kang, 2-1 86' Withaya Laohakul

·Referee: ?

·Attendance: ?

South Korea - Malaysia 4-4 (0-3)

VI. President Park's Cup 1976, 1st Round Group A

(Seoul - Dongdaemun Stadium - 11.09.1976 - 15:30)

South Korea (Red-White-Red): 1-Hee-Chun Kim (HT 21-Jin-Bok Kim) (GK), 10-Byung-Chan Kang, 3-Ho-Gon Kim, 12-Jong-Duk Choi, 5-Jae-Man Hwang, 17-Sang-In Park, 9-Young-Moo Lee, 14-Jin-Gook Kim, 7-Dong-Hyun Cho, 11-Bum-Geun Cha, 8-Chul-Soo Kim(36' 6-Sung-Hwa Park).

·Coach: Jung-Shik Moon

Malaysia: 1-Ramasamy Amurgam Ali (GK), 10-Mokhtar Dahari, 4-Viatrigam, 5-Santos Singh, 3-Soh Chin Aun, 6-Sukor Saleh, 9-Ali Isa Bakar, 7-Abda Alif, 2-Yahaya Yusof, 11-Wan Rashid, 8-John Enkares,

·Coach: Kupan

Scorers: 0-1 12' Wan Rashid, 0-2 21' Ali Isa Bakar, 0-3 32' (OG) Chul-Soo Kim, 1-3 69' Sang-In Park, 1-4 79' Mokhtar Dahari, 2-4 83' Bum-Geun Cha, 3-4 87' Bum-Geun Cha, 4-4 89' Bum-Geun Cha

·Referee: ?

·Attendance: 30,000

Note: President Park's Cup is a new name of. Park's Cup Asia Football Championship. Since 1976 edition, none-Asian teams had been invited.

South Korea - India 4-0 (2-0)

VI. President Park's Cup 1976, 1st Round Group A

(Seoul - Dongdaemun Stadium - 13.09.1976 - 19:10)

South Korea (Red-White-Red): 21-Jin-Bok Kim (GK), 10-Byung-Chan Kang, 3-Ho-Gon Kim, 12-Jong-Duk Choi, 5-Jae-Man Hwang, 18-Gang-Nam Kim, 17-Sang-In Park, 9-Young-Moo Lee, 14-Jin-Gook Kim, 7-Dong-Hyun Cho (55' 19-Jong-Won Park), 11-Bum-Geun Cha.

·Coach: Jung-Shik Moon

India: 2-Victor Manjila (GK), 7-C.C.Jacob, 6-D.Shekharan (45' 8-Narasimha), 11-M.M.Jacob, 9-Demaraju, 14-Manjit Singh, 16-Mohamed Basim (45' 13-Bala Chandran), 4-Mohan Kumar, 5-Sukvinder Singh, 10-Amanro Kokraso, 15-Aljinda Singh.

·Coach: Jarnail Singh

Scorers: 1-0 40' Young-Moo Lee, 2-0 42' Dong-Hyun Cho, 3-0 53' Young-Moo Lee, 4-0 58' Bum-Geun Cha

·Referee: Ron Harries (New Zealand)

·Attendance: 12,000

South Korea - Singapore 7-0 (5-0)

VI. President Park's Cup 1976, 1st Round Group A

(Seoul - Dongdaemun Stadium - 17.09.1976 - 19:10)

South Korea (Red-White-Red): 1-Hee-Chun Kim (GK), 10-Byung-Chan Kang, 3-Ho-Gon Kim, 12-Jong-Duk Choi, 5-Jae-Man Hwang, 18-Gang-Nam Kim (45' 7-Dong-Hyun Cho) 17-Sang-In Park, 9-Young-Moo Lee, 14-Jin-Gook Kim, 11-Bum-Geun Cha, 16-Yong-Joo Park (45' 6-Sung-Hwa Park).

· **Coach:** Jung-Shik Moon

Singapore: 1-Edmond Wi (GK), 5-Gazali Ghani, 3-Robert Sim, 11-Selbarajan, 12-Sini Basen, 2-Simon Fernández, 7-Sikfo Tong, 6-Ahmad Saiyuri, 16-Kanasen, 4-Ferenc Gómez, 14-Hosni Hasin.

· **Coach:** Rahim Umar

Scorers: 1-0 3' Bum-Geun Cha, 2-0 27' Gang-Nam Kim, 3-0 29' Young-Moo Lee, 4-0 36' Jin-Gook Kim, 5-0 37' Jin-Gook Kim, 6-0 76' Sang-In Park, 7-0 85' Bum-Geun Cha

· **Referee:** U Tin Thut (Burma)

· **Attendance:** 12,000

South Korea - Sao Paulo (Brazil) 1-1 (0-1)

VI. President Park's Cup 1976, 1st Round Group A

(Seoul – Dongdaemun Stadium – 19.09.1976)

South Korea: 21-Jin Bok Kim (GK), 10-Byung-Chan Kang, 3-Ho-Gon Kim, 12-Jong-Duk Choi, 5-Jae-Man Hwang, 18-Gang-Nam Kim, 17-Sang-In Park, 9-Young-Moo Lee (60' 6-Sung-Hwa Park, 84' 19-Jong-Won Park), 14-Jin-Gook Kim, 11-Bum-Geun Cha, 16-Yong-Joo Park.

· **Coach:** Jung-Shik Moon

Scorers: 1-0 22' Wilson Luiz, 1-1 87' Bum-Geun Cha.

· **Referee:** ?

· **Attendance:** ?

South Korea - New Zealand 2-0 (2-0)

VI. President Park's Cup 1976, Semi Final

(Seoul - Dongdaemun Stadium - 23.09.1976 - 19:10)

South Korea (Red-White-Red): 21-Jin-Bok Kim (GK), 10-Byung-Chan Kang, 3-Ho-Gon Kim, 12-Jong-Duk Choi, 5-Jae-Man Hwang, 18-Gang-Nam Kim(75' 6- Sung-Hwa Park), 17-Sang-In Park, 9-Young-Moo Lee, 14-Jin-Gook Kim, 11-Bum-Geun Cha, 16-Yong-Joo Park.

· **Coach:** Jung-Shik Moon

New Zealand (white-Black-White): 1-Kevin Curtin (GK), 15-Glen Dods, , 6-Dennis Tindall (45' 13-Michael Simenoff), 9-Dave Taylor, 12-Steve Sumner, 14-Adrian Elrick, 4-Warren Fleet, 5-John Houghton (C), 11-Kevin Mulgrew, 7-Kevin Weymouth, 2-Tony Sibley.

· **Coach:** Barrie Truman

Scorers: 1-0 21' Jin-Gook Kim, 2-0 39' Sang-In Park

· **Referee:** P.Jayaram (Singapore)

· **Attendance:** 30,000

South Korea – Sao Paulo (Brazil) 0-0 (0-0)

VI. President Park's Cup 1976, Final

(Seoul – Dongdaemun Stadium – 25.09.1976)

South Korea: 21-Jin-Bok Kim (GK), 10-Byung-Chan Kang, 3-Ho-Gon Kim, 12-Jong-Duk Choi, 5-Jae-Man Hwang, 18-Gang-Nam Kim (45' 6-Sung-Hwa Park), 17-Sang-In Park, 9-Young-Moo Lee (45' 7-Dong-Hyun Cho 14-Jin-Gook Kim, 11-Bum-Geun Cha, 16-Yong-Joo Park.

· **Coach:** Jung-Shik Moon

Scorers: -

· **Referee:** ?

· **Attendance:** ?

South Korea – Sao Paulo (Brazil) 1-1 (1-1)

Friendly Match

(Busan – Gudeok Stadium – 27.09.1976)

South Korea: 1-Hee-Chun Kim (GK), 10-Byung-Chan Kang, 11-Bum-Geun Cha, 19-Jong-Won Park. *7missings.

· **Coach:** Jung-Shik Moon

Scorers: 0-1 12' Wilson Karasco, 1-1 38' Jong-Won Park.

· **Referee:** ?

· **Attendance:** ?

South Korea – Sao Paulo (Brazil) 0-2

Friendly Match

(Daegu – 29.09.1976)

South Korea: ?

· **Coach:** ?

Scorers:

· **Referee:** ?

South Korea – U-19 2-2

Warmup Match

(Seoul – Dongdaemun Stadium- 24.11.1976)

South Korea : Gang-Nam Kim, Jae-Man Hwang, *9missings.

· **Coach :** ?

Scorers : Gang-Nam Kim, Jae-Man Hwang

· **Referee :** ?

Japan - South Korea 1-2 (1-0)

V. Korea-Japan Annual Match

(Tokyo - Yoyoki National Stadium - 04.12.1976 - 14:00)

Japan (White-Blue-White) : 1-Tatsuhiko Seta (GK), 9-Kunishige Kamamoto, 7-Yoshikazu Nagai, 5-Kuniya Daini, 6-Masaagi Yokotani, 4-Kazuo Saito, 3-Kozo Arai, 2-Hiroshi Ochiai, 11-Yasuhiko Okudera, 10-Shigemi Ishii, 8-Nobuo Fujishima

· **Coach :** Hiroshi Ninomiya

South Korea (Red-White-Red) : 21-Hee-Chun Kim (GK), 10-Byung-Chan Kang, 3-Ho-Gon Kim, 6-Sung-Hwa Park, 12-Jong-Duk Choi, 5-Jae-Man Hwang, 17-Sang-In Park, 9-Young-Moo Lee (26' 15-Jung-Moo Huh), 14-Jin-Gook Kim (72' 18-Sung-Nam Kim), 11-Bum-Geun Cha, 16-Yong-Joo Park.

· **Coach :** Jung-Shik Moon

Scorers : 1-0 33' Yoshikazu Nagai, 1-1 72' Jung-Moo Huh, 1-2 76' Jae-Man Hwang

· **Referee :** Chan Tam Sun (Hong Kong)

· **Attendance :** 8,464

Thailand - South Korea 2-1 (1-1)

IX. Thailand King's Cup 1976, 1st Round Group A

(Bangkok - Suphachalasai Stadium - 15.12.1976)

South Korea : 21-Hee-Chun Kim (GK), 10-Byung-Chan Kang, 3-Ho-Gon Kim, 6-Sung-Hwa Park, 12-Jong-Duk Choi, 5-Jae-Man Hwang (46' 19-Gang-Nam Kim), 17-Sang-In Park, 15-Jung-Moo Huh, 14-Jin-Gook Kim, 11-Bum-Geun Cha, 16-Yong-Joo Park (46' 18-Sung-Nam Kim).

· **Coach :** Jung-Shik Moon

Scorers : 1-0 27' Chaldsak Chaibutr, 1-1 31' Jong-Duk Choi, 2-1 71' Vithaya Laohakul

· **Referee :** Govindasamy Suppiah (Singapore)

· **Attendance :** ?

South Korea - Singapore 4-0 (1-0)

IX. Thailand King's Cup 1976, 1st Round Group A

(Bangkok - Suphachalasai Stadium - 17.12.1976)

South Korea (Red-White-Red) : 1-Hwang-Ho Kim (GK), 10-Byung-Chan Kang, 3-Ho-Gon Kim, 8-Young-Jeung Cho, 12-Jong-Duk Choi, 5-Jae-Man Hwang, 17-Sang-In Park, 9-Young-Moo Lee, 15-Jung-Moo Huh(45' 6-Sung-Hwa Park), 14- Jin-Gook Kim, 11-Bum-Geun Cha.

· **Coach :** Jung-Shik Moon

Scorers : 1-0 37' Jong-Duk Choi, 2-0 46' Sung-Hwa Park, 3-0 67' Sung-Hwa Park, 73' Sung-Hwa Park.

· **Referee :** ?

· **Attendance :** 15,000

South Korea - Malaysia 1-1 (1-1) a.e.t. 2-3 on penalties

IX. Thailand King's Cup 1976, Semi Final

(Bangkok - Suphachalasai Stadium - 22.12.1976)

South Korea (Red-White-Red) : 1-Hwang-Ho Kim (GK), 10-Byung-Chan Kang, 3-Ho-Gon Kim, 6-Sung-Hwa Park, 8-Young-Jeung Cho, 12-Jong-Duk Choi, 5-Jae-Man Hwang, 17-Sang-In Park (46' 9-Young-Moo Lee), 14-Jin-Gook Kim, 11-Bum-Geun Cha, 16-Yong-Joo Park (46' 18-Sung-Nam Kim).

· **Coach :** Jung-Shik Moon

Scorers : 0-1 19' Yipchi Keong, 1-1 30' Bum-Geun Cha

· **Penalties :** Bum-Geun Cha, Sung-Nam Kim, Ho-Gon Kim (missed), Jong-Duk Choi (missed), Byung-Chan Kang (missed)

· **Expulsions :** 75' ? (Malaysia)

· **Referee :** ?

· **Attendance :** ?

Thailand Farm Team – South Korea 1-3 (0-2)

IX. Thailand King's Cup 1976, Third Place Match

(Bangkok – 25.12.1976)

South Korea : 6-Sung-Hwa Park, 19-Gang-Nam Kim, 18-Sung-Nam Kim, 15-Jung-Moo Huh, 14-Jin-Gook Kim, 11-Bum-Geun Cha, 16-Yong-Joo Park, Hyun-Ho Shin,

*3missings.

· Coach : Jung-Shik Moon

Scorers : 0-1 19' Gang-Nam Kim, 0-2 43' Gang-Nam Kim, 0-3 58' Sung-Nam Kim, 1-3 64' Banditte Sotiyotin

· Referee : ?

· Attendance : ?

1977

South Korea – U-19 5-0 (1-0)

Warm up Match

(Busan - Gudeok Stadium - 06.02.1977)

South Korea (Red-Red-Red) : Hwang-Ho Kim (GK), Jin-Gook Kim, Ho-Gon Kim (45' Jong-Duk Choi), Sang-In Park(45' Gwang-Rae Cho), Yong-Joo Park(45' Jung-Moo Huh), Hyun-Ho Shin(45' Sung-Nam Kim), Young-Moo Lee(45' Gang-Nam Kim), Sung-Hwa Park, Young-Jeung Cho, Jae-Man Hwang, Bum-Geun Cha.

· Coach : Jung-Min Choi

Scorers : 1-0 3' Bum-Geun Cha, 2-0 51' Gang-Nam Kim, 3-0 64' Gwang-Rae Cho, 4-0 75' Gang-Nam Kim, 5-0 88' Jung-Moo Huh

· Referee : ?

· Attendance :

Singapore - South Korea 0-4 (0-2)

Friendly Match

(Singapore - National Stadium - 14.02.1977)

South Korea (Red-Red-Red) : 1-Hwang-Ho Kim(46' 21-Hee-Chun Kim) (GK), 3-Ho-Gon Kim (46' 18-Sung-Nam Kim), Sung-Hwa Park, Young-Jeung Cho, Jong-Duk Choi, Jae-Man Hwang, 17-Sang-In Park (46' 4-Gwang-Rae Cho), 19-Young-Moo Lee (46' 9-Gang-Nam Kim), 14-Jin-Gook Kim (46' 12-Jung-Moo Huh), 7-Hyun-Ho Shin (46' 10-Yong-Joo Park), Bum-Geun Cha.

· Coach : Jung-Min Choi

Scorers : 0-1 17' Bum-Geun Cha, 0-2 31' Young-Moo Lee, 0-3 75' Jung-Moo Huh, 0-4 85' Gang-Nam Kim

· Referee : ?

· Attendance : 20,000

Bahrain - South Korea 1-4 (0-3)

Friendly Match

(Manama - Bahrain National Stadium -18.02.1977)

South Korea : 1-Hwang-Ho Kim (GK), 3-Ho-Gon Kim, 11-Sung-Hwa Park, 8-Young-Jeung Cho, 15-Jong-Duk Choi, 5-Jae-Man Hwang, 9-Gang-Nam Kim, 18-Sung-Nam Kim, 12-Jung-Moo Huh, 5-Bum-Geun Cha, 10-Yong-Joo Park.

· Coach : Jung-Min Choi

Scorers : 0-1 2' Jung-Moo Huh, 0-2 8' Bum-Geun Cha, 0-3 34' Young-Jeung Cho, 1-3 80' Mohammed Fahad, 1-4 83' Jung-Moo Huh

· Referee : ?

· Attendance : ?

Bahrain - South Korea 1-1 (0-0)

Friendly Match

(Manama - Bahrain National Stadium - 20.02.1977)

South Korea : 21-Hee-Chun Kim (GK), 11-Sung-Hwa Park, 4-Gwang-Rae Cho, 8-Young-Jeung Cho (45' 3-Ho-Gon Kim), 15-Jong-Duk Choi, 5-Jae-Man Hwang, 17-Sang-In Park, 19- Young-Moo Lee, 14-Jin-Gook Kim (45' 10-Yong-Joo Park), 7-Hyun-Ho Shin (45' 12-Jung-Moo Huh), 5-Bum-Geun Cha.

· Coach : Jung-Min Choi

Scorers : 0-1 61' Jung-Moo Huh, 1-1 74' Mohammed Barham

· Referee : ?

· Attendance : ?

SSW Innsbruck(AUS) - South Korea 0-1 (?-?)

Friendly Match

(Innsbruck - ? - 22.02.1977)

South Korea : Gwang-Rae Cho, *10missings.

· Coach :

Scorers : 0-1 ?' Gwang-Rae Cho

· Referee : ?

· Attendance : ?

Israel - South Korea 0-0 (0-0)

XI. FIFA World Cup Argentina 1978, Preliminaries, 1st

Round Group 2

(Ramat-Gan - National Stadium - 27.02.1977 - 15:30)

Israel (White-blue-White): 1-Yosef Sorinov (GK), 17-Gidi Damti, 15-Meir Nimni (64' Yaacov Cohen), 19-Mordechai Spiegler, 10-Moshe Schweitzer, 9-Vicky Peretz, , 5-Avi Cohen, 6-Haim Bar, 12-Eli Leventhal, 8-Uri Malmilian, 11-Itzhak Shum (45' Dani Neumann).

·**Coach:** David Schweitzer

South Korea (Red-White-Red): 1-Hwang-Ho Kim (GK), 11-Sung-Hwa Park, 8-Young-Jeung Cho, 15-Jong-Duk Choi, 5-Jae-Man Hwang, 9-Gang-Nam Kim, 18-Sung-Nam Kim, 19-Young-Moo Lee, 5-Bum-Geun Cha, 12-Jung-Moo Huh (46' 7-Hyun-Ho Shin), 10-Yong-Joo Park (46' 14-Jin-Gook Kim).

·**Coach:** Jung-Min Choi

Scorers: -

·**Cautions:** Yaacov Cohen, Moshe Schweitzer, Young-Moo Lee

·**Referee:** Brian McGinley (Scotland)

·**Attendance:** 24,400

South Korea - Israel 3-1 (1-0)

XI. FIFA World Cup Argentina 1978, Preliminaries, 1st Round Group 2

(Seoul - Dongdaemun Stadium - 20.03.1977 - 15:00)

South Korea (Red-White-Red): 1-Hwang-Ho Kim (GK), 5-Sung-Hwa Park, 8-Young-Jeung Cho, 12-Jong-Duk Choi, 5-Jae-Man Hwang, 19-Gang-Nam Kim (2' 17-Sang-In Park), 18-Sung-Nam Kim, 9-Young-Moo Lee, 15-Jung-Moo Huh, 13-Jin-Gook Kim, 11-Bum-Geun Cha.

·**Coach:** Jung-Min Choi

Israel: 20-Yosef Sorinov (GK), 17-Gidi Damti, 10-Mordechai Spiegler (45' Yaacov Cohen), 3-Moshe Leon, 7-Moshe Schweitzer, 9-Vicky Peretz, 5-Avi Cohen, 8-Yaron Oz (45' 23-Uri Malmilian), 12-Eli Leventhal, 13-Yehoshua Feigenbaum, 6-Haim Bar.

·**Coach:** David Schweitzer

Scorers: 1-0 22' Bum-Geun Cha, 1-1 76' Uri Malmilian, 2-1 87' Sang-In Park, 3-1 89' Jong-Duk Choi

·**Cautions:** Jung-Moo Huh, Vicky Peretz

·**Referee:** Koh Guan Kiat (Malaysia)

·**Attendance:** 38,718

Japan - South Korea 0-0 (0-0)

XI. FIFA World Cup Argentina 1978, Preliminaries, 1st Round Group 2

(Tokyo - Yoyoki National Stadium - 26.03.1977 - 14:10)

Japan (White-White-White): 19-Mitsuhisa Taguchi (GK), 9-Kunishige Kamamoto, 7-Yoshikazu Nagai, 18-Akira Nishino, 4-Kazuo Saito, 2-Hiroshi Ochiai, 14-Yasuhiko Okudera, 11-Hiroyuki Usui (45' 17-Hideaki Maeda), 15-Shigemi Ishii, 13-Eijun Kiyokumo, 8-Nobuo Fujishima.

·**Coach:** Hiroshi Ninomiya

South Korea (Red-White-Red): 1-Hwang-Ho Kim (GK), 6-Sung-Hwa Park, 8-Young-Jeung Cho, 12-Jong-Duk Choi, 5-Jae-Man Hwang, 18-Sung-Nam Kim (70' 7-Hyun-Ho Shin), 17-Sang-In Park, 9-Young-Moo Lee (70' 4-Gwang-Rae Cho), 15-Jung-Moo Huh, 13-Jin-Gook Kim, 11-Bum-Geun Cha.

·**Coach:** Jung-Min Choi

Scorers: -

·**Referee:** Sivapalan Kathiravale (Malaysia)

·**Attendance:** 9,266

South Korea - Japan 1-0 (0-0)

XI. FIFA World Cup Argentina 1978, Preliminaries, 1st Round Group 2

(Seoul - Dongdaemun Stadium - 03.04.1977 - 15:00)

South Korea (Red-White-Red): 1-Hwang-Ho Kim (GK), 3-Ho-Gon Kim, 6-Sung-Hwa Park, 4-Gwang-Rae Cho (45' 17-Sang-In Park), 8-Young-Jeung Cho, 12-Jong-Duk Choi, 5-Jae-Man Hwang, 18-Sung-Nam Kim, 15-Jung-Moo Huh, 7-Hyun-Ho Shin, 11-Bum-Geun Cha.

·**Coach:** Jung-Min Choi

Japan (Blue-White-Blue): 19-Mitsuhisa Taguchi (GK), 9-Kunishige Kamamoto, 7-Yoshikazu Nagai, 15-Shigemi Ishii (45' 14-Masaagi Yokotani), 4-Kazuo Saito, 2-Hiroshi Ochiai, 10-Yasuhiko Okudera, 11-Hiroyuki Usui (45' 17-Hideaki Maeda), 15-Akira Nishino, 13-Eijun Kiyokumo, 8-Nobuo Fujishima.

·**Coach:** Hiroshi Ninomiya

Scorers: 1-0 83'(P) Bum-Geun Cha

·**Cautions:** Sung-Hwa Park, Jong-Duk Choi

·**Referee:** Zainal Abidin Bakar (Malaysia)

·**Attendance:** 35,000

South Korea – Yeongnam University 4-0

(Daegu – 01.05.1977)

Warm up match

South Korea: Jung-Moo Huh, Jong-Won Park, Bum-Geun Cha, * 8missings.

Scorers: Jung-Moo Huh 2 goals, Jong-Won Park, Bum-Geun Cha.

·**Coach:** ?

·**Referee:** ?

·**Attendance:** ?

South Korea - Japan 2-1 (2-0)

VI. Korea-Japan Annual Match

(Seoul - Dongdaemun Stadium - 15.06.1977 - 17:00)

South Korea (Red-Red-Red): 1-Ho-Young Byun (GK), 3-Ho-Gon Kim, 6-Sung-Hwa Park, 8-Young-Jeung Cho, 12-Jong-Duk Choi, 5-Jae-Man Hwang, 18-Gang-Nam Kim(46' 4-Gwang-Rae Cho), 19-Sung-Nam Kim (46' 17-Sang-In Park), 14-Jin-Gook Kim (46' 15-Jung-Moo Huh), Hoi-Taek Lee, 11-Bum-Geun Cha.

·**Coach:** Jung-Min Choi

Japan (Blue-White-Blue): 1-Mitsuhisa Taguchi (GK), 2-Masaagi Yokotani, 3-Eijun Kiyokumo, 4-Keizo Imai, 5-Kozo Arai, 6-Nobuo Fujishima, 7-Nagai Yoshikazu, 8-Kazuo Saito, 9-Kunishige Kamamoto, 10-Nobutoshi Kaneda, 11-Mitsuru Komaeda (12-Hiroshi Ochiai).

·**Coach:** Hiroshi Ninomiya

Scorers: 1-0 21' Jin-Gook Kim, 2-0 25' Sung-Nam Kim, 2-1 55' Kaneda Nobutoshi

·**Referee:** Koh Guan Kiat (Malaysia)

·**Attendance:** 30,000

Hong Kong - South Korea 0-1 (0-0)

XI. FIFA World Cup Argentina 1978, Preliminaries, Final Round

(Hong Kong - Hong Kong Stadium - 26.06.1977 - 20:00)

Hong Kong (White-White-White): 1-Kwok Kuen Chu (GK), 12-Ka Ming Kwok, 14-Wing-Yip Lau, 13-Sun Cheung Lai (70' 22-Chi Kang Lun), 15-Nang-Yan Leung, 16-Kwai Hung Li, 21-Kwok Hung Wu, 5-Fat Chi Chan, 6-Sai Kau Chang (70' 4-Wing Hung Au), 20-Ting Fai Tsang, 10-Chor-Wai Chung.

·**Coach:** Franz Walkom (West Germany)

South Korea (Red-Red-Red): 1-Hwang-Ho Kim (GK), 3-Ho-Gon Kim, 6-Sung-Hwa Park, 8-Young-Jeung Cho, 12-Jong-Duk Choi (45' 9-Young-Moo Lee), 5-Jae-Man Hwang, 18-Gang-Nam Kim, 19-Sung-Nam Kim, 14-Jin-Gook Kim, 13-Hoi-Taek Lee (40' 15-Jung-Moo Huh), 16-Bum-Geun Cha.

·**Coach:** Jung-Min Choi

Scorers: 0-1 80' Bum-Geun Cha

·**Cautions:** Wing-Yip Lau, Gang-Nam Kim

·**Referee:** Ferdinand Biwersi (West Germany)

·**Attendance:** 26,952

South Korea - Iran 0-0 (0-0)

XI. FIFA World Cup Argentina 1978, Preliminaries, Final Round

(Busan - Gudeok Stadium - 03.07.1977 - 17:00)

South Korea (Red-Red-Red): 1-Ho-Young Byun (GK), 3-Ho-Gon Kim, 6-Sung-Hwa Park, 4-Gwang-Rae Cho, 8-Young-Jeung Cho, 5-Jae-Man Hwang, 17-Sang-In Park, 15-Jung-Moo Huh, 14-Jin-Gook Kim, 13-Hoi-Taek Lee (46' 16-Jae-Han Kim), 11-Bum-Geun Cha.

·**Coach:** Jung-Min Choi

Iran (White-White-White): 1-Nasser Hejaji (GK), 9-Ghafour Jahani (67' 15-Hussein Faraki), 4-Nasrollah Abdollahie, 10-Mohammad Sadeghi, 3-Andaranik Eskandarian, 6-Ali Parvin (C), 8-Ebrahim Ghasimpour, 11-Iraj Danaei-Fard, 2-Hassan Nazari, 7-Hassan Rowshan, 5-Hossein Kazerani.

·**Coach:** Heshmat Mohajerani

Scorers: -

·**Cautions:** Jin-Gook Kim

·**Referee:** Ian Foote (Scotland)

·**Attendance:** 14,882

South Korea - Libya 4-0 (1-0)

XXI. Merdeka Cup 1977, Group Stage

(Kuala Lumpur - Merdeka Stadium - 17.07.1977)

South Korea (Red-Red-Red): Hwang-Ho Kim (GK), Byung-Chan Kang, Ho-Gon Kim, Sung-Hwa Park, Gwang-Rae Cho, Young-Jeung Cho, Sang-In Park, Jung-Moo Huh, Jin-Gook Kim, Hyun-Ho Shin (46' Jae-Han Kim), Bum-Geun Cha.

· **Coach:** Jung-Min Choi

Scorers: 1-0 20' Jung-Moo Huh, 2-0 50' Bum-Geun Cha, 3-0 61' Jung-Moo Huh, 4-0 89' Jung-Moo Huh.

· **Referee:** ?

· **Attendance:** 15,000

South Korea - Thailand 4-1 (0-1)

XXI. Merdeka Cup 1977, Group Stage

(Kuala Lumpur - Merdeka Stadium - 20.07.1977)

South Korea (Red-Red-Red): Ho-Young Byun (GK), Byung-Chan Kang, Ho-Gon Kim, Sung-Hwa Park, Young-Jeung Cho, Sung-Nam Kim(45' Gwang-Rae Cho), Sang-In Park, Jung-Moo Huh, Jae-Han Kim, Jin-Gook Kim, Bum-Geun Cha.

· **Coach:** Jung-Min Choi

Scorers: 0-1 14' Werayud Swasdi, 1-1 55' Jae-Han Kim, 2-1 57' Jae-Han Kim, 3-1 66' Jae-Han Kim, 4-1 88' Jae-Han Kim

· **Referee:** ?

· **Attendance:** ?

South Korea - Indonesia 5-1 (2-1)

XXI. Merdeka Cup 1977, Group Stage

(Kuala Lumpur - Merdeka Stadium - 22.07.1977)

South Korea: Hwang-Ho Kim (GK), Ho-Gon Kim, Hee-Tae Kim, Sung-Hwa Park (45' Sung-Ho Hong), Gwang-Rae Cho, Young-Jeung Cho, Sung-Nam Kim, Jin-Gook Kim, Hyun-Ho Shin, Bum-Geun Cha, Jong-Won Park (45' Jae-Han Kim).

· **Coach:** Jung-Min Choi

Scorers: 1-0 9' Hyun-Ho Shin, 2-0 14' Gwang-Rae Cho, 2-1 35' Hadi Ismanto, 3-1 50' Bum-Geun Cha, 4-1 61' Jae-Han Kim, 5-1 85' Jae-Han Kim.

· **Referee:** ?

· **Attendance:** 25,000

South Korea - Burma 4-0 (4-0)

XXI. Merdeka Cup 1977, Group Stage

(Kuala Lumpur - Merdeka Stadium - 24.07.1977)

South Korea: Ho-Young Byun (GK), Byung-Chan Kang, Ho-Gon Kim, Sung-Hwa Park, Gwang-Rae Cho (45' Hyun-Ho Shin), Young-Jeung Cho, Sang-In Park, Jung-Moo Huh, Jae-Han Kim (45' Sung-Nam Kim), Jin-Gook Kim, Bum-Geun Cha.

· **Coach:** Jung-Min Choi

Scorers: 1-0 5' Sang-In Park, 2-0 9' Bum-Geun Cha, 3-0 24' Gwang-Rae Cho, 4-0 43' Jae-Han Kim

· **Referee:** Othman Bin Omar (Malaysia)

· **Attendance:** ?

Note: Korean players required a match inspector to replace the referee. It was accepted and at the 20th minute. referee was changed.

Malaysia - South Korea 1-1 (0-1)

XXI. Merdeka Cup 1977, Group Stage

(Kuala Lumpur - Merdeka Stadium - 26.07.1977)

South Korea: Hwang-Ho Kim (GK), Byung-Chan Kang, Ho-Gon Kim, Sung-Hwa Park, Gwang-Rae Cho, Young-Jeung Cho, Sang-In Park, Jung-Moo Huh(45' Sung-Nam Kim), Jae-Han Kim, Jin-Gook Kim, Bum-Geun Cha.

· **Coach:** Jung-Min Choi

Scorers: 0-1 5' Jung-Moo Huh, 1-1 70'(P) Mokhtar Dahari

· **Referee:** ?

· **Attendance:** 30,000

South Korea - Iraq 1-1 (1-0)

XXI. Merdeka Cup 1977, Group Stage

(Kuala Lumpur - Merdeka Stadium - 28.07.1977)

South Korea: Ho-Young Byun (GK), Byung-Chan Kang, Ho-Gon Kim (C), Sung-Hwa Park, Gwang-Rae Cho, Young-Jeung Cho, Sang-In Park, Jung-Moo Huh, Jae-Han Kim, Jin-Gook Kim, Bum-Geun Cha.

· **Coach:** Jung-Min Choi

Scorers: 1-0 30' Jae-Han Kim, 1-1 66' Hussein Saeed

Mohammed

Note: 69' Bum-Geun Cha missed a penalty. Substitutions are unknown.

South Korea - Iraq 1-0 (0-0)

XXI. Merdeka Cup 1977, Final

(Kuala Lumpur - Merdeka Stadium - 31.07.1977)

South Korea (Red-Red-Red): Hwang-Ho Kim (GK), Ho-Gon Kim (C), Byung-Chan Kang, Sung-Hwa Park, Gwang-Rae Cho, Young-Jeung Cho, Sang-In Park, Jung-Moo Huh (46' Sung-Nam Kim, 53' Hyun-Ho Shin), Jae-Han Kim, Jin-Gook Kim, Bum-Geun Cha.

·**Coach:** Jung-Min Choi

Iraq (White-Green-White): Raad Hammoudi Salman (GK), Salem Melaq, Shakil Ali, Aswad, Ali Ahmad, Ali Abdul Jere, Yahya Alwan, Ibrahim Ali, Jamal Ali Hamza, Khali Felhan, Hussein Saeed.

·**Coach:** Jamal Saleh

Scorers: 1-0 60' Bum-Geun Cha

·**Referee:** Zainal Abidin Bakar (Malaysia)

·**Attendance:** 20,000

Australia - South Korea 2-1 (0-1)

XI. FIFA World Cup Argentina 1978, Preliminaries, Final Round

(Sydney - Sports Ground - 27.08.1977 - 15:00)

Australia: 1-Allan Maher (GK), 7-Dave Harding, 6-Murray Barnes, 2-George Harris (62' Gary Byrne), 11-John Nyskohus(62' Atti Abonyi), 9-John Kosmina, 8-Jim Rooney, 4-Col Bennett, 10-Peter Ollerton, 3-Peter Wilson, 5-Harry Williams.

·**Coach:** Jim Shoulder

South Korea (White-White-White): Ho-Young Byun(66' 1-Hwang-Ho Kim) (GK), 10-Byung-Chan Kang, 3-Ho-Gon Kim, 6-Sung-Hwa Park, 4-Gwang-Rae Cho, 8-Young-Jeung Cho, 12-Jong-Duk Choi (80' 14-Jin-Gook Kim), 17-Sang-In Park, 15-Jung-Moo Huh, 16-Jae-Han Kim, 11-Bum-Geun Cha.

·**Coach:** Jung-Min Choi

Scorers: 0-1 24' Bum-Geun Cha, 1-1 63' John Kosmina, 2-1 70' John Kosmina

·**Referee:** Jan Keizer (Nederland)

·**Attendance:** 8,719

South Korea - Thailand 5-1 (2-0)

VII. President Park's Cup 1977, 1st Round Group A

(Seoul - Dongdaemun Stadium - 03.09.1977 - 15:30)

South Korea (Red-Red-Red): 1-Hwang-Ho Kim (GK), 3-Ho-Gon Kim, 6-Sung-Hwa Park, 4-Gwang-Rae Cho, 8-Young-Jeung Cho, 12-Jong-Duk Choi, 17-Sang-In Park, 15-Jung-Moo Huh, 16-Jae-Han Kim (45' 7-Hyun-Ho Shin), 14-Jin-Gook Kim, 11-Bum-Geun Cha.

·**Coach:** Jung-Min Choi

Thailand: 1-Chaiwat (GK), 10-Niwat Srisawat, 3-Manus, 7-Sampon, 5-Surassadi, 9-Surin, 4-Smatuk, 8-Sitipon Kongsri, 6-Chainoi (15-Daoyo), 11-Chesakti (14-Niwat),13-Pichai.

·**Coach:** Peter Schnittger (West Germany)

Scorers: 1-0 23' Jae-Han Kim, 2-0 37' Jae-Han Kim, 3-0 50' Bum-Geun Cha, 4-0 58' Jung-Moo Huh, 5-0 68' Jung-Moo Huh, 5-1 81' Sitipon Kongsri

·**Referee:** George Joseph (Malaysia)

·**Attendance:** 20,000

South Korea - India 3-0 (0-0)

VII. President Park's Cup 1977, 1st Round Group A

(Daegu – Citizen Stadium - 05.09.1977 - 18:45)

South Korea (Red-Red-Red): 21-Hee-Chun Kim (GK), 10-Byung-Chan Kang, 6-Sung-Hwa Park, 8-Young-Jeung Cho, 12-Jong-Duk Choi, 19-Gang-Nam Kim, 18-Sung-Nam Kim, 7-Hyun-Ho Shin (58' 15-Jung-Moo Huh), 16-Jae-Han Kim, 14-Jin-Gook Kim (58' 4-Gwang-Rae Cho), 11-Bum-Geun Cha.

·**Coach:** Jung-Min Choi

India: 1-Victor Manjila (GK), 3-C.C.Jacob, 7-Nicholas Pereira, 9-Devraj Doraiswamy, 15-Shabbir Ali, 17-Surajit Sengupta, 5-Sukvinder Singh, 10-Ulaganatan, 6-Pradip Chowdhury, 11-Prashanta Banerjee, 16-Harjinder Singh.

·**Coach:** G.M.H.Basha

Scorers: 1-0 56' Bum-Geun Cha, 2-0 84' Jae-Han Kim, 3-0 89' Bum-Geun Cha.

·**Referee:** Ibrahim Al-Doy (Bahrain)

South Korea - Racing club (Lebanon) 4-1 (2-0)

VII. President Park's Cup 1977, 1st Round Group A

(Busan - Gudeok Stadium - 07.09.1977)

South Korea: 21-Hee-Chun Kim (GK), 3-Ho-Gon Kim, 6-Sung-Hwa Park, 4-Gwang-Rae Cho, 8-Young-Jeung Cho, 12-Jong-Duk Choi, 18-Sung-Nam Kim, 17-Sang-In Park(45' 14-Jin-Gook Kim), Jung-Moo Huh, Jae-Han Kim, 11-Bum-Geun Cha.

·**Coach:** Jung-Min Choi

Scorers: 1-0 33' Gwang-Rae Cho, 2-0 43' Bum-Geun Cha, 2-1 47' JeureIji Rapul, 3-1 84' Jae-Han Kim, 4-1 85' Jae-Han Kim

·**Referee:** ?

·**Attendance:** ?

South Korea - Middlesex Wonderers (England) 6-1 (1-0)

VII. President Park's Cup 1977, 1st Round Group A

(Seoul - Dongdaemun Stadium - 11.09.1977 - ?)

South Korea: 21-Hee-Chun Kim (GK), 10. Byung-Chan Kang, 3-Ho-Gon Kim, 8-Young-Jeung Cho, 12-Jong-Duk Choi, 19-Gang-Nam Kim, 18-Sung-Nam Kim, Hyun-Ho Shin, 14-Jin-Gook Kim, 16-Jae-Han Kim(13' 15-Jung-Moo Huh, 26' Gwang-Rae Cho), 11-Bum-Geun Cha.

·**Coach:** Jung-Min Choi

Scorers: 1-0 41' Jin-Gook Kim, 2-0 51' Hyun-Ho Shin, 3-0 54' Bum-Geun Cha, 3-1 60' Webb, 4-1 77' Hyun-Ho Shin, 5-1 83' Jin-Gook Kim, 6-1 86' Hyun-Ho Shin

·**Referee:** ?

·**Attendance:** ?

South Korea - Malaysia 3-0 (1-0)

VII. President Park's Cup 1977, Semi Final

(Seoul - Dongdaemun Stadium - 13.09.1977 - 16:00)

South Korea (Red-Red-Red): 21-Hee-Chun Kim (GK), 3-Ho-Gon Kim, 6-Sung-Hwa Park, 4-Gwang-Rae Cho, 8-Young-Jeung Cho,12-Jong-Duk Choi, 19-Gang-Nam Kim, 18-Sung-Nam Kim, 7-Hyun-Ho Shin, 14-Jin-Gook Kim (30' 16-Jae-Han Kim, 55' 17-Sang-In Park), 11-Bum-Geun Cha (72' 10-Byung-Chan Kang).

·**Coach:** Jung-Min Choi

Malaysia: 22-Nasir Hassan (GK), 7-R.Visvanatan, 12-Nik Fawzi, 11-Bakri Ibni, 5-Santokh Singh, 3-Soh Chin Aun (45' 6-Wan Aziz), 9-Ali Isa Bakar, 8-Abdah Alif (45' 15-Ismaun), 4-Yahya Jusoh, 2-Osman Abdullah, 10-Yipchi Keong.

·**Coach:** ?

Scorers: 1-0 19' Jong-Duk Choi, 2-0 47' Bum-Geun Cha, 3-0 49' Sung-Nam Kim

·**Expulsions:** Ismaun

·**Referee:** Ikraul Hak (India)

·**Attendance:** 10,000

South Korea - Sao Paulo (Brazil) 0-1(0-1)

VII. President Park's Cup 1977, Final

(Seoul– Seoul Dongdaemun Stadium – 15.09.1977)

South Korea: 21-Hee-Chun Kim (GK), 3-Ho-Gon Kim, 6-Sung-Hwa Park, 4-Gwang-Rae Cho, 8-Young-Jeung Cho, 12-Jong-Duk Choi, 19-Gang-Nam Kim(45' 17-Sang-In Park), 18-Sung-Nam Kim, 7-Hyun-Ho Shin (45' 14-Jin-Gook Kim), 16-Jae-Han Kim, 11-Bum-Geun Cha.

·**Coach:** ?

Scorers: 0-1 13' BaroNingyo

·**Referee:** ?

·**Attendance:** ?

South Korea – Sao Paulo (Brazil) 1-2 (0-1)

Friendly Match

(Busan - ? – 18.09.1977)

South Korea: 1-Hwang-Ho Kim (GK), 8-Young-Jeung Cho, 17-Sang-In-Park, 16-Jae-Han Kim, 11-Bum-Geun Cha. *6missings.

Scorers: 0-1 18' BaroNingyo, 1-1 66'(P) Bum-Geun Cha, 1-2 88' Borges.

·**Referee:** ?

·**Attendance:** ?

South Korea - Kuwait 1-0 (0-0)

XI. FIFA World Cup Argentina 1978, Preliminaries, Final Round

(Seoul - Dongdaemun Stadium - 09.10.1977 - 14:30)

South Korea (Red-Red-Red): 1-Ho-Young Byun (GK), 3-Ho-Gon Kim, 6-Sung-Hwa Park, 4-Gwang-Rae Cho

(45' 14-Jin-Gook Kim), 8-Young-Jeung Cho,12-Jong-Duk Choi, 19-Gang-Nam Kim, 18-Sung-Nam Kim (44' 15-Jung-Moo Huh), 17-Sang-In Park, 16-Jae-Han Kim, 11-Bum-Geun Cha.

·**Coach:** Jung-Nam Kim

Kuwait: 1-Ahmad Al-Tarabulsi (GK), 3-Mahboub Jumaa Mubarak, 3-Mahmoud Juma Mubarak, 15-Said Mohammed Al-Houti (C), 2-Sultan Yaqoub Sultan, 14-Abdullah Mohammed Mayouf, 10-Abdulaziz Al-Anbari, 9-Jassem Yaqoub Sultan, 16-Faisal Al-Dakhil (45' 7-Fahsi Kamil Marzouq), 11-Hamad Bo Hamad, 4-Hussein Mohammed Al-Kandari(45' 13-Redha Maarafi).

·**Coach:** Mario Zagallo (Brazil)

Scorers: 1-0 50' Sang-In Park

·**Cautions:** Bo Hamad

·**Referee:** Giulio Ciacci (Italy)

·**Attendance:** 20,000

Note: This match was Bum-Geun Cha's the 100th full international.

South Korea - Australia 0-0 (0-0)

XI. FIFA World Cup Argentina 1978, Preliminaries, Final Round

(Seoul - Dongdaemun Stadium - 23.10.1977 - 15:30)

South Korea (Red-Red-Red): 21-Hee-Chun Kim (GK), 3-Ho-Gon Kim, 6-Sung-Hwa Park, 8-Young-Jeung Cho(53' 22-Hee-Tae Kim), 12-Jong-Duk Choi, 19-Gang-Nam Kim, 17-Sang-In Park, 15-Jung-Moo Huh, 16-Jae-Han Kim, 11-Bum-Geun Cha, 20-Jong-Won Park(80' 9-Young-Moo Lee).

·**Coach:** Jung-Nam Kim

Australia: 1-Allan Maher (GK), 12-Gary Byrne, 16-Atti Abonyi, 2-George Harris, 9-John Kosmina, 8-Jim Rooney(62' 15-Gary Marocchi), 4-Col Bennett, 17-Col Curran, 14-Peter Stone, 10-Peter Ollerton (67' Adrian Alston), 3-Peter Wilson.

·**Coach:** Jim Sholder

Scorers: -

·**Cautions:** Hee-Tae Kim, Jung-Moo Huh, Peter Wilson, John Kosmina, Adrian Alston

·**Referee:** Ulf Eriksson (Sweden)

·**Attendance:** 30,000

Kuwait - South Korea 2-2 (0-1)

XI. FIFA World Cup Argentina 1978, Preliminaries, Final Round

(Kuwait City - National Stadium - 05.11.1977 - 17:00)

Kuwait: Ahmad Al-Tarabulsi (GK), Badr Bo Abbas, Said Al-Houti (46' Hamad Bo Hamad), Adnan Abdullah Dashti (46' Redah Maarafi), Abdullah Mayouf, Abdulaziz Al-Anbari, Ibrahim Al-Duraihim, Farouk Ibrahim Al-Saleh, Faisal Al-Dakhil, Fatih Kamil Marzouq, Hussein Al-Kandari.

·**Coach:** Mario Zagallo (Brazil)

South Korea (Red-Red-Red): 0-Ho-Young Byun (GK), 3-Ho-Gon Kim (C), 6-Sung-Hwa Park, 8-Young-Jeung Cho, 12-Jong-Duk Choi, 19-Gang-Nam Kim (61' 22-Hee-Tae Kim), 17-Sang-In Park, 15-Jung-Moo Huh, 16-Jae-Han Kim (30' 9-Young-Moo Lee), 11-Bum-Geun Cha, 20-Jong-Won Park.

·**Coach:** Jung-Nam Kim

Scorers: 0-1 20' Bum-Geun Cha, 1-1 48' Al-Dakhil, 2-1 78' Abdul Aziz, 2-2 83' Jong-Duk Choi

·**Cautions:** 52' Gang-Nam Kim

·**Expulsions:** 53' Ho-Gon Kim

·**Referee:** Jang Dubach (Switzerland)

·**Attendance:** 33,342

Iran - South Korea 2-2 (0-1)

XI. FIFA World Cup Argentina 1978, Preliminaries, Final Round

(Teheran - Aryamehr Stadium - 11.11.1977)

Iran (White-White-White): 1-Nasser Hejaji (GK), 6-Ali Parvin (C), 9-Ghafour Jahani, 4-Nasrollah Abdollahie, 11-Mohammad Reza Adelkhani, 10-Mohammad Sadeghi, 3-Andranik Eskandarian, 8-Ebrahim Ghasimpour, 2-Hassan Nazari, 7-Hassan Rowshan, 5-Hussain Kazarani.

·**Coach:** Heshmat Mohajerani

South Korea (Red-Red-Red): 1-Ho-Young Byun (GK), 6-Sung-Hwa Park, 4-Gwang-Rae Cho, 8-Young-Jeung Cho, 12-Jong-Duk Choi, 5-Jae-Man Hwang, 17-Sang-In

Park, 9-Young-Moo Lee, 16-Jae-Han Kim, 11-Bum-Geun Cha, 20-Jong-Won Park (85' 15-Jung-Moo Huh).

·**Coach:** Jung-Nam Kim

Scorers: 0-1 28' Young-Moo Lee, 1-1 53' Hassan Rowshan, 2-1 68' Hassan Rowshan, 2-2 89' Young-Moo Lee

·**Cautions:** Mohammad Sadeghi, Ebrahim Ghasimpour, Ho-Young Byun

·**Referee:** Patrick Partridge (England)

·**Attendance:** 85,000

South Korea - Hong Kong 5-2 (2-0)

XI. FIFA World Cup Argentina 1978, Preliminaries, Final Round

(Busan – Gudeok Stadium - 04.12.1977 - 14:30)

South Korea (Red-Red-Red): 1-Hwang-Ho Kim (GK), 3-Ho-Gon Kim (C), 6-Sung-Hwa Park, 4-Gwang-Rae Cho, 8-Young-Jeung Cho, 5-Jae-Man Hwang (45' 12-Jong-Duk Choi), 18-Sung-Nam Kim (34' 14-Jin-Gook Kim), 17-Sang-In Park, 15-Jung-Moo Huh, 16-Jae-Han Kim, 11-Bum-Geun Cha.

·**Coach:** Jung-Nam Kim

Hong Kong (White-White-White): 1-Kuen Chu Kwok (GK), 5-Fat Chi Chan, 10-Yun Hue Cheng, 13-Sun Cheung Lai, 6-Sai Kau Chan, 19-Hung Chung Tang (45' 15-Nang Yan Leung), 12-Ka Ming Kwok, 8-Ka Ping Cheung, 20-Ting Fai Tsang, 16-Kwai Hung Li (45' 7-Kin Hai Sze), 14-Wing Yip Lau.

·**Coach:** Franz Walkom (West Germany)

Scorers: 1-0 23' Ho-Gon Kim, 2-0 44' Jung-Moo Huh, 2-1 49' Ka Ming Kwak, 3-1 76' Jae-Han Kim, 3-2 77' Fat Chi Chan FK, 4-2 80' Jae-Han Kim, 5-2 89' Sang-In Park.

·**Referee:** Heinz Aldinger (West Germany)

·**Attendance:** 15,184

South Korea – Korea Farm Team 2-0 (0-0)

Charity Match

(Gwangju – Mudeung Staium – 18.12.1977)

Hee-Chun Kim (GK), Gang-Nam Kim, Jae-Han Kim, Jin-Gook Kim(45' Jong-Won Park), Hee-Tae Kim (45' Ho-Gon Kim), Sang-In Park(45' Sung-Nam Kim), Sung-Hwa Park(45' Sung-Ho Hong), Young-Moo Lee, Young-Jeung Cho, Bum-Geun Cha(45' Jung-Moo Huh), Jae-Man Hwang.

·**Coach:** Jung-Nam Kim

Scorers: 1-0 50' Jong-Won Park, 72' Gang-Nam Kim

·**Referee:** ?

·**Attendance:** ?

South Korea – Korea Farm Team 4-1

Warm up Match

(Seoul – Dongdaemun Stadium – 15.04.1978)

South Korea: Sang-In Park, Bum-geun Cha, Young-Moo Lee. *8missings.

·Coach: ?

Scorers: Sang-In Park 2 goals, Bum-geun Cha, Young-Moo Lee.

·Referee: ?

·Attendance: ?

South Korea – Korea Farm Team 3-1

Warm up Match

(Seoul – Dongdaemun Stadium – 18.04.1978)

South Korea: Bum-Geun Cha, Jae-Han Kim, Sang-In Park. *8missing

·Coach: ?

Scorers: Bum-Geun cha, Jae-Han Kim, Sang-In Park.

·Referee: ?

·Attendance: ?

South Korea - Bologna (Italy) 1-1 (1-1)

Friendly Match

(Seoul – Dongdaemun Stadium – 13.05.1978)

South Korea: Hwang-Ho Kim (GK), Ho-Gon Kim, Sung-Hwa Park, Gwang-Rae Cho, Young-Jeung Cho, Jong-Duk Choi, Jae-Man Hwang, Young-Moo Lee, Jung-Moo Huh, Jae-Han Kim (45' Gang-Nam Kim), Bum-Geun Cha (45' Hyun-Ho Shin).

·Coach: Heung-Chul Ham

Scorers: 0-1 27' Fernando Viola, 1-1 29' Young-Moo Lee.

·Referee: ?

·Attendance: ?

South Korea – Bologna (Italy) 1-0 (0-0)

Friendly Match

(Busan – Gudeok Stadium – 15.05.1978)

South Korea: Hwang-Ho Kim (GK), Ho-Gon Kim, Sung-Hwa Park, Gwang-Rae Cho, Young-Jeung Cho, Jong-Duk Choi, Sung-Ho Hong, Jae-Man Hwang, Young-Moo Lee, Jung-Moo Huh, Bum-Geun Cha.

·Coach: Heung-Chul Ham.

Scorers: 1-0 89' Jung-Moo Huh

·Referee: ?

·Attendance: ?

South Korea - Palmeiras (Brazil) 0-1 (0-1)

I.Kirin Cup(Japan cup)

(Osaka – ? - 20.05.1978)

South Korea: 1-Hwang-Ho Kim (GK), 3-Ho-Gon Kim, 4-Gwang-Rae Cho, 8-Young-Jeung Cho, 12-Jong-Duk Choi, 5-Jae-Man Hwang, 9-Young-Moo Lee, 15-Jung-Moo Huh(45' 7-Hyun-Ho Shin), 16-Jae-Han Kim, 11-Bum-Geun Cha.

·Coach: Heung-Chul Ham

Scorers: 0-1 25' Freed

·Referee: ?

·Attendance: ?

South Korea - Mönchen Gladbach (West Germany) 3-4 (1-2)

I.Kirin Cup(Japan cup)

(Hiroshima – ? - 23.05.1978)

South Korea: 1-Hwang-Ho Kim (GK), 3-Ho-Gon Kim, 6-Sung-Hwa Park, 4-Gwang-Rae Cho, 8-Young-Jeung Cho, 12-Jong-Duk Choi, 5-Jae-Man Hwang, 9-Young-Moo Lee, 15-Jung-Moo Huh (45' 7-Hyun-Ho Shin), 16-Jae-Han Kim, 11-Bum-Geun Cha.

·Coach: Heung-Chul Ham

Scorers: 0-1 2' Allan Simonsen, 0-2 9' WilFriend Hannes, 1-2 21' Bum-Geun Cha, 1-3 52' Rudolf Gores, 2-3 63' Jae-Han Kim, 2-4 70' Karl Delhaye, 3-4 88'(P) Ho-Gon Kim

·Referee: ?

·Attendance: ?

South Korea – Japan Farm Team 3-0 (2-0)

I.Kirin Cup(Japan cup)

(Okayama – ? - 25.05.1978)

South Korea: Hee-Chun Kim (GK), 3-Ho-Gon Kim, 6-Sung-Hwa Park, 4-Gwang-Rae Cho (45' 22-Hee-Tae

Kim), 8-Young-Jeung Cho (45' 2-Sung-Ho Hong), 5-Jae-Man Hwang, 7-Hyun-Ho Shin, 9-Young-Moo Lee, 15-Jung-Moo Huh, 16-Jae-Han Kim, 11-Bum-Geun Cha.

·**Coach**: Heung-Chul Ham

Scorers: 1-0 6' Bum-Geun Cha, 2-0 17' Young-Moo Lee, 3-0 59' Hyun-Ho Shin

·**Referee**: ?

·**Attendance**: ?

Malaysia - South Korea 1-3 (0-1)

XXII. Merdeka Cup 1978, Group Stage

(Kuala Lumpur - Merdeka Stadium - 12.07.1978)

South Korea (Red-Red-Red): Hwang-Ho Kim (GK), Ho-Gon Kim (C), Sung-Hwa Park, Gwang-Rae Cho, Young-Jeung Cho, Jae-Man Hwang, Hyun-Ho Shin(45' 12-Jong-Duk Choi), Young-Moo Lee, Jung-Moo Huh, Jae-Han Kim, Bum-Geun Cha.

·**Coach**: ?

Scorers: 0-1 27' Jae-Han Kim, 1-1 46' Abdah Alif, 1-2 57' Jae-Han Kim, 1-3 69' Young-Moo Lee

·**Referee**: ?

·**Attendance**: 50,000

South Korea - Thailand 3-0 (1-0)

XXII. Merdeka Cup 1978, Group Stage

(Kuala Lumpur - Merdeka Stadium - 14.07.1978)

South Korea (Red-Red-Red): 1-Hwang-Ho Kim (GK), 3-Ho-Gon Kim (C), 6-Sung-Hwa Park, 8-Young-Jeung Cho, 12-Jong-Duk Choi, 19-Gang-Nam Kim (45' 4-Gwang-Rae Cho), 18-Sung-Nam Kim, 9-Young-Moo Lee, 15-Jung-Moo Huh, 16-Jae-Han Kim(45' Hyun-Ho Shin), 11-Bum-Geun Cha.

·**Coach**: Heung-Chul Ham

Scorers: 1-0 19' Jae-Han Kim, 2-0 73' Jae-Han Kim, 3-0 78' Young-Moo Lee

·**Referee**: ?

·**Attendance**: ?

South Korea - Singapore 2-0 (1-0)

XXII. Merdeka Cup 1978, Group Stage

(Kuala Lumpur - Merdeka Stadium - 16.07.1978)

South Korea (Red-Red-Red): 21-Hee-Chun Kim (GK), 3-Ho-Gon Kim (C), 4-Gwang-Rae Cho, 8-Young-Jeung Cho, 12-Jong-Duk Choi, 2-Sung-Ho Hong, 5-Jae-Man Hwang, 7-Hyun-Ho Shin (58' 15-Jung-Moo Huh), 9-Young-Moo Lee, 16-Jae-Han Kim, 11-Bum-Geun Cha.

Scorers: 1-0 12' Hyun-Ho Shin, 2-0 82' Jae-Han Kim

·**Referee**: ?

·**Attendance**: ?

South Korea - Japan 4-0 (2-0)

XXII. Merdeka Cup 1978, Group Stage

(Kuala Lumpur - Merdeka Stadium - 19.07.1978)

South Korea (Red-Red-Red): 1-Hwang-Ho Kim (GK), 3-Ho-Gon Kim, 6-Sung-Hwa Park, 4-Gwang-Rae Cho, 8-Young-Jeung Cho, 12-Jong-Duk Choi, 5-Jae-Man Hwang, 10-Hyun-Ho Shin, 9-Young-Moo Lee, 16-Jae-Han Kim (46' 15-Jung-Moo Huh), 11-Bum-Geun Cha.

·**Coach**: Heung-Chul Ham

Japan (White-White-White): Mitsuhisa Taguchi (GK), Yoshikazu Nagai, Akira Nishino, Hideki Maeda, Kazuo Saitou, Hiroshi Ochiai, Hiroyuki Usui, Keizo Imai, Nobutoshi Kaneda, Mitsunori Fujiguchi, Nobuo Fujishima.

·**Coach**: Hiroshi Shimomura

Scorers: 1-0 20' Gwang-Rae Cho, 2-0 44' Bum-Geun Cha, 3-0 75' Sung-Hwa Park, 4-0 88' Ho-Gon Kim

·**Referee**: ?

·**Attendance**: ?

South Korea - Iraq 2-0 (1-0)

XXII. Merdeka Cup 1978, Group Stage

(Kuala Lumpur - Merdeka Stadium - 22.07.1978)

South Korea: 1-Hwang-Ho Kim (GK), 3-Ho-Gon Kim (C), 6-Sung-Hwa Park, 4-Gwang-Rae Cho, 8-Young-Jeung Cho, 12-Jong-Duk Choi, 7-Hyun-Ho Shin(45' 22-Hee-Tae Kim), 9-Young-Moo Lee, 15-Jung-Moo Huh(45' 19-Gang-Nam Kim), 16-Jae-Han Kim, 11-Bum-Geun Cha.

·**Coach**: Heung-Chul Ham

Scorers: 1-0 28' Jong-Duk Choi, 2-0 70' Bum-Geun Cha

·**Referee**: Suwardi (Indonesia)

· Attendance : 30,000

South Korea - Indonesia 2-0 (0-0)

XXII. Merdeka Cup 1978, Group Stage

(Kuala Lumpur - Merdeka Stadium - 25.07.1978)

South Korea (Red-Red-Red): Hwang-Ho Kim (GK), Sung-Hwa Park, Gwang-Rae Cho (45' Ho-Gon Kim), Young-Jeung Cho, Jong-Duk Choi, Jae-Man Hwang, Gang-Nam Kim, Hyun-Ho Shin, Young-Moo Lee, Jae-Han Kim, Bum-Geun Cha.

· **Coach :** Heung-Chul Ham

Scorers: 1-0 70' Bum-Geun Cha, 2-0 85' Gang-Nam Kim

· Referee : ?

· Attendance : ?

South Korea - Syria 2-0 (0-0)

XXII. Merdeka Cup 1978, Group Stage

(Kuala Lumpur - Merdeka Stadium - 27.07.1978)

South Korea (Red-Red-Red): 1-Hwang-Ho Kim (GK), 3-Ho-Gon Kim (C), 22-Hee-Tae Kim, 8-Young-Jeung Cho, 12-Jong-Duk Choi, Sung-Ho Hong, 5-Jae-Man Hwang, 19-Gang-Nam Kim, 18-Sung-Nam Kim, 7-Hyun-Ho Shin (46' 6-Sung-Hwa Park), 15-Jung-Moo Huh.

· **Coach :** Heung-Chul Ham

Scorers: 1-0 65' Sung-Hwa Park, 2-0 84' Sung-Hwa Park

· Referee : ?

· Attendance : ?

South Korea - Iraq 2-0 (2-0)

XXII. Merdeka Cup 1978, Final

(Kuala Lumpur - Merdeka Stadium - 29.07.1978 - 19:30)

South Korea (Red-Red-Red): 1-Hwang-Ho Kim (GK), 3-Ho-Gon Kim (C), 6-Sung-Hwa Park, 4-Gwang-Rae Cho (45' 19-Gang-Nam Kim), 8-Young-Jeung Cho, 12-Jong-Duk Choi, 5-Jae-Man Hwang, 9-Young-Moo Lee, 15-Jung-Moo Huh(45' 7-Hyun-Ho Shin), 16-Jae-Han Kim, 11-Bum-Geun Cha.

· **Coach :** Heung-Chul Ham

Scorers: 1-0 16' Young-Moo Lee, 2-0 20' Jae-Han Kim

· Referee : ?

· Attendance : 25,000

South Korea – Korea Farm Team 0-1 (0-0)

Warm up Match

(Busan – Gudeok Stadium – 25.08.1978)

South Korea : Hwang-Ho Kim (GK), Gang-Nam Kim, Sung-Nam Kim (45' Gwang-Rae Cho), Jae-Han Kim, Ho-Gon Kim, Hee-Tae Kim (45' Jong-Duk Choi), Sang-In Park, Young-Jeung Cho(45' Sung-Hwa Park), Bum-Geun Cha, Jung-Moo Huh, Jae-Man Hwang.

· **Coach :** Heung-Chul Ham

Scorers: 0-1 73' Chang-Sun Park

· Referee : ?

· Attendance : ?

South Korea – Korea Farm Team 5-0 (1-0)

Warm up Match

(Daegu – Civil Stadium – 27.08.1978)

Hwang-Ho Kim (GK), Gang-Nam Kim, Sung-Nam Kim, Jae-Han Kim, Ho-Gon Kim, Sang-In Park, Sung-Hwa Park, Bum-Geun Cha, Jong-Duk Choi, Jung-Moo Huh, Jae-Man Hwang.

· **Coach :** Heung-Chul Ham

Scorers: 1-0 40' Jung-Moo Huh, 2-0 49' Sang-In Park, 3-0 63' Bum-Geun Cha, 4-0 70' Jae-Han Kim, 5-0 84' Gang-Nam Kim.

· Referee : ?

· Attendance : ?

South Korea – Washington Diplomath (USA) 3-2 (1-1)

VII. President Park's Cup 1978, 1st Round Group A

(Seoul – Dongdaemun Stadium – 09.09.1978 – 15:30)

1-Hwang-Ho Kim (GK), 3-Ho-Gon Kim, 6-Sung-Hwa Park, 8-Young-Jeung Cho, 5-Jae-Man Hwang, 19-Gang-Nam Kim, 18-Sung-Nam Kim(60' 4-Gwang-Rae Cho), 17-Sang-In Park(35' 9-Young-Moo Lee), 15-Jung-Moo Huh, 11-Bum-Geun Cha, 16-Jae-Han Kim.

· **Coach :** ?

Scorers: 0-1 25' Bill Irwin, 1-1 32' Jae-Han Kim, 2-1 48'(P) Ray Gradon, 2-2 68' Gang-Nam Kim, 3-2 82' Jae-Han Kim.

· Referee : ?

· Attendancce : ?

South Korea - Malaysia 2-2 (0-1)

VII. President Park's Cup 1978, 1st Round Group A

(Busan - Gudeok Stadium - 11.09.1978 - 19:45)

South Korea (Red-Red-Red): 1-Hwang-Ho Kim (GK), 3-Ho-Gon Kim (C), 22-Hee-Tae Kim (45' 5-Jae-Man Hwang), 6-Sung-Hwa Park, 4-Gwang-Rae Cho, 8-Young-Jeung Cho, 17-Sang-In Park, 9-Young-Moo Lee, 15-Jung-Moo Huh, 11-Bum-Geun Cha, 16-Jae-Han Kim.

·**Coach:** Heung-Chul Ham

Malaysia: 22-Arumurgam Ali (GK), 5-Rashid Hassan, 10-Radzi Ahmad (45' 9-Redzuan Abdullah), 11-Bakri Ibni, 3-Soh Chin Aun, 6-Sukor Saleh, 8-Abdah Alif, 7-Abdullah Ali, 4-Yahya Jusoh, 2-Jamal Rashid, 14-Kosene.

·**Coach:** Encik Yaakob Syed

Scorers: 0-1 19' Bakri Ibni, 0-2 47' Redzuan Abdullah, 1-2 67' Jae-Han Kim, 2-2 77' Jae-Han Kim

·**Referee:** ?

·**Attendance:** 30,000

South Korea - Bahrain 3-1 (2-1)

VII. President Park's Cup 1978, 1st Round Group A

(Daegu - Citizen Stadium - 13.09.1978 - 19:00)

South Korea (Red-Red-Red): 1-Hwang-Ho Kim (GK), 3-Ho-Gon Kim (C), 6-Sung-Hwa Park, 8-Young-Jeung Cho, 5-Jae-Man Hwang, 19-Gang-Nam Kim, 18-Sung-Nam Kim, 9-Young-Moo Lee, 15-Jung-Moo Huh (60' 7-Hyun-Ho Shin), 11-Bum-Geun Cha, 16-Jae-Han Kim.

·**Coach:** Heung-Chul Ham

Bahrain (White-White-White): 1-Hamoud Sultan Mazkoor (GK), 5-Nader Shehab, 12-Mohammed Sultan Mazkoor, 4-Mohammed Al-Jayani, 7-Bekheit Abrul Karim, 2-Salman Ahmed Saleeda, 6-Ibrahim Suwayed, 16-Ibrahim Farhan, 8-Ibrahim Hassan, 10-Khalil Shwayaer, 3-Sanad.

·**Coach:** Jack Mensell (England)

Scorers: 0-1 16' Ibrahim Farhan, 1-1 23' Jung-Moo Huh, 2-1 28' Young-Moo Lee, 3-1 64' Gang-Nam Kim

·**Referee:** ?

·**Attendance:** 35,000

South Korea - Olympic Team (USA) 4-1(0-1)

VII. President Park's Cup 1978, The Quarter Finals.

(Seoul – Dongdaemun Stadium – 16.09.1978 – 15:45)

South Korea: 1-Hwang-Ho Kim(GK), 3-Ho-Gon Kim, 6-Sung-Hwa park, 2-Sung-Ho Hong, 5-Jae-Man Hwang, 19-Gang-Nam Kim, 18-Sung-Nam Kim (30' 4-Gwang-Rae Cho, 70' 17-Sang-In Park), 9-Young-Moo Lee, 15-Jung-Moo Huh, 11-Bum-Geun Cha, 16-Jae-Han Kim.

·**Coach:** ?

Scorers: 0-1 19' Poli Garcia, 1-1 46' Bum-Geun Cha, 2-1 57' Gang-Nam Kim, 3-1 59' Gang-Nam Kim, 4-1 68' Bum-Geun Cha.

·**Referee:** ?

·**Attendance:** ?

South Korea – Korea Farm Team 1-0

VII. President Park's Cup 1978, The Semi Finals.

(Seoul – Dongdaemun Stadium – 19.09.1978)

South Korea: Jae-Han Kim. *10 missings.

·**Coach:** ?

Scorers: 1-0 Jae-Han Kim

·**Referee:** ?

·**Attendance:** ?

South Korea - Washington Diplomats (USA) 6-2 (3-0)

VII. President Park's Cup 1978, Final

(Seoul – Dongdaemun Stadium – 21.09.1978 – 18:45)

South Korea: 1-Hwang-Ho Kim (GK), 3-Ho-Gon Kim, 6-Sung-Hwa Park, 4-Gwang-Rae Cho, 8-Young-Jeung Cho, 5-Jae-Man Hwang, 19-Gang-Nam Kim, 9-Young-Moo Lee (60' 17-Sang-In Park), 15-Jung-Moo Huh (46' 07-Hyun-Ho Shin), 11-Bum-Geun Cha, 16-Jae-Han Kim.

·**Coach:** ?

Scorers: 1-0 1' Gwang-Rae Cho, 2-0 16' Jung-Moo Huh, 3-0 29' Gang-Nam Kim, 4-0 48' Jae-Han Kim, 4-1 53' Milovan Bakic, 5-1 67' Sang-In Park, 6-1 75' Hyun-Ho Shin, 6-2 89' Bobby Stokes

·**Referee:** ?

·**Attendance:** ?

South Korea - Sporting Cristal (Peru) 1-1 (1-1)

Friendly Match

(Busan – Gudeok Stadium – 21.10.1978)

South Korea: 1-Hwang-Ho Kim (GK), 6-Sung-Hwa Park, 4-Gwang-Rae Cho, 8-Young-Jeung Cho, 12-Jong-Duck Choi, 5-Jae-Man Hwang, 17-Sang-In Park, 9-Young-Moo Lee, 15-Jung-Moo Huh (45' 7-Hyun-Ho Shin), 20- Suk Jae Oh (60' 16-Jae-Han Kim), 11- Bum-Geun Cha.

·**Coach:** ?

Scorers: 0-1 29' Roberto Mosquera, 1-1 39' Sang-In Park

·**Referee:** ?

·**Attendance:** ?

South Korea – Sporting Cristal (Peru) 0-0 (0-0)

Friendly Match

(Daegu – Civil Stadium – 23.10.1978)

South Korea: Hwang-Ho Kim, Jong-Duck Choi, Young-Moo Lee, Jung-Moo Huh, Jae-Han Kim, Bum-Geun Cha, *5missings.

·**Coach:** ?

Scorers: -

·**Referee:** ?

·**Attendance:** ?

South Korea – Sporting Cristal (Peru) 0-0 (3-1)

Friendly Match

(Seoul – Dongdaemun Stadium – 26.10.1978)

South Korea: Hwang-Ho Kim, Sung-Hwa Park, Gwang-Rae Cho, Young-Jeung Cho, Jong-Duck Choi (45' Hee-Tae Kim), Jae-Man Hwang, Sang-In Park, Hyun-Ho Shin, Young-Moo Lee (45' Sung-Ho Hong), Suk-Jae Oh (45' Jae-Han Kim), Bum-Geun Cha.

·**Coach:** ?

Scorers: 1-0 15' Jae-Man Hwang, 1-1 29' Alfredo Quesada, 2-1 53' Sang-In Park, 3-1 65' Hyun-Ho Shin.

·**Referee:** ?

·**Attendance:** ?

South Korea - Bahrain 5-1 (0-0)

VIII. Asian Games Bangkok 1978, 1st Round Group D

(Bangkok - Chularongkorn College Stadium - 11.12.1978 - 17:00)

South Korea (Red-Red-Red): Hwang-Ho Kim (GK), Sung-Hwa Park, Gwng-Rae Cho, Young-Jeung Cho, Jong-Duk Choi, Jae-Man Hwang (45' Sung-Ho Hong), Sang-In Park, Hyun-Ho Shin (46' Seok-Jae Oh), Young-Moo Lee, Jung-Moo Huh, Bum-Geun Cha.

·**Coach:** Heung-Chul Ham

Scorers: 1-0 52' Gwang-Rae Cho, 2-0 57' Gwang-Rae Cho, 3-0 67' Bum-Geun Cha, 3-1 75' Clil Schwayer, 4-1 87' Seok-Jae Oh, 5-1 88' Seok-Jae Oh

·**Referee:** Naji(Iraq)

·**Attendancce:** ?

South Korea - Kuwait 2-0 (0-0)

VIII. Asian Games Bangkok 1978, 1st Round Group D

(Bangkok - Suphachalasai Stadium - 13.12.1978 - 20:10)

South Korea (Red-Red-Red): Hwang-Ho Kim (GK), Sung-Hwa Park, Gwang-Rae Cho (45' Gang-Nam Kim), Young-Jeung Cho, Jong-Duk Choi, Jae-Man Hwang, Sang-In Park, Young-Moo Lee, Jung-Moo Huh, Seok-Jae Oh, Bum-Geun Cha.

·**Coach:** Heung-Chul Ham

Kuwait: 1-Ahmad al- Tarabulxi (GK), 2-Mohammad Abbas, 6-Saéd al-Huty, 14-Abdullah Mayov, 5-Ibrahim al-DuraI Hem, 3-Zumma Mubarak, 8-Paruk al-Awadi, 16-Faisal al- Dakill, 7-Paty Camille Marzuk, 11-Hamad Bo-Hamad, *1 missing.

Scorers: 1-0 57' Seok-Jae Oh, 2-0 59' Jung-Moo Huh

·**Referee:** Vigit Ketku(THA)

·**Attendance:** ?

South Korea - Japan 3-1 (2-0)

VIII. Asian Games Bangkok 1978, 1st Round Group D

(Bangkok - Chularongkorn College Stadium - 15.12.1978 - 17:00)

South Korea (Red-Red-Red): Hwang-Ho Kim (GK), Ho-Gon Kim, Sung-Hwa Park, Young-Jeung Cho, Jae-Man Hwang, Gang-Nam Kim, Hyun-Ho Shin, Young-Moo Lee, Jung-Moo Huh, Seok-Jae Oh, Bum-Geun Cha.

·**Coach:** Heung-Chul Ham

Japan (White-White-White): 1-Mitsuhisa Taguchi (GK),

3-Hiroshi Ochiai (C), 11-Yoshikazu Nagai, 5-Kazuo Saitou (26' 15-Hisashi Kato), 9-Hiroyuki Usui, 4-Keizo Imai, 10-Nobutoshi Kaneda, 16-Hiromi Hara, 12-Atsuyoshi Furuta, 8-Mitsunori Fujiguchi, 6-Nobuo Fujishima.

·**Coach :** Hiroshi Ninomiya

Scorers : 1-0 8' Young-Moo Lee, 2-0 28' Sung-Hwa Park, 3-0 68' Seok-Jae Oh, 3-1 87' Hisashi Kato

·**Referee :** Sagar Kumar Sen(India)

·**Attendance :** ?

South Korea - China 1-0 (0-0)

VIII. Asian Games Bangkok 1978, 2nd Round Group 2 (Bangkok - Chularongkorn College Stadium - 17.12.1978 - 17:45)

South Korea (Red-Red-Red) : Hwang-Ho Kim (GK), Ho-Gon Kim, Sung-Hwa Park, Gwang-Rae Cho, 8-Young-Jeung Cho (43' 12-Jong-Duk Choi), Jae-Man Hwang, Sang-In Park, Young-Moo Lee, Jung-Moo Huh, Seok-Jae Oh, Bum-Geun Cha.

·**Coach :** Heung-Chul Ham

China : 1-Ri Pu syeng (GK), 11-Rong Zhu Hang, 3-Liu Jichai, 18-Ri Pubao(45' 15-Shen Xiangpu), 4-Lynn Lufeng ,2-Xiang-Hungching, 17-Yang Anri, 7-Yang Yu-min, 16-Wang Feng, 6-Chi Xiang-bin, 14-Heo Zia.

Scorers : 1-0 47' Bum-Geun Cha

·**Referee :** Ali Albanai Abdul Wahab(Kuwait)

·**Attendance :** ?

Note : 41' a goal was deleted to Seok-Jae Oh by foul.

South Korea - Malaysia 1-0 (1-0)

VIII. Asian Games Bangkok 1978, 2nd Round Group 2 (Bangkok - Suphachalasai Stadium - 18.12.1978 - 20:40)

South Korea : Hwang-Ho Kim, Sung-Hwa Park, Gwang-Rae Cho, Jong-Duk Choi, Sung-Ho Hong, Jae-Man Hwang, Sang-In Park, Young-Moo Lee, Jung-Moo Huh, Seok-Jae Oh, Bum-Geun Cha.

·**Coach :** Heung-Chul Ham

Malaysia : 22-RamaSami Amurgam Ali (GK), 10-Moctar Dahari, 12-Bakri Evny, 5-Santok Singh, 3-So Chin On, 6-Shukor Saleh, 11-Ali Abdullah, 4-Yakhya Juso, 9-Isa

Abu Bakar, 2-Jamal Rashid, 19-Cor Seik Reng.

·**Scorers :** 1-0 18' Seok-Jae Oh

·**Referee :** Sagar Kumar Sen(India)

·**Attendance :** ?

Thailand - South Korea 1-3 (0-2)

VIII. Asian Games Bangkok 1978, 2nd Round Group 2 (Bangkok - Suphachalasai Stadium - 19.12.1978 - 19:00)

BangKok : 1-Basin Masapong (GK), 10-Niwatana Sesswadi, 2-Manus Ratanatisol, 13-Bunlat AaehochaLeon, 18-Bitichai Sonlock, 11-Somchit Chuahehumchum, 14-Uttun Trikuna, 3-Girasak Chareonchand, 12-Chamleon Kamnyl, 16-Frappan Premsri, 9-Pichai Consery

·**Coach :** ?

South Korea (Red-Red-Red) : Hee-Chun Kim, Ho-Gon Kim, Hee-Tae Kim, Sung-Hwa Park, Jong-Duk Choi, Gang-Nam kim, Sung-Nam Kim, Hyun-Ho Shin, Seok-Jae Oh(45' Jung-Moo Huh), Kang-Jo Lee(45' Sang-In Park), Bum-Geun Cha.

·**Coach :** Heung-Chul Ham

Scorers : 0-1 27' (OG) Girasak Chareonchand, 0-2 33' Seok-Jae Oh, 0-3 82' Sung-Nam Kim, 1-3 83' Chareonchand

·**Referee :** Kuramochi Morishaburo(Japan)

·**Attendance :** ?

South Korea - North Korea 0-0 (0-0,0-0) a.e.t.

VIII. Asian Games Bangkok 1978, Final (Bangkok - Suphachalasai Stadium - 20.12.1978 - 16:45)

South Korea (Red-Red-Red) : 1-Hwang-Ho Kim (GK), 3-Ho-Gon Kim (C), 6-Sung-Hwa Park, 4-Gwang-Rae Cho (65' 19-Gang-Nam Kim), 12-Jong-Duk Choi, 5-Jae-Man Hwang, 17-Sang-In Park, 9-Young-Moo Lee, 15-Jung-Moo Huh (104' 10-Kang-Jo Lee), 20-Seok-Jae Oh, 11-Bum-Geun Cha.

·**Coach :** Heung-Chul Ham

North Korea (Blue-White-Blue):

1-Gwang-Il Kim (GK), 5-Jong-Min Kim (C), 3-Moo-Gil Kim, 8-Bok-Man Kim, 2-In-Chan Kim, 11-Chang-Ha Ri, 10-Jong-Hyun Park, 9-Se-Woon Ahn(45' 17-Moon-Chul Kim), 6-Chang-Nam Ahn, 4-Jong-Sung Cha, 7-Sung-Nam

Hang.

·**Coach:** Du-Sok Pak

Scorers: -

·**Referee:** Ali Albanai Abdul Wahab(Kuwait)

·**Attendance:** 60,000

Note: Gold Medal was shared. 13' a goal was deleted to Seok-Jae Oh by foul.

South Korea - Macao 4-1 (3-0)

VII. Asian Cup Kuwait 1980, Preliminaries, Group 4

(Manila - Rizal Memorial Stadium - 25.12.1978 - 15:00)

South Korea: 21-Hee-Chun Kim (GK), 6-Sung-Hwa Park, 4-Gwang-Rae Cho, 12-Jong-Duk Choi, 2-Sung-Ho Hong, 5-Jae-Man Hwang, 18-Sung-Nam Kim, 7-Hyun-Ho Shin, 9-Young-Moo Lee, 15-Jung-Moo Huh, 16-Jae-Han Kim.

·**Coach:** Heung-Chul Ham

Scorers: 1-0 34' Jung-Moo Huh, 2-0 35' Young-Moo Lee, 3-0 44' Young-Moo Lee, 4-0 82' Young-Moo Lee, 4-1 83' Cao Chi Fat

·**Referee:** ?

·**Attendance:** ?

Philippines - South Korea 0-5 (0-2)

VII. Asian Cup Kuwait 1980, Preliminaries, Group 4

(Manila - Rizal Memorial Stadium - 27.12.1978 - 17:00)

South Korea: Sung-Hwa Park, Jong-Duk Choi, Sang-In Park, Hyun-Ho Shin, Jung-Moo Huh, Jae-Han Kim, Kang-Jo Lee. * 4 missings.

·**Coach:** Heung-Chul Ham

Scorers: 0-1 30' Sang-In Park, 0-2 43' Jae-Han Kim, 0-3 52' Sung-Hwa Park, 0-4 65' Hyun-Ho Shin, 78' 0-5 Kang-Jo Lee

·**Referee:** ?

·**Attendance:** 5,000

South Korea - China 1-0 (1-0)

VII. Asian Cup Kuwait 1980, Preliminaries, Group 4

(Manila - Rizal Memorial Stadium - 29.12.1978 - 18:30)

South Korea: 1-Hwang-Ho Kim (GK), 6-Sung-Hwa Park, 12-Jong-Duk Choi, 2-Sung-Ho Hong, 5-Jae-Man Hwang, 19-Gang-Nam Kim (46' 4-Gwang-Rae Cho), 18-Sung-Nam

Kim, 7-Hyun-Ho Shin, 9-Young-Moo Lee, 15-Jung-Moo Huh (46' 17-Sang-In Park), 16-Jae-Han Kim.

·**Coach:** Heung-Chul Ham

Scorers: 1-0 13' Jung-Moo Huh

·**Cautions:** Jong-Duk Choi

·**Referee:** Watana Promsaka (Thailand)

·**Attendance:** ?

South Korea – University Selected 3-1

Warm up Match

(Busan - ? – 25.02.1979)

South Korea: Sang-In Park, Jae-Han Kim, Jung-Moo Huh. *8missings.

·**Coach:** ?

Scorers: Sang-In Park, Jae-Han Kim, Jung-Moo Huh

·**Referee:** ?

·**Attendance:** ?

Japan - South Korea 2-1 (2-0)

VII. Korea-Japan Annual Match

(Tokyo - Yoyoki National Stadium - 04.03.1979 - 13:30)

Japan (White-White-White): 1-Mitsuhisa Taguchi (GK), 6-Eijun Kiyokumo, 15-Yoshikazu Nagai, 18-Kazuyoshi Nakamura, 10-Hideaki Maeda, 2-Hiroshi Ochiai, 9-Mitsuo Watanabe, 14-Hiroyuki Usui, 4-Keizo Imai, 7-Shigemi Ishii, 11-Nobuo Fujishima.

·**Coach:** Yukio Shimomura

South Korea (Red-Red-Red): 21-Hee-Chun Kim (GK), 3-Ho-Gon Kim (C), 6-Sung-Hwa Park, 4-Gwang-Rae Cho (80' 19-Gang-Nam Kim), 12-Jong-Duk Choi, 5-Jae-Man Hwang, 17-Sang-In Park, 7-Hyun-Ho Shin, 9-Young-Moo Lee, 15-Jung-Moo Huh (46' 10-Kang-Jo Lee), 16-Jae-Han Kim (46' 20-Seok-Jae Oh).

·**Coach:** Heung-Chul Ham

Scorers: 1-0 21' Hiroyuki Usui, 2-0 25' Kazuyoshi Nakamura, 2-1 87' Seok-Jae Oh

·**Referee:** Hassan Daud (Malaysia)

·**Attendance:** 18,000

South Korea - Sporting Cristal (Peru) 0-0 (0-0)

Friendly Match

(Busan – Gudeok Stadium – 04.05.1979)

South Korea: Hwang-Ho Kim, Kyung-Bok Park (80' Hee-Tae Kim), Sung-Hwa Park, Byung-Chul Park, Sang-In Park, Chang-Sun Park, Gun-Soo Yoo, Cha-Man Lee, Seok-Jae Oh (80' Jung-Moo Huh), Yong-Joo Park, Jang-Soo Lee.

·**Coach:** ?

Scorers: -

·**Referee:** ?

·**Attendance:** ?

South Korea - Sporting Cristal (Peru) 0-0 (1-1)

Friendly Match

(Daegu – Civil Stadium – 06.05.1979)

South Korea: Hee-Chun Kim, Jong-Pil Kim, Hee-Tae Kim, Young-Jeung Cho, Sung-Ho Hong, Gang-Nam Kim, Gang-Joo Lee, Young-Moo Lee, Jung-Moo Huh, Yong-Joo Park, Dong-Choon Yoo.

·**Coach:** ?

Scorers: 0-1 54' Hector Bailetti, 1-1 76' Young-Joo Park.

·**Referee:** ?

·**Attendance:** ?

South Korea - Sporting Cristal (Peru) 0-1 (0-0)

Friendly Match

(Seoul – Dongdaemun Stadium – 08.05.1979)

South Korea: Byung-Deuk Cho, Sung-Hwa Park (45' Sung-Ho Hong), Young-Jeung Cho, Jong-Duk Choi, Sung-Nam Kim, Byung-Chul Park(45' Chang-Sun Park), Gwang-Rae Cho (45' Cha-Man Lee), Hyun-Ho Shin, Jang-Soo Lee (45' Kyung-Bok Park), Hyun-Bok Jung, Soon-Chul Hong.

·**Coach:** ?

Scorers: 0-1 86' Roberto Mosquera

·**Referee:** ?

·**Attendance:** ?

South Korea – Sporting Cristal (Peru) 0-1 (0-0)

Friendly Match

(Seoul – Dongdaemun Stadium – 12.05.1979)

South Korea: Hwang-Ho Kim, Sung-Hwa Park, Young-Jeung Cho, Jae-Man Hwang, Byung-Chul Park, Sang-In Park (75' Seok-Jae Oh), Young-Moo Lee, Jung-Moo Huh, Hyun-Ho Shin (45' Chang-Sun Park), Young-Joo Park (45' Gun-Soo Yoo), Jang-Soo Lee.

·**Coach:** ?

Scorers: 0-1 66' Julio Aparicio

·**Referee:** ?

·Attendance: ?

South Korea - Japan 4-1 (2-0)

VIII. Korea-Japan Annual Match

(Seoul - Dongdaemun Stadium - 16.06.1979 - 17:00)

South Korea (Red-Red-Red): 1-Hwang-Ho Kim (GK), 6-Sung-Hwa Park, 4-Gwang-Rae Cho, 8-Young-Jeung Cho, 12-Jong-Duk Choi, 13-Byung-Chul Park, 17-Sang-In Park, 7-Hyun-Ho Shin (75' 16-Yong-Joo Park), 9-Young-Moo Lee, 15-Jung-Moo Huh, 5-Kyung-Bok Park.

·**Coach:** Kyung-Hwan Jang

Japan (White-Blue-White): 1-Mitsuhisa Taguchi (GK), 8-Katsuyuki Kawauchi (57' 12-Nobutoshi Kaneda), 3-Eijun Kiyokumo, 13-Yoshikazu Nagai, 15-Kazuyoshi Nakamura (75' 17-Kazushi Kimura), 11-Hideki Maeda, 2-Hiroshi Ochiai, 9-Mitsuo Watanabe(75' Yuichi Watanabe), 14-Hiroyuki Usui, 4-Keizo Imai, 6-Shigemi Ishii.

·**Coach:** Yukio Shimomura

Scorers: 1-0 15' Sung-Hwa Park, 2-0 25' Sung-Hwa Park, 2-1 47' Yoshikazu Nagai, 3-1 54' Sung-Hwa Park, 4-1 73' Hyun-Ho Shin

·**Referee:** ?

·**Attendance:** 30,000

South Korea - Hamburger SV (West Germany) 0-1 (0-1)

Friendly Match

(Busan – Gudeok Stadium – 09.07.1979)

South Korea: Hwang-Ho Kim (GK), Ho-Gon Kim, Sung-Hwa Park, Young-Jeung Cho, Jong-Duk Choi, Byung-Chul Park, Sang-In Park, Gun-Soo Yoo, Young-Moo Lee, Gwang-Rae Cho, Hyun-Ho Shin.

·**Coach:** ?

Scorers: 0-1 27' horst Hrubesch

·**Referee:** ?

·**Attendance:** ?

South Korea - Hamburger SV (West Germany) 0-1 (0-0)

Friendly Match

(Daegu - Civil Stadium - 11.07.1979)

South Korea: Byung-Deuk Cho (GK), Gyung-Bok Park, Sung-Hwa Park, Young-Jeung Cho, Byung-Chul Park, Chang-Sun Park, Keon-Soo Yoo, Young-Moo Lee, Gwang-Rae Cho, Hyung-Ho Shin, Jang-Soo Lee.

·**Coach:** ?

Scorers: 0-1 78' Bernd Gorski

·**Referee:** ?

·**Attendance:** ?

South Korea - Hamburger SV (West Germany) 2-4 (2-2)

Friendly Match

(Gwangju - Mudeung Stadium - 14.07.1979)

South Korea: Hwang-Ho Kim (GK), Ho-Gon Kim (45' Jang-Soo Lee), Sung-Hwa Park, Young-Jeung Cho, Jong-Duk Choi, Byung-Chul Park, Sang-In Park, Keon-Soo Yoo, Young-Moo Lee, Gwang-Rae Co, Yong-Joo Park (45' Hyun-Ho Shin).

·**Coach:** ?

Scorers: 0-1 8' Felix Magath, 0-2 16' Bernd Wehmeyer, 1-2 24' Keon-Soo Yoo, 2-2 37' Keon-Soo Yoo, 2-3 62' Felix Magath, 2-4 70' Bernd Gorski.

·**Referee:** ?

·**Attendance:** ?

South Korea - Sudan 8-0 (6-0)

IX. President Park's Cup 1979, 1st Round Group A

(Seoul - Dongdaemun Stadium - 08.09.1979 - 15:30)

South Korea (Red-Red-Red): 1-Hwang-Ho Kim (GK), 14-Jang-Soo Lee, 5-Kyung-Bok Park, 8-Young-Jeung Cho, 13-Byung-Chul Park, 17-Sang-In Park, 4-Gwang-Rae Cho, 10-Chang-Seon Park (12-Jong-Duk Choi), 7-Hyun-Ho Shin, 6-Sung-Hwa Park (11-Keon-Soo Yoo), 15-Jung-Moo Huh.

·**Coach:** Kyung-Hwan Jang

Sudan (White-White-White): 1-Adil Yassin (GK), 2-Mohammed El-Din, 3-Hussein Abdin, 4-Rahman Mukhtar, 5-Elpas Hassan, 6-El-Hak Massir, 7-Gisim Allah Osman, 8-Khalaf Allah Mohammed, 9-Tariq Omer, 10-Mutasim Adel Rahman, 11-Abu El-Gasim El-Seed.

·**Coach:** Abdullahi El-Bushra

Scorers: 1-0 1' Sung-Hwa Park, 2-0 3' Young-Moo Lee, 3-0 12' Mukhtar OG, 4-0 22' Jung-Moo Huh, 5-0 32' Sung-Hwa Park, 6-0 34' Gwang-Rae Cho, 7-0 74' Keon-

Soo Yoo, 8-0 88' Hyun-Ho Shin

· **Referee:** Udom Anantapong (Thailand)

· **Attendance:** 15,000

South Korea - Sri Lanka 6-0 (3-0)

IX. President Park's Cup 1979, 1st Round Group A

(Daegu - Citizen Stadium - 12.09.1979 - 18:45)

South Korea (White-White-White): 21-Byung-Deuk Cho (GK), 8-Young-Jeung Cho, 12-Jong-Duk Choi, 13-Byung-Chul Park, ?-Sang-In Park, ?-Keon-Soo Yoo, 9-Young-Moo Lee, 4-Gwang-Rae Cho (67' 6-Sung-Hwa Park), 15-Jung-Moo Huh, 7-Hyun-Ho Shin (46' 2-Jung-Il Lee), 14-Jang-Soo Lee.

· **Coach:** Kyung-Hwan Jang

Sri Lanka (Green-Green-Green): 1-Keyris (GK), 4-B.E. Landers, 16-L. Weeraduwage, 11-M.H. Sahabdeen, 8-M. Zaheer, 2-W.Sumathipala, 18-Gamini Madurawela, 5-Asoka Ravindra, 15-Eli, 12-Oaba, 10-Cliement de Silva.

Scorers: 1-0 28' Jung-Moo Huh, 2-0 37' Hyun-Ho Shin, 3-0 40' Hyun-Ho Shin, 4-0 62' Jung-Il Lee, 5-0 72' Keon-Soo Yoo, 6-0 86' Young-Moo Lee.

· **Coach:** ?

· **Referee:** ?

· **Attendance:** 30,000

South Korea - Bahrain 5-1 (2-0)

IX. President Park's Cup 1979, 1st Round Group A

(Chungju - Sports Complex Athletics Stadium - 14.09.1979 - 15:45)

South Korea (White-White-White): 1-Hwang-Ho Kim (GK), 5-Kyung-Bok Park, 6-Sung-Hwa Cho, 8-Young-Jeung Cho, 13-Byung-Chul Park, 17-Sang-In Park, 10-Chang-Seon Park (45' 12-Jong-Duk Choi), 9-Young-Moo Lee, 15-Jung-Moo Huh (45' 2-Jung-Il Lee), 7-Hyun-Ho Shin, 14-Jang-Soo Lee.

· **Coach:** Kyung-Hwan Jang

Bahrain (Red-Red-Red): 22-Mishal Al-Kajam (GK), 4-Mohammed Sultan Mazkoor, 9-Mohammed Fahad, 17-Sultan Mugahwi, 28-Ahmed Al-Hamar, 11-Abdulhadi Al-Hayki, 8-Ibrahim Ramadhan, 19-Ibrahim Al-Majid, 7-Ibrahim Farhan, 18-Ibrahim Hassan, 14-Jawher Al-Maas.

· **Coach:** Hamza Mirza Ali

Scorers: 1-0 1' Sung-Hwa Park, 2-0 8' Young-Moo Lee, 2-1 57' Jawher Al-Mass, 3-1 77' Young-Moo Lee, 4-1 83' Jang-Soo Lee, 5-1 88' Jung-Il Lee

· **Referee:** ?

· **Attendance:** 30,000

Note: Sung-Hwa Park scored just at 8 seconds. 37' Jung-Moo Huh missed a penalty.

South Korea - Bangladesh 9-0 (0-0)

IX. President Park's Cup 1979, 1st Round Group A

(Incheon - Sports Complex Athletics Stadium - 16.09.1979 - 15:45)

South Korea (White-White-White): 21-Byung-Deuk Cho (GK), 5-Kyung-Bok Park, 6-Sung-Hwa Park, 8-Young-Jeung Cho, 12-Jong-Duk Choi, 13-Byung-Chul Park, 17-Sang-In Park (45' 10-Chang-Seon Park), 11-Keon-Soo Yoo, 9-Young-Moo Lee, 4-Gwang-Rae Cho, 2-Jung-Il Lee (46' 15-Jung-Moo Huh).

· **Coach:** Kyung-Hwan Jang

Bangladesh: 1-Zir Rahman (GK) (45' 17-Waheduzzaman Khan (GK)), 16-S. Aslam, 2-Dewan Shafiul Arefin, 4-Raqibul Islam, 6-Mohammed Mohsin, 12-Shahihuddin Ahmed, 5-Avasun, 15-Kazi Anwar, 7-Khorshed Alam, 11-Tudin, 8-Hasanuzzahman.

· **Coach:** Nabi Chowdhury

Scorers: 1-0 50' Jung-Moo Huh, 2-0 52' Sung-Hwa Park, 3-0 55' Sung-Hwa Park, 4-0 60' Gwang-Rae Cho, 5-0 66' Jung-Moo Huh, 6-0 78' Gwang-Rae Cho, 7-0 83' Jung-Moo Huh, 8-0 88' Chang-Seon Park, 9-0 89' Gwang-Rae Cho

· **Referee:** ?

· **Attendance:** 25,000

South Korea - Korea Farm Team 4-1

IX. President Park's Cup 1979, Semi Final

(Seoul - Dongdaemun Stadium - 19.09.1979 - ?)

South Korea (White-White-White): Gwang-Rae Cho, Jung-Moo Huh, *9 missings.

· **Coach:** Kyung-Hwan Jang

Scorers: Gwang-Rae Cho 2 goals, Jung-Moo Huh 2 goals

· Referee: ?

· Attendance: ?

South Korea - Vitoria (Brazil) 1-2 (1-1)

IX. President Park's Cup 1979, Final

(Seoul - Dongdaemun Stadium - 21.09.1979 - ?)

South Korea: 1-Hwang-Ho Kim (GK), 5-Kyung-Bok Park(30' 12-Jong-Duk Choi), 6-Sung-Hwa Park, 8-Young-Jeung Cho, 13-Byung-Chul Park, 17-Sang-In Park, 9-Young-Moo Lee(45' 11-Keon-Soo Yoo), 4-Gwang-Rae Cho, 15-Jung-Moo Huh, 7-Hyun-Ho Shin, 14-Jang-Soo Lee.

· Coach: Kyung-Hwan Jang

Scoreres: 0-1 20' Castro, 1-1 27' Gwang-Rae Cho, 1-2 95' Joadir Silva

· Referee: ?

· Attendance: ?

South Korea - New York Cosmos (USA) 1-0 (0-0)

Friendly Match

(Busan – Gudeok Stadium – 28.09.1979)

South Korea: Byung-Deuk Cho (GK), Ho-Gon Kim, Sung-Hwa Park, Young-Jeung Cho, Jong-Duk Choi, Byung-Chul Park, Sang-In Park, Young-Moo Lee, Gwang-Rae Cho, Jung-Moo Huh, Hyun-Ho Shin.

· Coach: ?

Scoreres: 1-0 86' Sung-Hwa Park

· Referee: ?

· Attendance: ?

Sounth Korea – New York Cosmos (USA) 3-2 (2-0)

Friendly Match

(Seoul – Dongdaemun Stadium – 30.09.1979)

South Korea: Hwang-Ho Kim, Ho-Gon Kim, Sung-Hwa Park, Young-Jeung Cho, Jong-Duk Choi, Byeong-Chul Park, Sang-In Park, Young-Moo Lee(45' Chang-Sun Park), Gwang-Rae Cho, Jung-Moo Huh, Jung-Il Lee(45' Jang-Soo Lee).

· Coach: ?

Scorers: 1-0 5' Jung-Moo Huh, 2-0 30' Jung-Il Lee, 2-1

53' Giorgio Chinaglia, 2-2 73' Giorgie Chinaglia, 5-0 81' 3-2 Sung-Hwa Park.

· Referee: ?

· Attendance: ?

South Korea - Universiade represent 2-3

Warm up Match'

(Seoul – Dongdaemun Stadium – 09.10.1979)

South Korea: Sung-Hwa Park, Young-moo Lee. *9missings.

Scorers: Sung-Hwa Park, Young-Moo Lee, Universiade represent 3 goals.

· Referee: ?

· Attendancce: ?

02

Футбол в Корее 1980-х годов

После Кубка мира, проходящем в Швейцарии в 1954 году, корейская сборная никак не могла пройти отборочный турнир. Она неудачно сыграла и на Кубке мира в Испании в 1982 году. Для того чтобы пройти отборочный турнир на Кубке мира, Корее потребовалось 30 лет. Это означало, что корейскому футболу были необходимы качественные изменения. И таким изменением становится создание Профессиональной лиги футболистов в 1983 году. В созданной впервые в Азии Профессиональной лиге футболистов 'Супера Лига' участвуют две профессиональные команды ('Халлелуя', 'Югонг'), и три полупрофессиональные ('Кукмин ынхенг', 'Похан дечоль' и 'Деу'), а в следующем году состав расширился. Участие приняли команды 'Хёндэ' и 'Лаки гымсон'. С 1987 года в составе лиги участвуют только профессиональные пять команд, 'Деу', 'Похан дечоль', 'Югонг', 'Хёндэ', 'Лаки гымсон', а с 1989 года в состав входит вновь созданная команда 'Ильхва чонма', и таким образом в составе Лиги находится шесть команд.

Достижение, показанное на 4-м Молодежном чемпионате,

проводимом в Мексике в 1983 году, можно назвать одним из самых высоких в истории футбола Кореи. Поскольку Корея не поднималась выше третьего места на Молодежном чемпионате Азии, она не могла получить квалификацию для участия в финальном отборочном турнире, но в 1982 году на Азиатских играх в Нью-Дели северокорейские футболисты, выражая недовольство результатами игры, совершили групповое избиение главного арбитра, в связи с чем потеряли право на участие в международных играх на 2 года. Поэтому, заменяя северокорейскую команду, корейская команда вышла в финальный отборочный турнир. Закончив финальный отборочный турнир с наивысшим результатом, корейская сборная поочередно одерживает победу над сильнейшими командами в финальном турнире, проводимом в Мексике в 1983 году, и выходит в полуфинал. Для Кореи это был первый полуфинальный матч на Международном чемпионате. В то время форма корейской команды была красного цвета, поэтому иностранные болельщики назвали их 'красными дьяволами', от сюда и фанатов корейского футбола и сборную команду стали называть 'красными дьяволами'.

Выход в профессиональный футбол и высокий результат на Молодежных азиатских играх стали большим подспорьем для корейского футбола. Выйдя в финальный турнир Кубка мира в Мексике в 1986 году, Корея впервые за 32 года вступила на поле финального турнира. Попав в одну группу с прошлым чемпионом Кубка Италией, нынешним чемпионом Аргентиной, и европейской 'темной лошадкой' Болгарией, корейская сборная сыграла один раз вничью и два раза поражением, тем самым закончила свою игру в групповом этапе Кубка мира, в котором участвовала 32 года спустя. Но несмотря на это, на данном Кубке мира Корея запечатлела свой первый в истории гол и первое победное очко и показала свои возможности всему миру.

Вдохновившись после Кубка мира, Корея еще раз подтверждает свое превосходство в Азии, победив на Азиатских играх, проводимых в Сеуле в 1986 году. С началом деятельности Комитета профессионального футбола в 1987 году, произошли определенные изменения: в Суперлиге теперь участвуют только профессиональные команды, хотя раньше также могли участвовать и полупрофессиональные команды. В 1988 году открывается Олимпиада в Сеуле. Множество людей возлагают большие надежды на медаль, поскольку Корея является страной-организатором Олимпийских игр. Но Корея играет в ничью с США и проигрывает сборной Аргентины и выбывает в отборочном турнире. В 1989 году проводился региональный отборочный турнир на участие в Кубке мира в Италии в 1990 году. Корейская сборная как и в 1986 году на Кубке мира в Мексике второй раз подряд выходит в финальный турнир. В то время среди команд Азии и Африки Корея была первой командой, которая смогла дважды подряд выйти в финальный турнир Кубка мира.

Незабываемые моменты матчей II

Матч Кореи и Италия в финальном турнире группы А на
Чемпионате мира 1986 года в Мексике
10 июня 1986 года стадион Куаутемок г. Пуэбла Мексика

Впервые Корея участвовала в Кубке мира в 1954 году в
Швеции, и по прошествии многолетнего ожидания, она
вновь принимает участие в Кубке мира. После того, как Корея
приняла участие в финальном турнире первого Кубка мира,
ей пришлось наблюдать аж за семью Кубками мира в качестве
зрителя.

Причины постоянного разочарования на пути в финальному
турниру Кубка мира были различные. На Кубок мира в Швеции
в 1958 году Корея не смогла попасть даже в отборочный
турнир из-за того, что в Ассоциации футбола потеряли заявку.
На Кубок мира 1962г. в Чили тоже пройти не удалось. Не
смотря на то, что Корея прошла в Азиатский региональный
отборочный турнир, она потерпела два поражения в

1986 Mexico World Cup football team (Photo
Provider : Jae-Hyung Lee)

финальном отборочном турнире
в матче с Югославией. В 1966 году
на Кубке мира в Англии Корея
сама отказалась от участия, чтобы
избежать игры с КНДР, подавшей
в этот раз заявку. В последующих
четырех Кубках мира в Мексике
1970г., в Западной Германии 1974г.,

в Аргентине 1978г. и в Испании 1982г. Корея выбывала в отборочном турнире. Ей пришлось отложить мечту об участии в финальном турнире Кубка мира аж на 32 года.

Huh Jung-moo scores Korea's second goal (Photo Provider : Jae-Hyung Lee)

Чем дольше ожидание, тем сильней желание. И на Кубке мира 1986 в Мексике это желание невозможно было больше откладывать. Изначально Кубок мира в 1986 году должна была открывать Колумбия, но из-за ухудшения экономического положения во второй половине 70-х годов, место проведения передали Мексике, которая уже проводила Кубок мира в 1970 году. И теперь, спустя 16 лет, Мексика снова становится хозяйкой Кубка мира в 1986 году. Но где бы не проводился Кубок мира, желание Кореи участвовать в финальном турнире было неизменным. Пройдя второй отборочный турнир, Корея соревновалась с Японией за выход в финальный турнир. Корея и Япония встретились вновь после исторического первого матча в 1954 году. Говорят, что история повторяется. Так и Корея вновь обыгрывает Японию спустя 32 года и выходит в финальный турнир Кубка мира.

В связи с началом деятельности профессиональной лиги в 1983 году, стратегия игры в Корее значительно улучшилась, соответственно возросли и надежды на победу сборной команды. В то время сборная команда была одной из самых сильных в истории, не побоюсь этого слова- «команда мечты», поскольку в ее состав входили: «азиатская дикая лошадь» Ким Джу Сонг, в будущем прославленные в качестве тренер Хо

Джон Му и Чве Сун Хо, главный герой легенды полуфинального матча Молодежного чемпионата в Мексике 1983 года Ким Джон Бу и коричневый бомбардировщик 'чабум' германской бундеслиги Ча Бом Гын. Некоторые даже с осторожностью могли позволить себе мысли о выходе в 1/8 финала. Но стал ли для Кореи этот финальный турнир Кубка мира спустя 32 года ограничением скорости? По результатам групповой жеребьевки Корея попадала в группу А, где ей выпали встречи с чемпионом прошлого кубка- Италией, Аргентиной, в которой ведущим игроком был 'гений футбола' Диего Марадона, и Болгарией. Эта группа до сих пор считается самой неудачной в истории игр на Кубке мира для Кореи. Тогда 24 команды вышли в финальный турнир. Разделившись на 6 групп, играли в групповой отборочный турнир, по итогам которой команды, занявшие первое и второе места, выходили в 1/8 финала. 1/8 финала формировалась по следующему принципу: из команд каждой группы, занявших 3-е место, выбирались 4 команды, с наибольшим количеством набранных очков. Для Кореи возможным выход в 1/8 финала фактически был только один- заняв 3-е место.

Хотя для Кореи это участие в Кубке мира было спустя 32 года, по-прежнему арена мирового футбола оставалась недостижимой. В первой групповой игре Корея сыграла с Аргентиной и проиграла игру со счетом 1:3, благодаря хет-трику (три гола, забитых одним футболистом в течение матча) Марадоны. Во второй игре с Болгарией счет был равный 1:1. Несмотря на то, что одна игра закончилась ничьей, а другая – поражением, в матче с Аргентиной игрок Пак Чан Сон, совершив бросок средней дальности, забивает первый гол на Кубке мира. Гол Ким Джонг Бу, сравнявший счет в игре с Болгарией, стал толчком к первому в истории Кореи победному голу на Кубке мира. В группе среди самых сильных команд корейская команда все таки забивает первый победный гол.

Настрой корейской команды в последней групповой игре с прошлым чемпионом Италией отличался. Корейская сборная, уже имеющая за собой один гол и одно победное очко, была настроена серьезно, возможно даже мечтала о первом победном матче на Кубке мира. Но мощь «Голубой команды» (на момент игры с Кореей были в белых формах) Италии была непосильна Корее. Перед агрессивным нападением итальянской команды, корейский вратарь ничего не смог предпринять. С первого тайма Италия уверенно шла в нападение. Итальянский футболист Алесандро Альтобелли, который забил по одному голу в игре с Аргентиной и Болгарией, и самый сильный нападающий на этом чемпионате Бруно Конти, вели нападение, перед которым корейский вратарь просто метался. Если бы Италия не упустила решающие шансы, то уже с первой половины матча разница в очках была бы значительной. Упустив несколько шансов забить в корейские ворота Италия наконец на 17-й минуте первого тайма выходит вперед. Итальянская команда имеет возможность атаковать мячом, вброшенным с корейского блока. Мяч летит кроссом с зоны пенальти, который пытался отразить кулаком корейский вратарь О Ён Гё, но мяч, отскакивает к итальянскому игроку, и перед воротами создается опасный момент. Итальянский голеадор

Альтобелли контролировал ситуацию перед воротами, и как только вышел из ворот голкипер О Ён Гё, легким пинком мяча в ворота корейской сборной он вывел свою команду вперед. На 26-й минуте первого тайма итальянская команда получает пенальти, но автор первого гола Альтобелли пробивает пенальти неудачно, что дает корейской команде возможность вздохнуть с некоторой долей облегчения.

Со счетом 1:0 начался второй тайм. Чтобы сравнять счет, корейская команда резко идет в атаку и на 17-й минуте сравнивает счет. С края центрального круга Джо Ганг Не передает дальний пас Чве Сун Хо, а он принимает мяч в левом углу и со второй попытки движется вправо, обойдя двух защитников, коротко бьет между двух итальянских защитников и забивает гол в верхнюю часть ворот. В международном футболе этот гол до сих пор считается одним из лучших голов в истории игр Кубка мира. Позволившая Корее сравнять счет Италия снова начала активно атаку и на 28-й минуте второго тайма вновь выходит в лидеры. От свободного удара с зоны пенальти корейской половины мяч перелетает защитников, а Альтобелли аккуратно отправляет его в ворота. И так продолжалась игра: то атака Кореи, которая стремилась сравнять счет, то защита Италии. Но к несчастью на 37-й минуте корейский игрок Джо Гванг Не забивает автогол, четвертый гол. Справа по кроссу мяч соскользнул к ноге Альтобелли покатился вслед за ним и отскочив от ноги, защитника Джо Гванг Не, попал прямо в ворота. Но на этом игра не окончилась. Буквально перед окончанием игры Чве Сун Хо подает мяч головой, который отбивает скользящим ударом Хо Джон Му и счет становится 2:3. Но уже не хватает времени изменить результат игры. Корея, спустя 32 года, заканчивает финальный турнир Кубка мира поражением 2:3.

Вот так закончила Корея свое путешествие в Мексику на Кубок мира 1986 года, одной ничьей и двумя поражениями, так и не выйдя в 1/8 финала. Но несмотря на это, это был значимый финальный турнир Кубка мира, потому что здесь был забит первый гол и получено первое победное очко. А также, хоть и Корея проиграла в последней игре с Италией, весь мир увидел боевой дух корейского футбола. Начиная с Кубка мира в Мексике в 1986 году и заканчивая Кубком мира в Бразилии в 2014 году, Корея восемь раз подряд выходила в финальный турнир, что является рекордом по сей день. Возможно, достижению такого результата послужил матч с Италией на Кубке мира в Мексике в 1986 году, на котором наша сборная команда показала непобедимое рвение к чемпионству.

1980

Saudi Arabia - South Korea 1-3

Friendly Match

(Jeddah – Prince Abdullah Al-Faisal Stadium - 30.01.1980)

South Korea : Hwang-Ho Kim (GK), Kyung-Bok Park, Sang-In Park, Hyun-Ho Shin, Young-Moo Lee, Yong-Ahn Jung, Hae-Won Chung, Gwang-Rae Cho, Young-Jeung Cho, Jong-Duk Choi, Sung-Ho Hong.

·**Coach :** Kyung-Hwan Jang

Scorers : ?

·**Referee :** ?

·**Attendance :** ?

Saudi Arabia - South Korea 0-0 (0-0)

Friendly Match

(Riyadh - Marior Stadium - 01.02.1980)

South Korea : Byung-Deuk Cho, Gang-Nam Kim, Hong-Ju Kim, Sang-In Park, Hyun-Ho Shin, Jang-Soo Lee, Jung-Il Lee, Hae-Won Chung, Gwang-Rae Cho, Young-Jeung Cho, Jung-Moo Huh.

·**Coach :** Kyung-Hwan Jang

Scorers : -

·**Referee :** ?

·**Attendance :** ?

Mexico - South Korea 0-1 (0-0)

Friendly Match

(Los Angeles - Memorial Coliseum - 26.02.1980)

Mexico (Green-White-White) : José Pilar Reyes (GK), Daniel Montes de Oca, Roberto Gómez (66' Juan Luna), Rigoberto Cisneros, Mario Trejo, Arturo Vázquez Ayala, Enrique López Zarza, Horacio López Salgado, Tomás Boy, Pedro Munguía (75' Mario Medina), Juan Manuel Azuara (75' Agustín Manzo).

·**Coach :** Raúl Cárdenas

South Korea (Red-Red-Red) : Hwang-Ho Kim (GK), Gang-Nam Kim, Hong-Joo Kim, Sang-In Park, Hyun-Ho Shin, Jang-Soo Lee, Hae-Won Chung (65' Jung-Il Lee), Gwang-Rae Cho, Young-Jeung Cho, Jung-Moo Huh, Sung-Ho Hong.

·**Coach :** Kyung-Hwan Jang

Scorers : 0-1 72' Gang-Nam Kim

·**Referee :** Toros Kibritjian (USA)

·**Attendance :** 31,000

South Korea - Japan 3-1 (1-0)

XXII. Olympic Games Moscow 1980, Preliminaries, Group 2

(Kuala Lumpur - Merdeka Stadium - 22.03.1980 - 21:15)

South Korea (Red-Red-Red) : Hwang-Ho Kim (GK), Gang-Nam Kim, Hong-Joo Kim, Sang-In Park, Hyun-Ho Shin, Young-Moo Lee(72' Hae-Won Chung), Gwang-Rae Cho(82' Tae-Hwan Kim), Young-Jeung Cho, Jong-Duk Choi, Jung-Moo Huh, Sung-Ho Hong.

·**Coach :** Kyung-Hwan Jang

Japan (White-White-White) : Tatsuhiko Seita (GK), Keizo Imai, Nobutoshi Kaneda, Yuji Kishioku, Eijun Kiyokumo, Hideki Maeda, Yoshikazu Nagai (69' Ikuo Takahara), Hiroshi Ochiai, Yukitaka Omi, Hiroyuki Usui, Masafumi Yokoyama (73' Kazushi Kimura).

·**Coach :** Yukio Shimomura

Scorers : 1-0 34'(P) Jung-Moo Huh, 2-0 57' Gwang-Rae Cho, 3-0 79' Gwang-Rae Cho, 3-1 89' Ikuo Takahara

·**Cautions :** H.Maeda

·**Referee :** Ibrahim Al-Doy (Bahrain)

·**Attendance :** ?

Note : FIFA didn't count this Olympic match as a full international.

Malaysia - South Korea 3-0 (2-0)

XXII. Olympic Games Moscow 1980, Preliminaries, Group 2

(Kuala Lumpur - Merdeka Stadium - 25.03.1980 - 20:00)

South Korea (Red-Red-Red) : Hwang-Ho Kim (GK), Gang-Nam Kim(46' Gwang-Rae Cho), Hong-Joo Kim, Sang-In Park, Hyun-Ho Shin, Young-Moo Lee(46' Hae-Won Chung), Jang-Soo Lee, Young-Jeung Cho, Jong-Duk Choi, Jung-Moo Huh, Sung-Ho Hong.

·**Coach :** Kyung-Hwan Jang

Scorers : 1-0 7' James Wong, 2-0 32' Khalid Ali, 3-0 69' (OG) Jong-Duk Choi

·**Referee:** Ali Albannai Abdulwahab (Kuwait)

·**Attendancce:** ?

Note: 84' Gwang-Rae missed a penalty. FIFA didn't count this Olympic match as a full international.

South Korea - Philippines 8-0 (5-0)

XXII. Olympic Games Moscow 1980, Preliminaries, Group 2

(Kuala Lumpur - Merdeka Stadium - 27.03.1980 - 19:30)

South Korea (Red-Red-Red): Byung-Deuk Cho (GK), Gang-Nam Kim (46' Tae-Hwan Kim), Kyung-Bok Park, Sang-In Park, Hyun-Ho Shin, Jang-Soo Lee, Hae-Won Chung (46' Hong-Joo Kim), Gwang-Rae Cho, Young-Jeung Cho, Jong-Duk Choi, Jung-Moo Huh.

·**Coach:** Kyung-Hwan Jang

Scorers: 1-0 13' Sang-In Park, 2-0 16' Hae-Won Chung, 3-0 22' Hyun-Ho Shin, 4-0 30' Hyun-Ho Shin, 5-0 41'(OG) Oliver Gray, 6-0 50' Tae-Hwan Kim, 7-0 64' Hyun-Ho Shin, 8-0 71' Jung-Moo Huh.

·**Referee:** Harpajan Singh Dhillon (Singapore)

·**Attendance:** ?

Note: FIFA didn't count this Olympic match as a full international.

South Korea - Brunei Darussalam 3-0 (2-0)

XXII. Olympic Games Moscow 1980, Preliminaries, Group 2

(Kuala Lumpur - Merdeka Stadium - 31.03.1980 - 20:45)

South Korea (Red-Red-Red): Hwang-Ho Kim (GK), Gang-Nam Kim, Hong-Joo Kim, Sang-In Park, ,Hyun-Ho Shin (46' Jung-Il Lee), Young-Moo Lee(62' Hae-Won Chung), Jang-Soo Lee, Gwang-Rae Cho, Young-Jeung Cho, Jong-Duk Choi, Jung-Moo Huh.

·**Coach:** Kyung-Hwan Jang

Scorers: 1-0 38' Gwang-Rae Cho, 2-0 40' Sang-In Park, 3-0 83' Hae-Won Chung

·**Referee:** Tam Sun Chan (Hong Kong)

·**Attendance:** ?

Note: FIFA didn't count this Olympic match as a full international.

South Korea - Indonesia 1-0 (0-0)

XXII. Olympic Games Moscow 1980, Preliminaries, Group 2

(Kuala Lumpur - Merdeka Stadium - 03.04.1980 - 20:00)

South Korea (Red-Red-Red): Hwang-Ho Kim (GK), Tae-Hwan Kim (46' Gang-Nam Kim), Hong-Joo Kim, Sang-In Park, Hyun-Ho Shin, Jang-Soo Lee, Hae-won Chung, Gwang-Rae Cho (78' Young-Moo Lee), Young-Jeung Cho, Jung-Moo Huh, Sung-Ho Hong.

·**Coach:** Kyung-Hwan Jang

Scorers: 1-0 55' Gwang-Rae Cho

·**Cautions:** Gwang-Rae Cho

·**Referee:** Ali Albannai Abdulwahab (Kuwait)

·**Attendance:** ?

Note: FIFA didn't count this Olympic match as a full international.

Malaysia - South Korea 2-1 (1-0)

XXII. Olympic Games Moscow 1980, Preliminaries, Group 2 (Final)

(Kuala Lumpur - Merdeka Stadium - 06.04.1980 - 20:00)

Malaysia (Yellow-Yellow-Yellow): Armugam Ali (GK), Ibni Bakar, Santokh Singh, Soh Chin Aun, Sukor Salleh (45' Yunus Alif), Abdullah Ali, Jamal Nassir Abdul Jalil, James Wong, Khalid Ali, Khalid Abdullah, Hassan Sani.

·**Coach:** Karl-Heinz Weigang (West Germany)

South Korea (Red-Red-Red): Hwang-Ho Kim (GK), Gang-Nam Kim, Hong-Joo Kim, Sang-In Park, Hyun-Ho Shin (46' Young-Moo Lee), Jang-Soo Lee, Hae-Won Chung, Gwang-Rae Cho, Young-Jeung Cho, Jong-Duk Choi, Jung-Moo Huh.

·**Coach:** Kyung-Hwan Jang

Scorers: 1-0 12' Ibni Bakar, 1-1 58' Gang-Nam Kim, 2-1 85' James Wong

·**Cautions:** Khalid Abdullah, Khalid Ali

·**Referee:** Ali Albannai Abdulwahab (Kuwait)

·**Attendance:** 50,000

Note: FIFA didn't count this Olympic match as a full international.

South Korea - Frankfurt (West Germany) 1-2 (0-1)

Friendly Match

(Seoul – Dongdaemun Stadium – 11.06.1980)

South Korea: Byung-Deuk Cho, Oh-Son Kwon, Sang-In Park, Kang-Jo Lee, Jung-Il Lee, Oi-Ryong Jang, Hae-Won Chung, Young-Jeung Cho, Jong-Duk Choi, Jung-Moo Huh, Sung-Ho Hong.

· **Coach:** Jung-Nam Kim

Scorers: 0-1 16' Norbert Nachtweih, 0-2 50'(P) Werner Lorant, 1-2 70' Jung-Moo Huh.

· **Referee:** ?

· **Attendance:** ?

South Korea – Frankfurt (West Germany) 0-1 (0-0)

Friendly Match

(Busan – Gudeok Stadium – 13.06.1980)

South Korea: Kwang-Sik Choi, Jong-Pil Kim, In-Sun Yoon (45' Suk-Geun Hwang), Young-Moo Lee, Jung-Il Lee, Tae-Yeop Lee, Tae-Ho Lee, Oi-Ryong Jang, Hae-Won Chung (45' Jung-Moo Huh), Young-Jeung Cho, Sung-Ho Hong (46' Oh-Son Kwon).

· **Coach:** Jung-Nam Kim

Scorers: 0-1 80' Bum-Geun Cha.

· **Referee:** ?

· **Attendance:** ?

South Korea – Frankfurt (West Germany) 2-3 (1-2)

Friendly Match

(Seoul – Dongdaemun Stadium – 15.06.1980)

South Korea: Hwang-Ho Kim (GK), Sang-In Park, Jung-Il Lee, Oi-Ryong Jang, Hae-Won Chung, Gwang-Rae Cho, Soon-Ho Choi(46' Kang-Jo Lee), Jong-Duk Choi, Jung-Moo Huh, Sung-Ho Hong.

· **Coach:** Jung-Nam Kim

Scorers: 1-0 3' Jung-Il Lee, 1-1 10' Bum-Geun Cha, 1-2 15' Bernd Hoelzenbein, 1-3 55' Bernd Nickel, 2-3 83' Jung-Moo Huh

· **Referee:** ?

· **Attendance:** ?

South Korea - Boavista (Portugal) 1-2 (1-2)

Friendly Match

(Seoul – Dongdaemun Stadium – 18.07.1980)

South Korea: Hwang-Ho Kim (GK), Sang-In Park(46' Young-Moo Lee), In-Sun Yoon, Kang-Jo Lee, Jung-Il Lee, Oi-Ryong Jang, Hae-Won Chung, Soon-Ho Choi, Jong-Duk Choi, Jung-Moo Huh(46' Tae-Ho Lee), Sung-Ho Hong.

· **Coach:** Jung-Nam Kim

Scorers: 0-1 7' Julio Costa Augusto, 1-1 30' Soon-Ho Choi, 1-2 34' Rui Palhares

· **Referee:** ?

· **Attendance:** ?

South Korea – Boavista (Portugal) 2-0 (1-0)

Friendly Match

(Busan – Gudeok Stadium – 21.07.1980)

South Korea: Byung-Deuk Cho (GK), Jong-Pil Kim, Kang-Jo Lee, Young-Moo Lee, Tae-Yeop Lee, Tae-Ho Lee, Oi-Ryong Jang, Hae-Won Chung, Soon-Ho Choi, Jong-Duk Choi, Sung-Ho Hong.

· **Coach:** Jung-Nam Kim

Scorers: 1-0 17' Soon-Ho Choi, 2-0 60' Kang-Jo Lee

· **Referee:** ?

· **Attendance:** ?

South Korea – Boavista (Portugal) 1-2 (1-0)

Friendly Match

(Seoul – Dongdaemun Stadium – 23.07.1980)

South Korea: Kwang-Sik Choi (GK), Jong-Pil Kim (45' In-Sun Yoon), Kang-Jo Lee, Young-Moo Lee, Jung-Il Lee, Tae-Ho Lee (45' Tae-Yeop Lee), Oi-Ryung Jang, Hae-Won Chiung, Soon-Ho Choi, Jong-Duk Choi, Sung-Ho Hong.

· **Coach:** Jung-Nam Kim

Scorers: 1-0 2' Soon-Ho Choi, 1-1 56'(P) Rui Palhares, 1-2 88' Manuel Barbosa

· **Referee:** ?

· **Attendance:** ?

South Korea – Korea Farm Team 1-0 (1-0)

Warm up Match

(Gangneung – Sports Complex Athletics Stadium Stadium –

09.08.1980)

South Korea: 1-Hwang-Ho Kim (GK), 8-Young-Jeung Cho, 12-Jong-Duk Choi, 3-Sung-Ho Hong, 22-Soon-Ho Choi, 9-Young-Moo Lee, 11-Jung-Il Lee, 16-Hae-Won Chung, 18-Suk-Geun Hwang. * 2missings.

·**Coach:** Jung-Nam Kim

Scorers: 1-0 5' Suk-Geun Hwang.

·**Referee:** ?

·**Attendance:** ?

South Korea – Korea Farm Team 3-0 (2-0)

Friendly Match

(Cheongju – Public Stadium – 15.08.1980)

South Korea: 21-Byung-Deuk Cho (GK), 5-Oh-Son Kwon (45' 19-In-Sun Yoon), 13-Oi-Ryong Jang (45' Sung-Ho Hong), 8-Young-Jeung Cho, 12-Jong-Duk Choi, 15-Kang-Jo Lee, 4-Gwang-Rae Cho, 22-Soon-Ho Choi, 9-Young-Moo Lee, 11-Jung-Il Lee (45' 18-Suk-Geun Hwang), ?-Tae-Yeop Lee.

·**Coach:** Jung-Nam Kim

Scorers: 1-0 30' Tae-Yeop Lee, 2-0 35' Young-Moo Lee, 3-0 73' Tae-Yeop Lee

·**Referee:** ?

·**Attendance:** ?

South Korea – Korea Farm Team 2-2 (2-2)

Friendly Match

(Daejeon – Hanbat Stadium – 17.08.1980)

South Korea: 1-Hwang-Ho Kim(45' 21-Byung-Deuk Cho) (GK), 13-Oi-Ryong Jang, 8-Young-Jeung Cho, 12-Jong-Duk Choi, 3-Sung-Ho Hong, 15- Kang-Jo Lee, 4-Gwang-Rae Cho, 9-Young-Moo Lee(45' 20- Tae-Ho Lee), 11-Jung-Il Lee, 16-Hae-Won Chung(45' 18-Suk-Geun Hwang), Tae-Yeop Lee.

·**Coach:** Jung-Nam Kim

Scorers: 29' Tae-Yeop Lee, 43' Young-Moo Lee

South Korea - Malaysia Farm Team 2-0 (0-0)

X. President's Cup 1980, Group Stage

(Seoul - Dongdaemun Stadium - 23.08.1980 - 15:30)

South Korea (Red-Red-Red): 21-Byung-Deuk Cho (GK), 13-Oi-Ryong Jang, 8-Young-Jeung Cho, 12-Jong-Duk Choi(45' 5-Oh-Son Kwon), 3-Sung-Ho Hong, 15-Kang-Jo Lee, 4-Gwang-Rae Cho, 22-Soon-Ho Choi(45' 18-Seok-Geun Hwang), 9-Young-Moo Lee, 11-Jung-Il Lee, 16-Hae-Won Chung.

·**Coach:** Jung-Nam Kim

Malaysia (White-White-White): 1-Yu Tiang Ong (GK), 17-D.Devendran, 10-K.Razagopal, 14-Remeli Junit, 7-Vukaran, 4-R.Subramaniam, 12-Avimon, 13-Zulkifli Hamzah, 16-Fawzy Hassan, 6-S.Puspanathan, 2-R. Torairaju.

·**Coach:** Karl-Heinz Weigang (West Germany)

Scorers: 1-0 68' Seok-Geun Hwang, 2-0 78' Seok-Geun Hwang

·**Referee:** ?

·**Attendance:** 30,000

Note: President's Cup is a new name of President Park's Cup. The name was changed after President Park died in October 1979.

South Korea - Indonesia 3-0 (2-0)

X. President's Cup 1980, Group Stage

(Chooncheon - Civil Stadium - 25.08.1980 - 16:30)

South Korea (Red-Red-Red): 21-Byung-Deuk Cho (GK), 13-Oi-Ryong Jang, 8-Young-Jeung Cho, 12-Jong-Duk Choi, 3-Sung-Ho Hong, 15-Kang-Jo Lee, 4-Gwang-Rae Cho, 22-Soon-Ho Choi, 9-Young-Moo Lee, 14-Tae-Yeop Lee, 16-Hae-Won Chung.

·**Coach:** Jung-Nam Kim

Scorers: 1-0 19' Soon-Ho Choi, 2-0 40' Hae-Won Chung, 3-0 83'(P) Kang-Jo Lee

·**Referee:** ?

·**Attendance:** 25,000

South Korea - Thailand Farm Team 4-0 (2-0)

X. President's Cup 1980, Group Stage

(Daejeon - Civil Stadium - 27.08.1980 - 16:30)

South Korea (White-Red-White): 1-Byung-Deuk Cho (GK), 13-Oi-Ryong Jang, 8-Young-Jeung Cho, 12-Jong-Duk Choi, 3-Sung-Ho Hong, 15-Kang-Jo Lee (45' 14-Tae-Yeop Lee), 20-Tae-Ho Lee, 4-Gwang-Rae Cho (45' 5-Oh-Son Kwon), 22-Soon-Ho Choi, 11-Jung-Il Lee, 16-Hae-Won

Chung.

·Coach: Jung-Nam Kim

Thailand (Blue-Blue-Blue): 1-Yamsang Sirisak (GK), 9-Daoyot Dara, 6-Suthin Chaikitti, 5-Amnaj Chalerohavalit, 12-Juta Tingsabhat, 2-Jirasak Chareon-Chand, 11-Chaibutr Chirdsak, 8-Chamlreon Kamnil (45' 3-Visoot Vijaya), 13-Tawatchai Uam-Khao, 7-Thong On Tawee, 14-Hongkajon Chalor.

·Coach: Supakit Meelapkit

Scorers: 1-0 24' Soon-Ho Choi, 2-0 38' Tae-Yeop Lee, 3-0 50'(P) Tae-Ho Lee, 4-0 55' Hae-Won Chung

·Expulsions: 75' Chaikiti

·Referee: ?

·Attendance: ?

South Korea - Bahrain Farm Team 5-0 (3-0)

X. President's Cup 1980, Group Stage

(Gwangju - Moodeung Stadium - 29.08.1980 - 16:30)

South Korea (Red-Red-Red): 1-Hwang-Ho Kim (GK), 2-Jong-Pil Kim, 19-In-Seon Yoon, 8-Young-Jeung Cho, 12-Jong-Duk Choi (45' 5-Oh-Son Kwon), 15-Kang-Jo Lee, 20-Tae-Ho Lee, 4-Gwang-Rae Cho, 22-Soon-Ho Choi (45' 3-Sung-Ho Hong), 9-Young-Moo Lee, 16-Hae-Won Chung.

·Coach: Jung-Nam Kim

Bahrain (White-White-White): 1-Wahid Khalaf (GK), 5-Riyad Rashdan, 20-Mohd Ahmed Khalil, 9-Mohd Karim, 12-Bekhit Abdul Karim, 10-Ali Abdul Aziz, 2-Abdul Jalil Darwish, 15-Abdul Karim Saif, 7-Abdullah Jalil, 20-Ibrahim Farhan, 5-Jassim Al-Khajam.

·Coach: Hamza Mirza Ali

Scorers: 1-0 33' Hae-Won Chung, 2-0 34' Kang-Jo Lee, 3-0 44' Gwang-Rae Cho, 4-0 69' Tae-Ho Lee, 5-0 85' Hae-Won Chung

·Referee: ?

·Attendance: 20,000

South Korea – Korea Farm Team 3-0 (3-0)

X. President's Cup 1980, Group Stage

(Busan – Gudeok Stadium – 31.08.1980)

South Korea: 21-Byung-Deuk Cho, 5-Oh-Son Kwon, 13-Oi-Ryong Jang, 8-Young-Jeung Cho, 12-Jong Duk Choi, 15-Kang-Joo Lee, 4-Gwang-Rae Cho, 22-Soon-Ho Choi, 9-Young-Moo Lee (45' 20-Tae-Ho Lee), 11-Jung-Il Lee, 16-Hae-Won Chung.

·Coach: Jung-Nam Kim

Scorers: 1-0 39' Hae-Won Chung, 2-0 44' Soon-Ho Choi, 3-0 67' Hae-Won Chung

·Referee: ?

·Attendance: ?

South Korea - Indonesia 2-0 (1-0)

X. President's Cup 1980, Finals

(Seoul - Dongdaemun Stadium - 02.09.1980 - 18:00)

South Korea (White-Red-Red): 1-Hwang-Ho Kim (GK), 13-Oi-Ryong Jang, 8-Young-Jeung Cho, 12-Jong-Duk Choi, 3-Sung-Ho Hong, 15-Kang-Jo Lee, 4-Gwang-Rae Cho, 22-Soon-Ho Choi, 9-Young-Moo Lee, 11-Jung-Il Lee (27' 20-Tae-Ho Lee), 16-Hae-Won Chung.

·Coach: Jung-Nam Kim

Indonesia (Red-Red-Red): 18-Poerrwono (GK), 3-Nasir Salassa, 16-Daniel Sirey, 4-Didik Darmadi, 17-Ronny Pattinasarany, 9-Rully Nere, 8-Bambang Nurdiansyah, 5-Berti Tutuarima, 13-Salim Alkatiri (45' 12-Bambang Sunarto), 6-Subangkit (45' 15-Metu Duaramuri), 14-Simson Rumahpasal.

·Coach: Hendatro

Scorers: 1-0 30' Hae-Won Chung, 2-0 89' Kang-Jo Lee

·Referee: ?

·Attendance: 10,000

Note: 15' Gwang-Rae Cho missed a penalty.

South Korea - Malaysia 1-1 (0-0)

VII. Asian Cup Kuwait 1980, Final Phase, 1st Round Group B

(Kuwait - Sabah Al-Salem Stadium - 16.09.1980 - 18:30)

South Korea (White-White-White): 21-Byung-Deuk Cho (GK), 2-Jong-Pil Kim, 8-Young-Jeung Cho, 12-Jong-Duk Choi, 3-Sung-Ho Hong, 15-Kang-Jo Lee, 4-Gwang-Rae Cho, 9-Young-Moo Lee, 11-Jung-Il Lee, 16-Hae-Won Chung, 18-Seok-Geun Hwang (31' 22-Soon-Ho Choi).

·Coach: Jung-Nam Kim

Scorers: 1-0 68' Soon-Ho Choi, 1-1 90' Abdul Ali

· **Referee**: Sudarso Hardjowasito (Indonesia)

· **Attendance**: 5,000

South Korea - Qatar 2-0 (2-0)

VII. Asian Cup Kuwait 1980, Final Phase, 1st Round Group B

(Kuwait - Sabah Al-Salem Stadium - 19.09.1980 - 18:30)

South Korea (White-White-White): 21-Byung-Deuk Cho (GK), 13-Oi-Ryong Jang, 8-Young-Jeung Cho, 12-Jong-Duk Choi, 3-Sung-Ho Hong, 15-Kang-Jo Lee, 4-Gwang-Rae Cho, 22-Soon-Ho Choi, 9-Young-Moo Lee, 11-Jung-Il Lee, 16-Hae-Won Chung.

· **Coach**: Jung-Nam Kim

Scorers: 1-0 4' Jung-Il Lee, 2-0 21' Soon-Ho Choi

· **Referee**: Vichai Charupunt (Thailand)

· **Attendance**: ?

Kuwait - South Korea 0-3 (0-1)

VII. Asian Cup Kuwait 1980, Final Phase, 1st Round Group B

(Kuwait - Sabah Al-Salem Stadium - 21.09.1980 - 16:30)

South Korea (White-White-White): 21-Byung-Deuk Cho (GK), 13-Oi-Ryong Jang, 8-Young-Jeung Cho, 12-Jong-Duk Choi, 3-Sung-Ho Hong, 15-Kang-Jo Lee, 4-Gwang-Rae Cho (32' 18-Seok-Geun Hwang), 22-Soon-Ho Choi, 9-Young-Moo Lee, 11-Jung-Il Lee (65' 20-Tae-Ho Lee), 16-Hae-Won Chung.

· **Coach**: Jung-Nam Kim

Scorers: 0-1 47' Seok-Geun Hwang, 0-2 71' Soon-Ho Choi, 0-3 78' Soon-Ho Choi

· **Referee**: Toshikazu Sano (Japan)

· **Attendance**: 15,000

South Korea - U.A.E. 4-1 (2-0)

VII. Asian Cup Kuwait 1980, Final Phase, 1st Round Group B

(Kuwait - Sabah Al-Salem Stadium - 24.09.1980 - 18:30)

South Korea (Red-Red-Red): 1-Hwang-Ho Kim (GK), 13-Oi-Ryong Jang, 8-Young-Jeung Cho, 12-Jong-Duk Choi, 3-Sung-Ho Hong, 15-Kang-Jo Lee, 22-Soon-Ho Choi, 9-Young-Moo Lee, 11-Jung-Il Lee, 16-Hae-Won

Chung.

· **Coach**: Jung-Nam Kim

Scorers: 1-0 26' Soon-Ho Choi, 2-0 53' Soon-Ho Choi, 3-0 78'(P) Soon-Ho Choi, 3-1 79' Ahmed Shombi, 4-1 84' Hae-Won Chung

· **Referee**: Melvyn Victor D'Souza (India)

· **Attendance**: ?

South Korea - North Korea 2-1 (0-1)

VII. Asian Cup Kuwait 1980, Final Phase, Semi Final

(Kuwait - Sabah Al-Salem Stadium - 28.09.1980 - 19:30)

South Korea (Red-Red-Red): 21-Byung-Deuk Cho (GK), 13-Oi-Ryong Jang, 8-Young-Jeung Choi, 12-Jong-Duk Choi, 3-Sung-Ho Hong, 15-Kang-Jo Lee, 4-Gwang-Rae Cho, 22-Soon-Ho Choi, 9-Young-Moo Lee, 11-Jung-Il Lee(39' 14-Tae-Yeop Lee, 46' 18-Seok-Geun Hwang), 16-Hae-Won Chung.

· **Coach**: Jung-Nam Kim

North Korea (White-White-White): 1-Gang-Il Kim, 12-Tae-Gwang Kang, 14-Gwan-Mo Kim (45' Jae-Pil Choi), 10-Gwang-Un Kim, 8-Bok-Man Kim, 16-Jong-Man Kim, 2-Jong-Mun Kim, 9-Jong-Hon Park, 13-Byong-Ju Jon, 5-Dong-Sok Cha, 15-Sang-Hoi Hwang (45' 7-Chang-Nam An).

· **Coach**: Du-Sok Park

Scorers: 0-1 19'(P) Jong-Hon Park, 1-1 80' Hae-Won Chung, 2-1 89' Hae-Won Chung

· **Referee**: Toshikazu Sano (Japan)

· **Attendance**: 20,000

Kuwait - South Korea 3-0 (2-0)

VII. Asian Cup Kuwait 1980, Final Phase, Final

(Kuwait - Sabah Al-Salem Stadium - 30.09.1980 - 18:30)

South Korea (White-White-White): 21-Byung-Deuk Cho (GK), 13-Oi-Ryong Jang (45' Jong-Pil Kim), 8-Young-Jeung Cho, 12-Jong-Duk Choi, 3-Sung-Ho Hong, 15-Kang-Jo Lee, 4-Gwang-Rae Cho, 22-Soon-Ho Choi, 9-Young-Moo Lee, 11-Jung-Il Lee (45' Seok-Geun Hwang), 16-Hae-Won Chung.

· **Coach**: Jung-Nam Kim

Scorers: 1-0 7' Sadd Al Houti, 2-0 30' Faisal Al-Dakhil,

3-0 67' Faisal Al-Dakhil

·**Referee**: Sudarso Hardjowasito (Indonesia)

·**Attendance**: 25,000

Note: 90' Kang-Jo Lee missed a penalty.

South Korea – U-20 1-0 (1-0)

Warm up Match

(Busan - ? – 25.01.1981)

South Korea: Hwang-Ho Kim, Jong-Pil Kim, Kyung-Hoon Park, Sung-Hwa Park, Byung-Joo Byun, Kang-Jo Lee, Tae-Yeop Lee, Tae-Ho Lee, Oi-Ryong Jang, Young-Jeung Cho, Sung-Ho Hong.

·**Coach**: Jung-Nam Kim

Scorers: 1-0 25' Sung-Hwa Park

·**Referee**: ?

·**Attendance**: ?

South Korea – University Selected 1-1 (0-0)

Warm up Match

(Busan - ? – 26.01.1981)

South Korea: Hwang-Ho Kim, Kyung-Hoon Park, Sung-Hwa Park, Byung-Joo Byun, Tae-Ho Lee, Oi-Ryong Jang, Young-Jeung Cho, Soon-Ho Choi. *3missings.

·**Coach**: Jung-Nam Kim

Scorers: 0-1 67' Jong-Gap Choi, 1-1 74' Byung-Joo Byun

·**Referee**: ?

·**Attendance**: ?

Mexico U-23 – South Korea 1-1 (1-0)

Friendly Match

(Mexico City – Azteca Stadium – 08.02.1981)

South Korea: Kyung-Hoon Park, Sung-Hwa Park, Byung-Joo Byun, Kang-Jo Lee, Geung-Yeon Cho, Young-Jeung Cho. *5missings.

·**Coach**: Jung-Nam Kim

Scorers: 1-0 22' Herrera, 1-1 89' Kang-Jo Lee

·**Expulsion**: 55' Young-Jeung Cho

·**Referee**: ?

·**Attendance**: ?

Mexico - South Korea 4-0 (2-0)

Friendly Match

(Mexico City - Azteca Stadium - 10.02.1981)

Mexico (Green-White-Red): 1-José Pilar Reyes (GK),

10-Guillermo Mendizábal (46' Sergio Orduña), 5-Ramón de la Torre, 9-Ricardo Castro (46' Juan Azuara), 11-Sergio Lira, 3-Armando Manzo, 4-Alejandro Ramírez, 2-Ignacio Flores, 7-Concepcion Rodríguez, 8-Tomás Boy (88' Mario Hernández), 6-Pedro Munguia.

· **Coach:** Raúl Cárdenas

South Korea (Red-Red-Red): 21-Byung-Deuk Cho (GK), 6-Sung-Hwa Park, 9-Byung-Joo Byun(65' 18-Seok-Geun Hwang), 15-Kang-Jo Lee, 14-Tae-Yeop Lee, 13-Oi-Ryong Jang(45' 5-Kyung-Hoon Park), 16-Hae-Won Chung, 4-Gwang-Rae Cho(65' 20-Tae-Ho Lee), 8-Young-Jeung Cho(46' 7-Geung-Yeon Cho), 12-Jong-Duk Choi, 3-Sung-Ho Hong.

· **Coach:** Jung-Nam Kim

Scorers: 1-0 14' Concepcion Rodríguez, 2-0 23' Ricardo Castro, 3-0 80' Sergio Lira, 4-0 88' Sergio Orduña

· **Referee:** Mario Rubio (Mexico)

· **Attendance:** ?

South Korea - Nacional (Uruguay) 1-2 (0-0)

Friendly Match

(LA - ? – 22.02.1981)

South Korea: Hwang-Ho Kim, Sung-Hwa Park, Kang-Jo Lee, Tae-Yeop Lee (45' Geung-Yeon Cho), Tae-Ho Lee, Oi-Ryong Jang, Hae-Won Chung, Gwang-Rae Cho, Jong-Duk Choi, Sung-Ho Hong, Seok-Geun Hwang.

· **Coach:** Jung-Nam Kim

Scorers: 0-1 54' Julio Morales, 0-2 63' Alberto Bica, 1-2 89' Hae-Won Chung

· **Referee:** ?

· **Attendance:** ?

South Korea - Guadalajara (Mexico) 0-0 (0-0)

Friendly Match

(LA - ? – 25.02.1981)

South Korea: Hwang-Ho Kim, Sung-Hwa Park, Kang-Jo Lee (45' Hang-Seo Park), Tae-Yeop Lee (45' Geung-Yeon Cho, 70' Kyung-Hoon Park), Tae-Ho Lee (45' Sung-Ho Hong), Oi-Ryong Jang, Hae-Won Chung, Gwang-Rae Cho, Young-Jeung Cho, Jong-Duk Choi, Seok-Geun Hwang.

· **Coach:** Jung-Nam Kim

Scorers: -

· **Referee:** ?

· **Attendance:** ?

South Korea – University Selected 3-0

Warm up Match

(Seoul – Hyochang Stadium – 03.03.1981)

Scorers: Seok-Geun Hwang, Kang-Jo Lee *9missings.

Scorers: Seok-Geun Hwang 2 goals, Kang-Jo Lee

· **Referee:** ?

· **Attendance:** ?

Japan – South Korea 0-1 (0-1)

IX. Korea-Japan Annual Match

(Tokyo - Yoyoki National Stadium - 08.03.1981 - 13:30)

Japan (White-White-White): 1-Kazumi Tsubota (GK), 8-Nobutoshi Kaneda, 4-Hisashi Kato, 15-Kazushi Kimura (74' 16-Hiromi Hara), 6-Akihiro Nishimura, 9-Shinji Tanaka, 10-Tetsuya Totsuka, 2-Hideki Maeda (55' 3-Shigemitsu Tsuto), 7-Takeshi Okada, 14-Mitsunori Yoshida (46' 11-Yashiro Kazama), 13-Haruhisa Hasegawa.

· **Coach:** Saburo Kawabuchi

South Korea (Red-Red-Red): 21-Byung-Deuk Cho (GK), 6-Sung-Hwa Park, 9-Byung-Joo Byun (69' 7-Geung-Yeon Cho), 15-Kang-Jo Lee, 20-Tae-Ho Lee, 13-Oi-Ryong Jang, 16-Hae-Won Chung, 4-Gwang-Rae Cho (30' 22-Soon-Ho Choi), 12-Jong-Duk Choi (17' 17-Hang-Seo Park), 3-Sung-Ho Hong, 18-Seok-Geun Hwang.

· **Coach:** Jung-Nam Kim

Scorers: 0-1 39' Hae-Won Chung

· **Referee:** Chi Sing Au (Hong Kong)

· **Attendance:** 15,000

South Korea – Americano (Brazil) 2-2 (1-1)

Friendly Match

(Daegu – Civic Stadium – 01.04.1981)

South Korea: Byung-Deuk Cho, Byung-Joo Byun, Suk-Jae Oh, In-Sun Yoon, Kang-Jo Lee, Young-Moo Lee(45' Tae-Yeop Lee), Tae-Ho Lee, Oi-Ryong Jang, Hae-Won Chung, Jong-Duk Choi, Sung-Ho Hong(46' Soon-Ho Choi).

· **Coach:** Jung-Nam Kim

Scorers: 1-0 14' Sung-Ho Hong, 1-1 37' Miginyo, 2-1 63' Tae-Ho Lee, 2-2 82' Souza

· Referee: ?

· Attendance: ?

South Korea – Americano (Brazil) 1-0 (1-0)

Friendly Match

(Daegu – Civic Stadium – 01.04.1981)

South Korea: Byung-Deuk Cho, Sung-Hwa Park, Suk-Jae Oh(45' Tae-Yeop Lee), Kang-Jo Lee, Young-Moo Lee, Oi-Ryong Jang, Hae-Won Chung, Gwang-Rae Cho, Young-Jeong Cho, Soon-Ho Choi, Jong-Duk Choi (45' Byung-Joo Byun).

· **Coach:** Jung-Nam Kim

Scorers: 1-0 14' Young-Moo Lee

· Referee: ?

· Attendance: ?

South Korea - Malaysia 2-1 (1-1)

XII. FIFA World Cup Spain 1982, Preliminaries, 1st Round Group 3

(Kuwait City - Kazma Stadium - 21.04.1981 - 16:00)

South Korea: 21-Byung-Deuk Cho (GK), 6-Sung-Hwa Park, 15-Kang-Jo Lee, 9-Young-Moo Lee (68' 20-Tae-Ho Lee), 13-Oi-Ryong Jang, 16-Hae-Won Chung, 4-Gwang-Rae Cho, 8-Young-Jeung Cho, 22-Soon-Ho Choi(72' 10-Seok-Jae Oh), 12-Jong-Duk Choi, 3-Sung-Ho Hong.

· **Coach:** Jung-Nam Kim

Malaysia: 1-Armugam Ali (45' Keong Chow Chee) (GK), 11-Mokhtar Dahari, 10-Muhidin Hussein, 5-Santokh Singh, 3-Soh Chin Aun, 6-Sukor Saleh, 4-Yahya Jusoh, 2-Jamal Nassir Abdul Jalil, 9-James Wong, 12-Khalid Ali (35' 16-Huad Toraraju), 7-Hassan Sani.

· **Coach:** Karl-Heinz Weigang (West Germany)

Scorers: 0-1 5' James Wong, 1-1 31' Sung-Ho Hong, 2-1 82' Kang-Jo Lee

· **Referee:** Tam Sun Chan (Hong Kong)

· **Attendance:** 10,000

South Korea - Thailand 5-1 (2-1)

XII. FIFA World Cup Spain 1982, Preliminaries, 1st

Round Group 3

(Kuwait City - Kazma Stadium - 24.04.1981 - 16:00)

South Korea (Red-Red-Red): 1-Hwang-Ho Kim (GK), 5-Kyung-Hoon Park, 6-Sung-Hwa Park, 15-Kang-Jo Lee, 20-Tae-Ho Lee, 16-Hae-Won Chung, 4-Gwang-Rae Cho, 8-Young-Jeung Cho, 22-Soon-Ho Choi, 12-Jong-Duk Choi, 3-Sung-Ho Hong (41' 10-Seok-Jae Oh).

· **Coach:** Jung-Nam Kim

Thailand (White-White-White): Yamsang Sirisak (45' Masapong Vasin) (GK), Narong Arjarayult, Naphalatung Jesdapon, Daoyot Dara (45' Piyapong Pue-On), Vichai Vaitayangkol, Sangnapol Chalermvud, Somboon Suparapop, Sompit Suwanapluoh, Wattana Sompong, Chaibutr Chirdsak, Thong On-Tawee.

· **Coach:** ?

Scorers: 1-0 23' Soon-Ho Choi, 2-0 33' Jong-Duk Choi, 2-1 35' Vichai Vaitayangkol, 3-1 68'Seok-Jae Oh, 4-1 70' Tae-Ho Lee, 5-1 85' Soon-Ho Choi

· **Cautions:** Narong Arjarayult

· **Referee:** Sudarso Hardjowasito (Indonesia)

· **Attendance:** 4,000

Kuwait - South Korea 2-0 (0-0)

XII. FIFA World Cup Spain 1982, Preliminaries, 1st Round Group 3

(Kuwait City - Al-Qadisiyah Stadium - 29.04.1981 - 16:00)

Kuwait (Blue-Blue-Blue): 1-Ahmad Al-Tarabulsi (GK), 6-Saeed Al-Houti (C), 11-Nasser Al-Ghanem, 2-Naeem Saad Mubarak, 3-Mahmoud Juma Mubarak, 18-Mohammad Karam, 10-Abdulaziz Al-Anbari, 5-Waleed Jassem Al-Mubarak, 4-Jamal Yaqub Al-Qabendi (79' Abdullah Al-Buloushi), 9-Jassim Yaqub Sultan, 7-Fathi Kamil Marzouq.

· **Coach:** Carlos Alberto Parreira (Brazil)

South Korea (Red-Red-Red): 21-Byung-Deuk Cho (GK), 6-Sung-Hwa Park, 10-Seok-Jae Oh (36' 22-Soon-Ho Choi), Kang-Jo Lee, 14-Tae-Yeop Lee, 20-Tae-Ho Lee, 16-Hae-Won Chung, 4-Gwang-Rae Cho, 8-Young-Jeung Cho, 12-Jong-Duk Choi (79' 5-Kyung-Hoon Park), 3-Sung-Ho Hong.

· **Coach:** Jung-Nam Kim

Scorers: 1-0 50' Abdulaziz Al-Anbari, 2-0 80' Nasser Al-Ghanem

· **Cautions:** 50' Gwang-Rae Cho, 58' Fathi Kamil Marzouq, 65' Sung-Ho Hong, 89' Mahmoud Juma Al-Mubarak

· **Expulsions:** 81' Tae-Ho Lee

· **Referee:** Gilberto Aristizabal (Colombia)

· **Attendance:** 15,000

South Korea - Chateauroux (France) 1-1 (1-0)

XI. President's Cup 1981, 1st Round Group A

(Seoul – Dongdaemun Stadium – 13.06.1981 – 15:30)

South Korea: Kwang-Sik Choi (GK), Kyung-Hoon Park, Sung-Hwa Park, Byung-Joo Byun, Kang-Jo Lee, Young-Moo Lee, Hae-Won Chung (60' Oh-Son Kwon), Gwang-Rae Cho, Jong-Duk Choi (26' Tae-Ho Lee), Sung-Ho Hong. *1missings.

· **Coach:** Jung-Nam Kim

Scorers: 1-0 5' Byung-Joo Byun, 1-1 51' Beabiya

· **Referee:** ?

· **Attendance:** ?

South Korea - Saarbrucken (West Germany) 4-1 (2-0)

XI. President's Cup 1981, 1st Round Group A

(Daejeon – Hanbat Stadium – 15.06.1981 – 17:00)

South Korea: Byung-Deuk Cho (GK), Tae-Ho Lee, Kyung-Hoon Park, Sung-Hwa Park, Byung-Joo Byun, Kang-Jo Lee, Young-Moo Lee, Oi-Ryong Jang, Hae-Won Chung (70' Seok-Jae Oh), Gwang-Rae Cho, Sung-Ho Hong.

· **Coach:** Jung-Nam Kim

Scorers: 1-0 21' Kang-Jo Lee, 2-0 41' Byung-Joo Byun, 3-0 51' Gwang-Rae Cho, 3-1 56' Siegmund Malek, 4-1 77' Byung-Joo Byun

· **Referee:** ?

· **Attendance:** ?

South Korea - Malaysia 2-0 (0-0)

XI. President's Cup 1981, 1st Round Group A

(Jeonju - Sports Complex Athletics Stadium - 17.06.1981 - 17:00)

South Korea (Red-Red-Red): 21-Byung-Deuk Cho (GK), 20-Tae-Ho Lee (46' 2-Oh-Son Kwon), 5-Kyung-Hoon Park, 6-Sung-Hwa Park (46' 10-Seok-Jae Oh), 11-Byung-Joo Byun, 15-Kang-Jo Lee, 9-Young-Moo Lee, 13-Oi-Ryong Jang, 16-Hae-Won Chung, 4-Gwang-Rae Cho, 3-Sung-Ho Hong.

· **Coach:** Jung-Nam Kim

Malaysia (Yellow-Black-Yellow): 1-Peter Rajah (GK), 16-R.Subramaniam, 10-Muhidin Hussein, 6-Ahmed Alif, 17-Abidin Hassan Zainal, 15-Yahya Jusoh, 14-Ibrahim Din (45' 19-Zulkifli Hamzah), 2-Jamal Nasir, 11-Kandanesan Nair, 8-Tajuddin Noor Yassin, 7-G. Torairaju.

· **Coach:** Karl-Heinz Weigang (West Germany)

Scorers: 1-0 48' Hae-Won Chung, 2-0 51' Hae-Won Chung

· **Referee:** ?

· **Attendance:** 30,000

South Korea - Racing de Cordoba (Argentina) 1-1 (0-1)

XI. President's Cup 1981, 1st Round Group A

(Daegu – Civic Stadium – 19.06.1981 – 19:00)

South Korea: Byung-Deuk Cho, Tae-Ho Lee (59' Seok-Jae Oh), Oh-Son Kwon, Kyung-Hoon Park, Byung-Joo Byun, Kang-Jo Lee, Young-Moo Lee, Oi-Ryong Jang, Hae-Won Chung, Gwang-Rae Cho, Sung-Ho Hong.

· **Coach:** Jung-Nam Kim

Scorers: 0-1 40'(P) Miguel Ballejo, 1-1 74' Byung-Joo Byun

· **Referee:** ?

· **Attendance:** ?

South Korea - Japan 2-0 (1-0)

XI. President's Cup 1981, 1st Round Group A

(Busan - Gudeok Stadium - 21.06.1981 - 17:00)

South Korea (Red-Red-Red): 21-Byung-Deuk Cho (GK), 20-Tae-Ho Lee, 2-Oh-Son Kwon, 5-Kyung-Hoon Park, 11-Byung-Joo Byun (35' 14-Tae-Yeop Lee), 10-Seok-Jae Oh, 15-Kang-Jo Lee, 9-Young-Moo Lee, 13-Oi-Ryong Jang, 4-Gwang-Rae Cho, 3-Sung-Ho Hong.

· **Coach:** Jung-Nam Kim

Japan (White-White-White): 19-Mitsuhisa Taguchi (GK), 8-Ryoichi Kawakatsu, 5-Hisashi Kato, 3-Mitsugu Nomura, 2-Akihiro Nishimura, 6-Shinji Tanaka,

11-Tetsuya Totsuka, 17-Masafumi Yokoyama, 7-Satoshi Tsunami, 14-Satoshi Tetsuka (45' 12-Yashiro Kazama), 15-Koichi Hashiratani (45' 16-Toshio Matsuura).

· **Coach:** Takaji Mori

Scorers: 1-0 43' Seok-Jae Oh, 2-0 77' Tae-Yeop Lee

· **Referee:** ?

· **Attendance:** 30,000

South Korea - Danubio (Uruguay) 2-0 (1-0)

XI. President's Cup 1981, Semi Finals

(Seoul – Dongdaemun Stadium – 24.06.1981 – 17:00)

South Korea: Byung-Deuk Cho, Tae-Ho Lee (73' Tae-Yeop Lee), Oh-Son Kwon, Kyung-Hoon Park, Byung-Joo Byun, Kang-Jo Lee, Young-Moo Lee, Oi-Ryong Jang, Hae-Won Chung (46' Seok-Jae Oh), Gwang-Rae Cho, Sung-Ho Hong.

· **Coach:** Jung-Nam Kim

Scorers: 1-0 30' Hae-Won Chung, 2-0 89' Byung-Joo Byun

· **Referee:** ?

· **Attendance:** ?

South Korea - Racing de Cordoba (Argentina) 2-2 (0-1)

XI. President's Cup 1981, Final

(Seoul – Dongdaemun Stadium – 26.06.1981 – 18:45)

South Korea: Byung-Deuk Cho, Tae-Ho Lee (46' Sung-Hwa Park), Oh-Son Kwon, Kyung-Hoon Park, Byung-Joo Byun, Kang-Jo Lee, Young-Moo Lee, Oi-Ryong Jang, Hae-Won Chung, Gwang-Rae Cho, Sung-Ho Hong.

· **Coach:** Jung-Nam Kim

Scorers: 0-1 6' Atilio Oyola, 1-1 50' Hae-Won Chung, 1-2 54' Ruben Molina, 2-2 74' Gwang-Rae Cho

· **Referee:** ?

· **Attendance:** ?

South Korea – Korea Farm Team 1-0

Warm up Match

(Gangneung - ? – 09.08.1981)

South Korea: Seok-Geun Hwang, * 10missings.

Scorers: 1-0 Seok-Geun Hwang.

· **Referee:** ?

· **Attendance:** ?

South Korea - Bulgaria Selected 1-1 (0-0)

IX. Jakarta Anniversary Tournament 1981, Group Stage

(Jakarta - ? – 13.08.1981)

South Korea: Sung-Hwa Park, Byung-Joo Byun, Kang-Jo Lee, Hae-Won Chung, Gwng-Rae Cho. *6missings.

· **Coach:** Jung-Nam Kim

Scorers: 0-1 71' Kiru 1-1 82' Kang-Jo Lee

· **Referee:** ?

· **Attendance:** ?

South Korea - Indonesia Selected 8-0

IX. Jakarta Anniversary Tournament 1981, Group Stage

(Jakarta - ? – 15.08.1981)

South Korea: Byung-Joo Byun, Kang-Jo Lee, Tae-Ho Lee, Gwang-Rae Cho, Seok-Geun Hwang. *6missings.

· **Coach:** Jung-Nam Kim

Scorers: Kang-Jo Lee 3goals, Tae-Ho Lee, Gwang-Rae Cho, Seok-Geun Hwang 2goals, Byung-Joo Byun

· **Referee:** ?

· **Attendance:** ?

South Korea - Thailand 2-0 (1-0)

IX. Jakarta Anniversary Tournament 1981, Group Stage

(Jakarta - Utama Senayan Stadium - 17.08.1981)

South Korea (Red-Red-Red): Sung-Kyo Chung (GK), Kyung-Hoon Park, Sung-Hwa Park, Oi-Ryong Jang, Oh-Son Kwon, Kang-Jo Lee, Gwang-Rae Cho, Tae-Ho Lee, Byung-Joo Byun, Seok-Geun Hwang, Hae-Won Chung.

· **Coach:** Jung-Nam Kim

Scorers: 1-0 37' Seok-Geun Hwang, 2-0 72' Seok-Geun Hwang

· **Referee:** ?

· **Attendance:** 30,000

Indonesia - South Korea 0-1 (0-1)

IX. Jakarta Anniversary Tournament 1981, Semi Finals

(Jakarta - Utama Senayan Stadium - 20.08.1981 - 17:30)

South Korea (White-White-White): Sung-Kyo Chung (GK), Oh-Son Kwon, Kyung-Hoon Park, Sung-Hwa Park, Byung-Joo Byun (65' Geung-Yeon Cho), Kang-Jo Lee, Tae-Ho Lee, Oi-Ryong Jang, Hae-Won Chung, Gwang-

Rae Cho, Seok-Geun Hwang (46' Seok-Jae Oh).

·**Coach:** Jung-Nam Kim

Scorers: 0-1 9' Seok-Geun Hwang

·**Referee:** ?

·**Attendance:** ?

South Korea - Bulgaria Selected 2-2 (1-0, 1-1)

IX. Jakarta Anniversary Tournament 1981, Finals

(Jakarta - ? – 22.08.1981)

South Korea: Sung-Kyo Chung (GK), Oh-Son Kwon, Kyung-Hoon Park, Sung-Hwa Park, Byung-Joo Byun (55' Geung-Yeon Cho), Kang-Jo Lee, Tae-Ho Lee (60' Gyung-Sik Choi), Oi-Ryong Jang, Hae-Won Chung, Gwang-Rae Cho, Seok-Geun Hwang.

·**Coach:** Jung-Nam Kim

Scorers: 1-0 16' Byung-Joo Byun, 1-1 72' Ibrahim Mustafov, 2-1 112' Gyung-Sik Choi, 2-2 119'(P) Krasimir Kobachev

·**Referee:** ?

·**Attendance:** ?

South Korea - Singapore 2-0 (1-0)

XXV. Merdeka Cup 1981, 1st Round Group B

(Kuala Lumpur - Merdeka Stadium - 04.09.1981 - 17:30)

South Korea (Red-Red-Red): Sung-Kyo Chung (GK), Oh-Son Kwon, Kyung-Hoon Park, Sung-Hwa Park, Byung-Joo Byun, Kang-Jo Lee, Tae-Ho Lee (42' Seok-Jae Oh), Oi-Ryong Jang, Hae-Won Chung (42' Geung-Yeon Cho), Gwang-Rae Cho, Seok-Geun Hwang.

·**Coach:** Jung-Nam Kim

Scorers: 1-0 20' Seok-Geun Hwang, 2-0 75' Byung-Joo Byun

·**Referee:** ?

·**Attendance:** ?

South Korea - Sao Paulo (Brazil) 0-2 (0-1)

XXV. Merdeka Cup 1981, 1st Round Group B

(Kuala Lumpur - Merdeka Stadium - 07.09.1981)

Sung-Kyo Chung (GK), Oh-Son Kwon, Kyung-Hoon Park, Sung-Hwa Park, Byung-Joo Byun, Kang-Jo Lee (45' Gyung-Sik Choi), Tae-Ho Lee (45' Tae-Yeop Lee), Oi-Ryong Jang, Hae-Won Chung, Gwang-Rae Cho, Seok-Geun Hwang.

·**Coach:** Jung-Nam Kim

Scorers: 0-1 14' Cabino Kudfer, 0-2 56' Luiz Barbosa

·**Referee:** ?

·**Attendance:** ?

South Korea - Iraq 1-1 (1-0)

XXV. Merdeka Cup 1981, 1st Round Group B

(Kuala Lumpur - Merdeka Stadium - 13.09.1981 - 21:15)

South Korea (Red-Red-Red): Sung-Kyo Chung (GK), Oh-Son Kwon, Kyung-Hoon Park (62' Won-Sang Seo), Sung-Hwa Park, Byung-Joo Byun, Kang-Jo Lee, Oi-Ryong Jang, Hae-Won Chung, Gwang-Rae Cho, Kyung-Sik Choi, Seok-Geun Hwang (75' Geung-Yeon Cho).

·**Coach:** Jung-Nam Kim

Scorers: 1-0 40' Byung-Joo Byun, 1-1 60' Faizal Aziz

·**Referee:** ?

·**Attendance:** ?

South Korea - Thailand 1-1 (0-1)

XXV. Merdeka Cup 1981, 1st Round Group B

(Kuala Lumpur - Merdeka Stadium - 16.09.1981 - 21:15)

South Korea (Red-Red-Red): Sung-Kyo Chung (GK), Oh-Son Kwon (45' In-Sun Yoon), Kyung-Hoon Park, Sung-Hwa Park, Byung-Joo Byun, Kang-Jo Lee, Tae-Ho Lee, Oi-Ryong Jang (45' Tae-Yeop Lee), Hae-Won Chung, Gwang-Rae Cho, Seok-Geun Hwang.

·**Coach:** Jung-Nam Kim

Scorers: 0-1 25' Chalor Hongkajohn, 1-1 58' Seok-Geun Hwang

·**Referee:** ?

·**Attendance:** ?

Saudi Arabia - South Korea 2-0

Friendly Match

(Riyadh - Marior Stadium - 14.10.1981)

South Korea: Kyung-Shik Choi, * 10 missings.

·**Coach:** Jung-Nam Kim

Scorers: ?

·**Referee:**

India - South Korea 2-2 (1-0)

I. Jawaharlal Nehru Gold Cup 1982, Group Stage

(Calcutta - Edens Garden Stadium - 18.02.1982 – 15:00)

South Korea: Sung-Kyo Chung (GK), Sung-Hwa Park, Il-Woo Byun, Kang-Jo Lee, Tae-Ho Lee, Oi-Ryong Jang (45' Chi-Soo Baek), Jong-Soo Chung, Hae-Won Chung, Kyung-Sik Choi, Soon-Ho Choi (45' Ki-Bong Choi), Seok-Geun Hwang.

· **Coach:** Jung-Nam Kim

Scorers: 1-0 41' Prasanta Banerjee, 1-1 64' Seok-Geun Hwang, 1-2 86' Jong-Soo Chung, 2-2 89'(P) Manas Bhattachary

· **Referee:** ?

· **Attendance:** ?

Note: Soon-Ho Choi missed a penalty.

Uruguay - South Korea 2-2 (0-2)

I. Jawaharlal Nehru Gold Cup 1982, Group Stage

(Calcutta - Edens Garden Stadium - 20.02.1982 – 15:00)

Uruguay: Sergio Rodríguez (GK) (C), Néstor Montelongo, Nel, son Agresta, Venancio Ramos (75' Julio Franco) Amaro Nadal (75' Mario Saralegui), Enzo Francéscoli, Washington González, Jorge Da Silva, Jorge Barrios, José Luis Russo, José Luis Ferrari.

· **Coach:** Omar Borras

South Korea: Sung-Kyo Chung (GK), Sung-Hwa Park, Il-Woo Byun (45' Sang-Keun Shin), Kang-Jo Lee, Tae-Ho Lee, Oi-Ryong Jang, Jong-Soo Chung, Hae-Won Chung, Kyung-Sik Choi, Ki-Bong Choi (45' Soon-Ho Choi), Seok-Geun Hwang.

· **Coach:** Jung-Nam Kim

Scorers: 0-1 3' Hae-Won Chung, 0-2 15' Oi-Ryong Jang, 1-2 48'(P) Venancio Ramos, 2-2 65' Amaro Nadal

· **Referee:** Hakim Shaid Syed (India)

· **Attendance:** 80,000

South Korea – Yugoslavia Selected 1-1 (1-0)

I. Jawaharlal Nehru Gold Cup 1982, Group Stage

(Calcutta - Edens Garden Stadium - 23.02.1982)

South Korea: Sung-Kyo Chung (GK), Sung-Hwa Park, Il-Woo Byun, Sang-Keun Shin, Tae-Ho Lee, Oi-Ryong Jang, Jong-Soo Chung (45' Chi-Soo Baek) , Hae-Won Chung, Kyung-Sik Choi, Soon-Ho Choi, Seok-Geun Hwang.

· **Coach:** Jung-Nam Kim

Scorers: 1-0 7' Hae-Won Chung, 1-1 54' Cella

· **Referee:** ?

· **Attendance:** ?

South Korea – Italy amateur Selected 4-2 (2-0)

I. Jawaharlal Nehru Gold Cup 1982, Group Stage

(Calcutta - Edens Garden Stadium - 26.02.1982)

South Korea: Kang-Jo Lee, Tae-Ho Lee, Soon-Ho Choi. *8missings.

· **Coach:** Jung-Nam Kim

Scorers: 2-0 20' Soon-Ho Choi, 2-0 40' Soon-Ho Choi, 2-1 47' Giuseppe Marozzi, 2-2 60' Guadalupi, 3-2 85' Tae-Ho Lee, 4-2 89' Soon-Ho Choi

· **Referee:** ?

· **Attendance:** ?

China - South Korea 1-1 (0-1)

I. Jawaharlal Nehru Gold Cup 1982, Group Stage

(Calcutta - Edens Garden Stadium - 01.03.1982 – 15:00)

South Korea: Sung-Kyo Chung (GK), Sung-Hwa Park, Il-Woo Byun, Tae-Ho Lee, Oi-Ryong Jang, Jong-Soo Chung, Hae-Won Chung, Gwang-Rae Cho, Kyung-Sik Choi, Soon-Ho Choi, Seok-Geun Hwang.

· **Coach:** Jung-Nam Kim

Scorers: 0-1 44' Tae-Ho Lee, 1-1 80' Xiangfu Shen

· **Referee:** ?

· **Attendance:** ?

Iraq - South Korea 3-0

Friendly Match

(Baghdad - Shaab Stadium - 07.03.1982)

South Korea: Kyung-Shik Choi, * 10 missings.

· **Coach:** ?

Scorers: ?

· **Referee:** ?

· **Attendance:** ?

Iraq - South Korea 1-1

Friendly Match

(Baghdad - Shaab Stadium - 10.03.1982)

South Korea: Tae-Ho Lee, Gwang-Rae Cho, Kyung-Shik Choi, * 8 missings.

·Coach:

Scorers: ?

·**Referee:** ?

·**Attendance:** ?

South Korea - Japan 3-0 (2-0)

X. Korea-Japan Annual Match

(Seoul - Dongdaemun Stadium - 21.03.1982 - 15:00)

South Korea (Red-Red-Red): Sung-Kyo Chung (GK), Sung-Hwa Park, Oi-Ryong Jang, Jong-Soo Chung, Kyung-Sik Choi, Kang-Jo Lee, Tae-Ho Lee, Gwang-Rae Cho, Sin-Woo Kang, Hae-Won Chung, Soon-Ho Choi.

·**Coach:** Jung-Nam Kim

Japan (White-White-White): Mitsuhisa Taguchi (GK), Nobutoshi Kaneda, Hisashi Kato, Kazushi Kimura, Mitsugu Nomura, Kouji Tanaka, Hideki Maeda, Toshio Matsuura (70' Hiromi Hara), Yutaka Ikeuchi, Satoshi Tsunami, Koichi Kashiratani (70' Kazuo Ozaki).

·**Coach:** Takaji Mori

Scorers: 1-0 2' Sin-Woo Kang, 2-0 38' Soon-Ho Choi, 3-0 52' Kang-Jo Lee

·**Referee:** Othman Bin Omar (Malaysia)

·**Attendance:** 30,000

South Korea - Dusseldorf (West Germany) – 2-3 (2-0)

Friendly Match

(Seoul – Dongdaemun Stadium – 07.04.1982)

South Korea: Young-Soo Park, Oh-Son Kwon, Kyung-Hoon Park, Sung-Hwa Park, Kyung-Sik Choi, Ki-Bong Choi (45' Jong-Soo Chung), Gwang-Rae Cho, Sin-Woo Kang, Byung-Joo Byun, Hae-Won Chung, Soon-Ho Choi.

·**Coach:** Jung-Nam Kim

Scorers: 1-0 2' Oh-Son Kwon, 2-0 16' Byung-Joo Byun, 2-1 50' Gunter Thiele, 2-2 70' Petur Ormslev, 2-3 72' Rudi Bommer

·**Referee:** ?

·**Attendance:** ?

South Korea – Dusseldorm (West Germany) 1-0 (0-0)

Friendly Match

(Busan – Gudeok Stadium – 09.04.1982)

South Korea: Young-Soo Park, Kyung-Hoon Park, Sung-Hwa Park (46' Oh-Son Kwon), Jong-Soo Chung, Kyung-Sik Choi, Kang-Jo Lee (46' Ki-Bong Choi), Gwang-Rae Cho, Byung-Joo Byun (33' Tae-Ho Lee), Hae-Won Chung (46' Sin-Woo Kang), Soon-Ho Choi, Seok-Geun Hwang.

·**Coach:** Jung-Nam Kim

Scorers: 1-0 61' Sin-Woo Kang

·**Referee:** ?

·**Attendance:** ?

South Korea – Dusseldorm (West Germany) 2-1 (1-0)

Friendly Match

(Gwangju – Moodeung Stadium – 11.04.1982)

South Korea: Young-Soo Park, Oh-Son Kwon (45' Sin-Woo Kang), Kyung-Hoon Park, Jong-Soo Chung, Kyung-Sik Choi, Ki-Bong Choi, Tae-Ho Lee, Gwang-Rae Cho, Byung-Joo Byun, Soon-Ho Choi, Seok-Geun Hwang.

·**Coach:** Jung-Nam Kim

Scorers: 1-0 45'(P) Kyung-Sik choi, 1-1 70' Rudiger Wenzel, 2-1 71' Gwang-Rae Cho

·**Referee:** ?

·**Attendance:** ?

South Korea - Hallelujah (Korea) 2-1

Warm up Match

(Seoul – Dongdaemun Stadium – 22.04.1982)

South Korea: Soon-Ho Choi, Hae-Won Chung, *9missings.

·**Coach:** ?

Scorers: Soon-Ho Choi, Hae-Won Chung

·**Referee:** ?

·**Attendance:** ?

Thailand Farm Team – South Korea 0-5 (0-1)

XV. Thailand King's Cup 1982, 1st Round Group B

(Bangkok - Suphachalasai Stadium - 02.05.1982)

South Korea: Kyung-Hoon Park, Tae-Ho Lee, Gwang-Rae Cho, Byung-Joo Byun, Soon-Ho Choi, Seok-Geun Hwang. *5missings.

·**Coach:** Jung-Nam Kim

Scorers: 0-1 20' Byung-Joo Byun, 0-2 47' Gwang-Rae Cho, 0-3 60' Seok-Geun Hwang, 0-4 65' Tae-Ho Lee, 0-5 85' Soon-Ho Choi

·**Referee:** ?

·**Attendance:** ?

South Korea - Malaysia Selected 5-0 (3-0)

XV. Thailand King's Cup 1982, 1st Round Group B

(Bangkok - Suphachalasai Stadium - 05.05.1982)

South Korea: Kang-Jo Lee, Tae-Ho Lee, Gwang-Rae Cho, Sin-Woo Kang, Byung-Joo Byun, Hae-Won Chung, Soon-Ho Choi. *4missings.

·**Coach:** Jung-Nam Kim

Scorers: 1-0 11' Hae-Won Chung, 2-0 26' Byung-Joo Byun, 3-0 44' Soon-Ho Choi, 4-0 59' Kang-Jo Lee, 5-0 70' Tae-Ho Lee

·**Referee:** ?

·**Attendance:** ?

South Korea - Niac Mitra (Indonesia) 1-0 (0-0)

XV. Thailand King's Cup 1982, 1st Round Group B

(Bangkok - Suphachalasai Stadium - 08.05.1982)

South Korea: Sung-Kyo Chung (GK), Oh-Son Kwon (Gwang-Rae Cho), Kyung-Hoon Park, Jong-Soo Chung (Oi-Ryong Jang), Kyung-Shik Choi, Ki-Bong Choi, Tae-Ho Lee, Sin-Woo Kang, Byung-Joo Byun, Hae-Won Chung, Seok-Geun Hwang.

·**Coach:** Jung-Nam Kim

Scorers: 1-0 66' Oh-Son Kwon

·**Referee:** ?

·**Attendance:** ?

Thailand - South Korea 0-3 (0-2)

XV. Thailand King's Cup 1982, 2nd Round Group B

(Bangkok - Suphachalasai Stadium - 09.05.1982 - 19:45)

South Korea: Sung-Kyo Chung (GK), Kyung-Hoon Park, Sung-Hwa Park, Oi-Ryong Jang, Ki-Bong Choi, Kang-Jo Lee, Gwang-Rae Cho, Byung-Joo Byun, Hae-Won Chung, Soon-Ho Choi (46' Tae-Ho Lee), Seok-Geun Hwang.

·**Coach:** Jung-Nam Kim

Scorers: 0-1 17' Seok-Geun Hwang, 0-2 37' Hae-Won Chung, 0-3 67'(P) Tae-Ho Lee

·**Referee:** ?

·**Attendance:** ?

South Korea - Niac Mitra (Indonesia) 2-0 (1-0)

XV. Thailand King's Cup 1982, 2nd Round Group B

(Bangkok - Suphachalasai Stadium - 10.05.1982 - 19:45)

South Korea: Sung-Kyo Chung (GK), Sung-Hwa Park, Kyung-Hoon Park, Kyung-Shik Choi, Oi-Ryong Jang, Tae-Ho Lee, Kang-Jo Lee, Byung-Joo Byun, Soon-Ho Choi, Hae-Won Chung, Seok-Geun Hwang.

·**Coach:** Jung-Nam Kim

Scorers: 1-0 6' Kang-Jo Lee, 2-0 49' Soon-Ho Choi

·**Referee:** ?

·**Attendance:** ?

Thailand Farm Team – South Korea 0-1 (0-1)

XV. Thailand King's Cup 1982, Semi Final First legs

(Bangkok - Suphachalasai Stadium - 13.05.1982)

South Korea: Sung-Kyo Chung (GK), Kyung-Hoo Park, Sung-Hwa Park, Oi-Ryong Jang, Gyung-Sik Choi, Kang-Jo Lee (45' Tae-Ho Lee), Gwang-Rae Cho, Byung-Joo Byun, Hae-Won Chung, Soon-Ho Choi (45' Ki-Bong Choi), Seok-Geun Hwang.

·**Coach:** Jung-Nam Kim

Scorers: 0-1 21' Hae-Won Chung

·**Referee:** ?

·**Attendance:** ?

Thailand Farm Team – South Korea 1-3 (0-2)

XV. Thailand King's Cup 1982, Semi Final Second legs

(Bangkok - Suphachalasai Stadium - 15.05.1982)

South Korea: Sung-Kyo Chung (GK), Kyung-Hoo Park, Sung-Hwa Park, Oi-Ryong Jang, Kyung-Shik Choi, Kang-Jo Lee, Gwang-Rae Cho, Byung-Joo Byun, Hae-Won Chung, Soon-Ho Choi(45' Ki-Bong Choi), Seok-Geun Hwang.

· **Coach:** Jung-Nam Kim

Scorers: 0-1 12' Soon-Ho Choi, 0-2 38' Kang-Jo Lee, 1-2 72' Alongkote Benjapark, 1-3 88' Kang-Jo Lee

· **Referee:** ?

· **Attendance:** ?

Thailand - South Korea 0-0 (0-0,0-0) a.e.t. 4-3 on penalties

XV. Thailand King's Cup 1982, Final

(Bangkok - Suphachalasai Stadium - 17.05.1982)

South Korea: Sung-Kyo Chung (GK), Kyung-Hoon Park, Sung-Hwa Park, Oi-Ryong Jang, Kyung-Shik Choi, Kang-Jo Lee, Tae-Ho Lee, Byung-Joo Byun, Hae-Won Chung, Soon-Ho Choi, Seok-Geun Hwang (91' Sin-Woo Kang).

· **Coach:** Jung-Nam Kim

Scorers: -

· **Penalties:** 1-0 Oi-Ryong Jang, 1-1 Piyapong Pueon, 2-1 Kyung-Hoon Park, 2-2 Saghapool Chalermvudh, 3-2 Tae-Ho Lee, 3-3 Apinan Pullasiri, 3-3 Kang-Jo Lee(missed), 3-4 Prapan Premsri, 3-4 Hae-Won Chung (missed), 3-4 Sutin Chaikitti (missed), 3-4 Soon-Ho Choi(missed), 3-4 Visoot Vichaya(missed)

· **Referee:** Sudarso Hardjowasito (Indonesia)

· **Attendance:** 50,000

Note: 77' a goal deleted to Soon-Ho Choi for off-side. Man of the Match - Sompong Nantaprapasil

---

South Korea – Eindhoven (Netherlands) 0-2 (0-1)

XII. President's Cup 1982, 1st Round Group A

(Seoul – Dongdaemun Stadium – 05.06.1982 – 15:30)

South Korea: Sung-Kyo Chung (GK), Kyung-Hoon Park, Sung-Hwa Park, Oi-Ryung Jang, Kyung-Shik Choi, Kang-Jo Lee (45' Jong-Soo Chung), Gwang-Rae Cho, Byung-Joo Byun, Hae-Won Chung, Soon-Ho Choi, Seok-Geun Hwang (45' Tae-Ho Lee).

· **Coach:** Jung-Nam Kim

Scorers: 0-1 43' Rene van de kerkhof, 0-2 65' Piet Wildschut

· **Referee:** ?

· **Attendance:** ?

South Korea – Indonesia Selected 3-0 (2-0)

XII. President's Cup 1982, 1st Round Group A

(Daegu – Civil Stadium – 07.06.1982 – 15:00)

South Korea: Sung-Kyo Chung (GK), Kyung-Hoon Park, Sung-Hwa Park, Oi-Ryung Jang, Kyung-Shik Choi, Kang-Jo Lee, Gwang-Rae Cho, Byung-Joo Byun, Hae-Won Chung, Soon-Ho Choi, Seok-Geun Hwang (32' Ki-Bong Choi).

· **Coach:** Jung-Nam Kim

Scorers: 1-0 42' Sung-Hwa Park, 2-0 44' Soon-Ho Choi, 3-0 87' Soon-Ho Choi

· **Referee:** ?

· **Attendance:** ?

South Korea - India 1-0 (0-0)

XII. President's Cup 1982, 1st Round Group A

(Busan - Gudeok Stadium - 09.06.1982 - 19:45)

South Korea (Red-Red-Red): Sung-Kyo Chung (GK), Kyung-Hoon Park, Sung-Hwa Park, Oi-Ryong Jang, Kyung-Shik Choi, Ki-Bong Choi, Kang-Jo Lee, Gwang-Rae Cho, Byung-Joo Byun, Hae-Won Chung (45' Tae-Ho Lee), Soon-Ho Choi.

· **Coach:** Jung-Nam Kim

Scorers: 0-1 65' (OG) Manoranjan Bhattacharya

· **Referee:** ?

· **Attendance:** 20,000

South Korea - Bahrain 3-0 (1-0)

XII. President's Cup 1982, 1st Round Group A

(Gwangju - Moodeung Stadium - 11.06.1982 - 16:45)

South Korea (Red-Red-Red): Young-Soo Park (GK), Oh-Son Kwon (22' Soon-Ho Choi), Kyung-Hoon Park, Jong-Soo Chung, Kyung-Shik Choi, Ki-Bong Choi, Kang-Jo Lee, Tae-Ho Lee, Gwang-Rae Cho, Sin-Woo Kang (45' Sung-Hwa Park), Seok-Geun Hwang.

· **Coach:** Jung-Nam Kim

Scorers: 1-0 27' Tae-Ho Lee, 2-0 52'(P) Tae-Ho Lee, 3-0 54' Soon-Ho Choi

· **Referee:** ?

· **Attendance:** ?

South Korea - Hallelujah (Korea) 2-1

XII. President's Cup 1982, Semi Finals

(Seoul – Dongdaemun Stadium – 16.06.1982)

South Korea: Kang-Jo Lee, Tae-Ho Lee, *9missings

·Coach: ?

Scorers: Kang-Jo Lee, Tae-Ho Lee

·Referee: ?

·Attendance: ?

South Korea - Operario (Brazil) 2-1

XII. President's Cup 1982, Finals

(Seoul – Dongdaemun Stadium – 18.06.1982 – 19:45)

South Korea: Sung-Kyo Chung (GK), Kyung-Hoon Park, Sung-Hwa Park, Oi-Ryong Jang, Jong-Soo Chung, Kyung-Shik Choi, Kang-Jo Lee, Tae-Ho Lee, Byung-Joo Byun, Hae-Won Chung, Soon-Ho Choi.

·**Coach:** Jung-Nam Kim

Scorers: -

·Referee: ?

·Attendance: ?

South Korea - Korea all star 0-1

Friendly Match

(Seoul – Dongdaemun Stadium – 01.07.1982)

South Korea: ?

·Coach: ?

Scorers: ?

·Referee: ?

·Attendance: ?

South Korea – Korea all star 1-0

Friendly Match

(Busan – Gudeok Stadium – 03.07.1982)

South Korea: Tae-Ho Lee, *10 missings

·Coach: ?

Scorers: Tae-Ho Lee

·Referee: ?

·Attendance: ?

South Korea - Esporte (Brazil) 1-2 (0-1)

Friendly Match

(Busan – Gudeok Stadium – 23.10.1982)

South Korea: Sung-Kyo Chung (GK), Kyung-Hoon Park, Sung-Hwa Park, Oi-Ryong Jang, Kyung-Shik Choi, Kang-Jo Lee, Tae-Ho Lee, Gwang-Rae Cho, Byung-Joo Byun, Hae-Won Chung, Soon-Ho Choi.

·Coach: ?

Scorers: 0-1 36' Luizinho, 1-1 69'(P) Kyung-Shik Choi, 1-2 79' Santos

·Referee: ?

·Attendance: ?

South Korea – Esporte (Brazil) 0-1 (0-0)

Friendly Match

(Seoul – Dongdaemun Stadium – 25.10.1982)

South Korea: Young-Soo Park (GK), Kyung-Hoon Park, Sung-Hwa Park, 13-Oi-Ryong Jang (45' 5-Ki-Bong Choi), Jong-Soo Chung, Kyung-Shik Choi, Kang-Jo Lee, 20-Tae-Ho Lee (45' 10-Heung-Sil Lee), 11-Byung-Joo Byun (45' 14-Sin-Woo Kang), Hae-Won Chung, Soon-Ho Choi.

Scorers: 0-1 65'(P) Paulo

·Referee: ?

·Attendance: ?

South Korea - New York Cosmos (U.S.A) 1-2 (1-2)

Friendly Match

(Jeonju – Sports Complex Athletics Stadium – 28.10.1982)

South Korea: Sung-Kyo Chung (GK), Sung-Hwa Park, Oi-Ryong Jang, 7-Jong-Soo Chung (45' 3-Kyung-Shik Choi), 5-Ki-Bong Choi (45' 8-Kyung-Hoon Park), Kang-Jo Lee, Tae-Ho Lee, Heung-Sil Lee, 14-Shin-Woo Kang (45' 9-Soon-Ho Choi), Byung-Joo Byun, Hae-Won Chung.

·Coach: ?

Scorers: 1-0 16' Shin-Woo Kang, 1-1 24' Johnn Neeskens, 1-2 39' Vladislav Bogicevic

·Referee: ?

·Attendance: ?

South Korea – New Yrok Cosmos (U.S.A) 0-1 (0-0)

Friendly Match

(Masan - Sports Complex Athletics Stadium – 30.10.1982)

South Korea: 1-Young-Soo Park (45' 21-Sung-Kyo Chung)

(GK), Kyung-Hoon Park, Sung-Hwa park, 13-Oi-Ryong Jang (45' 7-Jong-Soo Chung), Kyung-Shik Choi, 15-Kang-Jo Lee (45' 10-Heung-Sil Lee), Tae-Ho Lee, Gwang-Rae Cho, Byung-Joo Byun, Hae-Won Chung, Soon-Ho Choi.

· **Coach**: ?

Scorers: 0-1 65' Giorgio Chinaglia

· **Referee**: ?

· **Attendance**: ?

South Korea - South Yemen 3-0 (1-0)

IX. Asian Games New Delhi 1982, 1st Round Group D

(New Delhi - Ambedkar Stadium - 21.11.1982 - 14:30)

South Korea (Red-Red-Red): 1-Sung-Kyo Chung (GK), 8-Kyung-Hoon Park, 6-Sung-Hwa Park, 13-Oi-Ryong Jang, 3-Kyung-Shik Choi, 15-Kang-Jo Lee (70' 10-Heung-Sil Lee), 20-Tae-Ho Lee, 4-Gwang-Rae Cho, 14-Sin-Woo Kang, 11-Byung-Joo Byun (46' 9-Soon-Ho Choi), 16-Hae-Won Chung.

· **Coach**: Jung-Nam Kim

South Yamen: Mohamed Adele Ismail, Gamel Sade Saif, Nurdine Madbull Gani, Vin Alli Naschan, Adele Saeed Mohammed, Ahmed Medisade, Abubar Khar Ibrahim Al-Mas, Abdullah Saleharar, Ibrahim Khani Abbas, Hassan Nash Sami(45' Mavluke Medi Ovide), Hussein Bin Saleh.

· **Coach**: ?

Scorers: 1-0 25' Hae-Won Chung, 2-0 75' Soon-Ho Choi, 3-0 80' Soon-Ho Choi

· **Referee**: Gangadharan Natarajan (India)

· **Attendance**: ?

Iran - South Korea 1-0 (0-0)

IX. Asian Games New Delhi 1982, 1st Round Group D

(New Delhi - Jawaharlal Nehru Stadium - 23.11.1982 - 18:30)

Iran (White-White-White): Behrouz Sultani (GK), Mehdi Dinvarzadeh(C), Reza Ahadi (45' Amir Hossein Shahzeidi), Mohammad Panjali, Mohammad Naderi, Mohammad Dadkan, Mohammad Mayeli Khohan, Amir Marzouqi, Zia Arabshahi, Hamid Darakhshan, Abbas Kargar (86' Mohammad Naderi).

· **Coach**: Jalal Cheraghpour

South Korea (Red-Red-Red): 1-Sung-Kyo Chung (GK), 8-Kyung-Hoon Park, 6-Sung-Hwa Park, 13-Oi-Ryong Jang, 3-Kyung-Shik Choi, 15-Kang-Joo Lee, 20-Tae-Ho Lee, 4-Gwang-Rae Cho, 11-Byung-Joo Byung (46' Soon-Ho Choi), 14-Shin-Woo Kang, (65' 7-Jong-Soo Chung), 16- Hae-won chung.

· **Coach**: Jung-Nam Kim

Scorers: 0-1 47' Hamid Darakhshan

· **Referee**: Melvyn Victor D'Souza (India)

· **Attendance**: ?

Japan - South Korea 2-1 (0-1)

IX. Asian Games New Delhi 1982, 1st Round Group D

(New Delhi - Chattarsal Stadium - 25.11.1982 - 14:30)

Japan (White-White-White): Mitsuhisa Taguchi (GK), Nobutoshi Kaneda, Hisashi Kato, Kazushi Kimura, Takeshi Koshida, Tetsuo Sugamata Takeshi Okada, Satoshi Tsunami, Kouji Tanaka, Kazushi Kimura, Hiromi Hara, Yahiro Kazama.

· **Coach**: Takaji Mori

South Korea (Red-Red-Red): 1-Sung-Kyo Chung (GK), 8-Kyung-Hoon Park, 6-Sung-Hwa Park, 13-Oi-Ryong Jang, 3-Kyung-Shik Choi, 20-Tae-Ho Lee, 4-Gwang-Rae Cho, 14-Sin-Woo Kang (46' 15-Kang-Jo Lee), 11-Byung-Joo Byun (70' 10-Heung-Sil Lee), 16-Hae-Won Chung, 9-Soon-Ho Choi.

· **Coach**: Jung-Nam Kim

Scorers: 0-1 21' Sin-Woo Kang, 1-1 58' Kazushi Kimura, 2-1 79' Nobutoshi Kaneda

· **Referee**: Ibrahim Mashta (Syria)

· **Attendance**: ?

1983

Japan - South Korea 1-1 (1-0)

XI. Korea-Japan Annual Match

(Tokyo - Yoyoki National Stadium - 06.03.1983 - 13:30)

Japan (White-White-White): 1-Mitsuhisa Taguchi (GK), 2-Akihiro Nishimura, 4-Tetsuo Sugamata, 5-Hisashi Kato, 3-Satoshi Tsunami, 9-Hideki Maeda, 12-Kouji Tanaka, 13-Nobutoshi Kaneda, 11-Kazushi Kimura, 14-Hiromi Hara (72' Toshio Matsuura), 17-Kazuo Ozaki.

·Coach: Takaji Mori

South Korea (Red-Red-Red): 21-In-Young Choi (GK), 2-Kyung-Hoon Park, 6-Chul-Soo Kim, 5-Pyung-Seok Kim, 7-Moon-Bae Han, 8-Heung-Sil Lee, 12-Gil-Yong Lee (56' Dong-Choon Yoo), 14-Kyung-Ho Kim, 11-Byung-Joo Byun, 9-Soon-Ho Choi (25' 10-Tae-Yeop Lee), 15-Hyun-Ki Ham.

·Coach: Yoon-Ok Cho

Scorers: 1-0 7' Kouji Tanaka, 1-1 92' Kyung-Ho Kim

·Referee: Tony Boskovic (Australia)

·Attendance: 20,000

South Korea - Portuguesa (Brazil) 2-1 (1-1)

Friendly Match

(Seoul – Dongdaemun Stadium – 01.05.1983)

South Korea (Red-Red-Red): In-Young Choi (GK), Han-Bong Kim, Kyung-Hoon Park, Byung-Joo Byun, Dong-Chul Shin, Byung-Tae Ahn, Jung-Kap Lee, Tae-Ho Lee, Tae-Hee Lee, Yong-Hwan Chung, Min-Gook Cho (45' Jong-Hwan Kim).

·Coach: ?

Scorers: 1-0 14'(P) Tae-Ho Lee, 1-1 23'(P) Mendosa, 2-1 65' Yong-Hwan Chung

·Cautions:

·Referee: ?

·Attendance:

South Korea – Genoa (Italy) 3-1 (1-0)

XIII. President's Cup 1983, 1st Round Group A

(Seoul – Dongdaemun Stadium – 04.06.1983 – 15:30)

South Korea (Red-Red-Red): In-Young Choi (GK), Pyung-Seok Kim, 3-Han-Bong Kim (45' 5-Byung-Tae Ahn),

Kyung-Hoon Park, Byung-Joo Byun, Dong-Chul Shin (46' 19-Sang-Yong Lee), Gil-Yong Lee, Tae-Ho Lee, Yong-Hwan Chung, Min-Gook Cho, Soon-Ho Choi.

·Coach: ?

Scorers: 1-0 32' Min-Gook Cho, 1-1 52' Guiseppe Corti, 2-1 71' Tae-Ho Lee, 3-1 77' Byung-Joo Byun

·Cautions:

·Referee: ?

·Attendance:

South Korea - Thailand 4-0 (2-0)

XII. President's Cup 1983, 1st Round Group A

(Suwon - Sports Complex Athletics Stadium - 06.06.1983 - 19:00)

South Korea (Red-Red-Red): 1-In-Young Choi (GK), 2-Pyung-Seok Kim, 8-Kyung-Hoon Park, Dong-Chul Shin (45' 11-Byung-Joo Byun), 5-Byung-Tae An, 19-Sang-Yong Lee, 6-Tae-Ho Lee, 15-Heung-Sil Lee, 4-Yong-Hwan Chung, 17-Min-Gook Cho (45' Yoon-Hwan Cho), 7-In-Ho Noh.

·Coach: Yoon-Ok Cho

Scorers: 1-0 4' Sang-Yong Lee, 2-0 40' In-Ho Noh, 3-0 79' Tae-Ho Lee, 4-0 89' In-Ho Noh

·Referee: ?

·Attendance: 30,000

South Korea - Nigeria 1-0 (1-0)

XII. President's Cup 1983, 1st Round Group A

(Seoul - Dongdaemun Stadium - 08.06.1983 - 20:00)

South Korea (Red-Red-Red): 1-In-Young Choi (GK), 8-Kyung-Hoon Park, 2-Pyung-Seok Kim, 5-Byung-Tae An, 4-Yong-Hwan Chung, 6-Tae-Ho Lee, 20-Soon-Ho Choi, 13-Gil-Yong Lee, 11-Byung-Joo Byun(52' 15-Heung-Sil Lee), 7-In-Ho Noh(76' Dong-Chul Shin), 19-Sang-Yong Lee.

·Coach: Yoon-Ok Cho

Nigeria (White-White-White): 1-Best Ogedegbe (GK), 12-Lewis Igwillo, 6-Stephen Keshi, 8-Ali Bala, 5-Anthony Edward, 10-Joseph Oluwole Odegbami, 13-Charles Yanchio, 11-Charles Osuji, 2-Kenneth Boardman, 4-Kingsley Paul, 9-Fatai Yekini.

· **Coach :** Festus Onigbinde

Scorers : 1-0 15' In-Ho Noh

· **Referee :** Jopie Fretes (Indonesia)

· **Attendance :** ?

South Korea – U.S.A 2-0 (2-0)

XIII. President's Cup 1983, 1st Round Group A

(Busan – Gudeok Stadium – 10.06.1983 – 20:00)

South Korea (Red-Red-Red) : In-Young Choi (GK), Pyung-Seok Kim, Han-Bong Kim, Kyung-Hoon Park, Byung-Joo Byun, Dong-Chul Shin (45' 15-Heung-Sil Lee), Sang-Yong Lee, 6-Tae-Ho Lee (45' 7-In-Ho Noh), Yong-Hwan Chung, Min-Gook Cho, Soon-Ho Choi.

· **Coach :** ?

Scorers : 1-0 29'(P) Min-Gook Cho, 2-0 40' Min-Gook Cho

· **Cautions :**

· **Referee :** ?

· **Attendance :** ?

South Korea - Indonesia 3-0 (2-0)

XII. President's Cup 1983, 1st Round Group A

(Jeonju - Sports Complex Athletics Stadium - 12.06.1983 - 20:00)

South Korea (Red-Red-Red) : 1-In-Young Choi (GK), 2-Pyung-Seok Kim, 8-Kyung-Hoon Park, 4-Yong-Hwan Chung, 3-Han-Bong Kim, 6-Tae-Ho Lee, 17-Min-Gook Cho, 13-Gil-Yong Lee, 11-Byung-Joo Byun, 20-Soon-Ho Choi, 19-Sang-Yong Lee.

· **Coach :** Yoon-Ok Cho

Scorers : 1-0 19' Sang-Yong Lee, 2-0 45' (OG) ?, 3-0 64' Sang-Yong Lee

· **Referee :** ?

· **Attendance :** ?

South Korea - Ghana 1-0 (0-0)

XII. President's Cup 1983, Semi Final

(Seoul - Dongdaemun Stadium - 15.06.1983 - 18:00)

South Korea (Red-Red-Red) : 1-In-Young Choi (GK), 2-Pyung-Seok Kim, 3-Han-Bong Kim(45' 5-Byung-Tae An), 8-Kyung-Hoon Park, 11-Byung-Joo Byun, 13-Gil-Yong Lee, 19-Sang-Yong Lee, 6-Tae-Ho Lee, 4-Yong-Hwan Chung, 17-Min-Gook Cho, 20-Soon-Ho Choi.

· **Coach :** Yoon-Ok Cho

Ghana (White-White-White) : 1-Owsu Mensah (GK), 15-Daniel Kayede, 10-Samuel Opoku N'Ti, 12-Isaac Acquaye, 5-Isaac Paha, 14-Abdul Aziz, 7-John Bannerman, 11-Koffi Abbrey, 2-Kwasi Appiah, 6-Papa Arko, 3-Hesse Odametey.

· **Coach :** Charles Kumi Gyanfi

Scorers : 1-0 82' Tae-Ho Lee

· **Expulsions :** 35' Daniel Kayede, ? (Ghanian)

· **Referee :** William Munro (New Zealand)

· **Attendance :** 20,000

South Korea - Eindhoven (Nederland) 2-3 (2-2)

XIII. President's Cup 1983, Final

(Seoul – Dongdaemun Stadium – 17.06.1983 – 17:45)

South Korea : In-Young Choi (GK), Pyung-Seok Kim, Han-Bong Kim, Kyung-Hoon Park, Byung-Joo Byun, Gil-Yong Lee, Sang-Yong Lee, Tae-Ho Lee, Yong-Hwan Chung, 17-Min-Gook Cho (45' 15-Heung-Sil Lee), Soon-Ho Choi.

· **Coach :** ?

Scorers : 1-0 15' Soon-Ho Choi, 1-1 19' Jurie Koolhof, 1-2 28' Halvar Thoresen, 2-2 36' Byung-Joo Byun, 2-2 56' Jurie Koolhof

· **Referee :** ?

· **Attendance :** ?

South Korea - Mainz (West Germany) 3-1 (1-1)

Friendly Match

(Seoul – Dongdaemun Stadium – 22.06.1983)

South Korea : In-Young Choi (GK), Jong-Hwan Kim (45' Dong-Chul Shin), In-Ho Noh (45' Sang-Yong Lee), Kyung-Hoon Park, Byung-Joo Byun, Byung-Tae Ahn, Gil-Yong Lee, Joong-Gap Lee, Tae-Ho Lee, Heung-Sil Lee, Yoon-Hwan Cho (45' Han-Bong Kim).

· **Coach :** ?

Scorers : 0-1 17' Herbert Scheller, 1-1 44' Gil-Yong Lee, 2-1 56' Byung-Joo Byun, 3-1 89' Gil-Yong Lee

· **Referee :** ?

· **Attendance :** ?

South Korea – Mexico 1-2 (0-1)

LA Tournament Semi Finals

(Los Angeles – Memorial Coliseum – 27.07.1983)

South Korea : Joo-Han Lee (GK), Han-Bong Kim(45' Choong-Kap Lee), Kyung-Hoon Park, Byung-Joo Byun, Dong-Chul Shin(45' Sang-Yong Lee), Byung-Ok Yoo, Gil-Yong Lee(45' Heung-Sil Lee), Tae-Ho Lee, Jung Jang, Yong-Hwan Chung, Min-Gook Cho.

·**Coach:** Yoon-Ok Cho

Scorers: 0-1 21' Javier Aguirre, 1-1 72' Tae-Ho Lee, 1-2 88' Roberto Alderete

·**Referee:** ?

·**Attendance:** ?

Guatemala - South Korea 1-1 (1-0) a.e.t. 5-3 on penalties

LA Tournament, Third Place Match

(Los Angeles - Memorial Coliseum - 29.07.1983)

South Korea: 21-Joo-Han Lee (GK), 2-Pyung-Seok Kim(45' Han-Bong Kim), 8-Kyung-Hoon Park, 11-Byung-Joo Byun, 16-Byung-Ok Yoo, 19-Sang-Yong Lee, 6-Tae-Ho Lee, 15-Heung-Sil Lee, 13-Jung Jang, 4-Yong-Hwan Chung, 17-Min-Gook Cho.

·**Coach:** Yoon-Ok Cho

Scorers: 1-0 39' Eddy Alburez, 1-1 48' Jung Jang

·**Penalties:** ?

·**Referee:** ?

·**Attendance:** ?

Guatemala – South Korea 2-1 (1-1)

Friendly Match

(Gwatemala - ? – 03.08.1983)

Gwatemala: Ricardo Jerez (GK), Benjamin Monterroso, Byron Perez, Chana Fernandez (45' Victor Mendez), Gardiner, Eddy Alburez, Edgar Salguero, Guillermo Rodriguez, Julio Gomez, Luis Bobadilla (45' Boris Ortiz), Mynor Mendez.

·**Coach:** Carlos Cavagnaro

South Korea: Joo-Han Lee (GK), Pyung-Seok Kim, In-Ho Noh, Kyung-Hoon Park, Byung-Joo Byun, Byung-Ok Yoo, Gil-Yong Lee, Sang-Yong Lee, Tae-Ho Lee, Yong-Hwan

Chung, Hyun-Gi Ham (45' Soon-Ho Choi).

·**Coach:** ?

Scorers: 1-0 10' Mynor Mendez, 1-1 32' Gil-Yong Lee, 2-1 58' Chana Fernandez

·**Referee:**

·**Attendance:**

CoastaRica – South Korea 1-1 (1-1)

Friendly Match

(San Jose - ? – 09.08.1983)

CoastaRica: Marco Antonio Rojas (GK), Carlos Santana, Carlos Toppings (45' Norman Amores), Enrique Diaz, Enrique Rivers (45' Juan Cayasso), Evaristo Coronado (45' Guillermo Guardia), German Chavarria (45' Alvaro E.Solano), Jorge Alfaro, Luis Raquel Ledezma, Marvin Obando, Miguel Simpson Lacey.

·**Coach:** Antonio Moyano Reina

South Korea : In-Young Choi (GK), Soon-Ho Choi, Pyung-Seok Kim, Han-Bong Kim (45' Jung-Jang), Kyung-Hoon Park, Byung-Joo Byun, Dong-Chul Shin (45' Hyun-Ki Ham, 70' Sang-Yong Lee), Byung-Ok Yoo, Gil-Yong Lee, Tae-Ho Lee (45' Min-Gook Cho), Yong-Hwan Jung.

·**Coach:** ?

Scorers: 1-0 7'(P) Luis Raquel Ledezma, 1-1 22' Byung-Joo Byun

·**Referee:** ?

·**Attendance:** ?

Thailand - South Korea 2-1 (0-1)

XXIII. Olympic Games Los Angeles 1984, Preliminaries, 1st Round Group D

(Bangkok - Suphachalasai Stadium - 01.11.1983 - 18:15)

Thailand (Blue-Blue-Blue): 1-Narasak Boonkleang (GK), Madard Tontaum, 10-Vorawan Chitavanich, 13-Sakdarin Tongmee, 4-Sangnapol Chalemvut, 7-Aumnat Chareumchavalit, 2-Chaikitti Surak (45' 3-Sittipultong Thaweepak), 8-Chalit Suttabin, 5-Praphan Premsri, 9-Piyapong Pue-On, 16-Hongkajohn Chalor (45' 15-Boonnum Sukswat).

·**Coach:** Sainer Chaiyon

South Korea (Red-Red-Red): 18-Moon-Young Lee (GK),

15-Sam-Soo Kim, 9-Jong-Boo Kim, 2-Pan-Geun Kim, 10-Yeon-Ho Shin, 4-Byung-Ok Yoo, 16-Kyung-Nam Lee (69' 11-Seung-Hee Lee), 7-Tae-Hyung Lee, 13-Jung Jang, 3-Jong-Seon Jeon, 5-Yong-Hwan Chung (46' 14-Dong-Gwan Yoo).

·**Coach:** Jong-Hwan Park

Scorers: 0-1 40' Yeon-Ho Shin, 1-1 65' Vorawan Chitavanich, 2-1 71' Piyapong Pue-On

·**Referee:** Kok Leong Lee (Singapore)

·**Attendance:** 30,000

Note: FIFA didn't count this Olympic match as a full international.

South Korea - China 3-3 (2-0)

XXIII. Olympic Games Los Angeles 1984, Preliminaries, 1st Round Group D

(Bangkok - Chularonkorn College Stadium - 03.11.1983 - 16:00)

South Korea (Red-Red-Red): 18-Moon-Young Lee (GK), 15-Sam-Soo Kim, 8-Jong-Keon Kim, 9-Jong-Boo Kim, 2-Pan-Geun Kim, 10-Yeon-Ho Shin(46' 14-Dong-Gwan Yoo), 4-Byung-Ok Yoo, 11-Seung-Hee Lee, 7-Tae-Hyung Lee (65' 16-Kyung-Nam Lee), 13-Jung Jang, 3-Jong-Seon Jeon.

·**Coach:** Jong-Hwan Park

China (White-White-White): 1-Fusheng Li (GK), 16-Haiguang Liu, 14-Huajun Li, 17-Hui Li, 11-Xiangfu Shen, 6-Xiuquan Jia, 4-Yan Zheng, 2-Bo Zhu, 9-Shusheng Zuo, 5-Minghua Chi, 13-Guorong Qin.

·**Coach:** Weisi Nian

Scorers: 1-0 32' Jong-Keon Kim, 2-0 34' Jong-Boo Kim, 3-0 50' Jong-Keon Kim, 3-1 51' Xiuquan Jia, 3-2 79' Haiguang Liu, 3-3 85' Haiguang Liu

·**Referee:** Farid Abdulrahman Zainal (UAE)

·**Attendance:** ?

Note: FIFA didn't count this Olympic match as a full international.

South Korea - Hong Kong 4-0 (0-0)

XXIII. Olympic Games Los Angeles 1984, Preliminaries, 1st Round Group D

(Bangkok - Thai-Japanese Youth Sports Center - 05.11.1983 - 16:30)

South Korea (Red-Red-Red): 1-Poong-Joo Kim (GK), 15-Sam-Soo Kim, 12-Sung-Ki Kim, 8-Jong-Keon Kim, 9-Jong-Boo Kim, 6-Heung-Kwon Kim (46' 10-Yeon-Ho Shin), 4-Byung-Ok Yoo, 16-Kyung-Nam Lee (45' 14-Dong-Gwan Yoo), 11-Seung-Hee Lee, 3-Jong-Seon Jeon, 5-Yong-Hwan Chung.

·**Coach:** Jong-Hwan Park

Hong Kong (White-White-White): 20-Kam For Yau (GK), 4-Ki Mong Nu, 15-Koh Wah Lao, 11-Qi Hua Lin, 8-Quai Quang Sui, 5-Ko King Shu, 3-Kan Xing Jiu, 16-Tai Wah Cheung, 14-Pung Xing Cheung, 9-Kam Piu Chi, 7-Toh Kin Huan.

·**Coach:** Ka Ming Kwok

Scorers: 1-0 58' Jong-Boo Kim, 2-0 68'(P) Yeon-Ho Shin, 3-0 72' Jong-Boo Kim, 4-0 85' Jong-Boo Kim

·**Expulsions:** 30' Seung-Hee Lee, 79' Quai Quang Sui

·**Referee:** Sebastián Yap (Singapore)

·**Attendance:** ?

Note: FIFA didn't count this Olympic match as a full international.

China - South Korea 0-0 (0-0)

XXIII. Olympic Games Los Angeles 1984, Preliminaries, 1st Round Group D

(Bangkok - Thai-Japanese Youth Sports Center - 08.11.1983 - 18:00)

China (White-White-White): 1-Fusheng Li (GK), 7-Guangming Guo, 16-Haiguang Liu, 14-Huajun Li, 17-Hui Li, 3-Lefeng Lin, 11-Xiangfu Shen, 6-Xiuquan Jia, 4-Yan Zheng, 2-Bo Zhu, 9-Shusheng Zuo (45' 10-Hongxiang Lu).

·**Coach:** Weisi Nian

South Korea (Red-Red-Red): 1-Poong-Joo Kim (GK), 15-Sam-Soo Kim, 8-Jong-Keon Kim, 9-Jong-Boo Kim, 2-Pan-Geun Kim, 10-Yeon-Ho Shin, 14-Dong-Gwan Yoo, 4-Byung-Ok Yoo, 16-Kyung-Nam Lee (38' 7-Tae-Hyung Lee, 69' 6-Heung-Kwon Kim), 13-Jung Jang, 3-Jong-Seon Jeon.

·**Coach:** Jong-Hwan Park

Scorers: -

· **Referee:** Kok Leong Lee (Singapore)

· **Attendance:** ?

Note: FIFA didn't count this Olympic match as a full international.

Hong Kong - South Korea 0-2 (0-1)

XXIII. Olympic Games Los Angeles 1984, Preliminaries, 1st Round Group D

(Bangkok - Thai-Japanese Youth Sports Center - 10.11.1983 - 18:00)

South Korea (Gray-Gray-Gray): 18-Moon-Young Lee (GK), 15-Sam-Soo Kim, 12-Sung-Ki Kim, 8-Jong-Keon Kim, 9-Jong-Boo Kim, Heung-Kwan Kim, 10-Yeon-Ho Shin, 14-Dong-Gwan Yoo (45' Tae-Hyung Lee), 11-Seung-Hee Lee, 3-Jong-Seon Jeon, 5-Yong-Hwan Chung,

· **Coach:** Jong-Hwan Park

Scorers: 1-0 35' Yeon-Ho Shin, 2-0 60' Jong-Boo Kim

· **Cautions:** -

· **Referee:** Farid Abdulrahman Zainal (UAE)

· **Attendance:** ?

Note: FIFA didn't count this Olympic match as a full international.

Thailand - South Korea 0-2 (0-1)

XXIII. Olympic Games Los Angeles 1984, Preliminaries, 1st Round Group D

(Bangkok - Thai-Japanese Youth Sports Center - 12.11.1983 - 18:00)

Thailand (Blue-Blue-Blue): 22-Sompong Nantapraparsil (GK), 12-Narong Arjarayult, 20-Numchok Chaijaleon, 21-Niwat Gaipet, 11-Madard Tongtaum (45' 15-Boonnum Sukswat), 10-Vorawan Chitavanich, 13-Wattana Sompong, 19-Jittiphong Meesoungnorn, 3-Thaweepak Sittipultong, 14-Tongmee Sakdarin, 17-Pakdee Choyasit.

· **Coach:** Sainor Chaiyong

South Korea (Red-Red-Red): 1-Poong-Joo Kim (GK), 15-Sam-Soo Kim, 8-Jong-Keon Kim (45' 5-Yong-Hwan Chung), 9-Jong-Boo Kim, 2-Pan-Geun Kim, 10-Yeon-Ho Shin, 4-Byung-Ok Yoo, 11-Seung-Hee Lee (58' 6-Heung-Kwon

Kim), 7-Tae-Hyung Lee, 13-Jung Jang, 3-Jong-Seon Jeon.

· **Coach:** Jong-Hwan Park

Scorers: 0-1 44' Yeon-Ho Shin, 0-2 83' Yeon-Ho Shin

· **Referee:** George Joseph (Malaysia)

· **Attendance:** ?

Note: FIFA didn't count this Olympic match as a full international.

1984

South Korea – U-19 2-1

Warm up Match

(Busan– ? – 24.02.1984)

South Korea: ?

· **Coach:** ?

Scorers: ?

· **Referee:** ?

· **Attendance:** ?

South Korea - Dusseldorf (West Germany) 1-1 (0-0)

Friendly Match

(Busan – Gudeok Stadium – 01.03.1984)

South Korea: Poong-Joo Kim (GK), Pan-Geun Kim, Byung-Ok Yoo, Yong-Hwan Chung, Jong-Boo Kim, Hae-Won Chung, Yeon-Ho Shin (46' Chil-Sung Lee), Gil-Yong Lee (46' Heung-Sil Lee), Sang-Chul Lee, Tae-Hyung Lee (46' Han-Shik Koo), Jung-Jang (46' Jong-Gun Kim).

· **Coach:** ?

Scorers: 1-0 63' Yeon-Ho Shin, 1-1 (OG) Poong-Joo Kim

· **Referee:** ?

· **Attendance:** ?

South Korea - Dusseldorf (West Germany) 2-0 (0-0)

Friendly Match

(Seoul – Dongdaemun Stadium – 03.03.1984)

South Korea: Ki-Dong Jung (GK), Pan-Geun Kim, Byung-Ok Yoo, Yong-Hwan Chung, Jong-Boo Kim, Hae-won Chung, Han-Sik Koo (45' Tae-Hyung Lee), Gil-Yong Lee (45' Dong-Gwan Yoo), Hyun-Chul Lee (45' Yeon-Ho Shin), Jung-Jang (45' Heung-Sil Lee, 70' Jong-Gun Kim),

Jong-Seon Chung.

·Coach: ?

Scorers: 1-0 51' Gil-Yong Lee, 2-0 83' Jong-Boo Kim

·Referee: ?

·Attendance: ?

South Korea - Hallelujah (Korea) 2-0

Warm Up Match

(Seoul – Dongdaemun Stadium – 17.03.1984)

South Korea: Soon-Ho Choi, Hae-Won Chung. *9missings.

·Coach: ?

Scorers: Soon-Ho Choi, Hae-Won Chung

·Referee: ?

·Attendance: ?

South Korea - Jugon (Korea) 0-0

Warm Up Match

(seoul – Dongdaemun Stadium – 24.03.1984)

South Korea: ?

·Coach: ?

Scorers: -

·Referee: ?

·Attendance: ?

South Korea - Independiente (Argentina) 6-0 (1-0)

Friendly Match

(Seoul – Dongdaemun Stadium – 05.04.1984)

South Korea: Ki-Dong Chung (GK), Kyung-Hoon Park, Byung-Ok Yoo, Yong-Hwan Chung(46' Jong-Gun Kim), Jong-Boo Kim(46' Chil-Sung Lee), Byung-Joo Byun, Tae-Ho Lee(46' Heung-Sil Lee), Hae-Won Chung(46' Tae-Hyung Lee), Yeon-Ho Shin, Sang-Chul Lee(71' Jong-Sun Chung), Jung-Jang.

·Coach: ?

Scorers: 1-0 3' Byung-Joo Byun, 2-0 50' Byung-Joo Byun, 3-0 70' Sang-Chul Lee, 4-0 72' Yeon-Ho Shin, 5-0 73' Byung-Joo Byun, 6-0 78' Tae-Hyung Lee

·Referee: ?

·Attendance: ?

South Korea - Kuwait 0-0 (0-0)

XXIII. Olympic Games Los Angeles 1984, Preliminaries, Final Round Group A

(Singapore - National Stadium - 17.04.1984 - 18:30)

South Korea (Red-Red-Red): Ki-Dong Chung (GK), Kyung-Hoon Park, Byung-Ok Yoo, Yong-Hwan Chung (46' Jong-Gun Kim), Jong-Boo Kim (46' Chil-Sung Lee), Byung-Joo Byun, Tae-Ho Lee (46' Heung-Sil Lee), Hae-Won Chung (46' Tae-Hyung Lee), Yeon-Ho Shin, Sang-Chul Lee (71' Jong-Sun Chung), Jung-Jang.

·Coach: Jong-Hwan Park

Kuwait (Blue-White-Blue): 22-Samer Saad (GK), 17-Hamoud Al-Shemmari, 14-Abdullah Mayouf, 3-Mahmoud Jumaa Mubarak, 5-Waleed Mubarak, 18-Mohammed Ahmad, 8-Mohammad Karam, 11-Naser Al-Ghanem (10-Abdulaziz Al-Anbari), 7-Fatih Kamil Marzouq(20-Moayadh Al-Haddad), 12-Yousif Suwayed, 16-Faisal Al-Dakhil. .

·Coach: Antonio Lopes (Brazil)

Scorers: -

·Referee: Daqiao Zhang (China)

Note: FIFA didn't count this Olympic match as a full international.

South Korea - Bahrain 1-0 (1-0)

XXIII. Olympic Games Los Angeles 1984, Preliminaries, Final Round Group A

(Singapore - National Stadium - 19.04.1984 - 20:30)

South Korea (Red-Red-Red): 1-Ki-Dong Chung (GK), 2-Kyung-Hoon Park, 5-Yong-Hwan Chung, 22-Jong-Seon Jeon, 4-Byung-Ok Yoo, 20-Heung-Sil Lee (46' 14-Gil-Yong Lee), 6-Tae-Ho Lee, 9-Jong-Boo Kim, 10-Soon-Ho Choi, 21-Yeon-Ho Shin, 11-Byung-Joo Byun (67' 8-Hae-Won Chung).

·Coach: Jong-Hwan Park

Bahrain (White-White-White): 1-Hamoud Sultan Mazkoor (GK), 2-Farhan Ahmed, 3-Abdul Nabih, 8-Khalaf Hamad (9-Adnan Ibrahim), 5-Daif Adnan Ali, 6-Salman Al-Harbi, 7-Khalil Shewayaer, 10-Ibrahim Farhan, 14-Ali Hassan, 19-Marjan Eid, 18-Yousif Al-Shebaieh.

·Coach: Keith Burkinshaw (England)

Scorers: 1-0 43' Soon-Ho Choi

· **Referee:** Ahmad Bash (Jordan)

Note: FIFA didn't count this Olympic match as a full international.

South Korea - New Zealand 2-0 (0-0)

XXIII. Olympic Games Los Angeles 1984, Preliminaries, Final Round Group A

(Singapore - National Stadium - 22.04.1984 - 20:30)

South Korea (Red-Red-Red): 11-Ki-Dong Chung (GK), 15-Sam-Soo Kim, 17-Jong-Keon Kim (64' 14-Gil-Yong Lee), 9-Jong-Boo Kim (46' 21-Yeon-Ho Shin), 8-Pan-Geun Kim, 4-Byung-Ok Yoo, 7-Tae-Hyung Lee, 6-Tae-Ho Lee, 22-Jong-Seon Jeon, 5-Yong-Hwan Chung, 10-Soon-Ho Choi.

· **Coach:** Jong-Hwan Park

New Zealand (White-White-White): 1-Frank van Hattum (GK), 4-Richard Herbert (C), 6-Ceri Evans, 5-Keith Garland, 2-Adrian Elrick, 11-Michael Groom (79' 13-David Burgess), 15-Peter Simonsen, 8-Duncan Cole, 14-Keith Mackay, 7-William McClure (79' 19-Alex Metzger), 3-Kevin Birch.

· **Coach:** Allan Jones.

Scorers: 1-0 65' Yong-Hwan Chung, 2-0 70' Soon-Ho Choi

· **Referee:** Jamal Al-Sharif (Syria)

· **Attendance:** 27,000

Note: FIFA didn't count this Olympic match as a full international.

South Korea - Saudi Arabia 4-5 (2-1)

XXIII. Olympic Games Los Angeles 1984, Preliminaries, Final Round Group A

(Singapore - National Stadium - 24.04.1984 - 20:30)

South Korea (Red-Red-Red): 1-Ki-Dong Chung (GK), 2-Kyung-Hoon Park (55' Pan-Geun Kim), 11-Byung-Joo Byun, 21-Yeon-Ho Shin, 19-Dong-Gwan Yoo (40' 14-Gil-Yong Lee), 4-Byung-Ok Yoo, 6-Tae-Ho Lee, 18-Jung Jang, 22-Jong-Seon Jeon, 8-Hae-Won Chung, 10-Soon-Ho Choi.

· **Coach:** Jong-Hwan Park

Saudi Arabia (White-White-White): 21-Khaled Al-Dossary (GK), 4-Sameer Rishakor, 2-Sami Al-Dawsare, 3-Hassan Al-Bishi, 13-Mohammed Al-Jawad, 8-Ahmed Bayazid (16-Abdullah Masod), 9-Majed Mohammed Abdullah, 11-Muhaisen Al-Dossary, 17-Shaye Al-Nafeesah(6-Ahmad Al-Bishi), 14-Saleh Al-Dossary, 10-Fahad Al-Mosaibeth.

· **Coach:** Khalil Al-Ziani

Scorers: 1-0 14' Jong-Seon Jeon, 2-0 20' Hae-Won Chung, 2-1 41' Shaye Al-Nafeesah, 2-2 47' Mehaisen Al-Dossary, 3-2 49' Hae-Won Chung, 3-3 57' Majed Abullah, 3-4 65' Majed Abullah, 4-4 73' Gil-Yong Lee, 4-5 82' Saleh Al-Dossary

· **Referee:** Sudarso Hardjowasito (Indonesia)

· **Attendance:** 40,000

Note: FIFA didn't count this Olympic match as a full international.

South Korea - Iraq 0-1 (0-1)

XXIII. Olympic Games Los Angeles 1984, Preliminaries, Final Round Group A

(Singapore - National Stadium - 29.04.1984 - 18:30)

South Korea (Red-Red-Red): 1-Ki-Dong Chung (GK), 9-Jong-Boo Kim, 2-Kyung-Hoon Park, 11-Byung-Joo Byun, 4-Byung-Ok Yoo, 14-Gil-Yong Lee (45' 15-Sam-Soo Kim), 6-Tae-Ho Lee, 13-Jung Jang, 22-Jong-Seon Jeon (45' 3-Pan-Geun Kim), 8-Hae-Won Chung, 10-Soon-Ho Choi.

· **Coach:** Jong-Hwan Park

Iraq (White-Green-White): 1-Abdul Fattah Jassim (GK), 21-Mohamad Fadhil Hassan, 2-Adnan Dirjal Mutar, 3-Khalil Allawi, 5-Abdul Kadhum Maidi, 15-Natiq Hashim Abidoun, 12-Sadiq Mousa Benwan (8-Ahmed Radhi Amaeish), 13-Karim Allawi, 10-Hussein Saeed Mohammed, 17-Wamidh Munir Yaqoub, 11-Emad Jassim Mahmoud.

· **Coach:** Ammo Baba

Scorers: 0-1 43' Adnan Dirjal Mutar

· **Referee:** Christopher Bambridge (Australia)

· **Attendance:** 50,000

Note: FIFA didn't count this Olympic match as a full international.

South Korea - Leverkusen (West Germany) 3-2 (1-1)

XIV. President's Cup 1984

(Seoul – Dongdaemun Stadium – 30.05.1984 – 18:00)

South Korea : Ki-Dong Chung (GK), 9-Jong-Boo Kim (45' 21-Yeon-Ho Shin), Kyung-Hoon Park, Byung-Joo Byun, 4-Byung-Ok Yoo (45' 13-Jung-Jang), Gil-Yong Lee, Tae-Ho Lee, Jong-Sun Chung, Yong-Hwan Chung, Hae-Won Chung, Soon-Ho Choi.

·**Coach** : Jong-Hwan Park

Scorers: 0-1 39' Helmut Winklhofer, 1-1 40' Tae-Ho Lee, 1-2 82' Thoas Hoerster, 2-2 83' Byung-Joo Byun, 3-2 87' Tae-Ho Lee

·**Referee** : ?

·**Attendance** : ?

South Korea - Alianza (Peru) 2-2 (1-0)

XIV. President's Cup 1984

(Gwangju – public Stadium – 01.06.1984 – 16:50)

South Korea : Ki-Dong Chung (GK), Pan-Keun Kim, Kyung-Hoon Park, Byung-Joo Byun, 21-Yeon-Ho Shin (45' 9-Jong-Boo Kim), Gil-Yong Lee, 6-Tae-Ho Lee (45' Jong-Gun Kim), Jong-Sun Jeon, Yong-Hwan Chung, Hae-Won Chung, Soon-Ho Choi.

·**Coach** : Jong-Hwan Park

Scorers: 1-0 42' Byung-Joo Byun, 1-1 55' Jose Velasquez, 2-1 75' Jong-Boo Kim, 2-2 76' E.La Rosa

·**Referee** : ?

·**Attendance** : ?

South Korea - Guatemala 2-0 (0-0)

XIII. President's Cup 1984, 1st Round Group A

(Busan - Gudeok Stadium - 03.06.1984 - 18:50)

South Korea (Red-Red-Red): 18-Moon-Young Lee (GK), 15-Sam-Soo Kim, 9-Jong-Boo Kim (46' 10-Soon-Ho Choi), 3-Pan-Geun Kim, 21-Yeon-Ho Shin, 4-Byung-Ok Yoo, 7-Tae-Hyung Lee, 6-Tae-Ho Lee(45' 14-Gil-Yong Lee), 13-Jung Jang, 22-Jong-Seon Jeon, 8-Hae-Won Chung.

·**Coach** : Jong-Hwan Park

Guatemala (White-Green-White): 12-Ricardo Jérez (GK), 5-Minor Mendez, 11-Byron Pérez, 15-Victor Monzón, 2-Sergio Rivera, 13-Selvin Galindo (45' 14-Erwin Donis), 4-Edgar Salgueiro, 6-Eddy Alburez, 10-Oscar Sánchez (45' 17-Vitalino García), 7-Jorge Fernández, 3-Juan Pérez.

·**Coach** : Dragoslav Sekularać (Yugoslavia)

Scorers: 1-0 58' Tae-Ho Lee, 2-0 62' Tae-Hyung Lee

·**Referee** : Koh Guan Kiat (Malaysia)

·**Attendance** : 30,000

South Korea - Hallelujah (Korea) 1-2

XIV. President's Cup 1984 Semi Final

(Seoul – Dongdaemun Stadium – 07.06.1984)

South Korea: Hae-Won Chung. *10missings.

·**Coach** : Jong-Hwan Park

Scorers: Hae-Won Chung

·**Referee** : ?

·**Attendance** : ?

South Korea - Leverkusen (West Germany) 2-1 (1-0)

XIV. President's Cup 1984 Third Place Match

(Seoul – Dongdaemun Stadium – 09.06.1984 – 17:00)

South Korea : Ki-Dong Chung (GK), Sam-Soo Kim, Jong-Gun Kim, Jong-Boo Kim, Pan-Geun Kim, Kyung-Hoon Park, 21-Yeon-Ho Shin (45' 61-Gil-Yong Lee), Byung-Ok Yoo, Tae-Hyung Lee, Jong-Sun Jeon, Hae-Won Chung.

·**Coach** : Jong-Hwan Park

Scorers: 1-0 35' Sam-Soo Kim, 2-0 61' Gil-Yong Lee, 2-1 89' Stefan Kohn

·**Referee** : ?

·**Attendance** : ?

South Korea - Japan 1-2 (1-1)

XII. Korea-Japan Annual Match

(Seoul - Olympic Stadium - 30.09.1984 - 15:00)

South Korea (Red-Red-Red): 1-Moon-Young Lee (GK), 6-Jin-Han Choi (C), 3-Tae-Shik Kang, 15-Sam-Soo Kim, 8-Jong-Keon Kim, 2-Pan-Geun Kim, 10-Yeon-Ho Shin, 4-Byung-Ok Yoo, 16-Kyung-Nam Lee, 5-Jung Jang, 7-Joon-Hyun Kim (46' 9-Jong-Boo Kim, 54' 14-Min-Gook Cho).

·**Coach** : Jong-Hwan Park

Japan (White-White-White): 19-Kiyotaka Matsui (GK), 2-Hisashi Kato, 10-Kazushi Kimura (83' 17-Osamu Taninaka), 8-Akihiro Nishimura, 5-Yasutaro Matsuki, 12-Takafumi Mizunuma, 11-Atsushi Uchiyama (59'

13-Satoshi Miyauchi), 4-Yoshinori Ishikami, 7-Satoshi Tsunami, 14-Hiromi Hara, 15-Koichi Hashiratani.

·**Coach:** Takaji Mori

Scorers: 0-1 36' Kazushi Kimura, 1-1 42' Kyung-Nam Lee, 1-2 50' Takafumi Mizunuma

·**Cautions:** -

·**Referee:** Kwok Kui Cheung (Hong Kong)

·**Attendance:** 50,000

South Korea - Fluminense (Brazil) 0-0 (0-0)

Friendly Match

Olympic Stadium Opening Anniversary Tournament

(Seoul – Olympic Stadium – 02.10.1984 – 19:20)

South Korea: In-Young Choi (GK), Kyung-Hoon Park, Sung-Hwa Park, Chang-Seon Park, Byung-Joo Byun, Tae-Ho Lee (45' Boo-Yeol Lee), Yong-Hwang Chung, Jong-Soo Chung, Hae-Won Chung (77' Sang-Gook Choi), Young-Jeung Cho, Jung-Moo Huh

·**Coach:** Jung-Shik Moon

Scorers: -

·**Referee:** ?

·**Attendance:** ?

South Korea - Cameroon 5-0 (2-0)

Olympic Stadium Opening Anniversary Tournament, The Second Match

(Seoul - Olympic Stadium - 04.10.1984 - 19:20)

South Korea (Red-Red-Red): 21-Ki-Dong Chung (GK), 3-Pyung-Seok Kim, 19-Kyung-Hoon Park, 5-Sung-Hwa Park (45' 11-Hae-Won Chung), 7-Chang-Seon Park, 12-Byung-Joo Byun, 6-Tae-Ho Lee, 4-Yong-Hwan Chung, 8-Young-Jeung Cho, 16-Sang-Gook Choi, 10-Jung-Moo Huh (45' 14-Yong-Se Kim)

·**Coach:** Jung-Shik Moon

Cameroon (Green-Red-Yellow): 17-Jacques Songo'o (GK), 6-Dotuwa (45' 13-Aio), 3-Luc M'Bassi, 5-Muhi (45' 9-Gusi), 4-Michel Bilamo, 16-Bertin Ebwelle, 2-Boneventure Djonkep, 11-Charles Toube, 12-Ernst Ebongue, 8-Zanwalla, 7-Joseph Enanga.

·**Coach:** Kae Rade

Scorers: 1-0 16' Chang-Seon Park, 2-0 44' Byung-Joo Byun, 3-0 46' Sang-Gook Choi, 4-0 70' Sang-Gook Choi, 5-0 80' Sang-Gook Choi

·**Referee:** Jong-Rin Yoo (South Korea)

·**Cautions:** -

·**Attendance:** 50,000

South Korea - North Yemen 6-0 (3-0)

VIII. Asian Cup Singapore 1984, Preliminaries, Group 3

(Calcutta - Edens Garden Stadium - 10.10.1984 - 15:30)

South Korea: In-Young Choi (GK), Kyung-Hoon Park, Sung-Hwa Park (45' Yong-Se Kim), Chang-Seon Park, Byung-Joo Byun, Tae-Ho Lee (45' Boo-Yeol Lee), Yong-Hwan Chung, Jong-Soo Chung, Hae-Won Chung, Young-Jeung Cho, Jung-Moo Huh.

·**Coach:** Jung-Shik Moon

Scorers: 1-0 1' Sung-Hwa Park, 2-0 2' Sung-Hwa Park, 3-0 3' Sung-Hwa Park, 4-0 46' Sung-Hwa Park, 5-0 47' Hae-Won Chung, 6-0 48' Hae-Won Chung

·**Referee:** ?

·**Attendance:** ?

South Korea - Pakistan 6-0 (2-0)

VIII. Asian Cup Singapore 1984, Preliminaries, Group 3

(Calcutta - Edens Garden Stadium - 13.10.1984 - 15:30)

South Korea: Ki-Dong Chung (GK), Pyung-Seok Kim, Kyung-Hoon Park, Sung-Hwa Park, Byung-Joo Byun, Boo-Yeol Lee (46' Jong-Soo Chung), Tae-Ho Lee (46' Sun-Jae Wang), Yong-Hwan Chung, Young-Jeung Cho, Sang-Gook Choi.

·**Coach:** Jung-Shik Moon

Scorers: 1-0 10' Tae-Ho Lee, 2-0 15' Sang-Gook Choi, 3-0 46' Sung-Hwa Park, 4-0 46' Sung-Hwa Park, 5-0 48' Seon-Jae Wang, 6-0 49' Seon-Jae Wang

·**Referee:** ?

·**Attendance:** ?

South Korea - Malaysia 0-0 (0-0)

VIII. Asian Cup Singapore 1984, Preliminaries, Group 3

(Calcutta - Edens Garden Stadium - 16.10.1984 - 15:30)

South Korea: In-Young Choi (GK), Kyung-Hoon Park, Sung-Hwa Park, Chang-Seon Park, Byung-Joo Byun,

Tae-Ho Lee, Yong-Hwan Chung, Jong-Soo Chung, Hae-Won Chung, Young-Jeung Cho, Jung-Moo Huh.

· **Coach:** Jung-Shik Moon

Scorers: -

· **Referee:** ?

· **Attendance:** ?

India - South Korea 0-1 (0-0)

VIII. Asian Cup Singapore 1984, Preliminaries, Group 3

(Calcutta - Edens Garden Stadium - 19.10.1984 - 15:30)

South Korea: Ki-Dong Chung (GK), Pyung-Seok Kim, Kyung-Hoon Park, Sung-Hwa Park (45' Yong-Se Kim), Chang-Seon Park, Byung-Joo Byun, Boo-Yeol Lee, Yong-Hwan Chung, Young-Jeung Cho, Sang-Gook Choi (45' Tae-Ho Lee), Jung-Moo Huh.

· **Coach:** Jung-Shik Moon

Scorers: 0-1 48' Chang-Seon Park

· **Referee:** ?

· **Attendance:** ?

South Korea - Saudi Arabia 1-1 (0-0)

VIII. Asian Cup Singapore 1984, Final Phase, 1st Round Group A

(Singapore - National Stadium - 02.12.1984 - 19:00)

South Korea (Red-Red-Red): 1-In-Young Choi (GK), 10-Chang-Seon Park (C), 2-Kyung-Hoon Park, 6-Sung-Hwa Park, 5-Yong-Hwan Chung, 3-Jong-Soo Chung, 11-Kang-Jo Lee (45' 13-Jin-Han Choi), 9-Jung-Moo Huh, 16-Seok-Won Kim (45' 18-Gwang-Ji Choi), 14-Byung-Joo Byun, 8-Tae-Ho Lee.

· **Coach:** Jung-Shik Moon

Saudi Arabia (White-White-White): 1-Abdullah Al-Deayea (GK), 10-Fahad Al-Mosaibeth, 9-Majed Mohammed, 13-Mohammed Al-Jawad, 11-Muhaisen Al-Dossary, 16-Musaed Ibrahim (17-Bandar Al-Nakhli), 2-Nasser Al-Meaweed, 14-Saleh Al-Dossary, 5-Saleh Al-Nuayamah, 4-Sameer Abdulshkor, 8-Youssef Arbola (6-Yahya Amer).

· **Coach:** Mario Zagallo (Brazil)

Scorers: 1-0 53' Tae-Ho Lee, 1-1 90' Majed Mohammed

· **Referee:** George Joseph (Malaysia)

South Korea - Kuwait 0-0 (0-0)

VIII. Asian Cup Singapore 1984, Final Phase, 1st Round Group A

(Singapore - National Stadium - 05.12.1984 - 19:00)

South Korea (Red-Red-Red): 21-Ki-Dong Chung (GK), 2-Kyung-Hoon Park, 4-Pyung-Seok Kim, 5-Yong-Hwan Chung, 6-Sung-Hwa Park, 8-Tae-Ho Lee, 9-Jung-Moo Huh, 10-Chang-Seon Park (C) (45' 12-Boo-Yeol Lee), 13-Jin-Han Choi, 14-Byung-Joo Byun, 18-Gwang-Ji Choi.

· **Coach:** Jung-Shik Moon

Kuwait (Blue-White-Blue): 22-Samir Said (GK), 2-Naeem Saad Mubarak, 3-Mahmoud Jumaa Mubarak, 5-Waleed Mubarak, 6-Abdulaziz Al-Buloushi, 8-Abdullah Al-Buloushi, 11-Amer Al-Amer (14-Hamoud Al-Shemmari), 15-Sami Al-Hashash, 16-Faisal Al-Dakhil (C), 18-Mohammed Ahmad, 20-Moayadh Al-Haddad.

· **Coach:** Antonio Lopes (Brazil)

Scorers: -

· **Cautions:** Kyung-Hoon Park, Gwang-Ji Choi, Jong-Soo Chung

· **Referee:** Kwok Kui Cheung (Hong Kong)

· **Attendance:** ?

South Korea - Syria 0-1 (0-1)

VIII. Asian Cup Singapore 1984, Final Phase, 1st Round Group A

(Singapore - National Stadium - 07.12.1984 - 21:00)

South Korea (Red-Red-Red): 21-Ki-Dong Chung (GK), 10-Chang-Seon Park (C), 2-Kyung-Hoon Park, 6-Sung-Hwa Park, 5-Yong-Hwan Chung, 3-Jong-Soo Chung, 11-Kang-Jo Lee (46' 13-Jin-Han Choi), 9-Jung-Moo Huh, 16-Seok-Won Kim, 14-Byung-Joo Byun, 8-Tae-Ho Lee (46' 18-Gwang-Ji Choi).

· **Coach:** Jung-Shik Moon

Syria (White-White-White): 22-Malek Shakuhi (GK), 8-Abdul Kader Kardaghli, 12-Ahmad Darish, 11-Essam Zino (45' 13-Husam Hurani), 4-Gerjis Khouri, 10-Marwan Madarati, 3-Mohammed Dahman, 5-Mohammed Essam Mahrous, 16-Radwan Hassan (45' 9-Fouad Aziz), 2-Reghed Karil, 6-Waleed Kessail.

· **Coach:** Farouk Bouzo

Scorers: 0-1 13' Radwan Hassan

· **Referee:** George Courtney (England)

· **Attendance:** ?

South Korea - Qatar 0-1 (0-0)

VIII. Asian Cup Singapore 1984, Final Phase, 1st Round Group A

(Singapore - National Stadium - 10.12.1984 - 21:00)

South Korea (Red-Red-Red): 1-In-Young Choi (GK), 10-Chang-Seon Park (C), 4-Kyung-Hoon Park, 6-Sung-Hwa Park, 5-Yong-Hwan Chung, 3-Jong-Soo Chung, 7-Jung Jang, 9-Jung-Moo Huh, 16-Seok-Won Kim, 14-Byung-Joo Byun, 8-Tae-Ho Lee (45' 13-Jin-Han Choi).

· **Coach:** Jung-Shik Moon

Scorers: 0-1 60' Khalid Al-Muhannadi

· **Referee:** Augusto Lamo Castillo (Spain)

· **Attendance:** ?

South Korea – 88 (Farm Team) 1-2

Friendly Match

(Busan - ? – 01.01.1985)

South Korea: Soon-Ho Choi. *10missings.

· **Coach:** ?

Scorers: Soon-Ho Choi

· **Referee:** ?

· **Attendance:** ?

Nepal - South Korea 0-2 (0-1)

XIII. FIFA World Cup Mexico 1986, Preliminaries, 1st Round Group A

(Kathmandu - National Stadium - 02.03.1985 - 15:30)

Nepal (White-White-White): 1-Shahi Lok Bahadur (GK), 2-Direndra Kuma Pradhan, 4-Ganesh Fandhi, 7-Ganesh Thapa, 3-Karnikar Bhakta Raj, 9-Krishna Thapa, 8-Man Bahadur Malla, 10-Raju Kaji Shakya, 5-Ranjitkar Ram Shriram, 16-Rupak Ray Sharma, 6-Suresh Panthi.

· **Coach:** Thapa Bhim

South Korea (Red-Red-Red): 1-In-Young Choi (GK), 11-Byung-Joo Byun, 21-Seok-Won Kim, 2-Kyung-Hoon Park, 15-Byung-Ok Yoo, 6-Tae-Ho Lee, 4-Yong-Hwan Chung, 3-Jong-Soo Chung, 19-Gwang-Ji Choi (65' 16-Jin-Han Choi), 9-Soon-Ho Choi, 17-Jung-Moo Huh.

· **Coach:** Jung-Shik Moon

Scorers: 0-1 35'(OG) Drirendra Pradhan, 0-2 63'(P) Tae-Ho Lee

· **Cautions:** 26' Man Malla, 48' Drirendra Pradhan, 66' Soon-Ho Choi

· **Referee:** Daqiao Zhang (China)

· **Attendance:** 40,000

Malaysia - South Korea 1-0 (1-0)

XIII. FIFA World Cup Mexico 1986, Preliminaries, 1st Round Group A

(Kuala Lumpur - Merdeka Stadium - 10.03.1985 - 19:30)

Malaysia (Yellow-Black-Yellow): 1-Ramasamy Amurgam Ali (GK), 2-Ibrahim Saad, 3-Serbegeth Singh, 4-Mohamed Noor Yaseen, 6-Abdul Nasir Yousof, 8-Ling Teng Kim,

13-Ali Ahmed Yusuf, 14-Ismael Fadzil (39' 11-Ahmed Alid), 16-Wang Yong Nung, 17-Abidin Hassan Zainal, 7-Dollah Salleh.

·**Coach:** Mohammed Bakar

South Korea (Red-Red-Red): 21-Yeon-Kyo Oh (GK), 8-Jung-Moo Huh (C), 7-Byung-Joo Byun, 10-Sung-Ho Kwak (37' 19-Gwang-Ji Choi), 2-Kyung-Hoon Park, 15-Byung-Ok Yoo, 6-Tae-Ho Lee, 4-Yong-Hwan Chung, 3-Jong-Soo Chung, 9-Soon-Ho Choi (68' 21-Seok-Won Kim), 16-Jin-Han Choi.

·**Coach:** Jung-Shik Moon

Scorers: 1-0 7' Dollah Salleh

·**Cautions:** 26' Krishna Thapa, 48' Drirendra Pradhan, 66' Soon-Ho Choi

·**Referee:** Samuel Chan Yam-Ming (Hong Kong)

·**Attendance:** 36,738

South Korea - Nepal 4-0 (3-0)

XIII. FIFA World Cup Mexico 1986, Preliminaries, 1st Round Group A

(Seoul - Dongdaemun Stadium - 06.04.1985 - 15:00)

South Korea (Red-Red-Red): 21-Yeon-Kyo Oh (GK), 10-Chang-Seon Park (C), 7-Seok-Won Kim (45' 6-Tae-Ho Lee), 2-Kyung-Hoon Park, 15-Byung-Ok Yoo, 5-Yong-Hwan Chung, 3-Jong-Soo Chung, 4-Gwang-Rae Cho, 8-Young-Jeung Cho (45' 13-Jong-Chul Baek), 9-Soon-Ho Choi, 17-Jung-Moo Huh.

·**Coach:** Jung-Nam Kim

Nepal (White-White-White): 1-Shahi Lok Bahadur (GK), 16-Bigyan Ray Sharma, 2-Direndra Kuma Pradan (45' Umesh Pradan), 4-Ganesh Fandhi, 7-Ganeshi Tapha, 12-Y.B.Gayle, 3-Karnikar Bhakta Raj(45' 15-Kedar Rajesh Mamandhar), 9-Krishna Tapha, 8-Man Bahadur Malla, 10-Raju Kaji Shakya, 6-Suresh Panthi.

·**Coach:** Thapa Bhim

Scorers: 1-0 18' Jung-Moo Huh, 2-0 36' Seok-Won Kim, 3-0 41' Jong-Soo Chung, 4-0 57' Jung-Moo Huh

·**Cautions:** 19' Direndra Kuma Pradan, 29' Seok-Won Kim

·**Referee:** Kwok Kui Cheung (Hong Kong)

·**Attendance:** 30,000

South Korea - Malaysia 2-0 (2-0)

XIII. FIFA World Cup Mexico 1986, Preliminaries, 1st Round Group A

(Seoul - Olympic Stadium - 19.05.1985 - 15:00)

South Korea (Red-Red-Red): 1-In-Young Choi (GK), 10-Chang-Seon Park (C), 7-Seok-Won Kim, 2-Kyung-Hoon Park, 15-Byung-Ok Yoo, 5-Yong-Hwan Chung, 3-Jong-Soo Chung, 4-Gwang-Rae Cho, 14-Min-Gook Cho, 9-Soon-Ho Choi (76' 8-Young-Jeung Cho), 17-Jung-Moo Huh (76' 11-Byung-Joo Byun).

·**Coach:** Jung-Nam Kim

Malaysia (Yellow-Yellow-Yellow): 22-Ong Yu Tiang (GK), 15-Ali Ahmed Yusuf, 17-Amid Hassan, 12-Dharma Ling Gam (30' 11-Khan Hung Eng), 7-Dollah Salleh, 2-Ibrahim Saad, 5-Jaidee Mokthar, 3-Kamarul Jahman, 8-Ling Teng Kim, 10-Mokthar Dahari, 13-Yusoff Abdul Nassir.

·**Coach:** Mohammed Bakar

Scorers: 1-0 12'(P) Chang-Seon Park, 2-0 18' Min-Gook Cho

·**Cautions:** 87' Min-Gook Cho

·**Referee:** Shizuo Takada (Japan)

·**Attendance:** 45,780

South Korea - Huracan (Argentina) 1-1 (0-1)

XV. President's Cup 1985, 1st Round Group C

(Seoul – Dongdaemun Stadium – 04.06.1985 – 17:20)

South Korea: In-Young Choi (GK), Pyung-Seok Kim, Yong-Hwan Chung, Jong-Soo Chung, Young-Jeung Cho, Gwang-Rae Cho, Chang-Seon Park, Byung-Joo Byun, Tae-Ho Lee (59' Soon-Ho Choi), Sin-Woo Kang, Jong-Chul Baek.

·**Coach:** Jung-Nam Kim

Huracan: Carlos Gay (GK), Christian Angeletti, Claudio Cabrera, Claudio Garcia, Claudio Moressi, Jesus, Juan Sanchez, Marcelo Bottari, Osvaldo Damiano, Rabanoni (45' Baglioni), Raminez.

·**Coach:** Juan Guerra

Scorers: 0-1 21' Claudio Garcia, 1-1 75' Jong-Chul Baek

·**Referee:** ?

·**Attendance:** ?

South Korea - Thailand 3-2 (1-1)

XV. President's Cup 1985, 1st Round Group C

(Daejeon - Hanbat Stadium - 06.06.1985 - 17:20)

South Korea (Red-Red-Red): 1-In-Young Choi (GK), 10-Chang-Seon Park (C), 12-Pyung-Seok Kim, 5-Yong-Hwan Chung, 3-Jong-Soo Chung, 8-Young-Jeung Cho, 9-Soon-Ho Choi, 16-Jin-Han Choi (46' 4-Gwang-Rae Cho), 6-Tae-Ho Lee, 18-Sin-Woo Kang (45' 15-Byung-Ok Yoo), 13-Jong-Chul Baek.

·**Coach:** Jung-Nam Kim

Thailand (Blue-Blue-Blue): 1-Yamsang Sirisak (GK), 5-Narong Arjarayult, 8-Pairoote Pongjan (45' 9-Laohakul Withaya), 4-Sangnapol Chalermvud, 11-Somchai, 14-Suravuth Laohakarnjanasiri, 6-Sutin Chaikitti, 3-Sittipultong Thaweepak, 12-Thaveewat Ackasala (45' 15-Boonnum Sukswat), 17-Voravuth Daengsamer, 7-Wattana Sompong.

·**Coach:** Sainor Chaiyong

Scorers: 1-0 2' Soon-Ho Choi, 1-1 7' Somchai, 2-1 48'(P) Chang-Seon Park, 3-1 75' Tae-Ho Lee, 3-2 88' Withaya

·**Referee:** Dari Hani Latfa (Iraq)

·**Attendance:** 20,000

South Korea - Bahrain 3-0 (1-0)

XV. President's Cup 1985, 2nd Round Group 1

(Gwangju - Pubilc Stadium - 08.06.1985 - 16:50)

South Korea (Red-Red-Red): 21-Yeon-Kyo Oh (GK), 10-Chang-Seon Park (C), 12-Pyung-Seok Kim, 15-Byung-Ok Yoo, 5-Yong-Hwan Chung, 3-Jong-Soo Chung (45' 2-Kyung-Hoon Park), 4-Gwang-Rae Cho, 9-Soon-Ho Choi, 16-Jin-Han Choi, 11-Byung-Joo Byun (45' 18-Sin-Woo Kang), 6-Tae-Ho Lee.

·**Coach:** Jung-Nam Kim

Bahrain (White-White-White): 22-Saleh Yousif Qamber (GK), 14-Abdul Rahman Rashid Hassan, 18-Karim Bukheet Saif, 5-Adnan Ali Daif, 15-Ali Al-Ansari (45' 7-Hassan Ahmed Khalfan), 16-Ibrahim Farhan, 10-Ibrahim Al-Hardan, 2-Jaffer Hussain (45' 6-Salman Al-Harbi), 11-Mohammad Saleh Ali, 8-Nasser Jassim Jawher, 3-Marjan Eid.

·**Coach:** Keith Burkinshaw (England)

Scorers: 1-0 6' Soon-Ho Choi, 2-0 55' Soon-Ho Choi, 3-0 88' Tae-Ho Lee

·**Referee:** Koh Guan Kiat (Malaysia)

·**Attendance:** 20,000

South Korea - Central Espanol (Uruguay) 2-1 (1-0)

XV. President's Cup 1985, 2nd Round Group 1

(Daegu – Civil Stadium – 10.06.1985 – 17:30)

South Korea (Red-Red-Red): Yeon-Kyo Oh (GK), Pyung-Seok Kim, Kyung-Hoon Park, Byung-Ok Yoo, Yong-Hwan Chung, Gwang-Rae Cho, Soon-Ho Choi, Jin-Han Choi, Chang-Seon Park, Byung-Joo Byun, Tae-Ho Lee.

·**Coach:** Jung-Nam Kim

Central Espanol (Uruguay): Hector Tuja (GK), Azosta, Bellio, Cezar Pereira, Daniel Andrada, Fellufo, Luis Cabrera, Nocetti, Sosa, Vidal, Wilfredo Antunez.

·**Coach:** ?

Scorers: Scorers: 1-0 20' Gwang-Rae Cho, 2-0 67' Tae-Ho Lee, 2-1 77' Cezar Pereira

·**Cautions:** 82' Gwang-Rae Cho, 82' Chang-Seon Park

·**Referee:** ?

·**Attendance:** ?

South Korea - Bangu (Brazil) 1-1 (0-0)

XV. President's Cup 1985, 2nd Round Group 1

(Seoul – Dongdaemun Stadium – 12.06.1985 – 19:20)

South Korea: Yeon-Kyo Oh (GK), Byung-Ok Yoo, Yong-Hwan Chung, Soon-Ho Choi, Jin-Han Choi, Chang-Seon Park, Byung-Joo Byun, Tae-Ho Lee, Sin-Woo Kang (80' Kyung-Hoon Park), Jong-Chul Baek, Jae-Hee Lee.

·**Coach:** Jung-Nam Kim

Bangu (Brazil): Gilmar (GK), Louis, Marcio (45' Belto), Mario, Marinew Emiliano, Balsinai, Bingu, Ado Miraldo, Oliveira (45' Cardoso), Izrael, Zaire.

·**Coach:** Moses

Scorers: 1-0 50' Tae-Ho Lee, 1-1 86' Ado Miraldo

·**Referee:** ?

·**Attendance:** ?

South Korea - Iraq 2-0 (1-0)

XV. President's Cup 1985, Semi Final

(Seoul - Dongdaemun Stadium - 15.06.1985 - 15:00)

South Korea (Red-Red-Red): 21-Yeon-Kyo Oh (GK), 10-Chang-Seon Park (C), 12-Pyung-Seok Kim, 15-Byung-Ok Yoo, 5-Yong-Hwan Chung, 3-Jong-Soo Chung, 4-Gwang-Rae Cho, 9-Soon-Ho Choi, 11-Byung-Joo Byun, 18-Sin-Woo Kang, 13-Jong-Chul Baek (45' 6-Tae-Ho Lee).

· **Coach:** Jung-Nam Kim

Iraq (White-White-White): 1-Raad Hammoudi Salman (GK) (C), 11-Adnan Dirjal Mutar, 8-Ahmad Radhi Amaiesh (45' 3-Khalil Mohammed Allawi), 6-Ali Hussein Shihab, 17-Anad Abid Tweresh (45' 21-Haris Mohammed Hassan), 14-Basil Georgis Hanna, 12-Jamal Ali Hamza, 13-Karim Mohammed Allawi, 9-Karim Saddam Minshid, 4-Nadhum Shaker Salim, 15-Natiq Hashem Abidoun.

· **Coach:** Abdulrazaq Bakr

Scorers: 1-0 2' Soon-Ho Choi, 2-0 87' Soon-Ho Choi

· **Referee:** Juan Antonio Bava (Argentina)

· **Attendance:** 35,000

South Korea - 88 (Farm Team) 1-0 (0-0)

XV. President's Cup 1985, Final

(Seoul – Olympic Stadium – 17.06.1985)

South Korea (Red-Red-Red): Yeon-Kyo Oh (GK), Pyung-Seok Kim, Byung-Ok Yoo, Yong-Hwan Chung, Jong-Soo Chung, Kwang-Rae Cho, Soon-Ho Choi, Chang-Seon Park, Byung-Joo Byun, Tae-Ho Lee (70' Jong-Chul Baek), Sin-Woo Kang.

· **Coach:** Jung-Nam Kim

88 (Farm Team): Moon-Young Lee (GK), Tae-Shik Kang, Sang-Bum Koo (75' Ki-Geun Lee), Sam-Soo Kim, Jong-Boo Kim, Joo-Sung Kim, Pan-Keun kim, Ki-Young Nam (65' Jae-Soon Kang), Dong-Bok Chung, Min-Gook Cho, Yoon-Gyum Choi

· **Coach:** Jong-Hwan Park

Scorers: 1-0 74' Byung-Joo Byun

· **Referee:** ?

· **Attendance:** ?

South Korea - Indonesia 2-0 (0-0)

XIII. FIFA World Cup Mexico 1986, Preliminaries, 2nd Round

(Seoul - Olympic Stadium - 21.07.1985 - 17:00)

South Korea (Red-Red-Red): 21-Yeon-Kyo Oh (GK), 10-Chang-Seon Park (C), 7-Seok-Won Kim (61' 16-Joo-Sung Kim), 12-Pyung-Seok Kim, 15-Byung-Ok Yoo, 5-Yong-Hwan Chung, 3-Jong-Soo Chung, 4-Gwang-Rae Cho, 14-Min-Gook Cho, 9-Soon-Ho Choi, 17-Jung-Moo Huh (39' 11-Byung-Joo Byun).

· **Coach:** Jung-Nam Kim

Indonesia (Green-Green-Green): 1-Hermansyah (GK), 15-Heri Kiswanto (C), 9-Bambang Nurdiansyah, 17-Dede Sulaiman, 3-Didik Darmadi (31' 6-Aun Harhara), 7-Eli Idriss, 12-Marzuki Nyakmad, 2-Ristomoyo, 10-Rully Nere, 5-Warta Kusuma, 8-Zulkarnain Rubis.

· **Coach:** Sinyo Aliando

Scorers: 1-0 74' Byung-Joo Byun, 2-0 82' Joo-Sung Kim

· **Referee:** Booncherd Pratumthong (Thailand)

· **Attendance:** 80,000

Indonesia - South Korea 1-4 (0-3)

XIII. FIFA World Cup Mexico 1986, Preliminaries, 2nd Round

(Jakarta - Utama Senayan Stadium - 30.07.1985 - 19:15)

Indonesia (Red-White-White): 1-Hermansyah (GK) (22' 21-Toni Ratiperisa (GK)), 15-Heri Kiswanto (C), 9-Bambang Nurdiansyah, 17-Dede Sulaiman, 3-Didik Darmadi, 7-Eli Idriss, 12-Marzuki Nyakmad, 14-Noah Meriem (71' 8-Zulkarnain Rubis), 2-Ristomoyo, 10-Rully Nere, 5-Warta Kusma.

· **Coach:** Sinyo Aliando

South Korea (Blue-Blue-Blue): 1-In-Young Choi (GK), 3-Jong-Soo Chung, 4-Gwang-Rae Cho, 5-Yong-Hwan Chung, 12-Pyung-Seok Kim, 15-Byung-Ok Yoo, 17-Jung-Moo Huh (56' 8-Young-Jeung Cho), 16-Joo-Sung Kim, 9-Soon-Ho Choi (61' 6-Tae-Ho Lee), 10-Chang-Seon Park (C), 11-Byung-Joo Byun.

· **Coach:** Jung-Nam Kim

Scorers: 0-1 7' Byung-Joo Byun, 0-2 9' Soon-Ho Choi, 0-3 32' Jung-Moo Huh, 0-4 47' Joo-Sung Kim, 1-4 87' Dede Sulaiman

· **Cautions:** 64' Joo-Sung Kim

·**Referee :** Timothy Joseph (Malaysia)

·**Attendance :** 80,000

Japan - South Korea 1-2 (1-2)

XIII. FIFA World Cup Mexico 1986, Preliminaries, Final Round

(Tokyo - Yoyoki National Stadium - 26.10.1985 - 15:00)

Japan (White-White-White) : 19-Matsui Kiyotaka (GK), 2-Kato Hasashi (C), 14-Hara Hiromi, 4-Ishikami Akira, 10-Kimura Kazushi(82' 9-Yonashiro George), 5-Matsuki Yasutaro, 13- Miyauchi Satoshi, 12- Mizunuma Takafumi, 8-Nishimura Akihiro, 11-Totsuka Tetsuya(77' 20- Hirakawa Hiroshi), 7-Tsunami Satoshi.

·**Coach :** Takaji Mori

South Korea (Red-Red-Red) : 1-Byung-Deuk Cho (GK), 10-Chang-Seon Park (C), 16-Joo-Sung Kim (46' 19-Jong-Boo Kim), 12-Pyung-Seok Kim, 2-Kyung-Hoon Park, 11-Byung-Joo Byun, 6-Tae-Ho Lee (78' 8-Young-Jeung Cho), 5-Yong-Hwan Chung, 4-Gwang-Rae Cho, 14-Min-Gook Cho, 9-Soon-Ho Choi.

·**Coach :** Jung-Nam Kim

Scorers : 0-1 30' Yong-Hwan Chung, 0-2 42' Tae-Ho Lee, 1-2 43' Kimura Kazushi

·**Cautions :** 58' Kato Hasashi, 71' Kyung-Hoon Park

·**Referee :** Maidin Bin Singah (Singapore)

·**Attendance :** 62,000

South Korea - Japan 1-0 (0-0)

XIII. FIFA World Cup Mexico 1986, Preliminaries, Final Round

(Seoul - Olympic Stadium - 03.11.1985 - 15:00)

South Korea (Red-Red-Red) : 1-Byung-Deuk Cho (GK), 10-Chang-Seon Park (C), 7-Jong-Boo Kim, 16-Joo-Sung Kim, 12-Pyung-Seok Kim, 2-Kyung-Hoon Park, 6-Tae-Ho Lee (46' 17-Jung-Moo Huh), 5-Yong-Hwan Chung, 4-Gwang-Rae Cho, 14-Min-Gook Cho, 9-Soon-Ho Choi.

·**Coach :** Jung-Nam Kim

Japan (White-White-White) : 19- Matsui Kiyotaka (GK), 2- Kato Hisashi (C), 14- Hara Hiromi, 15- Hashiratani Koichi, 4- Ishikami Akira (46' 16- Koshida Takeshi), 6- Katsuya Toshinobu, 10- Kimura Kazushi, 13- Miyauchi

Satoshi, 11- Totsuka Tetsuya (80' 20- Hirakawa Hiroshi), 7- Tsunami Satoshi, 9- Yonashiro George.

·**Coach :** Takaji Mori

Scorers : 1-0 61' Jung-Moo Huh

·**Referee :** Othman Bin Omar (Malaysia)

·**Attendance :** 70,000

South Korea – Mexico 1-2 (1-1)

Friendly Match

(Los Angeles - Memorial Coliseum - 03.12.1985 - 20:00)

South Korea (Red-Red-Red) : 21-Yeon-Kyo Oh (GK), 10-Chang-Seon Park (C) (46' 13-Soo-Jin Noh), 12-Pyung-Seok Kim, 2-Kyung-Hoon Park (46' 3-Jong-Soo Chung), 5-Yong-Hwan Chung, 18-Sam-Soo Kim, 16-Joo-Sung Kim, 8-Young-Jeung Cho, 7-Jong-Boo Kim, 11-Byung-Joo Byun (46' Gwang-Rae Cho), 6-Tae-Hoo Lee (89' 14-Min-Gook Cho).

·**Coach :** Jung-Nam Kim

Mexico (Green-White-Red) : 1-Pablo Larios (GK), 16-Carlos Muñoz, 14-Félix Cruz, 3-Fernando Quirarte, 13-Javier Aguirre, 15-Luis Flores, 22-Manuel Negrete, 2-Mario Trejo, 7-Miguel España, 17-Raúl Servin, 10-Tomás Boy (89' 8-Alejandro Domínguez).

·**Coach :** Velibor Milutinović (Yugoslavia)

Scorers : 1-0 13' Joo-Sung Kim, 1-1 15' Luis Flores, 1-2 56' Luis Flores

·**Referee :** Robert Evans (USA)

·**Attendance :** 25,000

South Korea – Hungary 0-1 (0-0)

Mexico Tournament

(Iraquato - Iraquato Stadium - 08.12.1985 - 16:00)

South Korea (Red-Red-Red) : 1-Byung-Deuk Cho (GK), 10-Chang-Seon Park (C), 12-Pyung-Seok Kim (29' 3-Jong-Soo Chung), 2-Kyung-Hoon Park, 5-Yong-Hwan Chung, 18-Sam-Soo Kim (46' 6-Tae-Ho Lee), 16-Joo-Sung Kim (70' 11-Byung-Joo Byun), 13-Soo-Jin Noh (76' 14-Min-Gook Cho), 4-Gwang-Rae Cho, 8-Young-Jeung Cho (46' 15-Byung-Ok Yoo), 7-Jong-Boo Kim.

·**Coach :** Jung-Nam Kim

Hungary (White-White-White): 1-Péter Disztl (GK), 8-Antal Nagy, 3-Antal Róth (46' 19-Laszlo Gyimesi), 13-Attila Heredi (61' 4-Zoltán Péter), 23-György Bognár (46' 9-Laszlo Dajka), 11-Gyula Hajszan (46' 21-Kálmán Kovács), 6-Imre Garaba, 5-József Kardos, 7-József Kiprich (67' 20-Ferenc Mészáros), 10-Lajos Détári, 2-Sándor Sallai.

· **Coach:** György Mezey

Scorers: 0-1 54'(P) Jozsef Kiprich

· **Referee:** Antonio Márquez Ramírez (Mexico)

· **Attendance:** 5,000

Mexico - South Korea 2-1 (1-1)

Mexico Tournament

(Guadalajara - Jalisco Stadium - 10.12.1985 - 20:45)

Mexico (White-Green-White): 20-Olaf Heredia (GK), 8-Alejandro Domínguez, 4-Armando Manzo Ponce, 6-Carlos de los Cobos, 11-Carlos Hermosillo, 3-Fernando Quirarte, 5-Francisco Chávez, 13-Javier Aguirre (63' 22-Manuel Negrete), 7-Miguel España, 17-Raúl Servin, 10-Tomás Boy (76' 19-Javier Hernández)

· **Coach:** Velibor Milutinović (Yugoslavia)

South Korea (Red-Red-Red): 1-Byung-Deuk Cho (GK), 10-Chang-Seon Park (C) (79' 18-Sam-Soo Kim), 2-Kyung-Hoon Park, 15-Byung-Ok Yoo, 5-Yong-Hwan Chung (83' 6-Tae-Ho Lee), 3-Jong-Soo Chung, 14-Min-Gook Cho, 16-Joo-Sung Kim, 4-Gwang-Rae Cho (79' 12-Pyung-Seok Kim), 7-Jong-Boo Kim, 11-Byung-Joo Byun.

· **Coach:** Jung-Nam Kim

Scorers: 0-1 23' Jong-Boo Kim, 1-1 43'(P) Tomás Boy, 2-1 85' Carlos Hermosillo

· **Expulsions:** 87' Carlos Cobos, 87' Tae-Ho Lee

· **Referee:** Marco Antonio Dorantes García (Mexico)

· **Attendance:** 70,000

South Korea - Algeria 2-0 (0-0)

Mexico Tournament

(Nezahualcoyotl - Neza 86 Stadium - 13.12.1985 - 15:00)

South Korea (Red-Red-Red): 21-Yeon-Kyo Oh (GK), 10-Chang-Seon Park (C) (46' Soo-Jin Noh), 2-Kyung-Hoon Park, 5-Yong-Hwan Chung, 14-Min-Gook Cho, 18-Sam-Soo Kim (73' Soon-Ho Choi), 16-Joo-Sung Kim, 4-Gwang-Rae Cho, 8-Young-Jeung Cho, 7-Jong-Boo Kim, 11-Byung-Joo Byun.

· **Coach:** Jung-Nam Kim

Algeria (White-White-Green): 1-Nacer Drid (GK), 2-Abdelhamid Sadmi, 14-Ahmidouche Bentayeb (46' 11-Hocine Yahi), 13-Djamel Jefief, 9-Djamel Menad, 4-Fadil Megharia, 8-Faouzi Benkhaledi (73' 10-Hakim Medane), 6-Mohammed Kaci-Said, 3-Mokhtar Kechamli, 7-Nacer Bouiche (56' 17-Djamel Tlemcani), 15-Rachid Adgigh.

· **Coach:** Rabah Saadane

Scorers: 1-0 56' Jong-Boo Kim, 2-0 90' Soon-Ho Choi

· **Cautions:** -

· **Referee:** Arturo Brizio (Mexico)

· **Attendance:** 4,000

South Korea – Atlante (Mexico) 1-1

Friendly Match

(Mexico - ? – 19.12.1985)

South Korea (Red-Red-Red): Joo-Sung Kim. *10missings.

· **Coach:** ?

Scorers: Joo-Sung Kim

· **Referee:** ?

· **Attendance:** ?

Hong Kong Selected - South Korea 0-2 (0-1)

Chinese New Year Cup, Group Stage

(Hong Kong - South China Stadium - 09.02.1986 - 15:30)

Hong Kong (Blue-White-Blue): Preston (GK), 9-Derek Palane, Dooley, 8-John Paskin, Kwok Sun Yu, Meyo, Nash, Shani Leung Ying, Si Tak Chung, Timothy Bredbury, Wisil.

·**Coach:** Ka Ming Kwok

South Korea (White-White-White): 21-Yeon-Kyo Oh (GK), 10-Chang-Seon Park (C), 2-Kyung-Hoon Park, 15-Byung-Ok Yoo, 3-Jong-Soo Chung, 14-Min-Gook Cho (46' 8-Young-Jeung Cho), 16-Joo-Sung Kim, 13-Soo-Jin Noh (46' 6-Tae-Ho Lee), 4-Gwang-Rae Cho, 20-Yong-Se Kim, 9-Soon-Ho Choi.

·**Coach:** Jung-Nam Kim

Scorers: 0-1 20' Yong-Se Kim, 0-2 84' Soon-Ho Choi

·**Referee:** ?

·**Attendance:** 8,000

Note: This match was not counted as a full international because Hong Kong used some foreign players.

South Korea - Paraguay 1-3 (0-0)

Chinese New Year Cup, Group Stage

(Hong Kong - Hong Kong Stadium - 16.02.1986 - 15:30)

South Korea (Red-Red-Red): 1-Byung-Deuk Cho (GK), 10-Chang-Seon Park (C), 12-Pyung-Seok Kim, 15-Byung-Ok Yoo, 3-Jong-Soo Chung, 16-Joo-Sung Kim (45' 13-Soo-Jin Noh), 4-Gwang-Rae Cho (45' 14-Min-Gook Cho), 17-Jung-Moo Huh, 20-Yong-Se Kim, 7-Jong-Boo Kim, 9-Soon-Ho Choi.

·**Coach:** Jung-Nam Kim

Paraguay (White-Blue-Blue): 12-Jorge Battaglia (GK), 5-Rogelio Delgado (C),10-Adolfino Cañete, Adriano Samaniego, 3-César Zabala, 17-Francisco Alcaraz (15-Eufemio Cabral), Isidro Sandoval, 16-Jorge Guasch, 2-Juan Torales (13-Virgilio Caceres), 20-Ramón Hicks, 4-Vladimiro Schettina.

·**Coach:** Cayetano Re

Scorers: 0-1 46' Adolfino Cañete, 0-2 66' Isidro Sandoval, 1-2 77' Min-Gook Cho, 1-3 89' Vladimiro Schettina

·**Attendance:** 10,000

West Germany - South Korea 0-0 (0-0)

Friendly Match

(Koblenz - Oberwerth Stadium - 11.03.1986)

West Germany (White-Black-White): Eike Immel (GK), Thomas Berthold, Wilfried Hannes, Wofgang Funkel, Michael Frontzeck, Gunther Drews (45' Uwe Fuchs), Stefan Reuter, Manfred Schwabl, Ralf Falkenmayer, Ralf Geilenkirchen (69' Markus Schup), Herbert Waas.

·**Coach:** Berti Vogts

South Korea (Red-Red-Red): 1-Byung-Deuk Cho (GK), 20-Yong-Se Kim, 8-Young-Jeung Cho, 3-Jong-Soo Chung, 2-Kyung-Hoon Park, 16-Joo-Sung Kim, 10-Chang-Seon Park (C), 4-Gwang-Rae Cho, 14-Min-Gook Choi, 9-Soon-Ho Choi (77' 11-Byung-Joo Byun), 7-Jong-Boo Kim (27' 6-Tae-Ho Lee, 45' 13-Soo-Jin Noh).

·**Coach:** Jung-Nam Kim

Scorers: -

·**Referee:** Alexis Ponnet (Belgium)

·**Attendance:** ?

Note: It was an exhibition match without spectator. West Germany fielded sub-strength side.

South Korea - Works Team 2-1

Warm Up Match

(Masan - ? – 02.04.1986)

South Korea: Yong-Se Kim, Soo-Jin Noh. *9 missings.

·**Coach:** ?

Scorers: Yong-Se Kim, Soo-Jin Noh

·**Referee:** ?

·**Attendance:** ?

South Korea – Work Team 3-2

Warm Up Match

(Incheon - ? – 09.04.1986)

South Korea: Joo-Sung Kim, Soon-Ho Choi. *9 missings.

·**Coach:** ?

Scorers: Joo-Sung Kim, Joo-Sung Kim, Soon-Ho Choi

· Referee: ?

· Attendance: ?

South Korea – Work Team 0-0

Warm Up Match

(Incheon - ? – 09.04.1986)

South Korea : ?

· Coach: ?

Scorers: -

· Referee: ?

· Attendance: ?

South Korea - England 1-4 (0-2)

Friendly Match

(Denver - Fountain Valley School Field - 14.05.1986 - 16:00)

South Korea (Red-Red-Red): 21-Yeon-Kyo Oh (GK), 10-Chang-Seon Park (C) (45' 22-Deuk-Soo Kang), 8-Young-Jeung Cho, 2-Kyung-Hoon Park, 12-Pyung-Seok Kim, 20-Yong-Se Kim, 4-Gwang-Rae Cho (45' 13-Soo-Jin Noh), 17-Jung-Moo Huh (45' 19-Byung-Joo Byun), 14-Min-Gook Cho, 11-Bum-Geun Cha, 9-Soon-Ho Choi (45' 7-Jong-Boo Kim).

· Coach: Jung-Nam Kim

England (White-Blue-White): 1-Peter Shilton(45' Chris Woods) (GK), Vivian Anderson, Terry Fenwick (Alvin Martin), Terry Butcher, Kenneth Sansom, Chris Waddle (John Barnes), Glenn Hoddle, Raymond Wilkins (45' Steve Hodge), 7-Bryan Robson (C) (45' Trevor Steven), Peter Beardsley (Kerry Dickson), 9-Mark Hateley.

· Coach: Bobby Robson

Scorers: 0-1 37' Mark Hateley, 0-2 41' Bryan Robson, 0-3 61' Kerry Dickson, 1-3 83' Deuk-Soo Kang, 1-4 88' Kerry Dickson

· Referee: ?

· Attendance: ?

Note: It was an exhibition match without spectator. FIFA didn't count this match as a full international.

South Korea - Alianza (Peru) 2-0 (0-0)

Friendly Match

(LA - ? – 18.05.1986)

South Korea (Red-Red-Red): Yeon-Kyo Oh (GK), Deuk-Soo Kang, Yong-Se Kim, Pyung Seok Kim (45' Kyung-Hoon Park), Chang-Seon Park (45' Jong-Boo Kim), Byung-Joo Byun (45' Joo-Sung Kim), Yong-Hwan Chung, Min-Gook Cho, Bum-Geun Cha, Soon-Ho Choi, Jung-Moo Huh.

· Coach: Jung-Nam Kim

Alianza (Peru) : Gonzalez Ganoza (GK), Carlos Bustamante (45' Tomas Farfan), Cezar Sussoni, Humberto Rey, Jorge Cordedo, Jose Casanova, Juan Illescas, Juan Leynoso, Luiz Escobar, Raul Mejia, Richard Garrido.

· Coach: Juan Quarterone

Scorers: 1-0 52' Bum-Geun Cha, 2-0 82' Soon-Ho Choi

· Referee: ?

· Attendance: ?

Argentina - South Korea 3-1 (2-0)

XIII. FIFA World Cup Mexico 1986, Final Phase, 1st Round Group A

(Mexico City - Olimpico 68 Stadium - 02.06.1986 - 12:00)

Argentina (Skyblue/White-Black-White): 18-Nery Pumpido (GK), 10-Diego Maradona (C), 13-Oscar Garre, 14-Ricardo Giusti, 19-Oscar Ruggeri, 2-Sergio Batista (76' 16-Julio Olarticoechea), 11-Jorge Valdano, 7-Jorge Burruchaga, 5-José Luis Brown, 8-Néstor Clausen, 17-Pedro Pasculli (75' 20-Carlos Tapia).

· Coach: Carlos Salvador Bilardo

South Korea (Red-Red-Red): 21-Yeon-Kyo Oh (GK), 10-Chang-Seon Park (C), 20-Yong-Se Kim (46' 15-Byung-Ok Yoo), 12-Pyung-Seok Kim (22' 4-Gwang-Rae Cho), 2-Kyung-Hoon Park, 5-Yong-Hwan Chung, 14-Min-Gook Cho, 9-Soon-Ho Choi, 17-Jung-Moo Huh, 16-Joo-Sung Kim, 11-Bum-Geun Cha.

· Coach: Jung-Nam Kim

Scorers: 1-0 6' Jorge Valdano, 2-0 18' Oscar Ruggeri, 3-0 46' Jorge Valdano, 3-1 83' Chang-Seon Park

· Cautions: 44' Jung-Moo Huh, 50' Chang-Seon Park

· Referee: Victoriano Sánchez Arminio (Spain)

· Attendance: 60,000

South Korea - Bulgaria 1-1 (0-1)

XIII. FIFA World Cup Mexico 1986, Final Phase, 1st

Round Group A

(Mexico City - Olimpico 68 Stadium - 06.06.1986 - 16:00)

South Korea (Red-Red-Red): 21-Yeon-Kyo Oh (GK), 10-Chang-Seon Park (C), 2-Kyung-Hoon Park, 5-Yong-Hwan Chung, 8-Young-Jeung Cho, 13-Soo-Jin Noh (46' 7-Jong-Boo Kim), 4-Gwang-Rae Cho (72' 14-Min-Gook Cho), 17-Jung-Moo Huh, 16-Joo-Sung Kim, 19-Byung-Joo Byun, 11-Bum-Geun Cha.

·Coach: Jung-Nam Kim

Bulgaria (White-Green-White): 1-Borislav Mikhailov (GK), 5-Georgi Dimitrov (C), 11-Plamen Getov (58' 6-Andrei Zheliaskov), 10-Zhivko Gospodinov, 9-Stoicho Mladenov, 8-Anyo Sadkov, 2-Nasko Sirakov, 3-Nikolay Arabov, 4-Petar Petrov, 7-Bozhidar Iskrenov (45' 20-Kostadin Kostadinov) 12-Radoslav Zdravkov.

·Coach: Ivan Vutzov

Scorers: 0-1 11' Plamen Getov, 1-1 71' Jong-Boo Kim

·Cautions: 31' Joo-Sung Kim, 49' Zhivko Gospodinov, 60' Young-Jeung Cho

·Referee: Fallaj Khuzam Al-Shanar (Saudi Arabia)

·Attendance: 45,000

South Korea – Italy 2-3 (0-1)

XIII. FIFA World Cup Mexico 1986, Final Phase, 1st Round Group A

(Puebla - Cuauhtémoc Stadium - 10.06.1986 - 12:00)

South Korea (Red-Red-Red): 21-Yeon-Kyo Oh (GK), 10-Chang-Seon Park (C), 2-Kyung-Hoon Park, 5-Yong-Hwan Chung, 8-Young-Jeung Cho, 4-Gwang-Rae Cho, 9-Soon-Ho Choi, 17-Jung-Moo Huh, 16-Joo-Sung Kim (46' 3-Jong-Soo Chung), 19-Byung-Joo Byun (70' 7-Jong-Boo Kim), 11-Bum-Geun Cha.

·Coach: Jung-Nam Kim

Italy (White-White-Blue): 1-Giovanni Galli (GK), 6-Gaetano Scirea (C), 19-Giuseppe Galderisi (88' 17-Gianluca Vialli), 13-Fernando De Napoli, 14-Antonio Di Gennaro, 10-Salvatore Bagni (67' 11-Giuseppe Baresi), 8-Pietro Vierchowod, 18-Alessandro Altobelli, 3-Antonio Cabrini, 16-Bruno Conti, 4-Fulvio Collovati.

·Coach: Enzo Bearzot

Scorers: 0-1 17' Alessandro Altobelli, 1-1 62' Soon-Ho Choi, 1-2 73' Alessandro Altobelli, 1-3 82'(OG) Gwang-Rae Cho, 2-3 89' Jung-Moo Huh

·Cautions: 17' Joo-Sung Kim, 35' Kyung-Hoon Park, 65' Gaetano Scirea, 70' Pietro Vierchowod

·Referee: David Socha (USA)

·Attendance: 20,000

Note: 26' Altobelli missed a penalty.

South Korea – 88 (Farm Team) 2-1

Warm Up Match

(Seoul – Dongdaemun Stadium – 21.08.1986)

South Korea: Kyung-Hoon Park, Soon-Ho Choi. *9missings.

·Coach: ?

Scorers: Kyung-Hoon Choi, Soon-Ho Choi

·Referee: ?

·Attendance: ?

South Korea - India 3-0 (2-0)

X. Asian Games Seoul 1986, 1st Round Group B

(Busan - Gudeok Stadium - 20.09.1986 - 16:00)

South Korea (Red-Red-Red): 1-Byung-Deuk Cho (GK), 10-Chang-Seon Park (C), 2-Kyung-Hoon Park, 14-Min-Gook Cho, 16-Joo-Sung Kim, 13-Soo-Jin Noh (62' 11-Byung-Joo Byun), 4-Gwang-Rae Cho, 8-Young-Jeung Cho, 9-Soon-Ho Choi, 17-Jung-Moo Huh, 20-Yong-Se Kim (34' 6-Tae-Ho Lee).

·Coach: Jung-Nam Kim

India (Skyblue-Navy-Navy): 1-Atanu Bhattacharya (GK), 4-Sudip Chatterjee (C), 2-Aloke Mukherjee, 14-Babu Mani, 7-Bikash Panji, 11-Camilo Goncalves, 16-Krishnendu Roy, 8-Krishanu Dey, 18-Mauricio Alfonso, 3-Tarun Dey, 15-Vattaparambath Sathyan.

·Coach: Pradip Kumar Banerjee

Scores: 1-0 9' Soo-Jin Noh, 2-0 32' Soon-Ho Choi, 3-0 83' (P) Chang-Seon Park

·Referee: Manoucher Nazari (Iran)

·Attendance: 12,899

South Korea - Bahrain 0-0 (0-0)

X. Asian Games Seoul 1986, 1st Round Group B

(Busan - Gudeok Stadium - 24.09.1986 - 16:00)

South Korea (Red-Red-Red): 1-Byung-Deuk Cho (GK), 2-Kyung-Hoon Park, 8-Young-Jeung Cho, 14-Min-Gook Cho, 17-Jung-Moo Huh, 4-Gwang-Rae Cho, 10-Chang-Seon Park (C), 16-Joo-Sung Kim, 9-Soon-Ho Choi, 13-Soo-Jin Noh (60' 11-Byung-Joo Byun), 20-Yong-Se Kim.

·Coach: Jung-Nam Kim

Bahrain (White-White-White): 1-Ramzi Hassan Mohammed, (GK), 8-Abdulrahman Hisham Abdullah, 17-Abdul Latif Jaffer Hussain, 5-Ali Daif Adnan, 13-Bushagor Ali Yousif, 15-Eid Khamis (16-Rashid Hassan Abdul Rahman), 4-Helal Faraj Juma, 12-Marjan Eid, 18-Saif Bakeet Abul Karim, 22-Saleh Ali Mohamed, 14-Yousif Ali Hassan.

·Coach: Robby Stepney (England)

Scorers: -

·Cautions: 53' Helal Juma

·Referee: Salah Mohammed Karim (Iraq)

·Attendance: 10,321

South Korea - China 4-2 (1-1)

X. Asian Games Seoul 1986, 1st Round Group B

(Busan - Gudeok Stadium - 28.09.1986 - 16:00)

South Korea (Red-Red-Red): 1-Byung-Deuk Cho (GK), 10-Chang-Seon Park (C), 2-Kyung-Hoon Park, 14-Min-Gook Cho, 18-Sam-Soo Kim (77' 5-Yong-Hwan Chung), 16-Joo-Sung Kim, 4-Gwang-Rae Cho, 8-Young-Jeung Cho, 9-Soon-Ho Choi, 17-Jung-Moo Huh, 11-Byung-Joo Byun (46' 6-Tae-Ho Lee).

·Coach: Jung-Nam Kim

China (White-White-White): 1-Xu Jianping (GK), 18-Duan Ju, 17-Guo Yijun, 5-Jia Xiuquan, 16-Li Hui, 9-Liu Haiguang, 4-Lu Hongxiang, 10-Ma Lin, 20-Mai Chao (77' 11-Liu Zhongchang), 8-Tang Yaodong, 2-Zhu Bo.

·Coach: Nian Weisi

Scorers: 1-0 19'(P) Chang-Seon Park, 1-1 25'(P) Li Hui, 2-1 47' Joo-Sung Kim, 3-1 74' Tae-Ho Lee, 4-1 76' Min-Gook Cho, 4-2 79'(P) Li Hui

·Referee: Manoucher Nazari (Iran)

·Attendance: 15,529

South Korea - Iran 1-1 (1-0,1-1) a.e.t. 5-4 on penalties

X. Asian Games Seoul 1986, Quarter Final

(Busan - Gudeok Stadium - 01.10.1986 - 17:00)

South Korea (Red-Red-Red): 1-Byung-Deuk Cho (GK), 17-Jung-Moo Huh, 12-Pyung-Seok Kim, 8-Young-Jeung Cho, 14-Min-Gook Cho, 4-Gwang-Rae Cho, 10-Chang-Seon Park (C), 18-Sam-Soo Kim (81' 3-Jong-Soo Chung), 9-Soon-Ho Choi, 16-Joo-Sung Kim, 11-Byung-Joo Byun (36' 6-Tae-Ho Lee).

·Coach: Jung-Nam Kim

Iran (White-White-White): 1-Ahmad Sajjadi (GK), 10-Karim Bavi(C), 15-Abdolahi Changiz, Hamid Darakhshan, 19-Hussain Masgar Saravi, 7-Majeed Namjou-Motlagh, 5-Mohammad Panjali, 8-Nader Mohammadkhani, 3-Shahin Bayani (118' 2-Asghar Hajiloo), 6-Shahrokh Bayani (73' 16-Murtaza Yekke), 25-Sirous Ghayeghran.

·Coach: Parvis Dehdari

Scorers: 1-0 34'(P) Chang-Seon Park, 1-1 84' Karim Bavi

·Cautions: 41' Jung-Moo Huh, 68' Karim Bavi

·Expulsions: 48' Jung-Moo Huh

·Referee: Ahmed Jassim Mohamed (Bahrain)

·Attendance: 16,574

South Korea - Indonesia 4-0 (1-0)

X. Asian Games Seoul 1986, Semi Final

(Seoul - Olympic Stadium - 03.10.1986 - 19:00)

South Korea (Red-Red-Red): 1-Byung-Deuk Cho (GK), 10-Chang-Seon Park (C), 12-Pyung-Seok Kim, 2-Kyung-Hoon Park (43' 3-Jong-Soo Chung), 14-Min-Gook Cho, 18-Sam-Soo Kim, 16-Joo-Sung Kim, 13-Soo-Jin Noh (46' 6-Tae-Ho Lee), 4-Gwang-Rae Cho, 8-Young-Jeung Cho, 9-Soon-Ho Choi.

·Coach: Jung-Nam Kim

Indonesia (White-White-White): 20-Ponirin Neka (GK), 11-Adolofo Kabo, 12-Berty Tutuarima, 2-Jaya Hartono (53' 6-Marzuki Nyakmad), 5-Patar Tambunan, 9-Richy Yacob, 19-Robby Darwis, 18-Robby Maruanaya, 3-Sutrisno (32' 17-Surmadi), 4-Yonas Sawor, 8-Zulkarnain Lubis.

·Coach: Berce Matulatelwa

Scorers: 1-0 28' Gwang-Rae Cho, 2-0 51' Soon-Ho Choi,

3-0 67' Tae-Ho Lee, 4-0 74' Soon-Ho Choi

· **Referee:** Salah Mohammed Karim (Iraq)

· **Attendance:** 70,000

South Korea - Saudi Arabia 2-0 (1-0)

X. Asian Games Seoul 1986, Final

(Seoul - Olympic Stadium - 05.10.1986 - 16:00)

South Korea (Red-Red-Red): 1-Byung-Deuk Cho (GK), 10-Chang-Seon Park (C), 12-Pyung-Seok Kim, 14-Min-Gook Cho, 18-Sam-Soo Kim (46' 13-Soo-Jin Noh), 16-Joo-Sung Kim, 4-Gwang-Rae Cho, 8-Young-Jeung Cho, 9-Soon-Ho Choi, Jung-Moo Huh, 11-Byung-Joo Byun.

· **Coach:** Jung-Nam Kim

Saudi Arabia (White-White-White): 1-Salem Marown (GK), 2-Abdulrahman Al-Tekhaifi, 4-Abdulrahman Al-Roomi, 10-Fahad Al-Mosaibeth, 3-Hussain Al-Bishi, 12-Ismail Hakami, 8-Mohammed Al-Shehrani, 11-Muhaisen Al-Dossary, 14-Saad Al-Dossary (21' 20-Abdullah Masod), 5-Saleh Al-Nuayamah, 15-Youssif Al-Thuniyan.

· **Coach:** Carlos Castilho (Brazil)

Scorers: 1-0 7' Gwang-Rae Cho, 2-0 84' Byung-Joo Byun

· **Referee:** Ahmed Jassim Mohamed (Bahrain)

· **Attendance:** 80,000

1987

South Korea - Universiade represent 1-1

Warm Up Match

(Cheonan - ? – 30.05.1987)

South Korea: Yong-Se Kim. *10missings.

· **Coach:** ?

Scorers: Yong-Se Kim

· **Referee:** ?

· **Attendance:** ?

South Korea – Hungary Club Selected 1-0 (1-0)

XVI. President's Cup 1987, 1st Round Group A

(Seoul – Dongdaemun Stadium – 08. 06. 1987 – 12:00)

South Korea: Byung-Deuk Choi (GK), Pan-Geun Kim, Pyung-Seok Kim, Bum-Kyu Yeo, Yong-Hwan Chung, Sam-Soo Kim, Joo-Sung Kim, Soo-Jin Noh, 8-Hae-Won Chung (46' 14-Soon-Ho Choi), Sang-Gook Choi, Chil-Sung Lee (45' 10-Yong-Se Kim)

· **Coach:** Jong-Hwan Park

Hungary Club Selected: Gelai Calorie, Gerefezuki, Borshani, Borstian Michalli, Suaqzanos, Arki (45' Simon), Elleges (45' Jorba), Jutic Peter, Keith Sandor, Hamori. *1missings.

· **Coach:** ?

Scorers: ?1-0 37' Sam-Soo Kim

· **Referee:** ?

· **Attendance:** ?

South Korea - Egypt 0-0

XVI. President's Cup 1987, 1st Round Group A *game suspended

(Masan - Sports Complex Athletics Stadium - 10.06.1987 – 17:10)

South Korea (Blue-Blue-Blue): 1-Byung-Deuk Cho (GK), 8-Hae-Won Chung (C), 12-Pan-Geun Kim, 3-Pyung-Seok Kim, 14-Bum-Kyu Yeo, 5-Yong-Hwan Chung, 4-Sam-Soo Kim, 16-Joo-Sung Kim, 11-Sang-Gook Choi, 19-Yoon-Gyeom Choi, 10-Yong-Se Kim.

· **Coach:** Jong-Hwan Park

Egypt: Ahmed Shobair (GK), Ahmed El-Kass, Ali Shehata, Ayman Younis, El-Sayed Youssef, Emad Soliman, Gamal Hamid, Magdi Ghani, Mohamed Omar, Rabea Yassin, Shawki Ghareeb.

· **Coach:** Mahmoud El-Gohary

· **Referee:** Nadasen Chandra (Singapore)

· **Attendance:** 23,000

Note: There was a political demonstration in Masan (called '6.10 Demonstration' in Korea). People demonstrated in front of the stadium and policemen used a tear bomb. So the match couldn't be continued any more and Chandra, the Singaporian refree stopped the match at 29th minutes. This match was admitted as 0-0 draw to decide qualifying teams for the 2nd round but wasn't counted.

South Korea - U.S.A. 1-0 (1-0)

XVI. President's Cup 1987, 1st Round Group A

(Busan - Gudeok Stadium - 12.06.1987 - 19:40)

South Korea (Red-Red-Red): 1-Byung-Deuk Cho (GK), 8-Hae-Won Chung (C), 12-Pan-Geun Kim, 3-Pyung-Seok Kim, 6-Ki-Young Nam (45' 13-Soo-Jin Noh), 5-Yong-Hwan Chung, 4-Sam-Soo Kim, 16-Joo-Sung Kim, 14-Bum-Kyu Yeo, 11-Sang-Gook Choi, 10-Yong-Se Kim (45' 14-Soon-Ho Choi).

· **Coach:** Jong-Hwan Park

U.S.A. (White-Blue-White): 1-David Vanole (GK), 8-Bruce Murray, 11-Eric Eichmann, 2-Jimmy Banks, 4-John Doyle, 10-John Harkes, 16-Joseph Kirk (46' 15-Christopher Sullivan), 5-Michael Windischmann, 13-Sadri Gjonbalaj, 9-Ted Hantak, 7-Tom Kain.

· **Coach:** Bob Gansler

Scorers: 1-0 31' Sang-Gook Choi

· **Referee:** Masahiro Sogawa (Japan)

· **Attendance:** 23,000

South Korea - Thailand 4-2 (2-0)

XVI. President's Cup 1987, 1st Round Group A

(Daejeon - Civil Stadium - 14.06.1987 - 17:10)

South Korea (Red-Red-Red): 1-Byung-Deuk Cho (GK), 8-Hae-Won Chung (C), 3-Pyung-Seok Kim, 2-Kyung-Hoon Park, 4-Sam-Soo Kim, 16-Joo-Sung Kim, 13-Soo-Jin Noh, 19-Yoon-Gyeom Choi (46' 5-Yong-Hwan Chung), 10-Yong-Se Kim, 20-Byung-Ok Yoo, 17-Jin-Han Choi (46' 14-Soon-Ho Choi).

· **Coach:** Jong-Hwan Park

Thailand (White-White-White): 1-Sompong Nantapraparsil (GK), 5-Narong Arjarayult (45' 3-Numcok Chaijaleon), 7-Natee Tongsukkao, 13-Pichai Kongsri, 8-Pichitpol Uthaikul (45' 6-Thanis Areesngarkul), 11-Pratheep Pankhaw, 17- Sangnapol Chalermvud, 6-Sutin Chaikitti, 12-Thaweerak Sittipultong, 10-Vorawan Chitavanich, 19-Werapong Pengree.

· **Coach:** Juta Singsapat

Scorers: 1-0 14' Soo-Jin Noh, 2-0 18' Joo-Sung Kim, 3-0 61' Hae-Won Chung, 3-1 63' Thanis Areesngarkul, 4-1 79'(P) Sam-Soo Kim, 4-2 88' WIraqong Pengree

· **Expulsions:** 44' Yong-Se Kim

· **Referee:** Nadasen Chandra (Singapore)

· **Attendance:** 20,000

South Korea - Espanyol (Argentina) 3-0 (3-0)

XVI. President's Cup 1987, 1st Round Group A

(Cheongju – City Stadium – 16.06.1987 – 17:10)

South Korea: Chul-Woo Park (GK), Pan-Geun Kim, Pyung-Seok Kim, Ki-Young Nam, Yong-Hwan Chung, 4-Sam-Soo Kim (45' 14-Bum-Kyu Yeo), Joo-Sung Kim, Soo-Jin Noh, Sang-Gook Choi, Soon-ho Choi, Jin-Han Choi.

· **Coach:** Jong-Hwan Park

Espanyol (Argentina): Arguezo (GK), Andrada (45' Moreno), Correa, Jorge Ortega (45' Jose Rodriguez), Jose Batista, Leandro Perez, Lorenzo Ojeda, Mario Cariaga, Navarro Montoya, Omar Castro, Zarate.

· **Coach:** Oscar Cavallero

Scorers: 1-0 14'(P) Soon-Ho Choi, 2-0 17' Jin-Han Choi, 3-0 37' Jin-Han Choi

· **Referee:** ?

· **Attendance:** ?

South Korea - Korea Farm Team 3-1

XVI. President's Cup 1987, Semi Final

(Seoul – Olympic Stadium – 19.06.1987)

South Korea : Yong-Se Kim, Sam-Soo Kim, Hae-Won Chung. *8missings.

· **Coach:** ?

Scorers: Yong-Se Kim, Sam-Soo Kim, Hae-Won Chung

· **Referee:** ?

· **Attendance:** ?

South Korea - Australia 1-1 (0-0,1-1) a.e.t. 5-4 on penalties

XVI. President's Cup 1987, Final

(Seoul - Olympic Stadium - 21.06.1987 - 16:00)

South Korea (Red-Red-Red): 1-Byung-Deuk Cho (GK), 5-Yong-Hwan Chung (C), 12-Pan-Geun Kim, 3-Pyung-Seok Kim, 4-Sam-Soo Kim, 16-Joo-Sung Kim, 11-Sang-Gook Choi, 19-Yoon-Gyeom Choi, 10-Yong-Se Kim (46' 14-Soon-Ho Choi), 20-Byung-Ok Yoo, 17-Jin-Han Choi (46' 8-Hae-Won Chung).

·**Coach:** Jong-Hwan Park

Australia (Yellow-Green-White): 1-Jeff Olver (GK), 8-Paul Wade (C) (45' 10-Peter Raskopoulos),15-Alan Davidson, 4-Charlie Yankos, 11-Chris Kalantzis (45' 13-Andrew Zinni), 7-Frank Farina, 9-Graham Arnold, 3-Graham Jennings, 14-Oscar Crino, 5-Robert Dunn, 2-Wally Savor.

·**Coach:** Frank Arok

Scorers: 1-0 72' Pan-Geun Kim, 1-1 83' Graham Arnold

·**Penalties:** 0-1 Oscar Crino, 1-1 Hae-Won Chung, 1-2 Charlie Yankos, 1-2 Soon-Ho Choi (missed), 1-3 Alan Davidson, 2-3 Pan-Geun Kim, 2-3 Frank Farina (missed), 3-3 Sam-Soo Kim, 3-4 Robert Dunn, 4-4 Joo-Sung Kim, 4-4 Peter Raskopoulos (missed), 5-4 Bum-Kyu Yeo

·**Referee:** Nadasen Chandra (Singapore)

·**Attendance:** 50,000

Note: It was the first victory for South Korea over Australia in the history.

South Korea - Velez Mostar (Yugoslavia) 2-1 (0-0)

XXXI. Merdeka Cup 1987

(Kuala Lumpur - Merdeka Stadium - 10.12.1987)

South Korea: Byung-Deuk Cho (GK), Pyung-Seok Kim, Ki-Young Nam, Kyung-Hoon Park, Yong-Hwan Chung, 15-Sam-Soo Kim (45' 14-Bum-Kyu Yeo), Soo-Jin Noh, 8-Hae-Won Chung (45' 16-Joo-Sung Kim), Sang-Gook Choi, Soon-Ho Choi, Tae-Ho Lee.

·**Coach:** ?

Velez Mostar (Yugoslavia): Vukasin Petranovic (GK), Anel Karabeg, Advo Kalajdzic, Drazenko Prskalo, Emir Tufek, Ismet Sisic, lvica Barbaric, Meho Kodro (45' Zijad Repak), Semir Tuce, Veselin Durasovic, Vladimir Gudelj.

·**Coach:** Enver Maric

Scorers: 1-0 58' Tae-Ho Lee, 2-0 68' Soo-Jin Noh, 2-1 88' Vladimir Gudelj

·**Referee:** ?

·**Attendance:** ?

South Korea - Dnepr (Soviet) 2-1 (0-1)

XXXI. Merdeka Cup 1987

(Kuala Lumpur - Merdeka Stadium - 12.12.1987)

South Korea: Byung-Deuk Cho (GK), Pyung-Seok Kim, Ki-Young Nam, Kyung-Hoon Park, Yong-Hwan Chung, Sam-Soo Kim, Joo-Sung Kim, Soo-Jin Noh, 10-Soon-Ho Choi (45' 7-Sang-Gook Choi), Byung-Joo Byun, 9-Tae-Ho Lee (45' 8-Hae-Won Chung).

·**Coach:** ?

Dnepr (Soviet): Sergey Krakovskiy (GK), Aleksey Cherednik, Andrey Sidelnikov (45' Aleksandr Sorokalet), Anton Shokh, Ivan Vishnevskiy, Nikolay Kudritskiy (45' Vladmir Bagmut), Sergey Bashkirov, Vadim Tishchenko, Vasiliy Storchak, Vladimir Gerashenko, Yevgeniy Shakhov.

·**Coach:** Yevhen Kucherevsky

Scorers: 0-1 2' Vasiliy Sorchak, 1-1 62' Sam-Soo Kim, 2-1 73'(OG) Sergey Bashkirov

·**Expulsions:**40' Vasiliy Sorcchak

·**Referee:** ?

·**Attendance:** ?

South Korea – Újpest (Hungary) 2-0 (1-0)

XXXI. Merdeka Cup 1987

(Kuala Lumpur - Merdeka Stadium - 14.12.1987)

South Korea: 21-Sung-Ho Ho (GK), Pan-Geun Kim, Pyung-Seok Kim, Ki-Young Nam, 15-Sam-Soo Kim (45' 6-Soo-Jin Noh), Hae-Won Chung, 7-Sang-Gook Choi (55' 10-Soon-Ho Choi), Yoon-Gyum Choi, Byung-Joo Byun, Tae-Ho Lee. *1missings.

·**Coach:** ?

Újpest (Hungary): Laszlo Kakas (GK), Andras Szabo, Gyorgy Katona, Istvan Balogh, Istvan Kozma, Istvan Schneider, Jozsef Varga, Lajos Schroth (45' Sandor Dobos), Sandor Steidl, Saszlo Szelpal, Viktor Mundi.

·**Coach:** Janos Gorocs

Scorers: 1-0 38' Byung-Joo Byun, 2-0 60' Soon-Ho Choi

·**Referee:** ?

·**Attendance:** ?

Malaysia - South Korea 0-1 (0-0)

XXXI. Merdeka Cup 1987, Semi Final

(Kuala Lumpur - Merdeka Stadium - 17.12.1987)

Malaysia: Raimi Jamil (GK), Azizol Abu haniffa, Chow

Siew Yai, K.Ravichandran, Lee Kin Hong, M.Ravindran, Radhi Mat Din, Salehan Som (52' A.Anbalagan), Salim Mahmud, Subadron Aziz, Zainal Abidin Hassan.

·**Coach:** Abdul Rahman Ibrahim

South Korea (Red-Red-Red): 1-Byung-Deuk Cho (GK), 5-Yong-Hwan Chung (C), 12-Pan-Geun Kim, 17-Ki-Young Nam, 2-Kyung-Hoon Park, 15-Sam-Soo Kim, 16-Joo-Sung Kim, 6-Soo-Jin Noh (75' 14-Bum-Kyu Yeo), 10-Soon-Ho Choi, 11-Byung-Joo Byun (75' 7-Sang-Gook Choi), 6-Tae-Ho Lee.

·**Coach:** Jong-Hwan Park

Scorers: 0-1 80' Sang-Gook Choi

·**Expulsions:** 85' Sam-Soo Kim

·**Referee:** Farid Abdulrahman Zainal (UAE)

·**Attendance:** ?

Czechoslovakia - South Korea 3-2 (2-1)

XXXI. Merdeka Cup 1987, Final

(Kuala Lumpur - Merdeka Stadium - 19.12.1987)

Czechoslovakia (Red-White-Blue): Ján Stejskal (GK), Ján Kocian, Julius Bielek, Lubomír Moravčík, Michal Bílek, Miroslav Siva, Peter Fieber, Rudolf Pavlík (81' Viliam Hýravý), Vaclav Daněk, Vladimir Ekhardt (70' Miroslav Janù), Vladimír Kinier.

·**Coach:** Milouš Kvaček

South Korea (Blue-Blue-Blue): 1-Byung-Deuk Cho (GK), 3-Pyung-Seok Kim, 17-Ki-Young Nam, 2-Kyung-Hoon Park, 16-Joo-Sung Kim, 6-Soo-Jin Noh, 8-Hae-Won Chung, 10-Soon-Ho Choi, 13-Yoon-Gyeom Choi (52' 5-Yong-Hwan Chung), 11-Byung-Joo Byun (65' 9-Tae-Ho Lee), 14-Bum-Kyu Yeo.

·**Coach:** Jong-Hwan Park

Scorers: 1-0 23' Julius Bielek, 2-0 25' Vaclav Danek, 2-1 30'(P) Soo-Jin Noh, 3-1 62' Vladimir Ekhardt, 3-2 65' Joo-Sung Kim

·**Referee:** Stephen Ovinis (Malaysia)

·**Attendance:** 12,000

Note: FIFA didn't count this match as a full international because Czechoslovakia fielded Olympic side.

1988

South Korea - Egypt 1-1 (0-0,1-1) a.e.t. 4-3 on penalties

III. Afro-Asian Championship

(Doha - Khalifa Stadium - 06.01.1988 - 17:00)

South Korea (Blue-Blue-Blue): 1-Byung-Deuk Cho (GK), 8-Hae-Won Chung (C), 23-Sang-Bum Koo, 12-Pan-Geun Kim (56' 9-Tae-Ho Lee), 2-Kyung-Hoon Park, 15-Sam-Soo Kim, 6-Soo-Jin Noh, 7-Sang-Gook Choi (65' 17-Ki-Young Nam), 10-Soon-Ho Choi, 13-Yoon-Gyeom Choi, 11-Byung-Joo Byun.

·**Coach:** Jong-Hwan Park

Egypt (Red-White-Black): 12-Ahmed Shobeir (GK), 10-Abdel Hamid Gamal (45' Ahmed El-Kass), 8-Alaa Mayhoub, 2-Ali Shehata, 6-Ayman Younis, 11-Emad Soliman, 5-Hamada Sedki, 7-Ismail Youssef, 4-Mohammed Omar, 9-Mohammed Ramadan, 3-Mohammed Saad.

·**Coach:** Mahmoud El-Gohary

Scorers: 1-0 65' Tae-Ho Lee, 1-1 86' Ayman Younis

·**Penalties:** 1-0 Hae-Won Chung, 1-1 Emad Soliman, 2-1 Soo-Jin Noh, 2-2 Ali Shehata, 3-2 Byung-Joo Byun, 3-3 Ahmed Shobeir, 4-3 Sam-Soo Kim, 4-3 Mohammed Ramadan (missed), 4-3 Ayman Younis (missed)

·**Referee:** Jassim Mandi Abdul-Rahman (Bahrain)

·**Attendance:** 15,000

South Korea - University Selected 1-1 (1-0)

Warm Up Match

(Seoul – Dongdaemun Stadium – 06.06.1988)

South Korea (Red-Red-Red): Byung-Deuk Cho (GK) (45' Poong-Joo Kim), Soo-Jin Noh, Byung-Joo Byun (45' Pan-Geun Kim), Beom-Kyu Yeo, Tae-Ho Lee (45' Ki-Young Nam), Min-Gook Cho, Sang-Gook Choi, Soon-Ho Choi, Yoon-Gyeom Choi. *2missings.

·**Coach:** Jong-Hwan Park

Scorers: 1-0 36' Tae-Ho Lee, 1-1 51' Joo-Seok Song

·**Referee:** ?

·**Attendance:** ?

South Korea - U-21 (Italy) 5-1 (3-0)

XVII. President's Cup 1988, 1st Round Group A

(Seoul - Olympic Stadium – 16.06.1988 – 19:00)

South Korea : Byung-Deuk Cho (GK), Sang-Bum Koo, 13-Ki-Young Nam (46' 15-Sam-Soo Kim), Kyung-Hoon Park, Yong-Hwan Chung, Sang-Gook Choi, Soon-Ho Choi, Yoon-Gyeom, 11-Byung-Joo Byun (45' 7-Soo-Jin Noh), Tae-Ho Lee. *1missings.

· **Coach :** ?

U-21 (Italy) : Paolo Fabbri (GK), Aconsia, Didonne, Fausto Pizzi, Frete, Gennaro Monaco, Girolamo Bizzarri, Giuseppe Signori (45' Raffaele Cerbone), Marco Simone, Stefano Salvatori, Zorato.

· **Coach :** Giovani

Scorers : 1-0 15' Beom-Kyu Yeo, 2-0 38' Soon-Ho Choi, 3-0 40' Soon-Ho Choi, 3-1 56' Girolamo Bizzarri, 4-1 57' Sang-Gook Choi, 5-1 68' Tae-Ho Lee

· **Referee :** ?

· **Attendance :** ?

Bahrain - South Korea 2-0

IX. Asian Cup Qatar 1988, Quarterfinals Group 4

(Indonesia - ? - 17.06.1988)

South Korea : ?

· **Coach :** ?

Scorers : ?

· **Referee :** ?

· **Attendance :** ?

South Korea - Zambia 4-0 (1-0)

XVII. President's Cup 1988, 1st Round Group A

(Suwon - Sports Complex Athletics Stadium - 19.06.1988 - 17:50)

South Korea (Red-Red-Red) : 20-Poong-Joo Kim (GK), 17-Sang-Bum Koo, 12-Pan-Geun Kim, 4-Min-Gook Cho, 15-Sam-Soo Kim, 7-Soo-Jin Noh (45' 9-Yong-Se Kim), 10-Sang-Gook Choi, 14-Soon-Ho Choi, 18-Yoon-Gyeom Choi, 19-Bum-Kyu Yeo, 11-Byung-Joo Byun (45' 8-Hae-Won Chung).

· **Coach :** Jong-Hwan Park

Zambia (White-White-White) : 1-David Chabala (GK), 15-Ashois Melu, 6-Derby Makinka, 3-Edmon Mumba, 11-Eston Mulenga (45' 9-Beston Chambeshi), 7-Linos Makwaza, 14-Manfred Chabinga, 17-Pearson Mwanza (45' 5-Mordon Malitoli), 2-Peter Mwanza, 10-Webster Chikabala, 18-Wisdom Mumbe Chansa.

· **Coach :** Samuel Ndhlovu

Scorers : 1-0 3' Byung-Joo Byun, 2-0 53' Soon-Ho Choi, 3-0 77' Hae-Won Chung, 4-0 86' Hae-Won Chung

· **Referee :** Chi Shing Au (Hong Kong)

· **Attendance :** 40,000

South Korea- South Yemen 1-1

IX. Asian Cup Qatar 1988, Quarterfinals Group 4

(Jakarta - ? – 19.06.1988)

South Korea : Sang-Hoon Kim, * 10 missings

· **Coach :** Sang-Hoon Kim

Scorers : ?

· **Referee :** ?

· **Attendance :** ?

South Korea - Atlas (Mexico) 1-2 (1-1)

XVII. President's Cup 1988, 1st Round Group A

(Seoul – Dongdaemun Stadium – 21.06.1988 – 19:00)

South Korea : Byung-Deuk Cho (GK), Sang-Bum Koo, Kyung-Hoon Park, Yong-Hwan Chung, 15-Sam-Soo Kim (46' 4-Min-Gook Cho), Sang-Gook Choi, Soon-Ho Choi, Yoon-Gyeom Choi, 11-Byung-Joo Byun (55' 16-Joo-Sung Kim), Tae-Ho Lee. *1missings.

· **Coach :** Hoi-Taek Lee

Atlas (Mexico): Celestono Morales (GK), Alberto Mariscal, Alberto Padilla, Fernando Quirarte, Gerardo Arana, Jaime Rodriguez, Jose Aceves, Luiz Garcia, Marco Leon, Martin Castaneda (45' Sergio Pacheco, 60' Francisco Garcia), Miguel Martinez.

· **Coach :** Carlos Reinoso

Scorers : 1-0 23' Sang-Gook Choi, 1-1 41' Sergio Pacheco, 1-2 86' Alberto Mariscal

· **Referee :** ?

· **Attendance :** ?

Indonesia – South Korea 0-4

IX. Asian Cup Qatar 1988, Quarterfinals Group 4

(Indonesia - ? – 22.06.1988)

South Korea (Red-Red-Red): Seon-Hong Hwang, Sang-Yoon Lee, Sang-Hoon Kim. *8missings.

·**Coach:** ?

Scorers: Seon-Hong Hwang, Sang-Yoon Lee, Sang-Hoon Kim

·**Referee:** ?

·**Attendance:** ?

South Korea - Velez Mostar (Yugoslavia) 1-0 (0-0)

XVII. President's Cup 1988, quarterfinals

(Seoul – Dongdaemun Stadium – 24.06.1988 – 19:00)

South Korea: Byung-Deuk Cho (GK), Sang-Bum Koo, Kyung-Hoon Park, 5-Yong-Hwan Chung (40' 15-Sam-Soo Kim), Min-Gook Cho, Joo-Sung Kim, 7-Soo-Jin Noh (45' 9-Yong-Se Kim), Soon-Ho Choi, Yoon-Gyeom Choi, Byung-Joo Byun. *1missings.

·**Coach:** ?

Velez Mostar (Yugoslavia): Vukasin Petranovic (GK), Anel Karabeg, Ismet Sisic, Ivica Barbaric, Meho Kodro (45' Josko Popovic), Mili Hadaziabdic, Semir Tuce (45' Ivan), Veselin Djurasovic, Vladmir Gugelj, Zdenko Jedvaj, Zijad Repak.

·**Coach:** Enver Maric

Scorers: 1-0 72' Soon-Ho Choi

·**Referee:** ?

·**Attendance:** ?

Czechoslovakia - South Korea 0-0 (0-0,0-0) a.e.t. 4-3 on penalties

XVII. President's Cup 1988, Semi Final

(Seoul - Olympic Stadium - 26.06.1988 - 18:00)

Czechoslovakia (White-White-White): 1-Luděk Mikloško (GK), 14-Milan Luhový (C) (13-Lubomír Moravčík), 4-Dusan Fitzel, 16-Ján Kapko (70' 8-Alois Grussmann), 5-Lubomír Vlk, 3-Miroslav Kadlec, 9-Pavel Korejčík, 6-Rudolf Pavlík, 7-Viliam Hiravy, 2-Vladimír Kinier.

·**Coach:** Milous Kvacek

South Korea (Red-Red-Red): 1-Byung-Deuk Cho (GK), 8-Hae-Won Chung (C), 17-Sang-Bum Koo, 13-Ki-Young Nam, 2-Kyung-Hoon Park, 4-Min-Gook Cho, 10-Sang-Gook Choi (46' 16-Joo-Sung Kim, 76' 15-Sam-Soo Kim),

14-Soon-Ho Choi, 18-Yoon-Gyeom Choi, 19-Bum-Kyu Yeo, 11-Byung-Joo Byun.

·**Coach:** Jong-Hwan Park

Scorers: -

·**Penalties:** 0-1 Bum-Kyu Yeo, 1-1 Milan Luhový, 1-2 Sam-Soo Kim, 2-2 Pavel Korejčík, 2-3 Byung-Joo Byun, 3-3 Alois Grussmann, 3-3 Sang-Bum Koo (missed), 4-3 Dusan Fitzel, 4-3 Hae-Won Chung (missed), 4-3 Rudolf Pavlík (missed)

·**Referee:** Au Chi Shing (Hong Kong)

·**Attendance:** 40,000

Note: This match might not be a full international because Czechoslovakia were Olympic side, but official for South Korea.

South Korea – Iwuanyanwu (Nigeria) 3-2 (2-0)

XVII. President's Cup 1988, Third place match

(Seoul - Olympic Stadium - 28.06.1988 - 19:00)

South Korea: Byung-Deuk Cho (GK), Sang-Bum Koo, Ki-Young Nam, 2-Kyung-Hoon Park (43' 4-Min-Gook Cho), 15-Sam-Soo Kim (45' 7-Soo-Jin Noh), Sang-Gook Choi, Soon-Ho Choi, Yoon-Gyeom Choi, Yong-Se Kim, Tae-Ho Lee. *1missings.

·**Coach:** ?

Iwuanyanwu (Nigeria): Edward Ansah (GK), Andrew Uwe, Friday Ekp, Godwin Eke, John Benson, Michael Obi, Paul Uzokwe, Samson Ozogula, Tompson Oliha (45' Lawrence Ukaegbu), Toyin Ayinla (45' Sylvester Oparanozie), Uwem Ekarika.

·**Coach:** Tony Ukeachu

Scorers: 1-0 20' Tae-Ho Lee, 2-0 34' Yong-Se Kim, 3-0 64' Tae-Ho Lee, 3-1 87' Uwem Ekarika, 3-2 89' Andrew Uwe

·**Expulsions:** 43' Paul Uzokwe

·**Referee:** ?

·**Attendance:** ?

South Korea - Penarol (Uruguay) 1-1 (1-0)

Friendly Match

(Seoul – Dongdaemun Stadium – 23.07.1988 – 18:00)

South Korea: Byung-Deuk Cho (GK), Sang-Bum Koo, Pan-

Geun Kim (46' Pyung-Seok Kim), Soo-Jin Noh, Kyung-Hoon Park, Byung-Joo Byun, Hae-Won Chung (59' Tae-Ho Lee), Sang-Gook Choi, Soon-Ho Choi, Yoon-Gyeom Choi. *1missings.

· **Coach:** Jung-Nam Kim

Penarol (Uruguay): Fernando Alvez (GK), Jose Perdomo, Adolfo Baran, Daniel Vidal(45' Jorge Vilar), Eliseo Ribero, Gerardo Pilas, Gustavo Matosas, Jorge Cabrera, Jorge Goncalvez, Jose Herrera, Ricardo Viera.

· **Coach:** Roque Maspoli

Scorers: 1-0 7' Soo-Jin Noh, 1-1 65' Adolfo Baran

· **Referee:** ?

· **Attendance:** ?

South Korea - Penarol (Uruguay) 2-0 (1-0)

Friendly Match

(Busan – Gudeok Stadium – 28.07.1988 - 19:00)

South Korea: Poong-Joo Kim (GK), Sam-Soo Kim(45' Soo-Jin Noh, 70' Bum-Kyu Yeo), Yong-Se Kim, Pan-Geun Kim, Pyung-Seok Kim(45' Sang-Bum Koo), Kyung-Hoon Park, Byung-Joo Byun, Tae-Ho Lee, Hae-Won Chung, Soon-Ho Choi, Yoon-Gyeom Choi.

· **Coach:** Jung-Nam Kim

Penarol (Uruguay): Fernando Alvez (GK), Adolfo Baran, Daniel Vidal, Eliseo Ribero, Gerardo Pilas, Gustavo Matosas (45' Juan Gonzalez), Jorge Cabrera (45' Venancio Ramos), Jorge Goncalvez, Jose Herrera, Jose Perdomo, Ricardo Viera.

· **Coach:** Roque Maspoli

Scorers: 1-0 12' Yong-Se Kim, 2-0 52' Byung-Joo Byun

· **Referee:** ?

· **Attendance:** ?

South Korea - Racing de Cordoba (Argentina) 2-2 (1-0)

Friendly Match

(Jeonju - ? – 09.08.1988 – 19:00)

South Korea: Poong-Joo Kim (GK), Sang-Bum Koo, Joo-Sung Kim, Ki-Young Nam, Soo-Jin Noh, Kyung-Hoon Park (45' Pan-Geun Kim), Byung-Joo Byun, Hae-Won Chung (45' Yong-Se Kim), Min-Gook Cho, Soon-Ho Choi, Yoon-Gyeom Choi.

· **Coach:** Jung-Nam Kim

Racing de Cordoba (Argentina): Ubaldo Fillol (GK), Carlos Vazquez, Gustavo Costas, Hugo Perez, Jorge Acuna (45' Fablo Costas), Marcelo Asteggiano, Miguel Colombatti (45' Hugo Lamadrid), Ramon Medina Bello (45' Jose Zambrini), Ruben Paz, Schulz, Walter Fernandez.

· **Coach:** Alfio Basile

Scorers: 1-0 28' Yoon-Gyeom Choi, 2-0 47' Joo-Sung Kim, 2-1 52' Hugo Perez, 2-2 58' Ruben Paz

· **Referee:** ?

· **Attendance:** ?

South Korea - Racing de Cordoba (Argentina) 2-2 (0-2)

Friendly Match

(Gwangju - ? – 11.08.1988 – 19:00)

South Korea: Poong-Joo Kim (GK), Sang-Bum Koo, Yong-Se Kim (46' Byung-Joo Byun), Joo-Sung Kim, Pan-Geun Kim (46' Kyung-Hoon Park), Tae-Ho Lee (45' Gang-Hee Choi), Min-Gook Cho, Sang-Gook Choi, Soon-Ho Choi, Yoon-Gyeom Choi (45' Ki-Young Nam).

· **Coach:** Jung-Nam kim

Racing de Cordoba (Argentina): Ubldo Fillol (GK), Carlos Vazquez, Gustavo Costas, Hugo Perrez, Jorge Acuna, Marcelo Asteggiano, Muguel Colombatti(45' Fablo Costas), Ramon Medina Bello, Ruben Paz, Schulz(45' Dario Decoud), Walter Fernandez.

· **Coach:** Alfio Basile

Scorers: 0-1 40' Jorge Acuna 0-2 42' Muguel Colombatti, 1-2 61' Sang-Gook Choi, 2-2 69' Sang-Gook Choi

· **Referee:** ?

· **Attendance:** ?

South Korea - Racing de Cordoba (Argentina) 0-0 (0-0)

Friendly Match

(Daejeon - ? – 13.08.1988 – 18:00)

South Korea: Poong-Joo Kim (GK), Sang-Bum Koo, Joo-Sung Kim, Soo-Jin Noh, Kyung-Hoon Park, Byung-Joo Byun, Yong-Hwan Chung (46' Ki-Young Nam), Min-Gook Cho (25' Jong-Gun Kim, 70' Yoon-Gyeom Choi), Gang-Hee Choi, Sang-Gook Choi (46' Yong-Se Kim), Soon-Ho Choi.

· **Coach:** Jung-Nam Kim

Racing de Cordoba (Arentina): Ubaldo Fillol (GK), Carlos Olaran, Carlos Vazquez, Cosme Zaccantti, Dario Decoud (45' Marcelo Asteggiano), Fabio Costas(45' Jorge Acuna), Gustavo Costas, Hugo Lamadrid, Hugo Perez, Ruben Paz(45' Miguel Colombatti), Walter Fernandez(45' Ramon Medina Bello).

· **Coach:** Alfio Basile

Scorers: -

· **Referee:** ?

· **Attendance:** ?

South Korea - Iraq 2-1 (0-0)

Friendly Match

(Seoul - National Training Center Athletics Field - 09.09.1988 - 15:30)

South Korea: Byung-Deuk Cho (GK), Sang-Bum Koo, Yong-Hwan Chung, Min-Gook Cho, Gang-Hee Choi, Joo-Sung Kim, Bum-Kyu Yeo, Kyung-Hoon Park, Soon-Ho Choi, Sang-Gook Choi (Soo-Jin Noh), Byung-Joo Byun (Hae-Won Chung).

· **Coach:** Jung-Nam Kim

Scorers: 0-1 50' Ahmad Radhi, 1-1 82' Soon-Ho Choi, 2-1 87' Joo-Sung Kim

Note: It was an exhibition match without spectator.

South Korea - Soviet Union 0-0 (0-0)

XXIV. Olympic Games Seoul 1988, Final Phase, 1st Round Group C

(Busan - Gudeok Stadium - 18.09.1988 - 17:00)

South Korea (Red-Red-Red): 1-Byung-Deuk Cho (GK) (C), 17-Sang-Bum Koo, 2-Kyung-Hoon Park, 5-Yong-Hwan Chung, 4-Min-Gook Cho, 3-Gang-Hee Choi, 16-Joo-Sung Kim, 8-Hae-Won Chung (24' 10-Sang-Gook Choi), 14-Soon-Ho Choi, 19-Bum-Kyu Yeo (62' 18-Yoon-Gyeom Choi), 11-Byung-Joo Byun.

· **Coach:** Jung-Nam Kim

Soviet Union (White-White-White): 1-Dmitry Kharin (GK), 17-Viktor Losev (C), 9-Aleksandr Borodyuk (46' 11-Vladimir Lyuty), 4-Aleksey Cherednik, 15-Aleksey Mikhailichenko, 20-Arminas Narbekovas, 2-Gela Ketashvili, 10-Igor Dobrovolsky, 8-Igor Ponomarev, 18-Sergei Gorlukovich, 19-Yury Savichev (58' 14-Aleksandr Tatarchuk).

· **Coach:** Anatoly Byshovets

Scorers: -

· **Cautions:** 57' Kyung-Hoon Park

· **Referee:** Tulio Lanese (Italy)

· **Attendance:** 30,000

Note: FIFA didn't count this Olympic match as a full international.

South Korea - U.S.A. 0-0 (0-0)

XXIV. Olympic Games Seoul 1988, Final Phase, 1st Round Group C

(Busan - Gudeok Stadium - 20.09.1988 - 17:00)

South Korea (Red-Red-Red): 1-Byung-Deuk Cho (GK) (C), 17-Sang-Bum Koo, 2-Kyung-Hoon Park, 5-Yong-Hwan Chung, 4-Min-Gook Cho, 3-Gang-Hee Choi (25' 6-Tae-Ho Lee, 74' 9-Yong-Se Kim), 16-Joo-Sung Kim, 10-Sang-Gook Choi, 14-Soon-Ho Choi, 18-Yoon-Gyeom Choi, 11-Byung-Joo Byun.

· **Coach:** Jung-Nam Kim

U.S.A. (White-Blue-White): 1-David Vanole (GK), 9-Brent Goulet, 19-Brian Bliss, 17-Dasmond Armstrong, 6-Fankie Klopas, 13-John Harkes(76' 14-John Stollmeyer), 4-Kevin Crow, 20-Paul Caligiuri, 12-Paul Krumpe, 8-Ricky Davis, 15-Tab Ramos(46' 3-John Doyle).

· **Coach:** Lothar Osiander

Scorers: -

· **Cautions:** 58' Joo-Sung Kim

· **Referee:** Baba Laouissi (Morocco)

· **Attendance:** 22,000

Note: FIFA didn't count this Olympic match as a full international.

South Korea - Argentina 1-2 (1-1)

XXIV. Olympic Games Seoul 1988, Final Phase, 1st Round Group C

(Busan - Gudeok Stadium - 22.09.1988 - 17:00)

South Korea (Red-Red-Red): 1-Byung-Deuk Cho (GK), 17-Sang-Bum Koo, 2-Kyung-Hoon Park, 5-Yong-Hwan Chung, 4-Min-Gook Cho, 3-Gang-Hee Choi (81' 9-Yong-Se

Kim), 16-Joo-Sung Kim, 7-Soo-Jin Noh (70' 19-Bum-Kyu Yeo), 10-Sang-Gook Choi, 14-Soon-Ho Choi, Byung-Joo Byun.

·Coach: Jung-Nam Kim

Argentina (Sky Blue/White-Black-White): 1-Luis Islas (GK) (C), 4-Carlso Alfaro, 19-Darío Siviski, 8-Hernán Díaz, 16-Hugo Pérez(60' 18-Alejandro Russo), 7-Jorge Comas, 13-Mario Lucca, 3-Mauro Aires, 9-Néstor Fabbri, 11-Néstor Lorenzo(74' 6-Claudio Cabrera), 15-Pedro Monzón.

·Coach: Carlos Pachame

Scorers: 0-1 3' Carlso Alfaro, 1-1 14' Soo-Jin Noh, 1-2 73' Nestor Fabbri

·**Cautions:** 48' Sang-Bum Koo

·**Referee:** Christopher Bambridge (Australia)

·**Attendance:** 30,000

Note: FIFA didn't count this Olympic match as a full international.

Japan - South Korea 0-1 (0-1)

XIII. Korea-Japan Annual Match

(Tokyo - Yoyoki National Stadium - 26.10.1988 - 19:00)

Japan (Red-Red-Red): 1-Matsunaga Shigetetsu (GK), 15-Hara Hiromi, 6- Horiike Takumi, 7-Ihara Masami, 11-Kusaki Katsuhiro(64' Asaoka Tomoyasu), 17-Maeda Osamu, 8-Mizunuma Takashi, Mochizuki Satoru, 12-Natori Atsushi, 4-Sano Toru, 10-Sasaki Masanao.

·Coach: Kenzo Yokoyama

South Korea (White-White-White): 1-Byung-Deuk Cho (GK), 5-Yong-Hwan Chung (C), 17-Sang-Bum Koo, 7-Soo-Jin Noh (66' 8-Hae-Won Chung), 2-Kyung-Hoon Park, 11-Byung-Joo Byun, 6-Tae-Ho Lee, 4-Min-Gook Cho, 19-Bum-Kyu Yeo (61' 3-Gang-Hee Choi), Sang-Gook Choi, 14-Soon-Ho Choi.

·Coach: Jung-Nam Kim

Scorers: 0-1 43' Soon-Ho Choi

·**Cautions:** 70' Kyung-Hoon Park

·**Referee:** Maidin Bin Singah (Singapore)

·**Attendance:** 10,000

South Korea - U.A.E. 1-0 (1-0)

IX. Asian Cup Qatar 1988, Final Phase, 1st Round Group A

(Doha - Al-Ahly Stadium - 03.12.1988 - 15:00)

South Korea (Red-Red-Red): 1-Byung-Deuk Cho (GK), 2-Kyung-Hoon Park, 13-Yoon-Hwan Cho, 17-Sang-Bum Koo (18-Tae-Shik Kang), 5-Yong-Hwan Chung, 4-Min-Gook Cho, 8-Hae-Won Chung (C), 7-Soo-Jin Noh, 11-Byung-Joo Byun (57' 10-Hyun-Ki Ham), 16-Joo-Sung Kim, 6-Tae-Ho Lee.

·Coach: Hoi-Taek Lee

U.A.E. (White-White-White): 17-Musin Musabbah Faraj (GK), 5-Abdullah Ali Sultan, 6-Abdulrahman Abdullah, 10-Adnan Al-Talyani, 7-Fahad Khamees Mubarak, 2-Khaleel Ghanim Mubarak, 13-Hassan Mohammed, 12-Hussain Ghulom Abbas, 4-Khaleel Ghanim Mubarak, 15-Ibrahim Meer Abdulrahman, 20-Mohammed Obaid.

·Coach: Mario Zagallo (Brazil)

Scorers: 1-0 8'(P) Tae-Ho Lee

·**Cautions:** Byung-Deuk Cho, Min-Gook Cho, Soo-Jin Noh, Tae-Shik Kang.

·**Referee:** George Courtney (England)

·**Attendance:** 3,000

South Korea - Japan 2-0 (2-0)

IX. Asian Cup Qatar 1988, Final Phase, 1st Round Group A

(Doha - Qatar SC Stadium - 06.12.1988 - 15:00)

South Korea (Red-Red-Red): 1-Byung-Deuk Cho (GK), 8-Hae-Won Chung (C) (46' 12-Bong-Gil Kim), 17-Sang-Bum Koo (46' 19-Bum-Kyu Yeo), 2-Kyung-Hoon Park, 5-Yong-Hwan Chung, 4-Min-Gook Cho, 13-Yoon-Hwan Cho, 16-Joo-Sung Kim, 10-Hyun-Ki Ham, 11-Byung-Joo Byun, 14-Seon-Hong Hwang.

·Coach: Hoi-Taek Lee

Japan: Sanada Masanori (GK), Horike Takumi, Ikenoue Shunichi, Kurosaki Hisashi, Maeda Osamu, Matsuyama Yoshiyuki, Oenoki Katsumi, Otake Naoto, Taguchi Yoshinori, Takagi Takuya, Yuji Sakakura.

·Coach: Yokoyama Kenzo

Scorers: 1-0 13' Seon-Hong Hwang, 2-0 35' Joo-Sung

Kim

· **Referee:** Salah Mohammed Karim (Iraq)

· **Attendance:** 1,000

Qatar - South Korea 2-3 (0-2)

IX. Asian Cup Qatar 1988, Final Phase, 1st Round Group A

(Doha - Qatar SC Stadium - 09.12.1988 - 17:00)

Qatar (White-White-White): 1-Younes Ahmad Baker (GK), 16-Khalid Al-Mohammadi, 5-Adel Ahmad Malalla, 7-Adel Khamis Mubarak, 2-Mohd Deham Al-Sowaidi, 19-Issa Al-Mohammadi, 12-Mahmoud Yaseen Soufi, 8-Mohd Khalifa Al-Ammari, 6-Sabaa'n Sallam Mubarak, 4-Yousuf Al-Adsani, 18-Yousuf Demal Khalaf.

· **Coach:** Cardoz Procopio (Brazil)

South Korea (Red-Red-Red): 1-Byung-Deuk Cho (GK), 8-Hae-Won Chung (C) (45' 7-Soo-Jin Noh), 17-Sang-Bum Koo, 2-Kyung-Hoon Park, 5-Yong-Hwan Chung, 4-Min-Gook Cho, 13-Yoon-Hwan Cho, 16-Joo-Sung Kim (45' 14-Seon-Hong Hwang), 3-Gang-Hee Choi, 11-Byung-Joo Byun, 6-Tae-Ho Lee.

· **Coach:** Hoi-Taek Lee

Scorers: 0-1 2' Hae-Won Chung, 0-2 10' Hae-Won Chung, 0-3 34' Joo-Sung Kim, 1-3 47' Khalid Al-Mohammadi, 2-3 79' Khalid Al-Mohammadi

· **Cautions:** Byung-Deuk Cho, Yong-Hwan Chung, Hae-Won Chung

· **Expulsions:** 55' Sabaa'n Mubarak

· **Referee:** George Courtney (England)

· **Attendance:** 15,000

South Korea - Iran 3-0 (2-0)

IX. Asian Cup Qatar 1988, Final Phase, 1st Round Group A

(Doha - Al-Ahly Stadium - 11.12.1988 - 17:00)

South Korea (Blue-Blue-Blue): 20-Bong-Soo Kim (GK), 5-Yong-Hwan Chung (C), 15-Hyung-Seon Son (19' 17-Sang-Bum Koo), 13-Yoon-Hwan Cho, 18-Tae-Shik Kang, 19-Bum-Kyu Yeo, 3-Gang-Hee Choi, 12-Bong-Gil Kim, 11-Byung-Joo Byun, 9-Bo-Gwan Hwang(80' 6-Tae-Ho Lee), 14-Seon-Hong Hwang.

· **Coach:** Hoi-Taek Lee

Iran (Red-White-Red): 22-Ahmed Sadjjadi (65' 1-Ahmad Abedzadeh) (GK), 10-Karim Bavi(C), 20-Amir Eftikhari, 2-Javad Zarincheh, 17-Mohamed Taqavi, 5-Murtaza Fonnonizadeh (64' 18-Siamak Rahimpour), 11-Murtaza Kermani-Muqaddam, 4-Nader Mohammadkhani, 9-Samad Marfavi, 8-Sirous Ghayegran, 21-Zia Arabshahi.

· **Coach:** Parviz Dehdari

Scorers: 1-0 26' Byung-Joo Byun, 2-0 42' Seon-Hong Hwang, 3-0 57' Byung-Joo Byun

· **Cautions:** Gang-Hee Choi

· **Referee:** Neji Jouini (Tunisia)

· **Attendance:** 5,000

South Korea - China 2-1 (0-0,2-1) a.e.t

IX. Asian Cup Qatar 1988, Final Phase, Semi Final

(Doha - Qatar SC Stadium - 14.12.1988 - 16:00)

South Korea (Red-Red-Red): 1-Byung-Deuk Cho (GK), 8-Hae-Won Chung (C), 17-Sang-Bum Koo, 2-Kyung-Hoon Park, 5-Yong-Hwan Chung, 4-Min-Gook Cho, 13-Yoon-Hwan Cho, 16-Joo-Sung Kim (58' 10-Hyun-Ki Ham), 3-Gang-Hee Choi, 11-Byung-Joo Byun, 14-Seon-Hong Hwang (75' 6-Tae-Ho Lee).

· **Coach:** Hoi-Taek Lee

China (White-White-White): 20-Huikang Zhang (GK), 17-Chao Mai (C), 12-Baoshan Wang, 2-Bo Zhu, 18-Ju Duan, 10-Lin Ma, 19-Liqiang Dong, 3-Sheng Gao, 15-Xiaowen Zhang, 8-Yaodong Tang (108' 11-Wenbing Wu), 7-Yuxin Xie.

· **Coach:** Gao Fengwen

Scorers: 1-0 93' Tae-Ho Lee, 1-1 100' Chao Mai, 2-1 103' Tae-Ho Lee

· **Cautions:** 33' Liqiang Dong, 35' Chao Mai, 106' Lin Ma, 108' Gang-Hee Choi

· **Expulsions:** 108' Chao Mai

· **Referee:** Vincent Mauro (USA)

· **Attendance:** 3,000

South Korea - Saudi Arabia 0-0 (0-0,0-0) a.e.t. 3-4 on penalties

IX. Asian Cup Qatar 1988, Final Phase, Final

(Doha - Al-Ahly Stadium - 18.12.1988 - 16:00)

South Korea (Red-Red-Red): 1-Byung-Deuk Cho (GK), 8-Hae-Won Chung (C), 17-Sang-Bum Koo, 2-Kyung-Hoon Park, 5-Yong-Hwan Chung, 4-Min-Gook Cho, 13-Yoon-Hwan Cho, 16-Joo-Sung Kim, 19-Bum-Kyu Yeo, 10-Hyun-Ki Ham (49' 11-Byung-Joo Byun), 14-Seon-Hong Hwang (58' 6-Tae-Ho Lee).

·Coach: Hoi-Taek Lee

Saudi Arabia (White-Green-White): 1-Abdullah Al-Deayea (GK), 2-Abdullah Saleh Al-Dossary, 4-Ahmed Jameel Madani, 8-Fahad Al-Bishi, 10-Fahad Al-Mosaibeh, 9-Majed Abdullah Mohamed, 13-Mohammed Al-Jawad, 17-Saad Al-Dossary (72' 11-Muhaisen Al-Jamaan Al-Dossary), 5-Saleh Al-Nuayamah, 6-Saleh Mubarak Al-Saleh, 15-Youssif Al-Thuniyan (105' 7-Youssif Al-Dossary).

·Coach: Carlos Alberto Parreira (Brazil)

Scorers: -

·**Penalties:** 0-0 Min-Gook Cho (missed), 0-1 Saleh Al-Nuayama, 1-1 Tae-Ho Lee, 1-1 Mohammed Jawad (missed), 2-1 Byung-Joo Byun, 2-2 Majed Mohamed, 3-2 Joo-Sung Kim, 3-3 Saleh Al-Saleh, 3-3 Yoon-Hwan Cho (missed), 3-4 Fahad Al-Bishi

·**Cautions:** 33' Al-Jawad, 50' Joo-Sung Kim, 71' Sang-Bum Koo, 109' Bum-Kyu Yeo

·**Referee:** Michel Vautrot (France)

·**Attendance:** 20,000

1989

South Korea - Spartacus (Soviet Union) 2-2 (0-1)

Friendly match

(Busan – Gudeok Stadium – 01.03.1989)

South Korea (Red-Red-Red): Byung-Deuk Cho (GK), Sang-Bum Koo, Kyung-Hoon Park, Hyung-Sun Son, Yong-Hwan Chung, Yoon-Hwan Cho, 23-Jung-Yoon Noh (46' 24-Jung-Won Seo), Hae-Won Chung, Joo-Sung Kim, 14-Seon-Hong Hwang (46' 6-Tae-Ho Lee). *1 missings.

·Coach: Hoi-Taek Lee

Sparatacus (Soviet Union): Stanislav Cherchesov (GK), Aleksander Boki, Aleksander Bubnov, Aleksander Mostovoi, Evgeni Kuznetsov, Fedor Cherenkov, Gennadi Morozov, Sergei Rodionov, Valeri Shmarov (54' Andrei Ivanov, Vasili kulkov, Vikotor Pasulko.

·Coach: Oleg Romanchev

Scorers: 0-1 32' Vasili kulkov, 0-2 63' Evgeni Kuznetsov, 1-2 69' Tae-Ho Lee, 2-2 88' Tae-Ho Lee

·**Referee:** ?

·**Attendance:** ?

South Korea - Spartacus (Soviet Union) 0-2 (0-2)

Friendly match

(Seoul – Dongdaemun Stadium – 04.03.1989)

South Korea (Red-Red-Red): Bong-Soo Kim (GK), 18-Tae-Sik Kang (46' 15-Hyung-Sun Son), 21-Jin-Hyung Kim, Kyung-Hoon Park, Yong-Hwan Chung, Jong-Dae Park, Hae-Won Chung, Bo-Gwan Hwang, 12-Bong-Gil Kim (46' 6-Tae-Ho Lee), Joo-Sung Kim, Byung-Joo Byun, Bong-Sub Sim.

·Coach: Hoi-Taek Lee

Sparatacus (Soviet Union): Stanislav Cherchesov (GK), Aleksander Boki (46' Igor Povaliaev), Aleksander Bubnov, Aleksander Mostovoi, Andrei Ivanov, Evgeni Kuznecov, Fedor Cherenkov, Gennadi Morozov, Sergei Rodionov, Valeri Shamarov, Vasili Kulkov

·Coach: Oleg Romanchev

Scorers: 0-1 8' Andrei Ivanov, 0-2 30' Valeri Shmarov

·**Cautions:** 33' Bo-Gwan Hwang

·**Referee:** ?

· Attendance : ?

South Korea - Japan 1-0 (0-0)

XIV. Korea-Japan Annual Match

(Seoul - Dongdaemun Stadium - 05.05.1989 - 15:00)

South Korea (Red-Red-Red): 21-Poong-Joo Kim (GK), 8-Hae-Won Chung (C), 17-Sang-Bum Koo, 15-Duk-Yeo Yoon (67' 13-Yoon-Hwan Cho), 5-Yong-Hwan Chung, 4-Min-Gook Cho, 3-Gang-Hee Choi, 7-Soo-Jin Noh (52' 11-Sang-Gook Choi), 14-Soon-Ho Choi, 10-Yong-Se Kim (60' 6-Tae-Ho Lee), 19-Bong-Sub Sim.

· **Coach :** Hoi-Taek Lee

Japan (White-White-White): 1-Matsunaga Shigetetsu (GK) (C), Hasegawa Kenta, 5-Hashiratani Tetsuji, 6-Horiike Takumi, 7- Ihara Masami, Kajino Tomoyuki, 17-Maeda Osamu (77' Kurosaki Hisashi), Mochizuki Satoshi (65' Asaoka Tomoyatsu), 9-Mori Masaaki, Oenoki Katsumi, 10- Sasaki Masanao.

· **Coach :** Kenzo Yokoyama

Scorers : 1-0 63' Tae-Ho Lee

· **Referee :** Subramaniam Nathan (Malaysia)

· **Attendance :** 20,000

South Korea - Singapore 3-0 (2-0)

XIV. FIFA World Cup Italy 1990, Preliminaries, 1st Round Group D

(Seoul - Dongdaemun Stadium - 23.05.1989 - 19:00)

South Korea (Red-Red-Red): 1-Byung-Deuk Cho (GK), 8-Hae-Won Chung (C), 17-Sang-Bum Koo, 5-Yong-Hwan Chung, 4-Min-Gook Cho, 3-Gang-Hee Choi, 22-Young-Jin Lee, 9-Bo-Gwan Hwang, 20-Jung-Woon Ko (56' 19-Bong-Sub Sim), 14-Soon-Ho Choi, 18-Seon-Hong Hwang (61' 6-Tae-Ho Lee).

· **Coach :** Hoi-Taek Lee

Singapore (White-White-White): 1-David Li (GK), 10-Abdullah Nour, 16-Borhan Abdullah, 14-Changatami Mani, 7-D.Tokijan, 8-Hashim Haron, 18-Hazali Nasiron(81' 11-Jamaluddin Hassan), 5-Ishak Saad, 9-Pak Kuan, 4-Said Salim Farouk(62' 3-Lim Teong Hai), 15-Thambiayah Pathmanathan.

· **Coach :** Jitta Singh

Scorers : 1-0 7' Seon-Hong Hwang, 2-0 20' Seon-Hong Hwang, 3-0 89' Hae-Won Chung

· **Cautions :** 14' Changatami Mani

· **Referee :** Antonio Reinaldo Lourenco (Macao)

· **Attendance :** 9,974

South Korea - Nepal 9-0 (5-0)

XIV. FIFA World Cup Italy 1990, Preliminaries, 1st Round Group D

(Seoul - Dongdaemun Stadium - 25.05.1989 - 19:00)

South Korea (Blue-Blue-Blue): 21-Poong-Joo Kim (GK), 5-Yong-Hwan Chung (C) (46' 4-Min-Gook Cho), 2-Kyung-Hoon Park, 15-Duk-Yeo Yoon, 13-Yoon-Hwan Cho, 7-Soo-Jin Noh, 22-Young-Jin Lee (69' 19-Bong-Sub Sim), 12-Hak-Jong Lee, 10-Yong-Se Kim, 6-Tae-Ho Lee, 11-Sang-Gook Choi.

· **Coach :** Hoi-Taek Lee

Nepal (Red-Red-Red): 1-Azar Adhikari (GK), 15-Bahuduru Malla, 4-Direndra Pradhan, 11-Ganish Thapa, 12-Razish Maskey(70' 13-Razu Tuladhar), 6-Razu Shakya, 3-Shuriram Ranjitkar, 7-Umesh Pradhan, 2-Vigdan Raj Sharma, 14-Virat Junsha, 8-Y.B.Ghale(46' 9-Anil Rupakethi).

· **Coach :** Reinhardt Fabisch (West Germany)

Scorers : 1-0 1' Yong-Hwan Chung, 2-0 16'(P) Tae-Ho Lee, 3-0 24' Sang-Gook Choi, 4-0 29' Yong-Se Kim, 5-0 38' Young-Jin Lee, 6-0 46' Soo-Jin Noh, 7-0 48' Sang-Gook Choi, 8-0 83' Yong-Se Kim, 9-0 87' Min-Gook Cho

· **Cautions :** 51' Virat Junsha, 57' Bahuduru Malla, 77' Umesh Pradhan, 82' Vigdan Raj Sharma

· **Referee :** Samuel Chan Yam-Ming (Hong Kong)

· **Attendance :** 8,360

South Korea - Malaysia 3-0 (1-0)

XIV. FIFA World Cup Italy 1990, Preliminaries, 1st Round Group D

(Seoul - Dongdaemun Stadium - 27.05.1989 - 18:00)

South Korea (Red-Red-Red): 1-Byung-Deuk Cho (GK), 8-Hae-Won Chung (C), 17-Sang-Bum Koo, 5-Yong-Hwan Chung, 4-Min-Gook Cho, 13-Yoon-Hwan Cho, 3-Gang-Hee Choi, 9-Bo-Gwan Hwang (46' 19-Bong-Sub Sim),

11-Sang-Gook Choi (67' 10-Yong-Se Kim), 14-Soon-Ho Choi, 18-Seon-Hong Hwang.

·**Coach:** Hoi-Taek Lee

Malaysia (Yellow-Black-Yellow): 1-Mohammed Mahmoud Amzi (GK), 7-Ahmad Yousuf (C), 12-Aziz Abu Anifa, 4-Chow Siew Yai, 9-Dollah Salleh, 2-Li King Hong, 8-Lim Teong Kim, 19-Mohammad Naina (46' 17-Zainal Hassan), 14-Ravi Chandran, 16-Razip Ravindran (81' 6-Si Kim Seng), 15-Salim Mahmoud Muhaidin.

·**Coach:** Trevor Hateley (England)

Scorers: 1-0 5' Soon-Ho Choi, 2-0 56' Seon-Hong Hwang, 3-0 79' Seon-Hong Hwang

·**Cautions:** 7' Ravi chandran

·**Referee:** Sado Toshikazu (Japan)

·**Attendance:** 20,217

South Korea – Nepal 4-0 (3-0)

XIV. FIFA World Cup Italy 1990, Preliminaries, 1st Round Group D

(Singapore - National Stadium - 03.06.1989 - 19:30)

South Korea: 21-Poong-Joo Kim (GK), 17-Sang-Bum Koo (17' 4-Min-Gook Cho), 2-Kyung-Hoon Park, 15-Duk-Yeo Yoon, 13-Yoon-Hwan Cho, 7-Soo-Jin Noh, 22-Young-Jin Lee, 12-Hak-Jong Lee, 10-Yong-Se Kim, 6-Tae-Ho Lee, 11-Sang-Gook Choi (73' 9-Bo-Gwan Hwang).

·**Coach:** Hoi-Taek Lee

Nepal: 1-Azar Adhikari (GK), 4-Direndra Kuma Fradhan(65' 9-Anil Rufaketi), 11-Ganish Tafa, 10-Mani Bickram Shah, 5-Kedar Rajesh Manandhar, 12-Razish Maski(78' 16-Ganish Fandai), 6-Razu Sukhya, 3-Shuriram Ranzitkar, 7-Umish Fradhan, 2-Vigdan Rahsharma, 14-Virat Jungsha.

·**Coach:** Reinhardt Fabisch (West Germany)

Scorers: 1-0 31' Hak-Jong Lee, 2-0 41' Kyung-Hoon Park, 3-0 43' Yong-Se Kim, 4-0 84' Tae-Ho Lee

·**Cautions:** 61' Yoon-Hwan Cho

·**Referee:** Abayawansa Mahasena Yapa (Sri Lanka)

·**Attendance:** 11,967

Malaysia - South Korea 0-3 (0-0)

XIV. FIFA World Cup Italy 1990, Preliminaries, 1st Round Group D

(Singapore - National Stadium - 05.06.1989 - 17:00)

Malaysia: 1-Mohammed Mahmoud Amzi (GK), 6-Si Kim Seng, 2-Li Kin Hong, 15-Salim Mahmoud Muhaidin, Sergebeth Singh, 14-Ravi Chandran, 12-Aziz Abu Anifa, 7-Ahmad Yousuf (C), 8-Lim Teong Kim, 9-Dollah Salleh, 16-Razip Ravindran.

·**Coach:** Trevor Hateley (England)

South Korea (Red-Red-Red): 1-Byung-Deuk Cho (GK), 3-Gang-Hee Choi, 2-Kyung-Hoon Park, 4-Min-Gook Cho, 17-Sang-Bum Koo, 5-Yong-Hwan Chung (C), 9-Bo-Gwan Hwang (73' 8-Hae-Won Chung), 22-Young-Jin Lee I (66' 20-Jung-Woon Ko), 19-Bong-Sub Sim, 14-Soon-Ho Choi, 18-Seon-Hong Hwang.

·**Coach:** Hoi-Taek Lee

Scorers: 0-1 66' Seon-Hong Hwang, 0-2 83' Min-Gook Cho, 0-3 87' Bo-Gwan Hwang

·**Referee:** Mattar Mohamed Al-Malood (Bahrain)

·**Attendance:** 7,425

Singapore - South Korea 0-3 (0-1)

XIV. FIFA World Cup Italy 1990, Preliminaries, 1st Round Group D

(Singapore - National Stadium - 07.06.1989 - 17:00)

Singapore: 1-David Li (GK), 14-A.R.J. Mani, 2-Bin-Kassem Sudiat Dali, 16-Bohran Abdullah, 7-D.Tokijan, 12-Darimosuvito Devaraj, 10-Hashim Haron, 18-Hazali Nasiron, 5-Ishak Saad, 8-Salim Moin, 15-Thambiayah Pathmanathan.

·**Coach:** Jitta Singh

South Korea: 21-Poong-Joo Kim (GK), 17-Sang-Bum Koo, 2-Kyung-Hoon Park (67' 3-Gang-Hee Choi), 15-Duk-Yeo Yoon, 4-Min-Gook Cho, 7-Soo-Jin Noh, 22-Young-Jin Lee, 12-Hak-Jong Lee (54' 19-Bong-Sub Sim),9-Bo-Gwan Hwang, 10-Yong-Se Kim, 6-Tae-Ho Lee.

·**Coach:** Hoi-Taek Lee

Scorers: 0-1 8' Yong-Se Kim, 0-2 61' Soo-Jin Noh, 0-3 69' Soo-Jin Noh

·**Expulsions:** 80' Yong-Se Kim

·**Referee:** Odeh Al-Rahal (Jordan)

·**Attendance:** 7,000

South Korea - U-21 (U.S.A) 1-1 (1-0)

XVIII President's Cup 1989, Group Stage

(Seoul – Olympic Stadium – 17.06.1989)

South Korea : Byung-Deuk Cho (GK), Sang-Bum Koo, Kyung-Hoon Park, Yong-Hwan Chung, Min-Gook Cho, 15-Sung-Ki Kim (67' 3-Gang-Hee Choi), 8-Hae-Won Chung (63' 10-Jong-Boo Kim), Soon-Ho Choi, Bo-Gwan Hwang, 7-Keung-Yeon Cho (68' 19-Bong-Sub Sim), Seon-Hong Hwang.

·**Coach :** Hoi-Taek Lee

U-21 (U.S.A) : Kasey Keller (GK), Chris Henderson, Christopher Foster (46' Stephen Snow), Eric Wynalda, Hendrig Gutierrez, Jeff Agoos (79' David Palic), Kevin Grimes, Marcelo Balboa, Mike Gosselin, Neil Covone, Scott Benedetti (38' Mark Santel).

·**Coach :** James Lennox

Scorers : 1-0 16' Seon-Hong Hwang, 1-1 51' Chris Henderson

·**Referee :** ?

·**Attendance :** ?

South Korea - Benfica (Portugal) 2-0 (0-0)

XVIII President's Cup 1989, Group Stage

(Daejeon - Hanbat Stadium – 19.06.1989)

South Korea : Byung-Deuk Cho (GK), Sang-Bum Koo, Ki-Young Nam, 2-Kyung-Hoon Park (46' 7-Geung-Yeon Cho), Yong-Hwan Chung, Min-Gook Cho, 8-Hae-Won Chung (24' 6-Yang-Ha Park), Gang-Hee Choi, Soon-Ho Choi, Bo-Gwan Hwang, Seon-Hong Hwang.

·**Coach :** Hoi-Taek Lee

Benfica (Portugal) : Antonio Nunes (GK), Abel Silva, Ademir Alcantar (45' Manuel), Adesvaldo Lima, Antonio Miranda, Antonio Veloso, 31-Diamantino Miranda, Hernani Neves, Jose Garrido, Pacheco Domingos (45' Fernando Albino), Samuel Quina.

·**Coach :** Antonio Oliveira

Scorers : 1-0 56'(P) Soon-Ho Choi, 2-0 83' Geung-Yeon Cho

·**Cautions :** 1' Diamantino Miranda, 31' Diamantino Miranda

·**Expulsions :** 31' Diamantino Miranda

·**Referee :** ?

·**Attendance :** ?

South Korea - U-21 (Hungary) 3-0 (0-0)

XVIII President's Cup 1989, Group Stage

(Gwangju – Mudeung Stadium – 21.06.1989)

South Korea : Bong-Soo Kim (GK), Sang-Bum Koo, Kyung-Hoon Park, Yong-Hwan Chung, Min-Gook Cho, 12-Byung-Soo Kim (45' 6-Yang-Ha Park), Sung-Ki Kim, 14-Soon-Ho Choi (70' 10-Jong-Boo Kim), Bo-Gwan Hwang, 7-Geung-Yeon Cho (46' 19-Bong-Sub Sim), Seon-Hong Hwang.

·**Coach :** Hoi-Taek Lee

U-21 (Hungary) : Istvan Mitring (GK), Attila Belvon, Attila Kuttor, Ferenc Fujsz, Ferenc Orosz, Gabor Linka (45' Sandor Bacsi, 70' Karoly Varga), Istvan Pisont, Janos Banfi, Peter Czumpf (45' Jozsef Kiraly), Peter Jarfas, Tamas Bodog.

·**Coach :** Bertalan Bicskei

Scorers : 1-0 51' Seon-Hong Hwang, 2-0 76' Bo-Gwan Hwang, 3-0 78' Yang-Ha Park

·**Referee :** ?

·**Attendance :** ?

South Korea - Broendby (Denmark) 0-2 (0-2)

XVIII President's Cup 1989, Final Group Stage

(Busan – Gudeok Stadium – 24.06.1989)

South Korea : Byung-Deuk Cho (GK), Sang-Bum Koo, 13-Ki-Young Nam (46' 15-Sung-Ki Kim), Yong-Hwan Chung, Min-Gook Cho, Yang-Ha Park, Gang-Hee Choi, Soon-Ho Choi, 9-Bo-Gwan Hwang (53' 7-Geung-Yeon Cho), Jong-Boo Kim, 18-Seon-Hong Hwang (69' 19-Bong-Sub Sim).

·**Coach :** Hoi-Taek Lee

Broendby (Denmark) : Peter Schmeichel (GK), Bent Christensen (87' Ugo De Lorenzo), Bjarne Jensen, Frank Pingle (89' Leif Nielsen), Henrik Jensen, Jens Madsen, Kent Nielsen, Kim Christoffe, Kim Vilfort, Lars Olsen, Per Frimann.

·**Coach :** Morten Olses

Scorers : 0-1 32' Henrik Jensen, 0-2 44' Frank Pingle

·**Cautions**: 26' Ki-Young Nam, 47' Seon-Hong Hwang

·**Referee**: ?

·**Attendance**: ?

South Korea - Czechoslovakia 0-0 (0-0)

XVIII President's Cup 1989, Final Group Stage

(Seoul - Olympic Stadium - 26.06.1989 - 19:50)

South Korea (Red-Red-Red): 21-Bong-Soo Kim (GK), 5-Yong-Hwan Chung (C), 17-Sang-Bum Koo, 2-Kyung-Hoon Park, 4-Min-Gook Cho, 15-Sung-Ki Kim, 3-Gang-Hee Choi, 14-Soon-Ho Choi, 9-Bo-Gwan Hwang, 11-Joo-Seok Song (69' 10-Jong-Boo Kim), 18-Seon-Hong Hwang (79' 6-Yang-Ha Park).

·**Coach**: Hoi-Taek Lee

Czechoslovakia (White-White-White): 1-Luděk Mikloško (GK) (C), 2-Milan Šimunek, 3-Miroslav Kadlec, 4-Peter Fieber, 5-Michal Hipp, 12-Alois Grussmann, 8-Jiří Němec (15-Milan Pavlík), 6-Lubomír Moravčík, 10-Pavel Černý, 9-Radek Drulák, 11-Vladimír Weiss.

·**Coach**: Jozef Vengloš

Scorers: -

·**Referee**: Shizuo Takada (Japan)

·**Attendance**: 10,000

Note: Czechoslovakian line-up uncertain. Not a FIFA international but official for South Korea.

Metalist (Soviet Union) – South Korea 0-1 (0-0)

Friendly Match

(Harkov - ? - 04.08.1989)

South Korea: Poong-Joo Kim (GK), Sang-Bum Koo, Kyung-Hoon Park, Yong-Hwan Chung, Gang-Hee Choi, Sang-Ho Kim (45' Hae-Won Chung), Sung-Ki Kim (45' Young-Sang Lee), Joo-Sung Kim (45' Yong-Se Kim), Young-Jin Lee(45' Sang-Gook Choi), Hyun-Ki Ham (45' Sang-Gook Choi), Seon-Hong Hwang.

·**Coach**: Hoi-Taek Lee

Scorers: 0-1 56' Seon-Hong Hwang

·**Referee**: ?

·**Attendance**: ?

Spartacus (Soviet Union) – South Korea 2-2 (1-2)

Friendly Match

(Moscow – ? – 07.08.1989)

South Korea: Bong-Soo Kim (GK), Sang-Bum Koo (45' Jong-Soo Chung), Kyung-Hoon Park, Yong-Hwan Chung, Gang-Hee Choi, Sang-Ho Choi, Sung-Ki Kim (45' Young-Sang Lee), Joo-Sung Kim (45' Hyun-Ki Ham), Soon-Ho Choi (65' Tae-Ho Lee), Bo-Gwan Hwang (45' Bong-Sub Sim), Seon-Hong Hwang.

·**Coach**: Hoi-Taek Lee

Scorers: 1-0 9'(P) Vikor Pasulko, 1-1 23' Bo-Gwan hwang, 1-2 44' Seon-Hong hwang, 2-2 52' Yevgeni Kuznetsov

·**Referee**: ?

·**Attendance**: ?

Mexico - South Korea 4-2 (2-0)

Marlboro Cup, Semi Final

(Los Angeles - LA Memorial Coliseum - 10.08.1989 - 20:00)

Mexico (Green-White-White): Hugo Pineda (GK), Efraín Herrera, Roberto Ruíz Esparza, Enrique Vaca, Ignacio Ruvulcaba, Humberto Roon, Héctor Becera (60' Luis Antonio Valdez), Omar Arellano (73' Antonio Alcántara), Víctor Medina, Ricardo Peláez (85' Ricardo Chávez), Jorge Castañeda (60' Álvaro Torres).

·**Coach**: Mario Velarde

South Korea (Red-Red-Red): 21-Bong-Soo Kim (46' 1-Poong-Joo Kim) (GK), 5-Yong-Hwan Chung (C), 2-Kyung-Hoon Park, 15-Duk-Yeo Yoon, 13-Jong-Soo Chung (46' 17-Sang-Bum Koo), 3-Gang-Hee Choi (46' Young-Jin Lee), Sang-Ho Kim (45' 8-Hae-Won Chung), 10-Jong-Boo Kim (46' Sang-Gook Choi), 16-Joo-Sung Kim, 9-Bo-Gwan Hwang, 18-Seon-Hong Hwang.

·**Coach**: Hoi-Taek Lee

Scorers: 0-1 12' Ricardo Peláez, 0-2 36' Ricardo Peláez, 0-3 46' Ricardo Peláez, 1-3 47' Bo-Gwan Hwang, 2-3 52' Bo-Gwan Hwang, 2-4 57' Ricardo Peláez

·**Referee**: Majid Jay (USA)

·**Attendance**: 30,000

U.S.A. - South Korea 1-2 (0-2)

Marlboro Cup, Third Place Match

(Los Angeles - LA Memorial Coliseum - 13.08.1989 - 15:00)

U.S.A. (White-Blue-White): David Vanole (GK), Brian Bliss (80' Jim Garaba), Bruce Murray (56' Steven Snow), Eric Eichmann, Jimmy Banks (45' Steven Trittschuh), John Doyle, John Harkes, John Stollmeyer, Marcelo Balboa, Michael Windischmann, Paul Caligiuri.

·**Coach:** Bob Gansler

South Korea (Red-Red-Red): 21-Bong-Soo Kim (GK), 5-Yong-Hwan Chung (C), 2-Kyung-Hoon Park, 15-Duk-Yeo Yoon, 12-Young-Sang Lee (45' 15-Sung-Ki Kim), 13-Jong-Soo Chung, 16-Joo-Sung Kim (45' 19-Bong-Sub Sim), 8-Hae-Won Chung (45' Sang-Ho Kim), 14-Soon-Ho Choi (45' Hyun-Ki Ham), 9-Bo-Gwan Hwang, 18-Seon-Hong Hwang.

·**Coach:** Hoi-Taek Lee

Scorers: 0-1 17'(OG) Jimmy Banks, 0-2 21' Seon-Hong Hwang, 1-2 63' John Harkes

·**Referee:** ?

·**Attendance:** 23,191

South Korea - Egypt 0-1 (0-1)

Friendly Match

(Seoul - Olympic Stadium - 16.09.1989 - 15:00)

South Korea (Blue-Blue-Blue): 1-Dae-Soon Yoo (GK), 5-Yong-Hwan Chung (C), 17-Sang-Bum Koo (46' 13-Jong-Soo Chung), 3-Gang-Hee Choi, Sang-Ho Kim, 20-Sung-Ki Kim (28' 15-Duk-Yeo Yoon), 12-Young-Sang Lee, 9-Bo-Gwan Hwang (63' 11-Byung-Joo Byun), 16-Joo-Sung Kim, 7-Jong-Chul Baek (75' 10-Hyun-Ki Ham), 18-Seon-Hong Hwang.

·**Coach:** Hoi-Taek Lee

Egypt (Red-White-White): 1-Ahmed Shobeir (GK) (C), 10-Ahmed El-Kass, 8-Badr Ragab, 7-Hesham Abdel Rasoul (74' Ayman Konsowa), 5-Hesham Yakan (46' Yhia Sedki), 9-Hossam Hassan (46' 14-Gamal Abdel Hamid), 2-Ibrahim Hassan, 3-Mohammed Yassein, 4-Saber Al-Eid, 11-Tarek Soliman (46' Taher Sayed), 6-Yasser Farouk.

·**Coach:** Mahmoud El-Gohary

Scorers: 0-1 7' Hossam Hassan

·**Referee:** Keon-Ho Yoo (South Korea)

·**Attendance:** 60,000

South Korea - Qatar 0-0 (0-0)

XIV. FIFA World Cup Italy 1990, Preliminaries, Final Round

(Singapore - National Stadium - 13.10.1989 - 18:00)

South Korea (Red-Red-Red): 21-Poong-Joo Kim (GK), 5-Yong-Hwan Chung (C), 17-Sang-Bum Koo, 2-Kyung-Hoon Park, 15-Duk-Yeo Yoon, 3-Gang-Hee Choi, 6-Sang-Ho Kim, 9- Bo-Gwan Hwang (62' 8-Sang-Gook Choi), 16-Joo-Sung Kim, 11-Byung-Joo Byun, 18-Seon-Hong Hwang (46' 14-Soon-Ho Choi).

·**Coach:** Hoi-Taek Lee

Qatar (White-Brown-White): 1-Younis Ahmed Baker (GK), 7-Adel Khamis Al-Noubi, 3-Ali Al-Sulaiti, 6-Jumah Saleh, 12-Mahmoud Yaseen Soufi, 15-Mansour Muftah (72' 17-Mohammed Mubarak), 8-Mohammed Al-Amari, 2-Mohammed Deham Al-Sowaidi, 10-Mubarak Salem Al-Khater, 11-Saleh Eid (46' 16-Khalid Al-Muhannadi), 4-Yousef Al-Adsani.

·**Coach:** Dino Sani (Brazil)

Scorers: -

·**Cautions:** Mohammed Mubarak, Mohammed Deham

·**Referee:** Joël Quiniou (France)

·**Attendance:** 34,000

South Korea - North Korea 1-0 (1-0)

XIV. FIFA World Cup Italy 1990, Preliminaries, Final Round

(Singapore - National Stadium - 16.10.1989 - 19:00)

South Korea (Red-Red-Red): 21-Poong-Joo Kim (GK), 5-Yong-Hwan Chung (C), 17-Sang-Bum Koo, 2-Kyung-Hoon Park, 15-Duk-Yeo Yoon, 3-Gang-Hee Choi, 6-Sang-Ho Kim (71' 4-Young-Jin Lee), 9-Bo-Gwan Hwang (62' 11-Byung-Joo Byun), 16-Joo-Sung Kim, 14-Soon-Ho Choi, 18-Seon-Hong Hwang.

·**Coach:** Hoi-Taek Lee

North Korea (White-White-White): 1-Chi-Won Kim (GK), 9-Jong-Su Yun (C), 2-Gwang-Min Kim, 6-Pung-Il Kim (77'

11-Yong-Nam Kim), 8-Yong-Jin Ri (59' 10-Hyok-Chon Ri), 17-Gwang-Chol Bang, 12-Man-Ho Jon, 3-Yong-Man Jong, 15-Kyong-Shik Ju, 5-Yong-Bin Tak, 7-Hyong-Il Han.

·Coach: Du-Ik Pak

Scorers: 1-0 18' Seon-Hong Hwang

·Referee: José Antonio García (Mexico)

·Attendance: 15,000

South Korea - China 1-0 (0-0)

XIV. FIFA World Cup Italy 1990, Preliminaries, Final Round

(Singapore - National Stadium - 20.10.1989 - 17:00)

South Korea (Blue-Blue-Blue): 21-Poong-Joo Kim (GK), 5-Yong-Hwan Chung (C), 17-Sang-Bum Koo, 2-Kyung-Hoon Park, 15-Duk-Yeo Yoon, 3-Gang-Hee Choi, 6-Sang-Ho Kim (66' 4-Young-Jin Lee), 8-Sang-Gook Choi (56' 9-Bo-Gwan Hwang), 16-Joo-Sung Kim, 14-Soon-Ho Choi, 18-Seon-Hong Hwang.

·Coach: Hoi-Taek Lee

China (White-White-White): 1- Fu Yubin (GK), 17-Mai Chao (C), 18-Duan Ju, 3-Gao Sheng, 4-Guo Jijun, 9-Liu Haiguang, 8- Tang Yaodong, 6- Wu Qunli, 7- Xie Yuxin (80' 12-Wang Baoshan), 15-Zhang Xiaowen, 2-Zhu Bo.

·Coach: Gao Fengwen

Scorers: 1-0 66' Joo-Sung Kim

·Cautions: 35' Wu Qunli, 69' Guo Yijun, 85' Yong-Hwan Chung

·Referee: José Antonio García (Mexico)

·Attendance: 26,216

South Korea - Saudi Arabia 2-0 (1-0)

XIV. FIFA World Cup Italy 1990, Preliminaries, Final Round

(Singapore - National Stadium - 25.10.1989 - 18:00)

South Korea (Red-Red-Red): 21-Poong-Joo Kim (GK), 5-Yong-Hwan Chung (C), 17-Sang-Bum Koo, 2-Kyung-Hoon Park, 15-Duk-Yeo Yoon (62' 13-Jong-Soo Chung), 3-Gang-Hee Choi, 4-Young-Jin Lee, 9-Bo-Gwan Hwang, 16-Joo-Sung Kim, 14-Soon-Ho Choi (75' 7-Jong-Chul Baek), 18-Seon-Hong Hwang.

·Coach: Hoi-Taek Lee

Saudi Arabia (White-White-White): 1-Abdullah Al-Deayea (GK), 2-Abdullah Al-Dossary, 4-Ahmed Madani, 10-Fahad Al-Mosaibeth (66' 14-Khalid Al-Muwallid), 13-Mohammed Al-Jawad, 11-Muhaisen Al-Dossary, 20-Omar Bakhaswein, 18-Saadoun Al-Suwaiti (70' Youssef Al-Dossary), 5-Saleh Al-Nuayamah, 8-Saleh Mubarak Al-Saleh, 15-Youssif Al-Thuniyan.

·Coach: Carlos Alberto Parreira (Brazil)

Scorers: 1-0 41' Bo-Gwan Hwang, 2-0 89' Seon-Hong Hwang

·Cautions: 62' Saleh Mubarak Al-Saleh, 84' Poong-Joo Kim, 90' Jong-Chul Baek

·Referee: Carlos Esposito (Argentina)

·Attendance: 11,288

South Korea - U.A.E. 1-1 (1-1)

XIV. FIFA World Cup Italy 1990, Preliminaries, Final Round

(Singapore - Jurong Stadium - 28.10.1989 - 17:00)

South Korea (Red-Red-Red): 21-Poong-Joo Kim (GK), 5-Yong-Hwan Chung (C), 2-Kyung-Hoon Park, 13-Jong-Soo Chung, 3-Gang-Hee Choi, 6-Sang-Ho Kim, 12-Young-Sang Lee (46' 20-Sung-Ki Kim), 9-Bo-Gwan Hwang, 16-Joo-Sung Kim, 7-Jong-Chul Baek (17' 10-Hyun-Ki Ham), 18-Seon-Hong Hwang.

·Coach: Hoi-Taek Lee

U.A.E. (White-White-White): 17-Muhsin Musabbah Faraj (GK), 20-Mohammed Obaid, 4-Mubarak Ghanim Mubarak, 2-Khalil Ghanim Mubarak, 15-Ibrahim Meer Abdulrahman, 18-Fahad Abdulrahman Abdullah, 6-Abdulrahman Abdullah, 3-Ali Thani Juma, 13-Hassan Mohammed, 7-Fahad Khamees Mubarak, 10-Adnan Al-Talyani (79' 9-Abdulaziz Mohammed Ali).

·Coach: Mario Zagallo (Brazil)

Scorers: 1-0 7' Bo-Gwan Hwang, 1-1 16' Adnan Al-Talyani

·Cautions: 80' Mohammed Obaid

·Referee: Joël Quiniou (France)

·Attendance: 4,320

03
Футбол в Корее 1990-х годов

Корейский футбол 90-х годов стартовал Кубком мира в Италии в 1990 году. Корея чувствовала уверенность, поскольку на предыдущем Кубке мира в Мексике уже проявила себя и сравнительно легко прошла региональный отбор. Но Кубок мира в Италии оказался не таким уж и легким, как на то рассчитывала корейская сборная. В одной группе с Кореей были Бельгия, Испания и Уругвай. Игра с Бельгией закончилась поражением Кореи со счетом 0:2, с Испанией счет игры был 1:3, с Уругваем – 0:1. Вот так закончив три игры тремя поражениями Корея закончила участие в Кубке мира в Испании.

Несмотря на неудачное завершение Кубка мира в Испании, 1990 год подарил Матч дружбы Южной и Северной Кореи, который взволновал сердца народа. Эти матчи были посвящены объединению двух Корей. Первый матч проводился 11 октября на стадионе Ныннадо 5.1 в Пхеньяне, на котором Южная Корея проиграла Северной со счетом 1:2. Но в следующем матче, проводимом в Сеуле на стадионе Джамсиль, Южная Корея выиграла со счетом 1:0. Отношения двух стран с единым народом в футболе, начавшиеся с Матча дружбы Южной и Северной Кореи, способствовал формированию объединенной футбольной команды, которая участвовала в 1991 году на 6-м Чемпионате мира до 20 лет. На этом чемпионате единая корейская команда дошла до 1/4 финала.

На Олимпийских играх в Барселоне в 1992 году сборная команда вошла в одну группу с Марокко, Швецией, Парагваем, и итогом всех матчей стали ничьи. Для участия в Кубке мира 1994, проводимом в США, в 1993 году Корея в третий раз подряд участвует в заключительном отборочном этапе, который называется «Чудо в Дохе». И в день объявления команд, прошедших в финал Кубка мира 1994, председатель Корейской ассоциации футбола Джон Монг Джун объявляет о заявке на проведение Кубка мира 2002 в Корее.

Отборочный турнир на Кубок мира 1994 в США корейская сборная прошла с лихвой, но финальный турнир был не прост даже по очкам. С Кореей в одной группе были Испания, Боливия, Германия. Равная игра с Испанией завершилась со счетом 2:2, в следующей игре с Боливией Корея имела превосходство, но, к сожалению, закончила игру со счетом 0:0. Игра с Германией предполагалась быть односторонней, но оказалась непростой. Корейская команда показала лучшую игру, забив два гола, но в итоге проиграла со счетом 2:3. Финальный турнир в США завершился в результатом 2 ничьи и 1 поражение. В этом же 1994 году на Азиатских играх в Хиросиме Корея остановилась на 4 месте. А на Олимпийских играх в Атланте в 1996 году, сыграв с Ганой, Мексикой и

Италией, завершила игры с результатом 1 победа, 1 ничья и 1 поражение. Но по количеству набранных очков уступила место, тем самым выбыла из групповой лиги.

1996 год для корейского футбола является значимым годом. Потому что 31 мая на собрании исполнительного комитета ФИФА было вынесено решение о совместном проведении Кубка мира 2002 Кореей и Японией. Проведение финального матча отдано Японии, а Корее – открытие. И официальное название стало Кубок мира ФИФА 2002 Корея-Япония, то есть было согласован именно такой порядок стран в названии Кубка.

Для участия в Кубке мира 1998 во Франции, Корея под руководством тренера Ча Бом Гына с легкостью проходит региональный отборочный турнир в 1997 году, тем самым в четвертый раз подряд выходит в финальный турнир Кубка мира. Учитывая участие в финальном турнире Кубка мира 2002 в качестве страны, открывающей данный чемпионат, Корея пять раз подряд выйдет в финальный турнир Кубка мира. После удачно сыгранного отборочного турнира, корейский народ возлагал большие надежды на финальный турнир, но результат данного турнира оказался печальным. Корея была в одной группе с Мексикой, Нидерландами и Бельгией. Несмотря на то, что в игре с Мексикой Корея забила первый гол, завершила она игру проигрышем 1:3. Во второй игре с Нидерландами, тренером которой был Гус Хидинг, Корея проиграла с большим разрывом голов 0:5, и потеряла всякую надежду на выход в 1/8 финала. Последствием игры с Нидерландами стало замена тренера корейской сборной Ча Бом Гына. Замена произошла сразу же, то есть во время финального турнира Кубка мира. Последнюю игру в Бельгией Корея сыграла вничью со счетом 1:1. Завоеванное единственное очко, хоть как-то успокоило команду.

Незабываемые моменты матчей III

Чудо в Дохе:Последний раунд заключительного отборочного турнира АФК Чемпионата мира 1994 года в США
18 октября 1993 года, стадион SC Доха, Катар

В спорте, если есть победитель, то обязательно есть проигравший. Если найдутся люди, плачущие от счастья при выходе в финальный турнир, то и найдутся люди, плачущие от разочарования, не выйдя в финальный турнир. Заключительный отборочный турнир АФК на Кубок мира в США 1994 является одним из самых драматичных в истории Кореи среди отборочных турниров на Кубок мира. В Корее его называет «чудо в Дохе», а в Японии – «трагедия в Дохе».

Korean Players Happy After Game (Photo Provider : Jae-Hyung Lee)

Незабываемым матчем 1990 года отобран последний матч заключительного отборочного турнира АФК на Кубок мира в США в 1994 года между Кореей и КНДР. Если говорить точнее, то в последнем раунде запланированы были одновременно две игры,

Корея с КНДР и Япония с Ираком. Для всеобщего понимания, такой исход можно назвать самым беспорядочным в истории отборочных игр АФК, учитывая систему футбольных игр того времени, значительно отличающейся от современной системы.

В отличие от нынешних правил игры на своем и на чужом поле, в то время все шесть команд собирались на одном поле для заключительного отборочного турнира. И по круговой системе команды должны были играть по пять игр. В заключительном отборочном турнире АФК 1993г., проводившийся в Дохе, Катар, участвовали шесть стран: Корея, Япония, Саудовская Аравия, КНДР, Ирак, Иран. Было два билета на выход в финальный турнир Кубка мира в США. Необходимо учитывать и еще один момент, касающийся количества очков за победу. В отличие от нынешней системы, в которой за победу дается 3 очка, а за ничью 1 очко, в то время за победу давалось 2 очка, а за ничью 1 очко. И если команды набирали одинаковое количество очков, победителем отбирался методом разницы забитых и пропущенных очков.

10 октября 1993 года Корея начала игры. Сначала с Ираном, затем Ираком, Саудовской Аравией, Японией и 28 числа должна была играть с КНДР. Поскольку местом проведения игр являлся Катар, то первые три игры со странами Среднего Востока можно назвать игрой на чужом поле. Корея начала неплохо, выиграв первый этап игры с Ираном со счетом 3:0, но во втором этапе с Ираком и третьем с Саудовской Аравией сыграла 2:2 и 1:1 соответственно. Количество набранных очков стало 4. Оставалось еще два этапа. Четвертый этап, игра с Японией, страной над которой она имела превосходство, поэтому

настрой был бодрым. Не из-за того, что это был отборочный турнир на Кубок мира, а из-за того что игру с Японией Корея всегда, любой ценой должна была выиграть. Но, может быть из-за подготовки Японией к проведению Кубка мира 2002, а также сильного стремления к выходу в финальный турнир, на 15 минуте второго тайма Корея позволяет Миуре Кадзыёси забить гол и заканчивает игру поражением 0:1.

После тяжелейшего поражения в четвертом этапе, у Кореи осталась последняя игра с КНДР. Итоги после четвертого этапа следующие: Корея 4 очка, Япония 5 очков, Саудовская Аравия на 3-м месте. В случае победного завершения последней игры с КНДР, Корее остается лишь надеяться на проигрыш одной из стран Японии или Саудовской Аравии. Поскольку по разнице забитых и пропущенных очков у Японии было +3, Корея должна была выиграть КНДР с преимуществом более двух голов, что являлось непростой задачей. Выход в финальный турнир стран Иран и Ирак, набравших одинаковое с Кореей количество очков, зависел от результатов последней игры, поэтому пять стран, за исключением КНДР, готовились к последнему матчу, в надежде на выход на Кубок мира.

Таблица №1: Итоги игр после четвертого этапа отборочного турнира АФК на Кубок мира в США в 1994 г.

Место	Страна	О	В	Н	П	+	-	Разница
1	Япония	5	2	1	1	5	2	+3
2	Саудовская Аравия	5	1	3	0	4	3	+1
3	Корея	4	1	2	1	6	4	+2
4	Ирак	4	1	2	1	7	7	0
5	Иран	4	2	0	3	5	7	-2
6	КНДР	2	1	0	4	5	9	-4

28 октября 1993 года в 16:15 по местному времени на трех футбольных полях Катара одновременно прозвучал свисток, ознаменовавший начало судьбоносных для пяти стран матчей за выход на Кубок мира в 1994г. Во что бы то ни стало Корея должна была обыграть КНДР с разницей в 2 гола, поэтому она стремительно начала атаковать КНДР, которая уже выбыла из списка претендентов на финальный турнир. Но не забив гола, закончила первый тайм со счетом 0:0. А в это время Япония в матче с Ираком на пятой минуте в лице игрока Миуры Кадзыёси забивает гол и выходит вперед со счетом 1:0. Так заканчивается первый тайм. А Саудовская Аравия в игре с Ираном заканчивает сорока пяти минутный тайм со счетом 2:1 в свою пользу. При таком раскладе Япония и Саудовская Аравия выходят в финальный турнир. Это был тот момент, когда у Японии впервые появилась надежда на выход в финал, а у Кореи появилось чувство тревоги потерять возможность выйти в третий раз подряд в финальный турнир.

Но воины корейской футбольной сборной не сдались. Буквально через четыре минуты после начала второго тайма игрок Ко Джонг Ун забивает гол ударом головой, выводя команду вперед. И разу же через четыре минуты следует гол футболиста Хван Сон Хонга, и счет становится 2:0. В это время Япония позволяет иракскому игроку Ради Сеннаисиру забить гол, счет равный 1:1. А Саудовская Аравия, не теряя шанса, ведет игру со счетом 4:2 и обеспечивает себе билет на выход в финальный турнир Кубка мира. Последний билет возьмёт Корея либо Япония. На тридцатой минуте второго тайма корейский игрок Ха Сок Чу забивает еще один гол и увеличивает разницу счета в три гола, тем самым приблизив команду к выходу в финальный турнир. Но если Япония сыграет с Ираком вничью, она все равно имеет возможность выйти в финал. Стремление японской команды впервые стать участником финала было так же сильно, как и стремление корейской команды. Поэтому на восьмидесятой минуте второго тайма Накаяма Масасига прорывается сквозь защиту иракского вратаря и забивает гол, счет 2:1. Даже ведя игру при счете 3:0, выход корейской команды в финальный турнир в третий раз подряд висит на волоске.

Как только прозвучал свисток, сигнализирующий окончание матча на футбольном поле SC в Дохе, Катар, корейская команда, даже одержав победу в матче с большим разрывом голов, не могла уйти с высоко поднятой головой. Выход в финальный турни Кубка мира в США был потерян. Когда корейские игроки с тяжелым камнем на душе вышли на поле чтобы поблагодарить активно поддерживавших на протяжении всего последнего матча корейских болельщиков, они увидели как всполошились люди на зрительских местах и на скамейках. В последний момент окончания матча Ирак забивает гол и сравнивает счет. Уже закончилось выделенное время и дополнительное время было на исходе. Оставалось только услышать финальный свисток, но тут иракский игрок Алла Кадим прорывается справа, подает кроссом сверху, а Джафар Сальман бьет в ворота головой. На заключительном моменте матча счет сравнялся. Японские игроки прямо на поле были обессилены от разочарования. Это был момент одновременно как чуда и трагедии в Дохе.

Может быть, это и есть обретение жизни на грани смерти. С иракским голом, забитым в последний момент матча, рассеялись как дым мечты Японии впервые выйти в финальный турнир Кубка мира, а казалось бы улетучившаяся мечта Кореи в третий раз подряд выйти в финальный турнир Кубка мира, неожиданно стала реальностью. Радость игроков, которые даже выиграв матч, не могли поднять головы, и тренеров, а также живущих в Корее людей, которые в это позднее время болели за свою команду, невозможно было выразить словами. А в это время Япония, которая со второго тайма в душе ликовала от победы и выхода в финальный турнир, была шокирована исходом. 30 октября 1993 года в сеульских газетах заголовком основной статьи было «20 секунд, предопределяющих радость и разочарование», а подзаголовком было «в Корее праздник, а в Японии похороны», тем самым сравнивая настроения болельщиков двух стран.

В следующем году на Кубке мира в США в групповой лиге Корея встретилась с Испанией, Боливией и Германией, с которыми сыграла со счетом 2-2, 0-0, 2-3 соответственно, то есть 2 ничьи и 1 поражение. Выйдя три раза подряд в финальный турнир Кубка мира, Корея сыграла решающую роль в отборе на совместное проведение Кубка мира 2002. А Япония, после трагедии в Дохе, через четыре года получает билет на финальный турнир Кубка мира во Франции. Кстати, главный герой «чуда в Дохе» или «трагедии в Дохе» иракский игрок Джафар Сальман после был приглашен в Корею, в качестве высокопоставленного гостя.

Когда на выбор предлагают назвать самый запоминающийся

матч корейской сборной 1990-х годов, то большинство людей выбирают «чудо в Дохе». Бесспорно этот матч является именно таким. Но болельщики корейского футбола откровенно говорят, что больше не хотят быть свидетелями такого душераздирающего матча.

Norway– South Korea 3-2 (0-1)

Friendly match

(Valletta - Ta'Qali Stadium - 04.02.1990 - 15:00)

Norway (Red-White-Black): Ola By Rise (GK), Gunnar Halle, Lars Bohinen, Rune Tangen, Jan Åge Fjørtoft, Jahn-Ivar Jakobsen (70' Bent Skammelsrud), Jan-Halvar Halvorsen, Ørjan Berg, Jørn Andersen, Hugo Hansen, Karl-Petter Løken.

·**Coach:** Ingvar Stadheim

South Korea (Blue-Blue-Blue): 1-Poong-Joo Kim (GK), 5-Yong-Hwan Chung (C), 17-Sang-Bum Koo, 4-Duk-Yeo Yoon, 3-Gang-Hee Choi(71' 15-Young-Ik Lee), 20-Myung-Bo Hong, 16-Joo-Sung Kim, 7-Soo-Jin Noh, 10-Sang-Yoon Lee, 14-Soon-Ho Choi, 18-Seon-Hong Hwang(67' 11-Byung-Joo Byun).

·**Coach:** Hoi-Taek Lee

Scorers: 0-1 36' Seon-Hong Hwang, 1-1 53' Ørjan Berg, 1-2 58' Sang-Yoon Lee, 2-2 87' Skammelsrud, 3-2 89' Rune Tangen

·**Cautions:** Myung-Bo Hong

·**Referee:** Charles Agius (Malta)

·**Attendance:** 1,500

Malta - South Korea 1-2 (0-1)

Friendly match

(Valletta - Ta'Qali Stadium - 10.02.1990 - 15:00)

Malta (White-White-White): 1-David Cluett (GK), 8-Raymond Vella (C), 3-David Carabott (63' Jesmond Zerafa), 10-Michael Degiorgio, 11-Martin Gregory, 2-Edwin Camilleri, 4-Joseph Galea, 6-Joseph Falzon (45' 9-Joseph Zarb), 5-Charles Scerri (45' 16-Edmond Zammit), 13-Kristian Laferla, 7-Hubert Suda

·**Coach:** Horst Hesse (West Germany)

South Korea (Red-Red-Red): 1-Poong-Joo Kim (GK), 17-Sang-Bum Koo, 15-Young-Ik Lee, 13-Jong-Soo Chung, 20-Myung-Bo Hong, 7-Soo-Jin Noh, 10-Sang-Yoon Lee, 22-Young-Jin Lee (73' 9-Bo-Gwan Hwang), 12-Jong-Chul Baek, 11-Byung-Joo Byun, 12-Young Sang Lee

·**Coach:** Hoi-Taek Lee

Scorers: 0-1 39' Jong-Chul Baek, 0-2 75' Bo Gwan Hwang, 1-2 83' Kristian Laferla

·**Cautions:** Sang-Bum Koo, Jong-Soo Chung

·**Referee:** Thorodd Presberg (Norway)

·**Attendance:** 3,544

Iraq - South Korea 0-0 (0-0)

Friendly Match

(Baghdad - Shaab Stadium - 15.02.1990 - 15:00)

South Korea (Red-Red-Red): 1-Poong-Joo Kim (GK), 17-Sang-Bum Koo, 4-Duk-Yeo Yoon, 15-Young-Ik Lee, 3-Gang-Hee Choi (45' 12-Young-Sang Lee), 20-Myung-Bo Hong, 16-Joo-Sung Kim (45' 7-Soo-Jin Noh), 10-Sang-Yoon Lee (45' 6-Sang-Ho Kim), 14-Soon-Ho Choi (45' 12-Jong-Chul Baek), 9-Bo-Gwan Hwang, 18-Seon-Hong Hwang.

·**Coach:** Hoi-Taek Lee

Scorers: -

·**Referee:** ?

·**Attendance:** ?

Egypt - South Korea 0-0 (0-0)

Friendly Match

(Cairo - International Stadium - 18.02.1990 - 14:30)

South Korea: 1-Poong-Joo Kim (GK), 17-Sang-Bum Koo, 4-Duk-Yeo Yoon, 12-Young-Sang Lee, 3-Gang-Hee Choi, 20-Myung-Bo Hong, 6-Sang-Ho Kim(63' 9-Bo-Gwan Hwang), 16-Joo-Sung Kim (63' 10-Sang-Yoon Lee), 7-Soo-Jin Noh, 14-Soon-Ho Choi, 18-Seon-Hong Hwang(11' 11-Byung-Joo Byun).

·**Coach:** ?

Scorers: -

·**Cautions:** -

·**Referee:** Mohamed Hansal (Algeria)

·**Attendance:** ?

Real Bettis(Spain) - South Korea 1-1 (0-1)

Friendly Match

(Sevilla - ? - 22.02.1990 - 16:00)

South Korea: 1-Poong-Joo Kim (GK), 17-Sang-Bum Koo, 4-Duk-Yeo Yoon, 15- Young-Ik Lee(45' 12-Young-Sang Lee), 13-Jong-Soo Jung(45' 3-Gang-Hee Choi),

20-Myung-Bo Hong, 16-Joo-Sung Kim(45' 7-Soo-Jin Noh), Jong-Dae Park(45' 14-Soon-Ho Choi), 11-Byung-Joo Byun, 9-Bo-Gwan Hwang(45' 6-Sang-Ho Kim), 18-Seon-Hong Hwang

· Coach : ?

Scorers : 1-0 7' Juan Urena, 1-1 25' Byung-Joo Byun

· Cautions : -

· Referee : ?

· Attendance : ?

South Korea – Malmo(Sweden) 1-1 (0-0)

Friendly Match

(Suwon – Sports Complex Athletics Stadium - 08.03.1990 – 19:00)

South Korea : 1-Poong-Joo Kim (GK), 4-Duk-Yeo Yoon, 5-Jung yong Hwan, 13-Jong-Soo Jung, 3-Gang-Hee Choi, 20-Myung-Bo Hong, 16-Joo-Sung Kim, 7-Soo-Jin Noh(47' 9-Bo-Gwan Hwang), 22-Young-Jin Lee, 14-Soon-Ho Choi, 11-Byung-Joo Byun.

· Coach : ?

Malmo : Roger Svensson (GK), Bent Skammelsrud, Hakan Lindman, Jean-Paul Vonderburg, Joakim Nilsson, Martin dahlin(78' Marcus Ekheim), Niclas Larsson, Patrick Andersson, Per Agren, Stefan Schwarz, Tobjorn Persson

· Coach : Bob HOUGHTON

Scorers : 1-0 52' Byung-Joo Byun

· Cautions : -

· Referee : ?

· Attendance : ?

South Korea – Malmo(Sweden) 1-0 (1-0)

Friendly Match

(Jeju- Sports Complex Athletics Stadium - 11.03.1990 – 19:00)

South Korea : 1-Poong-Joo Kim (GK), 12-Young Sang Lee, 5-Jung yong Hwan, 13-Jong-Soo Jung, 3-Gang-Hee Choi, 20-Myung-Bo Hong, 16-Joo-Sung Kim, 7-Soo-Jin Noh(51' 6-Sang-Ho Kim), 22-Young-Jin Lee, 14-Soon-Ho Choi(52' 18-Seon-Hong Hwang), 11-Byung-Joo Byun

· Coach : ?

Malmo : Roger Svensson(GK), Bent Skammelsrud, Jean-

Paul Vonderburg, Joakim Nilsson, Jorgen Lundgren(53' Patrick Anderssonn), Lasse Larsson, Leif Enqvist, Niclas Larsson, Patrick Andersson(52' Marcus Ekheim) , Per Agren, Stefan Schwarz

· Coach : Bob HOUGHTON

Scorers : 1-0 10' Byung-Joo Byun

· Cautions : 3' Stefan Schwarz, 83' Jean-Paul Vonderburg, 85' Seon-Hong Hwang

· Expulsions : 87' Lasse Larsson

· Referee : ?

· Attendance : ?

South Korea – Guarani (Paraguay) 1-1 (1-0)

Friendly Match

(Anyang - Public Stadium 02.05.1990 – 19:00)

South Korea : In-Young Choi, (GK), Joo-Sung Kim, Kyung-Hoon Park, Byung-Joo Byun(66' Jung-Won Seo), Duk-Yeo Yoon, Young-Jin Lee, Yong-Hwan Jung, Jong-Soo Jung, Myung-Bo Hong, Bo-Gwan Hwang, Seon-Hong Hwang

· Coach : ?

Guarani(Paraguay) : Antonio Bordon, Adolfo Vera, Enrique Rodriguez(78' Juan Garcete), Eulalio Mora, Javier Parades, Julio Franco, Luis Caballero, Marcelino Blaco, Pedro Pereira(72' Gerardo Villalba) , Ronaldo Chilavert(88' Rodolfo Echeverria), Santacruz Casco

· Coach : Carlos SANABRIA

Scorers : 1-0 23' Seon-Hong Hwang, 1-1 77' Luis Caballero

· Cautions : 22' Jong-Soo Jung, 35' Pedro Pereira, 35' Ronaldo Chilavert

· Referee : ?

· Attendance : ?

South Korea – Guarani (Paraguay) 1-2 (1-0)

Friendly Match

(Seoul - Olympic Stadium - 05.05.1990 – 15:00)

South Korea : Sang-Bum koo, Joo-Sung Kim, Soo Jin Noh(64' Bo-Gwan Hwang), Kyung-Hoon Park, Duk-Yeo Yoon, Tae-Ho Lee(64' Byung-Joo Byun), Ki-Dong Jung, Jong-Soo Jung, Soon-Ho Choi(79' Seon-Hong Hwang), Myung-Bo Hong, Heung-Sil Lee(64' Young-Jin Lee)

·Coach: ?

Guarani(Paraguay): Antonio Bordon, Adolfo Vera, Enrique Rodriguez(40' Juan Garcete), Eulalio Mora(46' Gerardo Villalba), Javier Parades, Julio Franco, Luis Caballero, Marcelino Blaco, Pedro Pereira(88' Juan Irala) , Ronaldo Chilavert(67' Rodolfo Echeverria) , Santacruz Casco

·**Coach:** Carlos SANABRIA

Scorers: 1-0 26' Soon-Ho Choi, 1-1 73' Santacruz Casco, 1-2 85' Luis Caballero

·**Cautions:** 22' Marcelino Blanco, 29' Julio Franco, 37' Luis Caballero

·**Referee:** ?

·**Attendance:** ?

South Korea – Arsenal(England) 1-2 (0-1)

Kaltex Cup Korean-English International Football Championship

(Singapore - ? -09.05.1990 – 20:00)

South Korea: In-Young Choi, Sang-Bum koo, Joo-Sung Kim, Kyung-Hoon Park, Byung-Joo Byun(74' Jung-Won Seo), Young-Rok Song(67' Jong-Soo Jung), Duk-Yeo Yoon, Young-Jin Lee(46' Heung-Sil Lee), Hae-Won Jung(46' Bo-Gwan Hwang), Myung-Bo Hong, Seon-Hong Hwang

·**Coach:** ?

Arsenal(England): John Lukic, Alan Smith, David Oleary, David Rocastle, Kevin Campbell, Lee Dixon, Michael Thomas, Nigel Winterburn, Paul Davis, Perry Groves, Tony Adams

·**Coach:** George GRAHAM

Scorers: 0-1 29' Alan Smith, 56'(P) Byung-Joo Byun, 1-2 68' Lee Dixon

·**Cautions:** In-Young Choi, Seon-Hong Hwang

·**Referee:** ?

·**Attendance:** ?

South Korea – Spartacus(The Soviet Union) 0-1 (0-1)

Friendly Match

(Suwon - Sports Complex Athletics Stadium - 17.05.1990 – 19:00)

South Korea: Poong-Joo Kim(7' In-Young Choi) (GK), Sang-Bum Koo, Joo-Sung Kim, Kyung-Hoon Park, Duk-Yeo Yoon, Yong-Hwan Jung, Soon-Ho Choi, Myong-Bo Hong (46' Young-Rok Song), Bo-Gwan Hwang, Seon-Hong Hwang, Heung-Sil Lee(46' Young-Jin Lee)

·**Coach:** ?

Spartacus(The Soviet Union): Stanislav Cherchesov, Alexander Mostovoi, Boris Pozdniakov, Dmitri Khdestov, Dmitri Popov, Fedor Cherenkov, Gennadi Morozov, Marat Dzoblaev(82' Valery Karpin), Sergei Bazulev, Sergei Rodionov, Vasili Kulkov

·**Coach:** Oleg ROMANCHEV

Scorers: 0-1 32' Fedor Cherenkov

·**Referee:** ?

·**Attendance:** ?

South Korea – Spartacus(The Soviet Union) 1-3 (1-2)

Friendly Match

(Jeonju - Sports Complex Athletics Stadium - 20.05.1990 – 15:00)

South Korea: In-Young Choi (GK), Sang-Bum Koo, Joo-Sung Kim(62' Seon-Hong Hwang), Kyung-Hoon Park, Byung-Joo Byun(62' Soo-Jin Noh), Duk-Yeo Yoon, Sang-Yoon Lee(46' Young-Jin Lee), Yong-Hwan Jung, Gang-Hee Choi(38' Young-Rok Song), Soon-Ho Choi, Bo-Gwan Hwang.

·**Coach:** ?

Spartacus(The Soviet Union): Stanislav Cherchesov, Alexander Mostovoi, Boris Pozdniakov, Dmitri Khdestov, Dmitri Popov, Fedor Cherenkov, Gennadi Morozov, Marat Dzoblaev(45' Oleg Ivanov), Sergei Bazulev, Sergei Rodionov, Vasili Kulkov

·**Coach:** Oleg ROMANCHEV

Scorers: 0-1 14' Gennadi Morozov, 0-2 18' Sergei Rodionov, 1-2 20'(P) Byung-Joo Byun, 1-3 52' Sergei Rodionov

·**Referee:** ?

·**Attendance:** ?

South Korea – Dortmund (Germany) 1-1 (0-1)

Friendly Match

(Gangneung- Sports Complex Athletics Stadium - 27.05.1990 – 15:00)

South Korea: In-Young Choi (GK), Sang-Bum Koo(46' Jong-Soo Jung), Joo-Sung Kim, Soo-Jin Noh, Kyung-Hoon Park, Duk-Yeo Yoon(46' Young-Jin Lee), Tae-Ho Lee(65' Byung-Joo Byun), Yong-Hwan Jung, Soon-Ho Choi, Myong-Bo Hong, Bo-Gwan Hwang(65' Heung-Sil Lee)

·**Coach:** ?

Dortmund (Germany): Wolfgang Beer, Dirk Hofmann Gunther Kutowski(66' Uwe Greuer) , Jurgen Wegmann, Martin Driller, Michael Schultz, Michael Zorc, Robert Nikolic(46' Ralf Kohl) , Stefan Strerath(66' Stefan Probe), Thomas Helmer, Thomas Kroth(46' Steffen Karl)

·**Coach:** Horst KOPPEL

Scorers: 0-1 21' Stefan Strerath, 1-1 55'(P) Soo Jin Noh

·**Referee:** ?

·**Attendance:** ?

South Korea – Dortmund (Germany) 3-1 (1-0)

Friendly Match

(Daegu - Civic Stadium - 30.05.1990 – 19:00)

South Korea: Sang-Bum koo, Kyung-Hoon Park, Byung-Joo Byun(57' Joo-Sung Kim), Young-Jin Lee, Ki-Dong Jung, Yong-Hwan Jung, Hae-Won Jung(68' Soo Jin Noh), Min Gook Jo(46' Myung-Bo Hong), Kang Hee Choi, Bo-Gwan Hwang, Seon-Hong Hwang

·**Coach:** ?

Dortmund (Germany): Rolf Meyer, Christian Zetzmann, Gunther Kutowski, Jurgen Wegmann(46' Martin Driller), Michael Rummenigge, Ralf Kohl, Robert Nikolic, Stefan Strerath(67' Uwe Greuer), Steffen Karl, Thomas Helmer(46' Dirk Hofmann), Thomas Kroth

·**Coach:** Horst KOPPEL

Scorers: 1-0 21' Bo-Gwan Hwang, 1-1 61' Martin Driller, 2-1 86' Soo Jin Noh, 3-1 89' Young-Jin Lee

·**Referee:** ?

·**Attendance:** ?

Belgium - South Korea 2-0 (0-0)

FIFA World Cup Italy 1990, Final Phase, 1st Round Group E

(Verona - Bentegodi Stadium - 12.06.1990 - 17:00)

Belgium (White-White-White): 1-Michel Preud'homme (GK), 2-Eric Gerets, 7-Marc Degryse, 3-Michel De Wolf, 5-Demole, 9-Van der Linden, 8-Franky van der Elst, 11-Bruno Versavel, 10-Enzo Scifo, 4-Marc Emmers, 6-Leo Clijsters.

·**Coach:** Guy Thys

South Korea (Red-Red-Red): 21-In-Young Choi (GK), 5-Yong-Hwan Chung (C), 17-Sang-Bum Koo, 2-Kyung-Hoon Park, 3-Gang-Hee Choi, 20-Myung-Bo Hong, 16-Joo-Sung Kim, 7-Soo-Jin Noh (63' 6-Tae-Hoo Lee), 22-Young-Jin Lee (46' 15-Min-Gook Cho), 14-Soon-Ho Choi, 18-Seon-Hong Hwang.

·**Coach:** Hoi-Taek Lee

Scorers: 1-0 53' De gryse, 2-0 64' De Wolf

·**Cautions:** 39' Soon-Ho Choi

·**Referee:** Vincent Mauro (USA)

·**Attendance:** 32,790

South Korea - Spain 1-3 (1-1)

FIFA World Cup Italy 1990, Final Phase, 1st Round Group E

(Udinese - Friuli Stadium - 17.06.1990 - ?)

South Korea (White-White-White): 21-In-Young Choi (GK), 14-Soon-Ho Choi (C), 17-Sang-Bum Koo, 2-Kyung-Hoon Park (69' 13-Jong-Soo Chung), 4-Duk-Yeo Yoon, 3-Gang-Hee Choi, 20-Myung-Bo Hong, 16-Joo-Sung Kim, 8-Hae-Won Chung (52' 7-Soo-Jin Noh), 9-Bo-Gwan Hwang, 11-Byung-Joo Byun.

·**Coach:** Hoi-Taek Lee

Spain (Red-Blue-Black): 1-Andoni Zubizarreta (GK), 10-Emilio Butragueño (C) (76' 13-Collomer) 9-Roberto Fernández(81' 12-Bakero), 7- Luis Miguel Míchel, 11-Rafael Vasquez, 3- Francisco Villaroya, 5-Manuel Sanchís, 9- Julio Salinas, 8- Genaro Andrinua, 4- éharté, 2-2-Miguel Chendo

·**Coach:** Luis Suárez

Scorers: 0-1 22' Luis Miguel Míchel, 1-1 42' Bo-Gwan Hwang, 1-2 61' Luis Miguel Míchel, 1-3 81' Luis Miguel Míchel

·**Referee:** Elias Jacome (Ecuador)

·**Attendance:** 32,733

Uruguay - South Korea 1-0 (0-0)

FIFA World Cup Italy 1990, Final Phase, 1st Round Group E

(Udinese - Friuli Stadium - 21.06.1990 - ?)

Uruguay (White-White-White): 1-Fernando Alvez (GK), 7-Enzo Francéscoli (C), 5-Nelson Gutiérrez, 6-Hugo De León, 3-Alberto Domínguez, 9- Sergio Martínez, 11-Rubén Sosa(63' 13-Daniel Fonseca), 2- José Oscar Herrera, 8-Santiago Ostolaza (46' 12-Carlos Aguilera), 10-Rubén Paz, 4- José Perdomo,

·**Coach:** Oscar Washington Tabárez

South Korea (Red-Red-Red): 21-In-Young Choi (GK), 14-Soon-Ho Choi (C), 2-Kyung-Hoon Park, 4-Duk-Yeo Yoon, 13-Jong-Soo Chung, 3-Gang-Hee Choi, 20-Myung-Bo Hong, 16-Joo-Sung Kim, 9-Bo-Gwan Hwang (82' 8-Hae-Won Chung), 11-Byung-Joo Byun(43' 18-Seon-Hong Hwang), 12-Heung-Sil Lee

·**Coach:** Hoi-Taek Lee

Scorers: 1-0 90' Fonseca

·**Cautions:** 22' Heung-Sil Lee, 62' Gang-Hee Choi

·**Expulsions:** 70' Duk-Yeo Yoon

·**Referee:** Tullio Lanese (Italy)

·**Attendance:** 29,039

South Korea - Japan 2-0 (1-0)

Marlboro Dynasty Cup 1990, Group Stage

(Beijing - Workers Stadium - 27.07.1990 - 19:00)

South Korea (Red-Red-Red): 1-In-Young Choi (GK), 14-Soon-Ho Choi (C), 17-Sang-Bum Koo, 2-Kyung-Hoon Park (67' 12-Jung-Yoon Noh), 4-Duk-Yeo Yoon, 20-Myung-Bo Hong, 16-Joo-Sung Kim, 7-Young-Jin Lee, 9-Bo-Gwan Hwang (61' 19-Jung-Won Seo), 18-Seon-Hong Hwang, 13-Young-Joon Choi,

·**Coach:** Cha-Man Lee

Japan (White-White-White): 19-Shinichi Morishita (GK), 5-Tetsuji Hashiratani (C), 3-Yuji Sakakura, 4-Yasuyuki Sato, 6-Takumi Horiike, 7-Masami Ihara, 10-Masanao Sasaki, 15-Akihiro Nagashima (75' Yasuharu Sorimachi), 13-Masahiro Fukuda, 16-Nobuhiro Takeda (64' Shinichiro Tani), 18-Kenta Hasegawa.

·**Coach:** Kenzo Yokoyama

Scorers: 1-0 34' Seon-Hong Hwang, 2-0 66' Joo-Sung Kim

·**Cautions:** Sang-Bum Koo, T.Hashiratani

·**Expulsions:** 33' Yasuyuki Sato, 36' Myung-Bo Hong

·**Referee:** Samuel Yam-Ming Chan (Hong Kong)

·**Attendance:** 45,000

South Korea - North Korea 1-0 (0-0)

Marlboro Dynasty Cup 1990, Group Stage

(Beijing - Workers Stadium - 29.07.1990 - 19:00)

South Korea (Blue-Blue-Blue): 1-In-Young Choi (GK), 14-Soon-Ho Choi (C), 17-Sang-Bum Koo, 2-Kyung-Hoon Park, 4-Duk-Yeo Yoon, 6-Gwang-Seok Chung(8-Hyun-Seok Kim), 16-Joo-Sung Kim, 7-Young-Jin Lee, 9-Bo-Gwan Hwang, 18-Seon-Hong Hwang (11-Jong-Boo Kim), 13-Young-Joon Choi,

·**Coach:** Cha-Man Lee

North Korea (Red-Red-Red): Chi-Won Kim (GK), 7-Hyong-Il Han (C), 16-Kyong-Il Kim, 18-Gwang-Min Kim, 17-Gwang-Chol Pang, 21-Yong-Nam Oh, 9-Jong-Su Yun(11-Gil-Sung Baek), 12-Man-Ho Jon, 3-Yong-Man Chong, 14-Yong-Son Choi, 5-Yong-Bin Tak (19-Jong-Man Ri)

·**Coach:** Jong-Min Kim

Scorers: 1-0 89' Bo-Gwan Hwang

·**Referee:** Subramaniam Nathan (Malaysia)

·**Attendance:** 30,000

China - South Korea 0-1 (0-1)

Marlboro Dynasty Cup 1990, Group Stage

(Beijing - Workers Stadium - 31.07.1990 - 21:00)

China (White-White-White): 20-Huikang Zhang (GK), 10-Lin Ma (C), 3-Sheng Gao, 4-Jijun Guo, 13-Hongbing Li, 16-Bowei Sun, 12-Baoshan Wang, 19-Tao Wang, 15-Xiaowen Zhang, 11-Lijin Ju, 8-Yaodong Tang.

·**Coach:** Fengwen Gao

South Korea (Red-Red-Red): 21-Bong-Soo Kim (GK), 6-Gwang-Seok Chung, 20-Myung-Bo Hong, 12-Jung-Yoon Noh (45' 14-Soon-Ho Choi), 10-Sang-Yoon Lee, 7-Young-Jin Lee, 11-Jong-Boo Kim, 19-Jung-Won Seo, 9-Bo-Gwan Hwang (45' 2-Kyung-Hoon Park), 18-Seon-

Hong Hwang, 8-Hyun-Seok Kim.

· **Coach:** Cha-Man Lee

Scorers: 0-1 26' Sang-Yoon Lee

· **Cautions:** Yaodong Tang

· **Referee:** M.Kunalan (Singapore)

· **Attendance:** 30,000

China – South Korea 1-1 (0-1) a.e.t. 4-5 on penalties

Marlboro Dynasty Cup 1990, Final

(Beijing - Workers Stadium - 03.08.1990 - 19:00)

China (White-White-White): Yubin Fu (GK), 10-Lin Ma (C), 3-Sheng Gao, 4-Jijun Guo, 9-Haiguang Liu (22' 20-Huikang Zhang), 13-Hongbing Li, 17-Chao Mai, 7-Yuxin Xie, 6-Qunli Wu, 14-Faqing Zhao, 2-Bo Zhu.

· **Coach:** Fengwen Gao

South Korea (Red-Red-Red): In-Young Choi (GK), 5-Yong-Hwan Chung (C), 17-Sang-Bum Koo, 2-Kyung-Hoon Park, 4-Duk-Yeo Yoon, 20-Myung-Bo Hong, 16-Joo-Sung Kim (46' 18-Seon-Hong Hwang), 7-Young-Jin Lee, 14-Soon-Ho Choi, 19-Jung-Won Seo, 9-Bo-Gwan Hwang (77' 10-Sang-Yoon Lee).

· **Coach:** Cha-Man Lee

Scorers: 0-1 22' (P) Myung-Bo Hong, 1-1 61' Chao Mai

· **Penalties:** 0-0 Sang-Yoon Lee (missed), 1-0 ?, 1-1 ?, 1-1 Hongbing Li (missed), 1-2 ?, 2-2 ?, 2-3 ?, 3-3 ?, 3-3 Kyung-Hoon Park (missed), 3-3 Yuxin Xie (missed), 3-4 ?, 4-4 ?, 4-5 In-Young Choi, 4-5 Jijun Guo (missed)

· **Cautions:** Young-Jin Lee

· **Expulsions:** 18' Yubin Fu

· **Referee:** Ahmed Ibrahim Hakeem (UAE)

· **Attendance:** 60,000

Note: 45' Sang-Bum Koo missed a penalty.

South Korea - Australia 1-0 (1-0)

Friendly Match

(Seoul - Dongdaemun Stadium - 06.09.1990 - 18:30)

South Korea (Red-Red-Red): In-Young Choi (GK), 14-Soon-Ho Choi (C), 17-Sang-Bum Koo, 2-Kyung-Hoon Park, 4-Duk-Yeo Yoon, 20-Myung-Bo Hong (72' 12-Jung-Yoon Noh), 10-Joo-Sung Kim (59' 9-Bo-Gwan Hwang), 8-Pan-Geun Kim (59' 6-Sang-Ho Kim), 7-Young-Jin Lee,

11-Byung-Joo Byun (45' 19-Jung-Won Seo), 18-Seon-Hong Hwang (59' 16-Jung-Woon Ko).

· **Coach:** Jong-Hwan Park

Australia (Yellow-Green-Green): 1-Robert Zabica (GK), 8-Paul Wade (C), 2-Mehmet Durakovic, 3-Alexander Tobin, 4-Andrew Bernal, 7-Ernie Tapai, 6-Jean-Paul de Marigny (54' 14-Jason Van Blerk), 11-Kimon Taliadoros (62' 13-Branko Milošević). 5-Tony Spyridakos, 10-Tommy McCulloch, 9-Paul Trimboli (62' 16-Warren Spink),

· **Coach:** Eddie Thompson (Scotland)

Scorers: 1-0 19' Byung-Joo Byun

· **Cautions:** -

· **Referee:** Ki-Chul Gil (South Korea)

· **Attendance:** 18,000

South Korea - Australia 1-0 (1-0)

Friendly Match

(Busan - Gudeok Stadium - 09.09.1990 - 16:10)

South Korea (Red-Red-Red): 21-Poong-Joo Kim (GK), 5-Yong-Hwan Chung (C), 4-Duk-Yeo Yoon (45' 2-Kyung-Hoon Park), 3-Jong-Soo Chung, 20-Myung-Bo Hong, 16-Jung-Woon Ko, 6-Sang-Ho Kim (58' 19-Jung-Won Seo), 10-Joo-Sung Kim, 8-Pan-Geun Kim (45' 13-Gwang-Seok Chung), 14-Soon-Ho Choi (58' 12-Jung-Yoon Noh), 18-Seon-Hong Hwang (58' 7-Young-Jin Lee).

· **Coach:** Jong-Hwan Park

Australia (Yellow-Green-White): 1-Robert Zabica (GK), 8-Paul Wade (C), 12-Robert Hooker, 15-Michael Petersen, 2-Mehmet Durakovic, 3-Alexander Tobin, 4-Andrew Bernal, 17-Andrew Zinni, 7-Ernie Tapai, 10-Tommy McCulloch, 9-Paul Trimboli (63' 14-Jason Van Blerk).

· **Coach:** Eddie Thompson (Scotland)

Scorers: 1-0 82' Jung-Won Seo

· **Cautions:** -

· **Referee:** Gil-Soo Choi (South Korea)

· **Attendance:** 22,000

South Korea - Singapore 7-0 (1-0)

Asian Games Beijing 1990, 1st Round Group A

(Beijing - Xiannongtan Stadium - 23.09.1990 - 18:00)

South Korea (Blue-Blue-Blue): In-Young Choi (GK),

5-Yong-Hwan Chung (C), 17-Sang-Bum Koo, 2-Kyung-Hoon Park, 4-Duk-Yeo Yoon, 20-Myung-Bo Hong, 16-Jung-Woon Ko, 10-Joo-Sung Kim, 7-Young-Jin Lee, 14-Soon-Ho Choi (70' 8-Pan-Geun Kim), 11-Byung-Joo Byun (45' 19-Jung-Won Seo).

· **Coach:** Jong-Hwan Park

Singapore (Red-Red-Red): 1-David Lee (GK), 7-Darimosuvito Devaraj, 11-Malek Awab, 6-Mohd Nazri Nasia, 5-Borhan Abdullah, 2-Bin-Kassam Sudiat Dali, 18-Sundrammoorthy Varadaraju, 3-Ahmad Fandi, 16-Kartoyoho Zulkifli, 15-Thambiayah Pathmanathan, 17-Hashim Haron.

· **Coach:** Kwong Wing Chan

Scorers: 1-0 10'(P) Myung-Bo Hong, 2-0 48' Joo-Sung Kim, 3-0 51' Jung-Woon Ko, 4-0 58' Jung-Won Seo, 5-0 59' Joo-Sung Kim, 6-0 61' Jung-Woon Ko, 7-0 62' Jung-Won Seo

· **Cautions:** 22' Duk-Yeo Yoon, 44' Sundrammoorthy Varadaraju, 55' Borhan Abdullah, 82' Yong-Hwan Chung

· **Referee:** Omer Saleh Al-Menanah (Saudi Arabia)

· **Attendance:** 15,000

South Korea - Pakistan 7-0 (2-0)

Asian Games Beijing 1990, 1st Round Group A

(Beijing - Fengtai Sports Center - 25.09.1990 - 20:00)

South Korea (Red-Red-Red): 15-Poong-Joo Kim (GK), 5-Yong-Hwan Chung (C), 2-Kyung-Hoon Park, 4-Duk-Yeo Yoon, 3-Jong-Soo Chung, 20-Myung-Bo Hong, 16-Jung-Woon Ko (55' 9-Bo-Gwan Hwang), 6-Sang-Ho Kim, 10-Joo-Sung Kim, 18-Seon-Hong Hwang, 14-Soon-Ho Choi (66' 12-Jung-Yoon Noh).

· **Coach:** Jong-Hwan Park

Pakistan (White-White-White): Akhtar Malik Mateen (GK), 4-Rehman Fida Fidaur, 3-Muhammad Saleem Mohammad, 12-Muhammad Saleem Patni (75' 15-Ali Majad), 20-Ashfaq Muhammad Qazi, 10-Ali Sadiq, 13-Ali Sharafat (56' 14-Zahid Luqman), 7-Ali Ejaz, 8-Iqbal, 2-Abdul Majeed Abdul, 5-Abdul Stattar Abdul, 8-Baloch Zafar.

· **Coach:** Mohammad Idrees

Scorers: 1-0 22' Seon-Hong Hwang, 2-0 41' Seon-Hong Hwang, 3-0 47' Sang-Ho Kim, 4-0 51' Sang-Ho Kim, 5-0 58' Jong-Soo Chung, 6-0 77' Jung-Yoon Noh, 7-0 82' Seon-Hong Hwang

· **Cautions:** 59' Bo-Gwan Hwang, 65' Yong-Hwan Chung, 71' Rehman Fida Fidaur

· **Referee:** Stephen Ovinis (Malaysia)

· **Attendance:** 29,534

China - South Korea 0-2 (0-0)

Asian Games Beijing 1990, 1st Round Group A

(Beijing - Workers Stadium - 27.09.1990 - 20:00)

China (White-White-White): 20-Huikang Zhang (GK), 3-Sheng Gao, 4-Yijun Guo, 18-Ju Duan (45' 9-Haiguang Liu), 17-Chao Mai, 12-Baoshan Wang, 19-Tao Wang, 6-Qunli Wu, 14-Faqing Zhao, 11-Lijin Ju, 8-Yaodong Tang (57' 2-Bo Zhu).

· **Coach:** Fengwen Gao

South Korea (Red-Red-Red): 1-In-Young Choi (GK), 14-Soon-Ho Choi (C) (57' 6-Sang-Ho Kim), 17-Sang-Bum Koo, 2-Kyung-Hoon Park, 4-Duk-Yeo Yoon, 20-Myung-Bo Hong, 16-Jung-Woon Ko, 10-Joo-Sung Kim, 8-Pan-Geun Kim (45' 13-Gwang-Seok Chung), 7-Young-Jin Lee, 19-Jung-Won Seo.

· **Coach:** Jong-Hwan Park

Scorers: 0-1 57' Jung-Won Seo, 0-2 75' Jung-Won Seo

· **Cautions:** 81' Duk-Yeo Yoon, 89' Lijin Ju

· **Referee:** Manoucher Nazari (IRan)

· **Attendance:** 32,767

South Korea - Kuwait 1-0 (0-0)

Asian Games Beijing 1990, Quarter Final

(Beijing - Fengtai Sports Center - 01.10.1990 - 18:00)

South Korea (Red-Red-Red): In-Young Choi (GK), 5-Yong-Hwan Chung (C), 17-Sang-Bum Koo, 2-Kyung-Hoon Park, 13-Gwang-Seok Chung, 20-Myung-Bo Hong, 16-Jung-Woon Ko, 10-Joo-Sung Kim, 8-Pan-Geun Kim (45' 12-Jung-Yoon Noh), 7-Young-Jin Lee, 18-Seon-Hong Hwang (66' 11-Byung-Joo Byun).

· **Coach:** Jong-Hwan Park

Kuwait (Blue-White-Blue): 1-Sameer Saad (GK), 4-Nawaf Al-Dhafiri, 10-Nawaf Al-Anezi, 7-Rashed Al-Bedaih

(65' 8-Waleed Al-Azmi), 5-Sami Al-Hashash, 11-Saleh Al-Mensad, 13-Adel Al-Khelaifi, 14-Ahmad Hassan (76' 16-Ali Al-Hadiyah), 2-Osama Abdullah, 6-Wael Al-Habashi.

·**Coach:** Mohammad Al-Failakawi

Scorers: 1-0 59' Sang-Bum Koo

·**Referee:** Jihong Wei (China)

·**Attendance:** 55,000

South Korea - Iran 0-1 (0-0,0-0) a.e.t.

Asian Games Beijing 1990, Semi Final

(Beijing - Workers Stadium - 03.10.1990 - 19:45)

South Korea (Red-Red-Red): In-Young Choi (GK), 5-Yong-Hwan Chung (C), 17-Sang-Bum Koo, 2-Kyung-Hoon Park (89' 8-Pan-Geun Kim), 4-Duk-Yeo Yoon, 20-Myung-Bo Hong, 16-Jung-Woon Ko, 10-Joo-Sung Kim, 7-Young-Jin Lee, 14-Soon-Ho Choi, 19-Jung-Won Seo(89' 18-Seon-Hong Hwang).

·**Coach:** Jong-Hwan Park

Iran (White-White-White): Ahmad Abedzadeh (GK), 6-Sirous Ghayeghran (C), 14-Reza Hasanzadeh, 18-Majeed Namjou-Motlagh, 4-Mehdi Fonoonizadeh, 3-Mojraba Moharrami, 8-Shahrokh Bayani-Ashtiani, 9-Seyed Mehdi Abtahi, 5-Seyed Panjli-Chomi, 2-Javad Zarincheh, 17-Farshad Peyous.

·**Coach:** Ali Parvin

Scorers: 0-1 107' Ghayeghran

·**Cautions:** 20' Moharrami, 34' Zarincheh, 49' Namjou-Motlagh, 79' Joo-Sung Kim, 89' Shahrokh Bayani

·**Referee:** Kiichiro Tachi (Japan)

·**Attendance:** 55,000

South Korea - Thailand 1-0 (0-0)

Asian Games Beijing 1990, Third Place Match

(Beijing - Xiannongtan Stadium - 05.10.1990 - 19:45)

South Korea (Red-Red-Red): In-Young Choi (GK), 5-Yong-Hwan Chung (C), 17-Sang-Bum Koo, 4-Duk-Yeo Yoon, 20-Myung-Bo Hong, 6-Sang-Ho Kim (74' 13-Gwang-Seok Chung), 8-Pan-Geun Kim (45' 9-Bo-Gwan Hwang), 12-Jung-Yoon Noh, 7-Young-Jin Lee, 19-Jung-Won Seo, 18-Seon-Hong Hwang.

·**Coach:** Jong-Hwan Park

Thailand (Blue-Blue-Blue): 18-Chaiyong Kumpiam (GK), 7-Natee Tongsukkáo, 14-Vitoon Kijmongkolsak, 2-Surak Chaikitti (75' 12-Prapas Chamrasamee), 3-Sumet Akarapong, 6-Sutin Chaikitti, 4-Adipong Nukornavarat, 16-Wirasak Dechpramaunphol (67' 9-Boonpleek Nounoi), 19-Charin Palsiri, 8-Pairote Pongjan, 13-Prasert Changmoon.

·**Coach:** Carlos Alberto Parreira (Brazil)

Scorers: 1-0 51' Bo-Gwan Hwang

·**Cautions:** 24' Sumet Akarapong, 36' Surak Chaikitti, 47' Vitoon Kijmongkolsak, 64' Young-Jin Lee, 71' Natee Tongsukkao, 80' Bo-Gwan Hwang, 82' Sang-Bum Koo

·**Referee:** Manoucher Nazari (Iran)

·**Attendance:** 17,585

Note: 57' Jung-Won Seo missed a penalty.

North Korea - South Korea 2-1 (0-1)

Friendly Match

(Pyongyang - May Day Stadium - 11.10.1990 - 15:22)

North Korea (White-White-White): 18-Chung Kim (GK), 9-Jong-Su Yun (C), 4-Kyong-Il Kim, 2-Gwang-Min Kim, 10-Yun-Chol Kim, 11-Jong-Man Ri (45' 6-Jong-Man Kim), 17-Gwang-Chol Pang, 3-Yong-Nam Oh, 8-Chol Yun (45' 20-Chung-Il Kim), 5-Yong-Man Chong (45' 14-In-Chol Cho), 12-Yong-Bin Tak.

·**Coach:** Dong-Chan Myung

South Korea (Red-Red-Red): 1-In-Young Choi (GK), 5-Yong-Hwan Chung (C), 17-Sang-Bum Koo, 2-Kyung-Hoon Park, 4-Duk-Yeo Yoon, 20-Myung-Bo Hong, 16-Jung-Woon Ko (35' 9-Bo-Gwan Hwang), 10-Joo-Sung Kim, 7-Young-Jin Lee, 14-Soon-Ho Choi (74' 6-Sang-Ho Kim), 19-Jung-Won Seo (60' 18-Seon-Hong Hwang).

·**Coach:** Jong-Hwan Park

Scorers: 0-1 25' Joo-Sung Kim, 1-1 49' Jong-Su Yun, 2-1 92'(P) Yong-Bin Tak

·**Referee:** Sok-Jin Jang (North Korea)

·**Attendance:** 150,000

South Korea - North Korea 1-0 (1-0)

Friendly Match

(Seoul – Olympic Stadium - 23.10.1990 - 15:00)

South Korea (Red-Red-Red): 21-Poong-Joo Kim (GK), 5-Yong-Hwan Chung (C), 17-Sang-Bum Koo, 2-Kyung-Hoon Park, 13-Gwang-Seok Chung, 20-Myung-Bo Hong, 16-Jung-Woon Ko (45' 19-Jung-Won Seo), 6-Sang-Ho Kim (65' 14-Soon-Ho Choi), 10- Joo-Sung Kim, 12-Jung-Yoon Noh (45' 8-Pan-Geun Kim), 18-Seon-Hong Hwang (82' 7-Young-Jin Lee).

· **Coach:** Jong-Hwan Park

North Korea (White-White-White): 18-Chung Kim (GK), 7-Hyong-Il Han (C)(72' 15-Yong-Son Choi), 4-Kyong-Il Kim(40' 6-Jong-Man Kim), 2-Gwang-Min Kim, 10-Yun-Chol Kim(50' 8-Chol Yun), 11-Jong-Man Ri(50' 16-Song-Kun Ryu), 17-Gwang-Chol Pang, 3-Yong-Nam Oh, 9-Jong-Su Yun, 5-Yong-Man Chong, 12-Yong-Bin Tak.

· **Coach:** Dong-Chan Myung

Scorers: 1-0 25' Seon-Hong Hwang

· **Cautions:** Yong-Nam Oh

· **Referee:** Ki-Chul Gil (South Korea)

· **Attendance:** 70,000

1991

South Korea - Egypt 0-0 (0-0)

President's Cup 1991, 1st Round Group A

(Seoul – Jamsil Olympic Stadium - 07.06.1991 - 18:30)

South Korea (Red-Red-Red): 1-In-Young Choi (GK), 14-Soon-Ho Choi (C) (45' 2-Pan-Geun Kim), 7-Sang-Bum Koo (45' 15-Dae-Shik Choi), 9-Jung-Bae Park, 4-Duk-Yeo Yoon, 3-Gang-Hee Choi, 11-Jung-Woon Ko, 16-Joo-Sung Kim, 6-Hyun-Seok Kim, 12-Young-Jin Lee, 27-Min-Gook Cho.

· **Coach:** Jae-Wook Ko

Egypt (Green-White-Black): 1-Ahmed Shobeir (GK), 3-Rabie Yassein, 8-Magdy Abel Ghani, 10-Magdy Tolba, 16-Mohammed Abdel Azim (65' 17-Mohammed El-Sagheer), 13-Ahmed Ramzy, 18-Ayman Mansour(55' 11-Haisham Farouk), 2-Ibrahim Hassan, 7-Ismail Youssef, 5-Hesham Yakan, 9-Hossam Hassan.

· **Coach:** Dietrich WEISE

Scorers: -

· **Cautions:** Rabie Yassein

· **Referee:** Yasunari Nagaoka (Japan)

· **Attendance:** 35,000

South Korea - Indonesia 3-0 (0-0)

President's Cup 1991, 1st Round Group A

(Daejeon - Sports Complex Athletics Stadium - 09.06.1991 - 15:50)

South Korea (Blue-Blue-Blue): 21-Sang-Gwang Cha (GK), 2-Pan-Geun Kim, 4-Duk-Yeo Yoon, 3-Gang-Hee Choi, 5-Myung-Bo Hong, 16-Joo-Sung Kim, 10-Ki-Geun Lee (45' 11-Jung-Woon Ko), 12-Young-Jin Lee (45' 27-Min-Gook Cho), 15-Dae-Shik Choi, 8-Young-Joon Choi, 17-Seok-Joo Ha.

· **Coach:** Jae-Wook Ko

Indonesia (Red-White-Red): 1-Eddy Harto (GK), 6-Robby Darwis, 12-Maman Suryaman, 13-Mustaqim, 2-Salahudin, 8-Agus Udin, 3-Edward Chong, 15-Yohannes Rumpaisum, 17-Fachri Husaini (45' 9-Ricky Yacob), 16-Ferrel Hatu, 11-Hanafing.

· **Coach:** Anatoly Polosin (USSR)

Scorers: 1-0 52' Jung-Woon Ko, 2-0 55' Joo-Sung Kim, 3-0 82'(P) Seok-Joo Ha

· **Referee:** Kenji Tanaka (Japan)

· **Attendance:** 3,000

South Korea - Malta 1-1 (0-0)

President's Cup 1991, 1st Round Group A

(Gwangju - Moodeung Stadium - 11.06.1991 - 17:00)

South Korea (Red-Red-Red): 1-In-Young Choi (GK), 14-Soon-Ho Choi (C)(45' 12-Young-Jin Lee), 7-Sang-Bum Koo, 2-Pan-Geun Kim, 9-Jung-Bae Park, 3-Gang-Hee Choi, 11-Jung-Woon Ko, 16-Joo-Sung Kim (55' 17-Seok-Joo Ha) 6-Hyun-Seok Kim, 27-Min-Gook Cho, 8-Young-Joon Choi.

· **Coach:** Jae-Wook Ko

Malta (White-White-White): 1-David Cluett (GK), 8-Raymond Vella, 16-Richard Buhagiar, 10-Michael Degiorgio, 11-Martin Gregory, 3-Silvio Vella, 2-Edwin Camilleri, 4-Joseph Brincat, 5-Charles Scerri, 6-Kristian Laferla,

9-Hubert Suda.

·**Coach:** Pippo Psaila

Scorers: 1-0 73' Seok-Joo Ha, 1-1 89' Hubert Suda

·**Cautions:** Jung-Woon Ko, Laferla, Camilleri, Scerri

·**Referee:** Withaya Wongsmarn (Thailand)

·**Attendance:** 3,000

South Korea – Australia 0-0 (0-0) a.e.t. 4-3 on penalties

President's Cup 1991, Semi Final

(Seoul - Olympic Stadium - 14.06.1991 - 17:00)

South Korea (Red-Red-Red): 1-In-Young Choi (GK), 14-Soon-Ho Choi (C) (45' 15-Dae-Shik Choi), 7-Sang-Bum Koo, 9-Jung-Bae Park, 4-Duk-Yeo Yoon, 3-Gang-Hee Choi, 11-Jung-Woon Ko, 16-Joo-Sung Kim, 6-Hyun-Seok Kim (72' 17-Seok-Joo Ha), 12-Young-Jin Lee, 27-Min-Gook Cho.

·**Coach:** Jae-Wook Ko

Australia (Yellow-Green-Green): 1-Robert Zabica (GK), 7-Paul Wade (C), 9-Graham Arnold, 16-Greg Brown (76' 15-Branko Milošević), 4-Nedjeljko Zelic, 8-Michael Peterson (90' 14-Ernie Tapai), 3-Mehmet Durakovic, 6-Milan Blagojevic, 5-Alexander Tobin, 12-Andrew Marth, 10-Aurelio Vidmar.

·**Coach:** Eddie Thompson (Scotland)

Scorers: -

·**Penalties:** 0-1 Paul Wade, 1-1 Seok-Joo Ha, 1-1 Graham Arnold (missed), 2-1 Dae-Shik Choi, 2-2 Milan Blagojevic, 2-2 Duk-Yeo Yoon (missed), 2-3 Branko Milošević, 3-3 Jung-Woon Ko, 3-3 Aurelio Vidmar (missed), 4-3 Gang-Hee Choi

·**Cautions:** : Sang-Bum Koo, Zabica, Marth, Branko Milošević

·**Referee:** Withaya Wongsmarn (Thailand)

·**Attendance:** 16,000

South Korea - Egypt 2-0 (1-0)

President's Cup 1991, Final

(Seoul - Olympic Stadium - 16.06.1991 - 15:00)

South Korea (Red-Red-Red): 1-In-Young Choi (GK), 7-Sang-Bum Koo, 9-Jung-Bae Park, 4-Duk-Yeo Yoon(45' 8-Young-Joon Choi), 3-Gang-Hee Choi, 11-Jung-Woon Ko, 16-Joo-

Sung Kim, 12-Young-Jin Lee, 27-Min-Gook Cho, 15-Dae-Shik Choi, 17-Seok-Joo Ha.

·**Coach:** Jae-Wook Ko

Egypt (Green-White-Black): 1-Ahmed Shobeir (GK), 3-Rabie Yassein, 10-Magdy Tolba, 16-Mohammed Abdel Azim, 17-Mohammed El-Sagheer (45' 4-Hamza Gamal), 13-Ahmed Ramzy, 19-Ashraf Qasem(45' 11-Haisham Farouk), 18-Ayman Mansour,2-Ibrahim Hassan, 7-Ismail Youssef, 5-Hesham Yakan.

·**Coach:** Dietrich WEISE

Scorers: 1-0 41' Seok-Joo Ha, 2-0 89'(P) Seok-Joo Ha

·**Referee:** Withaya Wongsmarn (Thailand)

·**Attendance:** 30,000

Japan - South Korea 0-1 (0-0)

Korea-Japan Annual Match

(Nagasaki - Nagasaki Athletic Park Stadium - 27.07.1991 - 16:00)

Japan (Red-Red-Red): Shigetetsu Matsunaga (GK), 5-Tetsuji Hashiratani (C), 17-Tsuyoshi Kitazawa, 16-Nobuhiro Takeda (70' 15-Akihiro Nagashima), 14-Ruy Ramos, 20-Kazuyoshi Miura, 3-Yuji Sakakura, 2-Tetsuya Asano (83' 8-Yasuharu Sorimachi), 7-Masami Ihara, 6-Takumi Horiike, 12-Masahiro Fukuda

·**Coach:** Kenzo Yokoyama

South Korea (White-White-White): 1-Poong-Joo Kim (GK), 14-Soon-Ho Choi (C), 7-Sang-Bum Koo, 6-Hyun-Seok Kim, 3-Gang-Hee Choi, 11-Jung-Woon Ko, 12-Young-Jin Lee, 27-Min-Gook Cho (77' 10-Ki-Geun Lee), 15-Dae-Shik Choi (56' 2-Pan-Geun Kim), 17-Seok-Joo Ha, 9-Jung-Bae Park.

·**Coach:** Jae-Wook Ko

Scorers: 0-1 62' Seok-Joo Ha

·**Cautions:** 56' Gang-Hee Choi, 56' Ramos, 66' Sang-Bum Koo, 81' Tsuyoshi Kitazawa

·**Referee:** Letchmanasamy Kathirveloo (Malaysia)

·**Attendance:** 13,000

1992

Bangladesh – South Korea 0-6 (0-4)

1992 AFC Asian Cup group round

(Bangkok – National Stadium – 19.06.1992 – ?)

South Korea: Ho-Sang Nam, Sang-Rae Noh, Woong-Ryul Ryu, Yang-Seok Park, Chul Park, Hong-Gyun Woo, Hyun Chul Lee, Seung-Ryong Cha, *3 missings.

·**Coach:** Gil-Su Choi

Scorers: 0-1 12' Seung-Ryong Cha, 0-2 32' Hyun Chul Lee, 0-3 36' Seung-Ryong Cha, 0-4 43' Woong-Ryul Ryu, 0-5 75' Chul Park, 0-6 89' Hong-Gyun Woo

·**Referee:** ?

·**Attendance:** ?

Thailand – South Korea 2-1 (1-1)

1992 AFC Asian Cup group round

(Bangkok – National Stadium – 21.06.1992 – 00:00)

Thailand: Attapol Puspakom, Prasert Changmool, *9missings.

·**Coach:** ?

South Korea: Ho-Sang Nam, Sang-Rae Noh, Woong-Ryul Ryu, Yang-Seok Park, Chul Park, Hong-Gyun Woo, Hyun Chul Lee, Seung-Ryong Cha

·**Coach:** Gil-Su Choi

Scorers: 1-0 3'(P) Attapol Puspakom, 1-1 23' Sang-Rae Noh, 2-1 84' Prasert Changmool

·**Referee:** ?

·**Attendance:** ?

South Korea - Japan 0-0 (0-0)

Marlboro Dynasty Cup 1992, Group Stage

(Beijing - Workers Stadium - 22.08.1992 - 18:30)

South Korea (Red-Red-Red): 1-In-Young Choi (GK), 5-Yong-Hwan Chung (C), 6-Jung-Bae Park, 4-Jong-Sun Chung (66' 13-Hong-Ki Shin), 3-Gang-Hee Choi, 19-Myung-Bo Hong, 9-Pan-Geun Kim (64' 7-Young-Joon Choi), 8-Young-Jin Lee, 11-Jung-Woon Ko, 10-Hyun-Seok Kim, 17-Seok-Joo Ha.

·**Coach:** Ho Kim

Japan (Blue-White-Blue): 1-Shigetetsu Matsunaga (GK), 5-Tetsuji Hashiratani (C), 14-Tsuyoshi Kitazawa(76' 10-Ruy Ramos), 20-Takuya Takagi, 17-Hajime Moriyasu, 11-Kazuyoshi Miura, 15-Mitsunori Yoshida, 7-Masami Ihara, 6-Satoshi Tsunami, 3-Toshinobu Katsuya, 4-Takumi Horiike(45' 8-Masahiro Fukuda).

·**Coach:** Hans Ooft (Nederland)

Scorers: -

·**Cautions:** 35' Yong-Hwan Chung, 50' Gang-Hee Choi

·**Referee:** Nizar Watti (Syria)

·**Attendance:** 50,000

South Korea - North Korea 1-1 (1-0)

Marlboro Dynasty Cup 1992, Group Stage

(Beijing - Workers Stadium - 24.08.1992 - 20:30)

South Korea (Red-Red-Red): 1-In-Young Choi (GK), 5-Yong-Hwan Chung (C), 2-Hyun-Yong Park (81' 6-Jung-Bae Park), 13-Hong-Ki Shin (67' 16-Bo-Gwan Hwang), 3-Gang-Hee Choi, 7-Young-Joon Choi, 19-Myung-Bo Hong, 9-Pan-Geun Kim, 8-Young-Jin Lee, 11-Jung-Woon Ko, 17-Seok-Joo Ha.

·**Coach:** Ho Kim

North Korea (White-White-White): 18-Kyong-Chol Park (GK), 9-Jong-Su Yun (C) (40' 22-Jong-Song Kim), 4-Kyong-Il Kim, 2-Gwang-Min Kim, 6-Song-Kun Ryu, Gwang Chul Bang, 8-Gang-Song Jong, 13-In-Chol Cho (34' 11-Muon-Chol Gong), 14-Yong-Son Choi, 10-Won-Nam Choi, 12-Yong-Bin Tak.

·**Coach:** Hyun-Chol Hong

Scorers: 1-0 22' Myung-Bo Hong, 1-1 89' Yong-Son Choi

·**Cautions:** Hyun-Yong Park

·**Referee:** Nizar Watti (Syria)

·**Attendance:** 60,000

China - South Korea 0-2 (0-1)

Marlboro Dynasty Cup 1992, Group Stage

(Beijing - Workers Stadium - 26.08.1992 - 20:30)

China (White-White-White): 20-Chuliang Ou (GK), 9-Hongbo Gao, 14-Liqiang Dong, 15-Hongbing Li (70' 12-Biao Zhai), 5-Hong Xu, 17-Yuxinn Xie (62' 7-Ming Guan), 10-Sheng Cai, 3-Zhiyi Fan, 2-Zhigang Feng, 8-Haidong Hao, *1 missings.

·**Coach:** Genbao Xu

South Korea (Red-Red-Red): 1- In-Young Choi (GK) 2-Hyun-Yong Park, 5-Yong-Hwan Chung (C), 13-Hong-Ki Shin, 7-Young-Joon Choi, 19-Myung-Bo Hong, 9-Pan-Geun Kim, 8-Young-Jin Lee, 14-Jae-Kwon Chung, 11-Jung-Woon Ko (56' 15-Sang-Yoon Lee), 17-Seok-Joo Ha (67' 10-Hyun-Seok Kim),

·**Coach:** Ho Kim

Scorers: 0-1 19' Hyun-Yong Park, 0-2 73' Jae-Kwon Chung

·**Cautions:** Young-Jin Lee

·**Expulsions:** 81' Myung-Bo Hong

·**Referee:** Mohammed Ali Al-Majid (Bahrain)

·**Attendance:** 40,000

Japan - South Korea 2-2 (0-1,2-2) a.e.t. 4-2 on penalties

Marlboro Dynasty Cup 1992, Final

(Beijing - Workers Stadium - 29.08.1992 - 20:30)

Japan (Blue-White-Blue): 1-Shigetetsu Matsunaga (GK), 5-Tetsuji Hashiratani (C), 2-Tetsuya Asano, 8-Masahiro Fukuda (77' 16-Masashi Nakayama), 7-Masami Ihara, 3-Toshinobu Katsuya, 14-Tsuyoshi Kitazawa, 11-Kazuyoshi Miura, 20-Takuya Takagi, 6-Satoshi Tsunami, 15-Yasuhiro Yoshida(65' 10-Ruy Ramos)

·**Coach:** Hans Ooft (Nederland)

South Korea (Red-Red-Red): 1-In-Young Choi (GK), 5-Yong-Hwan Chung (C), 2-Hyun-Yong Park, 13-Hong-Ki Shin, 3-Gang-Hee Choi, 7-Young-Joon Choi, 9-Pan-Geun Kim, 8-Young-Jin Lee(64' 15-Sang-Yoon Lee), 14-Jae-Kwon Chung, 11-Jung-Woon Ko, 17-Seok-Joo Ha (27' 12-Jung-Hyuk Kim)

·**Coach:** Ho Kim

Scorers: 0-1 32' Jae-Kwon Chung, 1-1 82' Masashi Nakayama, 2-1 96' Takuya Takagi, 2-2 97' Jung-Hyuk Kim

·**Cautions:** Young-Joon Choi, Hong-Ki Shin, Young-Jin Lee, Jae-Kwon Chung, Jung-Hyuk Kim, Masami Ihara, Kazuyoshi Miura, Ruy Ramos

·**Expulsions:** 93' 93' Satoshi Tsunami

·**Penalies:** 1-0 Jung-Hyuk Kim, 1-1 Hashiratani Tetsuzi, 2-1 Sang-Yoon, 2-2 Ihara Masami, 2-2 Gang-Hee Choi

(missed), 2-3 Miura Kazuyoshi, 2-3 Jung-Woon Ko (missed), 2-4 Kitazawa Tsuyoshi

·**Referee:** Pirom Un-Prasert (Thailand)

·**Attendance:** 15,000

South Korea - U.A.E. 0-0 (0-0)

Friendly Match

(Anyang - Sports Complex Athletics Stadium - 21.10.1992 - 15:00)

South Korea (Red-Red-Red): 1-Bum-Chul Shin (GK), 5-Chul Kang, 2-Yong-Gook Kim (34' 16-Ki-Hong Baek), 17-Tae-Young Kim, 4-Lim-Saeng Lee, 7-Gwang-Seok Chung (53' 12-Jung-Hyun Cho), 11-Gui-Hwa Kim, 18-Jung-Yoon Noh (66' 6-Tae-Kyung Noh), 8-Tae-Yong Shin, 14-Sang-Chul Yoon (45' 15-Jae-Seon Lim), 19-Jung-Won Seo.

·**Coach:** Ho Kim

U.A.E. (White-White-White): 17-Muhsin Musabbah Faraj (GK), 9-Adnan Al-Talyani (C), 10-Nasser Mubarak, 3-Obaid Madani, 4-Bakhit Saad, 2-Ahmed Ibrahim, 6-Abdulrahman Al-Haddad (36' 15-Yousuf Mohammed), 5-Abdulrazzaq Al-Baloushi (45' 12-Abdul Hakim Salem), 8-Zuhair Saeed, 11-Khamis Saad, 7-Khalid Mubarak (80' 13-Awad Gharib Mubarak).

·**Coach:** Valery Lobanovsky (Ukraina)

Scorers: -

·**Referee:** Jin-Ok Kim (South Korea)

·**Attendance:** 4,210

South Korea - U.A.E. 1-1 (1-1)

Friendly Match

(Seoul - Mokdong Sports Complex Athletics Stadium - 24.10.1992 - 13:00)

South Korea (Red-Red-Red): 21-Seung-An Kim (GK) (HT Bum-Yong An (GK)), 7-Gwang-Seok Chung, 12-Nam-Yeol Park (HT Tae-Young Kim), 4-Lim-Saeng Lee, 5-Chul Kang, 3-Hyun-Soo Kim(45' Ji-Ho Park), 13-Jin-Haeng Lee (58' Kyung-Geun Kwak), 20-Jung-Gook Han, 11-Jae-Kwon Chung, 8-Ki-Bum Lee, 10-Bum-Rak Choi (45' Jung-Yoon Noh).

·**Coach:** Ki-Heung Yoo

U.A.E. (White-White-White): 17-Muhsin Musabbah Faraj

(GK), 3-Ismail Rashid, 15-Ibrahim Abdulrahman, 18-Abdulrazzaq Al-Baloushi (61' Hussein Ghuloum Abbas), 13-Bakhit Saad, 20-Mohammed Obaid, 21-Zuhair Saeed, 19-Khalid Mubarak, 12-Adnan Al-Talyani (C), 14-Nasser Mubarak, 16-Khamis Saad.

·**Coach:** Valery Lobanovsky (Ukraina)

Scorers: 1-0 1' Ki-Bum Lee, 1-1 12' Zuhair Saeed

·**Cautions:** Abdulrahman, Obaid

·**Referee:** Byung-Il Noh (South Korea)

Note: It was an exhibition match. Not a full FIFA international.

1993

Canada - South Korea 0-2 (0-1)

Friendly Match

(Coquitlam - Towne Center Stadium - 09.03.1993)

Canada (Red-Red-Red): Paul Dolan (GK), Niall Thompson, Dale Mitchell, Roderick Scott (55' Carl Valentine), Lyndon Hooper (53' Nick Dasovic), Marco Rizi (82' Peter Sarantopoulos), Mark Watson, Steven MacDonald, John Limniatis, John Catliff (69' Eddy Berdusco), Paul James (45' Ian Carter).

·**Coach:** Bob Lenarduzzi

South Korea (Blue-Blue-Blue): 1-Sang-Gwang Cha (GK), 5-Yong-Hwan Chung (C), 13-Tae-Kyung Noh, 15-Do Geun Kim, 3-Tae-Young Kim, 7-Hong-Ki Shin, 11-Jung-Woon Ko (45' 16-Tae-Yong Shin), 12-Nam-Yeol Park, 14-Jae-Kwon Chung (45' 9-Hyun-Seok Kim), 10-Jung-Hyuk Kim (45' 17-Ji-Ho Park), 8-Jung-Won Seo.

·**Coach:** Ho Kim

Scorers: 0-1 18' Tae-Young Kim, 0-2 87' Hyun-Seok Kim

·**Cautions:** 45' Marco Rizi

·**Attendance:** 1,554

Canada - South Korea 2-0 (1-0)

Friendly Match

(Victoria - Royal Athletic Park - 11.03.1993)

Canada (Red-Red-Red): Pat Onstad (GK), Nick Dasovic (70' Lyndon Hooper), David Norman, Marco Rizi, Mark

Watson, Steven MacDonald, Eddy Berdusco, Geoffrey Aunger, John Catliff, Carl Valentine (45' Dale Mitchell), Peter Sarantopoulos,

·**Coach:** Bob Lenarduzzi

South Korea (Blue-Blue-Blue): 21-Bum-Chul Shin (GK), 5-Yong-Hwan Chung (C), 15-Do-Geun Kim (45' 13-Tae-Kyung Noh), 3-Tae-Young Kim, 7-Hong-Ki Shin, 11- Jung-Woon Ko, 9-Hyun-Seok Kim (45' 14-Jae-Kwon Chung), 12-Nam-Yeol Park, 17- Ji-Ho Park (58' 10-Jung-Hyuk Kim), 16-Tae-Yong Shin, 8-Jung-Won Seo.

·**Coach:** Ho Kim

Scorers: 1-0 20' John Catliff, 2-0 70' Eddy Berdusco

·**Cautions:** Tae-Young Kim, Bum-Chul Shin, Sarantopoulos, Aunger

·**Expulsions:** 87' Hong-Ki Shin

·**Attendance:** 1,212

South Korea - Iraq 1-1 (0-0)

Friendly Match

(Changwon - Civil Stadium - 25.04.1993 - 14:00)

South Korea (Red-Red-Red): 1-Sang-Gwang Cha (GK), 17-Sang-Bum Koo (C), 5-Jung-Bae Park, 3-Young-Joon Choi, 20-Myung-Bo Hong, 19-Jung-Hyuk Kim (77' 16-Ki-Bum Lee), 7-Hong-Ki Shin (55' 2-Chul Kang), 8-Moon-Shik Choi, 9-Seok-Joo Ha, 10-Bo-Gwan Hwang (55' 14-Jae-Kwon Chung), 11-Jung-Won Seo.

·**Coach:** Ho Kim

Iraq (White-White-White): 1-Emad Hashim Hassan (GK), 8-Ahmad Radhi (C), 17-Laith Hussein, 12-Mohammed Jassim, 6-Mundhir Khalaf (69' 4-Abdul Jabbar Hanoon), 3-Saad Abdul (76' 13-Abdul Karim), 11-Saad Qais (89' 10-Akram Yousif), 2-Samir Kadhim Hassan, 5-Swadi Radhi Shneished, 14-Ahmed Daham Karim, 16-Ali Hussein.

·**Coach:** Adnan Dirjal Mutar

Scorers: 0-1 50' Ahmad Radhi, 1-1 89' Sang-Bum Koo

·**Cautions:** 60' Ali Hussein, 63' Mundhir Khalaf

·**Referee:** Byung-Ho Kang (South Korea)

·**Attendance:** 35,000

South Korea - Iraq 2-2 (1-1)

Friendly Match

(Ulsan - Civil Stadium - 28.04.1993 - 19:00)

South Korea (Red-Red-Red): 21-Bum-Chul Shin (GK), 2-Chul Kang, 5-Jung-Bae Park, 3-Young-Joon Choi (62' 15-Tae-Young Kim), 20-Myung-Bo Hong, 19-Jung-Hyuk Kim, 12-Nam-Yeol Park, 7-Hong-Ki Shin, 8-Moon-Shik Choi, 9-Seok-Joo Ha (50' 11-Jung-Won Seo), 10-Bo-Gwan Hwang (65' 16-Ki-Bum Lee),

· **Coach:** Ho Kim

Iraq (White-White-White): 1-Emad Hashim Hassan (GK), 8-Ahmad Radhi (C), 17-Laith Hussein, 12-Mohammed Jassim, 3-Saad Abdul, 11-Saad Qais, 2-Samir Kadhim Hassan, 18-Sabah Khalaf (81' 10-Akram Yousif), 5-Swadi Radhi Shneished, 14-Ahmed Daham Karim, 16-Ali Hussein.

· **Coach:** Adnan Dirjal Mutar

Scorers: 1-0 26' Seok-Joo Ha, 1-1 38' Saad Abdul, 2-1 66' Jung-Won Seo, 76'(P) Qais

· **Referee:** Byung-Il Noh (South Korea)

· **Attendance:** 21,357

South Korea - Bahrain 0-0 (0-0)

FIFA World Cup USA 1994, Preliminaries, 1st Round Group D

(Beirut - Bourj Hammoud Stadium - 09.05.1993 - 15:00)

South Korea (Red-Red-Red): 21-Bum-Chul Shin (GK), 17-Sang-Bum Koo (C), 2-Chul Kang, 19-Jung-Hyuk Kim, 5-Jung-Bae Park, 3-Young-Joon Choi, 20-Myung-Bo Hong, 6-Jung-Yoon Noh (63' 11-Jung-Won Seo), 8-Moon-Shik Choi, 9-Seok-Joo Ha, 10-Bo-Gwan Hwang (27' 16-Ki-Bum Lee).

· **Coach:** Ho Kim

Bahrain (White-White-White): 22-Saleh Bubeshait (GK), 2-Ahmed Hassan, 18-Ali Zabuher, 17-Fayad Mahmoud, 5-Jumma Helal Marzouq, 15-Khamis Eid, 12-Marjan Eid, 20-Mubarak Mubarak (81' Fawzi Amin), 14-Sami Abbas, 10-Samid Mohammed, 6-Youssef Hassan (67' Fadhi Alouh),

· **Coach:** Sebastiao Araujo (Brazil)

Scorers: -

· **Cautions:** Ahmed Hassan

· **Referee:** Masayoshi Okada (Japan)

· **Attendance:** 10,000

Lebanon - South Korea 0-1 (0-1)

FIFA World Cup USA 1994, Preliminaries, 1st Round Group D

(Beirut - Bourj Hammoud Stadium - 11.05.1993 - 17:15)

Lebanon (Red-Red-Red): 22-Ahmad Saker (GK), 12-Abdul Fatah Chehab, 20-Babkin Melikan, 11-Fadi Allouch, 6-Ibrahim El-Hosni, 4-Issam Kobeissi, 17-Jamal Taha, 3-Nazih Nahle, 18-Rafi Joulfagi, 9-Wael Nazha, 15-Youssef Farhat.

· **Coach:** Adnan Mekdache

South Korea (Blue-Blue-Blue): 21-Bum-Chul Shin (GK), 17-Sang-Bum Koo (C), 2-Chul Kang, 5-Jung-Bae Park, 7-Hong-Ki Shin, 20-Myung-Bo Hong, 6-Jung-Yoon Noh (61' 19-Jung-Hyuk Kim), 12-Nam-Yeol Park, 11-Jung-Won Seo, 9-Seok-Joo Ha, 10-Bo-Gwan Hwang.

· **Coach:** Ho Kim

Scorers: 0-1 17' Seok-Joo Ha

· **Referee:** Mohamed Bhmar (Morocco)

· **Attendance:** 20,000

South Korea - India 3-0 (1-0)

FIFA World Cup USA 1994, Preliminaries, 1st Round Group D

(Beirut - Bourj Hammoud Stadium - 13.05.1993 - 15:00)

South Korea (Red-Red-Red): 21-Bum-Chul Shin (GK), 17-Sang-Bum Koo (C), 2-Chul Kang, 5-Jung-Bae Park, 7-Hong-Ki Shin, 20-Myung-Bo Hong, 12-Nam-Yeol Park, 11-Jung-Won Seo (72' 13-Sang-Hae Cha), 14-Jae-Kwon Chung (60' 16-Ki-Bum Lee), 8-Moon-Shik Choi, 9-Seok-Joo Ha.

· **Coach:** Ho Kim

India (Green/White-Black-Green): 1-Hemanta Dora (GK), 8-Anantha Kumar, 5-Anit Kumar Ghosh, 15-Khaleel Ur Rahiman Arakkal, (84' 19-Jowel Bey), 20-Bhupinder Thakur (65' 9-Ghungath Varkey Papachan), 17-Francis Silveira, 10-Inivalappil Mani Vijayan, 7-Musheer Ahmed, 6-Sathyan Vattabarambath, 12-Surimani Singh,

2-Ujunnan Sharaf Ali.

·Coach: Jiri Pesek (Czechoslovakia)

Scorers: 1-0 19' (P) Myung-Bo Hong, 2-0 70' Moon-Shik Choi, 3-0 89' Seok-Joo Ha

·**Referee:** Hamed Al-Hindyani (Kuwait)

·**Attendance:** 17,000

Hong Kong - South Korea 0-3 (0-1)

FIFA World Cup USA 1994, Preliminaries, 1st Round Group D

(Beirut - Bourj Hammoud Stadium - 15.05.1993 - 17:15)

Hong Kong (White-White-White): 1-Ho-Yin Chung (GK), 2-Chi-Keung Chan, 13-Kam-Wa Cheung, 4-Chen-Ming Chiu, 11-Kin-Wo Lee, 15-Wai-Man Lee, 21-Wai-Chi Loh, 16-Kwok-Pui Shum, 8-Siu-Wai Tam, 5-Lik-Kin Yan, 19-Kin-Keing Yeung.

·Coach: Hung-Ping Chan

South Korea (Red-Red-Red): 21-Bum-Chul Shin (GK), 17-Sang-Bum Koo (C), 2-Chul Kang, 15-Tae-Young Kim, 5-Jung-Bae Park, 7-Hong-Ki Shin, 20-Myung-Bo Hong, 11-Jung-Won Seo, 8-Moon-Shik Choi, 9-Seok-Joo Ha, 10-Bo-Gwan Hwang (59' 13-Sang-Hae Cha).

·Coach: Ho Kim

Scorers: 0-1 21' Seok-Joo Ha, 0-2 50' Jung-Won Seo, 0-3 73' Moon-Shik Choi

·**Referee:** Nizar Watti (Syria)

·**Attendance:** 15,000

South Korea - Hong Kong 4-1 (1-1)

FIFA World Cup USA 1994, Preliminaries, 1st Round Group D

(Seoul - Olympic Stadium - 05.06.1993 - 16:00)

South Korea (Red-Red-Red): 21-Bum-Chul Shin (GK), 17-Sang-Bum Koo (C), 2-Chul Kang, 15-Tae-Young Kim, 7-Hong-Ki Shin, 3-Young-Joon Choi (60' 5-Jung-Bae Park), 20-Myung-Bo Hong, 6-Jung-Yoon Noh, , 11-Jung-Won Seo (73' 14-Jae-Kwon Chung), 8-Moon-Shik Choi, 9-Seok-Joo Ha.

·Coach: Ho Kim

Hong Kong (White-White-White): 1-Ho Yin Chung (GK), 18-Wai Lun Au (28' 7-Tsz Kong Chan), 2-Chi Keung Chan,

4-Chen Ming Chiu, 13-Kam Wa Cheung, 21-Chi Yuen Lau, 11-Kin Wo Lee, 15-Wai Man Lee, 10-Kai Wah Lo (66' 16-Kwok Pui Sum), 8-Siu Wai Tam, 5-Lik Kin Yan.

·Coach: Hong Ping Chan

Scorers: 1-0 12' Moon-Shik Choi, 1-1 21' Wai Lun Au, 2-1 76' Jae-Kwon Chung, 3-1 81' Seok-Joo Ha, 4-1 85' Jung-Yoon Noh

·**Cautions:** 64' Chi Yuen Lau

·**Referee:** Choochai Buaboocha (Thailand)

·**Attendance:** 25,428

South Korea - Lebanon 2-0 (1-0)

FIFA World Cup USA 1994, Preliminaries, 1st Round Group D

(Seoul - Olympic Stadium - 07.06.1993 - 19:00)

South Korea (Red-Red-Red): 21-Bum-Chul Shin (GK), 17-Sang-Bum Koo (C), 2-Chul Kang, 5-Jung-Bae Park, 7-Hong-Ki Shin (59' 15-Tae-Young Kim), 20-Myung-Bo Hong, 6-Jung-Yoon Noh, 11-Jung-Won Seo (67' 14-Jae-Kwon Chung), 8-Moon-Shik Choi, 9-Seok-Joo Ha, 10-Bo-Gwan Hwang.

·Coach: Ho Kim

Lebanon (White-White-Red): 22-Ahmad Saker (GK), 12-Abdul Fattah Shehab, 20-Babkin Melikan (55' 18-Rafi Zulfaghi), 8-Fadhi Ayad, 11-Fadhi El-Rouchi (75' 9-Wael Nazha), 6-Ibrahim El-Hosni, 4-Isam Kobeissi, 17-Jamal Taha, 10-Nabih El-Jourdi, 7-Mohammed Messelmani, 15-Youssef Farhat,

·Coach: Adnan Mekdache

Scorers: 1-0 31' Seok-Joo Ha, 2-0 56' Bo-Gwan Hwang

·**Cautions:** 65' Myung-Bo Hong

·**Referee:** Tariq Ahmed Ali (Iraq)

·**Attendance:** 27,151

South Korea - India 7-0 (4-0)

FIFA World Cup USA 1994, Preliminaries, 1st Round Group D

(Seoul - Olympic Stadium - 09.06.1993 - 17:00)

South Korea (Red-Red-Red): 21-Bum-Chul Shin (GK), 17-Sang-Bum Koo (C) (51' 18-Lim-Saeng Lee), 2-Chul Kang, 19-Jung-Hyuk Kim, 15-Tae-Young Kim, 5-Jung-

Bae Park, 7-Hong-Ki Shin, 16-Ki-Bum Lee, 14-Jae-Kwon Chung, 8-Moon-Shik Choi (56' 12-Nam-Yeol Park), 9-Seok-Joo Ha.

· **Coach:** Ho Kim

India (Skyblue-Blue-Skyblue): 22-Mukundan Rajeen Kumar (GK), 11-Abdul Khalique (67' 16-Bruno Coutinho), 14-Achintya Belel, 5-Anit Kumar Ghosh, 17-Francis Silveira (41' 18-Hajinder Singh Saini), 19-Jowel Bey, 10-Inivalappil Mani Vijayan, 7-Musheer Ahmed, 3-Proloy Saha, 2-Syed Sabir Pasha, 8-Tejinder Kumar.

· **Coach:** Jiri Pesek (Czechoslovakia)

Scorers: 1-0 4' Ki-Bum Lee, 2-0 23' Ki-Bum Lee, 3-0 37' Tae-Young Kim, 4-0 39' Jung-Bae Park, 5-0 50' Ki-Bum Lee, 6-0 66' (P) Seok-Joo Ha , 7-0 69' Tae-Young Kim

· **Cautions:** 69' Hong-Ki Shin

· **Referee:** Mohamed Shareif Al-Yanbawi (Saudi Arabia)

· **Attendance:** 13,251

South Korea - Bahrain 3-0 (1-0)

FIFA World Cup USA 1994, Preliminaries, 1st Round Group D

(Seoul - Olympic Stadium - 13.06.1993 - 16:00)

South Korea (Blue-Blue-Blue): 21-Bum-Chul Shin (GK), 17-Sang-Bum Koo (C), 2-Chul Kang, 15-Tae-Young Kim, 5-Jung-Bae Park, 20-Myung-Bo Hong, 12-Nam-Yeol Park, 11-Jung-Won Seo, 8-Moon-Shik Choi, 9-Seok-Joo Ha, 10-Bo-Gwan Hwang (46' 16-Ki-Bum Lee).

· **Coach:** Ho Kim

Bahrain (Red-Red-Red): 22-Saleh Bubeshait (GK), 2-Ahmed Al-Aynati, 14-Sami Al-Hayki, 8-Khaled Al-Dossery (58' 20-Khamis Mubarak), 5-Juma Helal Marzouq, 15-Khamis Thani, 12-Marjan Eid, 17-Mohammed Hussein, 11-Mohammed Marzouq (73' 6-Yousuf Ali), 10-Mubarak Mubarak, 19-Saad Masoud.

· **Coach:** Sebastiao Araujo (Brazil)

Scorers: 1-0 51' Chul Kang, 2-0 63' Nam-Yeol Park, 3-0 84' Sang-Bum Koo

· **Cautions:** 24' M.Hussein, 32' Chul Kang

· **Referee:** Jihong Wei (China)

· **Attendance:** 44,632

South Korea - Egypt 1-2 (0-1)

President's Cup 1993, 1st Round Group A

(Seoul - Olympic Stadium - 19.06.1993 - 16:30)

South Korea (Red-Red-Red): 21-Bum-Chul Shin (GK), 17-Sang-Bum Koo (C), 2-Chul Kang, 15-Tae-Young Kim, 5-Jung-Bae Park, 7-Hong-Ki Shin, 20-Myung-Bo Hong, 11-Jung-Won Seo (80' 16-Ki-Bum Lee), 8-Moon-Shik Choi, 9-Seok-Joo Ha, 10-Bo-Gwan Hwang (36' 19-Jung-Hyuk Kim).

· **Coach:** Ho Kim

Egypt (Green-White-White): 1-Ahmed Shobeir (GK) (C), 13-Ahmed Ramzy, 6-Ashraf Qasem, 11-Ali Maher, 12-Ali Shehata, 18-Yasser Ezzat (77' 14-Ayman Mansour), 7-Ismail Youssef, 3-Fawzy Gamal, 4-Hany Ramzy, 9-Haisham Farouk (70' 17-Mohammed Youssef), 5-Hesham Yakan.

· **Coach:** Mohammed Seddik

Scorers: 0-1 22' Yasser Ezzat, 0-2 54' Yasser Ezzat, 1-2 55' Jung-Won Seo

· **Cautions:** 70' Mohammed Youssef, 81' Ali Maher

· **Referee:** Russamee Jindamai (Thailand)

· **Attendance:** 21,725

South Korea – Atlante(Mexico) 4-0 (2-0)

President's Cup 1993, 1st Round Group A

(SoonCheon - ?- 21.06.1993 - 19:00)

South Korea: 21-Bum-Chul Shin (GK), 17-Sang-Bum Koo (C), 2-Chul Kang, 15-Tae-Young Kim, 5-Jung-Bae Park, 7-Hong-Ki Shin, 20-Myung-Bo Hong, 19-Jung-Hyuk Kim(74' 16-Ki-Bum Lee), 8-Moon-Shik Choi, 9-Seok-Joo Ha, 10-Bo-Gwan Hwang (61' 14-Jae-Kwon Jung).

· **Coach:** Ho Kim

Atlante(Mexico): Isac Misrahi (GK), Cesar Suarez, Gaspar Cisneros, Jose Navarrete, Marcelo Gonzales, Mariano Bollella, Mario Gracia, Noverto Anzorena(70' Marco Cabrera), Pablo Robles, Roberto Bueno, Tomas Cruz(72' Jorge Salas).

· **Coach:** Luis SALINAS

Scorers: 1-0 1' Bo-Gwan Hwang, 2-0 42' Jung-Bae Park, 3-0 63' Jung-Hyuk Kim, 4-0 86' Jae-Kwon Jung

· **Cautions:** -

· Referee : ?

· Attendance : ?

South Korea – China 3-0 (1-0)

President's Cup 1993, 1st Round Group A

(Chang Won - ? - 23.06.1993 - 19:00)

South Korea : Bum-Yong Ahn (GK), 17-Sang-Bum Koo (C), 2-Chul Kang, 15-Tae-Young Kim, 5-Jung-Bae Park, 7-Hong-Ki Shin, 20-Myung-Bo Hong (32' 16-Ki-Bum Lee), 19-Jung-Hyuk Kim, 11- Jung-Won Seo, 8-Moon-Shik Choi(60' 14-Jae-Kwon Jung), Nam Yeol Park.

· **Coach :** Ho Kim

China : Sun-gang, Li Ming, Li Yue, Sensie, Sun Jin-jun, Joon-haI, Joo-kee, Ji-Chiae, Tan-ende(64' Li Weizhan), Panchewey.

· **Coach :** ?

Scorers : 1-0 16' Jung-Hyuk Kim, 2-0 57'(P) Moon-Shik Choi, 3-0 84' Jung-Won Seo

· **Cautions :** -

· **Referee :** ?

· **Attendance :** ?

South Korea – Czech club selection team 1-0 (0-0)

President's Cup 1993, Semi Final

(Busan - ? - 26.06.1993 - 16:30)

South Korea : 21-Bum-Chul Shin (GK), 17-Sang-Bum Koo (C), 2-Chul Kang, 15-Tae-Young Kim, 5-Jung-Bae Park, 7-Hong-Ki Shin, 20-Myung-Bo Hong, 19-Jung-Hyuk Kim(36' 14-Jae-Kwon Jung), 11-Jung-Won Seo, 8-Moon-Shik Choi, 9-Seok-Joo Ha.

· **Coach :** Ho Kim

Czech club selection team : Janos Zdenek (GK), Casko Jiri, Dina Pavol, Orel Karel, Petrous Michal(42' Kentos Jaroslav), Poviser Jiri, Prazenica Karol, Simon Julius(81' Hogen Roman), Skarabela Petr, Tomas Milos, Vytykac Pavol.

· **Coach :** Dusan RADOLSKY

Scorers : 75' Jae-Kwon Jung

· **Cautions :** -

· **Referee :** ?

· **Attendance :** ?

South Korea - Egypt 0-1 (0-0)

President's Cup 1993, Final

(Seoul - Olympic Stadium - 28.06.1993 - 19:00)

South Korea (Red-Red-Red) : 21-Bum-Chul Shin (GK), 17-Sang-Bum Koo (C), 2-Chul Kang, 15-Tae-Young Kim, 5-Jung-Bae Park, 7-Hong-Ki Shin, 20-Myung-Bo Hong, 11-Jung-Won Seo, 16-Ki-Bum Lee(75' 19-Jung-Hyuk Kim), 8-Moon-Shik Choi, 9-Seok-Joo Ha(45' 14-Jae-Kwon Jung).

· **Coach :** Ho Kim

Egypt (Green-White-White) : 1-Ahmed Shobeir (GK) (C), 8-Medhat Hady Khashaba, 17-Mohammed Youssef, 13-Ahmed Ramzy, 6-Ashraf Kasem, 12-Ali Shehata, 18-Yasser Ezzat (26' 9-Haisham Farouk), 7-Ismail Youssef, 3-Fawzy Gamal (61' 10-Mohammed Reda), 4-Hany Ramzy, 5-Hesham Yakan.

· **Coach :** Mahmoud El-Gohary

Scorers : 0-1 86' Mohammed Reda

· **Cautions :** 51' Ismail Youssef

· **Referee :** Nik Ahmad Yaakub (Malaysia)

· **Attendance :** 25,591

South Korea - Belles Sassapield(Argentina) 0-0 (0-0)

Friendly Match

(Seoul - Dongdaemun Stadium - 26.08.1993 - 19:00)

South Korea : In-Young Choi (GK), Chul Kang, Hyun-Seok Kim, Jung-Bae Park(77' Lim-Saeng Lee), Jung-Won Seo, Hong-Ki Shin, Jae-Kwon Jung(61' Chul Park), Jong-Sun Jung, Moon-Shik Choi, Seok-Joo Ha(46' Ki-Bum Lee), Myung-Bo Hong.

· **Coach :** Ho Kim

Belles Sassapield(Argentina) : Juan Carlos Docabo (GK), Carlos Compagnucci, Christian Bassedas, Hector Almandoz, Jose Flores(80' Cecilio Galenano), Marcelo Gomez(73' Ricardo Rentera), Omar Asad(31' Patricio Campos), Raul Cardozo, Roberto Trota, Victor Sotomayor, Walter Pico.

· **Coach :** Carlos BIANCHI

Scorers : -

· **Cautions :** -

· **Referee :** ?

· **Attendance :** ?

South Korea - Belles Sassapield(Argentina) 1-1 (0-1)

Friendly Match

(Seoul - Dongdaemun Stadium - 29.08.1993 - 15:00)

South Korea: Bum-Chul Shin (59' Woon-Jae Lee) (GK), Hyun-Seok Kim, Jung-Bae Park, Chul Park, Hong-Ki Shin, Ki-Bum Lee, Lim-Saeng Lee, Jong-Sun Jung, Moon-Shik Choi, Seok-Joo Ha, Myung-Bo Hong.

·**Coach:** Ho Kim

Belles Sassapield(Argentina): Juan Carlos Docabo (GK), Carlos Compagnucci, Christian Bassedas(73' Ricardo Rentera) , Hector Almandoz, Jose Flores(63' Patricio Campos), Marcelo Gomez, Omar Asad, Raul Cardozo, Roberto Trota, Victor Sotomayor(59' Cecilio Galeano) , Walter Pico.

·**Coach:** Carlos BIANCHI

Scorers: 0-1 9' Walter Pico, 1-1 47' Hyun-Seok Kim

·**Cautions:** -

·**Referee:** ?

·**Attendance:** ?

South Korea - Forgan Schegin (Poland) 1-1 (1-0)

Friendly Match

(Seoul - Dongdaemun Stadium - 17.09.1993 - 19:00)

South Korea: In-Young Choi (GK), Chul Kang(17' Jung-Yoon Noh, 75' Seon-Hong Hwang), Jung-Hyuk Kim, Hyun-Seok Kim, Jung-Bae Park, Jung-Won Seo, Hong-Ki Shin, Ki-Bum Lee(61' Jung-Woon Ko), Lim-Saeng Lee, Jong-Sun Jung, Moon-Shik Choi(41' Myung-Bo Hong).

·**Coach:** Ho Kim

Forgan Schegin (Poland): Marek Beben (GK), Dariusz Szubert(66' Slawomir Rafalowicz), Dariusz Wojtowicz, Janusz Studzinski, Mariusz Kuras, Olgierd Moskalewicz(89' Leszek Pokbadowski), Piotr Mandrysz, Robert Dymkowski(46' Artur Buga), Siergiej Nikitin, Waldemar Jaskulski, Wieslaw Latela.

·**Coach:** Szukieiowciz ROMUALD

Scorers: 1-0 24'(P) Hyun-Seok Kim, 1-1 83' Piotr Mandrysz

·**Referee:** ?

·**Attendance:** ?

South Korea - Forgan Schegin (Poland) 1-0 (0-0)

Friendly Match

(Seoul - Dongdaemun Stadium - 19.09.1993 - 15:00)

South Korea: Bum-Chul Shin (GK), Jung-Woon Ko(46' Seon-Hong Hwang), Sang-Bum Koo(73' Chul Park), Jung-Hyuk Kim, Jung-Yoon Noh(67' Ki-Bum Lee), Jung-Bae Park, Jung-Won Seo, Hong-Ki Shin, Jong-Sun Jung, Myung-Bo Hong.

·**Coach:** Ho Kim

Forgan Schegin (Poland): Marek Beben (GK), Andzej Miazek(46' Robert Dymkowski), Dariusz Wojtowicz, Mariusz Kuras(67' Grzegorz Wyka), Olgierd Moskalewicz(46' Tomasz Oleszek), Piotr Mandrysz(46' Janusz Studzinski), Siergiej Nikitin, Slawomir Rafalowicz, Tomaz Oleszek, Waldemar Jaskulski, Wieslaw Letela.

·**Coach:** Szukieiowciz ROMUALD

Scorers: 1-0 61' Jung-Hyuk Kim

·**Referee:** ?

·**Attendance:** ?

South Korea - Australia 1-1 (1-0)

Friendly Match

(Seoul - Dongdaemun Stadium - 24.09.1993 - 18:40)

South Korea (Red-Red-Red): 21-In-Young Choi (GK), 17-Sang-Bum Koo (C), 5-Jung-Bae Park (56' 2-Chul Park), 7-Hong-Ki Shin, 3-Jong-Seon Chung, 20-Myung-Bo Hong, 15-Jung-Woon Ko (63' 10-Hyun-Seok Kim), 8-Moon-Shik Choi, 19- Jung-Hyuk Kim, 11-Jung-Won Seo, 18-Seon-Hong Hwang

·**Coach:** Ho Kim

Australia (Yellow-Green-Yellow): 1-Robert Zabica (GK), 6-Paul Wade (C), 5-Mehmet Durakovic, 4-Milan Ivanovic, 10-Stan Lazaridis, 11-Steve Corica (79' 13-Damian Mori), 3-Alexander Tobin, 8-Jason Polak, 7-Kimon Taliadoros (65' 12-Branko Milošević), 2-Tony Vidmar, 9-Francis Awaritefe.

·**Coach:** Eddie Thompson (Scotland)

Scorers: 1-0 35' Jung-Won Seo, 1-1 85' Damian Mori

·**Cautions:** 12' Jong-Seon Chung

·**Referee:** Gwang Taek Kim (South Korea)

·**Attendance:** 6,257

South Korea - Australia 1-0 (0-0)

Friendly Match

(Seoul - Dongdaemun Stadium - 26.09.1993 - 15:00)

South Korea (Red-Red-Red): 1-In-Young Choi (GK), 17-Sang-Bum Koo (C), 5-Jung-Bae Park, 7-Hong-Ki Shin, 3-Jong-Seon Chung (45'15-Jung-Woon Ko), 20-Myung-Bo Hong, 10-Hyun-Seok Kim, 8-Moon-Shik Choi, 19-Jung-Hyuk Kim (45' 14-Chul Park), 11-Jung-Won Seo (63' 12-Ki-Bum Lee), 18-Seon-Hong Hwang.

·**Coach:** Ho Kim

Australia (Yellow-Green-Yellow): 1-Robert Zabica (GK), 6-Paul Wade (C), 13-Damian Mori (70' 7-Kimon Taliadoros), 5-Mehmet Durakovic, 4-Milan Ivanovic, 12-Branko Milošević (45' 15-Matthew Bingley), 11-Steve Corica (45' 9-Francis Awaritefe), 3-Alexander Tobin, 8-Jason Polak, 2-Tony Vidmar, 14-Paul Trimboli (65' 16-George Slifkas).

·**Coach:** Eddie Thompson (Scotland)

Scorers: 1-0 75' Moon-Shik Choi

·**Cautions:** 33' Tony Vidmar, 47' Francis Awaritefe, 50' Jung-Bae Park, 55' Sang-Bum Koo

·**Referee:** Gwang-Taek Kim (South Korea)

·**Attendance:** 17,367

South Korea - Iran 3-0 (1-0)

FIFA World Cup USA 1994, Preliminaries, Final Round

(Doha - Khalifa Stadium - 16.10.1993 - 17:00)

South Korea (Blue-Blue-Blue): 1-In-Young Choi (GK), 17-Sang-Bum Koo (C), 4-Pan-Geun Kim, 5-Jung-Bae Park, 7-Hong-Ki Shin, 3-Jong-Seon Chung, 20-Myung-Bo Hong, 16-Joo-Sung Kim, 6-Jung-Yoon Noh (69' 11-Jung-Won Seo),9-Seok-Joo Ha, 18-Seon-Hong Hwang (77' 15-Jung-Woon Ko).

·**Coach:** Ho Kim

Iran (White-White-White): 1-Behzad Gholampour (GK), 8-Hamid Darakhshan (C), 11-Ali Daei, 13-Karim Bagheri, 14-Majeed Namjou-Motlagh, 6-Mehdi Fonoonizadeh, 5-Nader Mohammadkhani, 4-Reza Hassanzadeh, 10-Samad Marfavi (60' 17-Ali Ashgar Modir-Rosta), 9-Seyed Mehdi Abtahi, 2-Zavad Jarincheh,

·**Coach:** Ali Parvin

Scorers: 1-0 18' Jung-Bae Park, 2-0 79' Seok-Joo Ha, 3-0 81' Jung-Woon Ko

·**Cautions:** 88' Karim Bagheri

·**Referee:** Aron Schmidhuber (Germany)

·**Attendance:** 10,000

South Korea - Iraq 2-2 (1-1)

FIFA World Cup USA 1994, Preliminaries, Final Round

(Doha - Khalifa Stadium - 19.10.1993 - 17:00)

South Korea (Red-Red-Red): 1-In-Young Choi (GK), 17-Sang-Bum Koo (C), 4-Pan-Geun Kim, 5-Jung-Bae Park, 7-Hong-Ki Shin, 3-Jong-Seon Chung, 20-Myung-Bo Hong, 16-Joo-Sung Kim, 8-Moon-Shik Choi(70' 9-Seok-Joo Ha), 11-Jung-Won Seo(37' 6-Jung-Yoon Noh), 18-Seon-Hong Hwang.

·**Coach:** Ho Kim

Iraq (White-Green-White): 1-Emad Hashim Hassan (GK), 8-Ahmad Radhi (C), 5-Abdul Jabbar, 9-Ala Kadhim(44' 22-Bassam Raouf Hamed), 6-Habib Jafar, 17-Laith Hussein, 7-Naem Saddam, 11-Saad Qais(76' 16-Jafar Omran Salman), 14-Salim Hussein, 2-Samir Kadhim Hassan, 4-Swadi Radhi.

·**Coach:** Ammo Baba

Scorers: 0-1 31' Laith Hussein, 1-1 40' Pan-Geun Kim, 2-1 66' Myung-Bo Hong, 85' Habib Jafar

·**Cautions:** 20' Seon-Hong Hwang, 23' Ahmad Radhi, 43' Abdul Jabbar, 52' Swadi Radhi, 62' Jung-Yoon Noh

·**Referee:** Joël Quiniou (France)

·**Attendance:** 20,000

South Korea - Saudi Arabia 1-1 (0-0)

FIFA World Cup USA 1994, Preliminaries, Final Round

(Doha - Khalifa Stadium - 22.10.1993 - 18:15)

South Korea (Red-Red-Red): 1-In-Young Choi (GK), 17-Sang-Bum Koo (C), 4-Pan-Geun Kim (39' 6-Jung-Yoon Noh), 5-Jung-Bae Park, 7-Hong-Ki Shin, 3-Jong-Seon Chung, 20-Myung-Bo Hong, 15-Jung-Woon Ko, 16-Joo-Sung Kim, 8-Moon-Shik Choi(71' 9-Seok-Joo Ha), 18-Seon-Hong Hwang.

·**Coach:** Ho Kim

Saudi Arabia (White-White-White): 1-Mohammed Al-Deayea

(GK), 13-Mohammed Al-Jawad (C), 2-Abdullah S. Al-Dossary, 5-Ahmed Madani, 11-Fahad Mehallel (69' 12-Sami Al-Jaber), 6-Fuadh Amin, 20-Hamzah Falatah, 14-Khalid Al-Muwallid, 8-Mansour Al-Muaynea (69' 17-Khalid Al-Temawi), 3-Mohammed Al-Khilaiwi, 10-Saeed Owairan.

·**Coach:** José Candido (Brazil)

Scorers: 1-0 63' Hong-Ki Shin, 1-1 92' Ahmed Madani

·**Cautions:** 74' Jong-Seon Chung, 87' Seon-Hong Hwang

·**Referee:** Jaap Uilenberg (Nederland)

·**Attendance:** 35,000

South Korea - Japan 0-1 (0-0)

FIFA World Cup USA 1994, Preliminaries, Final Round
(Doha - Khalifa Stadium - 25.10.1993 - 16:00)

South Korea (Red-Red-Red): 1-In-Young Choi (GK), 17-Sang-Bum Koo (C), 5-Jung-Bae Park, 7-Hong-Ki Shin, 3-Jong-Seon Chung, 20-Myung-Bo Hong, 15-Jung-Woon Ko, 16-Joo-Sung Kim,6-Jung-Yoon Noh (46' 11-Jung-Won Seo), 8-Moon-Shik Choi, 9-Seok-Joo Ha.

·**Coach:** Ho Kim

Japan (White-Blue-White): 1-Shigetetsu Matsunaga (GK), 5-Tetsuji Hashiratani (C), 3-Toshinobu Katsuya, 16-Masashi Nakayama(85' 9-Nobuhiro Takeda), 10-Ruy Ramos, 11-Kazuyoshi Miura, 15-Yasuhiro Yoshida, 7-Masami Ihara, 14-Tsuyoshi Kitazawa, 12-Yoshiyuki Hasegawa(65' 8-Masahiro Fukuda), 4-Takumi Horiike.

·**Coach:** Hans Ooft (Nederland)

Scorers: 0-1 60' Kazuyoshi Miura

·**Cautions:** 41' Seok-Joo Ha, 71' Jung-Bae Park, 93' Masami Ihara

·**Referee:** Aron Schmidhuber (Germany)

·**Attendance:** 15,000

South Korea - North Korea 3-0 (0-0)

FIFA World Cup USA 1994, Preliminaries, Final Round
(Doha - Qatar SC Stadium - 28.10.1993 - 16:15)

South Korea (Red-Red-Red): 1-In-Young Choi (GK), 17-Sang-Bum Koo (C), 4-Pan-Geun Kim(82' 14-Chul Park), 5-Jung-Bae Park, 7-Hong-Ki Shin, 20-Myung-Bo Hong, 15-Jung-Woon Ko, 10-Hyun-Seok Kim (55' 9-Seok-Joo

Ha), 8-Moon-Shik Choi, 11-Jung-Won Seo, 18-Seon-Hong Hwang.

·**Coach:** Ho Kim

North Korea (White-White-White): 18-Yong-Ho Kim (GK), 11-Mun-Chol Gong, 4-Kyong-Il Kim, 6-Song-Kun Ryu, 17-Gwang-Chol Pang, 5-Hwa-Yong Rim, 8-Gang-Song Jong, 13-In-Chol Cho, 14-Yong-Son Choi, 10-Won-Nam Choi, 12-Yong-Bin Tak.

·**Coach:** Myong-Chan Yoon

Scorers: 1-0 49' Jung-Woon Ko, 2-0 53' Seon-Hong Hwang, 3-0 75' Seok-Joo Ha

·**Cautions:** 67' Gwang-Chol Bang, 83' Seok-Joo Ha

·**Referee:** Ion Craciunescu (Romania)

·**Attendance:** 4,000

1994

South Korea - Romania 1-2 (1-1)

Friendly Match
(Changwon - Civil Stadium - 16.02.1994 - 15:00)

South Korea (Blue-Blue-Blue): 1-In-Young Choi (GK) (C), 2-Chul Kang, 17-Sang-Bum Koo(63' 13-Young-Sang Lee), 4-Pan-Geun Kim (45' 19-Tae-Ha Park), 7-Hong-Ki Shin, 12-Ik-Soo An, 16-Young-Jin Lee, 15-Jung-Woon Ko, 8-Moon-Shik Choi(63' 10-Hyun-Seok Kim), 9-Seok-Joo Ha (45' 11-Jung-Won Seo), 18-Seon-Hong Hwang.

·**Coach:** Ho Kim

Romania (White-White-White): 1-Florin Prunea (GK), 4-Georghe Mihali, 10-Nica Panduru, 14-Daniel Prodan, 13-Dorel Zegrean, 7-Dorin Zotinca(45' 16-Aurel Calin), 17-Radu Niculescu(45' 11-Adrian Ungur), 6-Leo Florian Grozavu, 3-Viorel Tanase(45' 18-Ilie Stan), 8-Ilie Dumitrescu, 15-Corneliu Papura (45' 5-Constantin Galca).

·**Coach:** Anghel Iordanescu

Scorers: 1-0 19' Hong-Ki Shin, 1-1 44' Ilie Dumitrescu, 1-2 73' Ilie Dumitrescu

·**Cautions:** 56' Adrian Ungur, 73' Ilie Stan

·**Referee:** Byung-Ho Kang (South Korea)

·**Attendance:** 20,414

Colombia - South Korea 2-2 (0-0)

Friendly Match

(Los Angeles - East LA College Waynecott Stadium - 26.02.1994 - 19:00)

Colombia (Yellow-Blue-Red): 1-Oscar Cordoba (GK), 6-Gabriel Gómez, 14-Leonel Álvarez, 4-Luis Herrera (45' 3-Alexis Mendoza), 15-Luis Perea, 17-Mauricio Serna, 18-Miguel Asprilla (45' 11-John Jairo Trellez), 2-Andrés Escobar, 8-Alexander Escobar, 20-Wilson Pérez, 9-Ivan Valenciano (45' 19-Victor Aristizabal).

·**Coach:** Francisco Maturana

South Korea (White-White-White): 1-In-Young Choi (GK), 2-Chul Kang, 17-Sang-Bum Koo (33' 4-Pan-Geun Kim), 7-Hong-Ki Shin, 12-Ik-Soo An, 20-Myung-Bo Hong, 16-Young-Jin Lee, 6-Jin-Ho Cho, 15-Jung-Woon Ko (60' 9-Seok-Joo Ha), 11-Jung-Won Seo, 18-Seon-Hong Hwang.

·**Coach:** Ho Kim

Scorers: 1-0 55' Pan-Geun Kim, 2-0 66' Seon-Hong Hwang, 2-1 73' Alexander Escobar, 2-2 85' Victor Aristizabal

·**Cautions:** 17' Gabriel Gómez, 20' Hong-Ki Shin, 31' Seon-Hong Hwang, 60' Alexis Mendoza

·**Referee:** Joshua Patlak (USA)

·**Attendance:** 12,000

U.S.A. - South Korea 1-0 (0-0)

Friendly Match

(Los Angeles - East LA College Waynecott Stadium - 05.03.1994 - 15:15)

U.S.A. (White-White-White): 1-Tony Meola (GK), 17-Marcelo Balboa, 4-Mike Burns, 14-Brian Quinn (45' 21-Fernando Clavijo), 22-Alexei Lalas, 12-Jeff Agoos, 13-Cobi Jones, 19-Chris Henderson, 20-Paul Caligiuri (45' 16-Mike Sorber), 8-Frank Klopas (45' 11-Claudio Reyna), 10-Peter Vermes.

·**Coach:** Velibor Milutinović (Yugoslavia)

South Korea (Blue-Blue-Blue): 21-Woon-Jae Lee (GK), 17-Sang-Bum Koo, 4-Pan-Geun Kim, 23-Young-Sang Lee, 27-Jong-Hwa Lee, 13-Hyun-Seok Kim (58' 15-Jung-Woon Ko), 19-Tae-Ha Park, 5-Sang-Chul Yoo, 22-Jung-Hwan Yoon, 14-Tae-Hong Lee (46' 11-Jung-Won Seo),

9-Seok-Joo Ha.

·**Coach:** Ho Kim

Scorers: 1-0 83' Reyna

·**Cautions:** 20' Frank Klopas

·**Expulsions:** 83' Jong-Hwa Lee, 87' Seok-Joo Ha

·**Referee:** Brian Hall (USA)

Note: It was an exhibition match with no spectator but a FIFA full international.

U.S.A. - South Korea 1-1 (1-0)

Friendly Match

(Fullerton - Fullerton Stadium - 12.03.1994 - 19:00)

U.S.A. (Blue-Blue-Blue): 12-Bradley Friedel (GK), 15-Desmond Armstrong(45' Jeff Agus), 17-Marcelo Balboa, 4-Michael Burns, 22-Alexei Lalas, 7-Hugo Pérez (88' 14-Brian Quinn), 13-Cobi Jones, 19-Christopher Henderson, 5-Thomas Dooley, 20-Paul Caligiuri (45' 21-Fernando Clavijo), 8-Frank Klopas (59' 11-Claudio Reyna).

·**Coach:** Velibor Milutinović (Yugoslavia)

South Korea (White-White-White): 1-In-Young Choi (GK), 2-Chul Kang, 4-Pan-Geun Kim, 7-Hong-Ki Shin, 12-Ik-Soo An, 26-Young-Il Choi (45' 11-Jung-Won Seo), 20-Myung-Bo Hong, 16-Young-Jin Lee, 15-Jung-Woon Ko, 9-Seok-Joo Ha (45' 6-Jin-Ho Cho, 80' 24-Moon-Shik Choi), 18-Seon-Hong Hwang.

·**Coach:** Ho Kim

Scorers: 1-0 31' Desmond Armstrong, 1-1 63'(OG) Marcelo Balboa

·**Cautions:** 25' Christopher Henderson, 34' Chul Kang, 53' Clavijo, 73' Jung-Won Seo

·**Referee:** Rene Parra (Canada)

·**Attendance:** 10,319

South Korea - Cameroon 2-2 (0-1)

Friendly Match

(Seoul - Olympic Stadium - 01.05.1994 - 14:30)

South Korea (White-White-White): 1-In-Young Choi (GK) (C), 20-Chul Kang, 22-Sang-Bum Koo, 16-Ik-Soo An, 15-Young-Il Choi, 2-Myung-Bo Hong, 9-Hyun-Seok Kim (89' 5-Jong-Seon Chung), 11-Jung-Won Seo (53' 13-Tae-Yong

Shin), 7-Young-Jin Lee (70' 17-Pan-Geun Kim), 14-Dae-Shik Choi (82' 6-Moon-Shik Choi), 12-Seok-Joo Ha (53' 23-Jin-Ho Cho).

·Coach: Ho Kim

Cameroon (Green-Red-Yellow): 1-Joseph-Antoine Bell (GK), 14-Stephan Tataw (C) (89' 19-Serge Mimpo), 13-Raymond Kalla, 10-Louis Paul M'Fédé (80' 22-Edwin Ifeanyi), 12-Serge Paul Loga, 18-Jan Fiala, 21-Emmanuel Maboang (45' 8-André Kana-Biyik), 20-Georges Mouyémé (68' 7-Bernard Tchoutang), 5-Jules Onana (45' 6-Victor N'Dip), 5-Thomas Libih, 15-Hans Agbo (73' 4-Rigobert Song).

·Coach: Henri Michel (France)

Scorers: 0-1 27' Thomas Libih, 1-1 84' Hyun-Seok Kim, 1-2 89' Raymond Kalla, 2-2 90' Jin-Ho Cho

·**Cautions:** 17' Serge Paul Loga, 18' Hyun-Seok Kim, 31' Ik-Soo An, 89' Victor N'Dip

·**Referee:** Jin-Ok Kim (South Korea)

·**Attendance:** 67,898

South Korea - Cameroon 2-1 (1-1)

Friendly Match

(Changwon - Civil Stadium - 03.05.1994 - 19:00)

South Korea (White-White-White): 1-In-Young Choi (GK) (C), 17-Pan-Geun Kim, 4-Jung-Bae Park, 8-Hong-Ki Shin, 5-Jong-Seon Chung, 15-Young-Il Choi, 10-Jung-Woon Ko (45' 11-Jung-Won Seo), 13-Tae-Yong Shin, 14-Dae-Shik Choi, 24-Jong-Keon Kim (45' 18-Seon-Hong Hwang), 23-Jin-Ho Cho (60' 12-Seok-Joo Ha).

·Coach: Ho Kim

Cameroon (Green-Red-Yellow): 1-Thomas N'Kono (GK), 13-Raymond Kalla, 10-Louis Paul M'Fédé(77' 12-Serge Paul Loga), 6-Victor N'Dip(45' 4-Rigobert Song), 11-Samuel Ekémé, 2-André Kana-Biyik(77' 7-Bernard Tchoutang), 18-Jan Fiala, 8-Emile M'Bouh M'Bouh(68' 9-Roger Milla), 20-Georges Mouyémé, 5-Thomas Libih(45' 22-Edwin Ifeanyi), 15-Hans Agbo.

·Coach: Henri Michel (France)

Scorers: 1-0 18' Jin-Ho Cho, 1-1 44' Georges Mouyémé, 2-1 79' Seon-Hong Hwang

·**Cautions:** 23' Samuel Ekémé, 35' Victor N'Dip

·**Referee:** Duk-Hwan Cha (South Korea)

·**Attendance:** 35,214

South Korea – Internassional(Brazil) 2-2 (2-1)

Friendly Match

(Seoul - Dongdaemun Stadium - 12.05.1994 - 19:00)

South Korea: 12-Woon-Jae Lee (GK), 17-Pan-Geun Kim, 8-Hong-Ki Shin, 5-Jong-Seon Chung(64' 4-Jung-Bae Park), 15-Young-Il Choi(46' 20-Chul Kang), 2-Myung-Bo Hong(53' 3-Jong Hwa Lee), 10-Jung-Woon Ko(70' 6-Moon-Shik Choi), 11-Jung-Won Seo(15' 12-Seok-Joo Ha), 7-Young-Jin Lee, 14-Dae-Shik Choi(61' 23-Jin-Ho Cho), 18-Seon-Hong Hwang.

·Coach: Ho Kim

Internassional(Brazil): Sergio Guedes (GK), Admilson Silva(46' Airson Santos) , Anderson Schveitzer, Argelico Fuks, Daniel Frasson, Elson Raymundo(81' Alexander Avilla), Londomar Loiola, Paulo Viera, Ricardo Costa, Silvan Lichtenecker, Waldemar Oliveira.

·Coach: Antonio SANTOS

Scorers: 0-1 13' Anderson Schveitzer, 1-1 33'(P) Dae-Shik Choi, 2-1 38' 18-Seon-Hong Hwang, 2-2 67' Argelico Fuks

·**Cautions:** -

·**Referee:** Duk-Hwan Cha (South Korea)

·**Attendance:** 35,214

South Korea – Internassional(Brazil) 0-1 (0-0)

Friendly Match

(Seoul - Dongdaemun Stadium - 14.05.1994 - 15:00)

South Korea: 1-In-Young Choi (GK), 20-Chul Kang, 22-Sang-Bum Koo(66' 8-Hong-Ki Shin), 4-Jung-Bae Park, 15-Young-Il Choi(53' 5-Jong-Seon Jung), 2-Myung-Bo Hong, 10-Jung-Woon Ko, 9-Hyun-Seok Kim(46' 23-Jin-Ho Cho), 13-Tae-Young Shin, 14-Dae-Shik Choi, 18-Seon-Hong Hwang

·Coach: Ho Kim

Internassional(Brazil): Sergio Guedes (GK), Alexandre Avilla(80' Admilson Silva), Anderson Schveitzer, Argelico Fuks, Daniel Frasson, Elson Raymundo, Londomar Loiola(84' Airton Santos), Paulo Viera(86' Ruben Piaggio),

Ricardo Costa, Silvan Lichtenecker, Waldemar Oliveira(75' Alex Bach).

·Coach: Antonio SANTOS

Scorers: 0-1 57' Anderson Schveitzer

·Referee: ?

·Attendance: ?

South Korea – Leverkusen (Germany) 3-1 (1-0)

Friendly Match

(Busan – Gu-Deok Stadium - 18.05.1994 - 19:00)

South Korea: 1-In-Young Choi (GK), 22-Sang-Bum Koo, 17-Pan-Geun Kim, 4-Jung-Bae Park, 3-Jong Hwa Lee, 15-Young-Il Choi(56' 20-Chul Kang), 9-Hyun-Seok Kim(46' 2-Myung-Bo Hong), 7-Young-Jin Lee, 14-Dae-Shik Choi(46' 18-Seon-Hong Hwang), 6-Moon-Shik Choi, 12-Seok-Joo Ha(77' 10-Jung-Woon Ko).

·Coach: Ho Kim

Leverkusen (Germany): Rudiger Vollborn (GK), Andreas Fischer(75' Christoph Chylla), Bernard Schuiteman, Bernd Schuster, Christian Worns, Franco Foda, Heiko Scholz, Joser Nehi(62' Jorg Nowotony) , Markus Happe, Taofour Diane, Thomas Vana(75' Markus Kurth).

·Coach: Dragoslav STEPANOVIC

Scorers: 1-0 44' Hyun-Seok Kim, 2-0 60' Seok-Joo Ha, 2-1 81' Heiko Scholz, 3-1 85' Moon-Shik Choi

·Referee: ?

·Attendance: ?

South Korea – Leverkusen (Germany) 2-0 (1-0)

Friendly Match

(Seoul – Olympic Stadium - 22.05.1994 - 15:00)

South Korea: 1-In-Young Choi(45' 22-Woon-Jae Lee) (GK), 2-Chul Kang(46' 4-Pan-Geun Kim), 5-Jung-Bae Park, 7-Hong-Ki Shin, 3-Jong-Hwa Lee, 12-Young-Il Choi, 20-Myung-Bo Hong(29' 6-Young-Jin Lee), 10-Jung-Woon Ko, 15-Jin-Ho Cho(46' 9-Joo-Sung Kim), 14-Dae-Shik Choi(46' 8-Jung-Yoon Noh), 18-Seon-Hong Hwang(75 16-Seok-Joo Ha).

·Coach: Ho Kim

Leverkusen (Germany): Dirk Heinen (GK), Bernard Schuiteman(25' Christoph Chylla), Bernd Schuster,

Christian Worns(50' Andreas Fischer), Franco Foda, Heiko Scholz, Jens Melzig(69' Markus Kurth), Jorg Nowotny(88' Thomas Vana), Joser Nehi, Markus Happe, Taofour Diane(89' Rene Hahn)

·Coach: Dragoslav STEPANOVIC

Scorers: 1-0 41' Jin-Ho Cho, 2-0 84' Pan-Geun Kim

·Referee: ?

·Attendance: ?

Ecuador – South Korea 2-1 (1-0)

Friendly Match

(Wakefield - Wakefield Memorial High School Field - 05.06.1994 - 19:15)

Ecuador (Yellow-Blue-Red): 1-Jacinto Espinoza (GK), 6-Luis Capurro (C), 2-Dannes Coronel, 5-Máximo Tenorio, 3-Byron Tenorio, 4-Alberto Montaño, 11-Ivo Ron, Carlos Vernaza (69' Nixon Carcelen), 16-Kléber Chalá, Kléber Fajardo (77' José Gavica), 8-Juan Carlos Garay.

·Coach: Dusan Drasković (Yugoslavia)

South Korea (White-White-White): 1-In-Young Choi(C) (45' 21-Chul-Woo Park) (GK), 4-Pan-Geun Kim, 5-Jung-Bae Park, 7-Hong-Ki Shin, 12-Young-Il Choi, 20-Myung-Bo Hong, 10-Jung-Woon Ko (65' 16-Seok-Joo Ha), 9-Joo-Sung Kim(65' 15-Jin-Ho Cho), 6-Young-Jin Lee (45' 8-Jung-Yoon Noh), 14-Dae-Shik Choi (45' 3-Jong-Hwa Lee), 18-Seon-Hong Hwang.

·Coach: Ho Kim

Scorers: 1-0 34' Carlos Vernaza, 1-1 60' Myung-Bo Hong, 2-1 77'(P) Ivo Ron

·Expulsions: 40' Juan Carlos Garay

·Referee: Edwin Resendes (USA)

·Attendance: 3,000

Honduras – South Korea 0-3 (0-2)

Friendly Match

(Dallas - Duncanville Stadium - 11.06.1994 - 18:00)

Honduras (Violet-Violet-Violet): 1-Juan Ramón Palacios (GK), 11-Nicolas Suazo (45' Milton Núñez), 14-Rudy Williams, 9-César Obando (58' Carlos Pavón), 3-Arnoldo Cruz, 5-Hernán Arzu, 16-Humberto González (45' Tomás Róchez), 7-Eugenio Dolmo Flores, 17-José García, 18-José

Alberto Fernández (45' Wilmer Peralta), 4-Juan Castro.

·Coach: Marvin Rodríguez

South Korea (White-White-White): 21-Chul-Woo Park(45' 22-Woon-Jae Lee) (GK), 4-Pan-Geun Kim, 5-Jung-Bae Park(45' 13-Ik Soo An), 7-Hong-Ki Shin, 12-Young-Il Choi, 20-Myung-Bo Hong, 10-Jung-Woon Ko, 9-Joo-Sung Kim, 8-Jung Yoon, Noh, 6-Young-Jin Lee(45' 11-Jung-Won Seo), 18-Seon-Hong Hwang(81' 16-Seok-Joo Ha).

·Coach: Ho Kim

Scorers: 1-0 7' Jung-Woon Ko, 2-0 37' Seon-Hong Hwang, 3-0 78' Joo-Sung Kim

·**Cautions:** 45' Jung-Woon Ko, 45' Seon-Hong Hwang, 45' Arnoldo Cruz, 45' Humberto González

·**Expulsions:** 78' Eugenio Dolmo Flores

·**Referee:** Zimmerman Boulos (USA)

·**Attendance:** 400

Spain - South Korea 2-2 (0-0)

FIFA World Cup USA 1994, Final Phase, 1st Round Group C

(Dallas - Cotton Bowl Stadium - 17.06.1994 - 19:30)

Spain (Red-Navy-Navy): 1-José Santiago Cañizares (GK), 7-Miguel Ángel Nadal (C), 6-Julen Guerrero (46' 12-José Luis Pérez Caminero), 5-Juan Antonio Goikoetxea, 11-Luis Enrique Martínez, 10-Julio Salinas (63' 13-Felipe Miñambres, 9-Sergi Barjuan, 4-Abelardo Fernández, 3-Rafael Alkorta, 8-Fernando Hierro, 2-Albert Ferrer.

·Coach: Javier Clemente

South Korea (White-White-White): 1-In-Young Choi (GK) (C), 4-Pan-Geun Kim, 5-Jung-Bae Park, 7-Hong-Ki Shin, 12-Young-Il Choi, 20-Myung-Bo Hong, 10-Jung-Woon Ko, 9-Joo-Sung Kim (59' 11-Jung-Won Seo), 8-Jung-Yoon Noh (73' 16-Seok-Joo Ha), 6-Young-Jin Lee, 18-Seon-Hong Hwang.

·Coach: Ho Kim

Scorers: 1-0 51' Julio Salinas, 2-0 56' Juan Antonio Goikoetxea, 2-1 85' Myung-Bo Hong, 90' Jung-Won Seo

·**Cautions:** 24' Luis Enrique Martínez, 37' Joo-Sung Kim, 61' Young-Il Choi, 71' José Luis Caminero

·**Expulsions:** 25' Miguel Ángel Nadal

·**Referee:** Peter Mikkelsen (Denmark)

·**Attendance:** 56,247

South Korea - Bolivia 0-0 (0-0)

FIFA World Cup USA 1994, Final Phase, 1st Round Group C

(Boston - Foxboro Stadium - 23.06.1994 - 19:30)

South Korea (White-Blue-Blue): 1-In-Young Choi (GK) (C), 4-Pan-Geun Kim, 5-Jung-Bae Park, 7-Hong-Ki Shin, 20-Myung-Bo Hong, 10-Jung-Woon Ko, 9-Joo-Sung Kim, 8-Jung-Yoon Noh(71' 12-Young-Il Choi), 6-Young-Jin Lee, 11-Jung-Won Seo (65' 16-Seok-Joo Ha), 18-Seon-Hong Hwang.

·Coach: Ho Kim

Bolivia (Green-White-White): 1-Carlos Trucco (GK), 6-Carlos Borja (C), 11-William Ramallo (67' 12-Álvaro Peña), 3-Miguel Rimba, 7-José Milton Melgar, 9-Julio César Baldevieso, 2-Marco Sandy, 10-Erwin Sánchez, 8-Vladimir Soria, 4-Gustavo Quinteros, 5-Luis Cristaldo.

·Coach: Xavier Azkargorta (Spain)

Scorers: -

·**Cautions:** 22' Miguel Rimba, 22' Luis Cristaldo, 32' Julio César Baldevieso, 38' Jung-Woon Ko, 62' Hong-Ki Shin, 82' Luis Cristaldo, 89' Jung-Bae Park

·**Expulsions:** 82' Luis Cristaldo

·**Referee:** Leslie Mottram (Scotland)

·**Attendance:** 54,456

Germany - South Korea 3-2 (3-0)

FIFA World Cup USA 1994, Final Phase, 1st Round Group C

(Dallas - Cotton Bowl Stadium - 27.06.1994 - 16:00)

Germany (White-Black-White): 1-Bodo Illgner (GK), 3-Lothar Matthäus (C) (64' 12-Andreas Möller), 11-Karl-Heinz Riedle, 4-Thomas Berthold, 8-Guido Buchwald, 9-Andreas Brehme, 7-Stefan Effenberg (76' 13-Thomas Helmer), 6-Matthias Sammer, 2-Jürgen Kohler, 10-Jürgen Klinsmann, 5-Thomas Hässler.

·Coach: Berti Vogts

South Korea (Blue-Blue-Blue): 1-In-Young Choi(C) (46' 22-Woon-Jae Lee) (GK), 4-Pan-Geun Kim, 5-Jung-Bae Park, 7-Hong-Ki Shin, 12-Young-Il Choi, 20-Myung-Bo

Hong, 10-Jung-Woon Ko, 9-Joo-Sung Kim, 6-Young-Jin Lee(40' 2-Jong-Seon Chung), 15-Jin-Ho Cho(46' 11-Jung-Won Seo), 18-Seon-Hong Hwang.

·**Coach**: Ho Kim

Scorers: 1-0 12' Jürgen Klinsmann, 2-0 20' Karl-Heinz Riedle, 3-0 37' Jürgen Klinsmann, 3-1 52' Seon-Hong Hwang, 3-2 63' Myung-Bo Hong

·**Cautions**: 24' Andreas Brehme, 28' Jürgen Klinsmann, 44' Stefan Effenberg, 89' Young-Il Choi

·**Referee**: Joël Quiniou (France)

·**Attendance**: 63,998

South Korea - Ukraina 1-0 (0-0)

Friendly Match

(Gangreung - Sports Complex Athletics Stadium - 11.09.1994 - 17:00)

South Korea (White-White-White): 1-Sang-Gwang Cha (GK), 6-Young-Jin Lee(C), 15-Sang-Chul Yoo, 5-Kyung-Choon Lee (43' 7-Dae-Shik Choi), 17-Lim-Saeng Lee, 4-Young-Il Choi, 20-Myung-Bo Hong, 14-Nam-Yeol Park, 19-Seok-Joo Ha (72' 12-Jin-Ho Cho), 16-Jung-Gook Han, 18-Seon-Hong Hwang.

·**Coach**: Anatoly Byshovets (Ukraina)

Ukraina (Yellow-Blue-Yellow): 1-Volodymyr Savchenko (GK), 8-Yury Maksymov (C), 10-Valery Kryventsov, 9-Borys Fynkel (58' Serhy Nahornyak), 2-Viktor Skrypnik, 4-Serhy Diryavka, 11-Serhy Konovalov, 5-Serhy Popov, 6-Andry Polunin, 7-Yevhen Pokhlebaev, 3-Oleksandr Koval,

·**Coach**: Oleh Bazilevich

Scorers: 1-0 84' Myung-Bo Hong

·**Cautions**: 45' Jung-Gook Han

·**Expulsions**: 45' Yevhen Pokhlebaev

·**Referee**: Young-Joo Kim (South Korea)

·**Attendance**: 15,231

South Korea - Ukraina 2-0 (0-0)

Friendly Match

(Seoul - Dongdaemun Stadium - 13.09.1994 - 19:00)

South Korea (White-White-White): 21-Bum-Chul Shin (GK), 6-Young-Jin Lee(C) (87' 7-Dae-Shik Choi), 15-Sang-Chul Yoo, 17-Lim-Saeng Lee, 4-Young-Il Choi, 20-Myung-Bo

Hong, 19-Seok-Joo Ha, 10-Jung-Woon Ko, 9-Do-Hoon Kim (77' 18-Seon-Hong Hwang), 11-Jung-Won Seo (68' 12-Jin-Ho Cho), 16-Jung-Gook Han.

·**Coach**: Anatoly Byshovets (Ukraina)

Ukraina (Yellow-Blue-Yellow): 1-Volodymyr Savchenko (GK), 10-Valery Kryventsov, 2-Viktor Skrypnik, 9-Serhy Nahornyak (48' Borys Fynkel), 4-Serhy Diryavka, 11-Serhy Konovalov (83' Oleksandr Yevtushok), 5-Serhy Popov, 6-Andry Polunin, 8-Andry Husyn, 14-Yevhen Pokhlebaev, 3-Oleksandr Koval.

·**Coach**: Oleh Bazilevich

Scorers: 1-0 64' Do-Hoon Kim, 2-0 85' Seon-Hong Hwang

·**Cautions**: 45' Serhy Diryavka, 45' Serhy Kryventsov

·**Referee**: Nam-Shik Han (South Korea)

·**Attendance**: 15,751

South Korea - Saudi Arabia 4-0 (3-0)

Friendly Match

(Seoul - Olympic Stadium - 17.09.1994 - 14:00)

South Korea (Blue-Blue-Blue): 1-Sang-Gwang Cha (GK) (HT 21-Bum-Chul Shin (GK)), 15-Sang-Chul Yoo (47' 19-Seok-Joo Ha), 5-Kyung-Choon Lee, 17-Lim-Saeng Lee (53' 4-Young-Il Choi), 2-Chul Kang, 7-Dae-Shik Choi, 14-Nam-Yeol Park, 8-Moon-Shik Choi, 11-Jung-Won Seo, 12-Jin-Ho Cho, 18-Seon-Hong Hwang (45' 9-Do-Hoon Kim).

·**Coach**: Anatoly Byshovets (Ukraina)

Saudi Arabia (White-Green-White): 1-Turki Al-Awad (GK), 2-Mohammed Al-Jahani, 4-Karnal Hawsawi, 5-Abdullah Zubromawi (20' 18-Hussein Al-Harbi), 17-Zeid Al-Muwallad (45' 3-Ahmed Essa), 13-Hani Amin (45' 6-Ibrahim Al-Harbi), 16-Khamis Al-Dossary (45' 14-Khalid Al-Shenaif), 10-Mohammed Al-Oromi, 12-Hussein Al-Massari, 11-Obied Al-Dossary, 16-Nasser Al-Gahtani (45' 9-Hamed Al-Johani).

·**Coach**: Ivo Arbais Wormann (Brazil)

Scorers: 1-0 19'(P) Seon-Hong Hwang, 2-0 32' Seon-Hong Hwang, 3-0 35' Jin-Ho Cho, 4-0 65' Jung-Won Seo

·**Cautions**: Chul Kang, Al-Oromi, Al-Muwallad, Al-Shenaif

·**Referee**: Jong-Chul Kwon (South Korea)

Note: It was an exhibition match with no spectator. Saudi Arabia fielded U-23 squad. Not a full FIFA international.

South Korea - U.A.E. 0-0 (0-0)

Friendly Match

(Seoul - Dongdaemun Stadium - 19.09.1994 - 15:00)

South Korea (Blue-Blue-Blue): 1-Sang-Gwang Cha (GK), 6-Young-Jin Lee (C), 2-Chul Kang, 15-Sang-Chul Yoo, 17-Lim-Saeng Lee, 4-Young-Il Choi, 20-Myung-Bo Hong, 19-Seok-Joo Ha (71' 12-Jin-Ho Cho), 10-Jung-Woon Ko, 16-Jung-Gook Han (45' 11-Jung-Won Seo), 18-Seon-Hong Hwang (28' 5-Kyung-Choon Lee).

·**Coach:** Anatoly Byshovets (Ukraina)

U.A.E. (White-White-White): 17-Muhsin Musabbah Faraj (GK), 10-Adnan Al-Talyani (C) (72' Hassan Saeed Ahmed), 6-Ismail Rashid Marzouq, 15-Mohammed Ali, 20-Mohammed Obaid (81' Abdulrahman Hussain Rasool), 7-Bakhit Saad, 4-Abdulrahman Al-Haddad, 2-Jumaa Saleh Ali, 14-Khamis Saad (45' Abdulaziz Khador), 8-Khalid Ismail Mubarak (67' Abdulhbaeoy Marzoug), 12-Hussain Ali Abbas (45' Munther Ali Abdullah).

·**Coach:** Antonie Piechniczek (Poland)

Scorers: -

·**Cautions:** 45' Adnan Al-Talyani, 45' Abdulaziz Khador, 45' Abdulhbaeoy Marzoug, 45' Jung-Woon Ko

·**Referee:** Young-Joo Kim (South Korea)

·**Attendance:** 25,398

South Korea - Vasco da Gama (Brazil) 2-1 (1-0)

Friendly Match

(Seoul - Dongdaemun Stadium - 22.09.1994 - 19:00)

South Korea: 21-Bum-Chul Shin (GK), 2-Chul Kang (46' 16-Jung-Gook Han), 5-Kyung Choon Lee, 17-Lim-Saeng Lee, 4-Young-Il Choi, 13-Jung-Yoon Noh(46' 12-Jin-Ho Cho), 14-Nam-Yeol Park(62' 6-Young-Jin Lee), 7-Dae-Shik Choi, 19-Seok-Joo Ha, 10-Jung-Woon Ko(46' 8-Moon-Shik Choi), 9-Do Hoon Kim

·**Coach:** Anatoly Byshovets (Ukraina)

Vasco da Gama (Brazil): Mendes Caetano (GK), Avila Leandro, Filho Valdir, Franca Ricardo, Grande Carlos, Luiz Sergio(46' Queiroz Wellington), Oliveira William, Pedro Renato, Ravera Yan(89' Preio), Santos Sidney, Torres Alexandre

·**Coach:** Sevastiao LAZARONI

Scorers: 1-0 16' Jung-Woon Ko, 1-1 56' Filho Valdir, 2-1 86' Jin-Ho Cho

·**Cautions:** -

·**Referee:** ?

·**Attendance:** ?

South Korea - Vasco da Gama (Brazil) 4-4 (1-2)

Friendly Match

(Ulsan - Complex Stadium - 25.09.1994 - 15:00)

South Korea: 21-Bum-Chul Shin (GK), 2-Chul Kang, 15-Sang-Chul Yoo, 5-Kyung Choon Lee, 4-Young-Il Choi, 13-Jung-Yoon Noh(46' 12-Jin-Ho Cho), 6-Young-Jin Lee, 19-Seok-Joo Ha (46' 7-Dae-Shik Choi), 10-Jung-Woon Ko (77' 14-Nam-Yeol Park), 9-Do Hoon Kim(25' 18-Seon-Hong Hwang), 16-Jung-Gook Han.

·**Coach:** Anatoly Byshovets (Ukraina)

Vasco da Gama (Brazil): Mendes Caetano (GK), Avila Leandro, Carvalho Bruno, Filho Valdir, Franca Ricardo, Luiz Sergio(65' Pedro Renato), Oliveira William, Queiroz Wellington, Ravera Yan, Santos Sidney(68' Preio Pimentel), Torres Alexandre.

·**Coach:** Sevastiao LAZARONI

Scorers: 0-1 18' Filho Valdir, 1-1 35' Seon-Hong Hwang, 1-2 39' Franca Ricardo, 2-2 49' Jin-Ho Cho, 3-2 54' Chul Kang, 3-3 58' Filho Valdir, 4-3 81' Nam-Yeol Park, 4-4 83' Filho Valdir

·**Cautions:** -

·**Referee:** ?

·**Attendance:** ?

South Korea - Nepal 11-0 (7-0)

Asian Games Hiroshima 1994, 1st Round Group C

(Onomichi - Bingo Sports Park Athletics Stadium - 01.10.1994 - 19:00)

South Korea (White-Blue-White): 1-Sang-Gwang Cha(45' 21-Bum-Chul Shin) (GK), 6-Young-Jin Lee (C)(45' 14-Nam-Yeol Park), 2-Chul Kang, 15-Sang-Chul Yoo, 17-Lim-

Saeng Lee, 4-Young-Il Choi, 19-Seok-Joo Ha, 7-Dae-Shik Choi, 16-Jung-Gook Han, 10-Jung-Woon Ko(45' 12-Jin-Ho Cho), 18-Seon-Hong Hwang.

· **Coach:** Anatoly Byshovets (Ukraina)

Nepal (Red-Red-Red): 20-Mrigendra Prasad Mishra (GK), 9-Basanta Raj Gurung, 3-Dev Narayan Chaudhari (45' 12-Bahadur Amatya Deepak), 15-Gyanendra Prasad Sherchan (40' 13-Sunil Prajapati), 8-Jeevan Bal Lama, 18-Puspa Raj. 4-Rajesh Thapa, 6-Raju Shakya, 11-Suryaman Shrestha, 7-Umesh Pradhan.

· **Coach:** R.Rabi

Scorers: 1-0 9' Seok-Joo Ha, 2-0 15' Seon-Hong Hwang, 3-0 21' Seon-Hong Hwang, 4-0 29' Seon-Hong Hwang, 5-0 35' Jung-Woon Ko, 6-0 39' Seon-Hong Hwang, 7-0 43' Seon-Hong Hwang, 8-0 55' Seok-Joo Ha, 9-0 64' Seon-Hong Hwang, 10-0 82' Seon-Hong Hwang, 11-0 86' Seon-Hong Hwang

· **Cautions:** -

· **Referee:** Sardar Nadzhafaliev (Uzbekistan)

· **Attendance:** ?

South Korea - Oman 2-1 (1-0)

Asian Games Hiroshima 1994, 1st Round Group C
(Hiroshima - Hiroshima Regional Park the 1st Field - 05.10.1994 - 19:00)

South Korea (White-Blue-White): 1-Sang-Gwang Cha (GK), 6-Young-Jin Lee (C), 2-Chul Kang, 15-Sang-Chul Yoo, 17-Lim-Saeng Lee, 4-Young-Il Choi, 19-Seok-Joo Ha (45' 13-Jung-Yoon Noh), 20-Myung-Bo Hong, 16-Jung-Gook Han, 10-Jung-Woon Ko, 18-Seon-Hong Hwang (70' 9-Do-Hoon Kim).

· **Coach:** Anatoly Byshovets (Ukraina)

Oman (Red-Red-Red): 20-Juma Saleh Yousuf (GK), 6-Abdullah Hamdan Hamed, 4-Adil Fayil Bakhit, 15-Ahmed Khamis Humaid, 18-Dawood Salim Khamis (70' 16-Mohammed Khamis Rabza), 2-Mohammed Khamis Juma, 8-Nabeel Mubarak Marhoun, 11-Said Shaban Mubarak, 12-Seif Said Al-Habsi, 9-Tayib Abdul Noor Mohammed, 19-Zahir Salim Mohammed.

· **Coach:** George Smith (England)

Scorers: 1-0 12' (OG) Ahmed Humaid, 2-0 48' Seon-

Hong Hwang, 2-1 82' Tayib Noor Mohammed

· **Cautions:** 45' Sang-Chul Yoo

· **Referee:** Hossein Khoshkhan (Iran)

· **Attendance:** ?

South Korea - Kuwait 0-1 (0-0)

Asian Games Hiroshima 1994, 1st Round Group C
(Miyoshi - Miyoshi Sports Park Athletics Stadium - 07.10.1994 - 19:00)

South Korea (White-Blue-White): 21-Bum-Chul Shin (GK), 2-Chul Kang, 15-Sang-Chul Yoo, 17-Lim-Saeng Lee, 4-Young-Il Choi, 20-Myung-Bo Hong, 14-Nam-Yeol Park, 12-Jin-Ho Cho (75' 10-Jung-Woon Ko), 7-Dae-Shik Choi, 16-Jung-Gook Han, 9-Do-Hoon Kim (75' 18-Seon-Hong Hwang).

· **Coach:** Anatoly Byshovets (Ukraina)

Kuwait (Blue-White-Blue): 1-Hussain Al-Mekaimi (GK), 6-Wael Al-Habashi (C), 13-Abdullah Al-Dousari, 9-Ali Al-Hadiyah, 16-Ayman Al-Husaini, 11-Basheer Salboukh, 12-Fawaz Al-Ahmad, 3-Khaled Al-Husaini (60' 5-Mohammed Al-Adawani), 7-Nasser Al-Sauhi (45' 10-Nawaf Al-Anezi), 8-Obaid Al-Shemmari, 4-Yousif Al-Dakhi,

· **Coach:** Valery Lobanovsky (Ukraina)

Scorers: 0-1 70' Basheer Salboukh

· **Cautions:** 45' Al Anezi

· **Referee:** Mohamed Nazri Abdullah (Malaysia)

· **Attendance:** ?

Japan - South Korea 2-3 (1-0)

Asian Games Hiroshima 1994, Quarter Final
(Hiroshima - Hiroshima Stadium - 11.10.1994 - 19:00)

Japan (Blue-White-Blue): 1-Shinkichi Kikuchi (GK), 5-Tetsuji Hashiratani (C), 8-Tsuyoshi Kitazawa, 3-Yoshihiro Natsuka, 18-Takuya Takagi, 7-Masakiyo Maezono, 2-Yoshiro Moriyama, 11-Kazuyoshi Miura, 16-Masaaki Sawanobori (68' 10-Teruo Iwamoto), 6-Masahiro Endo, 4-Masami Ihara.

· **Coach:** Paulo Roberto Falcao (Brazil)

South Korea (White-Blue-White): 1-Sang-Gwang Cha (GK), 6-Young-Jin Lee (C), 2-Chul Kang, 15-Sang-Chul Yoo,

17-Lim-Saeng Lee, 4-Young-Il Choi, 19-Seok-Joo Ha, 20-Myung-Bo Hong (29' 7-Dae-Shik Choi), 16-Jung-Gook Han (83' 14-Nam-Yeol Park), 10-Jung-Woon Ko, 18-Seon-Hong Hwang.

·**Coach**: Anatoly Byshovets (Ukraina)

Scorers: 1-0 30' Kazuyoshi Miura, 1-1 51' Sang-Chul Yoo, 1-2 77' Seon-Hong Hwang, 2-2 86' Masami Ihara, 2-3 89'(P) Seon-Hong Hwang.

·**Cautions**: 6' Tsuyoshi Kitazawa, 14' Seok-Joo Ha, 18' Young-Il Choi, 49' Tetsuji Hashiratani, 72' Dae-Shik Choi

·**Referee**: Abdalaziz Mohamed Al-Mulla (UAE)

·**Attendance**: 9,752

Uzbekistan - South Korea 1-0 (0-0)

Asian Games Hiroshima 1994, Semi Final

(Hiroshima - Hiroshima Regional Park the 1st Field - 13.10.1994 - 19:00)

Uzbekistan (Blue-White-White): 1-Yury Sheikin (GK), 5-Farkhad Magametov (C), 17-Aleksandr Tikhonov, 3-Andrei Fyodorov, 10-Azamat Abduraimov, 2-Fevzi Davletov, 9-Igor Shkvyrin, 6-Ilkhom Sharipov (60' 11-Shukhrat Maksudov), 4-Mirdzhalal Kasymov, 8-Sergei Lebedev (52' 13-Abdusamat Durmanov), 14-Ulugbek Ruzimov.

·**Coach**: Rustam Akramov

South Korea (White-Blue-White): 1-Sang-Gwang Cha (GK), 6-Young-Jin Lee (C), 2-Chul Kang, 15-Sang-Chul Yoo, 17-Lim-Saeng Lee, 4-Young-Il Choi, 19-Seok-Joo Ha, 7-Dae-Shik Choi (70' 9-Do-Hoon Kim), 16-Jung-Gook Han, 10-Jung-Woon Ko, 18-Seon-Hong Hwang.

·**Coach**: Anatoly Byshovets (Ukraina)

Scorers: 1-0 64' Azamat Abduraimov

·**Cautions**: 45' Ilkhom Sharipov

·**Referee**: Abdul Rahman Al-Zeid (Saudi Arabia)

·**Attendance**: 40,000

South Korea - Kuwait 1-2 (1-2)

Asian Games Hiroshima 1994, Third Place Match

(Hiroshima - Hiroshima Regional Park the 1st Field - 15.10.1994 - 19:00)

South Korea (White-Blue-White): 21-Bum-Chul Shin (GK), 6-Young-Jin Lee (C), 15-Sang-Chul Yoo, 5-Kyung-Choon Lee, 17-Lim-Saeng Lee (35' 4-Young-Il Choi), 19-Seok-Joo Ha, 11-Jung-Won Seo, 12-Jin-Ho Cho, 16-Jung-Gook Han, 10-Jung-Woon Ko, 9-Do-Hoon Kim.

·**Coach**: Anatoly Byshovets (Ukraina)

Kuwait (Blue-White-Blue): 21-Falah Al-Majidi (GK), 6-Wael Al-Habashi (C), 13-Abdullah Al-Dousari, 9-Ali Al-Hadiyah, 12-Fawaz Al-Ahmad, 3-Khaled Al-Husaini, 7-Nasser Al-Sauhi, 15-Nawaf Al-Dhafairi, 8-Obaid Al-Shemmari, 19-Salamah Al-Enzi, 4-Yousif Al-Dakhi.

·**Coach**: Valery Lobanovsky (Ukraina)

Scorers: 1-0 4' Jung-Won Seo, 1-1 8' Wael Al-Habashi, 1-2 18' Fawaz Al-Ahmad

·**Cautions**: 45' Jung-Gook Han, 45' Jung-Woon Ko

·**Referee**: Mohamed Nazri Abdullah (Malaysia)

·**Attendance**: -

1995

South Korea - Colombia 1-0 (0-0)

Carlsberg Cup 1995, Semi Final

(Hong Kong - Hong Kong Stadium - 31.01.1995 - 14:00)

South Korea (White-White-White): 1-Dong-Myung Seo (GK), 14-Sang-Hoon Kim, 2-Choong-Kyun Park, 4-Min-Sung Lee, 15-Jong-Hwa Cho, 8-Jung-Hwan Yoon, 6-Ki-Hyung Lee, 16-Yoon-Yeol Choi, 9-Sung-Yong Woo, 20-Woo-Young Lee, 10-Yong-Soo Choi.

·**Coach**: Anatoly Byshovets (Ukraina)

Colombia (Blue-Red-Red): René Higuita (GK), Luis Quiñónez, Bonner Mosquera (81' Arley Betancourt), Arley Dinas, Alex Comas (61' Alonso Alcibar), Hermán Gaviria, Oscar Pareja, Wílmer Cabrera, John Jairo Gómez, Jorge Bermúdez, José Santa.

·**Coach**: Hernán Dario Gómez

Scorers: 1-0 51' Yong-Soo Choi

·**Referee**: Chung Ping Cheung (Hong Kong)

·**Attendance**: 29,296

South Korea - Yugoslavia 0-1 (0-0)

Carlsberg Cup 1995, Final

(Hong Kong - Hong Kong Stadium - 04.02.1995 - 16:00)

South Korea (White-Blue-White): 23-Woon-Jae Lee (GK), 27-Jung-Woon Ko (C), 14-Sang-Hoon Kim, 2-Choong-Kyun Park, 5-Sang-Chul Yoo, 15-Jong-Hwa Cho, 8-Jung-Hwan Yoon(68' 7-Jin-Ho Cho), 6-Ki-Hyung Lee(65' 3-Sung-Yong Choi), 16-Yoon-Yeol Choi, 9-Sung-Yong Woo(45' 13-Jung-Choon Yoon), 10-Yong-Soo Choi.

·**Coach:** Anatoly Byshovets (Ukraina)

Yugoslavia (Blue-White-Red): 22-Zvonko Milojević (GK), 10-Dragan Stojković (C), 5-Goran Saula, 3-Goran Djorović, 4-Nisa Saveljić, 9-Darko Kovačević(79' 16-Miodrag Pantelić), 8-Dejan Govedarica, 2-Marko Perović(88' 15-Sasa Curcić), 11-Savo Milošević, 7-Albert Nadj(87' 17-Radoslav Samardzić), 13-Zoran Mirković.

·**Coach:** Slobodan Santrać

Scorers: 0-1 49' Kovačević

·**Cautions:** Choong-Kyun Park, Yoon-Yeol Choi, Sung-Yong Woo, Jung-Hwan Yoon, Jung-Woon Ko, Govedarica, Saveljić, Perović, Milošević

·**Referee:** Yim Kin Ng (Hong Kong)

·**Attendance:** 30,745

South Korea - China 0-0 (0-0)

Marlboro Dynasty Cup 1995, Group Stage

(Hong Kong - Hong Kong Stadium - 19.02.1995 - 17:00)

South Korea (White-Blue-White): 1-Dong-Myung Seo (GK), 22-Jung-Woon Ko (C), 14-Sang-Hoon Kim, 2-Choong-Kyun Park, 5-Sang-Chul Yoo, 4-Min-Sung Lee (46' 16-Yoon-Yeol Choi), 15-Jong-Hwa Cho, 28-Myung-Bo Hong, 8-Jung-Hwan Yoon (74' 9-Sung-Yong Woo), 6-Ki-Hyung Lee, 10-Yong-Soo Choi.

·**Coach:** Anatoly Byshovets (Ukraina)

China (Red-Red-Red): 1-Chuliang Ou (GK), 25-Feng Gao (65' 11-Yi Zhuang), 23-Haidong Hao, 26-Li Bing, 5-Ming Li, 6-Yue Liu, 16-Yi Pan, 9-Si Shen (90' 17-Chen Yang), 3-Jian Xiao, 4-Enhua Zhang, 2-Qi Zhu,

·**Coach:** Wusheng Qi

Scorers: -

·**Cautions:** 39' Ming Li

·**Referee:** Mohamed Nazri Abdullah (Malaysia)

·**Attendance:** ?

South Korea - Japan 1-1 (0-0)

Marlboro Dynasty Cup 1995, Group Stage

(Hong Kong - Hong Kong Stadium - 21.02.1995 - 18:00)

South Korea (White-Blue-White): 1-Dong-Myung Seo (GK), 27-Jung-Woon Ko (C), 14-Sang-Hoon Kim, 2-Choong-Kyun Park, 5-Sang-Chul Yoo, 15-Jong-Hwa Cho, 3-Sung-Yong Choi, 16-Yoon-Yeol Choi, 9-Sung-Yong Woo, 10-Yong-Soo Choi, 20-Woo-Young Lee,

·**Coach:** Anatoly Byshovets (Ukraina)

Japan (Blue-White-Blue): 1-Shigetetsu Matsunaga (GK), 5-Tetsuji Hashiratani (C), 6-Hajime Moriyasu, 18-Hiroshige Yanagimoto, 19-Hisashi Kurosaki (75' 16-Masahiro Fukuda), 11-Masakiyo Maezomo, 4-Masami Ihara, 15-Motohiro Yamaguchi, 3-Satoshi Tsunami, 8-Tsuyoshi Kitazawa, 9-Yoshiyuki Hasegawa.

·**Coach:** Shu Kamo

Scorers: 0-1 47' Hisashi Kurosaki, 1-1 67' Woo-Young Lee

·**Cautions:** 16' Choong-Kyun Park, 20' Masakiyo Maezomo, 27' Sang-Hoon Kim, 75' Sung-Yong Choi

·**Referee:** Nik Ahmad Yaakub (Malaysia)

·**Attendance:** 15,000

Hong Kong - South Korea 2-3 (1-2)

Marlboro Dynasty Cup 1995, Group Stage

(Hong Kong - Mong Kok Stadium - 23.02.1995 - 20:00)

Hong Kong (Red-Red-Red): 1-Patrick Kooistra (GK), 10-Wai Lun Au, 5-Chi Keung Chan, 11-Kin Wo Li, 13-Wai Man Li, 12-Leslie Santos, 4-Kai Wah Lok, 6-Ross Greer, 16-Kwok Pui Shum (53' 8-Siu Wai Tam), 7-Timothy Bredbury, Kin Wai Yau

·**Coach:** Ka Ming Kwak

South Korea (White-White-White): 1-Dong-Myung Seo (GK), 14-Sang-Hoon Kim, 5-Sang-Chul Yoo, 4-Min-Sung Lee, 3-Sung-Yong Choi, 27-Jung-Woon Ko, 8-Jung-Hwan Yoon (71' 20-Woo-Young Lee), 6-Ki-Hyung Lee, 16-Yoon-Yeol Choi(54' 15-Jong-Hwa Cho), 9-Sung-Yong Woo, 10-Yong-Soo Choi.

· **Coach**: Anatoly Byshovets (Ukraina)

Scorers: 0-1 14' Ki-Hyung Lee, 1-1 19' Ross Greer, 1-2 39' Jung-Woon Ko, 2-2 63' Timothy Bredbury, 2-3 88' Yong-Soo Choi

· **Cautions**: Wai Man Li, Wai Lun Au, Patrick Kooistra

· **Referee**: Pirom Un-Prasert (Thailand)

· **Attendance**: 12,000

Note: This match was not counted as a full international because Hong Kong used some foreign players (Kooistra, Santos and Greer).

Japan - South Korea 2-2 (1-1,2-2) a.e.t. 5-3 on penalties

Marlboro Dynasty Cup 1995, Final

(Hong Kong - Hong Kong Stadium - 26.02.1995 - 15:15)

Japan (Blue-White-Blue): 1-Shigetetsu Matsunaga (GK), 5-Tetsuji Hashiratani (C), 7-Akira Narahashi (89' Tadashi Nakamura), 6-Hajime Moriyasu, 18-Hiroshige Yanagimoto, 19-Hisashi Kurosaki (89' 9-Yoshiyuki Hasegawa), 13-Kenta Hasegawa, 16-Masahiro Fukuda, 4-Masami Ihara, 15-Motohiro Yamaguchi, 8-Tsuyoshi Kitazawa.

· **Coach**: Shu Kamo

South Korea (White-Blue-White): 1-Dong-Myung Seo (GK), 10-Yong-Soo Choi (C), 14-Sang-Hoon Kim (91' 8-Jung-Hwan Yoon), 2-Choong-Kyun Park (46' 3-Sung-Yong Choi), 5-Sang-Chul Yoo, 4-Min-Sung Lee, 15-Jong-Hwa Cho, 6-Ki-Hyung Lee, 16-Yoon-Yeol Choi, 9-Sung-Yong Woo, 20-Woo-Young Lee.

· **Coach**: Anatoly Byshovets (Ukraina)

Scorers: 1-0 2' Masahiro Fukuda, 1-1 26' Ki-Hyung Lee, 2-1 86' Motohiro Yamaguchi, 2-2 90' Ki-Hyung Lee

· **Penalties**: 1-0 Tetsuji Hashiratani, 1-1 Sang-Chul Yoo, 2-1 Tsuyoshi Kitazawa, 2-1 Yong-Soo Choi (missed), 3-1 Masahiro Fukuda, 3-2 Ki-Hyung Lee, 4-2 Hajime Moriyasu, 4-3 Sung-Yong Choi (missed), 5-3 Masami Ihara

· **Cautions**: 76' T.Hashiratani, 111' Min-Sung Lee

· **Referee**: Mohamed Nazri Abdullah (Malaysia)

· **Attendance**: 25,364

South Korea – Rio Selected (Brazil) 2-0 (2-0)

Korea Cup 1995, 2nd Round Group A

(Seoul - Olympic Stadium - 03.06.1995 – 15:00)

South Korea (White-Blue-White): 19-Byung-Ji Kim (GK), 14-Chul Kang, 2-Pan-Geun Kim, 6-Young-Jin Lee, 4-Young-Il Choi, 17-Seok-Joo Ha, 20-Myung-Bo Hong, 10-Hyun-Seok Kim(55' 18-Seon-Hong Hwang), 16-Sang-Rae Noh(58' 11-Jung-Woon Ko), 7-Tae-Yong Shin(74' 12-Geon-Ha Park), 15-Sang-Chul Yoo

· **Coach**: Jong-Hwan Park

Rio Selection (Brazil): Pacato, Navor, Luciano, Baldesir, Edevaldo, Elinho, Igor(75' Giovani), Zaire(85' Baia), Chris Tobang, Tino, Felica(74' Emiliano)

· **Coach**: ?

Scorers: 1-0 2' Sang-Chul Yoo, 2-0 29' Sang-Chul Yoo.

· **Cautions**: -

· **Referee**: ?

· **Attendance**: ?

South Korea - Costa Rica 1-0 (0-0)

Korea Cup 1995, 1st Round Group A

(Suwon - Sports Complex Athletics Stadium - 05.06.1995 - 19:00)

South Korea (White-White-White): 19-Byung-Ji Kim (GK), 2-Pan-Geun Kim (C), 14-Chul Kang, 6-Young-Jin Lee (51' 17-Lim-Saeng Lee), 4-Young-Il Choi, 17-Seok-Joo Ha, 20-Myung-Bo Hong, 10-Hyun-Seok Kim, 16-Sang-Rae Noh(64' 11-Jung-Woon Ko), 15-Sang-Chul Yoo (57' 7-Tae-Yong Shin), 9-Do-Hoon Kim.

· **Coach**: Jong-Hwan Park

Costa Rica (Red-Blue-Red): 1-Hermidio Barrantes (GK) (C), 3-Daguer Villalobos, 8-Mauricio Solís, 2-Max Pérez, 15-Alexander Madrigal, 12-Evaristo Contreras, 14-John Murillo, 5-Carlos Hulate (83' 6-Edgar Navarrete), 17-Fárlem Ilama (71' 10-Kénneth Paniagua), 11-Jafet Soto (45' 13-Heriberto Quiros), 9-Géiner Segura.

· **Coach**: Toribio Rojas Gamboa

Scorers: 1-0 78' Do-Hoon Kim

· **Cautions**: Segura, Contreras, Murillo, Sang-Chul Yoo, Chul Kang, Hyun-Seok Kim, Sang-Rae Noh

· **Referee**: Masayoshi Okada (Japan)

· Attendance: 30,250

South Korea - Kilmanock (Scotland) 5-1 (1-1)

Korea Cup 1995, 1st Round Group A

(Seoul - Dongdaemun Stadium - 07.06.1995 - 19:00)

South Korea (White-White-White): 1-Sang-Gwang Cha (GK), 2-Pan-Geun Kim (C), 13-Lim-Saeng Lee, 3-Jong-Seon Jung (65' 16-Sang-Rae Noh), 17-Seok-Joo Ha, 5-Gi Tae Hu, 7-Tae-Yong Shin(63' 15-Sang-Chul Yoo), 8-Sang-Chul Yoon, 11-Jung-Woon Ko, 12-Geun-Ha Park(63' 20-Myung-Bo Hong), 18-Seon-Hong Hwang

· Coach: Jong-Hwan Park

Kilmanock (Scotland): Dragoje Leckovic, Alistair Mitchell (63' Mark Roberts), Colin Mckee, Derek Anderson, Mark Reilly, Robert Conor, Robert Williamson (74' Alan Kerr), Samuel Montgomerie, Stephen Maskrey (63' David Bagen), Steven Hamilton, William Findlay

· Coach: Alexander TOTTEN

Scorers: 1-0 27' Seon-Hong Hwang, 1-1 45' William Findlay, 2-1 56' Sang-Chul Yoon, 3-1 58' Pan-Geun, 4-1 70' Seon-Hong Hwang, 5-1 77' Sang-Rae Noh.

· Cautions: -

· Referee: ?

· Attendance: ?

South Korea - Zambia 2-3 (1-1)

Korea Cup 1995, Semi Final

(Seoul - Dongdaemun Stadium - 10.06.1995 - 15:00)

South Korea (White-White-White): 19-Byung-Ji Kim (GK), 2-Pan-Geun Kim (C), 14-Chul Kang, 6-Young-Jin Lee, 4-Young-Il Choi, 17-Seok-Joo Ha, 20-Myung-Bo Hong, 10-Hyun-Seok Kim (36' 16-Sang-Rae Noh), 15-Sang-Chul Yoo (61' 7-Tae-Yong Shin), 11-Jung-Woon Ko (56' 9-Do-Hoon Kim), 18-Seon-Hong Hwang.

· Coach: Jong-Hwan Park

Zambia (Green-Green-Green): 1-James Phiri (GK) (C), 7-Dennis Lota, 9-Lewis Mulenga (61' 6-Alex Namazaba), 10-Vincent Mutale, 13-Aggrey Chiyangy, 8-Arthur Lungu, 3-Elijah Litana, 14-Elijah Tana, 17-Joel Bwalya, 12-Harrison Chongo, 2-Hillary Makasa.

· Coach: Roald Poulsen (Denmark)

Scorers: 0-1 10' Lewis Mulenga, 1-1 41' Sang-Rae Noh, 1-2 51' Dennis Lota, 2-2 61' Do-Hoon Kim, 79' Vincent Mutale

· Cautions: James Phiri, Hillary Makasa, Harrison Chongo, Elijah Litana, Elijah Tana, Chul Kang, Myung-Bo Hong

· Referee: Masayoshi Okada (Japan)

· Attendance: 26,328

South Korea - Brazil 0-1 (0-1)

Friendly Match

(Suwon - Sports Complex Athletics Stadium - 12.08.1995 - 19:00)

South Korea (White-White-White): 1-Byung-Ji Kim (GK), 16-Joo-Sung Kim (C)(58' 7-Tae-Yong Shin), 3-Chul Kang, 6-Sang-Chul Yoo(74' 8-Sang-Rae Noh), 12-Young-Sang Lee, 4-Young-Il Choi, 20-Myung-Bo Hong, 11-Jung-Woon Ko, 14-Jung-Won Seo(80' Joo-Seok Song), 15-Hong-Ki Shin, 18-Seon-Hong Hwang(80' Dae-Shik Choi).

· Coach: Jung-Moo Huh

Brazil (Yellow-Blue-White): 1-Gilmar Rinaldi (GK), 8-Carlos Dunga (C), 10-Leonardo de Araujo(67' 20-Juninho Paulista), 6-Rodrigo Chagas(39' Zé Roberto), 2-Bruno Carvalho, 5-César Sampaio, 11-César Zinho, 3-André Cruz, 7-Edmundo de Souza(67' 22-Sávio Pimental), 9-Giovanni da Silva, 4-Ronaldão.

· Coach: Mario Zagallo

Scorers: 0-1 34' Carlos Dunga

· Cautions: Rodrigo Chagas, César Sampaio, André Cruz, Byung-Ji Kim

· Referee: Russamee Jindamai (Thailand)

· Attendance: 35,271

South Korea - Boca Juniors (Argentina) 1-2 (1-1)

Friendly Match

(Seoul - Olympic Stadium - 30.09.1995 - 19:00)

South Korea: 1-Byung-Ji Kim (GK), 4-Young-Il Choi, 5-Gi Tae Huh, 20-Myung-Bo Hong(46' 3-Tae-Young Kim), 11-Jung-Woon Ko, 2-Pan-Geun Kim, 10-Hyun-Seok Kim(60' 14-Tae-Yong Shin), 7-Hong-Ki Shin, 17-Seok-Joo Ha, 8-Sang-Rae Noh, 18-Seon-Hong Hwang.

·Coach: Byung-Tak Jung

Boca Juniors (Argentina): Carlos Navarro MONTOYA (GK), Blas GIUNTA (83' Walter PICO), Carlos MACALLISTER (67' Rodolfo ARRUABARRENA), Claudio CANIGGIA, Cristian GONZALEZ, Diego MARADONA (87' Alberto MARCICO), Fabian CARRIZO, Fernando GAMBOA, Luis MADERO, Nelson VIVAS, Sergio ALZURI.

·Coach: Silvio MARZOLINI

Scorers: 0-1 41' Carlos Macallister, 1-1 45' Seok-Joo Ha, 1-2 89' Sergio Alzuri

·Cautions: -

·Referee: ?

·Attendance: ?

South Korea - Saudi Arabia 1-1 (0-0)

Friendly Match

(Seoul - Olympic Stadium - 31.10.1995 - 19:00)

South Korea (Red-Black-Red): 1-Byung-Ji Kim (GK), 2-Pan-Geun Kim (C), 4-Young-Il Choi, 5-Ki-Tae Huh, 20-Myung-Bo Hong, 11-Jung-Woon Ko, 10-Hyun-Seok Kim, 15-Jung-Won Seo, 6-Sang-Chul Yoo, 8-Sang-Rae Noh (57' 9-Do-Hoon Kim), 18-Seon-Hong Hwang.

·Coach: Jae-Wook Ko

Saudi Arabia (White-Green-White): 1-Mohammed Al-Deayea (GK), 6-Fuad Anwar Amin (C), 2-Mohammed Al-Jahani, 3-Mohammed Al-Khilaiwi, 9-Sami Al-Jaber (90' 23-Hussein Al-Massari), 10-Saeed Al Owairan (73' 11-Fahad Mehallel), 15-Saleh Al-Dawod, 5-Ahmed Madani, 12-Ahmed Essa Khorash (45' 13-Jamal Al-Ruwaishid), 8-Khalid Al-Temawi (83' 17-Obied Al-Dossari), 7-Fahad Al-Ghashyan,

·Coach: José Mario (Brazil)

Scorers: 1-0 64' Seon-Hong Hwang, 1-1 85' Fuad Anwar Amin

·Cautions: 68' Pan-Geun Kim, 82' Mohammed Al-Khilaiwi

·Referee: Mohamed Nazri Abdullah (Malaysia)

·Attendance: 50,000

1996

Croatia - South Korea 3-0 (2-0)

Friendly Match

(Zagreb - Kranjčevičeva Stadium - 13.03.1996 - 16:00)

Croatia (Red-White-Blue): 1-Dražen Ladić (88' Tonči Gabrić) (GK), 11-Goran Vlaović (85' Milan Rapaić), 5-Nikola Jerkan (64' Nenad Pralija), 7-Nikola Jurčević (76' Ivica Mornar), 9-Davor Šuker (C), 3-Robert Jarni , 8-Mario Stanić (79' Igor Cvitanović), 6-Slaven Bilić, 10-Aljoša Asanović, 4-Igor Štimac (72' Dario Šimić), 2-Zvonimir Soldo

·Coach: Miroslav Blažević

South Korea (Blue-Blue-Blue): 1-Byung-Ji Kim (45' 21-Bong-Soo Kim) (GK), 15-Tae-Young Kim (HT 16-Jung-Bae Park), 6-Hong-Ki Shin, 22-Young-Sang Lee (33' 7-Tae-Yong Shin), 4-Young-Il Choi (45' 2-Pan-Geun Kim), 5-Ki-Tae Huh, 20-Myung-Bo Hong, 17-Seok-Joo Ha (79' 19-Hyo-Won Seo), 11-Jung-Woon Ko (C), 9-Do-Hoon Kim (45' 8-Sang-Rae Noh), 12-Jung-Hyun Cho (33' 18-Seon-Hong Hwang)

·Coach: Jong-Hwan Park

Scorers: 1-0 24' Goran Vlaović, 2-0 43' Goran Vlaović, 3-0 63' Goran Vlaović

·Cautions: 18' Nikola Jurčević

·Referee: Sašo Lazarovski (Macedonia)

·Attendance: 3,000

U.A.E. - South Korea 3-2 (0-1)

II. Emarate Cup 1996, Group Stage

(Dubai - Al-Maktoum Stadium - 19.03.1996 - 19:30)

U.A.E. (Red-Red-Red): Saeed Jumaa (GK), Mohammed Ali, Saeed Mubarak (71' Saeed Khamis), Saleh Jumaa, Adnan Al-Talyani (C) (88' Ibrahim Abdulrahman), Ahmed Ibrahim, Abdulrahman Al-Haddad, Youssef Hussein, Ismail Rashid (80' Tarek Bilal), Ismail Mohammed (45' Zuhair Saeed), Hassan Suhail (45' Bakhit Saad)

·Coach: Tomislav Ivić (Croatia).

South Korea (Blue-Blue-Blue): 1-Byung-Ji Kim (GK), 2-Pan-Geun Kim (C) (3' 12-Jung-Hyun Cho, 67' 19-Hyo-Won Seo), 16-Jung-Bae Park (67' 4-Young-Il Choi), 6-Hong-Ki Shin

(67' 15-Tae-Young Kim), 5-Ki-Tae Huh, 20-Myung-Bo Hong, 7-Tae-Yong Shin, 17-Seok-Joo Ha, (75' 8-Sang-Rae Noh), 11-Jung-Woon Ko, 9-Do-Hoon Kim, 18-Seon-Hong Hwang.

·Coach: Jong-Hwan Park

Scorers: 0-1 23' Do-Hoon Kim, 1-1 48' Abdulrahman Al-Haddad, 2-1 51' Zuhair Saeed, 3-1 56' Adnan Al-Talyani, 3-2 63' Seon-Hong Hwang

·Cautions: 20' Youssef Hussein

·Referee: Charles Masembe (Uganda)

·Attendance: 12,000

South Korea - Morocco 2-2 (1-2)

II. Emarate Cup 1996, Group Stage

(Dubai - Al-Maktoum Stadium - 23.03.1996 - 19:30)

South Korea (Blue-Blue-Blue): 1-Byung-Ji Kim (GK), 6-Hong-Ki Shin, 22-Young-Sang Lee , 5-Ki-Tae Huh, 20-Myung-Bo Hong, 7-Tae-Yong Shin(78' 10- Ki-Nam Kim), 17-Seok-Joo Ha, 11-Jung-Woon Ko (C), 9-Do-Hoon Kim(51' 8-Sang-Rae Noh), 14-Bong-Gil Kim(46' 13-Nam-Yeol Park, 86' Hyo-Won Seo), 18-Seon-Hong Hwang.

·Coach: Jong-Hwan Park

Morocco (Red-Red-Red): Abdelkader El-Brazi (GK), Larbi Hababi(77' Idriss Al-Loumari), Rashid Ben Mahmoud, Mohsen Bouhlal, Salaheddine Bassir, Abdelilah Saber, Abdelilah Fahmi, Abdelkrim Nazir(70' Khalid Raghib), Abdelkrim El-Hadrioui, Abdul Latif Jrindo, Jamal Sellami.

·Coach: Henry Michel (France)

Scorers: 1-0 23' Jung-Woon Ko, 1-1 35' Abdelilah Fahmi, 1-2 37' Abdelkrim Nazir, 2-2 61' Sang-Rae Noh

·Referee: Saeed Abdulla Ibrahim (UAE)

·Attendance: 6,000

South Korea - Egypt 1-1 (0-0)

II. Emarate Cup 1996, Group Stage

(Dubai - Al-Maktoum Stadium - 25.03.1996 - 19:30)

South Korea (Blue-Blue-Blue): 21-Bong-Soo Kim (GK), 6-Hong-Ki Shin, 22-Young-Sang Lee, 5-Ki-Tae Huh, 20-Myung-Bo Hong, 10-Ki-Nam Kim, 7-Tae-Yong Shin, 11-Jung-Woon Ko (C) (71' 14-Bong-Gil Kim), 9-Do-Hoon Kim (61' 8-Sang-Rae Noh), 12-Jung-Hyun Cho(61' 13-Nan-Yeol Park), 18-Seon-Hong Hwang (75' 19-Hyo-Won Seo).

·Coach: Jong-Hwan Park

Egypt (Red-White-Black): Essam Abdelazim Diab(62' Assam Kamel) (GK), Magdy Tolba, Mohammed Ahmed Al-Gazrany, Mohammed Ali Omara, Mohammed Youssef, Ahmed Mutawaly Saad (45' Ahmed Abdel Monaem), Ahmed Hassan, Yasser Radwan, Fawzy Gamal, Hesham Hanafy (66' Ali Maher), Hossam Hassan.

·Coach: Ruud Krol (Nederland)

Scorers: 0-1 87' Ahmed Abdel Monaem, 1-1 88' Sang-Rae Noh

·Referee: Masayoshi Okada (Japan)

·Attendance: 5,000

South Korea - Olympic 2-1 (2-1)

Friendly match

(Seoul - Olympic Stadium - 21.04.1996)

South Korea : 21-Bong-Soo Kim(65' 1-Sang-Gwang Cha) (GK), 12-Chul Kang(64' 8-Ki-Nam Kim), 16-Sang-Chul Yoo(53' 7-Tae-Yong Shin), 3-Young-Sang Lee, 5-Ki-Tae Huh(58' 15-Jung-Bae Park), 20-Myung-Bo Hong, 6-Hong-Ki Shin(64' 2-Ki-Dong Kim), 17-Seok-Joo Ha, 13-Jung-Gook Han(53' 14-Keon-Ha Park), 9-Do-Hoon Kim(53' 10-Moon-Shik Choi), 18-Seon-Hong Hwang.

·Coach: Jong-Hwan Park

Olympic : Dong-Myung Seo(GK), Hyun-Soo Kim, Jung-Hwan Yoon(70' Woo-Young Lee), Kyung-Soo Lee, Ki-Hyung Lee, Sang-Heon Lee, Jong-Hwa Cho, Hyun-Doo Cho(55' Won-Shik Lee), Sung-yong Choi(55' Choong-Kyun Park), Yong-Soo Choi, Yoon-Yeol Choi.

·Coach: Anatoliy Fyodorovich Byshovets (Ukraine)

Scorers: 1-0 14' Do-Hoon Kim, 1-1 41' Kyung-soo Lee, 2-1 42' Seon-Hong Hwang.

·Referee: ?

·Attendance: 50,000

Israel - South Korea 4-5 (0-3)

Friendly Match

(Jaffa - Bloomfield Stadium - 30.04.1996 - 17:00)

Israel (White-Blue-White): 1-Boni Ginzburg (45' 12-Rafi Cohen) (GK), 5-Gadi Brumer, 6-Nir Klinger, 3-Moshe Glam, 8-Amir Shelah, 4-Alon Hazan (45' Arik Benado), 9-Eyal Berkovich (60' Reuven Atar), 11-Ofer Mizrahi (45' Itzik Zohar), 7-Tal Banin, 2-Felix Halfon (45' Avishai Jano), 10-Haim Revivo.

· **Coach:** Shlomo Sharf

South Korea (Red-Black-Red): 21-Bong-Soo Kim (GK) (74' 1-Sang-Gwang Cha (GK)), 15-Jung-Bae Park (71' 4-Young-Ik Lee), 16-Sang-Chul Yoo (64' 10-Moon-Shik Choi), 5-Ki-Tae Huh (68' 3-Young-Sang Lee), 20-Myung-Bo Hong, 10-Ki-Nam Kim, 7-Tae-Yong Shin (60' 13-Jung-Gook Han), 6-Hong-Ki Shin, 17-Seok-Joo Ha, 11-Jung-Woon Ko, 9-Do-Hoon Kim, 18-Seon-Hong Hwang.

· **Coach:** Jong-Hwan Park

Scorers: 0-1 4' Do-Hoon Kim, 0-2 37' Sang-Chul Yoo, 0-3 40' Tae-Yong Shin, 0-4 55' Seon-Hong Hwang, 0-5 56' Seon-Hong Hwang PK, 1-5 79' Revivo, 2-5 80' Banin PK, 3-5 87' Revivo, 4-5 90' Zohar

· **Referee:** Cimen Unsal (Turkey)

· **Attendance:** 3,000

South Korea - Sweden 0-2 (0-1)

SBS Invitational Match

(Seoul - Olympic Stadium - 16.05.1996 - 20:00)

South Korea (Red-Black-Red): 21-Bong-Soo Kim (GK), 12-Chul Kang (HT 10-Moon-Shik Choi), 15-Jung-Bae Park, 5-Ki-Tae Huh, 20-Myung-Bo Hong, 7-Tae-Yong Shin (HT 22-Tae-Ha Park), (60' 13-Jung-Gook Han), 6-Hong-Ki Shin, 17-Seok-Joo Ha (63' 3-Young-Sang Lee), 11-Jung-Woon Ko (C) (HT 14-Keon-Ha Park), 23-Hyun-Seok Kim (60' 24-Sang-Rae Noh), 19-Jung-Won Seo (60' 13-Jung-Gook Han)

· **Coach:** Jong-Hwan Park

Sweden (Yellow-Blue-Yellow): 1-Bengt Andersson (GK) (HT 12-Jonnie Fedel (GK)), 2-Roland Nilsson (HT 13-Teddy Lucic), 10-Martin Dahlin, 6-Anders Limpar, 5-Gary Sundgren, 9-Jonas Thern (C), , 4-Joachim Björklund, 11-Kennet Andersson (75' 17-Jorgen Pettersson), 8-Pär Zetterberg,3-Patrick Andersson, 7-Hakan Mild (63' 15-Niclas Alexandersson),

· **Coach:** Tommy Svensson

Scorers: 0-1 12' Dahlin, 0-2 58' Limpar

· **Referee:** Pirom Un-Prasert (Thailand)

· **Attendance:** 76,894

South Korea – AC Milan 3-2 (2-1)

Friendly Match

(Seoul - Olympic Stadium - 24.05.1996)

South Korea: 1-Byung-Ji Kim (GK),15-Jung-Bae Park (22' 3- Young-Sang Lee), 16-Sang-Chul Yoo, 5-Ki-Tae Huh, 20-Myung-Bo Hong (46' 7-Tae-Yong Shin), 6-Hong-Ki Shin, 17-Seok-Joo Ha, 11-Jung-Woon Ko (C), 8-Hyun-Seok Kim (38' 12-Sang-Rae Noh, 62' 14-Tae-Ha Park), 19-Jung-Won Seo (49' 13-Jung-Gook Han, 62' 10-Moon-Shik Choi), 18-Seon-Hong Hwang.

· **Coach:** Jong-Hwan Park

AC Milan: Mario Igelpo (GK), Roberto LorenzinI (57' Francesco Cocco), Roberto Baggio (69' Nikola Kazia), Ricardo Maspero (46' Paulo di Canio), Stefano Nava, Stefano Erano, Angelo Carbone, Zanluidge Lentini (46' Jean-Pierre Pavent), Gianluca Sordo, George Weah (64' Thomas Roccatelli), Philip Galley.

· **Coach:** Fabio CAPELLO

Scorers: 0-1 4' George Weah, 1-1 40' Jung-Won Seo, 2-1 43' Jung-Woon Ko, 3-1 56' Seon-Hong Hwang, 3-2 90' Thomas Roccatelli

· **Referee:** ?

· **Attendance:** ?

South Korea – Juventus 4-0 (2-0)

Friendly Match

(Seoul - Olympic Stadium - 27.05.1996)

South Korea: 1-Byung-Ji Kim (GK), 16-Sang-Chul Yoo, 3- Young-Sang Lee (56' 9-Do-Hoon Kim), 5-Ki-Tae Huh, 20-Myung-Bo Hong (54' 15-Jung-Bae Park), 7-Tae-Yong Shin (48' 8-Hyun-Seok Kim), 6-Hong-Ki Shin, 17-Seok-Joo Ha, 11-Jung-Woon Ko (C) (67' 12-Sang-Rae Noh), 19-Jung-Won Seo (55' 14-Tae-Ha Park), 18-Seon-Hong Hwang (67' 13-Jung-Gook Han).

· **Coach:** Jong-Hwan Park

Juventus: Markelangello Lampula, Carmine's Eye, Giata, Marco Zandeviage, Michelangelo Lampula,

Carmine's Eye Jiata, Marco Zandeviage (46' Damiano Rongi), Massimo Carrera (46' Luigi Gargia), Meckele Padovano, Sergio Porrini (46' Marcello Montanari), Athilio Lombardo (58' Masimiliano Rosa), Zanruca Bialli (46' Francesco Marino), Gianluca Pesoto, Zankaro Maroki (58' Pietro Piante), Pietro VierzoWard.

·**Coach**: Marcello LIPPI

Scorers: 1-0 4' Jung-Won Seo, 2-0 18' Jung-Woon Go, 3-0 56' Sang-Chul Yoo, 4-0 90' 17-Seok-Joo Ha

·**Referee**: ?

·**Attendance**: ?

South Korea – Stuttgart 3-4 (1-1)

Friendly Match

(Suwon- Sports Complex Athletics Stadium - 01.06.1996)

South Korea: 1-Byung-Ji Kim (GK), 16-Sang-Chul Yoo, 5-Ki-Tae Huh (56' 15-Jung-Bae Park), 20-Myung-Bo Hong, 7-Tae-Yong Shin(60' 12-Sang-Rae Noh), 6-Hong-Ki Shin, 17-Seok-Joo Ha(56' 4-Chul Kang), 11-Jung-Woon Ko (C)(62' 14-Tae-Ha Park), 9-Do-Hoon Kim, 8-Hyun-Seok Kim(53' 10-Moon-Shik Choi), 19-Jung-Won Seo(64' 13-Jung-Gook Han).

·**Coach**: Jong-Hwan Park

Stuttgart: Marc Schigler, Gerhard Poshner (61' Helgi Sigurdson), Günther Shafer, Radoslav Girletz, Marco Grim(88' Marcus Chigler), Marco Harbour, Michael O'Elcuch, Andreas Burk(72' Axel Cruze), Giovanni Elbert, Torsten Legart, Thomas Bertolt.

·**Coach**: Rolf Fringer

Scorers: 0-1 4' Giovanni Elbert, 1-1 41' Jung-Won Seo, 1-2 49' Thomas Bertolt, 1-3 64' Helgi Sigurdson, 2-3 67' (P) Sang-Rae Noh, 3-3 78' Do-Hoon Kim, 3-4 89' Marco Harbour

·**Referee**: ?

·**Attendance**: ?

South Korea - Guam 9-0 (6-0)

XI. Asian Cup UAE 1996, Preliminaries, Group 1

(Ho Chi Minh - Thong Nhat Stadium - 05.08.1996 - 17:00)

South Korea: 1-Byung-Ji Kim (GK), 2-Pan-Geun Kim (C), 3-Young-Sang Lee(63' 4-Chul Kang), 5-Ki-Tae Huh, 20-Myung-Bo Hong, 14-Tae-Ha Park, 16-Hyo-Won Seo (63' 12-Moon-Shik Choi), 6-Hong-Ki Shin, 9-Do-Hoon Kim, 10-Hyun-Seok Kim, 19-Jung-Won Seo (63' 8-Sang-Rae Noh).

·**Coach**: Jong-Hwan Park

Guam: 1-John Matthew, 10-J. Gregory(58' 12-Jr. Sipolon), 7-Lee August, 11-Ryan Russell(20' 13-J. Hidetoshi), 2-Scott Howard, 6-Shiward Thurman, September 7-Mark, 5-Chienne Chang, 4-Curtis Zone, 8-Cuba Gishin, 3-Cray Robert.

·**Coach**: ?

Scorers: 1-0 2' Tae-Ha Park, 2-0 4' Tae-Ha Park, 3-0 5' Hyun-Seok Kim, 4-0 19' Do-Hoon Kim, 5-0 36' Hyun-Seok Kim, 6-0 40' Tae-Ha Park, 7-0 52' Hyo-Won Seo, 8-0 55' Hyun-Seok Kim, 9-0 85' Moon-Shik Choi

·**Referee**: Kyaw U Kyaw (Myanmar)

·**Attendance**: ?

South Korea - Chinese Taipei 4-0 (2-0)

XI. Asian Cup UAE 1996, Preliminaries, Group 1

(Ho Chi Minh - Thong Nhat Stadium - 08.08.1996 - 17:00)

South Korea (Red-Black-Red): 1-Byung-Ji Kim (GK), 2-Pan-Geun Kim (C) (60' 4-Chul Kang), 3-Young-Sang Lee, 5-Ki-Tae Huh, 20-Myung-Bo Hong, 14-Tae-Ha Park, 16-Hyo-Won Seo, 6-Hong-Ki Shin, 9-Do-Hoon Kim (58' 8-Sang-Rae Noh), 10-Hyun-Seok Kim (52' 17-Keon-Ha Park), 19-Jung-Won Seo.

·**Coach**: Jong-Hwan Park

Chinese Taipei: 1-Wang Shecoon(55' 12-Wangchenei), 2-SupanakiI, 5-Switzen, 4-Woocheonei, 11-Woochangwen(72' 13-Yechangrang), 3-Zhang Guaochen, 8-Juwenbin, 9-Chen Guansen, 6-Chen Huizen, 10-Hwang wencheng, 7-Hwang cheming

·**Coach**: ?

Scorers: 1-0 9' Myung-Bo Hong, 2-0 19' Do-Hoon Kim, 3-0 48' Tae-Ha Park, 4-0 70' Tae-Ha Park

·**Expulsions**: 39' Ki-Tae Huh, 39' ? (Chinese Taipei)

·**Referee**: Inayath Ulla Khan (India)

·**Attendance**: ?

Vietnam - South Korea 0-4 (0-3)

XI. Asian Cup UAE 1996, Preliminaries, Group 1

(Ho Chi Minh - Thong Nhat Stadium - 11.08.1996 - 17:00)

Vietnam: 1-Half racing, 11-Manchung, 8-Banmoul(46' 13-Nguyen Phan), 2-Chivao(46' 12-Bankai), 9-Feng Sham(46' 14-Cockkung), 4-Hoangbu, 6-Hongson, 10-Honghal, 5-Furol, 3-huatin, 7-Hunold.

·**Coach:** ?

South Korea: 1-Byung-Ji Kim (GK), 2-Pan-Geun Kim (C), 3-Young-Sang Lee, 20-Myung-Bo Hong, 8-Sang-Rae Noh, 14-Tae-Ha Park(46' 19-Jung-Won Seo), 16-Hyo-Won Seo, 7-Tae-Yong Shin(56' 10-Hyun-Seok Kim), 6-Hong-Ki Shin, 4-Chul Kang, 9-Do-Hoon Kim(66' 12-Moon-Shik Choi).

·**Coach:** Jong-Hwan Park

Scorers: 0-1 1' Tae-Yong Shin, 0-2 8' Sang-Rae Noh, 0-3 17' Tae-Ha Park, 0-4 83' Hyo-Won Seo

·**Referee:** Chalach Piromya (Thailand)

·**Attendance:** ?

South Korea - China 3-1 (2-1)

I. Korea-China Annual Match, First Match

(Seoul - Dongdaemun Stadium - 25.09.1996 - 18:30)

South Korea (Red-Black-Red): 1-Byung-Ji Kim (GK), 2-Pan-Geun Kim (C) (71' 4-Chul Kang), 6-Hong-Ki Shin, 12-Ki-Hyung Lee (68' 16-Hyo-Won Seo), 22-Young-Jin Lee, 17-Seok-Joo Ha, 5-Ki-Tae Huh, 20-Myung-Bo Hong, 19-Jung-Won Seo, 7-Tae-Yong Shin, 8-Sang-Rae Noh (52' 13-Nam-Yeol Park, 72' 3-Gwang-Hyun Park).

·**Coach:** Jong-Hwan Park

China (White-White-White): 20-Chuliang Ou (GK), 19-Yue Liu, 14-Ming Li (61' 17-Weiguo Peng), 6-Bing Li, 18-Mingyu Ma (45' 8-Xiendong Cao), 7-Maozhen Su (45' 9-Xia Yao), 5-Hong Xu (C), 12-Feng Xie, 2-Qun Wei (61' 16-Guangzhu Jin), 4-Zhiyi Fan, 10-Haidong Hao.

·**Coach:** Wusheng Qi

Scorers: 0-1 10' Haidong Hao, 1-1 15' Jung-Won Seo, 2-1 30' Ki-Hyung Lee, 3-1 64' Seok-Joo Ha

·**Cautions:** Yue Liu, Ki-Tae Huh

·**Referee:** Masayoshi Okada (Japan)

·**Attendance:** 17,235

South Korea - Colombia 4-1 (0-0)

Friendly Match

(Suwon - Sports Complex Athletics Stadium - 23.11.1996 - 15:00)

South Korea (Red-Black-Red): 1-Byung-Ji Kim (GK), 4-Chul Kang, 24-Joo-Sung Kim (C), 2-Pan-Geun Kim(56' 8-Sang-Rae Noh), 22-Young-Jin Lee(68' 13-Nam-Yeol Park), 5-Ki-Tae Huh, 20-Myung-Bo Hong, 7-Tae-Yong Shin (56' 12-Ki-Hyung Lee), 17-Seok-Joo Ha(56' 9-Do-Hoon Kim), 11-Jung-Woon Ko (66' 14-Tae-Ha Park), 18-Seon-Hong Hwang.

·**Coach:** Jong-Hwan Park

Colombia (Yellow-Blue-Red): 1-David Aguirre (GK), 4-Diego Alzate, 18-Rafael Vasquez, 13-Rubén Velásquez (71' Gustavo Restrepo), 14-Brahaman Sinistera, 17-Ancizar Valencia, 16-Alexander Orrego, 15-Osman López, 7-Hugo Gallo (59' Ricardo Pérez), 11-Walter Escobar,10-John Ramírez (63' Juan Villa).

·**Coach:** Javier Álvarez

Scorers: 1-0 51' Seon-Hong Hwang, 2-0 62' Seon-Hong Hwang, 2-1 70' Juan Villa, 3-1 75' Do-Hoon Kim, 4-1 87' Tae-Ha Park

·**Cautions:** Tae-Yong-Shin, Myung-Bo Hong, Ramírez, Valencia, Alzate

·**Referee:** Mohamed Nazri Abdullah (Malaysia)

·**Attendance:** 8,275

China - South Korea 2-3 (0-1)

I. Korea-China Annual Match, Second Match

(Guangzhou - Tienhe Stadium - 26.11.1996 - 20:00)

China (White-White-White): 20-Chuliang Ou (GK), 21-Yue Liu, 16-Ming Li (82' 4-Enhua Zhang), 8-Mingyu Ma, 12-Maozhen Su (45' 10-Bing Li), 5-Hong Xu (C), 3-Qun Wei, 14-Feng Jiang (63' 13-Jihai Sun), 6-Zhiyi Fan, 11-Weiguo Peng, 7-Haidong Hao.

·**Coach:** Wusheng Qi

South Korea (Red-Black-Red): 1-Byung-Ji Kim (GK), 24-Joo-Sung Kim (C), 12-Ki-Hyung Lee (45' 2-Pan-Geun Kim), 22-Young-Jin Lee II, 5-Ki-Tae Huh (57' 3-Gwang-Hyun Park), 20-Myung-Bo Hong (57' 23-Sang-Chul Yoo), 17-Seok-Joo Ha, 11-Jung-Woon Ko, 9-Do-Hoon Kim (45' 6-Hong-Ki Shin), 8-Sang-Rae Noh (45' 7-Tae-Yong Shin),

18-Seon-Hong Hwang.

· **Coach:** Jong-Hwan Park

Scorers: 0-1 7' (P) Sang-Rae Noh, 1-1 51' Haidong Hao, 1-2 56' Young-Jin Lee, 1-3 71' Hong-Ki Shin, 2-3 84' (P) Bing Li

· **Cautions:** Myung-Bo Hong, Seok-Joo Ha, Sang-Chul Yoo, Qun Wei

· **Referee:** Selearajen Subramaniam (Malaysia)

· **Attendance:** 35,000

Note: Man of the match - Haidong Hao

U.A.E. - South Korea 1-1 (1-1)

XI. Asian Cup UAE 1996, Final Phase, 1st Round Group A
(Abu Dhabi - Zayed Sports City Stadium - 04.12.1996 - 17:00)

U.A.E. (White-White-White): 1-Muhsin Musabbah Faraj (GK), 2-Abdel Rahman Ibrahim, 10-Adel Ahmed, 11-Adnan Al-Talyani (C) (82' 14-Hassan Saeed Ahmed), 9-Ali Hassan, 5-Bakhit Saad, 6-Hassan Suhail, 3-Hussein Mohammed (46' 12-Abdel Ibrakhim), 4-Ismail Rashid, 8-Khamis Saad (59' 13-Zuhair Saeed), 7-Mohammed Ali

· **Coach:** Tomislav Ivić (Croatia)

South Korea (Red-Black-Red): 1-Byung-Ji Kim (GK), 22-Young-Jin Lee, 12-Ki-Hyung Lee, 5-Ki-Tae Huh, 20-Myung-Bo Hong, 24-Joo-Sung Kim (C), 6-Hong-Ki Shin (80' 7-Tae-Yong Shin), 17-Seok-Joo Ha, 11-Jung-Woon Ko, 9-Do-Hoon Kim (70' 13-Nam-Yeol Park), 8-Sang-Rae Noh (65' 12-Ki-Hyung Lee), 18-Seon-Hong Hwang.

· **Coach:** Jong-Hwan Park

Scorers: 0-1 9' Seon-Hong Hwang, 1-1 40' Khamis Saad

· **Cautions:** 13' Adel Ahmed, Abdel Al-Haddad, 45' Khamis Saad, 85' Joo-Sung Kim

· **Referee:** Pirom Un-Prasert (Thailand)

· **Attendance:** 40,000

Note: SANYO Man of the match - Muhsin Musabbah Faraj

South Korea - Indonesia 4-2 (3-0)

XI. Asian Cup UAE 1996, Final Phase, 1st Round Group A
(Abu Dhabi - Zayed Sports City Stadium - 07.12.1996 - 19:00)

South Korea (Red-Black-Red): 1-Byung-Ji Kim (GK), 2-Pan-Geun Kim (C), 22-Young-Jin Lee, 5-Ki-Tae Huh, 24-Joo-

Sung Kim, 23-Sang-Chul Yoo (46' 20-Myung-Bo Hong), 17-Seok-Joo Ha, 11-Jung-Woon Ko, 9-Do-Hoon Kim (62' 19-Jung-Won Seo), 8-Sang-Rae Noh (32' 7-Tae-Yong Shin), 18-Seon-Hong Hwang.

· **Coach:** Jong-Hwan Park

Indonesia (White-White-White): 1-Hendro Kartiko (GK), 2-Agung Setyabudi, 5-Aples Tecuari, 10-Bima Sakti, 11-Chiri Yarangga (35' 13-Francis Wewengkang), 9-Marzuki Badriawan, 7-Ronny Wabia, 6-Sudirman, 3-Swandi Siswoyo (87' 12-Supriyono), 8-Widodo Putra (C), 4-Yeyen Tumena.

· **Coach:** Danur Windo

Scorers: 1-0 5' Do-Hoon Kim , 2-0 7' Seon-Hong Hwang, 3-0 15' Seon-Hong Hwang, 3-1 57' Ronny Wabia, 4-1 64' Jung-Woon Ko, 4-2 65' Francis Wewengkang

· **Cautions:** Yeyen Tumena, Agung Setyabudi

· **Referee:** Shamsul Maidin (Singapore)

· **Attendance:** 2,000

Kuwait - South Korea 2-0 (0-0)

XI. Asian Cup UAE 1996, Final Phase, 1st Round Group A
(Abu Dhabi - Zayed Sports City Stadium - 10.12.1996 - 19:00)

Kuwait (Blue-White-Blue): 1-Falah Al-Majidi (GK), 9-Abdullah Seehan, 7-Bader Al-Halabeej (80' 13-Khaled Fairouz), 8-Bashar Abdulaziz, 10-Esam Sakeen (46' 14-Waled Mubarak), 3-Jamal Abdulrahman (69' 12-Sami Al-Lenqawi), 11-Jassem Al-Houwaidi, 5-Mohammed Al-Khaledi, 2-Osama Abdullah, 6-Wael Al-Habashi (C), 4-Yousif Al-Dakhi.

· **Coach:** Milan Macala (Czech Republic)

South Korea (Red-Black-Red): 1-Byung-Ji Kim (GK), 4-Chul Kang, 2-Pan-Geun Kim (C), 3-Gwang-Hyun Park (66' 9-Do-Hoon Kim), 22-Young-Jin Lee, 5-Ki-Tae Huh, 24-Joo-Sung Kim, 23-Sang-Chul Yoo (31' 20-Myung-Bo Hong), 17-Seok-Joo Ha (55' 6-Hong-Ki Shin), 11-Jung-Woon Ko, 18-Seon-Hong Hwang.

· **Coach:** Jong-Hwan Park

Scorers: 1-0 59' Jassem Al-Houwaidi, 2-0 87' Bashar Abdulaziz

· **Cautions:** 72' Al-Habashi, 89' Al-Lenqawi

· **Referee:** Mohamed Nazri Abdullah (Malaysia)

· **Attendance:** 3,000

Iran - South Korea 6-2 (1-2)

XI. Asian Cup UAE 1996, Final Phase, Quarter Final

(Dubai - Al-Maktoum Stadium - 16.12.1996 - 16:45)

Iran (White-White-White): 1-Nima Nakisa (GK), 4-Afshin Peyravani, 10-Ali Daei, 8-Ali Mansourian (84' 12-Darioush Yazdani), 5-Farshad Falahatzadeh, 9-Hamid Estili, 3-Karim Bagheri, 11-Khodadad Azizi (90' 13-Mehdi Mahdavikia), 6-Mehrdad Minavand, 7-Mohammad Khakpour (C), 2-Naeim Savadi.

· **Coach:** Mohammad Mayeli Khohan

South Korea (Blue-White-Blue): 1-Byung-Ji Kim (GK), 22-Young-Jin Lee, 5-Ki-Tae Huh (67' 3-Gwang-Hyun Park), 20-Myung-Bo Hong, 24-Joo-Sung Kim (C) (53' 12-Ki-Hyung Lee), 19-Jung-Won Seo (33' 7-Tae-Yong Shin), 6-Hong-Ki Shin, 23-Sang-Chul Yoo, 17-Seok-Joo Ha, 11-Jung-Woon Ko, 9-Do-Hoon Kim

· **Coach:** Jong-Hwan Park

Scorers: 0-1 11' Do-Hoon Kim, 1-1 30' Karim Bagheri, 1-2 34' Tae-Yong Shin, 2-2 51' Khodadad Azizi, 3-2 55' Ali Daei, 4-2 66' Ali Daei, 5-2 83' Ali Daei, 6-2 89' (P) Ali Daei

· **Cautions:** 25' Young-Jin Lee, 32' Ali Mansourian, 56' Khodadad Azizi

· **Referee:** Jamal Al-Sharif (Syria)

· **Attendance:** 10,000

1997

South Korea - Norway 1-0 (0-0)

AUS 4 Nations Friendly, Group Stage

(Melbourne - Bob Jane Stadium - 18.01.1997 - 17:15)

South Korea (Red-Black-Red): 1-Byung-Ji Kim (GK), 7-Tae-Young Kim, 15-Sang-Chul Yoo, 6-Ki-Hyung Lee, 5-Lim-Saeng Lee, 4-Young-Il Choi (C), 20-Myung-Bo Hong, 14-Jong-Soo Ko (85' 8-Jung-Hwan Yoon), , 17-Seok-Joo Ha (63' 13-Hyun-Doo Cho), 9-Do-Hoon Kim, 10-Moon-Shik Choi (85' 2-Sang-Hoon Kim).

· **Coach:** Bum-Geun Cha

Norway (White-White-White): 1-Jørn Jamtfall (GK), 4-Dan Eggen, 8-Bent Skammelsrud, 10-Ståle Solbakken, 18-Stig Johansen (63' 15-Roger Helland), 7-Erik Mykland (C) (63' 11-Trond Egil Soldvedt), 2-Jonny Hansen (79' 13-André Bergdølmo), 6-Tore Andro Flo, 3-Tore Pedersen, 14-Thomas Pereira, 9-Håvard Flo.

· **Coach:** Egil Olsen

Scorers: 1-0 57' Do-Hoon Kim

· **Cautions:** 26' Hansen, 37' Young-Il Choi, 42' Moon-Shik Choi, 42' Jung-Hwan Yoon

· **Referee:** Gerry Connolly (Australia)

· **Attendance:** 10,496

Australia - South Korea 2-1 (1-0)

Opus Tournament, Group Stage

(Brisbane - Suncorp Stadium - 22.01.1997 - 20:30)

Australia (Yellow-Green-Yellow): 1-Zeljko Kalać (GK), 11-David Zdrilic, 8-Robert Enes (70' 17-Alistair Edwards), 3-Robbie Hooker, 14-Mark Babic, 2-Matthew Bingley, 5-Milan Ivanovic, 4-Alexander Tobin (C), 10-Craig Foster, 19-Kris Trajanovski (67' 7-Ernie Tapai), 9-Paul Trimboli (78' 21-Warren Spink).

· **Coach:** Terry Venables (England)

South Korea (Red-Black-Red): 1-Byung-Ji Kim (GK), 2-Sang-Hoon Kim, 15-Sang-Chul Yoo (87' 19-Jung-Soo Kim), 6-Ki-Hyung Lee (80' 7-Tae-Young Kim), 5-Lim-Saeng Lee, 4-Young-Il Choi (C), 20-Myung-Bo Hong, 14-Jong-Soo Ko (58' 13-Hyun-Doo Cho), 17-Seok-Joo Ha, 9-Do-Hoon Kim(74' 21-keon-Ha Park), 10-Moon-Shik Choi (53' 8-Jung-Hwan Yoon).

· **Coach:** Bum-Geun Cha

Scorers: 1-0 36' Matthew Bingley, 2-0 72' Alistair Edwards, 2-1 75' Seok-Joo Ha

· **Cautions:** Lim-Saeng Lee, Robert Enes, Ernie Tapai

· **Expulsions:** 47' Sang-Hoon Kim

· **Referee:** Simon Micallef (Australia)

· **Attendance:** 15,161

South Korea - New Zealand 3-1 (0-1)

AUS 4 Nations Friendly, Group Stage

(Sydney - Aussie Stadium - 25.01.1997 - 17:15)

South Korea (Red-Black-Red): 1-Byung-Ji Kim (GK), 19-Jung-Soo Kim, 12-Hyun-Soo Kim (46' 4-Young-Il Choi), 23-Sang-Chul Yoo, 6-Ki-Hyung Lee, 5-Lim-Saeng Lee, 8-Jung-Hwan Yoon (46' 14-Jong-Soo Ko), 17-Seok-Joo Ha (65' 7-Tae-Young Kim), 9-Do-Hoon Kim, 21-Keon-Ha Park, 10-Moon-Shik Choi(46' 11-Jung-Won Seo, 63' 13-Hyun-Doo Cho).

·Coach: Bum-Geun Cha

New Zealand (White-White-White): 1-Jason Batty (GK), 2-Neil Horlock, 4-Danny Hay, 5-Rodger Gray, 8-Michael McGarry, 12-Mark Burton, 17-Mark Elrick, 16-Vaughan Coveny, 11-Simon Elliott, 7-Stuart Jacobs, 15-Chris Zoricich (82' 6-Graham Marshall).

·Coach: Keith Pritchett

Scorers: 0-1 33' Vaughan Coveny, 1-1 76' Keon-Ha Park, 2-1 82' Jong-Soo Ko, 3-1 85' Sang-Chul Yoo

·Cautions: Stuart Jacobs, Rodger Gray, Mark Elrick

·Referee: Brett Hugo (Australia)

·Attendance: 17,429

Hong Kong - South Korea 0-2 (0-0)

XVI. FIFA World Cup France 1998, Preliminaries, 1st Round Group 6

(Hong Kong - Hong Kong Stadium - 22.02.1997 - 15:30)

Hong Kong (White-White-White): 17-Kar Win Lok (GK), 15-Kai Wah Lo, 11-Kin Wo Lee, 18-Lin Yung Sung, 7-Wai Lun Au (81' 25-Kwan Lung Wai), 23-Wai Chiu Chan. 5-Chi Keung Chan, 14-Chi Tak Cheung, 12-Chung Man Chiu (65' 3-Wai Man Lee), 6-Kam Fai Ku, 9-Timothy Bredbury.

·Coach: Ka Ming Kwok

South Korea (Red-Black-Red): 1-Byung-Ji Kim (GK), 7-Tae-Young Kim, 12-Hyun-Soo Kim (46' 3-Sang-Heon Lee), 23-Sang-Chul Yoo, 6-Ki-Hyung Lee, 4-Young-Il Choi (C), 14-Jong-Soo Ko, 11-Jung-Won Seo, 8-Jung-Hwan Yoon (46' 2-Sang-Hoon Kim), 9-Do-Hoon Kim (70' 10-Moon-Shik Choi), 21-Keon-Ha Park.

·Coach: Bum-Geun Cha

Scorers: 0-1 61' Jung-Won Seo, 0-2 74' Moon-Shik Choi

·Referee: Yoshimi Ogawa (Japan)

·Attendance: 16,960

Thailand - South Korea 1-3 (0-1)

XVI. FIFA World Cup France 1998, Preliminaries, 1st Round Group 6

(Bangkok - Suphachalasai Stadium - 02.03.1997 - 16:00)

Thailand (Blue-Blue-Blue): 22-Chaiyong Khumpiam (GK), 7-Natee Tongsukkao, 9-Natipong Sritong-In, 17-Dusit Chalemsan (C) (46' 26-Piyapong Pue-On), 6-Sanor Longsawang, 12-Surachai Jaturapattarapong (28' 13-Kiatisak Senamuang), 16-Surachai Jirasirichote, 4-Sing Totavee, 5-Jakarat Tonghongsa, 11-Tawatchai Damrong-Ongtrakul, 19-Pongtorn Thiubthong (78' 2-Kritsada Piandit).

·Coach: Chanvit Polchivin

South Korea (Red-Black-Red): 1-Byung-Ji Kim (GK), 23-Sang-Chul Yoo, 6-Ki-Hyung Lee, 3-Sang-Heon Lee, 4-Young-Il Choi (C), 20-Myung-Bo Hong, 14-Jong-Soo Ko, 16-Sang-Rae Noh (46' 10-Moon-Shik Choi), 11-Jung-Won Seo, 17-Seok-Joo Ha (79' 7-Tae-Young Kim), 9-Do-Hoon Kim (76' 21-Keon-Ha Park).

·Coach: Bum-Geun Cha

Scorers: 0-1 18' Sang-Rae Noh, 1-1 48' Piyapong Pue-On, 1-2 74' Seok-Joo Ha FK, 1-3 86' Moon-Shik Choi

·Cautions: 40' Jakarat Tonghongsa, 72' Natee Tongsukkao

·Referee: Jun Lu (China)

·Attendance: 20,000

China - South Korea 0-2 (0-1)

II. Korea-China Annual Match, First Match

(Beijing - Workers Stadium - 23.04.1997 - 19:45)

China (White-White-White): 1-Chuliang Ou (GK), 17-Feng Gao, 16-Ming Li (65' Hongbo Gao), 2-Tie Li, 13-Jihai Sun, 20-Dongliang Sui, 3-Qun Wei (72' Yijun Mao), 4-Enhua Zhang, 6-Zhiyi Fan (C), 11-Weiguo Peng, 7-Haidong Hao (46' Jinyu Li).

·Coach: Wusheng Qi

South Korea (Red-Black-Red): 22-Bong-Soo Kim (78' Dong-Myung Seo) (GK), 2-Sang-Hoon Kim, 15-Sang-Chul Yoo, 12-Min-Sung Lee (67' Ki-Hyung Lee), 3-Sang-Heon Lee(81' 13-Tae-Young Kim), 4-Young-Il Choi (C), 16-Sang-Rae Noh (81' Jung-Hwan Yoon), 7-Tae-Yong Shin, 17-Seok-

Joo Ha (61' Jae-Kwon Chung), 21-Keon-Ha Park, 11-Jung-Won Seo (86' Jung-Hwan Ahn).

·Coach: Bum-Geun Cha

Scorers: 0-1 45' Keon-Ha Park, 0-2 57' Keon-Ha Park

·Cautions: 60' Sang-Hoon Kim, 81' Jae-Kwon Chung

·Referee: Selearajen Subramaniam (Malaysia)

·Attendance: ?

Japan - South Korea 1-1 (0-0)

World Cup 2002 Co-Host Anniversary

(Tokyo - Yoyoki National Stadium - 21.05.1997 - 19:00)

Japan (Blue-White-Blue): 20-Yoshikatsu Kawaguchi (GK), 10-Hiroshi Nanami, 19-Tadashi Nakamura, 8-Hidetoshi Nakata, 11-Kazuyoshi Miura, 12-Ryuji Michiki (68' 3-Naoki Soma), 6-Motohiro Yamaguchi, 5-Norio Omura (82' 16-Toshihide Saito), 4-Masami Ihara (C), 18-Shoji Jo (46' 9-Akinori Nishizawa), 7-Honda Yasuto (63' 15-Hiroaki Morishima).

·Coach: Shu Kamo

South Korea (Red-Black-Red): 22-Bong-Soo Kim (GK), 2-Sang-Hoon Kim, 15-Sang-Chul Yoo, 12-Min-Sung Lee, 4-Young-Il Choi (C), 7-Tae-Yong Shin (32' 14-Jong-Soo Ko), 25-Sung-Yong Choi, 19-Jung-Woon Ko (82' 28-Jae-Kwon Chung), 21-Keon-Ha Park (75' 23-Yong-Soo Choi), 11-Jung-Won Seo, 10-Moon-Shik Choi (46' 13-Tae-Young Kim).

·Coach: Bum-Geun Cha

Scorers: 0-1 56' Sang-Chul Yoo, 1-1 88' (P) Kazuyoshi Miura

·Cautions: 54' Ryuji Michiki, 78' Norio Omura

·Referee: Pirom Un-Prasert (Thailand)

·Attendance: 52,410

South Korea - Hong Kong 4-0 (2-0)

XVI. FIFA World Cup France 1998, Preliminaries, 1st Round Group 6

(Daejeon - Hanbat Stadium - 28.05.1997 - 19:00)

South Korea (Red-Black-Red): 18-Dong-Myung Seo (GK), 2-Sang-Hoon Kim, 6-Sang-Chul Yoo, 5-Min-Sung Lee, 3-Sung-Yong Choi, , 4-Young-Il Choi (C), 14-Jong-Soo Ko (60' 7-Do-Geun Kim), 10-Yong-Soo Choi (74' 16-Moon-Shik

Choi), 9-Keon-Ha Park, 11-Jung-Won Seo, 8-Jae-Kwon Chung (58' 17-Jung-Hwan Ahn).

·Coach: Bum-Geun Cha

Hong Kong (White-White-White): 17-Kar Win Lok (GK), 10-Dale Tempest, 3-Wai Man Lee, 11-Kin Wo Lee, 18-Lin Yung Sung, 24-Wai Tak Wong, 23-Wai Chiu Chan, 27-Sin Siu Cheng (80' 25-Chi Yuen Lau), 14-Chi Tak Cheung, , 8-Siu Wai Tam (63' 15-Kai Wah Lo), 9-Timothy Bredbury (24' 25-Kwan Lung Wai).

·Coach: Ka Ming Kwok

Scorers: 1-0 25' (P) Sang-Chul Yoo, 2-0 39' Yong-Soo Choi, 3-0 72' Yong-Soo Choi, 4-0 86' Keon-Ha Park

·Cautions: 11' Siu Wai Tam

·Referee: Hazim Hussein Issa (Iraq)

·Attendance: 20,137

South Korea - Thailand 0-0 (0-0)

XVI. FIFA World Cup France 1998, Preliminaries, 1st Round Group 6

(Seoul - Olympic Stadium - 01.06.1997 - 15:00)

South Korea (Red-Black-Red): 1-Bong-Soo Kim (GK), 2-Sang-Hoon Kim, 6-Sang-Chul Yoo, 5-Min-Sung Lee, 3-Sung-Yong Choi, , 4-Young-Il Choi (C), 14-Jong-Soo Ko, 10-Yong-Soo Choi, 9-Keon-Ha Park(69' 16-Moon-Shik Choi), 11-Jung-Won Seo (74' 17-Jung-Hwan Ahn), 8-Jae-Kwon Chung (46' 7-Do-Geun Kim).

·Coach: Bum-Geun Cha

Thailand (Blue-Blue-Blue): 1-Watcharapong Somcit (GK), 17-Dusit Chalemsan (C), 15-Vimol Neamworanach, 14-Vitoon Kijmongkolsak (81' 9-Saman Deesunthai), 12-Surachai Jaturapattarapong, 5-Jakarat Tonghongsa, 20-Choktavee Promrat (44' 7-Natee Tongsukkao), 10-Daoruang Krongrol, 2-Kritsada Piandit (65' 4-Chaiyut Thaingamsilp), 13-Kiatisak Senamuang , 11-Tawatchai Damrong-Ongtrakul.

·Coach: Chanvit Polchivin

Scorers: -

·Cautions: 14' Kritasada Piandit, 41' Natee Tongsukkao, 89' Surachai Jaturapattarapong

·Referee: Jamal Al-Sharif (Syria)

·Attendance: 25,387

South Korea - Egypt 3-1 (1-1)

II. Korea Cup 1997, Group Stage

(Seoul - Olympic Stadium - 12.06.1997 - 19:00)

South Korea : 18-Dong-Myung Seo (GK), 2-Sang-Hoon Kim, 6-Sang-Chul Yoo, 5-Min-Sung Lee, 3-Sung-Yong Choi, , 4-Young-Il Choi (C), 7-Do-Geun Kim (46' 16-Moon-Shik Choi), 17-Seok-Joo Ha, 21-Jung-Woon Ko (64' 14-Jong-Soo Ko), 9-Keon-Ha Park, 11-Jung-Won Seo.

· **Coach :** Bum-Geun Cha

Egypt (White-White-White) : 16-Esam El-Hadary (GK), 6-Medhat Hady (83' 25-Ayman Moheb), 10-Mohammed Salah (54' 4-Tarek Mostafa), 3-Mohammed Youssef, 11-Abdel Sabry (79' 20-Ahmed Abdalla), 5-Abdel El-Sakka, 7-Walid Latif, 2-Ibrahim Hassan (C), 12-Hady Khashaba, 8-Hesham Hanafy, 9-Hossam Hassan.

· **Coach :** Mahmoud El-Gohary

Scorers : 1-0 12' Keon-Ha Park, 1-1 23' Hady Khashaba, 2-1 65' Sang-Chul Yoo, 3-1 77' Moon-Shik Choi

· **Cautions :** Min-Sung Lee, Keon-Ha Park, Sang-Hoon Kim, Ibrahim Hassan

· **Referee :** Selearajen Subramaniam (Malaysia)

· **Attendance :** 23,830

South Korea - Ghana 3-0 (1-0)

Korea Cup 1997, Group Stage

(Suwon - Sports Complex Athletics Stadium - 14.06.1997 - 17:00)

South Korea (Red-Black-Red) : 1-Bong-Soo Kim (GK), 2-Sang-Hoon Kim, 6-Sang-Chul Yoo (63' 13-Tae-Young Kim), 5-Min-Sung Lee (70' 15-Young-Chul Kim), 3-Sung-Yong Choi (57' 12-Ki-Hyung Lee), 4-Young-Il Choi (C), 16-Moon-Shik Choi, 17-Seok-Joo Ha, 21-Jung-Woon Ko, 11-Jung-Won Seo, 10-Yong-Soo Choi.

· **Coach :** Bum-Geun Cha

Ghana (Yellow-Yellow-Yellow) : 16-Simon Addo (GK), 7-Robert Boateng, 15-Robert Owusi-Ansah, 5-Sammy Adjei, 13-Isaac Kuffour, 4-Jacob Nettey, 11-Ebenezer Dadzie (57' 8-Yaw Sakyi), 14-Emmanuel Armah, 9-Joseph Farneye (57' 3-Kwabena Boateng), 6-Kwame Ayew, 18-Foster Batios.

· **Coach :** Rinus Israel (Nederland)

Scorers : 1-0 5' Jung-Won Seo, 2-0 49' Moon-Shik Choi, 3-0 54' Yong-Soo Choi

· **Cautions :** Jacob Nettey, Foster Batios, Isaac Kuffour, Seok-Joo Ha, Sang-Hoon Kim

· **Referee :** Russamee Jindamai (Thailand)

· **Attendance :** 7,329

South Korea - Yugoslavia 1-1 (1-0)

Korea Cup 1997, Group Stage

(Seoul - Olympic Stadium - 16.06.1997 - 19:00)

South Korea (Red-Black-Red) : 18-Dong-Myung Seo (GK), 6-Sang-Chul Yoo(46' 14-Jong-Soo Ko), 5-Min-Sung Lee, 19-Dae-Il Jang, 3-Sung-Yong Choi, 4-Young-Il Choi (C), 16-Moon-Shik Choi (59' 8-Jae-Kwon Chung, 79' 10-Yong-Soo Choi), 17-Seok-Joo Ha, 21-Jung-Woon Ko, 9-Keon-Ha Park, 11-Jung-Won Seo.

· **Coach :** Bum-Geun Cha

Yugoslavia (White-White-White) : 1-Ivica Kralj (GK) (87' 12-Dragoje Leković (GK)), 6-Goran Petrić, 10-Nenad Maslovar (80' Misko Mirković), 3-Nisa Saveljić, 9-Darko Kovačević, 17-Rade Bogdanović, 5-Miroslav Djukić, 13-Vuk Rasović (89' Radivoje Manić), 15-Vladimir Martinović, 4-Slavisa Jokanović (C), 2-Zoran Mirković.

· **Coach :** Slobodan Santrać

Scorers : 1-0 19' Jung-Won Seo, 1-1 55' (P) Slavisa Jokanović

· **Cautions :** Nisa Saveljić, Slavisa Jokanović, Vuk Rasović, Nenad Maslovar, Min-Sung Lee

· **Expulsions :** 54' Goran Petrić

· **Referee :** Selearajen Subramaniam (Malaysia)

· **Attendance :** 21,563

South Korea - Brazil 1-2 (1-0)

Friendly Match

(Seoul - Olympic Stadium - 10.08.1997 - 19:00)

South Korea (Red-Black-Red) : 18-Dong-Myung Seo (GK), 6-Sang-Chul Yoo, 12-Ki-Hyung Lee (81' 3-Sung-Yong Choi), 5-Min-Sung Lee (87' 20-Jin-Cheul Choi), 4-Young-Il Choi (C), 24-Myung-Bo Hong, 23-Jung-Woon Ko (74' 16-Sang-Rae Noh), 18-Do-Geun Kim (76' 8-Moon-Shik Choi), 15-Sang-Yoon Lee, 17-Seok-Joo Ha, 10-Yong-Soo

Choi (71' 9-Keon-Ha Park).

·Coach: Bum-Geun Cha

Brazil (Yellow-Blue-White): 1-Claudio Taffarel (GK), 11-Denilson de Oliveira, 7-Dodô (76' 18-Sonny Anderson), 5-Carlos Dunga (C), 10-Leonardo de Araujo (73' 16-Juninho Paulista), 3-Marcelo Goncalves (46' 13-Júnior Baiano), 4-Aldair, 2-Marcos Cafu, 8-Flávio Conceição, 9-Luiz Nazario Ronaldo, 6-Roberto Carlos,

·Coach: Mario Zagallo

Scorers: 1-0 7' Do-Geun Kim, 1-1 83'(P) Luiz Nazario Ronaldo, 1-2 90' Sonny Anderson

·Cautions: 81' Júnior Baiano

·Referee: Mohamed Nazri Abdullah (Malaysia)

·Attendance: 67,182

South Korea - Tajikistan 4-1 (3-1)

Friendly Match

(Daegu - Citizen Stadium - 24.08.1997 - 19:00)

South Korea (Red-Black-Red): 1-Bong-Soo Kim (76' 22-Dong-Myung Seo) (GK), 13-Tae-Young Kim, 6-Sang-Chul Yoo, 12-Ki-Hyung Lee, 19-Dae-Il Jang (75' 2-Sang-Hoon Kim), 4-Young-Il Choi (C), 15-Sang-Yoon Lee (75' 16-Sang-Rae Noh), 17-Seok-Joo Ha(69' 3-Sung-Yong Choi), 18-Do-Geun Kim(69' 8-Moon-Shik Choi), 11-Jung-Won Seo (62' 21-Tae-Ha Park), 10-Yong-Soo Choi.

·Coach: Bum-Geun Cha

Tajikistan (Green-Green-Green): 1-Valery Sarychev (GK) (C), 19-Rustam Khaidaraliev, 7-Rustam Khodzhaev, 21-Rustam Kurbanov, 10-Vladimir Domladzhanov (53' Vitaly Paraknevich), 2-Sergei Piskarev, 11-Akhmed Engourazov (71' Khassan Radzhabov), 6-Alisher Tukhtaev, 8-Oleg Shirinbekov, 18-Takhidzhon Muminov, 9-Fakhritdin Sharipov,

·Coach: Zoir Babaev

Scorers: 1-0 3' Do-Hoon Kim, 2-0 19' Yong-Soo Choi, 2-1 33' Alisher Tukhtaev, 3-1 34' Do-Hoon Kim, 4-1 65' (P) Sang-Chul Yoo

·Referee: Pirom Un-Prasert (Thailand)

·Attendance: 20,580

·Notes: At first, Tajik FA would send 16 players. But for missing passports, only 12 players visited Korea.

Therefore, Tadjik FA required some Soviet-origin players in Korean League to participate the match. Paraknevich (Ukrainian) and Sarychev (was born in Tadjikistan, but has Russian citizenship) were ordered to play the match. Though Akhmed Engourazov(No.11) was a goalkeeper, he had to play as a field-player because of none-enough numbers of players.

South Korea - China 0-0 (0-0)

Korea-China Annual Match, Second Match

(Seoul - Dongdaemun Stadium - 30.08.1997 - 19:00)

South Korea (Red-Black-Red): 22-Dong-Myung Seo (GK), 13-Tae-Young Kim (67' 2-Sang-Hoon Kim), 12-Ki-Hyung Lee, 5-Min-Sung Lee, 4-Young-Il Choi (C) (83' 3-Sung-Yong Choi), 20-Myung-Bo Hong, 21-Tae-Ha Park(75' 16-Sang-Rae Noh), 17-Seok-Joo Ha, 18-Do-Hoon Kim (69' 8-Moon-Shik Choi), 11-Jung-Won Seo (79' 9-Keon-Ha Park), 10-Yong-Soo Choi.

·Coach: Bum-Geun Cha

China (White-White-White): 1-Chuliang Ou (GK), 16-Ming Li, 10-Bing Li (64' 7-Haidong Hao), 2-Tie Li (82' 18-Feng Jiang), 8-Mingyu Ma, 24-Yijun Mao (60' 15-Feng Xie), 13-Jihai Sun, 14-Xia Yao, 12-Genwei Yu (64' 19-Jinyu Li), 4-Enhua Zhang, (44' 20-Dongliang Sui), 6-Zhiyi Fan (C).

·Coach: Wusheng Qi

Scorers: -

·Cautions: 61' Genwei Yu, 81' Tie Li

·Referee: Nik Ahmad Yaakub (Malaysia)

·Attendance: 24,920

South Korea - Kazakhstan 3-0 (1-0)

FIFA World Cup France 1998, Preliminaries, Final Round Group B

(Seoul - Olympic Stadium - 06.09.1997 - 19:00)

South Korea (Red-Black-Red): 22-Dong-Myung Seo (GK), 13-Tae-Young Kim, 12-Ki-Hyung Lee, 5-Min-Sung Lee, 4-Young-Il Choi (C), 20-Myung-Bo Hong(77' 19-Dae-Il Jang), 15-Sang-Yoon Lee, 17-Seok-Joo Ha, 18-Do-Hoon Kim(69' 23-Jung-Woon Ko), 11-Jung-Won Seo(69' 9-Keon-Ha Park), 10-Yong-Soo Choi.

·Coach: Bum-Geun Cha

Kazakhstan (White-Blue-White): 1-Oleg Voskoboinikov (GK), 9-Nurken Mazbaev (78' 12-Bakhytzhan Ensebaev), 6-Ruslan Baltiev, 11-Vladimir Loginov (65' 10-Oleg Litvinenko), 4-Vitaly Sparyshev, 3-Sergei Timofeev, 8-Azamat Niyazimbetov (68' 7-Ashkhat Kadyrkulov), 5-Alevtin Ossipov, 15-Aleksandr Familtsev, 2-Oirat Saduov (C), 14-Pavel Evteev.

·**Coach:** Serik Berdalin

Scorers: 1-0 24' Yong-Soo Choi, 2-0 67' Yong-Soo Choi, 3-0 74' Yong-Soo Choi

·**Cautions:** 40' Aleksandr Familtsev, 54' Myung-Bo Hong, 60' Seok-Joo Ha

·**Expulsions:** 73' Sergei Timofeev

·**Referee:** Santhan Nagalingam (Singapore)

·**Attendance:** 41,219

South Korea - Uzbekistan 2-1 (1-0)

FIFA World Cup France 1998, Preliminaries, Final Round Group B

(Seoul - Olympic Stadium - 12.09.1997 - 19:00)

South Korea (Red-Black-Red): 22-Dong-Myung Seo (GK), 6-Sang-Chul Yoo, 12-Ki-Hyung Lee, 5-Min-Sung Lee, 4-Young-Il Choi (C), 20-Myung-Bo Hong, 15-Sang-Yoon Lee(88' 16-Sang-Rae Noh), 17-Seok-Joo Ha, 9-Keon-Ha Park (46' 23-Jung-Woon Ko), 11-Jung-Won Seo(77' 18-Do-Hoon Kim), 10-Yong-Soo Choi.

·**Coach:** Bum-Geun Cha

Uzbekistan (Yellow-Black-Yellow): 1-Pavel Bugalo (GK), 7-Nikolay Shirshov (68' 15-Zhafar Irismetov), 9-Ravshan Bazarov, 12-Ruslan Uzakov, 4-Rustam Shaymardanov (53' 20-Oleg Shatskikh), 5-Bakhtier Qambaraliev, 8-Sergei Lebedev, 3-Andrei Fyodorov, 11-Abdikakhor Marifaliev, 18-Eduard Momotov (46' 6-Murad Aliev), 10-Igor Shkvyrin (C).

·**Coach:** Rustam Mirsadiqov

Scorers: 1-0 15' Yong-Soo Choi, 1-1 74' Oleg Shatskikh, 2-1 87' Sang-Yoon Lee

·**Cautions:** 4' Ruslan Uzakov, 72' Andrei Fyodorov, 77' Sergei Lebedev, 79' Zhafar Irismetov

·**Referee:** Jihong Wei (China)

·**Attendance:** 65,500

Japan - South Korea 1-2 (0-0)

FIFA World Cup France 1998, Preliminaries, Final Round Group B

(Tokyo - Yoyoki National Stadium - 28.09.1997 - 14:00)

Japan (Blue-White-Blue): 20-Yoshikatsu Kawaguchi (GK), 10-Hiroshi Nanami, 28-Eisuke Nakanishi (46' 2-Akira Narahashi), 8-Hidetoshi Nakata, 11-Kazuyoshi Miura, 3-Naoki Soma, 6-Motohiro Yamaguchi, 5-Norio Omura, 30-Wagner Lopes (72' 17-Yutaka Akita), 4-Masami Ihara (C), 7-Yasuto Honda (87' 27-Akinori Nishizawa).

·**Coach:** Shu Kamo

South Korea (Red-Black-Red): 1-Byung-Ji Kim (GK), 6-Sang-Chul Yoo, 12-Ki-Hyung Lee, 5-Min-Sung Lee, 12-Hyung-Seok Jang (58' 3-Sung-Yong Choi), 4-Young-Il Choi (C), 20-Myung-Bo Hong, 15-Sang-Yoon Lee (64' 11-Jung-Won Seo), 17-Seok-Joo Ha, 7-Jung-Woon Ko (71' 14-Dae-Ui Kim), 10-Yong-Soo Choi.

·**Coach:** Bum-Geun Cha

Scorers: 1-0 65' Motohiro Yamaguchi, 1-1 83' Jung-Won Seo, 1-2 86' Min-Sung Lee

·**Cautions:** 25' Wagner Lopes, 31' Min-Sung Lee, 55' Sang-Chul Yoo, 55' Norio Omura

·**Referee:** Saad Kameel Mane (Kuwait)

·**Attendance:** 56,704

South Korea - U.A.E. 3-0 (1-0)

FIFA World Cup France 1998, Preliminaries, Final Round Group B

(Seoul - Olympic Stadium - 04.10.1997 - 19:00)

South Korea (Red-Black-Red): 1-Byung-Ji Kim (GK), 13-Tae-Young Kim, 6-Sang-Chul Yoo(84' 8-Ki-Dong Kim), 12-Ki-Hyung Lee, 4-Young-Il Choi (C), 20-Myung-Bo Hong, 15-Sang-Yoon Lee, 17-Seok-Joo Ha, 7-Jung-Woon Ko(56' 9-Keon-Ha Park), 11-Jung-Won Seo, 10-Yong-Soo Choi(84' 12-Hyung-Seok Jang).

·**Coach:** Bum-Geun Cha

U.A.E. (White-White-White): 17-Muhsin Musabbah Faraj (GK) (C), 20-Mohammed Obaid (46' 14-Khamis Saad), 7-Bakhit Saad(71' Garib Hareb), 23-Adel Ahmed, 18-Ahmed Ibrahim (71' 15-Mohammed Ali), 19-Ali hassan, 13-Abdul Salam Al-Junaibi, 6-Ismail Rashid, 11-Zuhair Bakheet

Saad, 16-Hassan Saeed Ahmed, 5-Hassan Suhail.

·**Coach**: Lori Sandri (Brazil)

Scorers: 1-0 7' Seok-Joo Ha, 2-0 67' (P) Sang-Chul Yoo, 3-0 80' Sang-Yoon Lee

·**Cautions**: 12' Ali Hassan, 21' Ismail Rashid, 50' Zuhair Bakhit Saeed, 79' Adel Ahmed

·**Expulsions**: 68' Lori Sandri (Coach)

·**Referee**: Lucien Bouchardeau (Nigeria)

·**Attendance**: 73,000

Kazakhstan - South Korea 1-1 (0-1)

FIFA World Cup France 1998, Preliminaries, Final Round Group B

(Almaty - Central Stadium - 11.10.1997 - 16:00)

Kazakhstan (White-Blue-White): 1-Oleg Voskoboinikov (GK), 6-Ruslan Baltiev, 9-Bulat Esmagambetov, 4-Vitaly Sparyshev (75' 18-Almas Kulshinbaev), 17-Viktor Zubarev, 3-Sergei Timofeev, 20-Andrei Tyotushkin (46' 14-Pavel Evteev), 5-Alevtin Ossipov, 15-Aleksandr Familtsev, 2-Oirat Saduov, 7-Konstantin Kotov (71' 11-Vladimir Loginov).

·**Coach**: Serik Berdalin

South Korea (Red-Black-Red): 1-Byung-Ji Kim (GK), 13-Tae-Young Kim, 6-Sang-Chul Yoo, 2-Ki-Hyung Lee (60' 3-Sung-Yong Choi), 4-Young-Il Choi (C), 20-Myung-Bo Hong, 15-Sang-Yoon Lee(77' 8-Ki-Dong Kim), 17-Seok-Joo Ha, 9-Keon-Ha Park(58' 14-Dae-Ui Kim), 11-Jung-Won Seo, 10-Yong-Soo Choi.

·**Coach**: Bum-Geun Cha

Scorers: 0-1 4' Yong-Soo Choi, 1-1 51' Pavel Evteev

·**Cautions**: 59' Viktor Zubarev, 74' Aleksandr Familtsev, 87' Bulat Esmagambetov, 90' Sergei Timofeev

·**Referee**: Omar Abu Loom (Jordan)

·**Attendance**: 15,000

Uzbekistan - South Korea 1-5 (0-3)

FIFA World Cup France 1998, Preliminaries, Final Round Group B

(Tashkent - Pakhtakor Stadium - 18.10.1997 - 17:00)

Uzbekistan (White-Blue-Blue): 1-Pavel Bugalo (GK), 6-Nikolay Shirshov (46' 10-Ravshan Bazarov), 4-Mirdzhalal Kasymov (C), 2-Bakhtier Ashurmatov, 5-Bakhtier Qambaraeliv, 8-Sergei Lebedev, 11-Sergei Andreev (78' 18-Ravshan Mataliev), 7-Abdikakhor Marifaliev, 3-Andrei Fyodorov, 9-Otabek Pirmatov, 20-Oleg Shatskikh (46' 14-Azamat Abduraimov).

·**Coach**: Rustam Mirsadiqov

South Korea (Red-Black-Red): 1-Byung-Ji Kim (GK), 6-Sang-Chul Yoo, 2-Ki-Hyung Lee, 5-Min-Sung Lee (59' 12-Hyung-Seok Jang), 19-Dae-Il Jang, 4-Young-Il Choi (C), 20-Myung-Bo Hong, 15-Sang-Yoon Lee(65' 11-Jung-Won Seo), 17-Seok-Joo Ha, 7-Jung-Woon Ko, 10-Yong-Soo Choi(65' 18-Do-Hoon Kim).

·**Coach**: Bum-Geun Cha

Scorers: 0-1 18' Yong-Soo Choi, 0-2 38' Sang-Chul Yoo, 0-3 41' Yong-Soo Choi, 0-4 57' Jung-Woon Ko, 1-4 60' (P) Andrei Fyodorov, 1-5 70' Do-Hoon Kim

·**Cautions**: 12' Myung-Bo Hong, 86' Jung-Woon Ko

·**Referee**: Abdul Khudheir (Iraq)

·**Attendance**: 38,000

South Korea - Japan 0-2 (0-2)

FIFA World Cup France 1998, Preliminaries, Final Round Group B

(Seoul - Olympic Stadium - 01.11.1997 - 15:00)

South Korea (Red-Black-Red): 1-Byung-Ji Kim (GK), 6-Sang-Chul Yoo, 2-Ki-Hyung Lee, 5-Min-Sung Lee, 19-Dae-Il Jang, 4-Young-Il Choi (C), 8-Ki-Dong Kim, 17-Seok-Joo Ha, 7-Jung-Woon Ko(46' 15-Sang-Yoon Lee), 11-Jung-Won Seo (59' 16-Sang-Rae Noh), 10-Yong-Soo Choi(44' 18-Do-Hoon Kim).

·**Coach**: Bum-Geun Cha

Japan (Blue-White-Blue): 20-Yoshikatsu Kawaguchi (GK), 13-Tsuyoshi Kitazawa (70' Takashi Hirano), 10-Hiroshi Nanami, 2-Akira Narahashi, 8-Hidetoshi Nakata, 11-Kazuyoshi Miura, 3-Naoki Soma, 17-Yutaka Akita, 6-Motohiro Yamaguchi, 30-Wagner Lopes, 4-Masami Ihara (C).

·**Coach**: Takeshi Okada

Scorers: 0-1 1' Hiroshi Nanami, 0-2 37' Wagner Lopes

·**Cautions**: 53' Kazuyoshi Miura, 55' Wagner Lopes, 87' Ki-Hyung Lee

· **Expulsions:** 79' Young-Il Choi

· **Referee:** Esfandiar Bhmarmast (USA)

· **Attendance:** 72,000

U.A.E. - South Korea 1-3 (0-2)

FIFA World Cup France 1998, Preliminaries, Final Round Group B

(Abu Dhabi - Zayed Sports City Stadium - 09.11.1997 - 16:55)

U.A.E. (White-White-White): 17-Muhsin Musabbah Faraj (46' 1-Jumma Rashid) (GK), 2-Mohammed Rabe, 20-Mohammed Obaid (46' 7-Bakhit Saad), 3-Munther Ali, 13-Abdul Salam Al-Junaibi, 10-Adnan Al-Talyani (C) (46' 14-Khamis Saad), 19-Ali Hassan, 6-Ismail Rashid, 11-Zuhair Bakheet Saeed, 16-Hassan Saeed Ahmed, 5-Hassan Suhail.

· **Coach:** Lori Sandri (Brazil)

South Korea (Red-Black-Red): 21-Bong-Soo Kim (GK), 2-Ki-Hyung Lee, 5-Min-Sung Lee, 19-Dae-Il Jang, 12-Hyung-Seok Jang, 20-Myung-Bo Hong (C) (58' 6-Sang-Chul Yoo), 16-Sang-Rae Noh (63' 11-Jung-Won Seo), 15-Sang-Yoon Lee (75' 14-Tae-Ha Park), 3-Sung-Yong Choi, 17-Seok-Joo Ha, 18-Do-Hoon Kim.

· **Coach:** Bum-Geun Cha

Scorers: 0-1 9' Sang-Yoon Lee, 0-2 42' Do-Hoon Kim, 1-2 51' Zuhair Saeed, 1-3 66' Do-Hoon Kim

· **Cautions:** 52' Zuhair Saeed, 62' Sang-Yoon Lee, 83' Munther Ali

· **Referee:** Piero Ceccarini (Italy)

· **Attendance:** 1,800

South Korea - Denmark Selected 1-2 (0-1)

Thailand King's Cup 1998, Group Stage

(Bangkok - Suphachalasai Stadium - 25.01.1998 - 19:00)

South Korea (Red-Black-Red): 22-Dong-Myung Seo (GK), 7-Jung-Hyuk Kim (68' 3-Ki-Hyung Lee), 6-Sang-Chul Yoo, 12-Sang-Heon Lee, 2-Sung-Yong Choi, 4-Young-Il Choi (C), 8-Jung-Hwan Yoon (38' 14-Jong-Soo Ko), 15-Sang-Yoon Lee, 17-Dong-Won Seo (65' 5-Min-Sung Lee), 11-Soon-Jin Jin (71' 20-Byung-Ho Shin), 10-Yong-Soo Choi.

· **Coach:** Bum-Geun Cha

Denmark Selected (White-White-White): 1-Mogens Krogh (GK), 8-Bjarne Goldbæk, 19-Claus Thomsen (75' 14-Lars Brøgger), 4-Diego Tur, 10-Ebbe Sand, 13-Jens Jensen, 17-Jesper Thugesen (56' 18-Morten Bisgaard), 12-Morten Falch, 3-René Henriksen (69' 15-Carsten Hemmingsen), 9-Søren Andersen, 2-Sven Colding.

· **Coach:** Bo Johansson (Sweden)

Scorers: 0-1 13' Søren Andersen, 0-2 73' Morten Bisgaard, 1-2 85' Byung-Ho Shin

· **Cautions:** 6' Morten Falch, 50' Dong-Won Seo

· **Referee:** Russamee Jindamai (Thailand)

· **Attendance:** 18,000

Note: FIFA didn't count this match as a full international.

South Korea - Egypt 2-0 (2-0)

Thailand King's Cup 1998, Group Stage

(Bangkok - Suphachalasai Stadium - 27.01.1998 - 20:15)

South Korea (Red-Black-Red): 22-Dong-Myung Seo (GK), 13-Tae-Young Kim(54' 2-Sung-Yong Choi), 6-Sang-Chul Yoo(60' 18-Dong-Won Seo), 3-Ki-Hyung Lee, 5-Min-Sung Lee, 19-Dae-Il Jang, 4-Young-Il Choi (C), 25-Hyun-Jung Yang (33' 20-Byung-Ho Shin, 76' 17-Dong-Won Seo), 15-Sang-Yoon Lee, 11-Soon-Jin Jin, 10-Yong-Soo Choi(64' 9-Kyung-Geun Kwak).

· **Coach:** Bum-Geun Cha

Egypt (White-White-White): 16-Esam El-Hadary (GK), 3-Mohammed Omara, 7-Mohammed Youssef, 5-Samir Kamouna, 17-Ahmed Hassan (71' 21-Osama Nabih),

2-Abdel Zaher El-Sakka, 8-Yasser Radwan, 11-Yasser Rayyan (46' 10-Abdel Sabry), 13-Walid Latif (46' 14-Hazem Emam), 8-Yasser Radwan, 4-Hany Ramzy, 9-Hossam Hassan (C) (81' Said Saad).

·Coach: Mahmoud El-Gohary

Scorers: 1-0 6' Yong-Soo Choi, 2-0 42' Sang-Yoon Lee

·Cautions: 16' Ahmed Hassan

·Referee: Pirom Un-Prasert (Thailand)

·Attendance: 10,000

Thailand - South Korea 0-2 (0-0)

Thailand King's Cup 1998, Group Stage

(Bangkok - Suphachalasai Stadium - 29.01.1998 - 18:00)

Thailand (Blue-Blue-Blue): 18-Kittisak Rawangpa (GK), 17-Dusit Chalemsan (C), 6-Sanor Longsawang, 15-Sunai Jaidee(71' 10-Tawan Sripan), 16-Surachai Jirasirichote, 12-Surachai Jaturapattarapong, 5-Choktavee Promrut(84' 8-Sing Totavee), 11-Tawatchai Damrong-Ongtrakul, 9-Kanit Artchaayothin(71' 19-Warrawoot Srimaka), 2-Kritsada Piandit, 13-Kiatisak Senamuang, 11-Tawatchai Damrong-Ongtrakul.

·Coach: Vitaya Laohakhun

South Korea (Red-Black-Red): 22-Dong-Myung Seo (GK), 7-Jung-Hyuk Kim(55' 3-Ki-Hyung Lee), 13-Tae-Young Kim(55' 2-Sung-Yong Choi), 6-Sang-Chul Yoo, 5-Min-Sung Lee, 19-Dae-Il Jang, 4-Young-Il Choi (C), 8-Jung-Hwan Yoon, 15-Sang-Yoon Lee(20' 14-Jong-Soo Ko), 11-Soon-Jin Jin(78' 12-Sang-Heon Lee), 10-Yong-Soo Choi(66' 9-Kyung-Geun Kwak).

·Coach: Bum-Geun Cha

Scorers: 1-0 52' Jong-Soo Ko, 2-0 63' Yong-Soo Choi

·Cautions: 49' Surachai Jirasirichote

·Referee: Hai Ahmad (Malaysia)

·Attendance: 11,000

South Korea - Egypt 1-1 (0-1,1-1) a.e.t. 5-4 on penalties

Thailand King's Cup 1998, Final

(Bangkok - Suphachalasai Stadium - 31.01.1998 - 17:30)

South Korea (Red-Black-Red): 22-Dong-Myung Seo (GK), 13-Tae-Young Kim(71' 2-Sung-Yong Choi), 6-Sang-Chul Yoo(46' 12-Sang-Heon Lee), 3-Ki-Hyung Lee (46' 7-Jung-

Hyuk Kim), 5-Min-Sung Lee, 19-Dae-Il Jang, 4-Young-Il Choi (C), 14-Jong-Soo Ko (46' 25-Hyun-Jung Yang), 8-Jung-Hwan Yoon, 11-Soon-Jin Jin(78' 9-Kyung-Geun Kwak), 10-Yong-Soo Choi.

·Coach: Bum-Geun Cha

Egypt (Green-White-Green): 1-Nader El-Sayed (GK), 3-Mohammed Omara, 7-Mohammed Youssef, 5-Samir Kamouna(60' Hardy), 10-Abdel Sabry, 2-Abdel Zaher El-Sakka, 8-Yasser Radwan, 20-Tarek Mostafa (85' 11-Yasser Rayyan), 4-Hany Ramzy, 14-Hazem Emam(60' Ahmed Hassan), 9-Hossam Hassan (C) (81' Said Saad).

Scorers: 0-1 1' Hossam Hassan, 1-1 48' Yong-Soo Choi

·Cautions: 2' Yasser Radwan, 40' Soon-Jin Jin, 79' Abdel Zaher El-Sakka, 87' Mohammed Omara, 93' Min-Sung Lee

·Penalties: 1-0 Hany Ramzy, 1-1 Yong-Soo Choi, 2-1 Yasser Radwan, 2-2 Jung-Hyuk Kim, 3-2 Mohammed Youssef, 3-3 Young-Il Choi, 4-3 Abdel Sabry, 4-4 Min-Sung Lee, 4-4 Hossam Hassan (missed), 4-5 Dae-Il Jang

·Referee: Russamee Jindamai (Thailand)

·Attendance: 4,000

New Zealand - South Korea 0-1 (0-1)

Friendly Match

(Auckland - Erikson Stadium - 07.02.1998 - 20:00)

New Zealand (White-Black-White): 1-Jason Batty (GK), 15-Gavin Wilkinson, 14-Danny Hay, 12-Mark Atkinson, 7-Mark Poy (80' Scott Smith), 16-Vaughan Coveny (87' Noah Hickey), 4-Ivan Vicelich, 6-Jonathan Perry, 2-Chris Zoricich (38' Shaun Douglas), 10-Tonoi Christi, 11-Harry Ngata (66' Chris Vouken).

·Coach: Kenneth Dugdale

South Korea (Red-Black-Red): 22-Dong-Myung Seo (GK), 7-Jung-Hyuk Kim(61' 3-Ki-Hyung Lee), 6-Sang-Chul Yoo, 5-Min-Sung Lee(40' 8-Jung-Hwan Yoon), 12-Sang-Heon Lee(46' 13-Tae-Young Kim), 19-Dae-Il Jang, 4-Young-Il Choi (C), 14-Jong-Soo Ko, 17-Dong-Won Seo(75' 9-Kyung-Geun Kwak), 25-Hyun-Jung Yang (46' 11-Soon-Jin Jin), 10-Yong-Soo Choi.

·Coach: Bum-Geun Cha

Scorers: 0-1 1' Yong-Soo Choi

- **Cautions:** 31' Sang-Heon Lee
- **Referee:** Bruce Grimshaw (New Zealand)
- **Attendance:** 15,000

Australia - South Korea 1-0 (1-0)

Friendly Match

(Sydney - Aussie Stadium - 11.02.1998 - 19:30)

Australia (Yellow-Black-Yellow): 1-Jason Petkovic (GK), 14-Mark Babic, 16-Brett Emerton, 6-Steve Horvat, 4-Alexander Tobin (C), 21-Abbas Saad (90' Paul Bilokapic), 7-Ernie Tapai, 17-Kris Trajanovski (75' 11-John Markovski), 20-Troy Helpin, 2-Fausto de Amicis, 9-Paul Trimboli (75' 10-Gabriel Mendez).

- **Coach:** Terry Venables (England)

South Korea (Red-Black-Red): 22-Dong-Myung Seo (GK), 7-Jung-Hyuk Kim(66' 3-Ki-Hyung Lee), 13-Tae-Young Kim (85' 12-Sang-Heon Lee), 6-Sang-Chul Yoo, 5-Min-Sung Lee(63' 2-Sung-Yong Choi), 19-Dae-Il Jang, 4-Young-Il Choi (C), 14-Jong-Soo Ko, 8-Jung-Hwan Yoon (71' 17-Dong-Won Seo), 11-Soon-Jin Jin (46' 9-Kyung-Geun Kwak), 10-Yong-Soo Choi.

- **Coach:** Bum-Geun Cha

Scorers: 1-0 38' Ernie Tapai

- **Cautions:** 34' Min-Sung Lee, 54' Mark Babic, 61' Young-Il Choi, 69' Jung-Hwan Yoon
- **Referee:** Brett Hugo (Australia)
- **Attendance:** 15,000

FC Wollongong City(Australia)-South Korea 2-1(0-1)

Friendly Match

(Ilawara - Wollongong Showground – 13.02.1998 – 19:15)

FC Wollongong City: 1-Broback (46' ?-Yoogs), 9-Dimaski(46' 13-Spencer), 21-Marci(63' 10-Sala Pasili), 12-Suweris, 4-Stentom, 8-Sujeon, 11-Chapperfield, 5-Konneolri(69' 2-Unis), 14-Parnich, 15-Hansley, 6-Hossley(89' 18-Laf).

- **Coach:** ?

South Korea: 1-Byung-Ji Kim (46' 29-Bong-Su Kim) (GK), 16-Hak-Chul Kim(57' 26-Se-Kwon Cho), Ki-Hyung Lee(68' 6-Sang-Chul Yoo), Sang-Heon Lee, Dae-Il Jang, Sung-Yong Choi, 18-Dong-Won Seo(53' 8- Jung-Hwan Yoon),

20-Byung-Ho Shin(60' 14-Jong-Soo Ko), Hyun-Jung Yang, Sang-Yoon Lee, Kyung-Geun Kwak(60' 10-Yong-Soo Choi).

- **Coach:** Bum-Geun Cha

Scorers: 0-1 20' Hyun-Jung Yang, 1-1 79' Sala Pasili, 2-1 81' Chapperfield

- **Referee:** Grack Riverton
- **Attendance:** ?

Sydney United(Australia)-South Korea 0-1 (0-1)

Friendly Match

(Sydney - Parkley Stadium – 15.02.1998-16:00)

Sydney United: 20-Andrew(46' 1-Joljin), 27-Nick(78' 15-Jason), 2-David(63' 17-Mike), 8-marine, 11-mark, 3-Bell, 13-Stewart, 24- Ajuer, 18-Jacob(63' 5-Jomoric), 6-Joe(68' 10-Tom), 28-Peter(78' 7-D'ine)

- **Coach:** ?

South Korea: 22-Dong-Myung Seo (GK), 7-Jung-Hyuk Kim, 13-Tae-Young Kim(63' 12-Sang-Heon Lee), Hak-Chul Kim, 6-Sang-Chul Yoo(76' 2-Sung-Yong Choi), 19-Dae-Il Jang, 14-Jong-Soo Ko, 8-Jung-Hwan Yoon, 15-Sang-Yoon Lee(74' 21-Byung-Joo Park), 11-Soon-Jin Jin, 10-Yong-Soo Choi.

- **Coach:** Bum-Geun Cha

Scorers: 0-1 29' Yong-Soo Choi

- **Cautions:** 43' Jacob, 45' Stewart, 52' Yong-Soo Choi, 67' Joljin
- **Referee:** Cone
- **Attendance:** ?

FC Maconi(Australia) - South Korea 1-3 (1-1)

Friendly Match

(Sydney - Markony Stadium 17.02.1998 – 19:30)

FC Maconi: 1-Corbichi, 22-Pan-geun Kim(66' 21-Surisu), 25-Rhongo, 10-Maloney, 8-McDonald(77' 24-expoziro), 13-Barbich(15' 29-Gibson), 16-Barbich(27' 12-Sang-Chul Yoon), 17-Awar Lepitti, 23- Jonich, 7-Ke(54' 28-Smith), 6-Kessley.

- **Coach:** ?

South Korea: 29-Bong-Soo Kim (46' 1-Byung-Ji Kim) (GK), 13-Tae-Young Kim, Hak-Chul Kim, 6-Sang-Chul Yoo, Ki-Hyung Lee, 19-Dae-Il Jang, 14-Jong-Soo Ko(68'

12-Sang-Heon Lee), 8-Jung-Hwan Yoon(75' 18-Dong-Won Seo), 15-Sang-Yoon Lee(56' 21-Byung-Joo Park), 11-Soon-Jin Jin(64' 23-Han-Soo Sung), 10-Yong-Soo Choi

·**Coach**: ?

Scorers: 1-0 40' Maloney, 1-1 42' Yong-Soo Choi, 1-2 56' Yong-Soo Choi, 1-3 74' Sang-Chul Yoo

·**Cautions**: 14' 16-Barbich, 67' Jong-Soo Ko, 69' McDonald, 71' Awar Lepitti, 88' Awar Lepitti

·**Expulsions**: 88' Awar Lepitti, 88' Sang-Chul Yoo, 88' Sang-Heon Lee

·**Referee**: Mikelev

·**Attendance**: ?

Japan - South Korea 2-1 (1-1)

Marlboro Dynasty Cup 1998, Group Stage

(Yokohama - International Stadium - 01.03.1998 - 14:00)

Japan (Blue-White-Blue): 25-Seigo Narazaki (GK), 13-Tsuyoshi Kitazawa(59' 22-Takashi Hirano), 10-Hiroshi Nanami, 2-Akira Narahashi, 9-Masashi Nakayama(80' 14-Masayuki Okano), 8-Hidetoshi Nakata, 3-Naoki Soma, 17-Yutaka Akita, 4-Masami Ihara (C), 18-Shoji Jo, 23-Toshihiro Hattori.

·**Coach**: Takeshi Okada

South Korea (Red-Black-Red): 22-Dong-Myung Seo (GK), 16-Hak-Chul Kim (31' 3-Ki-Hyung Lee), 6-Sang-Chul Yoo, 5-Min-Sung Lee, 19-Dae-Il Jang, 4-Young-Il Choi (C), 27-Nam-Yeol Park (78' 14-Jong-Soo Ko), 15-Sang-Yoon Lee, 2-Sung-Yong Choi, 24-Do-Hoon Kim (78' 11-Soon-Jin Jin), 10-Yong-Soo Choi.

·**Coach**: Bum-Geun Cha

Scorers: 1-0 17' Masashi Nakayama, 1-1 21' Sang-Yoon Lee, 2-1 88' Shoji Jo

·**Cautions**: 23' Yutaka Akita, 64' Yong-Soo Choi

·**Referee**: Ali Bujsaim (UAE)

·**Attendance**: 59,380

South Korea - China 2-1 (2-1)

Marlboro Dynasty Cup 1998, Group Stage

(Yokohama - International Stadium - 04.03.1998 - 16:15)

South Korea (Red-Black-Red): 22-Dong-Myung Seo (GK), 7-Jung-Hyuk Kim (84' 13-Tae-Young Kim), 5-Min-Sung

Lee(80' 6-Sang-Chul Yoo), 15-Sang-Yoon Lee, 4-Young-Il Choi (C), 20-Myung-Bo Hong, 14-Jong-Soo Ko, 15-Sang-Yoon Lee, 2-Sung-Yong Choi, 24-Do-Hoon Kim, 10-Yong-Soo Choi(83' 29-Keon-Ha Park).

·**Coach**: Bum-Geun Cha

China (White-White-White): 1-Chuliang Ou (GK), 6-Ming Li (60' 18-Qi Zhu), 19-Bing Li, 7-Mingyu Ma (73' 8-Jun Liu), 10-Si Shen, 20-Maozhen Su (8' 21-Yunfeng Hu), 2-Jihai Sun, 17-Xia Yao, 4-Qun Wei, 3-Enhua Zhang, 5-Zhiyi Fan (C).

·**Coach**: Robert Houghton (England)

Scorers: 0-1 15' Bing Li, 1-1 38' Sung-Yong Choi, 2-1 42' Sang-Yoon Lee

·**Referee**: Pirom Un-Prasert (Thailand)

·**Attendance**: 30,189

South Korea - Hong Kong 1-0 (0-0)

Marlboro Dynasty Cup 1998, Group Stage

(Tokyo - Yoyoki National Stadium - 07.03.1998 - 16:15)

South Korea (Red-Black-Red): 22-Dong-Myung Seo (GK), 6-Sang-Chul Yoo(71' 13-Tae-Young Kim), 3-Ki-Hyung Lee(51' 7-Jung-Hyuk Kim), 15-Sang-Yoon Lee, 4-Young-Il Choi (C), 20-Myung-Bo Hong, 14-Jong-Soo Ko(46' 11-Soon-Jin Jin), 2-Sung-Yong Choi, 24-Do-Hoon Kim, 10-Yong-Soo Choi.

·**Coach**: Bum-Geun Cha

Hong Kong (White-White-White): 17-Kar Win Lok (GK), 19-Gary McKeown, Gary Josef(80' 10-Sin Siu Cheng), 9-Dale Tempest, 5-Dmitry Kalkanov, 15-Kai Wah Lo, 8-Mark Grainger, 7-Wai Lun Au(60' Dale Michael), 14-Wai Tak Wong, 12-Timothy Bredbury(65' 3-Hon Fai Chan), 4-Timothy O'Shea.

·**Coach**: Sebastiao Araujo (Brazil)

Scorers: 1-0 90' Yong-Soo Choi

·**Cautions**: 50' Young-Il Choi, 52' Young-Il Choi

·**Expulsions**: 52' Young-Il Choi

·**Referee**: Masayoshi Okada (Japan)

·**Attendance**: 27,668

Note: FIFA didn't count this match as a full international because Hong Kong used some foreign players.

South Korea - Japan 2-1 (1-0)

Friendly Match

(Seoul - Olympic Stadium - 01.04.1998 - 19:00)

South Korea (Red-Blue-Red): 1-Byung-Ji Kim (GK), 13-Tae-Young Kim, 12-Sang-Heon Lee(56' 5-Min-Sung Lee), 20-Myung-Bo Hong(78' 3-Ki-Hyung Lee), 7-Do-Geun Kim(78' 6-Sang-Chul Yoo), 11-Jung-Won Seo, 15-Sang-Yoon Lee(84' 14-Jong-Soo Ko), 2-Sung-Yong Choi, 17-Seok-Joo Ha, 10-Yong-Soo Choi(68' 9-Do-Hoon Kim), 18-Seon-Hong Hwang.

·**Coach:** Bum-Geun Cha

Japan (Blue-White-Blue): 20-Yoshikatsu Kawaguchi (GK), 13-Tsuyoshi Kitazawa(65' 30-Shinji Ono), 10-Hiroshi Nanami (86' 22-Takashi Hirano), 9-Masashi Nakayama, 8-Hidetoshi Nakata, 3-Naoki Soma (74' 19-Eisuke Nakanishi), 17-Yutaka Akita, 27-Atsushi Yanagisawa(65' 14-Masayuki Okano), 6-Motohiro Yamaguchi, 29-Daisuke Ichikawa, 4-Masami Ihara (C) (26' 5-Norio Omura).

·**Coach:** Takeshi Okada

Scorers: 1-0 40' Sang-Yoon Lee, 1-1 61' Masashi Nakayama, 2-1 72' Seon-Hong Hwang

·**Cautions:** 28' Do-Geun Kim

·**Referee:** Jingyin Yu (China)

·**Attendance:** 55,320

SaintDenis(France)-South Korea 2-1 (0-1)

Friendly Match

(SaintDenis - Stade de France -06.04.1998- 19:00)

Saint Denis: 1-Rainyo, 5-Neurhi, 4-Mohammed(80' 15-Morera), 9-Basset(61' 13-Diemet), 8-Bristanki, 10-Abdel, 2-Emerang(57' 14-Belleul), 6-Estelle, 3-Ishua, 11-Gilber, 7-Croniee.

·**Coach:** ?

South Korea: 1-Byeong ji KIm (GK), Hak-Chul Kim, Dae-Il Jang, 4-Young-Il Choi (C), Do-keun Kim, Nam-Yeol Park, 21-Byung-Joo Park(62' 15-Sang-Yoon Lee), 6-Sang-Chul Yoo, 8-Jung-Hwan Yoon(65' 10-Yong-Soo Choi), Sung-Yong Choi, Soon-Jin Jin.

·**Coach:** Bum-Geun Cha

Scorers: 0-1 34' Soon-Jin Jin, 1-1 55' Basset, 2-1 62' Diemet

·**Cautions:** 50' Ishua

·**Referee:** Lesselier

·**Attendance:** ?

FC Metz(France)-South Korea 1-2 (1-1)

Friendly Match

(Mets - Saint-Symphorien – 11.04.1998 – 14:30)

FC Metz: 16-Vianne Carrelli, 3-gaiyo(46' 18-Strasse), 21-Rodriguez(46' 9-Lukick), 25-Bopang(46' 2- Pierre), 8-Blungcha, 6-Segoz Dun(75' 17-Essiol), 4-song, 24-Saa(75' 11-Tot), 5-CastongDutch, 12-promo, 7-Pyres (64' 13-Gondle).

·**Coach:** ?

South Korea: Dong-Myung Seo (GK), 13-Tae-Young Kim(80' 19-Dae-Il Jang), Sang-Heon Lee, 4-Young-Il Choi (C)(59' 24-Hyung-Seok Jang), Do-keun Kim, Nam-Yeol Park, Sang-Chul Yoo, 8-Jung-Hwan Yoon(64' 21-Byung-Joo- Park), Sung-Yong Choi, Seong hong Hwang.

·**Coach:** Bum-Geun Cha

Scorers: 1-0 24' Saa, 1-1 43' Do-keun Kim, 1-2 67' Yong-Soo Choi

·**Cautions:** 21' Sang-Chul Yoo

·**Referee:** Sar

·**Attendance:** ?

Slovakia - South Korea 0-0 (0-0)

Friendly Match

(Bratislava - Bratislava Stadium - 15.04.1998 - 18:00)

Slovakia (Blue-Blue-Blue): 1-Miroslav König (GK), 6-Dušan Tittel, 11-Lubomír Moravčík (C), 4-Marek Špilár, 2-Marian Zeman, 5-Vladimír Kinder, 7-Samuel Slovák (57' Tibor Jančula), 3-Stanislav Varga (55' Robert Tomaschek), 9-Jozef Majoroš (57' Igor Bališ), 8-Peter Németh (68' Martin Fabuš), 10-Peter Dubovský.

·**Coach:** Jozef Jankech

South Korea (Red-Blue-Red): 1-Byung-Ji Kim (GK), 13-Tae-Young Kim, 12-Sang-Heon Lee, 24-Hyung-Seok Jang, 7-Do-Geun Kim, 27-Jung-Yoon Noh(66' 14-Jong-Soo Ko), 26-Nam-Yeol Park (68' Jung-Hwan Yoon), 6-Sang-Chul Yoo, 2-Sung-Yong Choi, 18-Seon-Hong Hwang.

·**Coach:** Bum-Geun Cha

Scorers: -

- Cautions: 54' Do-Geun Kim, 61' Igor Balis
- Referee: Mirosław Milewski (Poland)
- Attendance: 1,873

Macedonia - South Korea 2-2 (0-1)

Friendly Match

(Skopje - Skopje Stadium - 18.04.1998 - 18:00)

Macedonia (Red-Red-Red): 1-Petar Milosevski (GK), 11-Goran Lazarevski, 5-Nedzmedin Memedi, 2-Dragan Veselinovski, 6-Ljubodrag Milošević, 4-Ljupco Markovski (83' Milan Stojanovski), 7-Vlatko Gosev (65' Igor Gjudjelov), 10-Viktor Trenevski, 3-Esad Colakovic, 7-Vlatko Gosev (65' Igor Gjudjelov), 8-Dzevdet Sainovski (87' Toni Micevski), 9-Gjorgi Hristov.

- Coach: Doko Hadzievski

South Korea (Blue-White-Blue): 22-Dong-Myung Seo (GK), 13-Tae-Young Kim, 19-Dae-Il Jang (71' 12-Sang-Heon Lee), 24-Hyung-Seok Jang(52' Jung-Hwan Yoon (81' Nam-Yeol Park)), 14-Jong-Soo Ko (65' Byung-Joo Park), 7-Do-Geun Kim, 6-Sang-Chul Yoo, Ki-Hyung Lee, 2-Sung-Yong Choi, 23-Keon-Ha Park (70' 18-Seon-Hong Hwang), 10-Yong-Soo Choi.

- Coach: Bum-Geun Cha

Scorers: 0-1 24' Hyung-Seok Jang, 1-1 56' Gjorgi Hristov, 1-2 85' Yong-Soo Choi, 2-2 88' Igor Gjudjelov

- Cautions: 62' Yong-Soo Choi, 90' Dragan Veselinovski
- Expulsions: 90' Tae-Young Kim
- Referee: Stefan Ormandzhiev (Bulgaria)
- Attendance: 5,000

Yugoslavia - South Korea 3-1 (0-1)

Friendly Match

(Beograd - Crvena Zvezda Stadium - 22.04.1998 - 19:00)

Yugoslavia (Blue-White-White): 1-Dragoje Leković (GK), 5-Nisa Saveljić, 8-Dejan Savićević (46' Darko Kovačević), 6-Dejan Stankovic (68' Dejan Govedarica), 10-Dragan Stojković (C), 7-Vladimir Jugović (46' Miroslav Stević), 4-Slavisa Jokanović, 11-Sinisa Mihajlović, 5-Nisa Saveljić, 9-Anton Drobnjak (58' Perica Ognjenović), 3-Albert Nadj (46' Slobodan Komljenović), 2-Zoran

Mirković.

- Coach: Slobodan Santrać

South Korea (Red-Blue-Red): 1-Byung-Ji Kim (GK), 19-Dae-Il Jang, 24-Hyung-Seok Jang, 7-Do-Geun Kim(82' Jung-Hwan Yoon), 11-Jung-Won Seo, 6-Sang-Chul Yoo, 3-Ki-Hyung Lee(66' 5-Min-Sung Lee), 15-Sang-Yoon Lee (87' 14-Jong-Soo Ko), 2-Sung-Yong Choi, 10-Yong-Soo Choi(73' Keon-Ha Park), 18-Seon-Hong Hwang.

- Coach: Bum-Geun Cha

Scorers: 0-1 15' Seon-Hong Hwang, 1-1 47' Dejan Stanković, 2-1 57' Dejan Stanković, 3-1 63'(P) Slavisa Jokanović

- Cautions: 74' Zoran Mirković, 79' Dae-Il Jang
- Referee: Constantin Zotta (Romania)
- Attendance: 9,731

South Korea - Jamaica 2-1 (1-1)

Friendly Match

(Seoul - Olympic Stadium - 16.05.1998 - 19:00)

South Korea (Red-Blue-Red): 22-Dong-Myung Seo (GK), 13-Tae-Young Kim, 19-Dae-Il Jang, 16-Hyung-Seok Jang (72' 12-Sang-Heon Lee), 14-Jong-Soo Ko, 7-Do-Geun Kim, 6-Sang-Chul Yoo, 15-Sang-Yoon Lee, 2-Sung-Yong Choi, 10-Yong-Soo Choi, 18-Seon-Hong Hwang(79' 21-Dong-Gook Lee).

- Coach: Bum-Geun Cha

Jamaica (Yellow-Black-Yellow): 13-Aaron Lawrence (GK), 10-Darryl Powell (73' Marcus Gayle), 15-Ricarbo Gardner, 2-Stephen Malcolm (71' Dean Sewell), 20-Anthony Waugh (72' Onandi Lowe), 9-Andrew Williams(27' 18-Deon Burton), 5-Ian Goodison, 3-Christopher Dawes, 11-Theodore Whitemore (46' 7-Peter Cargill), 22-Paul Hall, 6-Fitzroy Simpson.

- Coach: Rene Simoes (Brazil)

Scorers: 1-0 35' Sang-Yoon Lee, 1-1 41' Darryl Powell, 2-1 50' Sang-Yoon Lee

- Cautions: 16' Ian Goodison, 83' Fitzroy Simpson
- Referee: Jun Lu (China)
- Attendance: 40,000

South Korea - Jamaica 0-0 (0-0)

Friendly Match

(Seoul - Dongdaemun Stadium - 19.05.1998 - 19:00)

South Korea (Red-Blue-Red): 1-Byung-Ji Kim (GK), 13-Tae-Young Kim(46' 20-Myung-Bo Hong), 3-Lim-Saeng Lee, 4-Young-Il Choi (C), 7-Do-Geun Kim(70' 8-Jung-Yoon Noh), 11-Jung-Won Seo (46' 17-Seok-Joo Ha), 6-Sang-Chul Yoo, 15-Sang-Yoon Lee, 2-Sung-Yong Choi(58' 5'-Min-Sung Choi), 10-Yong-Soo Choi(62' 9-Do-Hoon Kim), 18-Seon-Hong Hwang.

·**Coach:** Bum-Geun Cha

Jamaica (Yellow-Black-Yellow): 13-Aaron Lawrence (GK), 21-Durrent Brown (46' Onandi Lowe), 18-Deon Burton, 12-Dean Sewell (70' 2-Stephen Malcolm), 15-Ricarbo Gardner, 20-Anthony Waugh, 9-Andrew Williams (63' Marcus Gayle), 5-Ian Goodison, 8-Fitzroy Simpson, 22-Paul Hall (90' 3-Christopher Dawes), 8-Fitzroy Simpson, 7-Peter Cargill (74' 10-Darryl Powell).

·**Coach:** Rene Simoes (Brazil)

Scorers: -

·**Cautions:** 36' Andrew Williams

·**Referee:** Zhong Zhang (China)

·**Attendance:** 30,125

South Korea - Czech Republic 2-2 (0-2)

Friendly Match

(Seoul - Olympic Stadium - 27.05.1998 - 19:00)

South Korea (Red-Blue-Red): 1-Byung-Ji Kim (GK), 5-Min-Sung Lee, 4-Young-Il Choi (C) (46' 12-Sang-Heon Lee), 20-Myung-Bo Hong, 7-Do-Geun Kim, 11-Jung-Won Seo(69' 14-Jong-Soo Ko), 6-Sang-Chul Yoo, 15-Sang-Yoon Lee(84' 8-Jung-Yoon Noh), 17-Seok-Joo Ha (46' 2-Sung-Yong Choi), 9-Do-Hoon Kim, 18-Seon-Hong Hwang(76' 10-Yong-Soo Choi).

·**Coach:** Bum-Geun Cha

Czech Republic (White-White-White): 16-Tomáš Poštulka (GK), 5-Michal Horňák, 19-Vratislav Lokvenc (87' 2-Tomáš Řepka), 3-Jan Suchopárek, 15-Edvard Lasota (66' 8-Karel Poborský), 7-Jiří Němec (C), 4-Ivo Ulrich (58' 6-Roman Vonášek), 18-Karel Rada, 12-Tomáš Galásek (80' 20-Martin Čížek), 13-Petr Vlček, 10-Horst Siegl.

·**Coach:** Jozef Chovanec

Scorers: 0-1 17' Jiří Němec, 0-2 31' Vratislav Lokvenc, 1-2 56' Seon-Hong Hwang, 2-2 81' Yong-Soo Choi

·**Cautions:** 39' Young-Il Choi, 72' Jiří Němec, 84' Sang-Heon Lee, 90' Tomáš Poštulka

·**Referee:** Mohamed Nazri Abdullah (Malaysia)

·**Attendance:** 40,000

South Korea - China 1-1 (1-0)

Korea-China Annual Match, First Match

(Seoul - Olympic Stadium - 04.06.1998 - 19:00)

South Korea (Red-Blue-Red): 1-Byung-Ji Kim (GK), 13-Tae-Young Kim (63' 17-Seok-Joo Ha), 5-Min-Sung Lee, 12-Sang-Heon Lee(57' 3-Lim-Saeng Lee), 20-Myung-Bo Hong, 14-Jong-Soo Ko(46' 8-Jung-Yoon Noh), 7-Do-Geun Kim, 6-Sang-Chul Yoo(46' 2-Sung-Yong Choi), 15-Sang-Yoon Lee, 10-Yong-Soo Choi, 18-Seon-Hong Hwang(14' 9-Do-Hoon Kim).

·**Coach:** Bum-Geun Cha

China (White-Black-White): 22-Jin Jiang (GK), 19-Bing Li, 7-Mingyu Ma, 2-Jihai Sun, 12-Feng Xie (83' Tie Li), 17-Xia Yao (46' Qi Zhu), 16-Chengying Wu, 3-Enhua Zhang (75' Hong Xu), 4-Qun Wei, 5-Zhiyi Fan (C), 9-Haidong Hao.

·**Coach:** Robert Houghton (England)

Scorers: 1-0 16' Sang-Yoon Lee, 1-1 51' Mingyu Ma

·**Cautions:** 4' Chengying Wu, 10' Qun Wei, 65' Jihai Sun, 89' Hong Xu

·**Referee:** Naotsugu Fuse (Japan)

·**Attendance:** 49,500

Mexico - South Korea 3-1 (0-1)

FIFA World Cup France 1998, Final Phase, 1st Round Group E

(Lyon - Stade de Gerland- 13.06.1998 - 17:30)

Mexico (Green-White-Red): 1-Jorge Campos (GK), 11-Cuauhtémoc Blanco, 5-Duilio Davino, 7-Ramón Ramírez, 14-Raúl Lara, 15-Luis Hernández, 19-Braulio Luna (46' 9-Ricardo Peláez), 8-Alberto García Aspe (C) (72' 6-Marcelino Bernal), 2-Claudio Suárez, 13-Pavel Pardo, 20-Jaime Ordiales(46' 21-Jesús Arellano).

· **Coach**: Manuel Lapuente

South Korea (Red-Blue-Blue): 1-Byung-Ji Kim (GK), 13-Tae-Young Kim, 5-Min-Sung Lee, 20-Myung-Bo Hong, 14-Jong-Soo Ko(71' 11-Jung-Won Seo), 7-Do-Geun Kim(61' 2-Sung-Yong Choi), 8-Jung-Yoon Noh(56' 16-Hyung-Seok Jang), 6-Sang-Chul Yoo, 15-Sang-Yoon Lee, 17-Seok-Joo Ha, 9-Do-Hoon Kim.

· **Coach**: Bum-Geun Cha

Scorers: 0-1 28' Seok-Joo Ha, 1-1 51' Ricardo Peláez, 2-1 74' Luis Hernández, 3-1 84' Luis Hernández

· **Cautions**: 20' Min-Sung Lee, 26' Jaime Ordiales, 27' Alberto García Aspe

· **Expulsions**: 30' Seok-Joo Ha

· **Referee**: Gunter Benkö (Austria)

· **Attendance**: 39,133

Nederland - South Korea 5-0 (2-0)

FIFA World Cup France 1998, Final Phase, 1st Round Group E

(Marseilles - Velodrome Stadium - 20.06.1998 - 21:00)

Nederland (Orange-White-Orange): 1-Edwin van der Sar (GK), 8-Dennis Bergkamp (78' 17-Pierre van Hooijdonk), 7-Ronald de Boer (84' 12-Boudewijn Zenden), 14- Marc Overmars, 6-Wim Jonk, 20-Aron Winter, 5-Arthur Numan(80' Winston Bogarde), 3-Jaap Stam, 16-Edgar Davids, 4-Frank de Boer (C), 11-Philip Cocu.

· **Coach**: Guus Hiddink

South Korea (Blue-White-Blue): 1-Byung-Ji Kim (GK), 5-Min-Sung Lee, 4-Young-Il Choi (C), 20-Myung-Bo Hong, 7-Do-Geun Kim, 11-Jung-Won Seo (78' 21-Dong-Gook Lee), 6-Sang-Chul Yoo, 15-Sang-Yoon Lee, 2-Sung-Yong Choi (51' 13-Tae-Young Kim), 9-Do-Hoon Kim(70' 14-Jong-Soo Ko), 10-Yong-Soo Choi.

· **Coach**: Bum-Geun Cha

Scorers: 1-0 38' Philip Cocu, 2-0 42' Marc Overmars, 3-0 71' Dennis Bergkamp, 4-0 80' Pierre van Hooijdonk, 5-0 83' Ronald de Boer

· **Cautions**: 27' Yong-Soo Choi, 90' Jong-Soo Ko

· **Referee**: Ryszard Wojcik (Poland)

· **Attendance**: 55,000

Note: Bum-Geun Cha was sacked by KFA just after the

match.

South Korea - Belgium 1-1 (0-1)

FIFA World Cup France 1998, Final Phase, 1st Round Group E

(Paris - Parc des Princes - 25.06.1998 - 16:00)

South Korea (Red-Blue-Red): 1-Byung-Ji Kim (GK), 13-Tae-Young Kim, 5-Min-Sung Lee, 12-Sang-Heon Lee (65' 16-Hyung-Seok Jang), 20-Myung-Bo Hong, 7-Do-Geun Kim(46' 14-Jong-Soo Ko), 11-Jung-Won Seo, 6-Sang-Chul Yoo, 2-Sung-Yong Choi(46' 3-Lim-Saeng Lee), 17-Seok-Joo Ha, 10-Yong-Soo Choi.

· **Coach**: Bum-Geun Cha

Belgium (White-White-White): 12-Philippe van de Walle (GK), 4-Gordan Vidovic, 11-Nico van Kerckhoven, 3-Lorenzo Staelens, 8-Luis Oliveira (46' 9-Mbo Mpenza), 10-Luc Nilis, 7-Marc Wilmots, 5-Vital Borkelmans, 22-Eric Deflandre, 14-Enzo Scifo (C) (65' 6-Franky van der Elst), 15-Philippe Clement (75' 20-Emile Mpenza).

· **Coach**: Georges Leekens

Scorers: 0-1 7' Luc Nilis, 1-1 71' Sang-Chul Yoo

· **Cautions**: 47' Tae-Young Kim, 65' Vital Borkelmans, 67' Lim-Saeng Lee, 83' Min-Sung Lee, 83' Byung-Ji Kim (GK)

· **Referee**: Marcio Rezende de Freitas (Brazil)

· **Attendance**: 45,500

China - South Korea 0-0 (0-0)

Korea-China Annual Match, Second Match

(Shanghai - Shanghai Stadium - 22.11.1998 - 15:55)

China (White-White-White): 1-Jin Jiang (GK), 17-Weifeng Li, 6-Tie Li, 8-Mingyu Ma, 4-Jihai Sun, 13-Peng Wang, 3-Enhua Zhang, 16-Yonghai Zhang (45' 15-Yong Huang), 20-Rongliang Chi (45' 6-Junzhe Zhao), 5-Zhiyi Fan (C), 9-Haidong Hao.

· **Coach**: Robert Houghton (England)

South Korea (Red-Blue-Red): 1-Byung-Ji Kim (GK) (C), 3-Hyun-Soo Kim, 4-Jin-Sub Park(80' 11-Byung-Joo Park), 7-Ki-Bok Seo, 5-Jae-Won Sim, 14-Hyo-Yeon An(63' 2-Sung-Yong Choi), 20-Dong-Gook Lee(63' 9-Eun-Joong Kim), 12-Byung-Geun Lee, 15-Se-Kwon Cho, 10-Yong-

Soo Choi, 17-Yoon-Yeol Choi.

·**Coach**: Jung-Moo Huh

Scorers: -

·**Cautions**: 24' Tie Li, 32' Yoon-Yeol Choi, 50' Se-Kwon Cho

·**Referee**: Mohamed Nazri Abdullah (Malaysia)

·**Attendance**: 80,000

South Korea - Turkmenistan 2-3 (2-0)

Asian Games Bangkok 1998, 1st Round Group A

(Nakhonsawan - Nakhonsawan Stadium - 02.12.1998 - 15:30)

South Korea (Red-Blue-Red): 1-Byung-Ji Kim (GK) (C), 3-Hyun-Soo Kim, 6-Sang-Chul Yoo (68' 7-Ki-Bok Seo), 15-Se-Kwon Cho(81' 5-Jae-Won Sim), 2-Sung-Yong Choi, 17-Yoon-Yeol Choi, 4-Jin-Sub Park, 12-Byung-Geun Lee, 20-Dong-Gook Lee(45' Eun-Joong Kim), 10-Yong-Soo Choi, 8-Jung-Hwan Yoon.

·**Coach**: Jung-Moo Huh

Turkmenistan (White-Black-White): 12-Aleksandr Korobko (GK), 16-Denis Peremenin, 18-Dmitry Nezhelev, 7-Dmitry Khomukha (C), 10-Roman Bondarenko (45' 15-Ihor Kyslov), 3-Vladimir Khalikov, 8-Andrei Zavyalov (29' 9-Muslim Agaev), 19-Yury Magdiev, 5-Yury Borodolimov(75' 20-Begenchmukhamed Kuliev), 4-Konstantin Sosenko, 6-Kurbangelidy Durdyev.

·**Coach**: Viktor Pozhechevsky (Ukraina)

Scorers: 1-0 1' Yong-Soo Choi, 2-0 44' Yong-Soo Choi, 2-1 59' (OG) Yoon-Yeol Choi, 2-2 85' Muslim Agaev, 2-3 88' Ihor Kyslov

·**Cautions**: 13' Byung-Geun Lee, 63' Kurbangelidy Durdyev, 70' Byung-Geun Lee, 82' Sung-Yong Choi

·**Expulsions**: 70' Byung-Geun Lee

·**Referee**: Saad Kameel Mane (Kuwait)

·**Attendance**: 15,000

South Korea - Vietnam 4-0 (2-0)

Asian Games Bangkok 1998, 1st Round Group A

(Nakhonsawan - Nakhonsawan Stadium - 04.12.1998 - 15:30)

South Korea (Blue-White-Blue): 1-Byung-Ji Kim (GK) (C), 3-Hyun-Soo Kim, 15-Se-Kwon Cho, 2-Sung-Yong Choi, 17-Yoon-Yeol Choi(45' 6-Sang-Chul Yoo), 11-Byung-Joo

Park, 4-Jin-Sub Park, 9-Eun-Joong Kim (52' 20-Dong-Gook Lee), 10-Yong-Soo Choi, 5-Jae-Won Sim, 8-Jung-Hwan Yoon(67' 13-Nam-Il Kim).

·**Coach**: Jung-Moo Huh

Vietnam (Red-White-Red): 1-Tien Anh Tran (GK), Guenban Fung, Guene Tenkuang(80' Guenduk tang), Guenben Hutang,7-Van Khai Do, Li Huyen Duc, Van Sinhong, ?, Bohoang(70' Gohuang Travong), Bumin Howe(58' Banshigoen), Puamnutuan

·**Coach**: Alfred Riedhl (Austria)

Scorers: 1-0 30' Eun-Joong Kim, 2-0 42' Yong-Soo Choi, 3-0 66' Jung-Hwan Yoon, 4-0 86' Yong-Soo Choi

·**Cautions**: 75' Se-Kwon Cho, 83' Dong-Gook Lee, 90' Yong-Soo Choi, Buu Vo Hoang, Nhu Tuan Pham, Thien Quang Nguyen

·**Referee**: Hanru Muang (Thailand)

·**Attendance**: 15,000

South Korea - Japan 2-0 (1-0)

Asian Games Bangkok 1998, 2nd Round Group 2

(Bangkok - Rajamangala Stadium - 07.12.1998 - 15:00)

South Korea (Red-Blue-Red): 1-Byung-Ji Kim (GK) (C), 3-Hyun-Soo Kim, 6-Sang-Chul Yoo (77' 9-Eun-Joong Kim), 15-Se-Kwon Cho(53' 12-Byung-Geun Lee), 2-Sung-Yong Choi, 17-Yoon-Yeol Choi, 4-Jin-Sub Park, 20-Dong-Gook Lee, 10-Yong-Soo Choi(65' 11-Byung-Joo Park), 5-Jae-Won Sim, 8-Jung-Hwan Yoon.

·**Coach**: Jung-Moo Huh

Japan (Blue-White-Blue): 1-Yuta Minami (GK), 12-Masahiro Koga, 15-Shunsuke Nakamura, 4-Kazuyuzi Toda, 6-Tomokazu Myojin, 5-Tsuneyasu Miyamoto, 13-Shinji Ono (C) (59' 11-Yoshiteru Yamashita), 7-Junichi Inamoto, 19-Daisuke Ichikawa, 9-Kenzi Fukuda, 8-Nozomi Hiroyama (60' 14-Toshiya Ishii).

·**Coach**: Philippe Troussier (France)

Scorers: 1-0 31' (P) Yong-Soo Choi, 2-0 46' Yong-Soo Choi

·**Cautions**: 15' Jae-Won Sim, 19' Jin-Sub Park, 19' Masahiro Koga, 30' Yuta Minami, 33' Byung-Ji Kim, 45' Se-Kwon Cho, 83' Toshiya Ishii

·**Referee**: Russamee Jindamai (Thailand)

· **Attendance:** 3,000

Note: Japan sent U-21 squad for this tournament.

South Korea - U.A.E. 2-1 (1-0)

Asian Games Bangkok 1998, 2nd Round Group 2

(Bangkok - Rajamangala Stadium - 09.12.1998 - 15:00)

South Korea (Red-Blue-Red): 1-Byung-Ji Kim (GK) (C), 3-Hyun-Soo Kim, 6-Sang-Chul Yoo, 2-Sung-Yong Choi, 17-Yoon-Yeol Choi, 4-Jin-Sub Park, 12-Byung-Geun Lee, 9-Eun-Joong Kim(55' 20-Dong-Gook Lee), 10-Yong-Soo Choi(82' 11-Byung-Joo Park), 5-Jae-Won Sim, 8-Jung-Hwan Yoon(74' 13-Nam-Il Kim).

· **Coach:** Jung-Moo Huh

U.A.E. (White-White-White): 1-Jumma Rashid (GK), 10-Mohammed Ibrahim (68' 14-Sultan Al-Kabbani), 6-Adil Mattar(45' Fahad Hassan), 21-Adil Mohammed, 19-Ali Hassan(43' 12-Ali Saeed), 4-Fahad Ali, 2-Abdulrahman Ibrahim, 12-Abdullah Essa, 5-Abdulsalam Jumma, 11-Kazim Ali, 9-Hassan Saeed Ahmed.

· **Coach:** Carlos Queiroz (Portugal)

Scorers: 1-0 37' Jung-Hwan Yoon, 2-0 55' (P) Sang-Chul Yoo, 2-1 62' Mohammed Ibrahim

· **Cautions:** 45' Adil Mattar

· **Referee:** Jun Lu (China)

· **Attendance:** 3,000

South Korea - Kuwait 1-0 (0-0)

Asian Games Bangkok 1998, 2nd Round Group 2

(Bangkok - Rajamangala Stadium - 11.12.1998 - 17:00)

South Korea (Red-Blue-Red): 1-Byung-Ji Kim (GK) (C), 3-Hyun-Soo Kim, 6-Sang-Chul Yoo, 15-Se-Kwon Cho (77' 19-Dong-Hyuk Park), 2-Sung-Yong Choi, 17-Yoon-Yeol Choi(45' 14-Hyo-Yeon An), 4-Jin-Sub Park, 12-Byung-Geun Lee, 10-Yong-Soo Choi, 5-Jae-Won Sim, 8-Jung-Hwan Yoon(54' 20-Dong-Gook Lee).

· **Coach:** Jung-Moo Huh

Kuwait (Blue-White-Blue): 22-Ahmed Al-Jassem (GK), 18-Nasser Al-Othman, 5-Nohayr Al-Shammari, 7-Bader Al-Halabeej (66' 10-Hani Al-Saqer), 15-Saleh Al-Azemi, 13-Ahmad Al-Mutairi (80' 9-Bashar Abdulaziz), 17-Esam Sakeen, 3-Jamal Abdulrahman, 20-Jassem Al-Houwaidi

(C) (66' 2-Nasser Al-Omran), 11-Faraj Laheeb, 6-Hussein Al-Khodari.

· **Coach:** Milan Macala (Czech Republic)

Scorers: 1-0 58' Yong-Soo Choi

· **Cautions:** 23' Jung-Hwan Yoon, 69' Hyo-Yeon An

· **Referee:** Pirom Un-Prasert (Thailand)

· **Attendance:** 3,000

Thailand - South Korea 2-1 (0-0,1-1) a.e.t. golden goal

Asian Games Bangkok 1998, Quarter Final

(Bangkok - Rajamangala Stadium - 14.12.1998 - 14:00)

Thailand (Blue-Blue-Blue): 1-Chaiyong Khumpiam (GK), 7-Natee Tongsukkao, 17-Dusit Chalemsam (C), 6-Sanor Longsawang, 12-Surachai Jaturapattarapong (85' Promrut Choktavee), 16-Surachai Jirasirichote, 14-Warrawoot Srimaka, 2-Kritsada Piandit, 13-Kiatisak Senamuang, 10-Tawan Sripan (80' 11-Thawatchai Ongtrakul), 4-Phathanapong.

· **Coach:** Peter Withe (England)

South Korea (Red-White-Red): 1-Byung-Ji Kim (GK) (C), 3-Hyun-Soo Kim, 15-Se-Kwon Cho, 2-Sung-Yong Choi, 17-Yoon-Yeol Choi, 4-Jin-Sub Park, 12-Byung-Geun Lee(77' 14-Hyo-Yeon An), 20-Dong-Gook Lee (74' 9-Eun-Joong Kim), 10-Yong-Soo Choi, 5-Jae-Won Sim, 8-Jung-Hwan Yoon(55' 6-Sang-Chul Yoo).

· **Coach:** Jung-Moo Huh

Scorers: 1-0 81' Kiatisak Senamuang, 1-1 86' Sang-Chul Yoo , 2-1 95' Thawatchai Ongtrakul

· **Cautions:** 44' Yoon-Yeol Choi, 63' Surachai Jaturapattarapong

· **Expulsions:** 54' Warrawoot, 84' Surachai Jirasirichote

· **Referee:** Abu Haran (Iran)

· **Attendance:** 60,000

South Korea - Brazil 1-0 (0-0)

Friendly Match

(Seoul - Olympic Stadium - 28.03.1999 - 19:00)

South Korea (Red-Blue-Red): 1-Byung-Ji Kim (GK), 7-Tae-Young Kim(77' 13-Sang-Hoon Kim), 22-Dong-Won Seo, 5-Lim-Saeng Lee, 20-Myung-Bo Hong (C), 4-Do-Geun Kim(36' 11-Jung-Won Seo, 84' 9-Do-Hoon Kim), 14-Jung-Yoon Noh(52' 16-Eul-Yong Lee), 3-Hong-Ki Shin(72' 2-Sung-Yong Choi), 6-Sang-Chul Yoo (84' 8-Jung-Hwan Yoon), 17-Seok-Joo Ha, 18-Seon-Hong Hwang.

·**Coach:** Jung-Moo Huh

Brazil (Yellow-Blue-White): 7-Marcio Amoroso, 9-Mario Jardel(65' 17-Flávio Júnior), 1-Ceni Rogério (GK), 6-Serginho(83' 16-Felipe), 4-César Augusto, 3-Odvan, 8-Zé Roberto, 11-Antonio Juninho(65' 20-Alexandru), 2-Marcos Cafu, 5-Flávio Conceição, 10-Vitor Rivaldo.

·**Coach:** Wanderley Luxemburgo

Scorers: 1-0 90' Do-Hoon Kim

·**Cautions:** 39' Myung-Bo Hong, 71' Hong-Ki Shin

·**Referee:** Selearajen Subramaniam (Malaysia)

·**Attendance:** 60,000

South Korea - Belgium 1-2 (0-2)

Friendly Match

(Seoul - Olympic Stadium - 05.06.1999 - 20:00)

South Korea (Red-Blue-Red): 1-Byung-Ji Kim (GK), 7-Tae-Young Kim, 15-Sang-Heon Lee, 20-Myung-Bo Hong (C), 10-Jung-Yoon Noh(66' 22-Jong-Soo Ko), 6-Sang-Chul Yoo(32' 4-Chul Kang), 8-Jung-Hwan Yoon(39' 9-Do-Hoon Kim), 3-Ki-Hyung Lee, 17-Seok-Joo Ha(39' 5-Yoon-Yeol Choi), 11-Jung-Won Seo(73' 19-Jung-Hwan Ahn), 18-Seon-Hong Hwang.

·**Coach:** Jung-Moo Huh

Belgium (White-White-White): 12-Philippe van de Walle (GK), 5-Bart Goor, 11-Gert Verheyen, 21-Jürgen Cavens(81' 19-Mbo Mpenza), 20-Karl Hoefkens, 4-Lorenzo Staelens (C), 9-Marc Hendrikx(83' 2-Bertrand Crasson), 10-Sandy Martens(82' 16-Glen de Boeck), 8-Stephane Tanghe(87' 14-Kristiaan Janssens), 15-Tjorven

de Brul, 6-Yves Vanderhaege.

·**Coach:** Georges Leekens

Scorers: 0-1 23' Sandy Martens, 0-2 31' Sandy Martens, 1-2 89'(P) Jong-Soo Ko

·**Cautions:** 21' Marc Mendrikx, 44' Yoon-Yeol Choi, 51' Byung-Ji Kim (GK), 62' Lorenzo Staelens, 85' Do-Hoon Kim

·**Referee:** Masayoshi Okada (Japan)

·**Attendance:** 58,000

South Korea - Mexico 1-1 (1-1)

Korea Cup 1999, Group Stage

(Seoul - Olympic Stadium - 12.06.1999 - 19:00)

South Korea (Red-Blue-Red): 21-Woon-Jae Lee (GK), 4-Chul Kang, 7-Tae-Young Kim, 5-Yoon-Yeol Choi (46' 22-Jong-Soo Ko), 20-Myung-Bo Hong (C), 10-Jung-Yoon Noh (62' 6-Do-Kyun Kim), 13-Jin-Sub Park, 2-Sung-Yong Choi (22' 16-Young-Pyo Lee), 12-Sung-Bae Park, 19-Jung-Hwan Ahn(82' 9-Do-Hoon Kim), 18-Seon-Hong Hwang (71' 11-Jung-Won Seo).

·**Coach:** Jung-Moo Huh

Mexico (Green-White-White): 22-Adolfo Ríos (GK), 8-Alberto García Aspe (C) (46' 9-Paulo César Chávez), 10-Cuauhtémoc Blanco, 6-Raúl Lara, 15-Luis Hernández, 21-Sergio Almaguer (46' 17-Francisco Palencia), 14-Isaac Terrazas (75' 16-Salvador Cabrera), 2-Claudio Suárez, 13-Pavel Pardo, 5-Gerardo Torrado (46' 7-Ramón Ramírez), 3-Joél Sánchez.

·**Coach:** Manuel Lapuente

Scorers: 0-1 14' Terrazas, 1-1 16' Jung-Hwna An

·**Cautions:** 21' Cuauhtémoc Blanco, 26' Sung-Bae Park, 40' Isaac Terrazas

·**Referee:** Jun Lu (China)

·**Attendance:** 42,840

Note: This match was the 100th full international for Myung-Bo Hong.

South Korea - Egypt 0-0 (0-0)

Korea Cup 1999, Group Stage

(Seoul - Olympic Stadium - 15.06.1999 - 19:00)

South Korea (Red-Blue-Red): 21-Woon-Jae Lee (GK), 4-Chul

Kang, 7-Tae-Young Kim, 5-Yoon-Yeol Choi(46' 6-Do-Kyun Kim, 80' 22-Jong-Soo Ko), 20-Myung-Bo Hong (C), 10-Jung-Yoon Noh(46' 8-Jung-Hwan Yoon), 3-Ki-Hyung Lee (28' 13-Jin-Sub Park), 16-Young-Pyo Lee, 12-Sung-Bae Park, 19-Jung-Hwan Ahn, 18-Seon-Hong Hwang(76' 11-Jung-Won Seo).

·**Coach:** Jung-Moo Huh

Egypt (Green-Green-White): 16-Esam El-Hadary (GK), 6-Medhat El-Hady, 7-Mohammed Youssef, 17-Ahmed Hassan (82' 4-Sami Shishiny), 13-Abdel Hamid Basioni (79' 20-Tarek Mostafa), 10-Abdel Sattar Sabry (65' 11-Yasser Rayyan), 3-Abdel Zaher Sakka, 2-Ibrahim Hassan, 12-Hady Khashaba, 8-Khaled Al-Amin, 21-Hossam Monaem.

·**Coach:** Mahmoud El-Gohary

Scorers: -

·**Cautions:** 65' Myung-Bo Hong, 67' A.Hassan, 73' Sung-Bae Park, 90' Mostafa

·**Referee:** Tajaddin Fares (Syria)

·**Attendance:** 37,000

Note: 72' El-Hadary saved a penaly to Seon-Hong Hwang.

South Korea - Croatia 1-1 (0-0)

Korea Cup 1999, Group Stage

(Seoul - Olympic Stadium - 19.06.1999 - 19:00)

South Korea (Red-Blue-Red): 1-Byung-Ji Kim (GK), 4-Chul Kang, 7-Tae-Young Kim, 5-Yoon-Yeol Choi, 20-Myung-Bo Hong (C), 22-Jong-Soo Ko (74' 6-Do-Kyun Kim), 13-Jin-Sub Park, 16-Young-Pyo Lee, 11-Jung-Won Seo (51' 10-Jung-Yoon Noh), 19-Jung-Hwan Ahn, 18-Seon-Hong Hwang(86' 9-Do-Hoon Kim).

·**Coach:** Jung-Moo Huh

Croatia (White-White-White): 1-Stipe Pletikosa (GK), 2-Danijel Šarić, 14-Darko Miladin (66' 7-Jasmin Agić), 9-Davor Vugrineć (46' 10-Ivan Leko), 6-Mario Cvitanović, 4-Stjepan Tomas, 3-Anthony Šerić, 17-Josip Šimić, 5-Jurica Branješ, 8-Igor Bišćan, 11-Igor Cvitanović (C).

·**Coach:** Miroslav Blažević

Scorers: 1-0 58' Jung-Yoon Noh, 1-1 88' Stjepan Tomas

·**Cautions:** 21' Tomas, 45' Igor Cvitanović, 51' Yoon-Yeol Choi, 59' Jung-Yoon Noh, 65' Igor Bišćan, 67' Myung-Bo

Hong

·**Referee:** Tajaddin Fares (Syria)

·**Attendance:** 54,000

04
Футбол в Корее 2000-х годов

В 2000 году на Олимпиаде в Сиднее корейской сборной по футболу пришлось испытать как надежды, так и переживания. В 1999 году Корея с легкостью прошла отборочный турнир АФК, сыграв первый и второй этапы с результатом 5 побед и 1 ничья, что придало еще больше надежды на хорошие результаты в финальном турнире. Но опять таки, хоть результаты отборочного турнира и были позитивны, финальный турнир Кубка мира во Франции в 1998 году завершился большим разочарованием. Результаты разгруппировки команд оказались не так уж и плохи. Корея встретилась с Испанией, Марокко и Чили. Первую игру с Испанией Корея завершила поражением со счетом 0:3, а остальные две игры: с Марокко и Чили-закончила победой с одинаковым счетом 1:0. Итак, 2 победы и 1 поражение, то есть 6 очков. Этих очков было достаточно чтобы пройти в 1/4 финала. Но три страны, Испания, Чили и Корея сыграли одинаково по 2 победы и 1 поражению, то есть по 6 очков. Поэтому методом забитых и пропущенных голов отбирались команды на выход в 1/4 финала. Чили - +4, Испания - +3 и Корея - -1. Так Корея выбывает из списка на выход в 1/4 финала.

В 2000 году Ассоциация корейского футбола приглашает знаменитого нидерландского тренера по футболу Гуса Хидинга в качестве тренера сборной команды на Кубке мира 2002 в Корее и Японии. Это тот тренер сборной команды Нидерландов, с которой Корея играла в финальном турнире на Кубке мира во Франции в 1998 году и закончила матч с огромным поражением 0:5. Насколько Корея готовилась к открытию Кубка мира 2002, настолько же готовилась и корейская сборная к этому чемпионату. Профессиональные организации на общих основаниях также активно содействовали в привлечении футболистов в сборную, даже вне установленных сроков ФИФА. Корея, которая совместно с Японией являлась хозяйкой Кубка мира 2002, попала в одну группу с Польшей, США и Португалией. Ни одна из команд не была так проста, Польша- «темная лошадка» Восточной Европы, США, и «крепкий орешек» Северной Европы Португалия, которая была на пике своего золотого века. Свою первую игру на историческом Кубке мира 2002 Корея играла с Польшей на стадионе Пусан. Корея играла в атакующий матч и закончила со счетом 2:0, что явилось хорошим началом финального турнира. Во втором этапе групповой лиги Корея сыграла вничью с США со счетом 1:1, а в третьем этапе обыграла Португалию со счетом 1:0. В результате- 2 победы и 1 ничья. По набранным очкам Корея занимала 1-е место в групповой лиге. Впервые Корея выходит в 1/8 финала Кубка мира. В 1/8 финала Корея встречается с

Италией. Матч длится до экстра тайма. И тут Ан Джон Хван забивает победный золотой гол. Счет 2:1 в пользу Кореи. Она выходит в 1/4 финала. На этом Корея не останавливается. В 1/4 финала Корея играет с Испанией до дополнительного тайма. Но счет остается равным. Назначается судьбоносное пенальти. Четыре корейских бомбардира и три испанских успешно завершили удары. Санчес Хоакин осуществил четвертый удар, но корейский вратарь И Ун Дже отражает этот мяч. Затем корейский игрок Хон Мён Бо блестяще забивает следующий мяч. Корея выходит в полуфинал. Но в полуфинале проигрывает Германии со счетом 0:1. В игре за третье место сборная Кореи встретилась с Турцией, но проиграла со счетом 2:3. Заняв 4-е место на Кубке мира 2002, Корея показала колоссальный результат.

В 2004 году на Кубке Азии Корея попала в одну группу с Иорданом, Кувейтом и ОАЭ. Закончив групповую лигу с результатом 2 победы и 1 ничья, Корея выходит в 1/4 финала. Но проигрывает Ирану со счетом 3:4. В этой игре иранский игрок Али Карими забил хет-трик. В этот же год на Олимпиаде в Афинах Корея оказывается в одной группе с Грецией, Мексикой и Малави. С хозяйкой Олимпиады Корея завершает игру вничью 3:3. Спустя 56 лет после Олимпиады в Лондоне в 1948 году, Корея впервые выходит в 1/4 финала. Тут она встречается с Парагваем и проигрывает со счетом 2:3. Но утешается полученным результатом на Кубке Азии в этом же году. Это был очень значимый результат для Кореи, поскольку она смогла сохранить высокий уровень игры, который показала в 2002 году на Кубке мира.

После Кубка мира 2002 и до следующего Кубка мира, проводимом в 2006 году в Германии, путь корейского футбола был не прост. После Гуса Хидинга тренером был Умберто Коэллю, который через 14 месяцев оставил эту должность. Затем дирижерскую палочку взял Ёханес Бонфрере, который тоже через 14 месяцев собрал вещи и уехал. После смены двух тренеров на Кубке мира в Германии в 2006 году тренером сборной был Дик Адвокат. В одной группе с Кореей были Швейцария, Франция и Того. В первой игре с Того Корея сыграла со счетом 2:1, одержав первую победу на Кубке мира в другой стране. Затем с Францией сыграла вничью 1:1. Но в третьей игре с Швейцарией терпит поражение 0:2 и не проходит в 1/8 финала. Не смотря на то, что Корея не прошла в 1/8 финала, для нее это первый Кубок мира вне территории своей страны, где она набрала победные 4 очка. А это значит, что выход в 1/8 финала на Кубке мира в 2002 году был не случайностью и что Корея вполне может составить достойную конкуренцию в финальном турнире.

Четыре страны: Малайзия, Таиланд, Индонезия и Вьетнам совместно открывали 14-й Кубок Азии в 2007 году, а не в 2008 году. Кубок было решено провести на год раньше, то есть спустя 3 года, чтобы избежать накладки с Зимними олимпийскими играми и Лигой чемпионов УЕФА. На этом Кубке Азии Корея, успешно пройдя этап групповой лиги, в которой были Саудовская Аравия, Индонезия и Бахрейн, выходит в 1/4 турнира. Там встречается с Ираном. Поразив Иран после пенальти, выходит в полуфинал. В полуфинале с Ираком тоже играет до пенальти, но проигрывает. Затем встречается с Японией в игре за третье место. И в 1/4 финала и в полуфинале Корея не могла в установленное время закончить игру в преимуществом голов. Также и в игре за третье место Корея в пенальти завершила игру и заняла третье место. После игры в групповой лиге, остальные три матча Корея провела без особого преимущества в голах, из-за чего в свой адрес услышала критику о слабой атаке. В следующем 2008 году на Олимпиаде в Афинах Корея во второй раз попыталась выйти в 1/4 финала. Но в групповой лиге сыграла вничью в Камеруном 1:1, проиграла Италии 0:3, выиграла у Гондураса 1:0 и не вышла в 1/4 финала.

> ### Незабываемые моменты матчей IV
> Лучшие моменты в истории корейского футбола турнира Матч Корея-Италия. 1/8 финала заключительного турнира Чемпионата мира в Корее-Японии 2002 года
> 18 июня 2002 года, стадион в Дэджоне.

Июнь 2002 года был жарким в Корее, и на то была особенная причина. Лето 2002 года было не просто климатически жарким. Причиной такого накала во всех отношениях была не только высокая температура и влажность воздуха, а пыл и жар корейского и японского народов, открывавших Кубок мира по футболу. В то лето в Корее проводился народный, правильней сказать, всемирный фестиваль. Корейский полуостров был одержим Кубком мира.

Выход в полуфинал корейской сборной на Кубке мира в 2002

Ahn Jung-Hwan scores goals that determine his advance to the quarterfinals (Photo Provider : Jae-Hyung Lee)

году, проводимом Кореей и Японией, называется «Легенда полуфинала». Это поистине легендарное достижение, которое навечно останется в истории футбола. На этом Кубке мира каждая игра Кореи была исторически значимой, поэтому выбрать один из этих матчей крайне затруднительно. И не смотря на это, если все же называть наилучший матч, то, наверное, это матч 1/8 финала с Италией.

Впервые в истории Корея выходит в 1/8 финала Кубка мира. Накал духа соревнования корейской сборной достигал до небес. 1/8 финала, к которому Корея шла пять Кубков мира, был покорен. В групповой лиге Кубка мира 2002, проводимом дома, Корея завершила двумя победами и одной ничьей, набрав 7 очков и заняв первое место. И наконец долгожданная 1/8 финала. После Кубка мира в Швейцарии в 1954 году на протяжении 48 лет пять раз Корея пыталась выйти в 1/8 финала, и наконец перешагнула этот барьер. Выход в 1/8 финала был настолько долгожданным, что не удивительно то, что он просто свел с ума корейских игроков. Перед матчем 1/8 финала с Италией, тренер корейской сборной Гус Хидинг в интервью сказал такие слова: «Я по-прежнему голоден». Возможно поэтому корейская сборная, стоя на ступеньке 1/8 финала, целилась выше на 1/4 финала.

1/8 финала с Италией проводился в 8:30 вечера на стадионе в Дэджоне, там где еще не остыл газон от жаркого июньского лета. Красные дьяволы подготовили плакаты «ПОВТОРИМ 1966». Это в честь выхода КНДР в 1/4 финала, обыгравшей Италию на Кубке мира в Англии в 1966 году. Буквально через 4 минуты после начального свистка, Корея получает пенальти, а это значит шанс выйти в лидеры. Но мяч от удара Ан Джон Хвана влево попадает в руку вратаря Джианлуиджи Бупон и отдаляется от ворот. Так Корея теряет шанс забить первый гол. На седьмой минуте первого тайма два игрока Кристиан Биери и Ким Тхе Ён пытаются поймать мяч. В этот момент Ким Тхе Ён получает удар от ноги Кристиана Биери и ломает нос. Игра все больше и больше накалялась. Счет 0:0 изменил итальянский игрок Кристиан Биери. С углового удара Франческо Тоти точно забивает гол в ворота ударом головой. Корея пыталась сравнять счет, ведя свойственное ей активное нападение, но фишка Италии- это «катеначио» (защита), то есть было трудно пробить в ворота через стальную защиту. И так Корея завершает первый тайм, оставив Италию в лидерах.

Прошло 18 минут второго тайма, но корейская сборная не может сравнять счет. И тут Гус Хидинг вносит судьбоносное решение. Он заменяет защитника Ким Тхе Ёна на нападающего Хван Сон Хонга, и затем через 4 минуты, на 22 минуте второго тайма, заменяет центрального защитника Ким Нам Иля на нападающего И Чон Су. Таким образом он заменяет двух защитников на двух нападающих. Даже при таком нападении, итальянские ворота непоколебимы. Счет 1:0, лидирует Италия. До конца второго тайма остается меньше 10 минут. Гус Хидинг бросает на кон последнюю карту. На 38-й минуте второго тайма он заменяет основного защитника Хон Мен

Бо на нападающего Ча Ду Ри. Теперь уже три защитника заменены на трех нападающих. Зная турнирную особенность, что проигрыш – это конец всем надеждам и усилиям, тренер корейской сборной значительно увеличил количество нападающих, чтобы сравнять счет. Это решение приносит свои плоды. За две минуты до окончания второго тайма Хван Сон Хо принимает пас от Пак Джи Сона и направляет мяч в ворота. Мяч отскакивает от Кристиан Пануччи и падает перед воротами, прям перед Соль Ги Хёном, а тот направляет мяч в ворота. Это был волшебный гол, сравнявший счет. Вопреки расхожему мнению о том, что корейский футбол 2002 года закончится 1/8 финала, последовал экстра тайм.

Кубок мира 2002 – это тот Кубок, который завершился золотым голом. Тогда в экстра тайме существовали правила проведения Саден Деса, до первого победного гола. Возможно, каждая команда думала о том, что, если пропустит гол, то это конец игры, поэтому первый тайм играли без прорывов. За две минуты до окончания первого тайма Франческо Тоти упал на корейской территории пенальти. Судья Байрон Морено посчитал это симуляцией и немедля протянул желтую карточку. Уже получивший предупреждение на 22-й минуте первого тайма Франческо Тоти был удален с поля.

Во второй половине экстра тайма Корея прилагает все силы, чтобы забить гол в итальянские ворота. Но было безуспешно. На тот момент итальянский голкипер Джианлуиджи Бупон был одним из лучших вратарей в мире. Не успели и глазом моргнуть уже прошло 10 минут второго тайма. Оставалось всего 5 минут. Победа наконец-то повернулась к Корее лицом.

Игрок И Ён Пё подает кроссом в сторону ворот, Ан Джон Хван прорывается сквозь итальянских защитников и бьет головой, меняя направление мяча. Мяч залетает в левый нижний угол ворот. Этот был золотой гол, завершивший игру и выведший команду в 1/4 финала. Джианлуиджи Бупон буквально полетел за мячом, но не смог даже коснуться пальцем этого идеально забитого мяча. Мучавший себя за незабитый мяч в пенальти в начале первого тайма Ан Джон Хван, у всех на глазах поцеловал кольцо на пальце, подбежал к угловому флагу, лег на газон и не стал сдерживать слез. Это был самый накаленный, драматичный матч в истории Кореи.

Матч закончился после 11 часов ночи, но в ту ночь Корея не спала. Болельщики были настолько охвачены победой своей страны, что выходили на улицы, кричали «Да здравствует Корея!» и поздравляли друг друга с выходом в 1/4 финала. В 1/4 финала Корея обыгрывает Испанию в пенальти и выходит в полуфинал. Но в полуфинале проигрывает Германии со счетом 0:1 и проигрывает Турции в игре за третье место со счетом 2:3. Но несмотря на это, на Кубке мира 2002 показала корейскому народу то, что полуфинал это не мечта, а реальность.

Уже прошло больше 10 лет с момента легендарного полуфинального матча на Кубке мира 2002, проводимом Кореей и Японией. И теперь это событие занимает страничку в истории корейского футбола. Я не ошибусь, если скажу, что люди, воочию видевшие тот матч, как вчера помнят и ощущают все тонкости этой игры даже по прошествии более 10 лет. Потому что они являлись свидетелями того блестящего, незабываемого момента в истории корейского футбола.

Пройдут годы, подрастет наше будущее поколение, которое не видело Кубок мира 2002 года, но мы- непосредственные свидетели, которые видели, слышали, проживали эти моменты,- каждый по-своему будем стараться передать следующему поколению все то, что мы тогда ощутили. Хотя человеческая память – это такая вещь, в которой чувства со временем стираются, какие бы они ни были яркими. Вполне возможно, что, рассказывая своим детям и внукам о полуфинальном матче Кубка мира 2002, мы будем пытаться вспомнить некоторые моменты. Например, матч за третье место на Кубке мира 2002. Мы будем спрашивать себя: «Кто же первый забил гол- футболист Ли Ыль Лён или Сон Джун Гук? Когда же был забит гол и Корея вышла в лидеры?». Или же «А как звали тех турецких игроков, забивших гол?». Вполне возможно, что мы не сможем вспомнить ответы на эти вопросы. Это нас ожидает буквально через 10 лет.

Это и есть память человека. Внезапно может возникнуть помутнение и провалы. И потому мы ведем записи. Чтобы даже спустя долгое время они помогали нам восстановить в памяти нужные моменты. Вспомним радость победы в первой игре с Японией в 1954 году или же матч на Кубке мира в Мексике в 1986 году, где Корея играла до последней минуты матча, отдавая всю себя. Вспомним «Чудо в Дохе» в 1993 году и полуфинал Кубка мира 2002 в Корее и Японии. Посредством записей мы сможем точно, подробно предать нашему будущему поколению все то, что пережили сами.

Мечта корейского футбола наконец осуществляется. Эти мечты будут зафиксированы в записях.

2000

New Zealand - South Korea 0-1 (0-0)

Friendly Match

(Auckland - North Harbor Stadium - 21.01.2000 - 20:00)

New Zealand (White-White-White): 1-Jason Batty (GK) (62' 20-Ross Nicholson), 6-Gavin Wilkinson (71' 9-Paul Urlovic), 16-Raf De Gregorio (87' 13-Jeff Campbell), 12-Mark Atkinson, 7-Simon Elliott, 18-Scott Jackson, 15-Ivan Vicelich, 5-Jonathan Perry, 10-Chris Jackson, 2-Chris Zoricich (C), 11-Harry Ngata.

·Coach: Kenneth Dugdale

South Korea (Red-Blue-Red): 1-Byung-Ji Kim (GK), 2-Chul Kang, 3-Young-Chul Kim (67' 12-Byung-Geun Lee), 7-Tae-Young Kim, 5-Lim-Saeng Lee, 13-Jin-Woo Kim (75' 4-Min-Sung Lee), 8-Jung-Yoon Noh (62' 14-Jae-Young Kim), 6-Dong-Won Seo, 16-Gwan-Shik Lim (22' 9-Sung-Bae Park), 11-Jung-Hwan Ahn, 10-Yong-Soo Choi (82' 17-Kyung-Geun Kwak)

·Coach: Jung-Moo Huh

Scorers: 0-1 66' Dong-Won Seo

·Cautions: 31' Sung-Bae Park, 33' Chul Kang, 56' Lim-Saeng Lee, 57' Young-Chul Kim, 70' Jae-Young Kim, 71' Jin-Woo Kim, 84' Chris Zoricich

·Referee: Brett Hugo (Australia)

·Attendance: 10,000

New Zealand - South Korea 0-0 (0-0)

Friendly Match

(Palmerstone - Show Ground - 23.01.2000 - 18:00)

New Zealand (White-White-White): 20-Ross Nicholson (GK), 6-Gavin Wilkinson, 16-Raf De Gregorio, 12-Mark Atkinson, 7-Simon Elliott, 18-Scott Smith, 15-Ivan Vicelich, 5-Jonathan Perry, 4-Che Bunce, 10-Chris Jackson, 11-Harry Ngata (79' 17-Mark Elrick).

·Coach: Kenneth Dugdale

South Korea (Red-Blue-Red): 18-Woon-Jae Lee (GK), 2-Chul Kang, 7-Tae-Young Kim, 4-Min-Sung Lee, 12-Byung-Geun Lee (75' 16-Gwan-Shik Lim), 5-Lim-Saeng Lee, 8-Jung-Yoon Noh(60' 22-Gwan-Woo Lee), 6-Dong-Won Seo, 17-Kyung-Geun Kwak (29' 10-Yong-Soo Choi),

9-Sung-Bae Park(37' 20-Ki-Hyun Seol), 11-Jung-Hwan Ahn(83' 13-Jin-Woo Kim).

·Coach: Jung-Moo Huh

Scorers: -

·Cautions: 47' Jung-Yoon Noh, 63' Jung-Hwan Ahn, 67' Gavin Wilkinson, 77' Gwan-Shik Lim

·Referee: Mark Shield (Australia)

·Attendance: 3,000

South Korea - Canada 0-0 (0-0)

CONCACAF Gold Cup 2000, Final Phase, 1st Round Group D

(Los Angeles - LA Memorial Coliseum - 15.02.2000 - 19:00)

South Korea (Blue-White-Blue): 1-Byung-Ji Kim (GK), 7-Tae-Young Kim, 5-Lim-Saeng Lee, 20-Myung-Bo Hong (C) (HT 2-Chul Kang), 16-Do-Kyun Kim(81' 24-Ki-Hyun Seol), 8-Jung-Yoon Noh(62' 4-Dong-Won Seo), 17-Kyung-Geun Kwak, 6-Sang-Chul Yoo, 12-Young-Pyo Lee, 11-Jung-Hwan Ahn, 18-Seon-Hong Hwang.

·Coach: Jung-Moo Huh

Canada (Red-Red-Red): 1-Craig Forrest (GK) (C), 10-David Xausa, 15-Richard Hastings, 13-Mark Watson, 5-Jason De Vos, 12-Jeff Clarke, 11-Jim Brennan, 9-Carlo Corazzin, 4-Tony Menezes, 7-Paul Stalteri, 17-Paul Peschisolido(63' 24-Dwayne De Rosario).

·Coach: Holger Osieck (Germany)

Scorers: -

·Cautions: 31' Tae-Young Kim, 42' Lim-Saeng Lee

·Referee: Brian Hall (USA)

·Attendance: 23,621

South Korea - Costa Rica 2-2 (1-0)

CONCACAF Gold Cup 2000, Final Phase, 1st Round Group D

(Los Angeles - LA Memorial Coliseum - 17.02.2000 - 21:00)

South Korea (Red-Blue-Red): 1-Byung-Ji Kim (GK), 2-Chul Kang(73' 11-Jung-Hwan Ahn), 7-Tae-Young Kim, 5-Lim-Saeng Lee, 20-Myung-Bo Hong (C), 8-Jung-Yoon Noh(84' 16-Do-Kyun Kim), 17-Jin-Sub Park, 6-Sang-Chul Yoo(60' 15-Min-Sung Lee), 12-Young-Pyo Lee, 19-Dong-Gook Lee, 18-Seon-Hong Hwang.

· **Coach:** Jung-Moo Huh

Costa Rica (White-White-White): 1-Hermidio Barrantes (GK), 16-Roland Gómez (83' 7-William Hidalgo (90' 2-Javier Delgado)), 3-Victor Cordero, 11-Austin Berry, 17-Hernán Medford, 8-Walter Centeno, 6-Wilmer López, 12-Pablo Chinchilla, 9-Paulo Wanchope, 15-Harold Wallace, 10-Jafet Soto(39' 5-Jeaustin Campos).

· **Coach:** Marvin Rodríguez

Scorers: 1-0 14' Dong-Gook Lee, 1-1 66' Paulo Wanchope, 2-1 74' Min-Sung Lee, 2-2 85' Hernán Medford

· **Cautions:** 34' Jung-Yoon Noh

· **Referee:** Argelio Sabillon (Honduras)

· **Attendance:** 54,246

Note: Both South Korea and Canada were 2 points (2 ties) but Canada advanced by coin toss.

South Korea - Laos 9-0 (2-0)

Asian Cup Lebanon 2000, Preliminaries, Group 6
(Seoul - Dongdaemun Stadium - 05.04.2000 - 17:00)

South Korea (Red-Blue-Red): 18-Yong-Dae Kim (GK), 19-Dong-Hyuk Park, 3-Jae-Hong Park, 5-Jae-Won Sim (57' 16-Hyo-Yeon An), 6-Do-Kyun Kim (C), 2-Ji-Sung Park, 4-Jin-Sub Park, 22-Gwan-Woo Lee(10' 13-Chun-Soo Lee), 12-Young-Pyo Lee, 11-Eun-Joong Kim(72' 7-Chul-Woo Choi), 9-Ki-Hyun Seol.

· **Coach:** Jung-Moo Huh

Laos (Blue-Blue-Blue): 20-Phonesavath Phasomphou (GK), 19-Santisouk Nalisack, 3-Phonepadith Sayavong, 6-Ananh Thepsouvanh(37' 22-Saysamone Phothilad), 16-Soubinh Keophet, 5-Chalana Luang-Amart, 13-Keolakhone Channiphone(76' 10-Sisaath Singsavanh), 9-Bounlap Khenkitisack, 15-Lhonesavanh Homsombath, 14-Phouvong Boutdavong(64' 11-Chanthy Souksombath), 2-Khamsay Chanthavong.

· **Coach:** Vangchay Muangmany

Scorers: 1-0 32' Jae-Won Sim, 2-0 45' Eun-Joong Kim, 3-0 50' Chun-Soo Lee, 4-0 58' Ki-Hyun Seol, 5-0 67' Eun-Joong Kim, 6-0 71' Eun-Joong Kim, 7-0 75' Hyo-Yeon An, 8-0 77' Ki-Hyun Seol, 9-0 86' Ki-Hyun Seol

· **Cautions:** 28' Ji-Sung Park, 46' Soubinh Keophet

· **Referee:** Hisaharu Kitamura (Japan)

· **Attendance:** 16,000

South Korea - Mongolia 6-0 (3-0)

Asian Cup Lebanon 2000, Preliminaries, Group 6
(Seoul - Dongdaemun Stadium - 07.04.2000 - 18:30)

South Korea (Blue-White-Blue): 1-Tae-Jin Kim (GK), 19-Dong-Hyuk Park, 3-Jae-Hong Park (63' 6-Do-Kyun Kim), 15-Yong-Woo Ha (63' 21-Ki-Sung Nam), 8-Jong-Soo Ko (45' 13-Chun-Soo Lee), 2-Ji-Sung Park, 4-Jin-Sub Park (C), 12-Young-Pyo Lee, 16-Hyo-Yeon An, 7-Chul-Woo Choi, 23-Tae-Uk Choi.

· **Coach:** Jung-Moo Huh

Mongolia (Red-Red-White): 1-Purevsuren Jargalsaikhan (GK), 2-Hishigdalai Battulga, 4-Choijil Altantogos, 6-Gongorjav Davaa-Ochir, 7-Davaa Bayarzorig (90' 9-Enkhbayar Chinzorig), 8-Galsannyam Altan-Ild, 10-Bold Buman-Uchiral, 11-Dambiijav Terbaatar(72' 3-Donorov Lumbengaray), 14-Chimeddorj Munkhbat, 15-Sodovjamts Munkhgal, 19-Sukhbaatar Gerelt-Od (67' 5-Davaalkha Erdene-Ochir).

· **Coach:** Ishdorj Otgonbayar

Scorers: 1-0 20' Hyo-Yeon An, 2-0 23' Hyo-Yeon An, 3-0 37' Tae-Uk Choi, 4-0 46' Chul-Woo Choi, 5-0 71' Chun-Soo Lee, 6-0 88' Tae-Uk Choi

· **Cautions:** 30' Sodovjamts Munkhgal, 37' Hishigdalai Battulga, 42' Chimeddorj Munkhbat, 87' Davaalkha Erdene-Ochir

· **Expulsions:** 75' Tae-Jin Kim

· **Referee:** Sung Ho Liu (Taipei)

· **Attendance:** 2,150

Note: Dong-Hyuk Park played as GK replacing Tae-Jin Kim, because Korea already used 3 substitues before 75th minute.

South Korea - Myanmar 4-0 (0-0)

Asian Cup Lebanon 2000, Preliminaries, Group 6
(Seoul - Dongdaemun Stadium - 09.04.2000 - 17:00)

South Korea (Red-Blue-Red): 18-Yong-Dae Kim (GK), 19-Dong-Hyuk Park, 3-Jae-Hong Park, 5-Jae-Won Sim, 8-Jong-Soo Ko(45' 16-Hyo-Yeon An), 6-Do-Kyun Kim (C)

(45' 13-Chun-Soo Lee), 11-Eun-Joong Kim (74' 23-Tae-Uk Choi), 2-Ji-Sung Park, 4-Jin-Sub Park, 12-Young-Pyo Lee, 9-Ki-Hyun Seol.

·**Coach:** Jung-Moo Huh

Myanmar (White-White-White): 1-Aung Augg Oo (GK), 2-Min Thi, 3-Than Wai, 4-Soe Myat Min, 5-Min Min Aung, 6-Zaw Lynn Tunn, 8-Aung Kyaw Moe, 9-Hlaing Win Myo, 10-Than Toe Aung (57' 7-Nay Thu Hlaing), 12-Min Zaw Oo, 16-Zaw Htaik.

·**Coach:** U Aye Maung

Scorers: 1-0 61' Ki-Hyun Seol, 2-0 67' Ki-Hyun Seol, 3-0 78' Hyo-Yeon An, 85' Hyo-Yeon An

·**Cautions:** 70' Myo Hlaing Win, 84' Min Min Aung

·**Expulsions:** 51' Soe Myat Min

·**Referee:** Hisaharu Kitamura (Japan)

·**Attendance:** 15,600

South Korea - Japan 1-0 (0-0)

World Cup 2002 Co-Host Anniversary

(Seoul - Olympic Stadium - 26.04.2000 - 19:00)

South Korea (Red-Blue-Red): 18-Yong-Dae Kim (GK), 2-Chul Kang, 7-Tae-Young Kim, 15-Min-Sung Lee, 20-Myung-Bo Hong (C), 8-Jung-Yoon Noh (59' 14-Jung-Hwan Yoon), 17-Tae-Ha Park (62' 4-Do-Geun Kim), 6-Sang-Chul Yoo (77' 13-Jin-Sub Park), 3-Sung-Yong Choi (71' 12-Young-Pyo Lee), 16-Seok-Joo Ha, 9-Do-Hoon Kim (52' 10-Yong-Soo Choi).

·**Coach:** Jung-Moo Huh

Japan (Blue-White-Blue): 18-Seigo Narazaki (GK), 10-Hiroshi Nanami (C) (87' 14-Atsuhiro Miura), 9-Masashi Nakayama (73' 12-Hiroaki Morishima), 7-Hidetoshi Nakata, 3-Naoki Matsuda, 4-Ryuzo Morioka, 24-Shigeyoshi Mochizuki (81' 16-Shunsuke Nakamura), 19-Atsushi Yanagisawa (78' 17-Naohiro Takahara), 21-Junichi Inamoto, 8-Teruyoshi Ito (81' 23-Hiromi Kojima), 6-Toshihiro Hattori.

·**Coach:** Philippe Troussier (France)

Scorers: 1-0 78' Seok-Joo Ha

·**Cautions:** 62' Tae-Ha Park, 68' Tae-Young Kim

·**Expulsions:** 72' Tae-Young Kim

·**Referee:** Mohamed Nazri Abdullah (Malaysia)

·**Attendance:** 70,000

South Korea - Yugoslavia 0-0 (0-0)

Friendly Match

(Seoul - Olympic Stadium - 28.05.2000 - 19:00)

South Korea (Red-Blue-Red): 18-Yong-Dae Kim (GK), 19-Dong-Hyuk Park, 3-Jae-Hong Park, 6-Min-Sung Lee (62' 23-Se-Kwon Cho), 8-Jong-Soo Ko(70' 21-Tae-Uk Choi), 16-Sang-Sik Kim(87' 13-Nam-Il Kim), 2-Ji-Sung Park(75' 11-Gang-Jo Park), 4-Jin-Sub Park, 12-Young-Pyo Lee, 10-Chun-Soo Lee(70' 17-Sang-Won Jang), 9-Ki-Hyun Seol(82' 7-Chul-Woo Choi).

·**Coach:** Jung-Moo Huh

Yugoslavia (White-White-White): 22-Ivica Kralj(46' 12-Zeljko Čićović) (GK), 24-Goran Bunjevčević, 14-Nisa Saveljić, 18-Darko Kovacević (46' 7-Vladimir Kovačević), 6-Dejan Stanković (75' Nenad Grozdić), 10-Dragan Stojković (C) (61' 21-Albert Nadj), 3-Goran Djorović(31' 15-Mladen Krstajic, 46' 20-Mateja Kežman), Bunyevsevech, 4-Slavisa Jokanović, 19-Jovan Stanković, 2-Ivan Dudić, 8-Predrag Mijatović (46' 9-Savo Milošević).

·**Coach:** Vujadin Boškov

Scorers: -

·**Cautions:** 18' Dejan Stanković, 22' Dejan Kovacević, 50' Jae-Hong Park, 59' Nisa Saveljić

·**Referee:** Nik Ahmad Yaakub (Malaysia)

·**Attendance:** 35,500

South Korea - Yugoslavia 0-0 (0-0)

Friendly Match

(Sungnam - Sports Complex Athletics Stadium - 30.05.2000 - 19:00)

South Korea (Red-Blue-Red): 18-Yong-Dae Kim (GK), 19-Dong-Hyuk Park, 3-Jae-Hong Park, 23-Se-Kwon Cho, 16-Sang-Sik Kim, 2-Ji-Sung Park, 4-Jin-Sub Park, 12-Young-Pyo Lee, 10-Chun-Soo Lee, 9-Ki-Hyun Seol, 7-Chul-Woo Choi (58' 11-Gang-Jo Park).

·**Coach:** Jung-Moo Huh

Yugoslavia (White-White-White): 12-Zeljko Čićović (46' 1-Aleksandar Kocić) (GK), 24-Goran Bunjevčević, 14-Nisa Saveljić, 18-Darko Kovačević (46' 20-Mateja Kežman), 17-Ljubinko Drulović (59' 10-Dragan Stojković), 15-Mladen Krstajić, 5-Miroslav Djukić, 4-Slavisa Jokanović(46'

23-Dejan Govedarica), 21-Albert Nadj (46' 6-Dejan Stanković), 2-Ivan Dudić (46' 13-Slobodan Komljenović), 8-Predrag Mijatović (46' 9-Savo Milosević).

·**Coach**: Vujadin Boškov

Scorers: -

·**Cautions**: 27' Albert Nadj, 74' Mladen Krstajić

·**Referee**: Harim Abdul Hamid (Malaysia)

·**Attendance**: 26,500

South Korea - Macedonia 2-1 (0-0)

LG Cup, Semi Final

(Teheran - Azadi Stadium - 07.06.2000 - 17:30)

South Korea (Red-Blue-Red): 18-Yong-Dae Kim (GK), 19-Dong-Hyuk Park, 3-Jae-Hong Park, 23-Se-Kwon Cho(75' 22-Yong-Keun Kim), 16-Sang-Sik Kim(54' 13-Nam-Il Kim), 2-Ji-Sung Park(79' 11-Gang-Jo Park), 4-Jin-Sub Park, 12-Young-Pyo Lee, 10-Chun-Soo Lee(83' 21-Tae-Uk Choi), 9-Ki-Hyun Seol, 7-Chul-Woo Choi(62' 14-Jong-Gook Song).

·**Coach**: Jung-Moo Huh

Macedonia (White-White-White): 1-Antoni Filevski (GK), 5-Igor Nikolovski, 2-Goran Stavrevski, 6-Boban Babunski (54' 8-Nezmedin Memedi), 11-Arzden Beciri (80' 16-Dejan Ristovski), 10-Artim Sakiri, 4-Goce Sedlovski, 7-Zarko Serafimovski, Stavrevsky, Sasho Zdravevski (75' 3-Mile Kirstev), Rade Karanfilovski(57' Blade Rajarevski), 9-Georgi Hristov (66' 18-Arben Nuhiu).

·**Coach**: Dragan Kanatlarovski

Scorers: 1-0 47' Chul-Woo Choi, 2-0 63' Ji-Sung Park, 2-1 89' Artim Sakiri

·**Cautions**: 56' Young-Pyo Lee, 69' Igor Nikolovski

·**Referee**: Simak Masi (Iran)

·**Attendance**: 30,000

Note: 78' Yong-Dae Kim saved a penalty to Sakiri.

South Korea - Egypt 1-0 (0-0)

LG Cup, Final

(Teheran - Azadi Stadium - 09.06.2000 - 19:45)

South Korea (Red-Blue-Red): 18-Yong-Dae Kim (GK), 19-Dong-Hyuk Park, 3-Jae-Hong Park, 23-Se-Kwon Cho, 16-Sang-Sik Kim, 2-Ji-Sung Park, 4-Jin-Sub Park, 12-Young-Pyo Lee, 10-Chun-Soo Lee(85' 13-Nam-Il Kim), 9-Ki-Hyun Seol(77' 25-Byung-Joon Noh), 7-Chul-Woo Choi (62' 11-Gang-Jo Park).

·**Coach**: Jung-Moo Huh

Egypt (Green-Green-Green): 1-Nader El-Sayed (GK), 21-Rami Saeed, 23-Mohammed Barakat, 24-Mohammed Soleiman, 19-Mohammed Farouk (81' 14-Hazem Emam), 18-Ahmed Salah Hosni(46' 17-Ahmed Hassan), 20-Ayman Abdel Aziz (46' 12-Hady Khashaba), 15-Ibrahim Saeed, 6-Abdel Zaher El-Sakka, 11-Tarek Said (71' 9-Hossam Hassan), 22-Hany Said (73' 10-Abdel Sattar Sabry)

·**Coach**: Mahmoud El-Gohary

Scorers: 1-0 63' Gang-Jo Park

·**Cautions**: 23' Mohammed Soleiman, 78' Gang-Jo Park, 90' Abdel Sattar Sabry

·**Referee**: Jalal Moradi (Iran)

·**Attendance**: 10,000

China - South Korea 0-1 (0-0)

Korea-China Annual Match

(Beijing - Workers Stadium - 28.07.2000 - 18:45)

China (White-White-White): 22-Jin Jiang (GK) (80' 1-Jianbin Gao (GK)), 17-Bing Li, 14-Weifeng Li, 20-Jinyu Li (HT 11-Yunlong Xu), 8-Tie Li (HT 6-Lihui Song), 9-Mingyu Ma (HT 10-Yi Shang), 15-Si Shen (59' 7-Yong Huang), 16-Yang Xu (HT 18-Tao Wang), 21-Liang Wang (52' 24-Ning Zhou) 4-Chengying Wu, 2-Enhua Zhang(46' Hong Kui).

·**Coach**: Velibor Milutinović (Yugoslavia).

South Korea (Red-Blue-Red): 18-Yong-Dae Kim (GK), 2-Chul Kang (52' 15-Se-Kwon Cho), 19-Dong-Hyuk Park, 3-Jae-Hong Park, 6-Do-Kyun Kim (76' 27-Jong-Gook Song), 16-Sang-Sik Kim, 4-Jin-Sub Park, 12-Young-Pyo Lee, 13-Chun-Soo Lee(76' 23-Byung-Ho Shin, 90' 21-Tae-Uk Choi), 9-Do-Hoon Kim (64' 8-Gang-Jo Park), 10-Yong-Soo Choi (46' 20-Dong-Gook Lee).

·**Coach**: Jung-Moo Huh

Scorers: 0-1 52' Young-Pyo Lee

·**Cautions**: 33' Young-Pyo Lee, 43' Yong-Soo Choi, 45' Si Shen

·**Referee**: Toru Kamikawa (Japan)

·**Attendance**: 50,000

U.A.E. - South Korea 1-1 (1-0) 3-2 on penalties

LG CUP

(Dubai - Al-Maktoum Stadium - 04.10.2000 - 17:20)

U.A.E. (White-White-White): 17-Muataz Abdullah (GK), 6-Jumaa Saeed, 5-Abdul Salam Al-Junaibi, 18-Haidar Alo Ali, 4-Fahad Ali, 19-Saeed Al-Kaas, 8-Jaleel Abdulrahman Mohammed, 10-Yasser Salem (71' Bassem Abdullah), 12-Essa Jumma, 24-Subait Khater, 21-Humaid Fakhir.

·**Coach:** Henri Michel (France)

South Korea (Red-Blue-Red): 1-Woon-Jae Lee (GK), 2-Chul Kang (45' 4-Jin-Sub Park), 7-Tae-Young Kim, 15-Min-Sung Lee (53' 5-Lim-Saeng Lee), 20-Myung-Bo Hong (C), 16-Sang-Sik Kim, 10-Jung-Yoon Noh(78' 23-Ji-Sung Park), 6-Sang-Chul Yoo (65' 9-Ki-Hyun Seol), 8-Jung-Hwan Yoon, 3-Seok-Joo Ha (45' 12-Young-Pyo Lee),11-Dong-Gook Lee.

·**Coach:** Jung-Moo Huh

Scorers: 1-0 34' Yasser Salem, 1-1 89' Young-Pyo Lee

·**Penalties:** 0-0 Ki-Hyeon Seol (missed), 0-1 J.Saeed, 1-1 Dong-Gook Lee, 1-1 Essa Jumma (missed), 1-2 Young-Pyo Lee, 2-2 Khater, 2-2 Jin-Sub Park, 3-2 Abdulrahman Mohammed, 3-2 Jung-Hwan Yoon (missed)

·**Cautions:** 34' Haidar Alo Ali

·**Expulsions:** 79' Lim-Saeng Lee

·**Referee:** Omar Abu Loom (Oman)

·**Attendance:** 3,000

Note: No extra time.

South Korea - Australia 4-2 (1-2)

Emarate Cup 2000, 2nd Match

(Dubai - Al-Maktoum Stadium - 07.10.2000 - 17:20)

South Korea (Red-Blue-Red): 1-Woon-Jae Lee (GK), 24-Jae-Hong Park, 30-Jae-Won Sim, 20-Myung-Bo Hong (C) (80' 7-Tae-Young Kim), 19-Do-Kyun Kim (45' 16-Sang-Sik Kim), 23-Ji-Sung Park, 4-Jin-Sub Park, 12-Young-Pyo Lee, 17-Sung-Yong Choi (45' 10-Jung-Yoon Noh), 9-Ki-Hyeon Seol (74' 6-Sang-Chul Yoo), 28-Chul-Woo Choi (45' 11-Dong-Gook Lee).

·**Coach:** Jung-Moo Huh

Australia (Green-Green-Green): 18-Zeljko Kalać (GK) (C), 7-Daniel Tiatto (42' Scott Chipperfield), 10-Brett Emerton (75' Luke Casserly), 14-Simon Colosimo, 4-Stephen Laybutt, 6-Josip Skoko (75' Con Blatsis), 9-John Aloisi (61' Michael Curcija), 8-Kasey Wehrman (61' Stuart Lovell), 5-Tony Vidmar, 11-Paul Agostino. 12-Hayden Foxe.

·**Coach:** Frank Farina

Scorers: 0-1 30' Paul Agostino, 0-2 36' Paul Agostino, 1-2 44' Jae-Won Sim, 2-2 48' Jung-Yoon Noh, 3-2 64' Ki-Hyun Seol, 4-2 90' Dong-Gook Lee

·**Cautions:** 42' Daniel Tiatto, 86' Paul Agostino, 87' Tae-Young Kim, 90' Stephen Laybutt

·**Referee:** Farid Ali (UAE)

·**Attendance:** 1,000

South Korea - China 2-2 (1-1)

Asian Cup Lebanon 2000, Final Phase, 1st Round Group B

(Tripoli - Tripoli Stadium - 13.10.2000 - 17:05)

South Korea (Red-Blue-Red): 18-Yong-Dae Kim (GK), 24-Jae-Hong Park, 30-Jae-Won Sim, 20-Myung-Bo Hong (C), 16-Sang-Sik Kim), 10-Jung-Yoon Noh (75' 28-Chul-Woo Choi), 4-Jin-Sub Park, 6-Sang-Chul Yoo (61' 23-Ji-Sung Park), 12-Young-Pyo Lee, 9-Ki-Hyun Seol, 11-Dong-Gook Lee(68' 2-Chul Kang).

·**Coach:** Jung-Moo Huh

China (White-White-White): 22-Jin Jiang (GK), 17-Bing Li, 8-Tie Li(46' Weifeng Li), 9-Mingyu Ma, 15-Si Shen, 10-Maozhen Su, 20-Chen Yang (68' 12-Shengqing Qu), 4-Chengying Wu, 2-Enhua Zhang, 13-Gang Chen(85' 21-Yunlong Xu), 5-Zhiyi Fan.

·**Coach:** Velibor Milutinović (Yugoslavia)

Scorers: 1-0 29' Young-Pyo Lee, 1-1 36' Maozhen Su, 2-1 57' Jung-Yoon Noh, 2-2 65'(P) Zhiyi Fan

·**Cautions:** 33' Zhiyi Fan, 40' Sang-Chul Yoo, 51' Gang Chen

·**Expulsions:** 65' Myung-Bo Hong

·**Referee:** Omer Saleh Al-Menanah (Saudi Arabia)

·**Attendance:** 2,000

South Korea - Kuwait 0-1 (0-1)

Asian Cup Lebanon 2000, Final Phase, 1st Round

Group B

(Tripoli - Tripoli Stadium - 16.10.2000 - 19:45)

1-Woon-Jae Lee (GK), 2-Chul Kang (C), 24-Jae-Hong Park, 30-Jae-Won Sim, 16-Sang-Sik Kim, 10-Jung-Yoon Noh(67' 8-Jung-Hwan Yoon), 4-Jin-Sub Park(HT 3-Seok-Joo Ha), 6-Sang-Chul Yoo, 12-Young-Pyo Lee, 9-Ki-Hyun Seol, 11-Dong-Gook Lee.

·Coach: Jung-Moo Huh

Kuwait (Blue-White-Blue): Dhabsha, Leda, Mubarak, Vyaxhar Abdullah, BuraykI, Almutari, Alche Marie, Osama Hussein, Otman(78' Senkin), Jazem Al Huwaidi, HassI(63' Wavran).

·Coach: Dusan Uhrin (Slovakia)

Scorers: 0-1 42' Jazem Al Huwaidi

·Cautions: 28' Jin-Sub Park

·Referee: Brian Hall (USA)

·Attendance: 10,000

South Korea - Indonesia 3-0 (1-0)

Asian Cup Lebanon 2000, Final Phase, 1st Round Group B

(Beirut - Sports City Stadium - 19.10.2000 - 19:35)

South Korea (Red-Blue-Red): 1-Woon-Jae Lee (GK), 2-Chul Kang (C), 7-Tae-Young Kim, 20-Myung-Bo Hong (C), 16-Sang-Sik Kim(46' 8-Jung-Hwan Yoon), 10-Jung-Yoon Noh(57' 6-Sang-Chul Yoo), 23-Ji-Sung Park, 12-Young-Pyo Lee, 17-Sung-Yong Choi (74' 15-Min-Sung Lee), 9-Ki-Hyun Seol, 11-Dong-Gook Lee.

·Coach: Jung-Moo Huh

Indonesia (White-White-White): 13-Komang Putra Adnyana (GK), 9-Uston Nawawi, 8-Matheus Setanurdiyantara(79' 16-Imran Nahumarury), 12-Edward Ivak Dalam(46' 21-Rochi Putiray), 23-Selamet Riadi, 11-Bima Sakti, 17-I Putu Gede Dwi Santoso (83' 19-Nur'alim), 10-Kurniawan Dwi Yulianto, 4-Ismed Sofyan, 5-Sugiyantoro, 10-Kurniawan Dwi Yulianto, 6-Eko Purdjianto,

·Coach: Nandar Iskandar

Scorers: 1-0 30' Dong-Gook Lee, 2-0 76' Dong-Gook Lee, 3-0 90' Dong-Gook Lee

·Cautions: 33' Kurniawan Yulianto, 50' Chul Kang, 60' I Putu Gede Dwi Santoso

·Referee: Toru Kamikawa (Japan)

·Attendance: 500

Iran - South Korea 1-2 (0-0,1-1) a.e.t. golden goal

Asian Cup Lebanon 2000, Final Phase, Quarter Final

(Tripoli - Tripoli Stadium - 23.10.2000 - 16:45)

Iran (White-White-White): 12-Parviz Broumand (GK), 28-Mohammad Reza Mahdavi, 2-Mehdi Mahdavikia (89' 19-Ali Karimi), 25-Mehrdad Minavand, 20-Behrouz Rahbarifard, 5-Sohrab Bakhtiarizadeh, 10-Ali Daei (C), 17-Ali Reza Emamifar, 6-Karim Bageri, 7-Hamed Kavianpour, 9-Hamid Reza Estili (83' 18-Daryoush Yazdani).

·Coach: Jalal Talebi

South Korea (Red-Blue-Red): 1-Woon-Jae Lee (GK), 2-Chul Kang (C) (75' 11-Dong-Gook Lee), 7-Tae-Young Kim, 30-Jae-Won Sim, 20-Myung-Bo Hong (C), 16-Sang-Sik Kim, 23-Ji-Sung Park(68' 3-Seok-Joo Ha), 8-Jung-Hwan Yoon, 12-Young-Pyo Lee, 9-Ki-Hyun Seol, 28-Chul-Woo Choi (46' 10-Jung-Yoon Noh).

·Coach: Jung-Moo Huh

Scorers: 1-0 71' Karim Bagheri, 1-1 90' Sang-Sik Kim, 1-2 99' Dong-Gook Lee

·Cautions: 26' Mehrdad Minavand, 51' Chul Kang, 94' Sang-Sik Kim

·Referee: Ali Bujsaim (UAE)

·Attendance: 10,000

South Korea - Saudi Arabia 1-2 (0-0)

Asian Cup Lebanon 2000, Final Phase, Semi Final

(Beirut - Sports City Stadium - 26.10.2000 - 16:45)

South Korea (Red-Blue-Red): 1-Woon-Jae Lee (GK), 7-Tae-Young Kim, 30-Jae-Won Sim, 20-Myung-Bo Hong (C), 16-Sang-Sik Kim, 23-Ji-Sung Park(40' 3-Seok-Joo Ha), 6-Sang-Chul Yoo(77' 9-Ki-Hyun Seol), 8-Jung-Hwan Yoon(53' 10-Jung-Yoon Noh), 12-Young-Pyo Lee, 17-Sung-Yong Choi, 11-Dong-Gook Lee.

·Coach: Jung-Moo Huh

Saudi Arabia (White-Green-White): 1-Mohammed Al-Deayea (GK), Mohammed Noor, Duki, 29-Talal Al-Meshal, 13-Saleh Al-Saqri, 17-Abdullah Al-Wakad, 9-Sami

Al-Jaber (C) (89' 19-Hamzah Idris Falatah), 3-Mohammed Al-Khilaiwi, 18-Nawaf Al-Temyat, 28-Abdullah Jumaan(39' 20-Mohammad Al-Shalhoob, 83' Fouzi Al-Shehri), 23-Ahmed Khalil Al-Dossary.

·**Coach:** Nasser Al-Johar (caretaker)

Scorers: 0-1 76' Talal Al-Meshal, 0-2 80' Talal Al-Meshal, 1-2 90' Dong-Gook Lee

·**Cautions:** 27' Jung-Hwan Yoon, 44' Mohammed Noor, 84' Young-Pyo Lee

·**Referee:** Saad Kameel Mane (Kuwait)

·**Attendance:** 3,000

South Korea - China 1-0 (0-0)

XII. Asian Cup Lebanon 2000, Final Phase, Third Place Match

(Beirut - Sports City Stadium - 29.10.2000 - 16:05)

South Korea (Red-Blue-Red): 1-Woon-Jae Lee (GK), 24-Jae-Hong Park, 15-Min-Sung Lee, 20-Myung-Bo Hong (C), 16-Sang-Sik Kim, 10-Jung-Yoon Noh, 23-Ji-Sung Park, 4-Jin-Sub Park (66' 2-Chul Kang), 12-Young-Pyo Lee, 9-Ki-Hyun Seol(46' 6-Sang-Chul Yoo, 89' 28-Chul-Woo Choi), 11-Dong-Gook Lee.

·**Coach:** Jung-Moo Huh

China (White-White-White): 22-Jin Jiang (GK), 6-Ming Li, 8-Tie Li, 18-Xiaopeng Li, 14-Weifeng Li, 9-Mingyu Ma, 27-Jiayi Shao, 10-Maozhen Su, 21-Yunlong Xu, 20-Chen Yang, 4-Chengying Wu(10' 16-Yang Xu), 2-Enhua Zhang(34' 11-Hui Xie).

·**Coach:** Velibor Milutinović (Yugoslavia)

Scorers: 1-0 76' Dong-Gook Lee

·**Cautions:** 46' Jin-Sub Park, 52' Yunlong Xu, 66' Yang Xu

·**Referee:** Ahmad Nabil Ayad (Lebanon)

·**Attendance:** 10,000

Japan - South Korea 1-1 (0-1)

World Cup 2002 Co-Host Anniversary

(Tokyo - Yoyoki National Stadium - 20.12.2000 - 19:00)

Japan (Blue-White-Blue): 20-Seigo Narazaki (GK), 21-Hideaki Kitajima (46' 19-Masashi Nakayama), 10-Hiroshi Nanami, 14-Shunsuke Nakamura (46'

16-Koji Nakata), 3-Naoki Matsuda, 4-Ryuzo Morioka (C) (75' 7-Masashi Motoyama), 8-Tomokazu Myojin (69' 17-Tomoyuki Sakai), 13-Atsushi Yanagisawa, 18-Shinji Ono (46' 15-Daisuke Oku), 5-Teruyoshi Ito, 6-Toshihiro Hattori.

·**Coach:** Philippe Troussier (France)

South Korea (Red-Blue-Red): 18-Byung-Ji Kim (GK), 2-Chul Kang (C), 15-Min-Sung Lee, 20-Myung-Bo Hong, 14-Sang-Sik Kim, 12-Young-Pyo Lee, 19-Eul-Yong Lee, 13-Chun-Soo Lee(60' 17-Sung-Bae Park), 3-Sung-Yong Choi (85' 6-Sang-Chul Yoo), 23-Jung-Hwan Ahn(71' 8-Jung-Hwan Yoon), 10-Yong-Soo Choi (40' 21-Ji-Sung Park).

·**Coach:** Hang-Seo Park (caretaker)

Scorers: 0-1 14' Jung-Hwan Ahn, 1-1 56' Toshihiro Hattori

·**Cautions:** 16' Myung-Bo Hong, 18' Min-Sung Lee, 71' Byung-Ji Kim

·**Expulsions:** 26' Sang-Sik Kim

·**Referee:** Shamsul Maidin (Singapore)

·**Attendance:** 54,145

Note: 17' Byung-Ji Kim saved a penalty to Yanagisawa.

2001

Norway-South Korea 3-2 (2-1)

XV. Carlsberg Cup 2001, Semi Final

(Hong Kong - Hong Kong Stadium - 24.01.2001 - 15:30)

Norway (Red-Navy Blue-White): 1-Morten Bakke (GK), 7-Tommy Svindal Larsen (C), 8-Dagfinn Enerly (86' 15-Jonny Hansen), 3-Pa-Modou Kah, 5-Ståle Stensaas, (45' 18-Tommy Øren) 11-Bjarte Lunde Aarsheim, 9-Frode Johnsen, 10-Thorstein Helstad. 13-Alexander Aas, 16-Azar Karadas, 14-Frederik Winsnes.

·**Coach:** Nils Johan Semb

South Korea (Blue-White-Blue): 1-Woon-Jae Lee (GK), 20-Myung-Bo Hong (C), 7-Tae-Young Kim, 13-Jae-Won Sim (86' 14-Sang-Sik Kim),15-Min-Sung Lee, 22-Jong-Soo Ko, 4-Dong-Won Seo (45' 12-Young-Pyo Lee), 6-Sang-Chul Yoo, 17-Sung-Bae Park (77' 21-Ji-Sung Park). 11-Jung-Won Seo (65' 9-Do-Hoon Kim), 10-Yong-Soo Choi.

Scorers: 0-1 24'(P) Jong-Soo Ko, 1-1 35' Frode Johnsen, 2-1 42' Thorstein Helstad, 2-2 66' Do-Hoon Kim, 3-2 69' Tommy Øren

·**Cautions:** 29' Jae-Won Sim

·**Referee:** Anders Frisk (Sweden)

·**Attendance:** 22,936

South Korea - Paraguay 1-1 (0-0) 6-5 on penalties

XV. Carlsberg Cup 2001, Third Place Match

(Hong Kong - Hong Kong Stadium - 27.01.2001 - 14:45)

Paraguay (White/Red-Blue-White): 1-Ricardo(GK), 5-Juan Daniel Cáceres, 6-Estanislao Struway (85' 14-Christian Esquivel), 4-Paulo da Silva, 3-Rubén Maldonado, 8-Diego Gavilán, 11-Gustavo Morínigo (79' 15-Hugo Ortíz), 7-Nery Ortiz, 21-Darío Verón (45' 9-Luis Torres), 18-Javier González, 19-Arístides Masi.

·**Coach:** Víctor Genes

South Korea (Blue-White-Blue): 18-Byung-Ji Kim (45' 25-Yong-Dae Kim) (GK), 20-Myung-Bo Hong (C), 7-Tae-Young Kim, 13-Jae-Won Sim (90' 2-Lim-Saeng Lee), 15-Min-Sung Lee, 22-Jong-Soo Ko (76' 11-Jung-Won Seo), 21-Ji-Sung Park, 6-Sang-Chul Yoo (85' 10-Yong-Soo Choi). 12-Young-Pyo Lee, 9-Do-Hoon Kim, 17-Sung-Bae Park

(55' 4-Dong-Won Seo)

·**Coach:** Guus Hiddink (Nederland)

Scorers: 0-1 56' Jong-Soo Ko, 1-1 68' Gustavo Morínigo

·**Penalties:** 0-1 Yong-Soo Choi, 1-1 Gavilán, 1-2 Do-Hoon Kim, 2-2 Maidonado, 2-3 Young-Pyo Lee, 3-3 González, 3-4 Dong-Won Seo, 4-4 da Silva, 4-5 Lim-Saeng Lee, 5-5 Cáceres, 5-6 Min-Sung Lee, 5-6 Ortíz (missed)

·**Cautions:** 15' Paulo da Silva, 21' Darío Verón, 61' Myung-Bo Hong

·**Referee:** Masayoshi Okada (Japan)

·**Attendance:** 30,000

Note: No extra time.

South Korea - Morocco 1-1 (0-1)

VI. Emarate Cup 2001, Group Stage

(Dubai - Al-Maktoum Stadium - 08.02.2001 - 18:30)

South Korea (Red-Blue-Red): 25-Yong-Dae Kim (GK), 20-Myung-Bo Hong (C) (78' 8-Jong-Gook Song), 7-Tae-Young Kim, 13-Jae-Won Sim, 15-Min-Sung Lee, 22-Jong-Soo Ko, 21-Ji-Sung Park, 6-Sang-Chul Yoo, 12-Young-Pyo Lee, 9-Do-Hoon Kim. 17-Sung-Bae Park (68' 11-Jung-Won Seo),

·**Coach:** Guus Hiddink (Nederland)

Morocco (Green-Green-Green): 22-Driss Benzekri (GK), 8-Saib Chiba (66' 10-Tarik Sektioui), 6-Fouzi El-Brazi (24' 17-Abdel Latif Jrindo), 18-Rachid Rokki (81' 11-Rachid Daoudi), 19-Jamel Sellami, 15-Lahoen Abrami, 16-Youssef Safri, 13-Bouchaib El-Moubarki (87' 20-Rachid Regadi), 14-Salaheddine Bassir (93' 2-Rachid Ben Mahmoud). 3-Noureddine Kacemi, 20-Othmane El-Assas,

·**Coach:** Humberto Coelho (Portugal)

Scorers: 0-1 10' Rachid Rokki, 1-1 87' Sang-Chul Yoo

·**Cautions:** 28' Noureddine Kacemi, 63' Abdel Latif, 72' Othmane El-Assas, 82' Do-Hoon Kim, 92' Jong-Gook Song

·**Referee:** Ali Bujsaim (UAE)

·**Attendance:** 500

Note: FIFA didn't count this match as a full international.

U.A.E. - South Korea 1-4 (1-1)

VI. Emarate Cup 2001, Group Stage

(Dubai - Al-Maktoum Stadium - 11.02.2001 - 18:30)

U.A.E. (White-Whit-White): 1-Jumaa Rashid (GK), 3-Mohammed Rabee, 12-Omran Al-Jasme, 6-Jaleel Abdulrahman, 4-Fahad Ali(45' 13-Subait Khater), 2-Abdulrahem Juma, 5-Abdul Salam Juma, 18-Haidar Alo Ali, 7-Mohammed Omar(78' 10-Adel Mattar), 16-Mohammed Ibrahim (76' 20-Abdullah Salem), 19-Saeed Al-Kas (64' 14-Faisal Khalel).

·**Coach:** Henri Michel (France)

South Korea (Red-Blue-Red): 1-Woon-Jae Lee (GK), 20-Myung-Bo Hong (C), 7-Tae-Young Kim (61' 27-Ki-Hyun Seol), 13-Jae-Won Sim, 15-Min-Sung Lee, 22-Jong-Soo Ko (89' 16-Gwang-Min Chung), 21-Ji-Sung Park, 8-Jong-Gook Song, 6-Sang-Chul Yoo, 12-Young-Pyo Lee, 9-Do-Hoon Kim.

·**Coach:** Guus Hiddink (Nederland)

Scorers: 1-0 24' Abdulrahem Juma, 1-1 45' Jong-Gook Song, 1-2 65' Sang-Chul Yoo, 1-3 72' Ki-Hyun Seol, 1-4 89' Jong-Soo Ko

·**Cautions:** 15' Jae-Won Sim, 27' Haidar Alo Ali, 18' Jaleel Abdulrahman

·**Referee:** Abdul Ibrahim (Bahrain)

·**Attendance:** 2,000

South Korea - Denmark 0-2 (0-1)

VI. Emarate Cup 2001, Group Stage

(Dubai - Al-Maktoum Stadium - 14.02.2001 - 18:30)

South Korea (Blue-White-Blue): 18-Byung-Ji Kim (GK), 20-Myung-Bo Hong (C), 15-Min-Sung Lee, 14-Sang-Sik Kim, 21-Ji-Sung Park, 8-Jong-Gook Song, 6-Sang-Chul Yoo (82' 16-Gwang-Min Chung), 12-Young-Pyo Lee, 9-Do-Hoon Kim. 27-Ki-Hyun Seol, 26-Jung-Hwan Ahn (71' 22-Jong-Soo Ko),

·**Coach:** Guus Hiddink (Nederland)

Denmark (Red-White-Red): 16-Peter Kjær (GK), 13-Brian Steen Nielsen (C), 9-Brian Priske, 12-Jan Michaelsen, 4-Kenneth From, 17-Thomas Poulsen (63' 20-Anders Winther), 15-Kenneth Møller Pedersen (70' 10-Thomas Røll). 19-Palle Sørensen (45' 11-Stepen Lustü), 14-Henrik Pedersen, 5-Jesper Sørensen, 18-Peter Sand.

·**Coach:** Morten Olsen (Denmark)

Scorers: 0-1 7' Jan Michaelsen, 0-2 78'(P) Brian Steen Nielsen

·**Cautions:** 16' Jan Michaelsen, 81' Kenneth From, 81' Min-Sung Lee

·**Referee:** Ahmed Al-Bloushi (UAE)

·**Attendance:** 1,000

Note: FIFA didn't count this match as a full international.

South Korea - Iran 1-0 (1-0)

LG Cup, Semi Final

(Cairo - International Stadium - 24.04.2001 - 18:00)

South Korea (Red-Blue-Red): 1-Woon-Jae Lee (GK), 2-Chul Kang, 7-Tae-Young Kim, 15-Min-Sung Lee, 3-Sung-Yong Choi (52' 14-Sang-Sik Kim), 21-Ji-Sung Park, 8-Jung-Hwan Yoon(45' 4-Jong-Gook Song), 12-Young-Pyo Lee, 17-Seok-Joo Ha, 9-Do-Hoon Kim (81' 13-Hyo-Yeon An), 10-Dong-Gook Lee (59' 16-Ki-Hyun Seol).

·**Coach:** Guus Hiddink (Nederland)

Iran (White-White-White): 1-Parviz Broumand (GK), 5-Afshin Peyravani, 6-Behzad Rahbarifar, 7-Hamed Kavianpour, 4-Mehdi Hashemiansab, 8-Ali Karimi, 2-Pejman Jamshidi (82' 20-Mehdi Shiri), 10-Sirous Dinmohammadi, 9-Ali Samereh 3-Ali Vahedi, 11-Farhad Majidi (62' 13-Sattar Hamedani).

·**Coach:** Miroslav Blažević (Croatia)

Scorers: 1-0 6'(P) Do-Hoon Kim

·**Cautions:** 7' Min-Sung Lee, 12' Dong-Gook Lee

·**Referee:** Mohamed Kamal Risha (Egypt)

·**Attendance:** 3,000

South Korea - Egypt 2-1 (1-1)

LG Cup, Final

(Cairo - International Stadium - 26.04.2001 - 20:30)

South Korea (Red-Blue-Red): 25-Yong-Dae Kim (GK), 7-Tae-Young Kim, 6-Duk-Kyu Seo, 4-Jong-Gook Song,15-Min-Sung Lee, 21-Ji-Sung Park, 22-Dong-Won Seo, 12-Young-Pyo Lee, 17-Seok-Joo Ha (59' 13-Hyo-Yeon An), 19-Sung-Bae Park (53' 11-Jung-Won Seo), 16-Ki-Hyun Seol.

·**Coach:** Guus Hiddink (Nederland)

Egypt (Green-Green-Green): 1-Nader El-Sayed (GK), 5-Abdelzaher El-Nabih, 15-Ibrahim Said, 8-Tamer Abdel, 11-Tarek Said, 12-Mohamed Baraleaid, 6-Reda Abdel, 22-Sayed Moawad, 24-M. El-Mahaly, 18-Salababag Rista (78' 23-Skramy Abdel). 25-Mazhar Abdel (75' 9-Hossam Hassan).

·**Coach:** Mahmoud El-Gohary (Egypt)

Scorers: 0-1 12' Seok-Joo Ha, 1-1 21' Mazhar Abdel, 1-2 61' Hyo-Yeon An

·**Cautions:** 19' Sayed Moawad, 26' Min-Sung Lee, 47' Dong-Won Seo

·**Referee:** Abdullah Salem Mohammed (Lybia)

·**Attendance:** 20,000

Note: 27' Moaad missed a penalty.

South Korea - Cameroon 0-0 (0-0)

Friendly Match

(Suwon - World Cup Stadium - 25.05.2001 - 17:00)

South Korea (Red-Blue-Red): 1-Woon-Jae Lee (GK), 20-Myung-Bo Hong (C), 7-Tae-Young Kim, 4-Jong-Gook Song, 6-Sang-Chul Yoo, 15-Min-Sung Lee, 19-Young-Pyo Lee, 8-Jung-Hwan Yoon (46' 18-Seon-Hong Hwang), 17-Seok-Joo Ha (70' 21-Ji-Sung Park), 11-Ki-Hyun Seol, 16-Hyo-Yeon An (62' 10-Yong-Soo Choi).

·**Coach:** Guus Hiddink (Nederland)

Cameroon (Green-Red-Yellow): 23-Idriss Kameni (GK), 4-Rigobert Song (C) (90' 16-Olivier Tchachoua), 15-Nicolas Alnoundji, 5-Raymond Kalla, 19-Michel Pensee Billong, 7-Bernard Tchoutang (78' 22-Daniel Ngome Kome), 2-Bill Tchato, 20-Salomon Olembé, 20-Joseph-Désiré Job 14-Joel Epalle, 18-Patrice Abanda.

·**Coach:** Pierre Lechantre (France)

Scorers: -

·**Cautions:** 16' Patrice Abanda, 49' Myung-Bo Hong

·**Referee:** Subkhiddin Mohd Salleh (Malaysia)

·**Attendance:** 20,000

France-South Korea 5-0 (3-0)

III. FIFA/Confederations Cup Korea/Japan 2001, 1st Round Group A

(Daegu - World Cup 2002 Stadium - 30.05.2001 - 17:00)

France (White-White-White): 1-Ulrich Ramé (GK), 8-Marcel Desailly (C), 3-Bixente Lizarazu, 4-Patrick Vieira, 2-Willy Sagnol, 7-Robert Pires (81' 16-Olivier Dacourt), 10-Éric Carrière, 9-Nicolas Anelka, 21-Christophe Dugarry (72' 6-Youri Djorkaeff), 17-Steve Marlet (55' 11-Sylvain Wiltord), 13-Mikaël Silvestre.

·**Coach:** Roger Lemerre

South Korea (Red-Blue-Red): 1-Woon-Jae Lee (GK), 20-Myung-Bo Hong (C), 7-Tae-Young Kim(74' 17-Seok-Joo Ha), 4-Jong-Gook Song, 15-Min-Sung Lee, 3-Sung-Yong Choi, 22-Jong-Soo Ko(69' 16-Hyo-Yeon An), 21-Ji-Sung Park, 6-Sang-Chul Yoo, 19-Young-Pyo Lee(45' 18-Seon-Hong Hwang), 11-Ki-Hyun Seol.

·**Coach:** Guus Hiddink (Nederland)

Scorers: 0-1 8' Steve Marlet, 0-2 18' Patrick Vieira, 0-3 33' Nicolas Anelka, 0-4 78' Youri Djorkaeff, 0-5 90' Sylvain Wiltord

·**Referee:** Gamal Ghandour (Egypt)

·**Attendance:** 61,500

South Korea - Mexico 2-1 (0-0)

III. FIFA/Confederations Cup Korea/Japan 2001, 1st Round Group A

(Ulsan - Munsu Stadium - 01.06.2001 - 19:30)

South Korea (Red-Blue-Red): 1-Woon-Jae Lee (GK), 20-Myung-Bo Hong (C), 2-Chul Kang, 7-Tae-Young Kim, 4-Jong-Gook Song, 3-Sung-Yong Choi, 22-Jong-Soo Ko (69' 19-Young-Pyo Lee), 21-Ji-Sung Park, 6-Sang-Chul Yoo, 9-Do-Hoon Kim, 18-Seon-Hong Hwang (78' 11-Ki-Hyun Seol).

·**Coach:** Guus Hiddink (Nederland)

Mexico (Green-White-White): 1-Oswaldo Sánchez (GK), 2-Claudio Suárez (C), 7-David Rangel, 5-Duilio Davino, 8-Juan Pablo Rodríguez (60' 20-Victor Ruíz), 11-Daniel Osorno (71' 9-Manuel Abundis), 10-Jared Borgetti (52' 6-Marco Antonio Ruíz), 13-Pavel Pardo, 15-Antonio De Nigris, 17-Octavio Valdez, 18-Cesareo Victorino.

·**Coach:** Enrique Meza(Mexico)

Scorers: 1-0 56' Seon-Hong Hwang, 1-1 80' Victor Ruíz, 2-1 90' Sang-Chul Yoo

- **Cautions:** 66' Jong-Soo Ko, 71' Duilio Davino
- **Referee:** Hugh Dallas (Scotland)
- **Attendance:** 41,550

South Korea - Australia 1-0 (1-0)

III. FIFA/Confederations Cup Korea/Japan 2001, 1st Round Group A

(Suwon - World Cup Stadium - 03.06.2001 - 19:30)

South Korea (Red-Blue-Red): 1-Woon-Jae Lee (GK), 20-Myung-Bo Hong (C), 7-Tae-Young Kim, 4-Jong-Gook Song, 15-Min-Sung Lee, 3-Sung-Yong Choi, 21-Ji-Sung Park, 19-Young-Pyo Lee, 9-Do-Hoon Kim (63' 10-Yong-Soo Choi), 11-Ki-Hyun Seol, 18-Seon-Hong Hwang.

- **Coach:** Guus Hiddink (Nederland)

Australia (Green-Green-Green): 1-Mark Schwarzer (GK), 4-Paul Okon (C) (80' 19-Aurelio Vidmar), 2-Kevin Muscat, 3-Craig Moore, 5-Tony Vidmar(45' 18-Scott Chipperfield)., 14-Shaun Murphy, 13-Marco Bresciano, 10-Brett Emerton, 20-Clayton Zane, 17-Steve Corica (45' 11-David Zdrilic), 15-Hayden Foxe

- **Coach:** Frank Farina
- **Scorers:** 1-0 23' Seon-Hong Hwang
- **Cautions:** 48' Clayton Zane, 55' Tony Vidmar, 60' Marco Bresciano, 85' Clayton Zane, 85' David Zdrilic, 90' Seon-Hong Hwang
- **Expulsions:** 85' Clayton Zane
- **Referee:** Óscar Julián Ruiz Acosta (Colombia)
- **Attendance:** 42,754

Czech Republic - South Korea 5-0 (1-0)

Friendly Match

(Drnovice - Brno Stadium - 15.08.2001 - 16:40)

Czech Republic (Blue-White-Blue): 1-Pavel Srníček (GK), 4-Pavel Nedvěd(C), 2-Zdeněk Grygera, 3-Peter Johanna (79' 13-Jan Velkoborský), 5-Jiří Novotný, 8-Patrick Berger, 6-Jiří Jarošík (50' 15-Marek Jankulovski), 7-Roman Týce, 11-Milan Baroš (73' 18-Luděk Stracený). 9-Jan Koller (59' 12-Vratislav Lokvenc), 10-Tomáš Rosický (64' 17-Miroslav Baranek).

- **Coach:** Jozef Chovanec

South Korea (Red-Blue-Red): 1-Woon-Jae Lee (GK), 2-Chul Kang, 15-Min-Sung Lee, 27-Nam-Il Kim, 4-Jong-Gook Song, 22-Ki-Hyung Lee (75' 10-Eul-Yong Lee), 8-Young-Pyo Lee, 3-Sung-Yong Choi, 11-Ki-Hyun Seol, 19-Jung-Hwan Ahn (56' 14-Chun-Soo Lee), 18-Seon-Hong Hwang (70' 20-Dong-Gook Lee).

- **Coach:** Guus Hiddink (Nederland)

Scorers: 1-0 29' Pavel Nedvěd, 2-0 65' Miroslav Baranek, 3-0 74' Vratislav Lokvenc, 4-0 85' Miroslav Baranek, 5-0 92'(P) Miroslav Baranek

- **Cautions:** 92' Chul Kang
- **Referee:** Ladislav Gádoši (Slovakia)
- **Attendance:** 6,596

South Korea - Nigeria 2-2 (0-2)

Friendly Match

(Daejeon - Hanbat World Cup Stadium - 13.09.2001 - 19:00)

South Korea (Red-Blue-Red): 1-Woon-Jae Lee (GK), 2-Chul Kang (45' 3-Sung-Yong Choi), 7-Tae-Young Kim, 6-Nam-Il Kim, 8-Sang-Sik Kim, 4-Jong-Gook Song, 10-Eul-Yong Lee, 13-Hyo-Yeon An (45' 14-Chun-Soo Lee), 11-Yong-Soo Choi, 21-Tae-Uk Choi, 18-Seon-Hong Hwang (68' 20-Dong-Gook Lee).

- **Coach:** Guus Hiddink (Nederland)

Nigeria (White-Green-White): 12-Murphy Akanji (GK), 15-Rabiu Aporabi, 17-Eric Ejiofor, 8-Ikpe Ekong, 9-George Datoru, 11-John Utake, 13-Chukwu Nduke, 2-Obogna Kanu, 10-Kelechi Okoye, 18-Thompson Ode, 7-Felix Aldesanmi (84' 6-Victor Shaka).

- **Coach:** Amodu Shaibu

Scorers: 0-1 8' Chukwu Nduke, 0-2 38' Chukwu Nduke, 1-2 65' Chun-Soo Lee, 2-2 77' Yong-Soo Choi

- **Cautions:** 35' Thompson Ode, 67' Obogna Kanu
- **Expulsions:** 23' Sang-Sik Kim
- **Referee:** Siu Kee Chan (Hong Kong)
- **Attendance:** 40,587

South Korea - Nigeria 2-1 (0-0)

Friendly Match

(Busan - Asiad 2002 Stadium - 16.09.2001 - 19:00)

South Korea (Red-Blue-Red): 12-Eun-Sung Choi (GK), 7-Tae-Young Kim, 5-Jin-Cheul Choi, 6-Nam-Il Kim,

4-Jong-Gook Song, 22- Ki-Hyung Lee, 10-Eul-Yong Lee
(45' 21-Tae-Uk Choi), 14-Chun-Soo Lee, 3-Sung-Yong
Choi, 9-Do-Hoon Kim, 20-Dong-Gook Lee.

·**Coach:** Guus Hiddink (Nederland)

Nigeria (Green-White-Green): 22-Ndubusi Egbo (GK),
4-Patrick Obie, 14-Moiji Ajao, 17-Eric Ejiofor, 2-Ogbona
Kanu, 7-Emmanuel Obiede (61' 9-George Datoru), 8-Ikpe
Ekong, 11-John Utake, 15-Rabiu Aforabi, 10-Kelechi
Okoye (45' 18-Thompson Ode), 13-Chukwu Nduke.

·**Coach:** Amodu Shaibu

Scorers: 1-0 58'(P) Do-Hoon Kim, 1-1 61' Chukwu
Nduke, 2-1 91' Dong-Gook Lee

·**Cautions:** 44' Moiji Ajao, 75' Ikpe Ekong, 80' George
Datoru, 85' Sung-Yong Choi

·**Referee:** Weixin Zhou (China)

·**Attendance:** 42,186

South Korea - Senegal 0-1 (0-1)

Friendly Match

(Jeonju - World Cup Stadium - 08.11.2001 - 19:00)

South Korea (Red-Blue-Red): 1-Woon-Jae Lee (GK),
8-Nam-Il Kim (85' 27-Doo-Ri Cha), 7-Tae-Young Kim,
4-Jong-Gook Song, 20-Dong-Gook Lee (61' 17-Ki-Hyun
Seol), 15-Min-Sung Lee (54' 19-Jung-Hwan Ahn), 5-Jin-
Cheul Choi, 22-Young-Pyo Lee, 10-Eul-Yong Lee,
16-Tae-Uk Choi (75' 24-Young-Min Hyun), 14-Chun-Soo
Lee.

·**Coach:** Guus Hiddink (Nederland)

Senegal (White-White-White): 1-Tony Sylva (GK) (45'
12-Oumar Diallo (GK)), 13-Lamine Diatta, 4-Makhtar
N'Diaye (66' 18-Pape Thiaw), 14-Moussa N'Diaye,
2-Saidou Kebe, 7-Henri Camara, 11-El-Hadji Diouf,
3-El-Hadji Pape Sarr (80' 6-Adama Sarr), 15-Malick Diop,
19-Pape Bouba Diop, 17-Ferdinand Coly.

·**Coach:** Bruno Metsu (France)

Scorers: 0-1 42' Pape Bouba Diop

·**Cautions:** 43' El-Hadji Diouf

·**Referee:** Siu Kee Chan (Hong Kong)

·**Attendance:** 42,278

South Korea - Croatia 2-0 (0-0)

Friendly Match

(Seoul - Sangam World Cup 2002 Stadium - 10.11.2001 -
19:00)

South Korea (Red-Blue-Red): 1-Woon-Jae Lee (GK),
8-Nam-Il Kim, 7-Tae-Young Kim (53' 14-Chun-Soo Lee (89'
24-Young-Min Hyun)), 17-Ki-Hyeon Seol (88' 20-Dong-Gook
Lee), 4-Jong-Gook Song, 2-Jae-Won Sim, 19-Jung-Hwan
Ahn (70' 27-Doo-Ri Cha), 22-Young-Pyo Lee, 10-Eul-Yong
Lee, 5-Jin-Cheul Choi, 16-Tae-Uk Choi.

·**Coach:** Guus Hiddink (Nederland)

Croatia (Blue-Blue-Blue): 1-Tomislav Butina (GK),
4-Zvonimir Soldo (C), 9-Goran Vlavić (45' Boško
Balaban), 7-Daniel Sarić (70' 17-Goran Brajković),
15-Daniel Hrman (45' 3-Robert Jarni), 13-Mario Tokić,
10-Milan Rapaić (82' 19-Mladen Petrić), 16-Miljenko
Mumlek (56' 18-Veldin Karić), 2-Boris Živković, 8-Jasmin
Agić, 5-Josip Šimunić (45' 6-Vlatko Đolonga).

·**Coach:** Mirko Jozić (Croatia)

Scorers: 1-0 63' Tae-Uk Choi, 2-0 66' Nam-Il Kim

·**Cautions:** 31' Nam-Il Kim, 39' Hrman, 91' Karić, 91'
Živković

·**Referee:** Subkhiddin Mohd Salleh (Malaysia)

·**Attendance:** 64,327

South Korea - Croatia 1-1 (1-0)

Friendly Match

(Gwangju - World Cup Stadium - 13.11.2001 - 19:00)

South Korea (Blue-White-Blue): 1-Woon-Jae Lee (GK),
8-Nam-Il Kim(45' 14-Chun-Soo Lee), 7-Tae-Young Kim,
17-Ki-Hyeon Seol (45' 19-Jung-Hwan Ahn), 4-Jong-Gook
Song, 2-18-Veldin Karić-Won Sim, 22-Young-Pyo Lee,
6-Sang-Chul Yoo, 10-Eul-Yong Lee, 11-Yong-Soo Choi(73'
27-Doo-Ri Cha), 16-Tae-Uk Choi.

·**Coach:** Guus Hiddink (Nederland)

Croatia (Red-White-Blue): 1-Tomislav Butina (GK),
4-Zvonimir Soldo (C) (45' 6-Vlatko Đolonga), 17-Goran
Brajković, 9-Goran Vlavić (29' 10-Milan Rapaić, 86'
16-Miljenko Mumlek), 7-Daniel Šarić, 3-Robert Jarni,
13-Mario Tokić, 18-Veldin Karić (60' 19-Mladen Petrić),
2-Boris Živković, 8-Jasmin Agić (50' 15-Daniel Hrman),
5-Josip Šimunić.

· **Coach**: Mirko Jozić

Scorers: 1-0 42' Yong-Soo Choi, 1-1 62' Boris Zivković

· **Cautions**: 24' Tae-Young Kim, 49' Robert Jarni, 64' Chun-Soo Lee, 74' Daniel Sarić, 76' Doo-Ri Cha

· **Referee**: Kazuhiko Matsumura (Japan)

· **Attendance**: 43,000

South Korea - U.S.A. 1-0 (1-0)

Friendly Match

(Seogwipo - World Cup Stadium - 09.12.2001 - 17:00)

South Korea (Red-Blue-Red): 23-Byung-Ji Kim (GK), 8-Nam-Il Kim (54' 12-Young-Pyo Lee), 16-Sang-Sik Kim, 21-Ji-Sung Park (80' 17-Do-Geun Kim), 4-Jong-Gook Song, 6-Sang-Chul Yoo, 10-Eul-Yong Lee, 14-Chun-Soo Lee, 5-Jin-Cheul Choi (76' 3-Sung-Yong Choi), 11-Tae-Uk Choi, 18-Seon-Hong Hwang (68' 9-Do-Hoon Kim).

· **Coach**: Guus Hiddink (Nederland)

U.S.A. (White-White-White): 1-Zach Thornton (GK), 12-Jeff Agoos, 16-Carlos Llamosa, 14-Chris Armas, 3-Pablo Mastroeni (68' 22-Richard Mulrooney), 8-Diego Gutiérrez, (HT 17-Carlos Bocanegra), 19-Manuel Lagos, 13-Cobi Jones (72' 9-Brian West), 21-Landon Donovan, 15-Josh Wolff (HT 23-Jeff Cunningham), 20-Brian McBride (56' 11-Ante Razov).

· **Coach**: Bruce Arena (U.S.A)

Scorers: 1-0 20' Sang-Chul Yoo

· **Cautions**: 17' Brian McBride, 50' Jin-Cheul Choi

· **Referee**: Naotsuku Fuse (Japan)

· **Attendance**: 42,100

2002

U.S.A. - South Korea 2-1 (1-1)

VI. CONCACAF Gold Cup 2002, Final Phase, 1st Round Group B

(Los Angeles - Rose Bowl Stadium - 19.01.2002 - 15:00)

U.S.A. (White-White-White): 18-Kasey Keller (GK), 11-Ante Razov(74' 13-Cobi Jones), 20-Brian McBRIDE, 17-Carlos Bocanegra, 14-Chris Armas, 2-Frank Hejduk, 7-Eddie Lewis (78' 4-Damarcus Beasley), 12-Jeff Agoos, 19-Manny Lagos (63' 27-Jeff Cunningham), 20-Brian McBride, 21-Landon Donovan, 26-Dan Califf.

· **Coach**: Bruce Arena (U.S.A)

South Korea (Red-Blue-Red): 12-Woon-Jae Lee (GK), 5-Nam-Il Kim, 4-Tae-Young Kim, 16-Ji-Sung Park, 7-Jong-Gook Song, 11-Chun-Soo Lee (71' 3-Young-Min Hyun), 18-Sang-Chul Yoo, 13-Eul-Yong Lee (71' 17-Young-Pyo Lee), 20-Doo-Ri Cha (85' 24-Sang-Sik Kim), 9-Yong-Soo Choi, 15-Jin-Cheul Choi.

· **Coach**: Guus Hiddink (Nederland)

Scorers: 1-0 33' Landon Donovan, 1-1 37' Jong-Gook Song, 93' Damarcus Beasley

· **Cautions**: 9' Nam-Il Kim, 15' Dan Califf, 25' Eddie Lewis, 27' Chun-Soo Lee, 35' Landon Donovan

· **Expulsions**: 55' Jin-Cheul Choi

· **Referee**: Samuel Richard (Dominica)

· **Attendance**: 20,000

South Korea - Cuba 0-0 (0-0)

VI. CONCACAF Gold Cup 2002, Final Phase, 1st Round Group B

(Los Angeles - Rose Bowl Stadium - 23.01.2002 - 21:00)

South Korea (Red-White-Red): 1-Byung-Ji Kim (GK), 5-Nam-Il Kim, 4-Tae-Young Kim, 16-Ji-Sung Park, 7-Jong-Gook Song, 18-Sang-Chul Yoo, 17-Young-Pyo Lee, 11-Chun-soo Lee (69' 13-Eul-Yong Lee), 9-Yong-Soo Choi, 3-Young-Min Hyun, 10-Seon-Hong Hwang (64' 8-Do-Hoon Kim).

· **Coach**: Guus Hiddink (Nederland)

Cuba (White-White-White): 1-Odelin Molina (GK), 10-Alberto Delgado, 5-Alexander Cruzata, 2-Alexander

Driggs, 8-Miguel Gandara (65' 22-René Estrada), 3-Jeniel Márquez, 14-Jorge Ramírez, 9-Lázaro Dalcourt, 17-Livan Pérez, 19-Maikel Galindo (52' 18-Rey Ángel Martínez), 13-Silvio Pedro.

·**Coach:** Miguel Company (Peru)

Scorers: -

·**Cautions:** 15' Jong-Gook Song, 23' Jorge Ramírez, 84' René Estrada, 89' Byung-Ji Kim

·**Referee:** Noel Bynoe (Trinidad Tobago)

·**Attendance:** 12,906

Mexico - South Korea 0-0 (0-0, 0-0) a.e.t. 2-4 on penalties

VI. CONCACAF Gold Cup 2002, Final Phase, Quarter Final

(Los Angeles - Rose Bowl Stadium - 27.01.2002 - 12:00)

Mexico (Green-White-White): 1-Adrián Martínez (GK), 18-Adolfo Batista (63' 14-Jair García), 6-Luis Alfonso Sosa, 15-José Antonio Noriega, 13-Antonio Sancho (45' 7-Víctor Gutiérrez), 9-Carlos Ochoa, 5-Gabriel de Anda, 4-Ignacio Hierro, 10-Marco Garcés (100' 16-Joaquín Reyes), 3-Sidney Balderas, 8-Tomás Campos.

·**Coach:** Javier Aguirre (Mexico)

South Korea (Red-Blue-Red): 12-Woon-Jae Lee (GK), 5-Nam-Il Kim, 8-Do-Hoon Kim (73' 22-Dong-Gook Lee), 4-Tae-Young Kim, 16-Ji-Sung Park, 7-Jong-Gook Song, 17-Young-Pyo Lee, 13-Eul-Yong Lee, 20-Doo-Ri Cha (105' 21-Hyo-Yeon An), 15-Jin-Cheul Choi, 19-Tae-Uk Choi (45' 2-Sung-Yong Choi).

·**Coach:** Guus Hiddink (Nederland)

Scorers: -

·**Penalties:** 1-0 José Antonio Noriega, 1-1 Eul-Yong Lee, 2-1 Gabriel de Anda, 2-2 Dong-Gook Lee, 2-2 Luis Alfonso Sosa (missed), 2-3 Sung-Yong Choi, 2-3 Ignacio Hierro (missed), 2-4 Young-Pyo Lee

·**Cautions:** 35' Jin-Cheul Choi, 43' Eul-Yong Lee, 70' Gabriel de Anda, 89' Eul-Yong Lee, 92' Carlos Ochoa, 92' Nam-Il Kim, 95' Young-Pyo Lee

·**Referee:** José Pineda (Monduras)

·**Attendance:** 20,000

Costa Rica - South Korea 3-1 (1-0)

VI. CONCACAF Gold Cup 2002, Final Phase, Semi Final

(Los Angeles - Rose Bowl Stadium - 30.01.2002 - 18:00)

Costa Rica (Red-Blue-White): 1-Erick Lonnis (GK) (C), 22-Carlos Castro, 5-Gilberto Martínez, 15-Harold Wallace(80' 4-Max Sánchez), 17-Hernán Medford(60' 16-Steven Bryce), 3-Luis Marín, 8-Mauricio Solís, 9-Paulo Wanchope, 11-Rónald Gómez, 21-Reynaldo Parks, 10-Walter Centen(66' 6-Wilmer López).

·**Coach:** Alexander Guimaraes (Brazil)

South Korea (Blue-White-Blue): 1-Byung-Ji Kim (GK), 8-Do-Hoon Kim(66' 21-Hyo-Yeon An), 24-Sang-Sik Kim(89' 3-Young-Min Hyun), 4-Tae-Young Kim, 7-Jong-Gook Song, 17-Young-Pyo Lee, 2-Sung-Yong Choi, 13-Eul-Yong Lee, 20-Doo-Ri Cha, 15-Jin-Cheul Choi, 19-Tae-Uk Choi(54' 22-Dong-Gook Lee).

·**Coach:** Guus Hiddink (Nederland)

Scorers: 0-1 43' Rónald Gómez, 0-2 76' Paulo Wanchope, 1-2 80' Jin-Cheul Choi, 1-3 81' Paulo Wanchope

·**Cautions:** 25' Harold Wallace

·**Referee:** Rodolfo Sibrian (El Salvador)

·**Attendance:** 10,000

Canada - South Korea 2-1 (2-1)

VI. CONCACAF Gold Cup 2002, Final Phase, Third Place Match

(Los Angeles - Rose Bowl Stadium - 02.02.2002 - 10:00)

Canada (White-White-White): 1-Lars Hirschfeld (GK), 17-Dwayne De Rosario (88' 16 Julian De Guzman), 5-Jason De Vos, 11-Jim Brennan, 20-Kevin McKenna, 3-Mark Roger, 8-Nick Dasovic, 7-Paul Stalteri, 15-Richard Masting, 18-Tam Nsalim, 4-Tony Menezes (43' 19-Chris Pozniak).

·**Coach:** Holger Osieck (Germany)

South Korea (Red-Blue-Red): 12-Woon-Jae Lee (GK), 14-Do-Geun Kim, 8-Do-Hoon Kim (60' 22-Dong-Gook Lee), 24-Sang-Sik Kim, 7-Jong-Gook Song, 17-Young-Pyo Lee, 13-Eul-Young Lee (67' 21-Hyo-Yeon An), 20-Doo-Ri Cha, 2-Sung-Yong Choi, 15-Jin-Cheul Choi, 19-Tae-Uk Choi (6' 5-Nam-Il Kim).

·**Coach:** Guus Hiddink (Nederland)

Scorers: 1-0 15' Do-Hoon Kim, 1-1 33'(OG) Do-Hoon Kim, 1-2 34' Dwayne De Rosario

· **Cautions :** 21' Woon-Jae Lee, 35' Jin-Cheul Choi, 81' Young-Pyo Lee, 83' Jong-Gook Song

· **Referee :** Noel Bryce (Trinidad Tobago)

· **Attendance :** 12,000

Uruguay - South Korea 2-1 (1-1)

Friendly Match

(Montevideo - Centenario Stadium - 13.02.2002 - 21:00)

Uruguay (Skyblue-Black-Black): 1-Héctor Fabián Carini (GK), 10-Nicolás Olivera (65' 11-Rubén Olivera), 5-Pablo García (77' 8-Sebastián Eguren), 7-Gianni Guigou, 15-Mario Regueiro(45' Pablo Lima), 3-Alejandro Lembo, 6-Dario Rodríguez, 13-Richard Morales, 4-Gonzalo Sorondo (62' 14-Joe Vizerra), 18-Washington Abreu, 2-Washington Tais (69' 17-Gustavo Varela).

· **Coach :** Víctor Pua (Uruguay)

South Korea (Red-Blue-Red) : 12-Woon-Jae Lee (GK), 14-Nam-Il Kim, 22-Do-Hoon Kim (77' 20-Doo-Ri Cha), 13-Jong-Gook Song, 25-Jae-Won Sim (77' 3-Young-Min Hyun), 20-Dong-Gook Lee, 19-Young-Pyo Lee, 24-Eul-Yong Lee, 28-Jin-Cheul Choi, 28-Lim-Saeng Lee, 15-Jin-Cheul Choi.

· **Coach :** Guus Hiddink (Nederland)

Scorers: 1-0 6' Washington Abreu, 1-1 26' Do-Hoon Kim, 2-1 65' Washington Abreu

· **Cautions :** 22' Do-Hoon Kim, 25' Lim-Saeng Lee, 30' Dario Rodríguez, 34' Gonzalo Sorondo

· **Referee :** Horacio Elizondo (Argentina)

· **Attendance :** 40,000

Tunisia - South Korea 0-0 (0-0)

Friendly Match

(Tunis - Olimpia Stadium - 13.03.2002 - 15:00)

Tunisia (White-White-White) : 16-Hassen Bejaoui (GK), 6-Mohamed Mkachen, 19-Emir Mkademi (45' 20-Hamdi Mazourki), 2-Khaled Badra (45' 12-Lassaad Ouertani), 7-Tarek Thabet (45'4-Abdessaleeu Arafa), 17-Walid Azaiez, 18-Ahmed Hammi, 11-Imed Ben Younes (45' 10-Anis Ben Chouikha), 15-Radhi Jaidi (45' 14-Sabri Jaballah), 5-Ziad

Jaziri, (65' 13-Skander Souayah), 9-Riadh Jelassi (45' 21-Anis Boujalbene).

· **Coach :** Henri Michel (France)

South Korea (Red-Denim Blue-Red): 12-Byung-Ji Kim (GK), 20-Myung-Bo Hong (C) (52' 14-Chun-Soo Lee), 7-Tae-Young Kim, 5-Nam-Il Kim, 10-Jong-Gook Song, 28-Jung-Hwan Ahn, 8-Eul-Yong Lee (67' 22-Young-Min Hyun), 13-Young-Pyo Lee, 17-Dong-Gook Lee (45' 26-Doo-Ri Cha), 2-Sung-Yong Choi, 4-Jin-Cheul Choi.

· **Coach :** Guus Hiddink (Nederland)

Scorers: -

· **Cautions :** 13' Jin-Cheul Choi, 70' Doo-Ri Cha

· **Referee :** Mostapha Mohammed (Egypt)

· **Attendance :** 10,000

South Korea - Finland 2-0 (0-0)

Friendly Match

(Cartagena - Cartagonova Stadium - 20.03.2002 - 15:00)

South Korea (Red-Denim Blue-Red): 1-Woon-Jae Lee (GK), 20-Myung-Bo Hong (C), 5-Nam-Il Kim (79' 6-Sang-Chul Yoo), 9-Ki-Hyeon Seol (64' 18-Seon-Hong Hwang), 10-Jong-Gook Song, 13-Young-Pyo Lee, 8-Eul-Yong Lee, 14-Chun-Soo Lee (46' 11-Yong-Soo Choi), 28-Jung-Hwan Ahn (64' 19-Jung-Hwan Yoon), 26-Doo-Ri Cha (79' 2-Sung-Yong Choi), 4-Jin-Cheul Choi.

· **Coach :** Guus Hiddink (Nederland)

Finland (White-White-White) : 1-Jussi Jääskeläinen (GK), 7-Mika Nurmela (45' 17-Markus Paija), 2-Juha Reini (45' 13-Harri Ylönen), 10-Mika Väyrynen (45' 16-Jarkko Wiss), 6-Simo Valakari, 3-Janne Saarinen, 4-Toni Kuivasto, 11-Jonathan Johansson (82' 14-Markus Heikkinen), 8-Shefki Kuqi (89' 18-Jari Niemi), 5-Hannu Tihinen, 9-Mikael Forssel.

· **Coach :** Antti Muurinen (Finland)

Scorers: 1-0 86' Seon-Hong Hwang, 2-0 87' Seon-Hong Hwang

· **Referee :** Víctor Esquinas Torres (Spain)

· **Attendance :** 600

South Korea - Turkey 0-0 (0-0)

Friendly Match

(Bochum - Ruhrstadion - 26.03.2002 - 18:00)

South Korea (Red-Denim Blue-Red): 12-Byung-Ji Kim (GK), 20-Myung-Bo Hong (C), 5-Nam-Il Kim, 7-Tae-Young Kim, 6-Sang-Chul Yoo, 10-Jong-Gook Song, 13-Young-Pyo Lee, 19-Jung-Hwan Yoon (64' 21-Ji-Sung Park), 11-Yong-Soo Choi (89' 9-Ki-Hyun Seol), 4-Jin-Cheul Choi, 18-Seon-Hong Hwang (79' 26-Doo-Ri Cha).

·**Coach:** Guus Hiddink (Nederland)

Turkey (White-White-White): 1-Rüştü Reçber(56' 12-Ömer Çatkıç) (GK), 9-Hakan Şükür (C), 2-Umit Davala (45' 18-Hasan Şaş), 10-Yıldıray Baştürk (60' 19-Ercan Abdullah), 7-Emre Belözoğlu (45' 17-Ergün Penbe), 6-Fatih Akyel, 4-Ümit Özat, 11-Hakan Unsal (60' 16-Mustafa İzzet), 5-Bülent Korkmaz (79' 13-Emre Aşık), 3-Oguz Temizkanoglu (45' 15-Nihat Kahveci), 8-Tugay Kerimoğlu (45' 14-İlhan Mansız).

·**Coach:** Şenol Güneş

Scorers: -

·**Cautions:** 74' Nam-Il Kim

·**Referee:** Lutz Michael Fröhlich (Germany)

·**Attendance:** 15,000

South Korea - Costa Rica 2-0 (1-0)

Friendly Match

(Daegu - World Cup 2002 Stadium - 20.04.2002 - 19:00)

South Korea (Red-Denim Blue-Red): 12-Byung-Ji Kim (GK), 20-Myung-Bo Hong (C), 7-Tae-Young Kim (66' 2-Young-Min Hyun), 9-Ki-Hyeon Seol (77' 14-Chun-Soo Lee), 22-Jong-Gook Song, 19-Jung-Hwan Ahn (77' 3-Sung-Yong Choi), 15-Min-Sung Lee (69' 4-Jin-Cheul Choi), 10-Young-Pyo Lee, 13-Eul-Yong Lee, 16-Tae-Uk Choi, 26-Doo-Ri Cha.

·**Coach:** Guus Hiddink (Nederland)

Costa Rica (White-White-White): 18-Álvaro Mesén(45' 23-Léster Morgan) (GK), 17-Mauricio Wright, 3-Luis Marín, 21-Alexánder Madrigal (45' 4-Max Sánchez), 13-Daniel Vallejos (60' 6-Wílmer López), 10-Walter Centeno (64' 11-Rónald Gómez), 19-Rodrigo Cordero, 9-Winston Parks (75' 15-Hárold Wallace), 7-Rolando Fonseca, 14-Juan José Rodríguez (70' 22- Juan Rodriguez Villamuela).

·**Coach:** Alexander Guimaraes (Brazil)

Scorers: 1-0 24' Doo-Ri Cha, 2-0 83' Tae-Uk Choi

·**Cautions:** 37' Juan José Rodríguez, 74' Young-Min Hyun

·**Referee:** Toshimitsu Yoshida (Japan)

·**Attendance:** 53,234

South Korea - China 0-0 (0-0)

V. Korea-China Annual Match

(Incheon - Moonhak Stadium - 27.04.2002 - 19:00)

South Korea (Red-Denim Blue-Red): 1-Woon-Jae Lee (GK), 20-Myung-Bo Hong (C), 7-Tae-Young Kim, 5-Nam-Il Kim, 22-Chong-Gug Song(70' 16-Tae-Uk Choi), 21-Ji-Sung Park, 9-Ki-Hyeon Seol (67' 14-Chun-Soo Lee), 8-Jung-Hwan Yoon (62' 6-Sang-Chul Yoo), 13-Eul-Yong Lee (62' 10-Young-Pyo Lee), 11-Yong-Soo Choi, 4-Jin-Cheul Choi.

·**Coach:** Guus Hiddinnk (Nederland)

China (White-White-White): 22-Jin Jiang (45' 1-Qi An) (GK), 5-Zhiyi Fan (C) (70' 24- Shao Jiayi), 18-Xiaopeng Li (83' 9-Mingyu Ma), 14-Weifeng Li, 8-Tie Li, 12-Maozhen Su (45' 25-Yuning Zhang), 21-Wonlong Xu, 3-Pu Yang, 2-Enhua Zhang (64' 17-Wei Du), 15-Junzhe Zhao (45' 6-Ming Li), 16-Bo Qu.

·**Coach:** Velibor Milutinović (Yugoslavia)

Scorers: -

·**Cautions:** 86' Myung-Bo Hong

·**Referee:** Kazuhiko Matsumura (Japan)

·**Attendance:** 47,223

South Korea - Scotland 4-1 (1-0)

Friendly Match

(Busan - Asiad 2002 Stadium - 16.05.2002 - 20:00)

South Korea (White-Red-White): 12-Byung-Ji Kim (GK), 20-Myung-Bo Hong (65' 17-Jung-Hwan Yoon), 7-Tae-Young Kim, 21-Ji-Sung Park (73' 16-Doo-Ri Cha), 22-Jong-Gook Song, 6-Sang-Chul Yoo, 10-Young-Pyo Lee, 13-Eul-Yong Lee, 14-Chun-Soo Lee (73' 8-Tae-Uk Choi), 4-Jin-Cheul Choi (46' 15-Min-Sung Lee), 18-Seon-Hong Hwang (46' 19-Jung-Hwan Ahn).

·**Coach:** Guus Hiddink (Nederland)

Scotland (Denim Blue-White-Denim Blue): 1-Neil Sullivan (GK),

11-Garry O'Connor (46' 19-Scott Sevein), 6-Gary Caldwell, 2-Graham Alexander (62' 14-Robbie Stockdale), 4-David Weir, 10-Michael Stewart (46' 15-Gareth Williams), 3-Maurice Ross, 5-Christian Dailly, 7-Allan Johnstone (66' 13-Kevin Kyle), 8-Scott Gemmill, 9-Scott Doble.

·**Coach:** Berti Vogts (Germany)

Scorers: 1-0 14' Chun-Soo Lee, 2-0 57' Jung-Hwan Ahn, 3-0 66' Jung-Hwan Yoon, 3-1 74' Scott Doble, 4-1 87' Jung-Hwan Ahn

·**Cautions:** 35' Ji-Sung Park

·**Referee:** Santhan Nagalingam (Singapore)

·**Attendance:** 52,384

South Korea - England 1-1 (0-1)

Friendly Match

(Seogwipo - World Cup 2002 Stadium - 21.05.2002 - 19:00)

South Korea (Red-Denim Blue-Red): 1-Woon-Jae Lee (GK), 20-Myung-Bo Hong (C), 5-Nam-Il Kim (89' 15-Min-Sung Lee), 21-Ji-Sung Park, 22-Jong-Gook Song, 9-Ki-Hyeon Seol (55' 19-Jung-Hwan Ahn), 6-Sang-Chul Yoo, 10-Young-Pyo Lee, 14-Chun-Soo Lee, 4-Jin-Cheul Choi, 8-Tae-Uk Choi (75' 16-Doo-Ri Cha).

·**Coach:** Guus Hiddink (Nederland)

England (White-White-White): 13-Nigel Martyn (45' 22-David James) (GK), 10-Michael Owen (C) (45' 17-Teddy Sheringham), 4-Danny Murphy (45' 19-Joe Cole), 2-Danny Mills (67' 12-Wes Brown), 5-Rio Ferdinand (45' 15-Martin Keown), 3-Ashley Cole (45' 14-Wayne Bridge), 6-Sol Campbell (45' 24-Trevor Sinclair), 8-Paul Scholes (45' 16-Gareth Southgate), 11-Emile Heskey, 18-Owen Hargreaves, 20-Darius Vassell.

·**Coach:** Sven Göran Eriksson (Sweden)

Scorers: 0-1 26' Michael Owen, 1-1 51' Ji-Sung Park

·**Referee:** Ahmad Khalidi Supian (Malaysia)

·**Attendance:** 39,241

South Korea - France 2-3 (2-1)

Friendly Match

(Suwon - World Cup 2002 Stadium - 26.05.2002 - 18:00)

South Korea (Red-Denim Blue-Red): 12-Byung-Ji Kim (GK), 20-Myung-Bo Hong (C) (64' 15-Min-Sung Lee), 5-Nam-Il

Kim (46' 13-Eul-Yong Lee), 21-Ji-Sung Park (66' 17-Jung-Hwan Yoon), 9-Ki-Hyun Seol, 22-Jong-Gook Song, 10-Young-Pyo Lee, 6-Sang-Chul Yoo, 4-Jin-Cheul Choi(64' 3-Sung-Yong Choi), 8-Tae-Uk Choi, 18-Seon-Hong Hwang (46' 11-Yong-Soo Choi, 70' 16-Du-Ri Cha).

·**Coach:** Guus Hiddink (Nederland)

France (White-White-White): 16-Fabien Barthez (GK), 8-Marcel Desailly (C) (73' 13-Mikaël Silvestre), 20-David Trézéguet, 15-Lilian Thuram (45' 2-Vincent Candela), 3-Bixente Lizarazu (82' 19-Willy Sagnol), 6-Youri Djorkaeff (66' 9-Djibril Cissé), 17-Emmanuel Petit, 10-Zinedine Zidane (38' 11-Sylvain Wiltord), 18-Franck Leboeuff, 4-Patrick Vieira (78' 7-Claude Makelele), 12-Thierry Henry (45' 21-Christophe Dugarry).

·**Coach:** Roger Lemerre (France)

Scorers: 0-1 16' David Trézéguet, 1-1 26' Ji-Sung Park, 2-1 41' Ki-Hyun Seol, 2-2 53' Christophe Dugarry, 2-3 90' Franck Leboeuff

·**Cautions:** 67' Young-Pyo Lee

·**Referee:** Masayoshi Okada (Japan)

·**Attendance:** 41,600

South Korea - Poland 2-0 (1-0)

XVII. FIFA World Cup Korea/Japan 2002, Final Phase, 1st Round Group D

(Busan - Asiad 2002 Stadium - 04.06.2002 - 20:30)

South Korea (Red-Denim Blue-Red): 1-Woon-Jae Lee (GK), 20-Myung-Bo Hong (C), 4-Jin-Cheul Choi, 7-Tae-Young Kim, 5-Nam-Il Kim, , 21-Ji-Sung Park, 6-Sang-Chul Yoo (61' 14-Chun-Soo Lee), 13-Eul-Yong Lee, 22-Jong-Gook Song, 9-Ki-Hyeon Seol (89' 16-Doo-Ri Cha), 18-Seon-Hong Hwang (50' 19-Jung-Hwan Ahn).

·**Coach:** Guus Hiddink (Nederland)

Poland (White-Red-White): 1-Jerzy Dudek (GK), 15-Tomasz Wałdoch (C), 20-Jacek Bąk (50' 2-Tomasz Kłos), 4-Michał Żewłakow, 6-Tomasz Hajto, 10-Radosław Kałużny (64' 14-Marcin Żewłakow), 18-Jacek Krzynówek, 21-Marek Koźmiński, 7-Piotr Świerczewski, 11-Emmanuel Olisadebe, 19-Maciej Żurawski (46' 9-Paweł Kryszałowicz).

·**Coach:** Władysław Jerzy Engel (Poland)

Scorers: 1-0 26' Seon-Hong Hwang, 2-0 53' Sang-Chul

Yoo

•**Cautions:** 31' Jacek Krzynówek, 70' Ji-Sung Park, 79' Tomasz Hajto, 84' Piotr Świerczewski, 90' Doo-Ri Cha

•**Referee:** Oscar Ruíz (Colombia)

•**Attendance:** 48,760

South Korea - U.S.A. 1-1 (0-1)

XVII. FIFA World Cup Korea/Japan 2002, Final Phase, 1st Round Group D

(Daegu - World Cup 2002 Stadium - 10.06.2002 - 15:30)

South Korea (Red-Denim Blue-Red): 1-Woon-Jae Lee (GK), 20-Myung-Bo Hong (C), 4-Jin-Cheul Choi, 7-Tae-Young Kim, 5-Nam-Il Kim, 21-Ji-Sung Park (38' 14-Chun-Soo Lee), 22-Jong-Gook Song, 6-Sang-Chul Yoo (69' 11-Yong-Soo Choi), 13-Eul-Yong Lee, 9-Ki-Hyun Seol, 18-Seon-Hong Hwang (56' 19-Jung-Hwan Ahn).

•**Coach:** Guus Hiddink (Nederland)

U.S.A. (White-Blue-White): 1-Brad Friedel (GK), 10-Claudio Reyna (C), 2-Frankie Hejduk, 12-Jeff Agoos, 22-Anthony Sanneh, 23-Eddie Pope, , 17-Da Marcus Beasley (75' 7-Eddie Lewis), 21-Landon Donovan, 5-John O'Brien, 11-Clint Mathis (83' 15-Josh Wolff), 20-Brian McBride.

•**Coach:** Bruce Arena (U.S.A)

Scorers: 0-1 24' Clint Mathis, 1-1 78' Jung-Hwan Ahn

•**Cautions:** 30' Frankie Hejduk, 39' Jeff Agoos, 80' Myung-Bo Hong

•**Referee:** Urs Meier (Switzerland)

•**Attendance:** 60,778

Note: 39' Friedel saved a penalty to Eul-Yong Lee.

South Korea - Portugal 1-0 (0-0)

XVII. FIFA World Cup Korea/Japan 2002, Final Phase, 1st Round Group D

(Incheon - Moonhak Stadium - 14.06.2002 - 20:30)

South Korea (White-Red-White): 1-Woon-Jae Lee (GK), 20-Myung-Bo Hong (C), 4-Jin-Cheul Choi, 7-Tae-Young Kim, 5-Nam-Il Kim, 21-Ji-Sung Park, 6-Sang-Chul Yoo, 10-Young-Pyo Lee, 22-Jong-Gook Song, 9-Ki-Hyun Seol, 19-Jung-Hwan Ahn (89' 14-Chun-Soo Lee).

•**Coach:** Guus Hiddink (Nederland)

Portugal (Red-Green-Red): 1-Vítor Baía (GK), 5-Fernando Couto (C), 22-Beto, 23-Rui Jorge (73' 3-Abel Xavier), 2-Jorge Costa, 17-Paulo Bento, 20-Petit (77' 21-Nuno Gomes), 8-João Pinto, 7-Luis Figo, 11-Sérgio Conceição, 9-Pedro Pauleta (69' 13-Jorge Andrade).

•**Coach:** António Oliveira (Portugal)

Scorers: 1-0 70' Ji-Sung Park

•**Cautions:** 22' Beto, 24' Tae-Young Kim, 57' Ki-Hyun Seol, 66' Beto, 74' Nam-Il Kim, 83' Jorge Costa, 89' Jung-Hwan Ahn

•**Expulsions:** 27' João Pinto, 66' Beto

•**Referee:** Ángel Sánchez (Argentina)

•**Attendance:** 50,239

South Korea - Italy 2-1 (0-1,1-1) a.e.t. golden goal

XVII. FIFA World Cup Korea/Japan 2002, Final Phase, 1/8 Final

(Daejeon - World Cup Stadium - 18.06.2002 - 20:30)

South Korea (White-Red-White): 1-Woon-Jae Lee (GK), 20-Myung-Bo Hong (C) (83' 16-Doo-Ri Cha), 4-Jin-Cheul Choi, 7-Tae-Young Kim (63' 18-Seon-Hong Hwang), 5-Nam-Il Kim (68' 14-Chun-Soo Lee), 21-Ji-Sung Park, 22-Jong-Gook Song, 6-Sang-Chul Yoo, 10-Young-Pyo Lee, 9-Ki-Hyun Seol, 19-Jung-Hwan Ahn.

•**Coach:** Guus Hiddink (Nederland)

Italy (Blue-White-Blue): 1-Gianluigi Buffon (GK), 3-Paolo Maldini (C), 4-Francesco Coco, 15-Mark Iuliano, 2-Christian Panucci, 17-Damiano Tommasi, 19-Gianluca Zambrotta (72' 16-Angelo Di Livio), 6-Cristiano Zanetti, 10-Franc`esco Totti, 7-Alessandro Del Piero (61' 8-Gennaro Gattuso), 21-Christian Vieri.

•**Coach:** Giovanni Trapattoni (Italy)

Scorers: 0-1 18' Christian Vieri, 88' Ki-Hyun Seol, 117' Jung-Hwan Ahn

•**Cautions:** 4' Francesco Coco, 17' Tae-Young, 22' Franc`esco Totti, 55' Damiano Tommasi, 59' Cristiano Zanetti, 80' Jong-Gook Song, 99' Chun-Soo Lee, 103' Franc`esco Totti, 115' Jin-Cheul Choi

•**Expulsions:** 103' Franc`esco Totti

•**Referee:** Byron Moreno (Ecuador)

•**Attendance:** 38,588

Note: 4' Buffon saved a penalty to Jung-Hwan Ahn. This

match was the 100th full international for Seon-Hong Hwang.

South Korea - Spain 0-0 (0-0,0-0) a.e.t. 5-3 on penalties

XVII. FIFA World Cup Korea/Japan 2002, Final Phase, Quarter Final

(Gwangju - World Cup Stadium - 22.06.2002 - 15:30)

South Korea (White-Red-White): 1-Woon-Jae Lee (GK), 20-Myung-Bo Hong (C), 4-Jin-Cheul Choi, 7-Tae-Young Kim (90' 18-Seon-Hong Hwang), 5-Nam-Il Kim (32' 13-Eul-Yong Lee), 6-Sang-Chul Yoo (60' 14-Chun-Soo Lee), 10-Young-Pyo Lee, 20-Jong-Gook Song, 9-Ki-Hyun Seol, 19-Jung-Hwan Ahn, 21-Ji-Sung Park. **·Coach:** Guus Hiddink (Nederland)

Spain (Red-Navy-Navy): 1-Iker Casillas (GK), 6-Fernando Hierro (C), 15-Romero, 20-Miguel Ángel Nadal, 5-Carlos Puyol, 4-Iván Helguera (93' 19-Xavi), 8-Ramón Baraja, 11-De Pedro (70' 16-Gaizka Mendieta), 17-Juan Carlos Valeron (80' 21-Luis Enrique), 22-Joaquín Sánchez, 9-Fernando Morientes.

·Coach: José Antonio Camacho (Spain)

Scorers: -

·Penalties: 1-0 Seon-Hong Hwang, 1-1 Hierro Fernando, 2-1 Ji-Sung Park, 2-2 Ramón Baraja, 3-2 Ki-Hyun Seol, 3-3 Xavi, 4-3 Jung-Hwan Ahn, 4-3 Joaquín (missed), 5-3 Myung-Bo Hong

·Cautions: 52' Sang-Chul Yoo, 53' De Pedro, 111' Fernando Morientes

·Referee: Gamal Ghandour (Egypt)

·Attendance: 42,114

Note: This match was the 100th full international for Sang-Chul Yoo.

South Korea - Germany 0-1 (0-0)

XVII. FIFA World Cup Korea/Japan 2002, Final Phase, Semi Final

(Seoul - Sangam World Cup 2002 Stadium - 25.06.2002 - 20:30)

South Korea (Red-Denim Blue-Red): 1-Woon-Jae Lee (GK), 20-Myung-Bo Hong (C) (80' 9-Ki-Hyun Seol), 4-Jin-Cheul Choi (56' 15-Min-Sung Lee), 7-Tae-Young Kim, 21-Ji-Sung Park, 22-Jong-Gook Song, 6-Sang-Chul Yoo, 10-Young-Pyo Lee, 14-Chun-Soo Lee, 16-Doo-Ri Cha, 18-Seon-Hong Hwang (54' 19-Jung-Hwan Ahn).

·Coach: Guus Hiddink (Nederland)

Germany (White-Black-White): 1-Oliver Kahn (GK) (C), 2-Thomas Linke, 21-Christophe Metzelder, 13-Michael Ballack, 22-Torsten Frings, 8-Dietmar Hamann, , 5-Carsten Ramelow, 17-Marco Bode, 19-Bernd Schneider (85' 16-Jens Jeremies), 7-Oliver Neuville (88' 14-Gerald Asamoah), 11-Miroslav Klose (70' 20-Oliver Bierhoff).

·Coach: Rudolf Völler (Germany)

Scorers: 0-1 75' Michael Ballack

·Cautions: 71' Michael Ballack, 85' Oliver Neuville, 94' Min-Sung Lee

·Referee: Urs Meier (Switzerland)

·Attendance: 65,256

South Korea - Turkey 2-3 (1-3)

XVII. FIFA World Cup Korea/Japan 2002, Final Phase, Third Place Match

(Daegu - World Cup 2002 Stadium - 29.06.2002 - 20:00)

South Korea (Red-Denim Blue-Red): 1-Woon-Jae Lee (GK), 20-Myung-Bo Hong (C) (46' 7-Tae-Young Kim), 15-Min-Sung Lee, 21-Ji-Sung Park, 6-Sang-Chul Yoo, 10-Young-Pyo Lee, 13-Eul-Yong Lee (65' 16-Doo-Ri Cha), 22-Jong-Gook Song, 9-Ki-Hyeon Seol (79' 8-Tae-Uk Choi), 14-Chun-Soo Lee, 19-Jung-Hwan Ahn.

·Coach: Guus Hiddink (Nederland)

Turkey (White-White-White): 1-Rüştü Reçber (GK), 9-Hakan Şükür (C), 4-Fatih Akyel, 3-Bülent Korkmaz, 5-Alpay Özalan, 10-Yıldıray Baştürk (86' 14-Tayfur Havutçu), 21-Emre Belözoğlu (41' 20-Hakan Ünsal), 18-Ergün Penbe, 8-Tugay Kerimoğlu, 22-Ümit Davala (76' 7-Okan Buruk), 17-İlhan Mansız.

·Coach: Şenol Güneş (Turkey)

Scorers: 0-1 1' Hakan Şükür, 1-1 9' Eul-Yong Lee, 1-2 13' İlhan Mansız, 1-3 32' İlhan Mansız, 2-3 93' Jong-Gook Song

·Cautions: 23' Eul-Yong Lee, 50' Tugay Kerimoğlu, 83' Rüştü Reçber

· **Referee:** Saad Kameel Mane (Kuwait)

· **Attendance:** 63,483

Note: Şükür's goal was recorded as the earlist goal in World Cup history (9 seconds after kick-off).

South Korea - North Korea 0-0 (0-0)

Reunification Match 2002

(Seoul - Sangam World Cup 2002 Stadium - 07.09.2002 - 19:00)

South Korea (Red-Denim Blue-Red): 1-Woon-Jae Lee (72' 21-Yong-Dae Kim) (GK), 4-Yo-Sep Park, 5-Sung-Hwan Cho, 7-Jin-Cheul Choi (77' 2-Byung-Gook Cho), 8-Do-Heon Kim (70' 3-Young-Min Hyun), 13-Dong-Jin Kim, 11-Tae-Uk Choi, 12-Young-Pyo Lee, 9-Chun-Soo Lee, 18-Eun-Joong Kim, 20-Dong-Gook Lee (C) (70' 10-Sung-Gook Choi).

· **Coach:** Hang-Seo Park

North Korea (White-White-White): 18-Jung-Hyuk Jang (GK), 5-Man-Chol Ri (C), 16-Hyok-Chol So, 4-Byong-Sam Ri, 15-Yong-Jun Kim, 26-Gun-U Lim(56' 2-Chong-Il Ri), 14-Song-Chol Han, 12-Kyong-In Ri (65' 10-Chol Jon, 85' 21-Yong-Hak An), 9-Yong-Chol Jon, 17-Song-Gwan Park (39' 19-Yong-Jo Hong), 8-Young-Su Kim.

· **Coach:** Jong-Man Ri

Scorers: -

· **Cautions:** 17' Man-Chol Ri, 82' Song-Chol Han

· **Referee:** Jong-Chul Kwon (South Korea)

· **Attendance:** 64,000

Note: Man of the match - Woon-Jae Lee

South Korea - Brazil 2-3 (1-1)

Friendly Match

(Seoul - Sangam World Cup 2002 Stadium - 20.11.2002 - 19:00)

South Korea (Red-Denim Blue-Red): 1-Woon-Jae Lee(85' 12-Byung-Ji Kim) (GK), 20-Myung-Bo Hong (C) (72' 13-Dae-Ui Kim), 4-Jin-Cheul Choi, 7-Tae-Young Kim, 5-Nam-Il Kim, 22-Chong-Gug Song(52' 8-Tae-Uk Choi), 6-Sang-Chul Yoo, 10-Young-Pyo Lee (85' 2-Young-Min Hyun), 9-Ki-Hyeon Seol (74' 16-Doo-Ri Cha), 14-Chun-Soo Lee (80' 17-Do-Hoon Kim), 19-Jung-Hwan Ahn (59' 11-Yong-Soo Choi, 88' 18-Seon-Hong Hwang).

· **Coach:** Ho-Gon Kim (Korea)

Brazil (Yellow-Blue-White): 1-Nelson Dida (GK), 2-Cafu (C) (88' 13-Juliano Belletti), 3-Lúcio, 6-Roberto Carlos, 4-Moraes Edmílson, 11-Zé Roberto, 8-Kléberson, 5-Gilberto Silva, 10-Ronaldinho Assis, 9-Luiz Nazario Ronaldo, 7-Marcio Amoroso.

· **Coach:** Mario Zagallo (Brazil)

Scorers: 1-0 7' Ki-Hyun Seol, 1-1 16' Luiz Nazario Ronaldo, 2-1 58' Jung-Hwan Ahn, 2-2 67' Luiz Nazario Ronaldo, 2-3 93'(P) Ronaldinho Assis

· **Cautions:** 43' Lucio, 46' Nam-Il Kim

· **Referee:** Jun Lu (China)

· **Attendance:** 63,000

Note: It was farewell international match for Seon-Hong Hwang, Myung-Bo Hong and Mario Zagallo. Zagallo succeeded the 100th victory in A matches.

2003

South Korea - Colombia 0-0 (0-0)

Friendly Match

(Busan - Asiad 2002 Stadium - 29.03.2003 - 19:00)

South Korea (White-Red-White): 1-Woon-Jae Lee (GK), 7-Tae-Young Kim, 15-Min-Sung Lee (45' 2-Byung-Gook Cho), 10-Young-Pyo Lee, 3-Sung-Yong Choi, 6-Sang-Chul Yoo, 5-Nam-Il Kim (79' 16-Sung-Yong Woo), 9-Ki-Hyun Seol, 19-Jung-Hwan Ahn, 14-Chun-Soo Lee (43' 22-Sung-Gook Choi), 11-Yong-Soo Choi (61' 12-Sang-Sik Kim).

· **Coach:** Humberto Coelho (Portugal)

Colombia (Yellow-Blue-Red): 1-Farid Mondragón (GK), 2-Iván Córdoba, 3-Mario Yepes, 4-Braman Sinistera, 14-Gonzalo Martínez, 5-Rubén Velásquez (45' 20-Avimiled Rivas), 11-Aldo Ramírez (45' 6-Andrés Pérez), 8-Harold Lozano, 17-Aller Candelo (57' 7-Wilson Carpintero), 19-Andrés Sarmiento, 18-Jairo Castillo (87' 9-Jaime Ruíz).

· **Coach:** Francisco Maturana (Colombia)

Scorers: -

· **Cautions:** 71' Gonzalo Martínez

· **Referee:** Yoshitsugu Katayama (Japan)

·**Attendance**: 56,248

Note: Man of the match - Tae-Young Kim

South Korea - Japan 0-1 (0-0)

Friendly Match

(Seoul - Sangam World Cup 2002 Stadium - 16.04.2003 - 19:00)

South Korea (Red-Denim Blue-Red): 1-Woon-Jae Lee (GK), 7-Tae-Young Kim, 2-Byung-Gook Cho, 3-Sung-Yong Choi, 22-Choong-Kyun Park (89' 13-Joo-Sung Park), 6-Sang-Chul Yoo (82' 12-Sang-Sik Kim), 15-Do-Geun Kim (59' 18-Do-Heon Kim), 14-Chun-Soo Lee, 8-Tae-Uk Choi (80' 4-Dong-Hyuk Park), 19-Jung-Hwan Ahn, 20-Dong-Gook Lee (65' 10-Sung-Gook Choi).

·**Coach**: Humberto Coelho (Portugal)

Japan (Blue-White-Blue): 1-Seigo Narazaki (GK), 2-Yutaka Akita, 22-Akira Narahashi, 6-Toshihiro Hattori, 4-Ryuzo Morioka, 15-Takashi Fukunishi, 14-Alex Santos, 8-Mitsuo Ogasawara, 16-Koji Nakata, 9-Masashi Nakayama (75' 11-Yuichiro Nagai), 20-Yoshiteru Yamashita (45' 13-Daisuke Oku).

·**Coach**: Artur Antunes Zico (Brazil)

Scorers: 0-1 92' (OG) Byung-Gook Cho

·**Cautions**: 6' Koji Nakata, 75' Yutaka Akita

·**Referee**: Kennedy Kumbalingam (Singapore)

·**Attendance**: 64,704

Japan - South Korea 0-1 (0-0)

Friendly Match

(Tokyo - Yoyoki National Stadium - 31.05.2003 - 19:15)

Japan (Blue-White-Blue): 1-Seigo Narazaki (GK), 4-Ryuzo Morioka (C), 3-Yutaka Akita, 6-Toshihiro Hattori, 2-Akira Narahashi, 16-Koji Nakata, 5-Junichi Inamoto (65' 19-Yasuhito Endo), 14-Alessandro Santos, 8-Mitsuo Ogasawara, 11-Takayuki Suzuki (65' 20-Yoshito Okubo), 9-Masashi Nakayama (74' 18-Yuichiro Nagai).

·**Coach**: Artur Antunes Zico (Brazil)

South Korea (Red-Denim Blue-Red): 1-Woon-Jae Lee(89' 21-Yong-Dae Kim) (GK), 6-Sang-Chul Yoo (C), 7-Tae-Young Kim, 2-Byung-Gook Cho, 22-Choong-Kyun Park, 20-Ki-Hyung Lee, 5-Nam-Il Kim, 13-Eul-Yong Lee,

9-Ki-Hyeon Seol (89' 18-Jung-Hyun Wang), 16-Doo-Ri Cha (59' 14-Chun-Soo Lee), 10-Yong-Soo Choi (56' 19-Jung-Hwan Ahn).

·**Coach**: Humberto Coelho (Portugal)

Scorers: 0-1 86' Jung-Hwan Ahn

·**Cautions**: 24' Byung-Gook Cho, 83' Alessandro Santos, 92' Ki-Hyeon Seol

·**Referee**: Subkhiddin Mohd Saleh (Malaysia)

·**Attendance**: 53,405

South Korea - Uruguay 0-2 (0-1)

Dream Match 2003

(Seoul - Sangam World Cup 2002 Stadium - 08.06.2003 - 19:00)

South Korea (White-Red-White): 1-Woon-Jae Lee (GK), 6-Sang-Chul Yoo (C), 20-Ki-Hyung Lee (62' 25-Jong-Gook Song), 2-Byung-Gook Cho, 7-Tae-Young Kim, 22-Choong-Kyun Park (45' 24-Young-Pyo Lee), 5-Nam-Il Kim, 13-Eul-Yong Lee (58' 23-Jae-Jin Cho), 16-Doo-Ri Cha, 10-Yong-Soo Choi (68' 18-Jung-Hyun Wang), 9-Ki-Hyeon Seol (45' 14-Chun-Soo Lee).

·**Coach**: Humberto Coelho (Portugal)

Uruguay (Sky Blue-Black-Black): 1-Gustavo Munúa (GK), 6-Alejandro Lago (C), 14-Cristian González (60' 15-Cono Aguiar), 2-Alejandro Lembo, 3-Joe Bizera, 10-Martín Ligüera, 5-Marcelo Sosa, 20-Álvaro Recoba (72' 18-Jorge Martínez), 9-German Hornos (90' 17-Diego Perrone), 13-Sebastián Abreu (83' 11-Fabián Estoyanoff), 21-Diego Forlán (45' 4-Horacio Peralta).

·**Coach**: Juan Ramón Carrasco (Uruguay)

Scorers: 0-1 14' German Hornos, 0-2 53' Sebastián Abreu

·**Cautions**: 79' Tae-Young Kim

·**Referee**: Toshimitsu Yoshida (Japan)

·**Attendance**: 63,691

South Korea - Argentina 0-1 (0-1)

Dream Match 2003

(Seoul - Sangam World Cup 2002 Stadium - 11.06.2003 - 19:00)

South Korea (Red-Denim Blue-Red): 1-Woon-Jae Lee (GK),

6-Sang-Chul Yoo (C), 7-Tae-Young Kim, 2-Byung-Gook Cho, 24-Young-Pyo Lee, 25-Chong-Gug Song(45' 20-Ki-Hyung Lee, 63' 3-Sung-Yong Choi), 13-Eul-Yong Lee (45' 18-Jung-Hyun Wang), 5-Nam-Il Kim, 14-Chun-Soo Lee, 16-Doo-Ri Cha (58' 11-Tae-Uk Choi), 23-Jae-Jin Cho.

·**Coach**: Humberto Coelho (Portugal)

Argentina (Sky Blue/White-Black-White): 12-Pablo Caballero (GK), 8-Javier Zanetti (C), 6-Gabriel Heinze, 2-Fabricio Coloccini, 3-Diego Placente, 4-Facundo Quiroga, 5-Esteban Cambiasso, 21-Santiago Solari (82' 14-Lucas Castromán), 7-Luciano Galletti (33' 17-Maximiliano Rodríguez), 16-Pablo Aimar (78' 18-Román Riquelme), 9-Javier Saviola (85' 19-Bernardo Romeo).

·**Coach**: Marcelo Bielsa (Argentina)

Scorers: 0-1 43' Javier Saviola

·**Cautions**: 20' Luciano Galletti, 40' Byung-Gook Cho, 83' Maximiliano Rodríguez

·**Referee**: Rungklay Mongkol (Thailand)

·**Attendance**: 62,000

South Korea - Vietnam 5-0 (1-0)

XIII. Asian Cup China 2004, Preliminaries, Group E

(Incheon - Moonhak Stadium - 25.09.2003 - 18:30)

South Korea (Red-Denim Blue-Red): 1-Woon-Jae Lee (GK), 12-Jung-Gyeom Kim, 7-Tae-Young Kim, 20-Ki-Hyung Lee, 4-Jin-Cheul Choi, 16-Tae-Uk Choi (46' 18-Jae-Jin Cho), 5-Nam-Il Kim, 13-Eul-Yong Lee (65' 10-Gwan-Woo Lee), 11-Dae-Ui Kim, 9-Do-Hoon Kim (78' 22-Sung-Yong Woo), 8-Sung-Gook Choi.

·**Coach**: Humberto Coelho (Portugal)

Vietnam (White-White-White): 1-Nguyen The Anh (GK), 2-Le Van Truong, 20-Le Quoc Vuong (87' 13-Cao Sy Cuong), 31-Vu Duy Hoang, 21-Vu Nhu Thanh, 12-Nguyen Minh Phuong, 22-Phan Van Tai Em (60' 5-Dang Thanh Phuong), 14-Nguyen Huu Thang, 6-Nguyen Tuan Phong, 10-Pham Van Quyen, 19-Hoang Phuc Lam (68' 18-Phan Thanh Binh).

·**Coach**: Alfred Riedhl (Austria)

Scorers: 1-0 35' Ki-Hyung Lee, 2-0 49' Jae-Jin Cho, 3-0 68' Do-Hoon Kim, 4-0 72' Dae-Ui Kim, 5-0 86' Sung-Yong Woo

·**Cautions**: 2' Nguyen Min Phuong, 34' Vu Duy Hoang, 61' Le Van Truong

·**Referee**: Subash Anthony Lazar (Singapore)

·**Attendance**: 14,327

South Korea - Oman 1-0 (1-0)

XIII. Asian Cup China 2004, Preliminaries, Group E

(Incheon - Moonhak Stadium - 27.09.2003 - 17:00)

South Korea (Red-Denim Blue-Red): 1-Woon-Jae Lee (GK), 12-Jung-Gyeom Kim, 7-Tae-Young Kim, 20-Ki-Hyung Lee, 4-Jin-Cheul Choi, 8-Sung-Gook Choi, 5-Nam-Il Kim, 13-Eul-Yong Lee, 11-Dae-Ui Kim (87' 19-Kyung-Ho Chung), 9-Do-Hoon Kim (59' 10-Gwan-Woo Lee), 18-Jae-Jin Cho (74' 22-Sung-Yong Woo).

·**Coach**: Humberto Coelho (Portugal)

Oman (White-White-White): 12-Ali Al-Habsi (GK), 5-Hussein Mustahil Rabea, 15-Nasser Zayed Al-Mukhaini, 4-Saeed Ashoon Al-Raqadi (79' 23-Yousuf Shaaban Al-Busaidi), 21-Ahmed Hadid Al-Mukhaini, 25-Khalifa Ayil Al-Nawfali, 10-Fawzi Bashir Doorbeen, 6-Hamdi Hubeis Sharjandal, 14-Hani Al-Dhabit, 17-Hassan Yousuf Al-Ghailani, 11-Hashim Saleh Al-Balushi (87' 8-Bader Al-Maimani).

·**Coach**: Milan Macala (Czech Republic)

Scorers: 1-0 46' Sung-Gook Choi

·**Cautions**: 47' Doorbeen, 51' Jin-Cheul Choi, 61' Al-Nawfali, 72' Al-Ghaliani, 77' Al-Mukhaini, 93' Al-Ghaliani

·**Referee**: Masayoshi Okada (Japan)

·**Attendance**: 18,750

South Korea - Nepal 16-0 (6-0)

XIII. Asian Cup China 2004, Preliminaries, Group E

(Incheon - Moonhak Stadium - 29.09.2003 - 18:30)

South Korea (Red-Denim Blue-Red): 21-Yong-Dae Kim (GK), 6-Jae-Hong Park, 2-Jin-Sub Park, 17-Jong-Bum Choi, 3-Young-Min Hyun, 4-Jin-Cheul Choi (65' 12-Jung-Gyeom Kim), 13-Eul-Yong Lee (76' 5-Nam-Il Kim), 10-Gwan-Woo Lee, 19-Kyung-Ho Chung, 22-Sung-Yong Woo, 11-Dae-Ui Kim (66' 9-Do-Hoon Kim).

·**Coach**: Humberto Coelho (Portugal)

Nepal (White-White-White): 21-Ritesh Thapa (GK), 17-Navin Neupane (37' 9-Ramesh Budhathoki), 8-Rajesh Shahi, 13-Sunil Tuladhar, 3-Rakesh Shrestha, 14-Bal Gopal Maharjan, 2-Sagar Thapa, 10-Basanta Thapa (86' 15-Ananta Thapa), 12-Kumar Thapa, 11-Hari Khadka (57' 22-Surendra Tamang), 16-Jibesh Pandey.

· **Coach:** Maheshwor Mulmi (Nepal)

· **Scorers:** 1-0 18' Dae-Ui Kim, 2-0 21' Sung-Yong Woo, 3-0 22' Jin-Sub Park, 4-0 28' Jin-Sub Park, 5-0 37' Dae-Ui Kim, 6-0 46' Sung-Yong Woo, 7-0 48' Sung-Yong Woo, 8-0 54' Eul-Yong Lee, 9-0 57' Gwan-Woo Lee, 10-0 64' Jin-Sub Park, 11-0 67' 11-0 Jin-Sub Park, 12-0 75' Do-Hoon Kim, 13-0 80' Kyung-Ho Chung, 14-0 84' Do-Hoon Kim, 15-0 86' Do-Hoon Kim, 16-0 89' Jin-Sub Park

· **Cautions:** 76' Sunil Tuladhar

· **Referee:** Pungyao Pat Jame

· **Attendance:** 6,521

South Korea - Vietnam 0-1 (0-0)

XIII. Asian Cup China 2004, Preliminaries, Group E

(Muscat - Sultan Qaboos Sports Complex - 19.10.2003 - 22:15)

South Korea (White-Red-White): 1-Woon-Jae Lee (GK), 3-Young-Min Hyun, 15-Sung-Hwan Cho, 7-Tae-Young Kim, 12-Jung-Gyeom Kim, 2-Jin-Sub Park (HT 11-Dae-Ui Kim), 5-Nam-Il Kim, 14-Jung-Woo Kim (81' 13-Eul-Yong Lee), 19-Kyung-Ho Chung, 22-Sung-Yong Woo, 18-Jae-Jin Cho (53' 9-Do-Hoon Kim).

· **Coach:** Humberto Coelho (Portugal)

Vietnam (Red-Red-Red): 1-Nguyen The Anh (GK), 20-Le Quoc Vuong, 2-Le Van Truong, 14-Nguyen Huu Thang, 3-Nguyen Huy Hoang, 6-Nguyen Tuan Phong, 15-Pham Hai Nam, 21-Vu Nhu Thanh, 22-Phan Van Tai Em, 10-Pham Van Quyen, 18-Phan Thanh Binh.

· **Coach:** Alfred Riedl (Austria)

Scorers: 1-0 74' Pham Van Quyen

· **Cautions:** 49' Nguyen Huu Thang

· **Referee:** Panya Hanlumyaung (Thailand)

· **Attendance:** 25,00

Note: Man of the Match - Phan Van Quyen

Oman - South Korea 3-1 (0-0)

XIII. Asian Cup China 2004, Preliminaries, Group E

(Muscat - Sultan Qaboos Sports Complex - 21.10.2003 - 22:15)

Oman (Red-Red-Red): 12-Ali Al-Habsi (GK), 10-Fawzi Bashir Doorbeen, 6-Hamdi Hubeis Sharjandal, 5-Hussein Mustahil Rabea, 15-Nasser Zayed Al-Mukhaini, 25-Khalifa Ayil Al-Nawfali, 4-Saeed Ashoon, 17-Hassan Yousuf Al-Ghailani, 23-Yousuf Shaaban Al-Busaidi (85' 8-Bader Al-Maimani), 14-Hani Al-Dhabit, 11- Hashim Saleh Mohammed Al-Balushi (76' 19-Nabil Ashoor Allah).

· **Coach:** Milan Macala (Czech Republic)

South Korea (White-Red-White): 1-Woon-Jae Lee (GK), 20-Ki-Hyung Lee, 4-Jin-Cheul Choi, 7-Tae-Young Kim, 5-Nam-Il Kim, 12-Jung-Gyeom Kim (81' 10-Gwan-Woo Lee, 86' 18-Jae-Jin Cho), 13-Eul-Yong Lee, 16-Tae-Uk Choi (74' 22-Sung-Yong Woo), 19-Kyung-Ho Chung, 11-Dae-Ui Kim, 9-Do-Hoon Kim.

· **Coach:** Humberto Coelho (Portugal)

Scorers: 0-1 47' Kyung-Ho Chung, 1-1 60' Saeed Ashoon, 2-1 64' Hashim Saleh Mohammed Al-Balushi, 3-1 88' Fawzi Bashir Doorbeen

· **Cautions:** 15' Nam-Il Kim, 72' Do-Hoon Kim

· **Expulsions:** 91' Sung-Yong Woo

· **Referee:** Nasser Al-Enezi (Kuwait)

· **Attendance:** 22,000

Note: Man of the Match - Hashim Saleh Al-Balushi

South Korea - Nepal 7-0 (6-0)

XIII. Asian Cup China 2004, Preliminaries, Group E

(Muscat - Muscat Police Stadium - 24.10.2003 - 22:15)

South Korea (Red-Denim Blue-Red): 1-Woon-Jae Lee (GK), 7-Tae-Young Kim(45' 6-Jae-Hong Park), 20-Ki-Hyung Lee, 17-Jong-Bum Choi, 4-Jin-Cheul Choi, 5-Nam-Il Kim (72' 14-Jung-Woo Kim), 13-Eul-Yong Lee, 11-Dae-Ui Kim (34' 16-Tae-Uk Choi), 19-Kyung-Ho Chung, 9-Do-Hoon Kim, 18-Jae-Jin Cho.

· **Coach:** Humberto Coelho (Portugal)

Nepal (Blue-Blue-Blue): 30-Upendra Man Singh (GK), 14-Bal Gopal Maharjan, 10-Basanta Thapa, 11-Hari Khadka (78' 9-Ramesh Budhathoki), 12-Kumar Thapa,

13-Sunil Tuladhar, 3-Rakesh Shrestha, 25-Madhu Karki, 24-Narottam Gautam, 15-Ananta Thapa (46' 17-Navine Neupane), 8-Rajesh Shahi.

·Coach: Krishna Thapa

Scorers: 1-0 1' Jae-Jin Cho, 2-0 5' Ki-Hyung Lee, 3-0 15'(P) Do-Hoon Kim, 4-0 31' Do-Hoon Kim, 5-0 33' Do-Hoon Kim, 6-0 36' Kyung-Ho Chung, 7-0 51' Ki-Hyung Lee

·Cautions: -

·Referee: HanLum

·Attendance: 1,000

South Korea - Bulgaria 0-1 (0-1)

Friendly Match

(Seoul - Sangam World Cup 2002 Stadium - 18.11.2003 - 19:00)

South Korea (Red-Denim Blue-Red): 1-Woon-Jae Lee (GK), 6-Sang-Chul Yoo (C), 7-Sang-Heon Lee, 15-Jae-Hong Park, 22-Jong-Gook Song, 5-Nam-Il Kim(58' 14-Chun-Soo Lee), 8-Ji-Sung Park, 13-Eul-Yong Lee, 12-Young-Pyo Lee, 9-Do-Hoon Kim(55' 11-Yong-Soo Choi), 19-Jung-Hwan Ahn(75' 16-Doo-Ri Cha).

·Coach: Humberto Coelho (Portugal)

Bulgaria (White-Green-White): 1-Zdravko Zdravkov (57' 27-Dimitar Ivankov) (GK), 2-Nikolay Kratsev (70' 5-Zhivko Zhelev), 20-Elin Topuzakov, 3-Rosen Kirilov, 18-Predrag Pazin (63' 19-Iordan Petkov), 10-Velizar Dimitrov (65' 8-Emil Gargorov), 13-Georgi Peev, 15-Marian Hristov, 9-Zoran Iankovic (65' 14-Todor Ianchev), 16-Vladimir Manchev (72' 11-Martin Kamburov), 17-Zdravko Lazarov (93' 7-Chavdar Iankov).

·Coach: Plamen Markov (Bulgaria)

Scorers: 0-1 20' Vladimir Manchev

·Cautions: 87' Young-Pyo Lee, 93' Chun-Soo Lee

·Referee: Subkhiddin Mohd Saleh (Malaysia)

·Attendance: 38,257

Hong Kong - South Korea 1-3 (1-1)

I. East Asian Football Championship 2003, Final Phase, Group Stage

(Tokyo - Yoyoki National Stadium - 04.12.2003 - 16:30)

Hong Kong (White-White-White): 19-Chun Yip Fan (GK), 18-Wai Man Lee (C), 22-Wai Chiu Ng, 15-Wai Ho Chan, 11-Yue Hung Kwok (20' 4-Kwok Keung Sham), 6-Chi Keung Lau, 20-Yiu Cheuk Poon, 16-Koon Pong Luk, 13-Man Chun Szeto, 12-Chun Yue Wong (69' 7-Chun Bong Lau, 21-Lawrence Akandu.

·Coach: Sun Cheung Lai (Hong kong)

South Korea (Red-Denim Blue-Red): 1-Woon-Jae Lee (GK), 6-Sang-Chul Yoo (C), 7-Tae-Young Kim, 4-Jin-Cheul Choi, 13-Eul-Yong Lee (75' 10-Gwan-Woo Lee), 12-Dong-Jin Kim, 8-Won-Kwon Choi, 20-Do-Heon Kim, 11-Yong-Soo Choi (45' 18-Dae-Ui Kim), 19-Jung-Hwan Ahn(70' 16-Kyung-Ho Chung), 9-Do-Hoon Kim.

·Coach: Humberto Coelho (Portugal)

Scorers: 0-1 22' Do-Heon Kim, 1-1 33' Lawrence Akandu, 1-2 49' Do-Hoon Kim, 1-3 56' Jung-Hwan Ahn

·Cautions: 39' Lawrence Akandu

·Referee: Jimmy Napitulu (Indonesia)

·Attendance: 15,000

South Korea - China 1-0 (1-0)

I. East Asian Football Championship 2003, Final Phase, Group Stage

(Saitama - Saitama Stadium 2002 - 07.12.2003 - 16:30)

South Korea (Red-Denim Blue-Red): 1-Woon-Jae Lee (GK), 6-Sang-Chul Yoo (C), 7-Tae-Young Kim, 4-Jin-Cheul Choi, 13-Eul-Yong Lee, 12-Dong-Jin Kim, 8-Won-Kwon Choi, 20-Do-Heon Kim, 11-Yong-Soo Choi (64' 10-Gwan-Woo Lee), 19-Jung-Hwan Ahn (74' 9-Do-Hoon Kim), 18-Dae-Ui Kim (89' 5-Hyun-Soo Kim).

·Coach: Humberto Coelho (Portugal)

China (White-White-White): 1-Yunfei Liu (GK), 4-Weifeng Li (C), 5-Mingyi Ji (60' 19-Bin Zheng), 8-Pu Yang, 6-Zhi Zheng, 17-Ting Zhou (69' 21-Ping Du), 14-Jingdong Liu, 16-Xuri Zhao (78' 10-Haibin Zhou), 7-Junzhe Zhao, 11-Yi Li, 22-Chen Yang.

·Coach: Arie Haan (Nederland)

Scorers: 45' Sang-Chul Yoo

·Cautions: 28' Zhi Zheng, 40' Ting Zhou, 39' Jung-Hwan Ahn, 43' Jin-Cheul Choi, 60' Yi Li

·Expulsions: 58' Eul-Yong Lee

· **Referee:** Halim Abdul Hamid (Malaysia)

· **Attendance:** 27,000

Japan - South Korea 0-0 (0-0)

I. East Asian Football Championship 2003, Final Phase, Group Stage

(Yokohama - International Stadium - 10.12.2003 - 19:15)

Japan (Blue-White-Blue): 1-Seigo Narazaki (GK), 5-Tsuneyasu Miyamoto(C), 19-Yasuhito Endo, 15-Takashi Fukunishi(45' 10-Toshiya Fujita), 2-Nobuhisa Yamada (89' 11-Teruaki Kurobe), 14-Alex Santos, 22-Yuji Nakazawa(45' 13-Masashi Motoyama), 3-Keisuke Tsuboi, 8-Mitsuo Ogasawara, 9-Tatsuhiko Kubo, 20-Yoshito Okubo.

· **Coach:** Artur Antunes Zico (Brazil)

South Korea (Red-Denim Blue-Red): 1-Woon-Jae Lee (GK), 6-Sang-Chul Yoo (C), 15-Jae-Hong Park, 4-Jin-Cheul Choi, 12-Dong-Jin Kim, 8-Won-Kwon Choi, 2-Young-Min Hyun (66' 10-Gwan-Woo Lee), 20-Do-Heon Kim, 19-Jung-Hwan Ahn, 9-Do-Hoon Kim (83' 14-Eun-Joong Kim), 18-Dae-Ui Kim (45' 16-Kyung-Ho Chung).

· **Coach:** Humberto Coelho (Portugal)

Scorers: -

· **Cautions:** 13' Jin-Cheul Choi, 14' Yoshito Okubo, 17' Yoshito Okubo, 40' Jae-Hong Park, 84' Masashi Motoyama, 92' Dong-Jin Kim

· **Expulsions:** 17' Yoshito Okubo

· **Referee:** Santhan Nagalingam (Singapore)

· **Attendance:** 62,623

2004

South Korea - Oman 5-0 (3-0)

Friendly Match

(Ulsan - Big Crown Stadium - 14.02.2004 - 19:00)

South Korea (White-Red-White): 21-Yong-Dae Kim(84' 23-Young-Gwang Kim) (GK), 4-Jin-Cheul Choi(77' 15-Jae-Hong Park), 24-Byung-Gook Cho(74' 2-Yo-Sep Park), 7-Tae-Young Kim, 17-Won-Kwon Choi(81' 22-Jong-Gook Song), 5-Nam-Il Kim, 8-Ji-Sung Park (67' 20-Do-Heon Kim), 2-Dong-Jin Kim, 16-Doo-Ri Cha (56' 10-Sung-Gook Choi), 19-Jung-Hwan Ahn (61' 11-Kyung-Ho Chung), 9-Ki-Hyun Seol.

· **Coach:** Humberto Coelho (Portugal)

Oman (Red-Red-Red): 26-Ali Abdullah Al-Habsi (GK), 10-Fawzi Doorbeen, 5-Hussein Rabee'a, 17-Hassan Yousef Al-Ghailani, 25-Khalifa Ayil Al-Naufali (73' 16-Mohamed Al-Hinai), 4-Saeed Al-Raqadi (45' Allah), 2-Mohamed Al-Noubi, 6-Hamdi Hubais Jandal (45' 21-Ahmed Thuwaini Al-Mukhaini), 20-Imad Ali Al-Hosni (73' 11-Yousef Al-Busaidy), 8-Bader Al-Maimani (76' 23-Ahmed Al-Busafy), 13-Ahmed Mubarak Al-Mahaijri (45' 15-Nasser Al-Mukhaini).

· **Coach:** Milan Macala (Czech Republic)

Scorers: 1-0 8'(OG) Mohamed Al-Noubi, 2-0 24' Ki-Hyun Seol, 3-0 41'(P) Jung-Hwan Ahn, 4-0 60' Jung-Hwan Ahn, 5-0 86'(OG) Hussein Rabee'a

· **Cautions:** 45' Hamdi Hubais Jandal

· **Referee:** Toshimitsu Yoshida (Japan)

· **Attendance:** 26,154

South Korea - Lebanon 2-0 (1-0)

XVIII. FIFA World Cup Germany 2006, Preliminaries, 2nd Round Group 7

(Suwon - World Cup Stadium - 18.02.2004 - 19:00)

South Korea (Red-Denim Blue-Red): 1-Woon-Jae Lee (GK) (C), 7-Tae-Young Kim, 4-Jin-Cheul Choi, 24-Byung-Gook Cho, 12-Young-Pyo Lee, 8-Ji-Sung Park, 22-Jong-Gook Song, 5-Nam-Il Kim, 19-Jung-Hwan Ahn, 9-Ki-Hyeon Seol (53' 14-Chun-Soo Lee), 16-Doo-Ri Cha.

· **Coach:** Humberto Coelho (Portugal)

Lebanon (White-White-White): 1-Ziad El-Samad (GK), 18-Mohamad Halaweh, 5-Abbas Kenaan, 3-Youssef Mohamad, 15-Luis Fernández, 19-Oday El-Attar, 14-Ali El-Attar, 10-Abbas Ali Atwi (77' 20-Jamal Al-Nasrat), 16-Mohammad Kassas (56' 17-Ali Nasseredine), 23-Mahmoud Chahoud (82' 8-Malek Hassoun), 21-Khaled Hamieh.

·**Coach:** Mahmoud Hamoud

Scorers: 1-0 32' Doo-Ri Cha, 2-0 50' Byung-Gook Cho

·**Cautions:** 15' Khaled Hamieh, 19' Nam-Il Kim, 30' Tae-Young Kim, 74' Luis Fernández

·**Referee:** Muageb Al-Dosari (Saudi Arabia)

·**Attendance:** 28,425

Maldives - South Korea 0-0 (0-0)

XVIII. FIFA World Cup Germany 2006, Preliminaries, 2nd Round Group 7

(Male - Galolhu National Stadium - 31.03.2004 - 16:00)

Maldives (White-White-White): 18-Imran Mohamed (GK), 3-Hussain Luthfee (66' 4-Mohamed Nasir), 5-Ibrahim Fazeel (52' 16-Ismail Mohamed), 7-Mohamed Nizam, 8-Mohamed Jameel, 10-Ali Umar, 13-Assad Abdul Ghani, 14-Ilyas Ibrahim (90' 23-Fareed Mohamed), 15-Anwar Abdul Ghanee, 17-Ashraf Luthfy, 21-Sabah Mohamed Ibrahim.

·**Coach:** Manuel Goncalves

South Korea (Red-Denim Blue-Red): 1-Woon-Jae Lee (GK) (C), 4-Jin-Cheul Choi, 24-Byung-Gook Cho, 7-Tae-Young Kim (61' 18-Dae-Ui Kim), 22-Jong-Gook Song, 5-Nam-Il Kim, 12-Young-Pyo Lee, 13-Eul-Yong Lee (82' 10-Gwan-Woo Lee), 11-Kyung-Ho Chung, 19-Jung-Hwan Ahn(73' 2-Yo-Sep Park), 9-Ki-Hyun Seol.

·**Coach:** Humberto Coelho (Portugal)

Scorers: -

·**Cautions:** 50' Sabah Mohamed Ibrahim, 54' Kyung-Ho Chung, 74' Eul-Yong Lee, 92' Yo-Sep Park

·**Referee:** Anura de Silva Vidanagamage (Sri Lanka)

·**Attendance:** 15,000

Note: Coelho quited from his job after this match.

South Korea - Paraguay 0-0 (0-0)

Friendly Match

(Incheon - Moonhak Stadium - 28.04.2004 - 19:00)

South Korea (Red-Denim Blue-Red): 1-Woon-Jae Lee (GK) (C), 22-Jong-Gook Song, 4-Jin-Cheul Choi, 7-Tae-Young Kim, 12-Young-Pyo Lee, 5-Nam-Il Kim, 13-Eul-Yong Lee, 11-Kyung-Ho Chung, 9-Ki-Hyun Seol, 19-Jung-Hwan Ahn, 6-Sang-Chul Yoo (85' 17-Eun-Joong Kim).

·**Coach:** Sung-Hwa Park (caretaker)

Paraguay (White-White-White): 1-Danilo Aceval (45' 12-Aldo Bobadilla) (GK), 13-Derlis González, 5-Carlos Lugo (45' 3-Pedro Sarabia), 14-Paulo da Silva, 4-Delio Toledo, 10-Julio Dos Santos (68' 18-Osvaldo Díaz), 8-Edgar González, 17-Ángel Ortiz, 6-Troadio Duarte (70' 16-Ismael Martínez), 9-Freddy Bareiro, 7-Salvador Cabañas (80' 11-Raúl Román).

·**Coach:** Anibal Ruíz (Uruguay)

Scorers: -

·**Cautions:** 7' Carlos Lugo, 13' Nam-Il Kim, 53' Ángel Ortiz, 77' Ismael Martínez

·**Referee:** Toru Kamikawa (Japan)

·**Attendance:** 26,237

South Korea - Turkey 0-1 (0-1)

Friendly Match

(Seoul - Sangam World Cup 2002 Stadium - 02.06.2004 - 19:05)

South Korea (Red-Denim Blue-Red): 1-Woon-Jae Lee (GK), 22-Chong-Gug Song(67' 2-Jin-Sub Park), 24-Byung-Gook Cho, 4-Jin-Cheul Choi, 15-Dong-Jin Kim, 9-Ki-Hyeon Seol (45' 10-Sung-Gook Choi), 5-Nam-Il Kim (45' 3-Chi-Gon Kim), 13-Eul-Yong Lee (76' 14-Jung-Woo Kim), 11-Kyung-Ho Chung (45' 8-Do-Heon Kim), 19-Jung-Hwan Ahn, 12-Eun-Joong Kim.

·**Coach:** Sung-Hwa Park (caretaker)

Turkey (White-White-White): 1-Rüştü Reçber(45' 12-Ömer Çatkıç) (GK), 8-Nihat Kahveci (72' 15-Zafer Biryol), 13-Deniz Barış, 6-Ümit Özat, 3-Bülent Korkmaz (45' 4-Fatih Akyel), 2-Tolga Seyhan (90' 24-Serhat Akın), 7-Okan Buruk (90' 17-Ibrahim Toraman), 14-Serkan Balcı (45' 19-İbrahim Üzülmez), 10-Yıldıray Baştürk (68'

18-Tuncay Şanli), 11-Hasan Şaş (45' 22-Mehmet Hilmi Yilmaz), 9-Hakan Şükür (45' 20-Hamit Altıntop).

·Coach: Ersun Yanal (Turkey)

Scorers: 0-1 21' Hakan Şükür

·Cautions: 19' Bülent Korkmaz, 24' Nam-Il Kim, 35' Jong-Gook Song, 36' Tolga Seyhan, 65' Okan Buruk, 75' Ümit Özat, 88' Zafer Biryol

·Referee: Shamsul Maidin (Japan)

·Attendance: 51,185

South Korea - Turkey 2-1 (0-1)

Friendly Match

(Daegu - Daegu Stadium - 05.06.2004 - 20:00)

South Korea (White-Red-White): 31-Young-Gwang Kim (GK), 6-Sang-Chul Yoo, 2-Jin-Sub Park (73' 20-Yong-Ho Park), 24-Byung-Gook Cho, 3-Chi-Gon Kim (52' 4-Jin-Cheul Choi), 15-Dong-Jin Kim, 8-Do-Heon Kim (52' 10-Sung-Gook Choi), 5-Nam-Il Kim, 14-Jung-Woo Kim, 12-Eun-Joong Kim, 18-Jae-Jin Cho (52' 19-Jung-Hwan Ahn).

·Coach: Sung-Hwa Park (caretaker)

Turkey (Red-Red-Red): 23-Volkan Demirel (45' 12-Ömer Çatkıç) (GK), 3-Bülent Korkmaz (58' 19-İbrahim Üzülmez), 13-Deniz Barış, 7-Okan Buruk (58' 4-Fatih Akyel), 14-Serkan Balcı, 6-Ümit Özat, 2-Tolga Seyhan, 10-Yıldıray Baştürk (72' 24-Serhat Akın), 11-Hasan Şaş (74' 18-Tuncay Şanli), 9-Hakan Şükür (58' 15-Zafer Biryol), 8-Nihat Kahveci (58' 20-Hamit Altıntop).

·Coach: Ersun Yanal (Turkey)

Scorers: 0-1 43' Hakan Şükür, 1-1 65'(P) Sang-Chul Yoo, 2-1 75' Eun-Joong Kim

·Cautions: 11' Serkan Balcı, 15' Do-Heon Kim, 56' Jin-Cheul Choi

·Referee: Toshimitsu Yoshida (Japan)

·Attendance: 45,284

Note: It was the first victory over Turkey for South Korea in the history.

South Korea - Vietnam 2-0 (1-0)

XVIII. FIFA World Cup Germany 2006, Preliminaries, 2nd Round Group 7

(Daejeon - World Cup Stadium - 09.06.2004 - 19:00)

South Korea (Red-Denim Blue-Red): 1-Woon-Jae Lee (GK) (C), 6-Sang-Chul Yoo, 4-Jin-Cheul Choi, 24-Byung-Gook Cho, 2-Jin-Sub Park, 5-Nam-Il Kim (45' 8-Do-Heon Kim), 15-Dong-Jin Kim (67' 14-Jung-Woo Kim), 13-Eul-Yong Lee, 21-Ji-Sung Park, 12-Eun-Joong Kim (74' 9-Ki-Hyun Seol), 19-Jung-Hwan Ahn.

·Coach: Sung-Hwa Park (caretaker)

Vietnam (White-White-White): 25-Tran Minh Quang (GK), 23-Le Anh Dung, 11-Le Hong Minh, 26-Le Quang Trai (64' 27-Nguyen Van Dan), 12-Nguyen Minh Phuong, 4-Phung Van Nhien (52' 17-Vu Duy Hoang), 14-Nguyen Huu Thang (67' 9-Le Cong Vinh), 5-Pham Hung Dung, 22-Phan Van Tai Em, 28-Thach Bao Khanh, 21-Le Huynh Duc.

·Coach: Edson Tavares (Brazil)

Scorers: 1-0 29' Jung-Hwan Ahn, 2-0 61' Do-Heon Kim

·Cautions: 77' Pham Hung Dung

·Referee: Omer Saleh Al-Mehanah (Saudi Arabia)

·Attendance: 40,515

South Korea - Bahrain 2-0 (2-0)

Friendly Match

(Gwangju - World Cup Stadium - 10.07.2004 - 19:00)

South Korea (White-Red-White): 1-Woon-Jae Lee (GK), 12-Young-Pyo Lee, 4-Jin-Cheul Choi, 15-Min-Sung Lee, 10-Young-Min Hyun, 14-Kyung-Ho Chung, 25-Yo-Sep Park (78' 3-Jae-Hong Park), 13-Eul-Yong Lee (45' 17-Jung-Gyeom Kim), 9-Ki-Hyun Seol, 18-Eun-Joong Kim, 20-Dong-Gook Lee.

·Coach: Johannes Bonfrere (Nederland)

Bahrain (Red-Red-Red): 22-Ali Saeed Abdullah(45' 1-Abdulrahman Abdulkarim) (GK), 7-Sayed Mahmoud Jalal, 12-Mohammed Juma (76' 2-Mohammed Hussain), 11-Faisal Abdulaziz, 16-Sayed Mohammed Adnan, 13-Talal Yousef (86' 6-Ghazi Al-Kawari), 10-Mohammed Salmeen, 31-Mohammed Hubail, 15-Saleh Farhan (45' 17-Hussain Baba), 9-Husain Ali Ahmed (45' 19-Mohammed Jaffar), 30-Alaa Hubail (80' 23-Duaij Nasser).

·Coach: Srecko Juricić (Slovenia)

Scorers: 1-0 2' Dong-Gook Lee, 2-0 40' Jin-Cheul Choi

·Cautions: 23' Saleh Farhan, 38' Alaa Hubail, 41'

Young-Min Hyun, 81' Hussain Baba, 82' Young-Pyo Lee

· **Expulsions:** 85' Hussain Baba

· **Referee:** Yau Fat Fong (Hong Kong)

· **Attendance:** 35,241

South Korea - Trinidad/Tobago 1-1 (0-0)

Friendly Match

(Seoul - Sangam World Cup 2002 Stadium - 14.07.2004 - 19:00)

South Korea (Red-Denim Blue-Red): 1-Woon-Jae Lee (GK), 4-Jin-Cheul Choi (74' 28-Kyu Jin Kim), 15-Min-Sung Lee, 7-Tae-Young Kim (66' 3-Jae-Hong Park), 12-Young-Pyo Lee (78' 2-Jin-Sub Park), 5-Nam-Il Kim, 21-Ji-Sung Park, 9-Ki-Hyeon Seol (46' 14-Kyung-Ho Chung), 10-Young-Min Hyun, 20-Dong-Gook Lee, 19-Jung-Hwan Ahn (46' 16-Doo-Ri Cha).

· **Coach:** Johannes Bonfrere (Nederland)

Trinidad/Tobago (White-White-White): 1-Kelvin Jack (GK), 6-Derek King(67' Michael Celestine), 3-Derek Phillips, 19-Kenwyne Jones, 5-Keyeno Thomas, 2-Marlon Rojas, 8-Angus Eve, 12-Anthony Rougier, 11-Brent Rahim(55' Silvio Spann), 10-Jason Scotland(85' Kerry Baptiste), 9-Scott Sealy.

· **Coach:** Bertille St. Clair

Scorers: 1-0 52' Doo-Ri Cha, 1-1 77' Jason Scotland

· **Cautions:** 28' Ki-Hyun Seol, 65' Kenwyne Jones

· **Referee:** Kazuhiko Matsumura (Japan)

· **Attendance:** 18,025

South Korea - Jordan 0-0 (0-0)

XIII. Asian Cup China 2004, Final Phase, 1st Round Group B

(Jinan - Shandong Sports Centre - 19.07.2004 - 18:30)

South Korea (Red-Denim Blue-Red): 1-Woon-Jae Lee (GK) (C), 4-Jin-Cheul Choi, 7-Tae-Young Kim, 15-Min-Sung Lee, 5-Nam-Il Kim, 10-Young-Min Hyun(60' 17-Jung-Gyeom Kim), 12-Young-Pyo Lee, 9-Ki-Hyun Seol, 14-Kyung-Ho Chung(59' 16-Doo-Ri Cha), 19-Jung-Hwan Ahn, 20-Dong-Gook Lee.

· **Coach:** Johannes Bonfrere (Nederland)

Jordan (White-White-White): 1-Amer Shafi Sabbah (GK),

18-Abdullah Abu Zema (C), 13-Qusai Abu Alieh, 3-Khaled Saed (85' 23-Amer Deeb), 4-Rateb Al-Awadat, 6-Bashar Bani Yaseen, 16-Faisal Ibrahim, 17-Hatem Aqel, 8-Hassouneh Qasem, 9-Mahmoud Shelbaieh (58' 11-Anas Al-Zboun), 20-Badran Al-Shagran (65' 10-Moayad Salim Ali Mansour).

· **Coach:** Mahmoud El-Gohary (Egypt)

Scorers: -

· **Cautions:** 14' Nam-Il Kim, 46' Al-Awadat, 67' Jin-Cheul Choi, 82' Jin-Cheul Choi

· **Expulsions:** 82' Jin-Cheul Choi

· **Referee:** Shamsul Maidin (Singapore)

· **Attendance:** 26,000

Note: Man of the macth - Amer Shafi Sabbah

South Korea - U.A.E. 2-0 (1-0)

XIII. Asian Cup China 2004, Final Phase, 1st Round Group B

(Jinan - Shandong Sports Centre - 23.07.2004 - 21:00)

U.A.E. (White-White-White): 1-Juma Rashid Yousif (GK) (C), 14-Basheer Saeed, 21-Humaid Fakher, 24-Subait Khater, 25-Mohammad Qassim, 29-Saleh Abdullah (74' 23-Nawaf Mubarak), 12-Rami Yaslam (59' 9-Salem Saad), 6-Rashid Abdul Rahman, 16-Sultan Rashid, 26-Salem Khamis Faraj, 10-Mohammed Rashid (33' 18-Ismail Matar).

· **Coach:** Aad de Mos (Nederland)

South Korea (Red-Denim Blue-Red): 1-Woon-Jae Lee (GK) (C), 3-Jae-Hong Park, 15-Min-Sung Lee, 2-Jin-Sub Park, 28-Jin-Kyu Kim, 5-Nam-Il Kim, 12-Young-Pyo Lee, 13-Eul-Yong Lee (46' 21-Ji-Sung Park), 9-Ki-Hyun Seol, 16-Doo-Ri Cha (58' 25-Yo-Sep Park), 20-Dong-Gook Lee (77' 19-Jung-Hwan Ahn).

· **Coach:** Johannes Bonfrere (Nederland)

Scorers: 1-0 40' Dong-Gook Lee, 2-0 91' Jung-Hwan Ahn

· **Cautions:** 12' Basheer Saeed, 16' Jae-Hong Park, 55' Woon-Jae Lee, 55' Jae-Hong Park, 68' Ismail Matar

· **Expulsions:** 55' Jae-Hong Park

· **Referee:** Ravshan Irmatov (Uzbekistan)

· **Attendance:** 25,000

Note: Man of the match - Dong-Gook Lee

South Korea - Kuwait 4-0 (3-0)

XIII. Asian Cup China 2004, Final Phase, 1st Round Group B

(Jinan - Shandong Sports Centre - 27.07.2004 - 19:00)

South Korea (Red-Denim Blue-Red): 1-Woon-Jae Lee (GK) (C), 4-Jin-Cheul Choi, 15-Min-Sung Lee, 2-Jin-Sub Park, 28-Jin-Kyu Kim, 5-Nam-Il Kim (58' 25-Yo-Sep Park), 12-Young-Pyo Lee, 9-Ki-Hyun Seol, 16-Doo-Ri Cha (78' 18-Eun-Joong Kim), 20-Dong-Gook Lee (64' 19-Jung-Hwan Ahn), 21-Ji-Sung Park.

·**Coach:** Johannes Bonfrere (Nederland)

Kuwait (Blue-White-Blue): 1-Shehab Al-Kankone (GK), 9-Bashar Abdullah Abdulaziz (C), 20-Abdulrahman Mussa (46' 14-Fahad Al-Hamad), 17-Bader Al-Mutwa (46' 7-Nawaf Al-Humaidan), 2-Yaqoub Al-Taher, 5-Nohayr Al-Shammari, 13-Mesaed Neda, 16-Khaled Al-Shammari (73' 4-Ali Asel), 18-Jarah Al-Ataiqi, 23-Nawaf Al-Mutairi, 19-Hussain Seraj.

·**Coach:** Paulo César Carpeggiani (Brazil)

Scorers: 1-0 24' Dong-Gook Lee FK, 2-0 41' Dong-Gook Lee, 45' Doo-Ri Cha, 4-0 75' Jung-Hwan Ahn

·**Cautions:** 23' Mesaed Neda, 34' Bader Al-Mutwa, 35' Jin-Kyu Kim, 53' Jin-Cheul Choi

·**Referee:** Shamsul Maidin (Singapore)

·**Attendance:** 20,000

Note: Man of the match - Dong-Gook Lee

South Korea - Iran 3-4 (2-2)

XIII. Asian Cup China 2004, Final Phase, Quarter Final

(Jinan - Shandong Sports Centre - 31.07.2004 - 21:00)

South Korea (Red-Denim Blue-Red): 1-Woon-Jae Lee (GK), 4-Jin-Cheul Choi, 12-Young-Pyo Lee, 15-Min-Sung Lee (86' 25-Yo-Sep Park), 28-Jin-Kyu Kim, 2-Jin-Sub Park (63' 19-Jung-Hwan Ahn), 5-Nam-Il Kim, 14-Kyung-Ho Chung (74' Doo-Ri Cha), 9-Ki-Hyun Seol, 20-Dong-Gook Lee, 21-Ji-Sung Park.

·**Coach:** Johannes Bonfrere (Nederland)

Iran (White-White-White): 1-Ebrahim Mirzapour (GK), 10-Ali Daei (C) 4-Yahya Gholmohammadi, 13-Hossein Kaebi (90' 3-Mehdi Amirabadi), 8-Ali Karimi, 15-Ebrahim Taghipour (15' 17-Eman Mobali), 19-Jalal

Kameli, 27-Sattar Zare, 2-Mehdi Mahdavikia, 6-Javad Nekounam, 26-Sayyed Mohammad Alavi.

·**Coach:** Branko Ivanković (Croatia)

Scorers: 0-1 9' Ali Karimi, 1-1 15' Ki-Hyun Seol, 1-2 19' Ali Karimi, 2-2 24' Dong-Gook Lee, 2-3 50' (OG) Jin-Sub Park, 3-3 68' Nam-Il Kim, 3-4 77' Ali Karimi

·**Cautions:** 14' Javad Nekounam, 45' Jalal Kameli, 53' Ali Karimi, 93' Dong-Gook Lee

·**Referee:** Saad Kameel Al-Fadhli (Kuwait)

·**Attendance:** 20,000

Note: Man of the match - Ali Karimi

Vietnam - South Korea 1-2 (0-0)

XVIII. FIFA World Cup Germany 2006, Preliminaries, 2nd Round Group 7

(Ho Chi Minh City - Thong Nhat Stadium - 08.09.2004 - 17:00)

Vietnam (Red-Red-Red): 25-Tran Minh Quang (GK), 27-Nguyen Van Dan, 5-Pham Hung Dung, 15-Nguyen Manh Dung, 26-Le Quang Trai, 12-Nguyen Minh Phuong, 7-Tran Truong Giang(71' 11-Le Hong Minh), 22-Phan Van Tai Em, 10-Pham Van Quyen(79' 28-Khanh), 21-Le Huynh Duc(79' 19-Trinh Xuan Thanh), 9-Le Cong Vinh.

·**Coach:** Edson Tavares (Brazil)

South Korea (White-Denim Blue-White): 1-Woon-Jae Lee (GK), 4-Jin-Cheul Choi, 2-Min-Sung Lee (63' Do-Heon Kim), 3-Jae-Hong Park, 22-Jong-Gook Song, 12-Young-Pyo Lee, 14-Chun-Soo Lee, 11-Doo-Ri Cha, 9-Ki-Hyun Seol, 19-Jung-Hwan Ahn (86' 15-Jung-Woo Kim), 20-Dong-Gook Lee (10' Sung-Gook Choi).

·**Coach:** Johannes Bonfrere (Nederland)

Scorers: 1-0 49'(OG) Jae-Hong Park, 1-1 63' Dong-Gook Lee, 1-2 75' Chun-Soo Lee

·**Cautions:** 90' Jong-Gook Song

·**Expulsions:** 42' Doo-Ri Cha

·**Referee:** Toshimitsu Yoshida (Japan)

·**Attendance:** 25,000

Lebanon - South Korea 1-1 (1-1)

XVIII. FIFA World Cup Germany 2006, Preliminaries,

2nd Round Group 7

(Beirut - Municipal Stadium - 13.10.2004 - 18:00)

Lebanon (White-White-White): 1-Ziad El-Samad (GK), 3-Youssef Mohamad (C), 17-Krikor Alozian, 6-Faysal Antar, 20-Roda Antar, 18-Mohamad Halaweh, 15-Abbas Kenaan, 14-Ossama Haidar (73' 21-Khaled Hamieh), 7-Nabil Baalbaki (81' 13-Issa Issa), 10-Abbas Ali Atwi (76' 9-Mahmoud Chahoud), 30-Ali Nasseredine.

·**Coach:** Mahmoud Hamoud

South Korea (Red-Denim Blue-Red): 1-Woon-Jae Lee (GK) (C), 4-Jin-Cheul Choi, 6-Sang-Chul Yoo, 3-Jae-Hong Park, 22-Jong-Gook Song, 14-Chun-Soo Lee, 8-Do-Heon Kim (26' 15-Jung-Woo Kim), 2-Min-Sung Lee, 12-Young-Pyo Lee, 20-Dong-Gook Lee (46' 9-Ki-Hyun Seol), 19-Jung-Hwan Ahn.

·**Coach:** Johannes Bonfrere (Nederland)

Scorers: 0-1 7' Jin-Cheul Choi, 1-1 27' Nasseredine

·**Cautions:** 56' Min-Sung Lee, 75' Young-Pyo Lee

·**Referee:** Ravshan Irmatov (Uzbekistan)

·**Attendance:** 15,000

Note: Man of the match - Ki-Hyun Seol

South Korea - Maldives 2-0 (0-0)

XVIII. FIFA World Cup Germany 2006, Preliminaries, 2nd Round Group 7

(Seoul - Sangam World Cup 2002 Stadium - 17.11.2004 - 20:00)

South Korea (Red-Denim Blue-Red): 1-Woon-Jae Lee (GK), 4-Jin-Cheul Choi, 6-Sang-Chul Yoo, 3-Jae-Hong Park, 22-Chong-Gug Song(71' 9-Ki-Hyun Seol), 8-Do-Heon Kim, 21-Ji-Sung Park, 12-Young-Pyo Lee, 14-Chun-Soo Lee, 20-Dong-Gook Lee, 19-Jung-Hwan Ahn (26' 18-Jae-Jin Cho).

·**Coach:** Johannes Bonfrere (Nederland)

Maldives (Blue-Blue-Blue): 18-Imran Mohamed (GK), 4-Mohamed Nasir, 13-Assad Ghani, 21-Sabah Ibrahim, 5-Ibrahim Fazeel (94' 20-Ismail Mohamed), 15-Anwar Ghanee, 14-Hussain Habeeb (55' 17-Ashraf Luthfy), 8-Mohamed Jameel, 16-Adam Sharef, 10-Ali Umar, 12-Ali Ashfag (82' 19-Ahmed Thariq).

·**Coach:** Manuel Goncalves

Scorers: 1-0 65' Do-Heon Kim, 2-0 79' Dong-Gook Lee

·**Cautions:** 6' Mohamed Jameel, 34' Anwar Ghanee, 47' Hussain Habeeb, 70' Ibrahim Fazeel, 75' Adam Sharef

·**Referee:** Subash Anthony Lazar (Singapore)

·**Attendance:** 62,441

South Korea - Germany 3-1 (1-1)

Friendly Match (Enjoy Driving Match)

(Busan - Asiad 2002 Stadium - 19.12.2004 - 19:00)

South Korea (Red-Denim Blue-Red): 1-Woon-Jae Lee (C) (88' 31-Young-Gwang Kim) (GK), 5-Jin-Kyu Kim, 12-Kyu-Seon Park (89' 6-Kyung-Yeol Yoo), 23-Dong-Hyuk Park, 3-Jae-Hong Park, 13-Dong-Jin Kim, 14-Sang-Sik Kim, 8-Do-Heon Kim (45' Jung-Woo Kim), 11-Doo-Ri Cha, 20-Dong-Gook Lee (81' 18-Jae-Jin Cho), 21-Dong-Hyun Kim (62' 19-Do Namgoong).

·**Coach:** Johannes Bonfrere (Nederland)

Germany (White-Black-White): 1-Oliver Kahn (GK), 13-Michael Ballack (C), 2-Andreas Hinkel (46' 8-Patrick Owomoyela), 3-Arne Friedrich, 4-Christian Wörns (81' 9-Thomas Brdaric), 21-Philipp Lahm, 19-Bernd Schneider, 16-Fabian Ernst, 7-Bastian Schweinsteiger (63' 20-Lukas Podolski), 22-Kevin Kuranyi (76' 14-Gerald Asamoah), 11-Miroslav Klose.

·**Coach:** Jürgen Klinsmann (Germany)

Scorers: 1-0 16' Dong-Jin Kim, 1-1 24' Michael Ballack, 2-1 71' Dong-Gook Lee, 3-1 87' Jae-Jin Cho

·**Cautions:** 59' Sang-Sik Kim

·**Referee:** Subkhiddin Mohd Salleh (Malaysia)

·**Attendance:** 45,775

Note: 85' Woon-Jae Leé saved a penalty to Ballack. Man of the match - Woon-Jae Lee

South Korea - Colombia 1-2 (1-1)

Friendly Match

(Los Angeles - LA Memorial Colisseum - 15.01.2005 - 19:00)

South Korea (Red-Denim Blue-Red): 1-Woon-Jae Lee (GK) (C), 2-Kyung-Yeol Yoo, 30-Jin-Kyu Kim, 3-Jae-Hong Park (61' Chi-Gon Kim), 25-Bum-Seok Oh (74' Kyu-Seon Park), 4-Sang-Sik Kim(46' Do-Heon Kim), 15-Jung-Woo Kim (46' Nam-Il Kim), 13-Dong-Jin Kim, 16-Kyung-Ho Chung(46' Dong-Gook Lee), 26-Dong-Hyun Kim (85' Sung-Gook Choi), 27-Do Namgoong.

· **Coach:** Johannes Bonfrere (Nederland)

Colombia (Yellow-Blue-Red): 1-David González (GK), 17-Edwin García, 3-Samuel Vanegas, 4-Miguel Rojas (69' 13-Andrés Casañas), 6-Andrés González, 5-Juan Carcos Ramírez, 15-John Viáfara (49' Haider Palacio), 16-Elkin Soto, 11-David Ferreim (46' 7-Edixon Perea), 8-David Ferreira, 18-Jairo Castillo.

· **Coach:** Reinaldo Rueda (Colombia)

Scorers: 1-0 2' Kyung-Ho Chung, 1-1 41' Jairo Castillo, 1-2 75' Edixon Perea

· **Cautions:** 3' J.García, 5' Dong-Jin Kim, 32' Jae-Hong Park, 89' Casanas

· **Referee:** Arkadiusz Prus (USA)

· **Attendance:** 20,000

South Korea - Paraguay 1-1 (0-1)

Friendly Match

(Los Angeles - LA Memorial Coliseum - 19.01.2005 - 19:00)

South Korea (White-Red-White): 31-Young-Gwang Kim (GK), 5-Nam-Il Kim (C), 30-Jin-Kyu Kim (72' 23-Dong-Hyuk Park), 2-Kyung-Yeol Yoo, 3-Jae-Hong Park, 17-Kyu-Seon Park, 8-Do-Heon Kim (80' 27-Sang-Sik Kim), 13-Dong-Jin Kim, 27-Do Namgoong (77' 10-Sung-Gook Choi), 20-Dong-Gook Lee, 26-Dong-Hyun Kim (60' 28-Kyung-Ho Chung).

· **Coach:** Johannes Bonfrere (Nederland)

Paraguay (Red/White-Blue-Blue): 1-Justo Villar (GK), 20-José Cardozo (C), 2-Pedro Sarabia, 14-Padlo da Silva, 5-Julio Manzur, 13-Jorge Noñez, 17-Ángel Drtíz, 6-Carlos Bonet (87' 8-Edgar González), 16-Maliro Monges, 10-Julio dos Santos, 23-Nelson Cvevas (90' 9-Juan Samudio).

· **Coach:** Aníbal Ruíz (Uruguay)

Scorers: 0-1 46' José Cardozo, 1-1 46' Jin-Kyu Kim

· **Cautions:** 15' Jorge Núñez, 20' Kyung-Yeol Yoo, 46' Nam-Il Kim, 50' Maliro Monges, 76' Dong-Jin Kim

· **Referee:** Brian Hall (USA)

· **Attendance:** 10,000

Sweden - South Korea 1-1 (0-0)

Friendly Match

(Carson - Home Depot Center - 22.01.2005 - 19:30)

Sweden (Yellow-Blue-Yellow): 1-Eddie Gustafsson (GK), 7-Niclas Alexandersson (C), 2-Christoffer Andersson, 3-Fredrik Risp, 4-Teddy Lucic, 5-Mikael Dorsin, 6-Daniel Andersson, 20-Martin Ericsson, 19-Tobias Hysen, 16-George Mourad (71' 10-Markus Rosenberg), 18-Fredrik Berglund (71' 14-Petter Andersson).

· **Coach:** Lars Lagerbäck (Sweden)

South Korea (Red-Denim Blue-Red): 1-Woon-Jae Lee (GK) (C), 30-Jin-Kyu Kim, 2-Kyung-Yeol Yoo, 3-Jae-Hong Park, 17-Kyu-Seon Park, 5-Nam-Il Kim (86' 15-Jung-Woo Kim), 4-Sang-Sik Kim (69' 8-Do-Heon Kim), 13-Dong-Jin Kim, 27-Do Namgoong (64' 10-Sung-Gook Choi), 20-Dong-Gook Lee (77' 26-Dong-Hyun Kim), 16-Kyung-Ho Chung.

· **Coach:** Johannes Bonfrere (Nederland)

Scorers: 0-1 70' Kyung-Ho Chung, 1-1 86' Markus Rosenberg

· **Cautions:** 61' Kyu-Seon Park, 87' Jae-Hong Park

· **Referee:** Ken Stott (USA)

· **Attendance:** 10,000

South Korea - Egypt 0-1 (0-1)

Friendly Match

(Seoul - Sangam World Cup 2002 Stadium - 04.02.2005 - 19:00)

South Korea (Red-Denim Blue-Red): 1-Woon-Jae Lee (GK) (46' 29-Yong-Dae Kim (GK)), 6-Dong-Hyuk Park, 2-Sang-Chul Yoo (46' 30-Kyung-Yeol Yoo), 23-Jae-Hong Park, 16-Kyu-Seon Park, 18-Nam-Il Kim (46' 28-Jung-Woo Kim), 9-Sang-Sik Kim (60' 15-Do-Heon Kim), 26-Dong-Jin Kim, 12-Chun-Soo Lee, 27-Dong-Gook Lee (46' 4-Jae-Jin Cho),

17-Kyung-Ho Chung (69' 20-Do Namgoong).

·**Coach**: Johannes Bonfrere (Nederland)

Egypt (White-White-White): 1-Nader El-Sayed (GK), 20-Wael Gomaa, 4-Emad El-Nahass, 6-Hosni Rabbou, 29-Ahmed Mosalam (81' 21-Abdullah Ragab), 22-Mohamed Aboutraika, 12-Mohamed Barakat, 25-Mohamed Shawki, 10-Emad Abdel Nabi, 9-Amr Zaki (77' 19-Abdel Ali), 28-Ahmed Malek (56' 7-Ahmed Fathi).

·**Coach**: Hassan Shehata (Egypt)

Scorers: 0-1 14' Emad Abdel Nabi

·**Cautions**: 62' Amr Zaki, 77' Dong-Hyuk Park

·**Referee**: Junjie Huang (China)

·**Attendance**: 16,054

South Korea - Kuwait 2-0 (1-0)

XVIII. FIFA World Cup Germany 2006, Preliminaries, Final Round Group A

(Seoul - Sangam World Cup 2002 Stadium - 09.02.2005 - 20:00)

South Korea (Red-Denim Blue-Red): 1-Woon-Jae Lee (GK), 23-Dong-Hyuk Park, 2-Kyung-Yeol Yoo, 3-Jae-Hong Park, 12-Young-Pyo Lee, 7-Ji-Sung Park, 5-Nam-Il Kim, 13-Dong-Jin Kim, 14-Chun-Soo Lee (69' 16-Kyung-Ho Chung), 20-Dong-Gook Lee, 9-Ki-Hyun Seol.

·**Coach**: Johannes Bonfrere (Nederland)

Kuwait (Blue-White-Blue): 23-Khalid Al-Fadhli (GK), 25-Ahmad Al-Shammari, 16-Khaled Al-Shammari, 4-Ali Asel, 13-Mesaed Al-Enzi, 11-Nawaf Al-Mutairi (53' 10-Fahad Al-Ahmad), 24-Mohammad Al-Mutairi, 5-Nohayr Al-Shammari, 15-Waleed Jumma, 17-Bader Al-Mutwa, 20-Abdulrahman Al-Dawod (60' 9-Bashar Abdullah Abdulaziz).

·**Coach**: Slobodan Pavkovic (Serbia-Montenegro)

Scorers: 1-0 23' Dong-Gook Lee, 2-0 80' Young-Pyo Lee

·**Cautions**: 22' Mohammad Al-Mutairi, 28' Jae-Hong Park, 31' Ali Asel, 45' Khaled Al-Shammari, 60' Mesaed Al-Enzi

·**Referee**: Shamsul Maidin (Singapore)

·**Attendance**: 53,287

South Korea - Burkina Faso 1-0 (0-0)

Friendly Match

(Dubai - Al-Maktoum Stadium - 20.03.2005 - 18:40)

South Korea (Red-Denim Blue-Red): 31-Young-Gwang Kim (GK), 4-Sang-Chul Yoo (C), 2-Dong-Hyuk Park, 3-Jae-Hong Park, 17-Kyu-Seon Park, 12-Sang-Sik Kim, 5-Jung-Woo Kim (55' 22-Chi-Gon Kim), 16-Dong-Jin Kim, 13-Chun-Soo Lee (59' 20-Jae-Jin Cho (81' 7-Kyung-Yeol Yoo)), 19-Do Namgoong, 15-Kyung-Ho Chung.

·**Coach**: Johannes Bonfrere (Nederland)

Burkina Faso (Green-Green-Green): 16-Siaka Coulibaly (GK), 15-Henri Traore, 6-Harona Bance, 18-Amara Ouattara, 5-Joamot Bouyain, 10-Domagan Fofana, 11-Valentin Dah, 8-Jacob Diallo, 7-Benjamin Wilfred Balima, 17-Aboubacar Sangare, 14-Hernan Ouedraogo (76' 9-Constant Kambou).

·**Coach**: Bernard Simondi (France)

Scorers: 1-0 65' Sang-Sik Kim

·**Cautions**: 15' Kyu-Seon Park, 22' Hernan Ouedraogo, 78' Harona Bance 82' Dong-Hyuk Park, 87' Joamot Bouyain

·**Referee**: Salah Amin (UAE)

·**Attendance**: 400

Saudi Arabia - South Korea 2-0 (1-0)

XVIII. FIFA World Cup Germany 2006, Preliminaries, Final Round Group A

(Damman - Prince Mohammed Bin Fahad Stadium - 25.03.2005 - 18:40)

Saudi Arabia (White-White-White): 21-Mabrouk Zaid (GK), 9-Sami Al-Jaber (C), 3-Hassan Fallatah, 4-Hamad Al-Montashari, 6-Manaf Aboushgair (73' 10-Alshahoub), 12-Abdulaziz Khatharan, 17-Taiseer Al-Jassam (83' 25-Sahib Al-Abdullah), 14-Saud Khariri, 15-Ahmed Al-Bahri, 16-Khaled Al-Thaker, 20-Yasser Al-Gahtani (85' 11-Nasser Al-Shamrani).

·**Coach**: Gabriel Calderon (Argentina)

South Korea (Red-Denim Blue-Red): 1-Woon-Jae Lee (GK) (C), 2-Jae-Hong Park, 18-Dong-Hyuk Park, 7-Sang-Chul Yoo (68' 17-Kyung-Ho Chung), 6-Nam-Il Kim, 14-Dong-Jin Kim, 10-Young-Pyo Lee, 21-Ji-Sung Park, 19-Dong-Gook Lee, 8-Chun-Soo Lee (87' 13-Do-Heon Kim), 12-Ki-Hyeon

Seol (75' 11-Do Namgoong).

·**Coach:** Johannes Bonfrere (Nederland)

Scorers: 1-0 29' Saud Khariri, 2-0 75' Yasser Al-Gahtani

·**Cautions:** 17' Saud Khariri, 25' Jae-Hong Park, 85' Nam-Il Kim, 91' Do-Heon Kim

·**Referee:** Subkhiddin Mohd Salleh (Malaysia)

·**Attendance:** 18,000

South Korea - Uzbekistan 2-1 (0-0)

XVIII. FIFA World Cup Germany 2006, Preliminaries, Final Round Group A

(Seoul - Sangam World Cup 2002 Stadium - 30.03.2005 - 20:05)

South Korea (Red-Denim Blue-Red): 1-Woon-Jae Lee (GK), 23-Dong-Hyuk Park, 36-Jin-Kyu Kim, 2-Kyung-Yeol Yoo, 6-Sang-Chul Yoo, 7-Ji-Sung Park, 12-Young-Pyo Lee, 13-Dong-Jin Kim, 11-Doo-Ri Cha, 20-Dong-Gook Lee (75' 17-Kyung-Ho Chung), 9-Ki-Hyeon Seol (85' 19-Do Namgoong).

·**Coach:** Johannes Bonfrere (Nederland)

Uzbekistan (Blue-Blue-Blue): 12-Ignaty Nesterov (GK), 3-Andrei Fyodorov (C), 17-Aleksey Nikolaev, 14-Oleg Pashinin, 5-Asror Aliqulov, 20-Ildar Magdiev (50' 13-Marat Bikmaev), 10-Vladimir Maminov, 6-Leonid Koshelev (82' 7-Andrei Akopyants), 8-Server Zheparov, 15-Aleksandr Geynrikh, 9-Anvar Soliev.

·**Coach:** Heinz-Jürgen Gede (Germany)

Scorers: 1-0 54' Young-Pyo Lee, 2-0 62' Dong-Gook Lee, 2-1 78' Aleksandr Geynrikh

·**Cautions:** 84' Andrei Akopyants

·**Referee:** Tallat Najm (Lebanon)

·**Attendance:** 62,857

Note: Man of the match - Ji-Sung Park

Uzbekistan - South Korea 1-1 (0-0)

XVIII. FIFA World Cup Germany 2006, Preliminaries, Final Round Group A

(Tashkent - Pakhtakor Stadium - 03.06.2005 - 18:05)

Uzbekistan (Blue-Blue-Blue): 1-Yevgeny Safonov (GK), 5-Asror Aliqulov, 2-Bakhtier Ashurmatov, 22-Nikolay Shirshov, 10-Viktor Karpenko, 4-Mirdzhalal Kasymov

(C) (85' 14-Vladislav Kiryan), 17-Aleksey Nikolaev, 18-Timur Kapadze, 6-Leonid Koshelev, 15-Aleksandr Geynrikh (59' 9-Anvar Soliev), 16-Maksim Shatskikh.

·**Coach:** Ravshan Khaydarov

South Korea (Red-Denim Blue-Red): 1-Woon-Jae Lee (GK) (C), 2-Kyung-Yeol Yoo, 21-Dong-Hyuk Park, 3-Han-Yoon Kim, 12-Young-Pyo Lee, 13-Dong-Jin Kim, 6-Sang-Chul Yoo (87' 8-Do-Heon Kim), 7-Ji-Sung Park, 11-Doo-Ri Cha (69' 16-Kyung-Ho Chung), 10-Chu-Young Park, 19-Jung-Hwan Ahn (52' 20-Dong-Gook Lee).

·**Coach:** Johannes Bonfrere (Nederland)

Scorers: 1-0 62' Maksim Shatskikh, 1-1 90' Chu-Young Park

·**Cautions:** 48' Jung-Hwan Ahn, 92' Dong-Hyuk Park

·**Referee:** Masoud Moradi (Iran)

·**Attendance:** 40,000

Kuwait - South Korea 0-4 (0-2)

XVIII. FIFA World Cup Germany 2006, Preliminaries, Final Round Group A

(Kuwait City - Kazma Stadium - 08.06.2005 - 20:45)

Kuwait (Blue-Blue-Blue): 1-Shehab Al-Kankone (GK), 2-Yaqoub Abdullah (70' 27-Nasser Al-Othman), 5-Nohayr Al-Shammari, 13-Mesaed Al-Enzi, 11-Fahad Ashaheen (45' 17-Bader Al-Mutwa), 19-Nawaf Al-Mutairi, 7-Khaled Zadah, 8-Hussain Al-Shammari, 4-Ali Asel(58' 16-Khaled Al-Shammari), 9-Bashar Abulaziz (C), 20-Fahad Al-Hamad.

·**Coach:** Mohammed Ibrahim

South Korea (White-Red-White): 1-Woon-Jae Lee (GK) (C), 2-Kyung-Yeol Yoo, 36-Jin-Kyu Kim, 3-Han-Yoon Kim, 12-Young-Pyo Lee, 13-Dong-Jin Kim(68' 24-Hee-Joo Kwak), 15-Jung-Woo Kim, 7-Ji-Sung Park, 11-Doo-Ri Cha (54' 16-Kyung-Ho Chung), 20-Dong-Gook Lee(80' 19-Jung-Hwan Ahn), 10-Chu-Young Park.

·**Coach:** Johannes Bonfrere (Nederland)

Scorers: 0-1 18' Chu-Young Park, 0-2 28' Dong-Gook Lee PK, 0-3 54' Kyung-Ho Chung, 0-4 60' Ji-Sung Park

·**Cautions:** 6' Doo-Ri Cha, 28' Mesaed Al-Enzi, 46' Yaqoub Abdullah, 60' Han-Yoon Kim, 72' Jung-Woo Kim

·**Referee:** Adunyachart Khanthama (Thailand)

· **Attendance:** 15,000

South Korea - China 1-1 (0-0)

II. East Asian Football Championship 2005, Final Phase, Group Stage

(Daejeon - World Cup Stadium - 31.07.2005 - 17:00)

South Korea (Red-Denim Blue-Red): 1-Woon-Jae Lee (GK) (C), 4-Jin-Kyu Kim, 2-Kyung-Yeol Yoo, 3-Han-Yoon Kim, 22-Kyu-Seon Park (46' 16-Kyung-Ho Chung), 14-Sang-Sik Kim (68' 8-Do-Heon Kim), 15-Jung-Woo Kim, 13-Dong-Jin Kim, 18-Jin-Yong Kim, 20-Dong-Gook Lee, 9-Chun-Soo Lee (71' 11-Tae-Uk Choi).

· **Coach:** Johannes Bonfrere (Nederland)

China (White-White-White): 22-Leilei Li (GK), 4-Yaokun Zhang, 5-Weifeng Li (C), 16-Mingyi Ji, 11-Yang Cao, 7-Xuri Zhao, 10-Tao Chen(57' 13-Yunlong Xu), 28-Yan Li, 27-Xiang Sun (79' 20-Liang Wang), 25-Hui Xie (90' 21-Yonghai Zhang), 18-Lin Gao.

· **Coach:** Guanghu Zhu

Scorers: 0-1 52' Xiang Sun, 1-1 73' Jin-Kyu Kim FK

· **Cautions:** 61' Xuri Zhao, 77' Yaokun Zhang, 83' Weifeng Li, 93' Jin-Kyu Kim

· **Expulsions:** 5' Lin Gao, 83' Yang Cao, 85' Weifeng Li

· **Referee:** Yuichi Nishimura (Japan)

· **Attendance:** 25,374

Note: 84' Leilei Li saved a penalty to Dong-Gook Lee.

South Korea - North Korea 0-0 (0-0)

II. East Asian Football Championship 2005, Final Phase, Group Stage

(Jeonju - World Cup Stadium - 04.08.2005 - 20:00)

South Korea (Red-Denim Blue-Red): 1-Woon-Jae Lee (GK) (C), 29-Hee-Joo Kwak (40' 3-Han-Yoon Kim), 4-Jin-Kyu Kim, 2-Kyung-Yeol Yoo, 22-Kyu-Seon Park, 15-Jung-Woo Kim (27' 16-Kyung-Ho Chung), 21-Sang-Min Yang, 14-Sang-Sik Kim, 9-Chun-Soo Lee (74' 11-Tae-Uk Choi), 20-Dong-Gook Lee, 18-Jin-Yong Kim.

· **Coach:** Johannes Bonfrere (Nederland)

North Korea (White-White-White): 23-Myong-Gil Kim (GK), 20-Chol-Jin Pak, 5-Hyok-Chol So, 16-Song-Chol Nam, 2-Jong-Hyuk Cha, 18-Song-Chol Kim, 7-Chol-Ho Kim (60' Han-Jae Ri), 9-Myong-Chol Kim (40' 19-Ung-Chon Choi, 69' 22-Chol-Hyok An), 25-Song-Gwan Pak, 14-Song-Chol Han, 15-Yong-Jun Kim (C).

· **Coach:** Myong-Song Kim

Scorers: -

· **Cautions:** 31' Song-Chol Nam, 51' Song-Chol Kim, 80' Kyung-Yeol Yoo, 84' Han-Yoon Kim

· **Referee:** Mohsen Ghahremani (Iran)

· **Attendance:** 27,450

South Korea - Japan 0-1 (0-0)

II. East Asian Football Championship 2005, Final Phase, Group Stage

(Daegu - Soosung Sports Complex - 07.08.2005 - 20:00)

South Korea (Red-Denim Blue-Red): 1-Woon-Jae Lee (GK), 2-Kyung-Yeol Yoo, 4-Jin-Kyu Kim, 5-Young-Chul Kim, 8-Do-Heon Kim (70' 15-Jung-Woo Kim), 12-Ji-Hoon Baek (82' 19-Soon-Hak Hong), 13-Dong-Jin Kim, 17-Bum-Seok Oh, 9-Chun-Soo Lee, 16-Kyung-Ho Chung(74' 10-Chu-Young Park), 20-Dong-Gook Lee.

· **Coach:** Johannes Bonfrere (Nederland)

Japan (Blue-White-Blue): 12-Yuichi Doi (GK), 3-Takayuki Chano, 20-Keisuke Tsuboi (C) (60' 22-Yuji Nakazawa), 29-Teruyuki Moniwa, 17-Yuichi Komano, 19-Masashi Motoyama (69' 8-Mitsuo Ogasawara), 25-Shinji Murai, 26-Yasuyuki Konno, 30-Yuki Abe, 9-Seiichiro Maki, 28-Keiji Tamada (78' 16-Masashi Oguro).

· **Coach:** Artur Antunes Zico (Brazil)

Scorers: 0-1 86' Yuji Nakazawa

· **Cautions:** 70' Kyung-Yeol Yoo

· **Referee:** Hai Tan (China)

· **Attendance:** 42,753

South Korea - North Korea 3-0 (2-0)

Reunification Match 2002 (Independence Day 60th Anniversary)

(Seoul - Sangam World Cup 2002 Stadium - 14.08.2005 - 19:00)

South Korea (Red-Denim Blue-Red): 30-Young-Gwang Kim(45' 23-Yong-Dae Kim) (GK), 4-Jin-Kyu Kim, 5-Young-Chul Kim (70' 29-Hee-Joo Kwak), 2-Kyung-Yeol Yoo,

22-Won-Hee Cho (87' 17-Bum-Seok Oh), 6-Ji-Hoon Baek, 8-Do-Heon Kim (59' 15-Jung-Woo Kim), 13-Dong-Jin Kim, 16-Kyung-Ho Chung (79' 9-Chun-Soo Lee), 7-Jin-Yong Kim (67' 20-Dong-Gook Lee), 10-Chu-Young Park.

· **Coach:** Johannes Bonfrere (Nederland)

North Korea (White-White-White): 23-Myong-Gil Kim (GK), 20-Chol-Jin Pak, 2-Jong-Hyok Cha (76' 12-Young-Gwang Ri), 14-Song-Chol Han, 5-Hyok-Chol So, 16-Song-Chol Nam, 15-Yong-Jun Kim (C) (78' 10-Jong-Ho An), 7-Chol-Ho Kim, 22-Chol-Hyok An, 18-Song-Chol Kim, 8-Chol-Man Choi (64' 25-Song-Gwan Pak).

· **Coach:** Myong-Song Kim

Scorers: 1-0 34' Kyung-Ho Chung, 2-0 36' Jin-Yong Kim, 3-0 68' Chu-Young Park

· **Cautions:** 33' Song-Chol Nam, 45' Do-Heon Kim

· **Referee:** Ki-Young Lee (South Korea)

· **Attendance:** 65,000

Note: KFA didn't report this match to FIFA. Not a full international.

South Korea - Saudi Arabia 0-1 (0-1)

XVIII. FIFA World Cup Germany 2006, Preliminaries, Final Round Group A

(Seoul - Sangam World Cup 2002 Stadium - 17.08.2005 - 20:00)

South Korea (Red-Denim Blue-Red): 1-Woon-Jae Lee (GK), 2-Kyung-Yeol Yoo, 5-Young-Chul Kim, 4-Jin-Kyu Kim, 12-Young-Pyo Lee, 13-Dong-Jin Kim, 8-Do-Heon Kim (74' 18-Jae-Jin Cho), 6-Ji-Hoon Baek (59' 15-Jung-Woo Kim), 11-Doo-Ri Cha (54' 16-Kyung-Ho Chung), 19-Jung-Hwan Ahn, 10-Chu-Young Park.

· **Coach:** Johannes Bonfrere (Nederland)

Saudi Arabia (White-White-White): 1-Mabrouk Zaid (GK), 15-Ahmed Al-Bahri, 3-Redha Fallatah (C), 5-Naif Al-Qadi, 16-Khaled Al-Thaker, 7-Ameen Haidar (69' 9-Naji Majrashi), 19-Saleh Al-Saqri, 25-Zaid Al-Mowalad, 29-Talal Al-Meshal (56' 6-Taiseer Al-Jassam),8-Sahib Al-Abdullah (89' 14-Walid Jahdali), 26-Mohammed Al-Anbar.

· **Coach:** Gabriel Calderon (Argentina)

Scorers: 0-1 4' Mohammed Al-Anbar

· **Cautions:** 41' Naif Al-Qadi, 46' Dong-Jin Kim, 60' Kyung-Yeol Yoo, 74' Dong-Jin Kim

· **Expulsions:** 74' Dong-Jin Kim

· **Referee:** Chaiwat Kunsuta (Thailand)

· **Attendance:** 61,586

South Korea - Iran 2-0 (1-0)

Friendly Match

(Seoul - Sangam World Cup 2002 Stadium – 12.10.2005 - 20:00)

South Korea: 1-Woon-Jae Lee (GK), 5-Young-Chul Kim, 6-Jin-Kyu Kim, 4-Jin-Cheul Choi(46' 12-Ji-Hoon Baek), 13-Dong-Jin Kim, 8-Do-Heon Kim(66' 2-Kyung-Yeol Yoo), 7-Ji-Sung Park, 17-Ho Lee(62' 15-Jung-Woo Kim), 23-Won-Hee Cho, 10-Chu-Young Park(64' 9-Chun-Soo Lee), 20-Dong-Gook Lee(82' 19-Jung-Hwan Ahn)

· **Coach:** Dick Advocaat (Nederland)

Iran: 1-Ebrahim Mirzapour (GK), 5-Rahman Rezaei, 14-Moharram Navidkia(67' 25-Arash Borhani), 20-Mohammad Nosrati(46' 13-Hossein Kabi), 9-Vahid Hashemian, 27-Sattar Zare, 8- Ali Karimi, 4-Yahya Golmohammadi, 6-Javad Nekounam, 15-Syed Mohammad Alavi, 12-Fereydoon Zandi(90' 24-Andranik Teymourian).

· **Coach:** Branko IVANKOVIC (Croatia)

Scorers: 1-0 1' Won-Hee Cho, 2-0 90' Jin-Kyu Kim

· **Caution:** 5' Moharram Navidkia, 16' Dong-Jin Kim, 29' Sattar Zare, 37' Mohammad Nosrati, 72' Jin-Kyu Kim, 89' Vahid Hashemian, 89' Young-Chul Kim

· **Referee:** Khalil Ibrahim Al Gamdi (Saudi Arabia)

· **Attendance:** 61,457

South Korea - Sweden 2-2 (1-1)

Friendly Match

(Seoul - Sangam World Cup 2002 Stadium – 12.11.2005 - 20:00)

South Korea: 1-Woon-Jae Lee (GK), 5-Young-Chul Kim, 4-Jin-Cheul Choi, 3-Dong-Jin Kim, 7-Ji-Sung Park, 12-Young-Pyo Lee, 17-Ho Lee, 23-Won-Hee Cho, 10-Chu-Young Park(69' 8-Do-Heon Kim), 9-Ki-Hyun Seol, 19-Jung-Hwan Ahn.

·**Coach**: Dick Advocaat (Nederland)

Sweden: 1-Eddie Gustafsson (GK), 7-Niclas Alexandersson, 10-Marcus Allback(43' 19-Markus Rosenberg), 5-Mikael Dorsin, 8-Anders Svensson(70' 9-Daniel Andersson), 2-Alexander Ostlund, 16-Johan Elmander(77' 18-Fredrik Berglund), 4-Teddy Lucic, 6-Tobias Linderoth, 14-Fedrik Risp(59' 3-Daniel Majstorovic), 17-Tobias Hysen

·**Coach**: Lars LAGERBACK (Sweden)

Scorers: 1-0 7' Jung-Hwan Ahn, 1-1 8' Johan Elmander, 2-1 51' Young-Chul Kim, 2-2 56' Markus Rosenberg

·**Caution**: 36' Marcus Allback, 62' Tobias Linderoth, 68' Markus Rosenberg, 81' Jung-Hwan Ahn, 86' Alexander Ostlund

·**Referee**: Wan Daxue

·**Attendance**: 59,113

South Korea - Serbia-Montenegro 2-0 (1-0)

Friendly Match

(Seoul - Sangam World Cup 2002 Stadium – 16.11.2005 - 20:00)

South Korea: 1-Woon-Jae Lee (GK), 5-Young-Chul Kim, 4-Jin-Cheul Choi, 3-Dong-Jin Kim(53' 6-Jin-Kyu Kim), 15-Jung-Woo Kim, 7-Ji-Sung Park, 12-Young-Pyo Lee, 13-Eul-Yong Lee, 23-Won-Hee Cho, 20-Dong-Gook Lee(70' 19-Jung-Hwan Ahn), 11-Du-Ri Cha(88' 16-Kyung-Ho Chung).

·**Coach**: Dick Advocaat (Nederland)

Serbia-Montenegro: 1-Dragoslaw JEVRIC(83' 12-Oliver KOVACEVIC) (GK), 3-Aleksandar LUKOVIC, 13-Bojan NEZIRI(46' 7-Dgmjen KORDHAN), 5-Djordje JOKIC, 4-Dragan MALDENOVIC(74' 17-Albert NADJ), 6-Marko BASA, 8-Mateja KEZMAN(46' 21-Damijel LJUBOJA), 14-Nemad DJORDJEVIC, 16-Nemad KOVACEVIC(46' 11-Branko BOSKOUIC), 9-Savo MILOSEVIC(46' 19-Nikola ZIGIC), 18-Zvoninuir VUKIC(74' 22-Sasa ILIC).

·**Coach**: Petkovic Ilija (Serbia)

Scorers: 1-0 4' Jin-Cheul Choi, 2-0 66' Dong-Gook Lee

·**Caution**: 37' Nemad KOVACEVIC, 55' Dgmjen KORDHAN, 78' Jin-Kyu Kim, 90' Nemad DJORDJEVIC

·**Referee**: Yang Zhinqiang

·**Attendance**: 40,127

2006

UAE-Korea Republic 1-0(1-0)

Friendly Match

(Dubai-Al-Shabab Stadium-18.01.2006-17:30)

UAE: 1-Mutaz Al Abdulla(46' 17-Majed Naser), 2-Abdulraheem Jumaa, 14-Basheer Saeed, 11-Fouisal Khalil(60' 19-Saeed Al Kas), 13-Hillal Saeed Hu-(56' 5-Ali Abbas Yasin), 8-Houidar MoMi, 21-Humaid Kakhe, 10Ismail Mater, 3-Mohamed Khamis, 7-Mohamed Omar(60' 25-Salem Khamis), 4-Omran Al-Jasimi

·**Coach**: D. Bathenay(France)

Korea Republic: 1-Woon-Jae Lee(GK), 4-Jin-Cheul Choi, 3-Dong-Jin Kim, 23-Won-Hee Cho, 8-Do-Heon Kim, 17-Ho Lee, 11-Hack-Yong Jang(46-21-Ji-Hoon Baek), 13-Sang-Sik Kim, 10-Chu-Young Park, 14-Chun-Soo Lee(46' 16-Kyung-Ho Chung), 20- Dong-Gook Lee(71' 19-Jo-Gook Jung)

·**Coach**: D. Advocaat(Netherlands)

Scorers: 1-0 22' Fouisal Khalil

·**Caution**: 62' Mohammad Khamis, 75' Do-Heon Kim, 81' Kyung-Ho Chung, 87' Jin-Cheul Choi

·**Referee**: Ahmed Kamel Hillid

·**Attendance**: 2,000

Greece-Korea Republic 1-1(1-1)

Friendly Match

(Riyadh-Prince Faisal bin Fahd Stadium-21.01.2006-16:40)

Greece: 1-Antol Nikdpolidis(GK), 2-Pcyaskeuis Anizas(46' 17-P. Antzas), 5-Traianos Deilas(57' 32-G. Anatolakis), 16-Pantelis Kafes, 19-Michail Kapsis, 29-Panaglotis Lagos(46' 33-Lymperopoulon), 26-Eurngel Mantzios(46' 30-Alexanclro Tziolis, 78' 4-Gea Alexopoulos), 11-D. Papadopollosp(46' 28-T. Gekas), 22-Dim Salpingidis, 24-Loukas Vyntra, 7-Theal Zagorakis(46' 31-Filippas Darlas)

·**Coach**: Otto REHHAGEL

Korea Republic: 1-Woon-Jae Lee(GK), 4-Jin-Cheul Choi,

3-Dong-Jin Kim, 23-Won-Hee Cho(35' 11-Hack-Yong Jang), 6-Jin-Kyu Kim, 8-Do-Heon Kim, 17-Ho Lee(46' 15-Jung-Woo Kim), 21-Ji-Hoon Baek, 10-Chu-Young Park(46' 16-Kyung-Ho Chung), 14-Chun-Soo Lee(73' 9-Jae-Jin Cho), 20-Dong-Gook Lee(73' 19-Jo-Gook Jung)

· **Coach :** D. Advocaat(Netherlands)

Scorers : 1-0 10' Theal Zagorakis, 1-1 24' Chu-Young Park

· **Caution :** 25' Won-Hee Cho, 43' T. Dellas, 66' P. Antzas

· **Referee :** Dafer Abu Zamda

· **Attendance :** 2,000

Finland-Korea Republic 0-1(0-0)

Friendly Match

(Riyadh-Prince Faisal bin Fahd Stadium-25.01.2006-16:40)

Finland : 1-Nenni Sillanpää (GK), 13- Aratti Okkonen(68' 6- Ville Taulo), 2-Ari Nyman, 19-Jari Litonanen(83' 25-Keijo Huusko), 5-Juha Pasaja, 21-Jukka Sauso, 7-Kari Arkivuo(83' 8-Jussi kajala), 23-Markas Heikkinen(46' 15-Jari Ilola), 17-Tuomo Könönen, 20-Tuomas Vusimakim(68' 22-J. Kangaslcorpi), 18-JuhcYäkelä(59' 11-Paulus Roiha).

· **Coach :** R. Hodgson(England)

Korea Republic : 1-Woon-Jae Lee (GK), 23-Won-Hee Cho, 13-Sang-Sik Kim, 5-Young-Chul Kim(46' 2-Kyoung-Youl Yoo), 11-Hack-Yong Jang, 7-Nam-Il Kim(83' 4-Jin-Cheul Choi), 21-Ji-Hoon Baek, 15-Jung-Woo Kim(56' 17-Ho Lee), 10-Chu-Young Park(73' 14-Chun-Soo Lee), 9-Jae-Jin Cho(73' 20-Dong-Gook Lee), 16-Kyung-Ho Chung

· **Coach :** D. Advocaat(Netherlands)

Scorers : 0-1 46' Chu-Young Park

· **Shots :** Korea 10(6+4) Finland 2(0+2)

· **Caution :** 66' Nam-Il Kim

· **Referee :** Abdulrahman Al Jawan (Saudi Arabia)

· **Attendance :** 200

Korea Republic-Croatia 2-0(1-0)

Semi-Final Match(Carlsberg Cup 2006)

(Hong Kong-Hong Kong Stadium-29.01.2006-15:00)

Korea Republic : 1-Woon-Jae Lee (GK), Won-Hee Cho, 13-Sang-Sik Kim, 4-Jin-Cheul Choi, 3-Dong-Jin Kim, 21-Ji-Hoon Baek, 15-Jung-Woo Kim (89' 8-Do-Heon Kim),

17-Ho Lee, 14-Chun-Soo Lee (73' 10-Chu-Young Park), 20-Dong-Gook Lee, 16-Kyung-Ho Chung

· **Coach :** D. Advocaat(Netherlands)

Croatia : 1-Joseph Didulica, 5-Mario Tokić(81' Neven Vukman), 4- Vedran JešeM., 6-Mato Neretjak, 19-Niko Kranjča,r 16-Jerko Leko, 8-Josip Balatinac(46' Mladen Petrić), 14-Ivan Bošnjak, 15-Leon Benko, 9-Eduardo Da Silva, 10-Davor Vugrinec(81' 18-Nikola Šafarić)

· **Coach :** Zlatko Kranjčar(Croatia)

Scorers : 1-0 35' Dong-Jin Kim, 2-0 49' Chun-Soo Lee

· **Caution :** 27' Jerko Leko, 87' Ji-Hoon Baek

· **Referee :** Wong Chi Tang(Hong Kong),

· **Attendance :** 16,481

Korea Republic-Denmark 1-3(1-1)

Friendly Match(Carlsberg Cup 2006)

(Hong Kong-Hong Kong Stadium-01.02.2006-21:15)

Korea Republic : 1-Woon-Jae Lee (GK), 23-Won-Hee Cho, 2-Kyong-Ryul Yoo, 4-Jin-Cheul Choi, 3-Dong-Jin Kim, 21-Ji-Hoon Baek, 8-Do-Hyeon Kim (75' 20-Dong-Gook Lee), 7-Nam-Il Kim, 10-Chu-Young Park (66' Chun-Soo Lee), 16-Kyung-Ho Chung, 9-Jae-Jin Cho

· **Coach :** D. Advocaat(Netherlands)

Denmark : 16-Jesper Christiansen (GK), 18-Bo Svensson, 8-Allan Jepsen(61' 19-Chris Sørensen), 6. Michael Gravgaard, 7-Lars Jacobsen, 5-Anders Due(46' 3-Soren Berg), 15-Michael Silberbauer, 12-Nicolai Stokholm, 2-Thomas Augustinussen(74' 14- Martin Retov), 13-Jesper Bech(53' 9-Steffen Højer), 17-Dennis Sørensen(84' 10-Kristian Bak)

Scorers : 1-0 13' Jae-Jin Cho, 1-1 43' Lars Jacobsen, 1-2 64' Jesper Bech, 1-3 88' Michael Silberbauer

· **Caution :** 30' Nicolai Stokholm, 58' Won-Hee Cho

· **Referee :** Fond Yau Fat

· **Attendance :** 13,971

LA Galaxy - Korea Republic 0-3 (0-1)

Friendly Match

(Los Angeles, USA-LA Home Depot Center, 08.02.2006-20:00)

LA Galaxy : 1-Steve Cronin (GK), 12-Troy Roberts(67'

3-Ben Benditson), 14-Tyrone Marshak, 15- Ugo Ihemelu, 24-Nathan Sturgis(85' 25-Marc Burch), 13-Cobi Jones(80' 6-Josh Gardner), 11-Neo Grabavoy, 17-David Nagamure, 21-Alal Gordon(62' 19-Mike Emfield), 7-Heroulez Gomez, 9-Memo Gonzalez(56' 16-Marcelo Sara)

·**Coach:** Steve Sampson

Korea Republic: 1-Woon-Jae Lee (46' 22-Jun-Ho Cho) (GK), 23-Won-Hee Cho, 6-Jin-Kyu Kim, 4-Jin-Cheul Choi, 3-Dong-Jin Kim, 8-Do-Hyeon Kim (76' 21-Ji-Hoon Baek), 17-Ho Lee, 7-Nam-Il Kim (87' 13-Sang-Sik Kim), 10-Chu-Young Park, 14-Chun-Soo Lee, 20-Dong-Gook Lee (76' 16-Kyung-Ho Chung)

·**Coach:** D. Advocaat(Netherlands)

Scorers: 21` Dong-Gook Lee, 76` Do-Hyeon Kim, 78` Chun-Soo Lee

·**Caution:** 58` Jin-Gyu Kim

·**Referee:** ?

·**Attendance:** 10,000

Korea Republic-Costa Rica 0-1(0-1)

Friendly Match

(Oakland- Oakland Coliseum - 11.02.2006-15:00)

Korea Republic: 1-Woon-Jae Lee (GK), 23-Won-Hee Cho, 6-Jin-Kyu Kim, 13-Sang-Sik Kim, 3-Dong-Jin Kim, 21-Ji-Hoon Baek, 17-Ho Lee, 7-Nam-Il Kim (63' 10-Chu-Young Park), 14-Chun-Soo Lee(77' 19-Jo-Gook Jung), 9-Jae-Jin Cho(74' 20-Dong-Gook Lee), 16-Kyung-Ho Chung

·**Coach:** D. Advocaat(Netherlands)

Costa Rica: 18-José Porras(46' 1-Wardy Alfaro) (GK), 4-G. Badilla, 12-L. González, 3-Luis Harin(46' 15-H. Wallaez), 21-M. Rodríguez, 14-Randal Azofeifa, 16-C. Hernandez(69' 20-D. Saborio), 8-Mavriclo Solis, 9-K. Bernard(56' 7-C. Bolaños), 19-Álvaro Saborío(65' 11-Ronald Gomez), 17-Victor Núñez(74' 10-W. Centeno)

·**Coach:** Alexander Guimarães(Costa Rica)

Scorers: 0-1 40' Ávaro Saborío

·**Caution:** 49' Chun-Soo Lee, 57' G.Badilla, 63' Ho Lee

·**Referee:** T. Vaughn(USA)

·**Attendance:** 20,000

Mexico-Korea Republic 0-1(0-1)

Friendly Match

(Los Angeles - Memorial Coliseum - 15.02.2006-19:30)

Mexico: 1-Oswaido Sánchez (GK), 2-Francisco Rodríguez, 21-Frnando Salazar(66' 19-Jose Antonio Olvera), 22-Joel Huiqui(64' 16-Morio Méndez), 6-Óscar Rojas(46' 10-Andreas Guardado), 7-Antonio Naelson(46' 10-Adolfo Bautista), 23-Luis E Pérez(68' J. Rodriguez), 8-Pavel Pardo, 3-Carlas Salcido, 9-Omar Bravo, Francisco Fonseca (73' 11-Daniel Osorno)

·**Coach:** Ricardo La Volpe(Argentina)

Korea Republic: 1-Woon-Jae Lee (GK), 23-Won-Hee Cho,6- Jin-Kyu Kim, 4-Jin-Cheul Choi, 3-Dong-Jin Kim, 8-Do-Heon Kim (82' 13-Sang-Sik Kim), 17-Ho Lee (89' 10-Chu-Young Park), 7-Nam-Il Kim, 14-Chun-Soo Lee, 20-Dong-Gook Lee (78' 9-Jae-Jin Cho), 16-Kyung-Ho Chung

·**Coach:** D. Advocaat(Netherland)

Scorers: 0-1 14' Dong-Gook Lee

·**Caution:** 15' Oswaido Sánchez, 63' Carlas Salcido, 65' Chun-Soo Lee, 82' Woon-Jae Lee, 88' Sang-Sik Kim

·**Referee:** R. Salazar(USA)

·**Attendance:** 64,128

Syria-Korea Republic 1-2(0-1)

XIV. Asian Cup Indonesia/Thailand/Malaysia/Vietnam 2007, Preliminaries

(Aleppo-Al-Hamadaniah Stadium-22.02.2006-14:00)

Syria: 1-Radwan Al Azhar (GK), 15-Anas Al Khouja(90' Adib Barakat), 17-Abdulkader Dakka, 2-Raafat Mohammad, 4-Mohamad Istanbali, 6-Jehad Al Houssain, 23-Feras Esmaeel(25' Ali Dyab), 19-Mohamad Al Rashed, 8-Mahmoud Al Amenah(76' Abdelrazaq Al Hussain), 20-Zyad Chaabo, 10-Firas Al Khatib

·**Coach:** Miloslav Radenović(Serbia)

Korea Republic: 1-Woon-Jae Lee (GK), 23-Won-Hee Cho,6- Jin-Kyu Kim, 4-Jin-Cheul Choi, 3-Dong-Jin Kim (83' 13-Sang-Sik Kim), 8-Do-Heon Kim, 17-Ho Lee, 7-Nam-Il Kim, 14-Chun-Soo Lee (91' 21-Ji-Hoon Baek), 20-Dong-Gook Lee, 16-Kyung-Ho Chung (62' 10-Chu-Young Park)

·**Coach:** D. Advocaat(Netherlands)

Scorers: 0-1 4' Do-Heon Kim, 1-1 48' Firas Al Khatib, 1-2 49' Chun-Soo Lee

· **Caution:** 16' Nam-Il Kim, 28' Mahmoud Al Amenah, 44' Ali Dyab, 45' Raafat Mohammad, 60' Dong-Jin Kim, 65' Dong-Gook Lee, 65' Ho Lee, 68' Jin-Cheul Choi, 77' Abdelrazaq Al Hussain

· **Referee:** Samsul Maidin(Singapore)

· **Attendance:** 30,000

Korea Republic-Angola 1-0(1-0)

Friendly Match

(Seoul-Seoul World Cup Stadium-01.03.2006-20:00)

Korea Republic: 1-Woon-Jae Lee (GK), 12-Young-Pyo Lee, 4-Jin-Cheul Choi (78' 13-Sang-Sik Kim), 5-Young-Chul Kim, 3-Dong-Jin Kim, 7-Ji-Sung Park, 6-Nam-Il Kim, 15-Eul-Young Lee, 14-Chun-Soo Lee (73' 8-Do-Heon Kim), 20-Dong-Gook Lee (87' 19-Jo-Gook Jung), 10-Chu-Young Park (73' 16-Kyung-Ho Chung)

· **Coach:** D. Advocaat(Netherlands)

Angola: 1-João Ricardo (GK), 3-Jamba, 4-Lebo-Lebo(89' 21-Rui Marques), 20-Locô, 2-Marco Airosa, 5-Kali, 8-André Macanga, 13-Édson Nobre(72' 19-Titi Buengo), 14-Mendonça, 10-Akwá(58' 18-Love Cabungula), 16-Flávio Amado(58' 6-Zuela)

· **Coach:** Luís Oliveira(Angola)

Scorers: 1-0 22' Chu-Young Park

· **Caution:** -

· **Referee:** Ahmad Khalidi Supian(Malaysia)

· **Attendance:** 63,255

Korea Republic-Senegal 1-1(0-0)

Friendly Match

(Seoul-Seoul World Cup Stadium-23.05.2006-20:00)

Korea Republic: 1-Woon-Jae Lee (GK), 3-Dong-Jin Kim, 4-Jin-Cheul Choi, 6-Jin-Kyu Kim, 22-Chong-Gug Song (46' 23-Won-Hee Cho), 17-Ho Lee, 8-Do-Heon Kim, 15-Ji-Hoon Baek, 14-Chun-Soo Lee (66' 10-Chu-Young Park), 11-Ki-Hyeon Seol (73' 16-Kyung-Ho Chung), 9-Jung-Hwan Ahn

· **Coach:** D. Advocaat(Netherlands)

Senegal: 16-Pape Mamadou Diouf (GK), 4-Pape

Diakhaté, 13-Lamine Diatta, 20-Abdoulaye Diagne-Fayé, 3. Guirane N'Daw, 12-Papa Malick Ba(76' 21-Moustapha Bayal Sall), 18-Frederic Mendy(88' 8-Massar Camara), 6-Rahmane Barry, 14-Moussa N'Diaye, 15. David Papys M'Bodji(57' 11-Makhtar Thioune), 9-Babacar Gueye

· **Coach:** Abdoulaye Sarr(Senegal)

Scorers: 1-0 74' Do-Heon Kim, 1-1 80' Moussa N'Diaye

· **Caution:** 48' Guirane N'Daw, 82' Rahmane Barry, 86' Dong-Jin Kim

· **Referee:** Yau Fat Jame Fong(Hong Kong)

· **Attendance:** 64,836

Korea Republic-Bosnia-Herzegovina 2-0(0-0)

Friendly Match

(Seoul-Seoul World Cup Stadium-26.05.2006-20:00)

Korea Republic: 1-Woon-Jae Lee (GK), 2-Young-Chul Kim (76' 4-Jin-Cheul Choi), 6-Jin-Kyu Kim, 12-Young-Pyo Lee, 23-Won-Hee Cho (90' 3-Dong-Jin Kim), 5-Nam-Il Kim (67' 18-Sang-Sik Kim), 13-Eul-Yong Lee, 7-Ji-Sung Park, 14-Chun-Soo Lee (65' 10-Chu-Young Park), 11-Ki-Hyeon Seol (80' 8-Do-Heon Kim), 9-Jung Hwan Ahn (71' 19-Jae-Jin Cho)

· **Coach:** D. Advocaat(Netherlands)

Bosnia-Herzegovina: 12-Romeo Mitrović (GK), 6-Sasa Papac, 4-Branimir Bajić(73' 14-Edin Husić), 2-Velimir Vidić, 10-Zvjezdan Misimovic, 5-Zlatan Bajramović(67' 15-Petar Jelić), 8-Ivica Grlic(57' 17-Ninoslav Milenković), 7-Admir Vladavić(67' 19-Senijad Ibrišić), 3-Dalibor Šilić, 9-Sergej Barbarez(87' 16-Nikola Vasiljević), 11-Mladen Bartolović(74' 13-Mirko Hrgović).

· **Coach:** Blaz Slišković(Bosnia-Herzegovina)

Scorers: 1-0 50' Ki-Hyeon Seol, 2-0 92' Jae-Jin Cho

· **Caution:** 71' S. Barbarez

· **Referee:** Cheung Yim Yau(Hong Kong)

· **Attendance:** 64,836

Norway-Korea Republic 0-0(0-0)

Friendly Match

(Oslo-Ullevaal Stadion-01.06.2006-19:00)

Norway: 1-Tomas Myhre (GK), 6-John Arne Riise, 5-B. Hangeland, 4-Jow Høiland, 3-Anders Rambekk, 11-M.

Pedersen, 8-Felipe Anderson, 7-F. Strømstad(60' 19-Christian Grindheim), 2-Tommy Larsen, John Carew(71' 20-Ole Martin Årst), F. Johnsen

·Coach: Å. Hareide(Norway)

Korea Republic: 1-Woon-Jae Lee(37' 21-Young-Kwang Kim) (GK), 22-Chong-Gug Song (46' 3-Dong-Jin Kim), 4-Jin-Cheul Choi (79' 2-Young-Chul Kim), 6-Jin-Kyu Kim, 12-Young-Pyo Lee, 18-Sang-Sik Kim, 15-Ji-Hoon Baek, 8-Do-Heon Kim, 16-Kyung-Ho Chung, 11-Ki-Hyeon Seol, 9-Jung-Hwan Ahn (46' 19-Jae-Jin Cho)

·Coach: D. Advocaat(Netherlands)

Scorers: -

·Caution: -

·Referee: J. Verbist(Belgium)

·Attendance: 15,487

Ghana-Korea Republic 3-1(1-0)

Friendly Match

(Edinburgh-Easter Road Stadium-04.06.2006-15:00)

Ghana: 22-Richard Kingson(46' 1. Sammy Adjei) (GK), 5-John Mensah, 15-John Paintsil, 6-Emmanuel Pappoe, 7- Illiasu Shilla, 18-Eric Addo, 10-Stephen Appiah, 8-Micheal Essien, 11-Sulley Muntari, 14-Matthew Amoah(81' R. Pimpong), 3-Asamech Gyan

·Coach: Ratomir Dujković(Serbia)

Korea Republic: 1-Woon-Jae Lee (GK), 2-Young-Chul Kim, 6-Jin-Kyu Kim(51' 18-Sang-Sik Kim), 12-Young-Pyo Lee, 22-Chong-Gug Song, 13-Eul-Yong Lee(81' 5-Nam-Il KIM), 17-Ho Lee, 7-Ji-Sung Park, 14-Chun-Soo Lee, 10-Chu-Young Park(81' 11-Ki-Hyeon Seol), 9-Jung-Hwan Ahn(46' 19-Jae-Jin Cho)

·Coach: D. Advocaat(Netherlands)

Scorers: 1-0 36' Asamech Gyan, 1-1 50' Eul-Yong Lee, 2-1 62' Sulley Muntari, 3-1 80' Micheal Essien

·Caution: 13' Asamech Gyan

·Referee: MacDonald

·Attendance: 15,487

Korea Republic-Togo 2-1(0-1)

XVIII. FIFA World Cup Germany 2006, Final Phase, 1st Round Group G

(Frankfurt am Main-Commerzbank-Arena-13.06.2006-15:00)

Korea Republic: 1-Woon-Jae Lee (GK), 2-Young-Chul Kim, 4-Jin-Cheul Choi, 6-Jin-Kyu Kim(46' 9-Jung-Hwan Ahn), 12-Young-Pyo Lee, 22-Chong-Gug Song, 13-Eul-Yong Lee(68' 5-Nam-Il Kim), 17-Ho Lee, 7-Ji-Sung Park, 14-Chun-Soo Lee, 19-Jae-Jin Cho (83' 18-Sang-Sik Kim)

·Coach: D. Advocaat(Netherlands)

Togo: 16-Kossi Agassa (GK), 3-Jean-Paul Abalo, 2-Dare Nibombé, 5-Massamasso Tchangai, 19-Ludovic Assemoassa(62' 13-Richmond Forson), 7-Moustapha Salifou(86' 6-Yao Aziawonou), 10-Cherif ToureMamam, 18-Junior Sènaya(55' 23-Assimiou Touré), 15-Alaixys Romao, 4-Emmanuel Adebayor, 17-Mohamed Abdel Kader Coubadja Touré.

·Coach: Otto Pfister(Germany)

Scorers: 0-1 31' Mohamed Abdel Kader Coubadja Touré, 1-1 54' Chun-Soo Lee, 2-1 72' Jung-Hwan Ahn

·Caution: 23' Jean-Paul Abalo, 24' Alaixys Romao, 41' Young-Chul Kim, 51' Chun-Soo Lee, 53' Jean-Paul Abalo, 92' Massamasso Tchangai

·Expulsion: 53' Jean-Paul Abalo

·Referee: Poll Graham (England)

·Attendance: 48,000

France-Korea Republic 1-1(1-0)

XVIII. FIFA World Cup Germany 2006, Final Phase, 2nd Round Group G

(Leipzig-Red Bull Arena-18.06.2006-21:00)

France: 16-Fabien Barthez (GK), 3-Eric Abidal, 5-William Gallas, 19-Willy Sagnol, 15-Lilian Thuram, 6-Claude Makelele, 7-Florent Malouda(88' 8-Vikash Dhorasoo), 4-Patrick Vieira, 10-Zinedine Zidane(91' 20-David Trézéguet), 12-Thierry Henry, 11-Sylvain Wiltord(60' 22-Franck Ribéry).

·Coach: Raymond Domenech(France)

Korea Republic: 1-Woon-Jae Lee(GK), 2-Young-Chul Kim, 4-Jin-Cheul Choi, 3-Dong-Jin Kim, 12-Young-Pyo Lee, 13Eul-Yong Lee (46' 11-Ki-Hyeon Seol), 5-Nam-Il Kim, 17-Ho Lee(69' 18-Sang-Sik Kim), 7-Ji-Sung Park, 14-Chun-Soo Lee(72' 9-Jung-Hwan Ahn), 19-Jae-Jin Cho

·Coach: D. Advocaat(Netherlands)

Scorers: 1-0 9' Thierry Henry, 1-1 81' Ji-Sung Park

·**Caution:** 11' Ho Lee, 29' Dong-Jin Kim, 79' Eric Abidal, 85' Zinedine Zidane

·**Referee:** B. Archundia(Mexico)

·**Attendance:** 43,000

Switzerland-Korea Republic 2-0(1-0)

XVIII. FIFA World Cup Germany 2006, Final Phase, 3rd Round Group G

(Hannover-HDI-Arena-23.06.2006-21:00)

Switzerland: 1-Pascal Zuberbühler (GK), 23-Philipp Degen, 20-Patrick Müller, 4-Philippe Senderos(53' 2-Johan Djourou), 17-Christoph Spycher, 16-Tranquillo Barnetta, 7-Ricardo Cabanas, 6-Johann Vogel, 8-Raphael Wicky(88' 19-Valon Behrami), 22-Hakan Yakin(71' 5-Xavier Margairaz), 9-Alexander Frei

·**Coach:** J. Kuhn(Switzerland)

Korea Republic: 1-Woon-Jae Lee(GK), 6-Jin-Kyu Kim, 4-Jin-Cheul Choi, 3-Dong-Jin Kim, 12-Young-Pyo Lee(63' 9-Jung-Hwan Ahn), 5-Nam-Il Kim, 17-Ho Lee, 7-Ji-Sung Park, 10-Chu-Young Park(66' 11-Ki-Hyeon Seol), 14-Chun-Soo Lee, 19-Jae-Jin Cho

·**Coach:** D. Advocaat(Netherlands)

Scorers: 1-0 23' Philippe Senderos, 2-0 77' Alexander Frei

·**Caution:** 23' Chu-Young Park, 37' Jin-Kyu Kim, 43' Philippe Senderos, 55' Hakan Yakin, 69' Raphael Wicky, 78' Jin-Cheul Choi, 78' Jung-Hwan Ahn, 80' Chun-Soo Lee, 82' Christoph Spycher, 90' Johan Djourou

·**Referee:** H. Elizondo (Argentina),

·**Attendance:** 43,000

Chinese Taipei-Korea Republic 0-3 (0-1)

XIV. Asian Cup Indonesia/Thailand/Malaysia/Vietnam 2007, Preliminaries, Round 2

(Taipei-Zhongshan Soccer Stadium-16.08.2006-18:00)

Chinese Taipei: 1-Lu Kun-Chi (GK), 4-Kuo Chun-Yi, 24-Lin Che-Min(73' 29-Hsieh Meng-Hsuan), 2-Kao Hao-Chieh, 45-Tu Chu-Hsien, 30-Chen Po-Liang, 23-Liang Chien-Wei(87' 41-Chiang Shih-Lu), 6-Feng Pao-Hsing, 43-Lin Tsung-Jen, 42-Huang Wei-Yi(84' 41-Lee Yu-shan),

19-Chuang Wei-Lun

·**Coach:** Toshiaki Imai(Japan)

Korea Republic: 31-Young-Kwang Kim(GK), 6-Jin-Kyu Kim, 13-Sang-Sik Kim, 12-Chong-Gug Song, 11-Hack-Yong Jang, 7-Nam-Il Kim(c), 38-Eul-Yong Lee, 15-Jung-Woo Kim(89' 30-Beom-Seok Oh), 14-Chun-Soo Lee(66' Chu-Young Park), 37-Jung-Hwan Ahn(71' Do-Heon Kim), 19-Jo-Gook Jung

·**Coach:** Pim Verbeek(Netherlands)

Scorers: 0-1 31' Jung-Hwan Ahn, 0-2 55' Jo-Gook Jung, 0-3 81' Do-Heon Kim

·**Shots:** Korea 19(7+12), Chinese Taipei 2(2+0)

·**Caution:** 21' Lin Tsung-Jen, 34' Eul-Yong Lee, 46' Jo-Gook Jung, 91' Feng Pao-Hsing

·**Referee:** S. Sarkar(India)

·**Attendance:** 8,000

Korea Republic-Iran 1-1(1-0)

XIV. Asian Cup Indonesia/Thailand/Malaysia/Vietnam 2007, Preliminaries, Round 2

(Seoul-Seoul World Cup Stadium-02.09.2006-20:00)

Korea Republic: 31-Young-Kwang Kim (GK), 34-Young-Pyo Lee, 13-Sang-Sik Kim, 12-Chong-Gug Song(80' 23-Won-Hee Cho), 3-Dong-Jin Kim, 7-Nam-Il Kim(c), 8-Do-Heon Kim(77' 38-Eul-Yong Lee), 17-Ho Lee, 33-Ji-Sung Park, 35-Ki-Hyeon Seol, 9-Jae-Jin Cho

·**Coach:** Pim Verbeek(Netherlands)

Iran: 1-E. Mirzapour (GK), 5-R. Rezaei, 20-M. Nosrati, 45-M. Fekri, 8-A. Karimi, 36-M. Madanchi(54' 50-F. Majidi), 2-M. Mahdavikia, 6-J. Nekonam, 24-A. Timotian(90' 29-S. Akbarpour), 11-A. Vahedi Nikbakht(67' 13-H. Kaebi), 9-V. Hashemian

·**Coach:** Amir Ghalenoei(Iran)

Scorers: 1-0 45' Ki-Hyeon Seol, 1-1 92' V. Hashemian

·**Caution:** -

·**Referee:** Matthew Breeze (Australia)

·**Attendance:** 63,113

Korea Republic-Chinese Taipei 8-0(4-0)

XIV. Asian Cup Indonesia/Thailand/Malaysia/Vietnam 2007, Preliminaries, Round 2

(Suwon-Suwon World Cup Stadium-06.09.2006-20:00)

Korea Republic: 1-Woon-Jae Lee(GK), 34-Young-Pyo Lee (54' 11-Hack-Yong Jang), 13-Sang-Sik Kim, 12-Chong-Gug Song, 3-Dong-Jin Kim, 7-Nam-Il Kim(c), 8-Do-Heon Kim, 33-Ji-Sung Park(54' 40-Sung-Kuk Choi), 35-Ki-Hyeon Seol(77' 21-Ji-Hoon Baek), 9-Jae-Jin Cho, 19-Jo-Gook Jung

·**Coach:** Pim Verbeek(Netherlands)

Chinese Taipei: 1-Lu Kun-Chi (GK), 4-Kuo Chun-Yi, 24-Lin Che-Min, 2-Kao Hao-Chieh, 45-Tu Chu-Hsien, 25-Hung Kai-Chun(46' 19-Chuang Wei-Lun), 23-Liang Chien-Wei(75' 8-Tai Hung-Hsu), 6-Feng Pao-Hsing, 43-Lin Tsung-Jen, 41-Chiang Shih-Lu

·**Coach:** Toshiaki Imai(Japan)

Scorers: 1-0 3' Ki-Hyeon Seol, 2-0 5' Jo-Gook Jung, 3-0 43' Ki-Hyeon Seol, 4-0 45' Jo-Gook Jung, 5-0 64' Jae-Jin Cho, 6-0 78' Do-Heon Kim, 7-0 83' Jae-Jin Cho, 8-0 89' Jo-Gook Jung

·**Caution:** 66' Chuang Wei-lun, 82' Lin Che-min

·**Referee:** Arambakade G.(Sri Lanka)

·**Attendance:** 21,053

Korea Republic-Ghana 1-3(0-0)

Friendly Match

(Seoul-Seoul World Cup Stadium-08.10.2006-20:00)

Korea Republic: 31-Young-Kwang Kim(GK), 6-Jin-Kyu Kim, 3-Dong-Jin Kim(46' 5-Young-Chul Kim), Ju-Sung Park(68' 56-Chi-Woo Kim), 36-Du-Ri Cha, 17-Ho Lee, 57-Jang-Eun Oh(46' 59-Dong-Hyun Kim), 21-Ji-Hoon Baek, 58-Ki-Hun Yeom, 47-Jong-Min Lee, 19-Jo-Gook Jung

·**Coach:** Pim Verbeek(Netherlands)

Ghana: 22-Richard Kingson (GK), 5-John Mensah, 13-Hawar Mulla Mohamed, H. Sarpei, 4-Al Hassan Iliasu, 10-Stephen Appiah (C), 8-Michael Essien, 11-Sulley Ali Muntari (88' 23-Haminu Draman), 7-Laryea Kingston (84' 18-Eric Addo), 3-Asamoah Gyan(88' 14-Derek Asamoah), 9-Junior Agogo(65' 19-Razak Pimpong)

·**Coach:** Claude Le Roy(France)

Scorers: 0-1 48' Asamoah Gyan, 0-2 58' Michael Essien, 1-2 63' Dong-Hyun Kim, 1-3 83' Asamoah Gyan

·**Caution:** 13' Hawar Mulla Mohamed, 45' Ho Lee, 47' Dong-Hyun Kim, 68' Razak Pimpong, 78' Ji-Hoon Baek

·**Referee:** Hiroyoshi Takayama(Japan)

·**Attendance:** 36,515

Korea Republic-Syria 1-1(1-1)

XIV. Asian Cup Indonesia/Thailand/Malaysia/Vietnam 2007, Preliminaries, Round 2, Group B

(Seoul-Seoul-World Cup Stadium-11.10.2006-20:00)

Korea Republic: 31-Young-Gwang Kim(GK), 34-Young-Pyo Lee, 13-Sang-Sik Kim, 12-Chong-Gug Song, 3-Dong-Jin Kim, 7-Nam-Il Kim (C), 8-Do-Heon Kim, 15-Jung-Woo Kim, 40-Sung-Kuk Choi, 35-Ki-Hyeon Seol, 9-Jae-Jin Cho

·**Coach:** Pim Verbeek(Netherlands)

Syria: 25-Mowssab Blahowss (GK), 38-Bakri Tarab, 15-Anas Al Khouja, 17-Abdulkader Dakka, 33-Tarek Al Jabban, 5-Adib Barakat, 13-Aatef Jenyat(77' 3-Majeddin Homsi), 34-Wael Ayan, 9-Maher Al Sayed(86' 27-Samer Aouad), 8-Mahmoud Al Amenah(71' 37-Abdul Fattah Al Agha), 20-Zyad Chaabo

·**Coach:** Fajr Ibrahim(Syria)

Scorers: 1-0 8' Jae-Jin Cho, 1-1 18' Maher Al Sayed

·**Caution:** 40' Tarek Al Jabban, 68' Bakri Tarab

·**Referee:** Kunsuta Chaiwat

·**Attendance:** 24,140

Iran-Korea Republic 2-0(0-0)

XIV. Asian Cup Indonesia/Thailand/Malaysia/Vietnam 2007, Preliminaries, Round 2, Group B

(Teheran-Azadi Stadium-15.11.2006-15:30)

Iran: 1-H. Roodbarian (GK), 4-M. Nosrati, 2-A. Sadeghi, 3-M. Fekri, 10-A. Karimi, 6-J. Nekounam, 7-A. Timotion, 5-A. Vahedi Nikbakht, 11-V. Hashemian(88' H. Shakouri), 9-G. Enayati(69' 13-R. Khatibi), 8-J. Kazemian(77' H. Badamaki)

·**Coach:** A. Ghalenoei(Iran)

Korea Republic: 31-Young-Kwang Kim(GK), 6-Jin-Kyu Kim, 3-Dong-Jin Kim, 56-Chi-Woo Kim (42' 54-Sang-Min Yang), 23-Won-Hee Cho (86' 42-Sung-Hwan Cho), 40-Sung-Kuk Choi (77' 58-Ki-Hun Yeom), 15-Jung-Woo Kim, 17-Ho Lee, 14-Chun-Soo Lee(C), 19-Jo-Gook Jung, 59-Dong-Hyun Kim

· **Coach**: Pim Verbeek(Netherlands)

Scorers: 1-0 48' G. Enayati, 2-0 91' H. Badamaki

· **Caution**: 39' Ho Lee, 42' Jin-Kyu Kim, 48' G. Enayati, 54' Jung-Woo Kim

· **Referee**: Abdulhameed Ebrahim(Bahrain)

· **Attendance**: 30,000

Greece-Korea Republic 0-1(0-0)

Friendly Match

(London-Craven Cottage-06.02.2007-20:00)

Greece: 1-A. Nikopolidis(46' 12-K. Chalkias) (GK), 14-P. Fyssas(46' 24-L. Vyntra), 25-S. Kyrgiakos(78' 26-E. Mantzios), 2-G. Seitaridis, 32-G. Anatolakis(46' 18-I. Goumas), 6-A. Basinas, 10-G. Karagounis, 21-K. Katsouranis, 9-A. Charisteas, 4-G. Samaras(46' 20-I. Amanatidis), 17-T. Gekas(46' 8-S. Giannakopoulos)

· **Coach**: Otto Rehhagel(Germany)

Korea Republic: 1-Yong-Dae Kim(GK), 3-Jin-Kyu Kim, 14-Sang-Sik Kim, 16-Beom-Seok Oh, 12-Young-Pyo Lee(46' 15-Chi-Woo Kim), 5-Nam-Il Kim(C) (61' 17-Jung-Woo Kim), 6-Ho Lee, 10-Chun-Soo Lee(89' 23-Jang-Eun Oh), 7-Ji-Sung Park(80' 19-Ki-Hun Yeom), 11-Ki-Hyeon Seol, 9-Jae-Jin Cho (74' 8-Do-Heon Kim)

· **Coach**: Pim Verbeek(Netherlands)

Scorers: 0-1 78' Chun-Soo Lee

· **Shots**: Korea 8(3+5), Greece 12(5+7)

· **Caution**: 7' K. Katsouranis, 26' Chun-Soo Lee 36' Sang-Sik Kim, 45' G. Samaras, 56' Jin-Kyu Kim, 81' A. Charisteas

· **Referee**: M. Dean(England)

· **Attendance**: 10,000(Approximately)

Korea Republic-Uruguay 0-2(0-2)

Friendly Match

(Seoul-Seoul World Cup Stadium-24.03.2007-20:00)

Korea Republic: 1-Yong-Dae Kim(GK), 4-Dong-Jin Kim, 14-Sang-Sik Kim(C), 2-Beom-Seok Oh, 12-Young-Pyo Lee(46' 5-Chi-Woo Kim), 17-Jung-Woo Kim, 6-Ho Lee, 10-Chun-Soo Lee, 7-Ji-Sung Park(46' 8-Do-Heon Kim), 11-Ki-Hyeon Seol, 9-Jae-Jin Cho(70' 18-Jo-Gook Jung)

· **Coach**: Pim Verbeek(Netherlands)

Uruguay: 1-Fabian Carini, 19-Carlos Diogo, 2-Diego Lugano, 13-Jorge Fucile(73' 4-Pablo Lima), 6-Dario Rodríguez, 15-Diego Pérez, 5-Pablo García(83' 7-Walter Gargano), 17-Fabian Canobbio(64' 8-Egidio Arévalo), 10-Alvaro Recoba(89' 21-Carlos Grossmüller), 11-Fabian

Estoyanoff(72' 9-Gonzalo Vargas(86' 18-Nicolas Vigneri), 20-Carlos Bueno.

· **Coach:** Óscar Tabárez(Uruguay)

Scorers: 0-1 19' C. Bueno, 0-2 37' C. Bueno

· **Caution:** 28' Ho Lee, 61' C. Bueno, 66' Jung-Woo Kim, 75' G. Vargas

· **Referee:** Ogiya Kenji(Japan)

· **Attendance:** 42,159

Korea Republic-Netherlands 0-2(0-1)

Friendly Match

(Seoul-Seoul World Cup Stadium-02.06.2007-20:00)

Korea Republic: 1-Woon-Jae(GK) Lee, 4-Dong-Jin Kim, 3-Jin-Kyu Kim, 22-Min-Soo Kang, 2-Chong-Gug Song(46' 16-Beom-Seok -Oh), 5-Nam-Il Kim(C) (46' 16-Dae-Ho Son), 6-Ho Lee(46' 18-Sung-Yong Woo), 17-Jung-Woo Kim(75' 8-Do-Heon Kim), 9-Jae-Jin Cho(45' 14-Sang-Sik Kim), 10-Chun-Soo Lee, 19-Ki-Hun Yeom(66' 7-Sung-Kuk Choi).

· **Coach:** Pim Verbeek(Netherlands)

Netherlands: 1. Maarten Stekelenburg (GK), 3-John Heitinga, 4-Joris Mathijsen, 6-Giovanni van Bronckhorst, 5- Wilfred Bouma(55' 13-Tim de Cler), 2-Mario Melchiot(84' 14-Nigel de Jong), 10-Wesley Sneijder(62' 17-Orlando Engelaar), 7-Rafael van der Vaart, 8-Demy de Zeeuw(58' 15-Denny Landzaat), 11-Andwele Slory(56' 19-Dirk Kuyt), 9-Klaas-Jan Huntelaar(61' 18-Romeo Castelen)

· **Coach:** Marco van Basten(Netherlands)

Scorers: 0-1 31' Rafael van der Vaart, 0-2 71' Rafael van der Vaart

· **Caution:** 10' Dong-Jin Kim, 21' Wilfred Bouma, 25' Ho Lee, 36' Wesley Sneijder

· **Referee:** Pamachandran Krishnan(Malaysia)

· **Attendance:** 62,884

Korea Republic-Iraq 3-0(0-0)

Friendly Match

(Jeju-Jeju World Cup Stadium-29.06.2007-20:00)

Korea Republic: 21-Yong-Dae Kim(GK), 3-Jin-Kyu Kim, 13-Chi-Gon Kim, 14-Sang-Sik Kim(c), 15-Chi-Woo Kim, 16-Beom-Seok Oh, 8-Do-Heon Kim(68' 10-Chun-Soo Lee),

20-Dae-Ho Son(78' 27-Jang-Eun Oh), 7-Sung-Kuk Choi(74' 11-Keun-Ho Lee), 12-Dong-Gook Lee(46' 18-Sung-Yong Woo), 19-Ki-Hun Yeom

· **Coach:** Pim Verbeek(Netherlands)

Iraq: 1-Noor Sabri Abbas (GK), 2-Jassim Mohammed Alhamd(93' 12-Haider A. Hassan), 3-Bassim Abbas, 15-Ali Hussein Rehema(46' 18-Mahdi K. Ajeel), 4-Khaldoun Ibrahim, 8-Ahmed A. Mohammed(76' 7-Ali A. Mshehid), 11-Hawar M. Taher(87' 9-Mohammed N. Shakrown), 5-Nashat A. Ali, 19-Haitham K. Tahir, 10-Younes M. Khalef, 17-Luay S. Hassan (68' 13-Karrar Jassim)

· **Coach:** Jorvan Vieira(Brazil)

Scorers: 1-0 50' Ki-Hun Yeom, 2-0 79' Chun-Soo Lee, 3-0 85' Keun-Ho Lee

· **Caution:** 17' Dae-Ho Son, 49' Sang-Sik Kim, 89' Chi-Gon Kim

· **Referee:** Minoru Tojo(Japan)

· **Attendance:** 32,642

Korea Republic-Uzbekistan 2-1(2-0)

Friendly Match

(Seoul-Seoul World Cup Stadium-05.07.2007-20:00)

Korea Republic: 1-Woon-Jae Lee(GK, C), 3-Jin-Kyu Kim(64' 13-Chi-Gon Kim), 22-Min-Soo Kang, 2-Chong-Gug Song, 4-Dong-Jin Kim, 14-Sang-Sik Kim(46' 27-Jang-Eun Oh), 20-Dae-Ho Son(64' 6-Ho Lee), 17-Jung-Woo Kim(72' 18-Sung-Yong Woo), 7-Sung-Kuk Choi(46' 11-Keun-Ho Lee), 9-Jae-Jin Cho(46' 12-Dong-Gook Lee), 19-Ki-Hun Yeom

· **Coach:** Pim Verbeek(Netherlands)

Uzbekistan: 12-Ignatiy Nesterov (GK), 2-Hayrulla Karimov, 3-Botir Karaev, 6-Anzur Ismailov, 4-Aziz Ibragimov(84' 26-Victor Karpenko), 19-Islom Inomov, 7-Azizbek Haydarov(72' 13-Hikmat Khoshimov), 8-Server Djeparov, 18-Timur Kapadze(78' 22-Ikboljon Akramov), 9-Pavel Solomin(61' 11-Marat Bikmaev), 10-Ulugbek Bakayev(46' 15-Aleksandr Geynrikh)

· **Coach:** Rauf Inaliev(Uzbekistan)

Scorers: 1-0 5' Jae-Jin Cho, 2-0 19' Jae-Jin Cho, 2-1 60' Server Djeparov

· **Caution:** 60' Dae-Ho Son

· **Referee:** Veerapool prayoon (Thailand)

Korea Republic-Saudi Arabia 1-1(0-0)

XIV. Asian Cup Indonesia/Thailand/Malaysia/Vietnam 2007, Preliminaries, Group Stage, Group D

(Jakarta-Stadion Utama Gelora Bung Karno-11.07.2007-19:35)

Korea Republic: 1-Woon-Jae Lee(GK, C), 3-Jin-Kyu Kim, 22-Min-Soo Kang, 16-Beom-Seok Oh, 15-Chi-Woo Kim, 14-Sang-Sik Kim, 20-Dae-Ho Son, 17-Jung-Woo Kim, 7-Sung-Kuk Choi(67' 10-Chun-Soo Lee), 9-Jae-Jin Cho(82' 12-Dong-Gook Lee), 19-Ki-Hun Yeom

·Coach: Pim Verbeek(Netherlands)

Saudi Arabia: 1-Yasser Al Mosailem (GK), 3-Osama Hawsawi, 7-Kamil Al Mousa, 15-Ahmed Al Bahri, 19-Waleed Jahdali, 14-Saud Khariri, 16-Khaled Aziz, 18-Abdulrahman Al Qahtani(56' 28-Abdoh Autef), 30-Ahmed Al Mousa, 20-Yasser Al Qahtani(80' 11-Saad Al Harthi), 9-Malek Maaz

·Coach: Hélio dos Anjos(Brazil)

Scorers: 1-0 66' Sung-Kuk Choi, 1-1 83' Yasser Al Qahtani

·Caution: 25' Ahmed Al Mousa, 29' Jae-Jin Cho, 38' Sang-Sik Kim, 63' Khaled Aziz, 89' Saud Khariri

·Referee: M. Shield(Aus)

·Attendance: 15,000

Bahrain-Korea Republic 2-1(1-1)

XIV. Asian Cup Indonesia/Thailand/Malaysia/Vietnam 2007, Preliminaries, Group Stage, Group D

(Jakarta- Gelora Bung Karno Stadium -15.07.2007-19:35)

Bahrain: 21-Abdulrahman Abdulkarim, 2-Mohamed Husain, Sayed Mohamed Adnan, 3-Abdulla Al Marzooqi, 14-Salman Isa(78' 27-Mahmood Abdulrahman), 29-Mohamed Hubail(46' Talal Yusuf), 8-Rashed Al Dosari, 7-Sayed Mahmood Jalal, 25-Faouzi Aaish, 11-Ismaeel Abdulatif(87' 10-Mohamed Salmeen), 30-Ala'a Hubail

·Coach: M. Máčala(Czech Republic)

Korea Republic: 1-Woon-Jae Lee(GK, C), 2-Jong-Gug Song, 22-Min-Soo Kang, 3-Jin-Kyu Kim, 4-Dong-Jin Kim, 6-Ho

Lee(69' 17-Jung-Woo Kim), 14-Sang-Sik Kim, 10-Chun-Soo Lee(76' 18-Sung-Yong Woo), 8-Do-Heon Kim, 19-Ki-Hun Yeom, 12-Dong-Gook Lee(67' 9-Jae-Jin Cho)

·Coach: P. Verbeek (Netherlands)

Scorers: 0-1 4' Do-Heon Kim, 1-1 43' Salman Isa, 2-1 85' Ismaeel Abdulatif

·Caution: 27' Sayed Mahmood Jalal, 57' Chun-Soo Lee

·Referee: Baojie Sun(China)

·Attendance: 9,000

Indonesia-Korea Republic 0-1(0-1)

XIV. Asian Cup Indonesia/Thailand/Malaysia/Vietnam 2007, Preliminaries, Group Stage, Group D

(Jakarta-Gelora Bung Karno Stadium-18.07.2007-17:20)

Indonesia: 23-Markus Horison Ririhina(GK), 4-R. Salampessy, 6-C. Yulianto, 5-M. Abdurachman, 2-M. Ridwan, 11-P. Astaman(76' 3-E. Iba), 8-E. Aiboy, 20-B. Pamungkas, 16-S. Bachri,15- F. Utina, 13-B. Sudarsono

·Coach: Ivan Kolev(Bulgaria)

Korea Republic: 1-Woon-Jae Lee(GK, C), 3-Jin-Kyu Kim, 22-Min-Soo Kang, 16-Beom-Seok Oh, 15-Chi-Woo Kim, 14-Sang-Sik Kim, 20-Dae-Ho Son(90' 27-Jang-Eun Oh), 17-Jung-Woo Kim, 7-Sung-Kuk Choi(66' 19-Ki-Hun Yeom), 9-Jae-Jin Cho(88' 12-Dong-Gook Lee), 10-Chun-Soo Lee

·Coach: Pim Verbeek(Netherlands)

Scorers: 0-1 34' Jung-Woo Kim

·Caution: 7' E. Aiboy, 45' C. Yulianto, 69' Bachri, 81' Chi-Woo Kim, 85' Utina

·Referee: Mark Sield(Australia)

·Attendance: 80,000

Iran-Korea Republic 0-0 (0-0,0-0) a.e.t 2-4 on penalties

XIV. Asian Cup Indonesia/Thailand/Malaysia/Vietnam 2007, Final Phase, Quarter Final

(Kuala Lumpur- Bukit Jalil National Stadium -22.07.2007-18:20)

Iran: 1-H. Rodbarian(120' 22-V. Talebloo) (GK), 5-R. Rezaei, 12-J. Hosseini, 20-M. Nosrati, 8-A. Karimi, 11-M. Madanchi(62' 7-F. Zandi), 2-M. Mahdavikia(C), 6-J. Nekounam, 4-A. Teymourian, 9-V. Hashemian(87' 16-G. Enayati), 10-R. Khatibi.

·**Coach**: Ardeshir Ghalenoei(Iran)

Korea Republic: 1-Woon-Jae Lee(GK, C), 3-Jin-Kyu Kim, 22-Min-Soo Kang, 16-Beom-Seok Oh, 15-Chi-Woo Kim, 14-Sang-Sik Kim, 20-Dae-Ho Son(106' 8-Do-Heon Kim), 17-Jung-Woo Kim, 10-Chun-Soo Lee, 19-Ki-Hun Yeom(78' 7-Sung-Kuk Choi), 12-Dong-Gook Lee(46' 9-Jae-Jin Cho).

·**Coach**: Pim Verbeek(Netherlands)

Scorers: -

·**Penalties**: 0-1 Chun-Soo Lee, 1-1 F. Zandi, 1-2 Sang-Sik Kim, 1-2 M. Mahdavikia(missed), 1-2 Do-Heon Kim(missed), 2-2 G. Enayati, 2-3 Jae-Jin Cho, 2-3 R. Khatibi(missed), 2-4 Jung-Woo Kim

·**Caution**: 27' M. Madanchi, 69' Beom-Seok Oh

·**Referee**: Al Badawawi (UAE)

·**Attendance**: 8,629

Iraq-Korea Republic 0-0(0-0,0-0) a.e.t 4-3 on penalties

XIV. Asian Cup Indonesia/Thailand/Malaysia/Vietnam 2007, Final Phase, Semi Final

(Kuala Lumpur- National Stadium- 25.07.2007-18:20)

Iraq: 22-Noor Sabri Abbas(GK), 2-Jassim M. Alhamd(108' Abbas ahmed), 3-Bassim Abbas, 14-Haidar Abdulameer, 15-Ali H. Rehema, 11-Hawar Mulla Mohammed, 13-Karrar Jassim, 5-Nashat Akram, 24-Qusay Munir, 18-Mahdi Karim, 10-Younis Mahmoud(C)

·**Coach**: Jorvan Vieira(Brazil)

Korea Republic: 1-Woon-Jae Lee(GK, C), 3-Jin-Kyu Kim, 22-Min-Soo Kang, 16-Beom-Seok Oh, 15-Chi-Woo Kim, 14-Sang-Sik Kim(58' 17-Jung-Woo Kim), 20-Dae-Ho Son(105' 27-Jang- Eun Oh), 10-Chun-Soo Lee, 7-Sung-Kuk Choi(87' 12-Dong-Gook Lee), 9-Jae-Jin Cho, 19-Ki-Hun Yeom

·**Coach**: Pim Verbeek(Netherlands)

Scorers: -

·**Penalties**: 0-1 Chun-Soo Lee, 1-1 Hawar Mulla Mohammed, 1-2 Dong-Gook Lee, 2-2 Qusay Munir, 2-3 Jae-Jin Cho, 3-3 Haidar Abdulameer, 3-3 Ki-Hun Yeom(missed), 4-3 Abbas ahmed, 4-3 Jung-Woo Kim(missed)

·**Caution**: 77' Bassim Abbas, 109' Nashat Akram

·**Referee**: Saad Al Fadhli(Kuwait)

·**Attendance**: 20,000

Korea Republic-Japan 0-0(0-0,0-0) a.e.t 6-5 on penalties

XIV. Asian Cup Indonesia/Thailand/Malaysia/Vietnam 2007, Final Phase, Third Place Match

(Palembang- Gelora Sriwijaya Stadium -28.07.2007-19:35)

Korea Republic: 1-Woon-Jae Lee(GK, C), 3-Jin-Kyu Kim, 22-Min-Soo Kang, 16-Beom-Seok Oh, 15-Chi-Woo Kim, 17-Jung-Woo Kim, 8-Do-Heon Kim(65' 13-Chi-Gon Kim), 27-Jang-Eun Oh(86' 6-Ho Lee), 10-Chun-Soo Lee, 9-Jae-Jin Cho, 19-Ki-Hun Yeom(39' 11-Keun-Ho Lee)

·**Coach**: Pim Verbeek(Netherlands)

Japan: Yoshikatsu Kawaguchi (GK), Akira Kaji, Yuichi Komano, Yuji Nakazawa, Yasuhito Endō, Shunsuke Nakamura, Yuki Abe, Keita Suzuki, Kengo Nakamura(72' Naotake Hanyu), Satoru Yamagishi(78' Hisato Satō), Naohiro Takahara(114' Kisho Yano)

·**Coach**: Ivica Osim(Bosnia and Herzegovina)

Scorers: -

·**Penalties**: 1-0 Jae-Jin Cho, 1-1 Shunsuke Nakamura, 2-1 Beom-Seok Oh, 2-2 Yasuhito Endō, 3-2 Keun-Ho Lee, 3-3 Yuki Abe, 4-3 Ho Lee, 4-4 Yuichi Komano, 5-4 Jin-Kyu Kim, 5-5 Yuji Nakazawa, 6-5 Chi-Woo Kim, 6-5 Naotake Hanyu(missed)

·**Cautions**: 9' 56' Min-Soo Kang, 37' Jang-Eun Oh, 87' Jae-Jin Cho, 106' Akira Kaji

·**Expulsion**: 56' Min-Soo Kang

·**Referee**: Al Badwawi(UAE)

·**Attendance**: 10,000

Korea Republic-Chile 0-1(0-0)

Friendly Match

(Seoul - Seoul World Cup Stadium - 30.01.2008-20:00)

Korea Republic: 1-Byung-Ji Kim(46' 23-Sung-Ryong Jung), 6-Sung-Hwan Cho(46' 24-Jae-Won Hwang), 4-Yong-Hyung Cho, 16-Tae-Hwi Kwak, 3-Won-Hee Cho, 15-Chi-Woo Kim, 5-Nam-Il Kim, 17-Ji-Soo Hwang(68' 2-Jong-Min Lee), 22-Kwan-Woo Lee(46' 13-Won-Jae Park), 19-Ki-Hun Yeom, 18-Jo-Gook Jung(32' 9-Jin-Soo Cho, 76' 10-Chu-Young Park)

·**Coach:** Jung-Moo Huh

Chile: 1-Miguel Pinto, 18-Gonzalo Jara, 5-Hans Martínez, 4-Roberto Cereceda, 16-Manuel Iturra, 11-Gonzalo Fierro, 2-Marco Estrada, 17-Gary Medel, 13-Jean Beausejour, 10-Pedro Morales(45' 6. Boris Sagredo), 7-Eduardo Rubio(90' 3-Osvaldo González)

·**Coach:** Marcelo Bielsa(Argentina)

Scorers: 0-1 54' Gonzalo Fierro

·**Caution:** 18' Nam-Il Kim, 65' Gonzalo Fierro, 84' Pedro Morales

·**Referee:** Hajime Matsuo(Japan)

·**Attendance:** 15,012

Korea Republic-Turkmenistan 4-0(1-0)

XIX. FIFA World Cup Republic of South Africa 2010, Preliminaries Third Round, Group C

(Seoul-Seoul World Cup Stadium-06.02.2008-20:00)

Korea Republic: 18-Sung-Ryong Jung, 12-Young-Pyo Lee, 14-Min-Soo Kang, 2-Beom-Seok Oh, 4-Yong-Hyung Cho(85' 13-Won-Jae Park), 16-Tae-Hwi Kwak, 7-Ji-Sung Park, 5-Nam-Il Kim(77' 9-Kwan-Woo Lee), 10-Chu-Young Park, 11-Ki-Hyeon Seol, 17-Ki-Hun Yeom(39' 8-Do-Heon Kim

·**Coach:** Jung-Moo Huh

Turkmenistan: 12-Bayramnyyaz Berdiýew, 3-Gochguli Goçgulyýew, 2-Ýagmyrmyrat Annamyradow(54' 15-Nazar Çöliýew), 4-Begli Annageldiýew, 6-Azat Muhadow, 11-Vyacheslav Krendelew, 17-Nazar Baýramow, 5-Didar Hajyýew, 8-Vladimir Baýramow,

10-Guvanchmuhamed Öwekow(60' 16-Mamedali Karadanow), 14-Mekan Nasyrow(78' 9-Artur Geworkyan)

·**Coach:** Rahim Kurbanmämmedow(Turkmenistan)

Scorers: 1-0 43' Tae-Hwi Kwak, 2-0 57' Ki-Hyeon Seol, 3-0 70' Ji-Sung Park, 4-0 83' Ki-Hyeon Seol

·**Caution:** 8' Azat Muhadow

·**Referee:** Talaat Najm(Lebanon)

·**Attendance:** 25,738

China PR-Korea Republic 2-3(0-1)

III. EAFF East Asian Cup 2008, Final Competition Match 1

(Chongqing - Chongqing Olympic Sports Center - 17.02.2008 - 15:35)

China PR: 1-Zong Lei, 3-Sun Xiang, 5-Li Weifeng, 2-Zhang Shuai, 18-Xu Yunlong, 6-Wang Dong, 16-Zhou Haibin, 7-Qu Bo(92' 23-Lü Zheng), 8-Du Zhenyu(81' 21-Jiang Ning), 15-Liu Jian(81' Li Yan), 11-Zhu Ting.

·**Coach:** Vladimir Petrović(Serbia)

Korea Republic: 18-Sung-Ryong Jung, 4-Yong-Hyung Cho, 15-Hee-Ju Kwak, 2-Jong-Min Lee, 16-Tae-Hwi Kwak, 3-Won-Hee Cho, 5-Nam-Il Kim, 13-Won-Jae Park, 10-Chu-Young Park, 7-Keun-Ho Lee(76' 22-Ki-Gu Ko), 11-Ki-Hun Yeom(62' 21-Ja-Cheol Koo)

·**Coach:** Jung-Moo Huh

Scorers: 0-1 43' Chu-Young Park, 1-1 47' Zhou Haibin, 2-1 61' Liu Jian, 2-2 75' Chu-Young Park, 2-3 92' Tae-Hwi Kwak

·**Caution:** 2' Sun Xiang, 20' Du Zhenyu, 52' Qu Bo, 61' Liu Jian, 75' Li Weifeng

·**Referee:** M. Torki(Iran)

·**Attendance:** 35,000

Korea DPR-Korea Republic 1-1(0-1)

III. EAFF East Asian Cup 2008, Final Competition Match 4

(Chongqing - Chongqing Olympic Sports Center - 20.02.2008 - 20:45)

Korea DPR: 1-Myong-Guk Ri, 3-Jun-Il Ri, 5-Kwang-Chon Ri, 13-Chol-Jin Pak, 16-Song-Chol Nam(46' 8-Yun-Nam Ji), 9-Yong-Hak An, 11-In-Guk Mun, 15-Yong-Jun Kim, 4-Nam-Chol Pak(46' 22-Kum-Il Kim), 14-Song-Chol

Han(69' 2-Jong-Hyok Cha), 12-Tae-Se Jong

· **Coach:** Hyong-Yi Han(Korea DPR)

Korea Republic: 1-Yong-Dae Kim, 14-Min-Soo Kang, 15-Hee-Ju Kwak(54' 13-Won-Jae Park), 16-Tae-Hwi Kwak, 3-Won-Hee Cho, 5-Nam-Il Kim(46' 19-Ji-Soo Hwang), 8-Kwan-Woo Lee(60' 20-Jang-Eun Oh), 12-Sang-Ho Lee, 7-Keun-Ho Lee, 11-Ki-Hun Yeom, 22-Ki-Gu Ko

· **Coach:** Jung-Moo Huh

Scorers: 0-1 21' Ki-Hun Yeom, 1-1 73' Tae-Se Jong

· **Caution:** 15' Tae-Se Jong, 30' Sang-Ho Lee, 47' Chol-Jin Pak, 69' In-Guk Mun, 93' Myong-Guk Ri

· **Expulsion:** 48' Chol-Jin Pak

· **Referee:** H. Takayama(Japan)

· **Attendance:** 20,000

Japan-Korea Republic 1-1(0-1)

III. EAFF East Asian Cup 2008, Final Competition Match 5 (Chongqing - Chongqing Olympic Sports Center - 23.02.2008 - 18:15)

Japan: 1-Y. Kawaguchi (GK), 21-A. Kaji, 22-Y. Nakazawa, 2-Y. Konno, 25-A. Uchida, 7-Y. Endō, 13-K. Suzuki(C), 10-K. Yamase(86' 11-R. Bando), 14-K. Nakamura(62' 5-M. Yasuda), 24-H. Hashimoto(79' 20-K. Yano), 12-Y. Tashiro

· **Coach:** T. Okada(Japan)

Korea Republic: 1-Yong-Dae Kim, 14-Min-Soo Kang, 4-Yong-Hyung Cho, 2-Jong-Min Lee, 16-Tae-Hwi Kwak, 3-Won-Hee Cho, 5-Nam-Il Kim(56' 21-Ja-Cheol Koo), 13-Won-Jae Park, 20-Jang-Eun Oh, 11-Ki-Hun Yeom, 9-Jin-Soo Cho(67' 7-Keun-Ho Lee)

· **Coach:** Jung-Moo Huh

Scorers: 0-1 14' Ki-Hun Yeom, 1-1 68' K. Yamase

· **Caution:** 40' Nam-Il Kim, 89' Won-Jae Park

· **Referee:** Hai Tan(China)

· **Attendance:** 20,000

Korea DPR-Korea Republic 0-0(0-0)

XIX. FIFA World Cup Republic of South Africa 2010, Preliminaries Third Round

(Shanghai-Hongkou Stadium -26.03.2008-19:00)

Korea DPR: 1-Myong-Guk Ri, 3-Jun-Il Ri, 5-Kwang-Chon Ri, 13-Chol-Jin Pak, 16-Song-Chol Nam, 9-Yong-Hak

An, 15-Yong-Jun Kim, 14-Song-Chol Han(29' 2-Jong-Hyok Cha), 12-Tae-Se Jong(89' 4-Nam-Chol Pak), 10-Yong-Jo Hong

· **Coach:** Jong-Hun Kim(Korea DPR)

Korea Republic: 18-Sung-Ryong Jung, 12-Young-Pyo Lee, 14-Min-Soo Kang, 2-Beom-Seok Oh, 16-Jung-Soo Lee, 3-Won-Hee Cho, 7-Ji-Sung Park, 5-Nam-Il Kim(28' 8-Do-Heon Kim), 9-Jae-Jin Cho(46' 17-Ki-Hun Yeom), 10-Chu-Young Park, 11-Ki-Hyeon Seol(81' 6-Tae-You Han)

· **Coach:** Jung-Moo Huh

Scorers: -

· **Caution:** 72' Won-Hee Cho

· **Referee:** Saad Al Fadhli(Kuwait)

· **Attendance:** 25,000

Korea Republic-Jordan 2-2(1-0)

XIX. FIFA World Cup Republic of South Africa 2010, Preliminaries Third Round, Group C

(Seoul-Seoul World Cup Stadium-31.05.2008-20:00)

Korea Republic: 1-Yong-Dae Kim (GK), 12-Young-Pyo Lee, 2-Beom-Seok Oh, 16-Jung-Soo Lee, 6-Hee-Ju Kwak, 3-Won-Hee Cho, 7-Ji-Sung Park, 5-Nam-Il Kim(74' Yong-Hyung Cho), 13-Chung-Yong Lee(54' Do-Heon Kim), 17-Jung-Hwan Ahn(85' Ki-Gu Ko), 10-Chu-Young Park

· **Coach:** Jung-Moo Huh

Jordan: 1-Lo'ai Elamaireh (GK), 3-Mohammad M. Al-Mutasim(51' 18-Hassan Abdel Fattah), 17-Hatem Aqel, 16-Ala'a Matalka, 5-Mohammad Khamees, 7-Amer Deeb, 6-Baha'a Abdulrahman, 8-Hassouneh Al Sheikh, 15-Odai Al Saify, 14-Abdallah Deeb Salim(66' 9-Moayad Abu Keshek), 10-Tha'er Al Bawab(73' 13-Mustafa Shehadeh)

· **Coach:** Martinho Vingada(Portugal)

Scorers: 1-0 38' Ji-Sung Park, 2-0 47' Chu-Young Park, 2-1 72' Hassan Abdel Fattah, 2-2 79' Hassan Abdel Fattah

· **Caution:** 23' Mohammad M. Al-Mutasim, 29' Hassouneh Al Sheikh, 61' Amer Deeb, 67' Tha'er Al Bawab, 81' Hassan Abdel Fattah, 91' Yong-Hyung Cho

· **Referee:** M. Shield(Australia)

· **Attendance:** 53,411

Jordan-Korea Republic 0-1(0-1)

XIX. FIFA World Cup Republic of South Africa 2010, Preliminaries Third Round, Group C

(Amman - King Abdullah International Stadium - 07.06.2008 - 17:30)

Jordan: 1-Lo'ai Elamaireh (GK), 7-Mohammad M. Al-Mutasim, 17-Hatem Aqel, 16-Ala'a Matalka, 5-Mohammad Khamees, 6-Baha'a Abdulrahman, 18-Hassan Abdel Fattah, 8-Hassouneh Al Sheikh, 15-Odai Al Saify(55' 9-Moayad Abu Keshek), 14-Abdallah Deeb Salim(59' 3-Khaled Sa'ed), 10-Tha'er Al Bawab(70' 2-Mustafa Shehadeh)

· **Coach:** Martinho Vingada(Portugal)

Korea Republic: 18-Sung-Ryong Jung, 12-Young-Pyo Lee(66' 16-Jung-Soo Lee), 14-Min-Soo Kang, 2-Beom-Seok Oh, 6-Hee-Ju Kwak, 3-Won-Hee Cho, 7-Ji-Sung Park, 5-Nam-Il Kim, 10-Chu-Young Park, 11-Ki-Hyeon Seol(46' 4-Yong-Hyung Cho), 13-Keun-Ho Lee(79' 9-Jung-Hwan Ahn)

· **Coach:** Jung-Moo Huh

Scorers: 0-1 23' Chu-Young Park

· **Caution:** 21' Lo'ai Elamaireh, 34' Mohammad M. Al-Mutasim, 62' Min-Soo Kang, 70' Khaled Sa'ed, 91' Ji-Sung Park

· **Referee:** M. Moradi Hasanali(Iran)

· **Attendance:** 8,000

Turkmenistan-Korea Republic 1-3(0-1)

XIX. FIFA World Cup Republic of South Africa 2010, Preliminaries Third Round, Group C

(Ashgabat- Olimpíÿa Stadium -14.06.2008-19:00)

Turkmenistan: 16-B. Berdiýew (GK), 3-G. Goçgulyýew, 2-Ý. Annamyradow, 4-B. Annageldiýew, 15-O. Berdiýew, 11-W. Krendelew, 17-N. Baýramow, 8-W. Alikperow(29' 10-G. Öwekow), 5-D. Hajiýew, 18-V. Baýramow(36' 12-M. Garadanow), 14-M. Nasyrow(86' 13-Ý. Kemskow)

· **Coach:** Rahim Kurbanmämmedow(Turkmenistan)

Korea Republic: 1-Sung-Ryong Jung, 14-Min-Soo Kang, 2-Beom-Seok Oh(27' 15-Jung-Soo Lee), 4-Yong-Hyung Cho, 3-Won-Hee Cho(46' 13-Hyo-Jin Choi), 8-Do-Heon Kim, 12-Chi-Woo Kim, 5-Nam-Il Kim, 10-Chu-Young Park, 11-Ki-Hyeon Seol, 7-Keun-Ho Lee(79' 17-Chung-Yong Lee)

· **Coach:** Jung-Moo Huh

Scorers: 0-1 13' Do-Heon Kim, 1-1 76' G. Öwekow, 1-2 81' Do-Heon Kim, 1-3 92' Do-Heon Kim

· **Caution:** 8' Beom-Seok Oh, 18' Yong-Hyung Cho, 30' V. Baýramow, 44' Ý. Annamyradow, 73' Sung-Ryong Jung, 77' Nam-Il Kim, 90' B. Berdiýew

· **Referee:** Hiroyoshi Takayama(Japan)

· **Attendance:** 18,000

Korea Republic-Korea DPR 0-0(0-0)

XIX. FIFA World Cup Republic of South Africa 2010, Preliminaries Third Round, Group C

(Seoul-Seoul World Cup Stadium-22.06.2008-20:00)

Korea Republic: 1-Sung-Ryong Jung (GK), 14-Min-Soo Kang, 13-Hyo-Jin Choi, 15-Jung-Soo Lee, 8-Do-Heon Kim, 3-Chi-Woo Kim, 17-Chung-Yong Lee, 6-Jang-Eun Oh(77' 7-Keun-Ho Lee), 16-Jung-Woo Kim(71' 5-Nam-Il Kim), 9-Jung-Hwan Ahn(59' 10-Chu-Young Park), 11-Ki-Gu Ko

· **Coach:** Jung-Moo Huh

Korea DPR: 1-Myong-Guk Ri (GK), 2-Jong-Hyok Cha, 3-Jun-Il Ri, 5-Kwang-Chon Ri, 13-Chol-Jin Pak, 16-Song-Chol Nam, 9-Yong-Hak An, 11-In-Guk Mun, 15-Yong-Jun Kim(61' 4-Nam-Chol Pak), 12-Tae-Se Jong, 10-Yong-Jo Hong(86' 17-Kum-Chol Choi)

· **Coach:** Jong-Hun Kim(Korea DPR)

Scorers: -

· **Caution:** 31' Jung-Hwan Ahn, 61' Tae-Se Jong

· **Referee:** Subkhiddin Mohd Salleh(Malaysia)

· **Attendance:** 48,519

Korea Republic-Jordan 1-0(1-0)

Friendly Match

(Seoul-Seoul World Cup Stadium-05.09.2008-20:00)

Korea Republic: 18-Sung-Ryong Jung (46' 21-Young-Kwang Kim) (GK), 2-Beom-Seok Oh, 3-Dong-Jin Kim, 6-Jin-Kyu Kim, 13-Chi-Woo Kim, 14-Min-Soo Kang, 5-Nam-Il Kim(46' 22-Ho Lee), 8-Do-Heon Kim(65' 7-Sung-Kuk Choi), 17-Chung-Yong Lee(65' 11-Keun-Ho Lee), 23-Sung-Yong Ki

(76' 20-Dong-Hyeon Seo), 9-Jae-Jin Cho (46' 10-Young-Rok Shin)

·**Coach**: Jung-Moo Huh(Korea)

Jordan: 1-Amer M. Sabbah, 4-Baha'a Abdulrahman (66' 20-Anas Bani-Yaseen), 6-Bashar Mustafa, 16-Ala' Matalka, 17-Hatem Aqel (C), 2-Mohammad M. Al-Mutasim, 7-Amer Mohammad Khalil (66' 26-Ra'ed Ali Fraeh), 13-Qusai Moh'd Abu Alieh (57' 19-Waleed Mufleh Albashir), 14-Abdallah Deeb Salim (57' 15-Odai Al Saify), 9-Mahmoud Shelbaieh (81' 11-Mohannad Maharmeh), 18-Hasan Mahmoud (86' 23-Loiy Emranalzaideh)

·**Coach**: Martinho Vingada(Portugal)

Scorers: 1-0 5' Chung-Yong Lee

·**Caution**: 46' Sung-Yong Ki 53' Bashar Mustafa 86' Hatem Aqel 88' Young-Rok Shin

·**Referee**: Danny Heng(Malaysia)

·**Attendance**: 16,537

Korea DPR-Korea Republic 1-1(0-0)

XIX. FIFA World Cup Republic of South Africa 2010, Last Preliminaries Match, Group B

(Shanghai-Hongkou Stadium-10.09.2008-20:00)

Korea DPR: 1-Myong-Guk Ri, 2-Jong-Hyok Cha, 3-Jun-Il Ri, 5-Kwang-Chon Ri, 13-Chol-Jin Pak, 16-Song-Chol Nam, 9-Yong-Hak An, 11-In-Guk Mun, 15-Yong-Jun Kim(70' 17-Kum-Chol Choe), 12-Tae-Se Jong, 10-Yong-Jo Hong(88' 6-Kum-Il Kim)

·**Coach**: Jong-Hun Kim(Korea DPR)

Korea Republic: 18-Sung-Ryong Jung, 6-Jin-Kyu Kim, 14-Min-Soo Kang, 2-Beom-Seok Oh(78' 12-Hyo-Jin Choi), 3-Dong-Jin Kim, 8-Do-Heon Kim, 13-Chi-Woo Kim, 5-Nam-Il Kim, 16-Sung-Yong Ki, 9-Jae-Jin Cho(61' 17Dong-Hyeon Seo), 7-Sung-Kuk Choi(61' 10-Chun-Soo Lee

·**Coach**: Jung-Moo Huh

Scorers: 1-0 63' Yong-Jo Hong, 1-1 68' Sung-Yong Ki

·**Caution**: 62' Nam-Il Kim

·**Referee**: Mohsen Basma(Syria)

·**Attendance**: 500

Korea Republic-Uzbekistan 3-0(1-0)

Friendly Match

(Suwon-Suwon World Cup Stadium-11.10.2008-19:00)

Korea Republic: 1-Young-Kwang Kim (45' 18-Sung-Ryong Jung) (GK), 12-Young-Pyo Lee (65' 2-Beom-Seok Oh), 5-Dong-Jin Kim, 14-Min-Soo Kang (45' 4-Yong-Hyung Cho), 16-Tae-Hwi Kwak (56' 13-Chi-Woo Kim), 23-Sung-Yong Ki (56' 19-Jung-Hyun Song), 8-Jung-Woo Kim (45' 3-Won-Hee Cho), 7-Ji-Sung Park (45' 24-Hyeung-Bum Kim), 17-Chung-Yong Lee (65' 10-Sung-Kuk Choi), 9-Young-Rok Shin (56' 11-Keun-Ho Lee), 20-Sung-Hoon Jeong (56' 22-Dong-Hyeon Seo)

·**Coach**: Jung-Moo Huh

Uzbekistan: 1-Nesterov (GK), Gafurov(45' 7-Haydarov), 5-Alikulov(45' 2-Ismailov), 3-Suyunov(45' 4-Juraev) 9-Ahmedov(77' 17-Melziddinov), 10-Magdeev(45' 13-Galiulin), 24-Khoshimov, 18-Kapadze(45' 11-Tadjiev), 6-Hasanov, 15-Geynrikh(45' 14-Denisov), 16-Shatskikh(80' 8-Turaev)

·**Coach**: Kashimov(Uzbekistan)

Scorers: 1-0 3' Sung-Yong Ki, 2-0 72' Keun-Ho Lee 3-0 85' Keun-Ho Lee

·**Caution**: 30' Gafurov, 69' Shatskikh

·**Referee**: Pandian Fahlash (Singapore)

·**Attendance**: 21,194

Korea Republic-UAE 4-1(2-0)

XIX. FIFA World Cup Republic of South Africa 2010, Last Preliminaries Match, Group B

(Seoul-Seoul World Cup Stadium-15.10.2008-20:00)

Korea Republic: 18-Sung-Ryong Jung, 12-Young-Pyo Lee, 4-Yong-Hyung Cho, 5-Dong-Jin Kim, 16-Tae-Hwi Kwak, 7-Ji-Sung Park, 6-Sung-Yong Ki(79' 3-Won-Hee Cho), 10-Chung-Yong Lee(54' 8-Hyung-Bum Kim), 14-Jung-Woo Kim, 11-Keun-Ho Lee(87' 9-Young-Rok Shin), 15-Seong-Hoon Jeong

·**Coach**: Jung-Moo Huh

UAE: 1-Majed Naser (GK), 14-Basheer Saeed, 6-Yousef Jaber(78' 13-Ahmed Mohamed), 8-Haider Alo Ali, 5-Fares Juma, 3-Obaid Khalefa(89' 18-Tariq Hassan), 9-Nawaf Mubarak Musabh, 4-Mohamed Othman(46' 15-Ismaeel Salem), 11-Amir Mubarak Ghanim, 7-Mohamed Al Saeed, 10-Ismaeil Matar

·**Coach**: Dominique Bathenay(France)

Scorers: 1-0 20' Keun-Ho Lee, 2-0 25' Ji-Sung Park, 2-1 71' Ismaeel Al Hamadi, 3-1 80' Keun-Ho Lee, 4-1 88' Tae-Hwi Kwak

·**Caution**: 11' Fares Juma, 52' Basheer Saeed, 67' Jung-Woo Kim

·**Referee**: Breeze Matthew(Australia)

·**Attendance**: 28,639

Qatar-Korea Republic 1-1(0-1)

Friendly Match

(Qatar-THAAD SC Stadium-14.11.2008-19:00)

Qatar: 1-Mohamed Saqar A (GK), 2-Mesaad Al Hamad, 5-Majdi Abdulla Siddiq(89' 7-Adel Lamy), 6-Meshaal Mobarak, 11-Fabio Cesar, 14-Khalfan Ibrahim K.(83' 10-Mohamed Abdulrab), 15-Talal Ali Al Baloushi, 18-Ibrahim Majed A, 19-Yousef Ahmed M.(68' 16-Hamid Ismael), 23-Sebastian Soria, 30-Bilal Mohamed Rijab

·**Coach**: Bruno Metsu(France)

Korea Republic: 1-Woon-Jae Lee (74' 21-Sung-Ryong Jung) (GK), 15-Won-Hee Cho, 22-Yong-Hyung Cho, 5-Min-Soo Kang, 12-Chi-Woo Kim (46' 8-Dae-Sung Ha), 20-Jung-Woo Kim (46' 17-Hyo-Jin Choi), 9-Sung-Yong Ki (46' 6-Dong-Hyeon Seo), 11-Ki-Hun Yeom(59' 13-Jung-Hyun Song), 14-Chung-Yong Lee (56' 10-Hyeung-Bum Kim), 7-Keun-Ho Lee (78' 16-You-Hwan Lim), 19-Sung-Hoon Jeong(46' 3-Chi-Gon Kim)

·**Coach**: Jung-Moo Huh

Scorers: 1-0 6' Chung-Yong Lee 1-1 73' Fabio Cesar

·**Caution**: 16' Bilal Mohamed Rijab, 72' Chi-Gon Kim

·**Referee**: Abdullah Al Hilali

·**Attendance**: 10,000

Saudi Arabia-Korea Republic 0-2(0-0)

XIX. FIFA World Cup Republic of South Africa 2010, Last Preliminaries Match, Group B

(Riyadh-King Fahd International Stadium-19.11.2008-19:35)

Saudi Arabia: 1-Ali WalledAbdullah, 4-Osama Hawsawi, 3-Redha Tukar, 2-Osama Al Harbi, 14-Abdullah Al Dossary, 16- Althaker Khaled Aziz, 10-Mohammad Al Shalhoub(66' 15-Ahmed Al Fraidi), 8-Abdoh Autef(78'

9-Alhawsawi Make), 6-Ahmed Ateef, 11-Naif Hazadi, 7-Faisal bin Sultan(85' 18-Hassan Al Raheb)

·**Coach**: Nasser Al Johar(Saudi Arabia)

Korea Republic: 1-Woon-Jae Lee, 12-Young-Pyo Lee, 14-Min-Soo Kang, 2-Beom-Seok Oh, 4-Yong-Hyung Cho, 7-Ji-Sung Park, 6-Sung-Yong Ki, 17-Chung-Yong Lee(90' 3-Won-Hee Cho), 8-Jung-Woo Kim, 11-Keun-Ho Lee(87' 16-Ki-Hun Yeom), 9-Seong-Hoon Jeong(73' 10-Chu-Young Park)

·**Coach**: Jung-Moo Huh

Scorers: 0-1 76' Keun-Ho Lee, 0-2 90' Chu-Young Park

·**Caution**: 33' Naif Hazadi, 42' Khaled Aziz, 57' Naif Hazadi, 81' Young-Pyo Lee

Exclusion: 57' Naif Hazadi

·**Referee**: A. Bin Abdul Bashir(Singapore)

·**Attendance**: 60,000

2009

Syria-Korea Republic 1-1(0-0)

Friendly Match

(Dubai-Al-Maktoum Stadium-01.02.2009-18:00)

Syria: 1-Mosab Bachios(65' 25-Radwan Al Azhar), 2-Belal Badul (46' 18-Abdul Fattah Al Agha), 32-Bakri Tarab, 3-Ali Dyab, 23-Hamzeh Al Aitouni, 5-Feras Ismail, 14-Wael Ayan(59' 13-Aatef Jenyat), 9-Maher Alsid, 11-Adel Abdullah, 20-Zyad Chaabo(46' 15-Dassel Al Shaar), 12-Mohamad Alziou (76' 19-Mohamad Al Rashed)

·**Coach**: Fajr Ibrahim(Syria)

Korea Republic: 18-Woon-Jae Lee, 13-Min-Soo Kang, 23-Hyo-Jin Choi(46' 6-Chang-Soo Kim), 3-Yong-Hyung Cho, 25-Jung-Soo Lee (46' 24-Dong-Jin Kim), 2-Chi-Woo Kim, 22-Sung-Yong Ki(18' 7-Dae-Sung Ha), 15-Jung-Woo Kim(60' 14-Tae-You Han), 8-Keun-Ho Lee(75' 17-Chi-Gon Kim), 11-Ki-Hun Yeom, 20-Seong-Hoon Jeong(46' 16-Jo-Gook Jung)

·**Coach**: Jung-Moo Huh

Scorers: 0-1 80'(OG) Hamzeh Al Aitouni, 1-1 90' Mohamad Al Rashed

·**Caution**: 56' Dong-Jin Kim, 84' Aatef Jenyat

· **Referee**: Mohammed Abdulla Hassan Mohammed (UAE)

· **Attendance**: 500

Bahrain-Korea Republic 2-2(0-0)

Friendly Match

(Dubai- Al-Maktoum Stadium -04.02.2009-18:25)

Bahrain: 22-Abbas Ali Khamis, 15-Abdulla Omar, 8-Abbas Ayyad, 29-Daweed Salman, 20-Abdulla Abdi Omar, 19-Jamal Rahman, 10-Mohamed Salmeen, 25-Faouzi Aaish, 21-Mahmood Al Ajmi(46' 30-Rashid Al Sharouki, 68' 14-Rashed Allan), 28-Mahmood Hasan(75' 13-Sayed Ali Isa), 27-Abdulla Al Dakeel(75' 7-Mahmood Abdulrahman).

· **Coach**: Milan Máčala(Czech Republic)

Korea Republic: 21-Woon-Jae Lee, 13-Chang-Soo Kim(79' 2-Min-Soo Kang), 23-Yong-Hyung Cho(79' 24-Hyo-Jin Choi), 7-Jung-Soo Lee, 12-Dong-Jin Kim, 15-Chi-Woo Kim, 17-Chung-Yong Lee(69' 4-Tae-You Han), 6-Jung-Woo Kim, 22-Keun-Ho Lee, 8-Ki-Hun Yeom, 17-Jo-Gook Jung(46' 17-Seong-Hoon Jeong).

· **Coach**: Jung-Moo Huh

Scorers: 1-0 63' Faouzi Aaish, 1-1 79' Jung-Woo Kim, 2-1 82' Mahmood Abdulrahman, 2-2 93' Keun-Ho Lee

· **Cautions**: -

· **Referee**: Mohammed Abdulla Hassan Mohammed (UAE)

· **Attendance**: 370

Iran-Korea Republic 1-1(0-0)

XIX. FIFA World Cup Republic of South Africa 2010, Last Preliminaries Match, Group B

(Teheran-Azadi Stadium-11.02.2009-15:30)

Iran: 1-rahmati osgouei seyed mehdi (GK), 13-Hossein Kaebi, 4-Jalal Hosseini, 5-Hardi Aghiliy, 3-Hassan Ashjari, 15-Javad Nekounam, 18-Masoud Shojaei(73' 2-Mageed Gholamnejad), H. Kazemi, 6-Karim Bagheri, 9-Vahid Hashemian(82' 17-Siavash Akbarpour), 11-Mohamadreza Khalatbari(89' 10-Arash Borhani)

· **Coach**: Ali Daei(Iran)

Korea Republic: 1-Woon-Jae Lee (GK), 12-Young-Pyo Lee(70' 5-Dong-Jin Kim), 3-Min-Soo Kang, 2-Beom-Seok Oh, 4-Yong-Hyung Cho, 7-Ji-Sung Park(84' 10-Chu-Young Park), 16-Sung-Yong Ki, 17-Chung-Yong Lee, 8-Jung-Woo Kim, 11-Keun-Ho Lee, 9-Seong-Hoon Jeong(41' 13-Ki-Hun Yeom)

· **Coach**: Jung-Moo Huh

Scorers: 1-0 58' Javad Nekounam, 1-1 81' Ji-Sung Park

· **Caution**: 27' Jung-Woo Kim, 69' Sung-Yong Ki, 69' Hossein Kaebi

· **Referee**: Benjamin Jon Williams(Australia)

· **Attendance**: 63,000

Korea Republic-Iraq 2-1(0-0)

Friendly Match

(Suwon-Suwon World Cup Stadium-28.03.2009-19:00)

Korea Republic: 1-Woon-Jae Lee (GK), 3-Young-Pyo Lee(46' 14-Dong-Jin Kim), 22-Min-Soo Kang, 6-Beom-Seok Oh, 4-Jae-Won Hwang, 10-Won-Hee Cho(55' 8-Sang-Ho Lee), 11-Ji-Sung Park(46' 7-Chi-Woo Kim), 12-Sung-Yong Ki(71' 13-Hyun-Beom Park), 15-Chung-Yong Lee, 17-Chu-Young Park(58' 20-Seong-Hoon Jeong), 19-Keun-Ho Lee(79' 78-Ki-Jong Bae)

· **Coach**: Jung-Moo Huh

Iraq: 12-Kadhim Mohammed (GK), 4-Ghadhban Fareed, 5-Salim Muayad, 6-Jasim Aws (56' Waham Hussein), 15-Ismail Khalid, 14-Mohammed Khaldoon (45' 3-Alidad Salam), 18-Mohammed Hardee(78' 26-Mansoor Amjed), 19-Anwer Ahmed (61' 10-Almas Muslim), 23-Mohaisen Nadeem (87' 25-Hamid Safwan), 7-Abdullah Mustafa (45' 8-Hasan Luay), 17-Khashen Alaa

· **Coach**: Swadi Radhi (Iraq)

Scorers: 0-1 52' (OG) Jae-Won Hwang, 1-1 57' Chi-Woo Kim, 2-1 70' Keun-Ho Lee

· **Caution**: 65' Ghadhban Fareed

· **Referee**: Ryuiji Sato(Japan)

· **Attendance**: 28,718

Korea Republic-Korea DPR 1-0(0-0)

XIX. FIFA World Cup Republic of South Africa 2010, Last Preliminaries Match, Group B

(Seoul-Seoul World Cup Stadium-01.04.2009-20:00)

Korea Republic: 1-Woon-Jae Lee (GK), 12-Young-Pyo Lee(58' 5-Dong-Jin Kim), 3-Min-Soo Kang, 2-Beom-Seok Oh, 6-Jae-Won Hwang(54' 14-Jung-Soo Lee), 4-Won-Hee Cho, 7-Ji-Sung Park, 16-Sung-Yong Ki, 17-Chung-Yong Lee, 10-Chu-Young Park, 11-Keun-Ho Lee(78' 13-Chi-Woo Kim)

· **Coach:** Jung-Moo Huh

Korea DPR: 1-Myong-Guk Ri (GK), 2-Jong-Hyok Cha, 3-Jun-Il Ri, 5-Kwang-Chon Ri, 13-Chol-Jin Pak, 11-In-Guk Mun, 15-Yong-Jun Kim(83' 17-Kum-Chol Choe), 4-Nam-Chol Pak, 8-Yun-Nam Ji(81' 16-Song-Chol Nam), 12-Tae-Se Jong, 10-Yong-Jo Hong

· **Coach:** Jong-Hun Kim(Korea DPR)

Scorers: 1-0 87' Chi-Woo Kim

· **Caution:** 12' In-Guk Mun, 72' Dong-Jin Kim

· **Referee:** Abdullah Al Hilali(Oman)

· **Attendance:** 48,366

Korea Republic-Oman 0-0(0-0)

Friendly Match

(UAE- Al Wassel Sports Club-02.06.2009-19:30)

Korea Republic: 1-Woon-Jae Lee (70' 21-Young-Kwang Kim) (GK), 24-Jung-Soo Lee (45' 20-Hyung-Il Kim), 2-Yong-Hyung Cho(64' 4-Chang-Soo Kim), 15-Beom-Seok Oh (59' 5-Kun-Hoan Kim, 76' 13-Dong-Jin Kim), 6-Young-Pyo Lee (59' 3-Gang-Jin Lee), 23-Won-Hee Cho (45' 9-Sung-Yong Ki), 17-Jung-Woo Kim (45' 8-Chi-Woo Kim), 16-Ji-Sung Park (45' 7-Ki-Jong Bae), 11-Tae-Wook Choi (45' 25-Chung-Yong Lee), 22-Chu-Young Park (45' 12-Byung-Soo Yoo), 14-Keun-Ho Lee (53' 10-Dong-Hyun Yang).

· **Coach:** Jung-Moo Huh

Oman: 26-Al Habsi (GK), 25-Al Naufli, 16-Al Gheilani, 5-Al Balousi, 99-Al Mahajiri, 4-Al Maimani (69' 7-Al Naaimi), 21-Al Mukhaini, 15-Al Mukahini, 19-Al Noobi(45' 24-Saad Obaid), 13-SANGOOR (56' 6-Ali Aljabri), 14-Al Hosni

· **Coach:** Claude Le Roy (France)

Scorers: -

· **Caution:** 58' Beom-Seok Oh, 74' Al Balousi, 80' Al Mukhaini, 85' Gang-Jin Lee

· **Expulsion:** 84' Al Mukhaini

· **Referee:** Mohammed Abdulkareem (UAE)

· **Attendance:** 856

UAE-Korea Republic 0-2(0-2)

XIX. FIFA World Cup Republic of South Africa 2010, Last Preliminaries Match, Group B

(Dubai-Al-Maktoum Stadium-06.06.2009-20:15)

UAE: 1-Majed Naser, 4-Mohammad Qassim, 2-Fares Juma, 17-Walid Abbas, 9-Nawaf Mubarak Musabh, 14-Salem Masoud, 16-Helal Saeed, 7-Ali Al Wehaibi, 5-Abdulsalam Jumaa(82' 8-Ahmed Ali), 10-Mohamed Al Shehhi, 11-Ismaeel Al Hamadi(7' 13-Mahmoud Khamis)

· **Coach:** Dominique Bathenay(France)

Korea Republic: 1-Woon-Jae Lee, 12-Young-Pyo Lee(57' 5-Dong-Jin Kim), 2-Beom-Seok Oh, 4-Yong-Hyung Cho, 14-Jung-Soo Lee, 7-Ji-Sung Park, 13-Sung-Yong Ki, 17-Chung-Yong Lee, 8-Jung-Woo Kim, 10-Chu-Young Park(80' 15-Ki-Jong Bae), 11-Keun-Ho Lee(50' 3-Won-Hee Cho)

· **Coach:** Jung-Moo Huh

Scorers: 0-1 9' Chu-Young Park, 0-2 39' Sung-Yong Ki

· **Caution:** 39' Majed Naser, 44' Young-Pyo Lee, 46' Jung-Woo Kim, 49' Jung-Woo Kim, 76' Salem Masoud, 80' Beom-Seok Oh

· **Expulsion:** 49' Jung-Woo Kim, 85' Helal Saeed

· **Referee:** Abdullah Balideh(Qatar)

· **Attendance:** 4,875

Korea Republic-Saudi Arabia 0-0(0-0)

XIX. FIFA World Cup Republic of South Africa 2010, Last Preliminaries Match, Group B

(Seoul-Seoul World Cup Stadium-10.06.2009-20:00)

Korea Republic: 1-Woon-Jae Lee (GK), 15-Hyung-Il Kim, 4-Yong-Hyung Cho, 14-Jung-Soo Lee, 5-Dong-Jin Kim, 3-Won-Hee Cho, 7-Ji-Sung Park, 16-Sung-Yong Ki, 17-Chung-Yong Lee, 10-Chu-Young Park(73' Dong-Hyun Yang), 11-Keun-Ho Lee(84' Tae-Uk Choi)

· **Coach:** Jung-Moo Huh

Saudi Arabia: 1-Ali Waleed Abdullah (GK), 14-Abdulla Mohammed Aldossary, 4-Hawsawi Osama Abdulrazag, 2-Shuhail Abdullah Jaman, 5-Alqadi Naif Ali,

13-Sulaimani Hussain Omar(C), 15-Autef Abdoh Ibrahim(54' 9-Alqahtani Abdulrahman Ali), 6-Ateef Ahmed Ibrahim, 8-Hawsawi Mohammed Mohammednoor, 7-Alshamrani Nassir Ali(68' 11-Hazazi Naif Ahemd), 18-Al Qahtani Yasser Saeed(81' 16-Althakr Khaled Aziz)

· Coach : José Peseiro(Portugal)

Scorers : -

· Caution : 10' Chu-Young Park, 40' Ahmed Ateef, 49' Yong-Hyung Cho, 90' Hyung-Il Kim

· Expulsion : 79' Ahmed Ateef

· Referee : Benjamin Williams(Australia)

· Attendance : 32,566

Korea Republic-Iran 1-1(0-0)

XIX. FIFA World Cup Republic of South Africa 2010, Last Preliminaries Match, Group B

(Seoul-Seoul World Cup Stadium-17.06.2009-20:00)

Korea Republic : 1-Woon-Jae Lee (GK), 2-Beom-Seok Oh, 4-Yong-Hyung Cho, 14-Jung-Soo Lee, 5-Dong-Jin Kim(74' Young-Pyo Lee), 7-Ji-Sung Park, 16-Sung-Yong Ki(74' Dong-Hyun Yang), 17-Chung-Yong Lee(45' Won-Hee Cho), 10-Chu-Young Park, 11-Keun-Ho Lee, 8-Jung-Woo Kim

· Coach : Jung-Moo Huh

Iran : 1-Mehdi Rahmati (GK), 13-Hossein Kaebi, 4-Jalal Hosseini, 5-Hadi Aghili, 16-Mohammad Nosrati(85' M. Khalatbari), 8-Ali Karimi(75' A. Borhani), 2-Mehdi Mahdavikia(86' V. Hashemian), 6-Javad Nekounam, 18-Masoud Shojaei, 14-Andranik Timotian, 15-Pejman Nouri

· Coach : Afshin Ghotbi(Iran)

Scorers : 0-1 51' M. Shojaei, 1-1 81' Ji-Sung Park

· Caution : 11' Javad Nekounam, 28' Hossein Kaebi, 48' Andranik Timotian, 55' Sung-Yong Ki, 67' Masoud Shojaei, 90' Ji-Sung Park

· Referee : Yuichi Nishimura(Japan)

· Attendance : 40,283

Korea Republic-Paraguay 1-0(0-0)

Friendly Match

(Seoul-Seoul World Cup Stadium-12.08.2009-20:00)

Korea Republic : 1-Woon-Jae Lee, 12-Young-Pyo Lee, 2-Beom-Seok Oh(46' Min-Soo Kang), 4-Yong-Hyung Cho, 14-Jung-Soo Lee, 13-Chi-Woo Kim(46' Won-Hee Cho), 16-Sung-Yong Ki, 8-Jung-Woo Kim, 20-Dong-Gook Lee(46' Chu-Young Park), 11-Keun-Ho Lee(61' Dong-Geon Cho, 88' Jang-Eun Oh), 19-Ki-Hun Yeom(69' Seung-Hyun Lee)

· Coach : Jung-Moo Huh

Paraguay : 1-Justo Villar, 4-Denis Caniza 5-Julio Cáceres(81' V. Cáceres), 14-Antolin Alcáraz, 2-Marcos Cáceres, 8-Edgar Barreto(53' E. Ledesma), 16-Cristian Riveros(65' J. Santana), 13-Enrique Vera, 10-Salvador Cabañas(60' Oscar Cardoso), 18-Nelson Haedo Valdéz(52' O. Martínez), 19-Edga Benítez(71' M. Estigarribia)

· Coach : Gerardo Martino(Argentina)

Scorers : 1-0 83' Chu-Young Park

· Caution : 21' Cristian Riveros, 37' Antolin Alcáraz, 80' Min-Soo Kang

· Referee : Toma Masaaki(Japan)

· Attendance : 22,631

Korea Republic-Australia 3-1(2-1)

Friendly Match

(Seoul-Seoul World Cup Stadium-05.09.2009-20:00)

Korea Republic : 1-Woon-Jae Lee, 12-Young-Pyo Lee, 4-Yong-Hyung Cho, 14-Jung-Soo Lee, 15-Dong-Jin Kim, 7-Ji-Sung Park, 16-Sung-Yong Ki(46' 19-Ki-Hun Yeom), 17-Chung-Yong Lee(70' 5-Nam-Il Kim), 8-Jung-Woo Kim(46' 6-Won-Hee Cho, 89' 23-Seung-Hyun Lee), 10-Chu-Young Park(79' 11-Keun-Ho Lee), 20-Dong-Gook Lee(46' 9-Ki-Hyeon Seol)

· Coach : Jung-Moo Huh

Australia : 1-Mark Schwarzer, 3-Shane Stefanutto, 17-Patrick Kisnorbo, 4-Jade North, 23-Mark Bresciano, 5-JasonČulina, 13-Vincenzo Grella, 14-Brett Holman(59' 19-Nick Carle), 16-Mark Milligan(80' 15-Matthew Špiranović), 9-Josh Kennedy, 7-Scott McDonald

· Coach : Pim Verbeek(Netherlands)

Scorers : 1-0 4' Chu-Young Park, 2-0 20' Jung-Soo Lee, 2-1 33' Patrick Kisnorbo, 3-1 86' Ki-Hyeon Seol

· Caution : 35' Jade North, 73' Vincenzo Grella

· Referee : Subkhiddin Mohd Salleh(Malaysia)

·Attendance: 40,215

Korea Republic-Senegal 2-0(1-0)

Friendly Match

(Seoul-Seoul World Cup Stadium-14.10.2009-20:00)

Korea Republic: 1-Woon-Jae Lee, 12-Young-Pyo Lee, 22-Du-Ri Cha(78' 2-Beom-Seok Oh), 4-Yong-Hyung Cho, 14-Jung-Soo Lee, 7-Ji-Sung Park, 16-Sung-Yong Ki(46' 5-Nam-Il Kim), 17-Chung-Yong Lee(82' 13-Yo-Han Ko), 8-Jung-Woo Kim(46' 6-Won-Hee Cho), 10-Chu-Young Park(75' 19-Ki-Hun Yeom), 11-Keun-Ho Lee(46' 9-Ki-Hyeon Seol)

·Coach: Jung-Moo Huh

Senegal: 1-Cheikh Tidiane N'Diaye, 4-Pape Malickou Diakhaté, 15-Jacques Faty, 19-Mohamed Sarr, 8-Issiar Dia, 2-Moustapha Diallo, 20-Mickael Tavares(70' 22-Mohamed Rebeiz), 6-Hadji Makhtr Thioune, 17-Moussa Sow(64' 10-Ndiaye Deme N'Diaye), 9-Demba Ba(79' 14-Lamine Diarra), 18-Papiss Demba Cissé(58' 3-Mame Birame Diouf)

·Coach: Amsatou Fall(Senegal)

Scorers: 1-0 42' Sung-Yong Ki, 2-0 80' Beom-Seok Oh

·Caution: 62' Issiar Dia

·Referee: Hai Tan(China)

·Attendance: 31,547

Denmark-Korea Republic 0-0(0-0)

Friendly Match

(Esbjerg-Blue Water Arena-14.11.2009-20:00)

Denmark: 1-Thomas Sørensen, 4-Per Krøldrup, 3-Simon Kjær, 5-Leon Jessen, 6-Lars Jacobsen, 10-Thomas Kahlenberg(63' 20-Thomas Enevoldsen), 7-Daniel Jensen(70' 18-Johan Absalonsen), 8-Jakob Poulsen, 2-Christian Poulsen, 11-Soren Rieks(79' 15-Jesper Grønkjær), 9-Morten Rasmussen(74' 17-Martin Bernburg)

·Coach: Morten Olsen(Denmark)

Korea Republic: 1-Woon-Jae Lee, 12-Young-Pyo Lee, 22-Du-Ri Cha(83' 2-Beom-Seok Oh), 4-Yong-Hyung Cho, 14-Jung-Soo Lee(63' 25-Tae-Hwi Kwak), 7-Ji-Sung Park(65' 19-Ki-Hun Yeom), 16-Sung-Yong Ki, 17-Chung-Yong Lee(86' 24-Do-Heon Kim), 8-Jung-Woo Kim, 20-Dong-Gook Lee(46' 9-Ki-Hyeon Seol), 11-Keun-Ho Lee(79' 13-Chi-Woo Kim)

·Coach: Jung-Moo Huh

Scorers: -

·Caution: 78' Tae-Hwi Kwak 80' Jung-Woo Kim

·Referee: Martin Hansson(Sweden)

·Attendance: 18,000

Korea Republic-Serbia 0-1(0-1)

Friendly Match

(London-Craven Cottage-18.11.2009-14:30)

Korea Republic: 21-Young-Kwang Kim, 12-Young-Pyo Lee, 2-Beom-Seok Oh(46' 22-Du-Ri Cha), 4-Yong-Hyung Cho, 14-Jung-Soo Lee, 6-Won-Hee Cho(34' 24-Do-Heon Kim, 81' 23-Hyung-Il Kim), 7-Ji-Sung Park(70' 3-Min-Soo Kang), 5-Nam-Il Kim, 17-Chung-Yong Lee, 9-Ki-Hyeon Seol(59' 20-Dong-Gook Lee), 19-Ki-Hun Yeom(46' 11-Keun-Ho Lee)

·Coach: Jung-Moo Huh

Serbia: 1-V. Stojković, 5-N. Vidić(72' 3-A. Kolarov), 13-A. Luković(88' 16-J. Vuković), 6-B. Ivanović, 20-N. Subotić, 17-M. Krasić, 22-Z. Kuzmanović(82' 21-R. Petrović), 11-N. Milijaš(59' 4-G. Kacar), 19-N. Žigić, 8-D. Lazović(46' 7-Z. Tosic), 14-M. Jovanović(68' 18-M. Ninković)

·Coach: Radomir Antić(Serbia)

Scorers: 0-1 7' N. Žigić

·Caution: 31' Yong-Hyung Cho, 86' Hyung-Il Kim, 93' R. Petrović

·Referee: Stuart Attwell(ENG)

·Attendance: 7,000

05
Футбол в Корее после 2010 года

На Кубке мира в 2010 году, проводимом в Южно-Африканской Республике, корейская сборная попала в одну группу с Грецией, Аргентиной и Нигерией. В первом этапе в игре с Грецией Корея одерживает победу 2:0. Затем во втором этапе в игре с Аргентиной терпит поражение 1:4. И в третьем этапе в игре с Нигерией играет вничью 2:2. Заняв 2 место в группе, Корея выходит в 1/8 финала. В 1/8 финала встречается с Уругваем, но проигрывает со счетом 1:2 и на этом заканчивает свою игру в Кубке мира в ЮАР. Выход в 1/8 финала на Кубке мира в ЮАР в 2010 году для Кореи был значимым, поскольку это результат был достигнут вне страны.

Кубок Азии, проводимый в Катаре в 2011 году, принес Корее много разочарований. Корея возлагала большие надежды на Чемпионат, поскольку успешно завершила участие на Кубке мира 2010. Корея набрала 7 очков. Такое же количество очков набрала Австралия. Методом забитых и пропущенных голов Корея уступила Австралии 1 мяч, тем самым заняв 2-е место, выходит в 1/4 финала. В 1/4 финала Корея играет с Ираном до экстра тайма, обыгрывает его со счетом 1:0 и встречается в полуфинале с Японией. В полуфинале тоже играет до экстра тайма, но счет равный 2:2. Все удары пенальти корейские бомбардиры осуществляют безуспешно. В результате Япония одерживает победу, а Корея играет за третье место. В этой игре сборная Кореи встречается с Узбекистаном и одерживает победу со счетом 3:2, заняв 3-е место. После 1-го и 2-го матчей Кубка Азии Корея больше не имела успеха, что заставило ее задуматься о достижении успеха в следующем матче.

На Олимпийских играх в Лондоне Корея состояла в одной группе с Мексикой, Швейцарией и Габоном. С Мексикой сыграла вничью 0:0, со Швейцарией одержала победу 2:1 и обеспечила выход в 1/4 финала. С Габоном сыграла вничью 0:0 и вышла в 1/4 финала. В 1/4 финала Корея встретилась с хозяйкой Кубка мира Англией, страной в которой родился футбол. Для участия в Олимпийских играх в Лондоне, Англия специально создала единую футбольную команду из ранее состоявших четырех команд Англия, Шотландия, Уэльс и Северная Ирландия. Название единой команды «Тим ДжиБи» («Team GB»). Будучи родиной футбола и хозяйкой Олимпийских игр, целью Англии было завоевание золотой медали. По окончании выделенного времени и окончании экстра тайма счет был равный 1:1. В пенальти Корея обыгрывает со счетом 5:4 и выходит в полуфинал. В полуфинале встречается с наисильнейшей командой Бразилии и проигрывает ей со счетом 0:3. Остается игра за третье место. Здесь сборная Кореи вновь играет с Японией. Снова игра с Японией, но на кону уже бронзовая олимпийская медаль. Два гола подряд, забитых игроками Пак Джу Ёном и Гу Джа Чолем, прессингуют Японию. Так Корея заканчивает игру со счетом 2:0 и завоевывает бронзовую олимпийскую медаль. Еще одно достижение в истории футбола Кореи.

В 2013 году Корея участвует в заключительном отборочном турнире АФК с результатом 4 победы, 2 ничьи и 2 поражения, итого 14 рекордных очков. Она занимает 2 место в группе и получает билет на финальный турнир Кубка мира, проводимом в Бразилии в 2014 году. Хотя у Кореи и Узбекистана, занимавшего третье место, количество набранных очков было одинаковым, Корея опережала всего на один гол в разнице забитых и пропущенных голов. Поэтому вплоть до окончания отборочного турнира, Корея пока не могла вздохнуть спокойно. Выход в финальный турнир заставил понервничать сборную, но она прошла опасный рубеж и в восьмой раз подряд выходит в финальный турнир Кубка мира.

На Кубке мира в Бразилии в 2014 году Корея состоит в группе Н вместе с Бельгией, Алжиром и Россией. Тренером сборной Кореи был Хон Мён Бо, который в 2002 году на Кубке мира в Корее и Японии был капитаном корейской сборной. С Россией заканчивает игру с равным счетом 1:1. В игре с Алжиром позволяет им в первом тайме забить 3 гола, в итоге проигрывает со счетом 2:4. Следом проигрывает Бельгии со счетом 0:1. Занимая 4 место в группе, не проходит в 1/8 финального турнира. Но корейской сборной не пришлось долго грустить. В этот же год в сентябре открывались 17-е Азиатские игры, проводимые в Инчхоне. Здесь Корея попала в группу А с командами Саудовской Аравии, Малайзии и Лаоса.

В первом этапе в игре с Малайзией заканчивает победой 3:0, с Саудовской Аравией тоже заканчивает игру победой 1:0 и с Лаосом завершает игру победой 2:0. Занимая 1 место в группе, уверенно выходит в 1/8 финального турнира. В 1/8 финала побеждает Гонконг со счетом 3:0. А в 1/4 финала встречается с вечным соперником Японией.

Незабываемые моменты матчей V

Лучшие моменты в истории корейского футбола: Олимпиада 2012 в Лондоне, матч за 3-е место Корея - Япония
10 августа 2012 г. Стадион Миллениум в г. Кардифф (Уэльс), Лондон

Из всех игр корейской сборной, игры, в которых ощущается наибольший накал страстей,- это игра с Японией. Насильственная оккупация путем захвата права нации в августе 1910 года, правление колонии, проблема «Женщины для утешения» в японских армиях, проблема территориальной собственности острова Докдо и другие исторические события послужили причиной холодных отношений между Кореей и Японией. Также и корейская футбольная сборная, которая представляет Корею и идет под корейским флагом, воссоединившись телом и душой с корейскими болельщиками, отдает всю себя в игре с Японией, чтобы одержать победу. Даже есть такое шутливое выражение «Как бы мы плохо не играли, Японию-то мы должны победить.». Из этого высказывания можно понять, насколько рьяно рвение Кореи к победе в игре с Японией. Если выбирать наилучшую игру с Японией среди 78 встреч, то, наверное, это будет игра за третье место на Олимпиаде в Лондоне в 2012 году.

Судьба распорядилась так, что в 2017 году Корея в девятый раз подряд выходит в финальный турнир Кубка мира, но не судьба была ей выйти в финальный турнир Олимпийских игр. Начиная с Олимпийских игр 1988 в Сеуле и до Олимпийских игр 2008 в Пекине корейская сборная регулярно выбывала на этапе турнира групповой лиги. Но на Олимпиаде 2012 в Лондоне корейская сборная по футболу под руководством тренера Хон Мён Бо впервые в этом виде спорта завоевывает бронзовую медаль. Не будет преувеличением, если я скажу, что в истории футбола это еще одно значимое событие.

В 1/4 финала Корея встретилась с Англией, родиной футбола. По случаю проведения Олимпийских игр у себя в стране, Англия создала единую футбольную сборную из команд Англии и Уэльса. В эту единую сборную входили знаменитые футболисты, кандидаты на победу такие как: Район Гикс (капитан команды), Арон Рэмдж, Джо Эллон, Даниэл Старидж и другие футболисты из Английской Премьер лиги. Англия играла активно, предполагая что она победит. Сыграла 120 минут и экстра тайм. Счет 1:1, назначается пенальти. Номер пятый, футболист Англии Даниэл Старидж бьет в ворота, но вратарь И Бом Ёнг отбивает мяч, затем последний корейский игрок Ким Сон Ён забивает победный гол. Счет становится 5:4. Корейская команда впервые в истории мужского футбола выходит в полуфинал Олимпийских игр. Но встретившись в полуфинале с наисильнейшей командой Бразилии понимает, что победа остается только в мечтах и терпит поражение.

Как говорят: «Враги встречаются на мосту.». В матче за третье место Корея должна была встретиться с вечным врагом-сборной Японии.

11 августа 2012 года в 15:45 на том же стадионе Кадиф Миллениум, где Корея обыграла Англию, прозвучал свисток, ознаменовавший начало матча с Японией. Поскольку корейская сборная сыграла предыдущую игру до экстра тайма, да еще и дорога была долгой, она еще не восстановилась физически, но духом была наготове. Сбалансированная расстановка корейских игроков на поле была такова: Пак Джу Ён и Ди Донг Вон на переднем плане, Гу Джа Чоль и Ким Бо Гёнг на фланге 4-4-2, А у японской команды была защитная расстановка 4-2-3-1. С самого начала игры Япония делала акцент на защиту. Основной задачей в игре с Японией было качественное ведение игры внутри круга, для того чтобы перехватить точный пас нападающего Очи Юкива к Нагаи. Поскольку и Корея и Япония физически уже ослабли, возможности нападать были не велики. Даже по количеству желтых карточек, можно представить насколько ожесточенной была игра. На 23-й минуте первого тайма находящийся на территории круга игрок Ки Сон Ёнг, пытаясь контратаковать, намеренно совершил фол, за что получил желтую карточку. На 34-й минуте первого тайма японский игрок грубо перехватил мяч и тоже получил желтую карточка. Затем дошло дело чуть ли не до рукопашного разбирательства. Корейская команда всеми силами старалась перекрыть атаку японской команды. В результате на 38-й минуте первого тайма корейский джокер

Пак Джу Ёнг с заднего плана сделал длинную передачу. Мяч пролетел над головой последнего защитника. С четвертой попытки, переиграв защитника, проходит справа от зоны пенальти и бьет правой ногой прямо в ворота.

На 44-й минуте второго тайма игрока Гу Джа Чоля заменяет еще не игравший защитник Ким Ги Хи.

Спустя всего 64 года после первого участия на Олимпийских играх 1948 в Лондоне, Корея стала обладательницей бронзовой медали. Из азиатских стран Корея становится второй страной-обладательницей медали за всю историю футбола. Восемнадцать футболистов-воинов корейской сборной-получили от Ассоциации корейского футбола премию на сумму 1миллиард 520 тысяч вон и были освобождены от военной обязанности.

Вот так разрешился вопрос военнообязанных спортсменов, находящихся за рубежом. И организации, и спортсмены свободно могли долгое время жить и тренироваться за рубежом.

2010

Zambia-Korea Republic 4-2(2-1)

Friendly Match

(Johannesberg –Rand Stadium–09.01.2010–16:30)

Zambia : 16-Kennedy Mweene (GK), 15-Chintu Kampamba, 7-Jacob Musonda, 13-Stoppila Sunzu, 19-Thomas Nyirenda, 10-Felix Katongo(37' 14-Noah Chivuta), 17-Rainford Kalaba(75' 23-Clifford Mbesuma), 20-William Njobvu(75' 2-Francis Kasonde), 11-Christopher Katongo(75' 8-Issac Chansa), 4-Joseph Mulenga(63' 9-Collins Mbesuma), 12-James Chamanga(63' 21-Emmanuel Mayuka)

·**Coach :** H. Renard

Korea Republic : 1-Woon-Jae Lee, 3-Min-Soo Kang, 4-Yong-Hyung Cho, 5-Chul-Soon Choi, 14-Jung-Soo Lee(46' 12-Gyu-Ro Lee), 10-Do-Heon Kim, 7-Jae-Sung Kim(76' 17-Seung-Hyun Lee), 8-Jung-Woo Kim(64' 6-Ja-Cheol Koo), 20-Dong-Gook Lee(46' 9-Shin-Wook Kim), 19-Ki-Hun Yeom(46' 24-Bo-Kyung Kim), 22-Byung-Jun No(80' 25-Seung-Ryul Lee)

·**Coach :** Jung-Moo Huh

Scorers : 1-0 7' Felix Katongo, 2-0 15' Rainford Kalaba, 2-1 35' Jung-Woo Kim, 3-1 58' James Chamanga, 4-1 73' Noah Chivuta, 4-2 83' Ja-Cheol Koo

·**Caution :** 71' Thomas Nyirenda

·**Referee :** Victor Gomes(South Africa)

·**Attendance :** 2,000

Finland-Korea Republic 0-2(0-1)

Friendly Match

(Málaga – Estadio de Atletismo Ciudad de Málaga – 18.01.2010 – 15:30)

Finland : 1-Otto Fredrikson, 19-Joni Aho, 4-Jani Lyyski, 3-Ari Nyman, 6-Joel Perovuo(85' 20-Paulus Arajuuri), 7-Roni Porokara(68' 18-Mika Ojala), 5-Markus Halsti, 15-Juska Savolainen, 10-Jari Litmanen(60' 17-Sevastian Sorsa), 16-Jonathan Johansson(60' 8-Kasper Hämäläinen), 9-Hermanni Vuorinen(74' 11-Timo Furuhim)

·**Coach :** S. Baxter

Korea Republic : 1-Woon-Jae Lee, 2-Beom-Seok Oh, 4-Yong-Hyung Cho, 14-Jung-Soo Lee(85' 3-Min-Soo Kang), 13-Joo-Ho Park, 16-Hyung-Min Shin(78' 6-Ja-Cheol Koo), 8-Jung-Woo Kim, 24-Bo-Kyung Kim(36' 10-Do-Heon Kim), 20-Dong-Gook Lee, 19-Ki-Hun Yeom, 22-Byung-Jun No(72' 25-Seung-Ryul Lee)

·**Coach :** Jung-Moo Huh

Scorers : 0-1 39' Beom-Seok Oh, 0-2 61' Jung-Soo Lee

·**Caution :** -

·**Referee :** Fernandez Borbalon(Spain)

·**Attendance :** 270

Korea Republic-Latvia 1-0(0-0)

Friendly Match

(Málaga - Estadio de Atletismo Ciudad de Málaga - 22.01.2010 - 15:10)

Korea Republic : 18-Sung-Ryong Jung (GK), 3-Min-Soo Kang, 2-Beom-Seok Oh(75' 12-Gyu-Ro Lee), 4-Yong-Hyung Cho, 14-Jung-Soo Lee, 13-Joo-Ho Park, 8-Jung-Woo Kim(81' 10-Do-Heon Kim), 6-Ja-Cheol Koo(72' 16-Hyung-Min Shin), 20-Dong-Gook Lee(61' 9-Shin-Wook Kim), 19-Ki-Hun Yeom, 22-Byung-Jun No(46' 7-Jae-Sung Kim)

·**Coach :** Jung-Moo Huh

Latvia : 12-Andris Vanins(46' 12-Andris Kolinko) (GK), 13-Kaspars Gorkšs, 2-Ritus Krjauklis, 4-Pavels Mihadjuks, 7-Deniss Kačanovs, 6-Jevgenijs Kosmačovs(70' 15-Aleksandrs Fertovs), 16-Vladimirs Koļesņičenko, 8-Genadijs Soloņicins(65' 9-Jurijs Žigajevs), 10-Andjrejs Rubins(81' 18-Kristaps Blanks), 17-Artjoms Rudņevs(63' 11-Girts Karlsons), 14-Andjrejs Perepļotkins(63' 19-Ivans Lukjanovs)

·**Coach :** Alexsandrs Starkovs(Latvia)

Scorers : 1-0 55' Jae-Sung Kim

·**Cautions :**

·**Referee :** Velasco Carballo(Spain)

·**Attendance :** 150

Korea Republic-Hongkong 5-0(4-0)

III. EAFF East Asian Cup 2010, Final Competition Match

(Tokyo-Tokyo National Stadium-07.02.2010-19:15)

Korea Republic : 1-Woon-Jae Lee (GK), 2-Beom-Seok Oh

(63' 5-Tae-Hwi Kwak), 4-Yong-Hyung Cho, 14-Jung-Soo Lee, 13-Joo-Ho Park, 15-Bo-Kyung Kim, 8-Jung-Woo Kim(C), 6-Ja-Cheol Koo, 19-Jang-Eun Oh (46' 22-Byung-Jun No), 9-Seung-Yeoul Lee, 20-Dong-Gook Lee (72' 7-Jae-Sung Kim)

· Coach: Jung-Moo Huh

Hongkong: 28-Zhang Chunhui(GK), 2-Lee Chi Ho, 3-Ambassa Guy Gerard, 4-Ng Wai Chiu, 15-Chan Wai Ho, 20-Poon Yiu Cheuk, 11-Li Haiqiang(73' 10-Au Yeung Yiu Chung), 16-Leung Chun Pong, 18-Kwok Kin Pong(85' 8-Xu Deshuai), 21-Man Pei Tak(57' 25-Bai He), 26-Chao Pengfei

· Coach: Pan-Gon Kim (Korea Rep.)

Scorers: 1-0 10' Jung-Woo Kim, 2-0 24' Ja-Cheol Koo, 3-0 32' Dong-Gook Lee, 4-0 37' Seung-Yeoul Lee, 5-0 92' Byung-Jun No

· Caution: 27' Yong-Hyung Cho, 35' Ambassa Guy Gerard, 64' Chan Wai Ho

· Referee: Ryuji Sato (Japan)

· Attendance: 2,728

China PR-Korea Republic 3-0(2-0)

Ⅲ. EAFF East Asian Cup 2010, Final Competition Match (Tokyo-Tokyo Ajinomoto Stadium-10.02.2010-19:15)

China PR: 22-Yang Zhi(Gk), 2-Du Wei(C), 4-Feng Xiaoting, 20-Rong Hao, 45-Zhang Linpeng, 8-Deng Zhuoxiang(87' 5-Zhao Peng), 15-Yang Hao, 21-Yu Hai, 39-Zhao Xuri(72' 42-Yan Feng), 11-Qu Bo, 17-Gao Lin(63' 19-Jiang Ning)

· Coach: Gao Hongbo

Korea Republic: 1-Woon-Jae Lee (GK), 2-Beom-Seok Oh, 4-Yong-Hyung Cho, 5-Tae-Hwi Kwak, 14-Jung-Soo Lee (15' 13-Joo-Ho Park), 6-Ja-Cheol Koo, 8-Jung-Woo Kim(C), 10-Do-Heon Kim (62' 22-Byung-Jun No), 19-Jang-Eun Oh, 11-Keun-Ho Lee (45' 9-Seung-Yeoul Lee), 20-Dong-Gook Lee

· Coach: Jung-Moo Huh

Scorers: 1-0 5' Yu Hai, 2-0 27' Gao Lin, 3-0 60' Deng Zhuoxiang

· Caution: 26' Jung-Woo Kim 31' Deng Zhuoxiang 63' Zhao Xuri

· Referee: Ng Kai Lam(Hongkong)
· Attendance: 3,629

Japan-Korea Republic 1-3(1-2)

Ⅲ. EAFF East Asian Cup 2008, Final Competition Match (Tokyo-Tokyo National Stadium-14.02.2010-19:15)

Japan: 1-Narazaki Seigo(GK), 4-Tanaka Tulio, 5-Nagatomo Yuto, 6-Uchida Atsuto, 22-Nakazawa Yuji(C), 7-Endo Yasuhito, 8-Inamito Junichi, 14-Nakamura Kengo, 16-Okubo Yoshito(26' 17-Kagawa Shinji, 45' 12-Iwamasa Dauki), 9-Okazaki Shinji, 11-Tamada Keiji(82' 13-Sato Hisato)

· Coach: T. Okada(Japan)

Korea Republic: 1-Woon-Jae Lee(GK), 2-Beom-Seok Oh, 3-Min-Soo Kang, 4-Yong-Hyung Cho, 13-Joo-Ho Park, 7-Jae-Sung Kim, 8-Jung-Woo Kim(C), 15-Bo-Kyung Kim (87' 19-Jang-Eun Oh), 16-Hyung-Min Shin, 9-Seung-Yeoul Lee (56' 6-Ja-Cheol Koo), 20-Dong-Gook Lee (62' 11-Keun-Ho Lee)

· Coach: Jung-Moo Huh

Scorers: 1-0 23' Endo Yasuhito, 1-1 33' Dong-Gook Lee, 1-2 39' Seung-Yeoul Lee, 1-3 70' Jae-Sung Kim

· Shots: Korea 9(5+4), Japan 8(2+6)

· Caution: 14' Inamito Junichi, 21' Jung-Woo Kim, 22' Min-Soo Kang, 29' Bo-Kyung Kim, 41' Tanaka Tulio, 52' Jung-Woo Kim

· Exclusion: 52' Jung-Woo Kim

· Referee: Strebre Delovski(AUS)

· Attendance: 42,951

CÔTE D'IVOIRE-Korea Republic 0-2(0-1)

Friendly Match

(London- Loftus Road Stadium-03.03.2010-14:30)

CÔTE D'IVOIRE: 1-Boubacar Barry, 21-E. Eboué, 12-A. Méïté(81' M. Zoro), 17-S. Tiéné, 22-S. Bamba, 18-A. Keïta(83' 10-Seydon Doumbia), 13-C. Romaric, 3-C. Tioté, 15-Aruna Dindane(68' 6-Boubacar Sanogo), 11-D. Drogba, 14-B. Koné(57' 7-Emerse Faé)

· Coach: Kouadio George(CÔTE D'IVOIRE)

Korea Republic: 1-Woon-Jae Lee, 12-Young-Pyo Lee, 22-Du-Ri Cha, 4-Yong-Hyung Cho, 14-Jung-Soo Lee(61'

23-Tae-Hwi Kwak), 7-Ji-Sung Park, 16-Sung-Yong Ki(77' 13-Jae-Sung Kim), 17-Chung-Yong Lee, 8-Jung-Woo Kim, 20-Dong-Gook Lee(46' 9-Jung-Hwan Ahn), 11-Keun-Ho Lee(46' 5-Nam-Il Kim)

· **Coach:** Jung-Moo Huh

Scorers: 0-1 4' Dong-Gook Lee, 0-2 92' Tae-Hwi Kwak

· **Caution:** 25' C. Tioté

· **Referee:** Andre Marriner(England)

· **Attendance:** 5,000

Korea Republic-Ecuador 2-0(0-0)

Friendly Match

(Seoul-Seoul World Cup Stadium-16.05.2010-19:00)

Korea Republic: 18-Sung-Ryong Jung (GK), 2-Beom-Seok Oh(46' 22-Du-Ri Cha), 4-Yong-Hyung Cho(46' 24-Jae-Won Hwang), 15-Dong-Jin Kim, 23-Tae-Hwi Kwak, 7-Ji-Sung Park(46' 17-Chung-Yong Lee), 13-Jae-Sung Kim, 6-Hyung-Min Shin, 16-Sung-Yong Ki(73' 28-Ja-Cheol Koo), 20-Dong-Gook Lee(66' 30-Seung-Ryul Lee), Ki-Hun Yeom(81' 29-Bo-Kyung Kim)

· **Coach:** Jung-Moo Huh

Ecuador: 1-Marcelo Elizaga (GK), 3-Ivan Hurtado, 4-Ulises de la Cruz(77' 15-Pedro Quiñónez), 2-Miguel Ibarra, 6-Marcelo Fleitas, 11-Geovanny Nazareno, 18-Michael Quiñónez(46' 13-Edison Preciado), 8-Fernando Hidalgo, 5-Oswaldo Minda(78' 9-Joao Rojas), 10-Ivan Kaviedes, 7-Michael Arroyo

· **Coach:** Sixto Vizuete

Scorers: 1-0 73' Seung-Ryul Lee, 2-0 84' Chung-Yong Lee

· **Caution:** 82' Pedro Quiñónez, 89' Hyung-Min Shin

· **Referee:** P. Wongkamdee (Thailand)

· **Attendance:** 62,209

Japan-Korea Republic 0-2(0-1)

Friendly Match

(Saitama-Saitama Stadium-24.05.2010-19:20)

Japan: 1-Seigo Narazaki (GK), 22-Yuji Nakazawa, 15-Yasuyuki Konno, 5-Yuto Nagatomo, 7-Yasuhito Endō (79' 3-Yuichi Komano), 10-Shunsuke Nakamura(63' 19-Takayuki Morimoto), 17-Makoto Hasebe, 2-Yuki

Abe, 9-Shinji Okazaki, 18-Keisuke Honda(72' 14-Kengo Nakamura), 16-Yoshito Ōkubo (87' 12-Kisho Yano)

· **Coach:** T. Okada

Korea Republic: 1-Sung-Ryong Jung (GK), 17-Young-Pyo Lee, 24-Du-Ri Cha(67' 4-Beom-Seok Oh), 25-Jung-Soo Lee, 30-Tae-Hwi Kwak, 14-Ji-Sung Park(76' 20-Seung-Ryul Lee), 22-Sung-Yong Ki(76' 7-Bo-Kyung Kim), 27-Chung-Yong Lee, 28-Jung-Woo Kim, 12-Keun-Ho Lee(46' 15-Nam-Il Kim), 10-Ki-Hun Yeom(46' 19-Chu-Young Park)

· **Coach:** Jung-Moo Huh

Scorers: 0-1 6' Ji-Sung Park, 0-2 91' Chu-Young Park

· **Caution:** 38' Chung-Yong Lee, 74' Yasuhito Endō, 85' Beom-Seok Oh

· **Referee:** Stuart Attwell (England)

· **Attendance:** 57,873

Korea Republic-Belarus 0-1(0-0)

Friendly Match

(Kufstein-Kufstein-Arena-30.05.2010-15:00)

Korea Republic: 18-Woon-Jae Lee (GK), 3-Du-Ri Cha, 25-Yong-Hyung Cho, 4-Dong-Jin Kim, 22-Tae-Hwi Kwak(32' 6-Jung-Soo Lee), 19-Ji-Sung Park(46' 8-Ki-Hun Yeom), 10-Hyung-Min Shin, 30-Sung-Yong Ki(46' 29-Nam-Il Kim), 11-Chung-Yong Lee(46' 12-Jae-Sung Kim), 15-Chu-Young Park(73' 16-Seung-Ryul Lee), 27-Keun-Ho Lee(46' 28-Jung-Hwan Ahn)

· **Coach:** Jung-Moo Huh

Belarus: 1-Anton Amelchenko(46' 22-Sergei Veremko) (GK), 7-Sergei Omelyanchuk, 4-Dmitri Molosh, 5-Alexander Yurevich(46' 16-Igor Shitov), 17-Sergei Sosnovski(89' 6-Dmitri Lentsevich), 3-Alexander Martynovich, 14-Anton Putilo, 2-Yan Tigorev, 15-Sergei Krivets, 8-Sergei Kornilenko(46' 15-Sergei Kislyak), 10-Vitali Rodionov(75' 9-Andrey Voronkov)

· **Coach:** Bernd Stange

Scorers: 0-1 52' Seergei Kislyak

· **Caution:** 8' Dmitri Molosh, 13' Alexander Martynovich, 17' Sung-Yong Ki, 34' Sergei Kornilenko

· **Referee:** Bernhard Brugger (Austria)

· **Attendance:** 300

Spain-Korea Republic 1-0(0-0)

Friendly Match

(Innsbruck-Kufstein-Arena-03.06.2010-18:00)

Spain : 23-Pepe Reina(46' 12-Víctor Valdés) (GK), 4-Carlos Marchena, 15-Sergio Ramos, 2-Raul Albiol, 11-Joan Capdevila, 10-Cesc Fàbregas(58' 14-Xabi Alonso), 6-Andres Iniesta(58' 8-Xavi Hernandes), 20-Javi Martínez(79' 21-David Silva), 22-Jesús Navas, 19-Fernando Llorente(58' 7-David Villa), 13-Juan Mata(58' 18-Pedro Rodrigues)

·**Coach :** Del Bosque

Korea Republic : 1-Woon-Jae Lee(46' 18-Sung-Ryong Jung) (GK), 12-Young-Pyo Lee, 2-Beom-Seok Oh(80' 22-Du-Ri Cha), 4-Yong-Hyung Cho, 14-Jung-Soo Lee, 13-Jae-Sung Kim(45' 5-Nam-Il Kim), 16-Sung-Yong Ki, 17-Chung-Yong Lee, 8-Jung-Woo Kim, 10-Chu-Young Park, 19-Ki-Hun Yeom(65' 9-Jung-Hwan Ahn)

·**Coach :** Jung-Moo Huh

Scorers : 1-0 86' Jesús Navas

·**Caution :** -

·**Referee :** Robert Schörgenhofer (Austria)

·**Attendance :** 18,000

Korea Republic-Greece 2-0(1-0)

XIX. FIFA World Cup Republic of South Africa 2010, Final Phase, 1st Round Group B

(Port Elizabeth - Nelson Mandela Bay Stadium - 12.06.2010 - 13:30)

Korea Republic : 18-Sung-Ryong Jung (GK), 12-Young-Pyo Lee, 22-Du-Ri Cha, 4-Yong-Hyung Cho, 14-Jung-Soo Lee, 7-Ji-Sung Park, 16-Sung-Yong Ki(74' 5-Nam-Il Kim), 17-Chung-Yong Lee(89' 13-Jae-Sung Kim), 8-Jung-Woo Kim, 10-Chu-Young Park(88' 11-Seung-Ryul Lee), 19-Ki-Hun Yeom

·**Coach :** Jung-Moo Huh

Greece : 12-Alexandros Tzorvas (GK), 2-Giourkas Seitaridis, 8-Avraam Papadopoulos, 15-Vasileios Torosidis, 11-Loukas Vyntra, 10-Georgios Karagounis(45' 3-Christos Patsatzoglou), 21-Konstantinos Katsouranis, 6-Alexandros Tziolis, 9-Angelos Charisteas(61' 20-Pantelis Kapetanos), 7-Georgios Samaras(59' 14-Dimitrios Salpingidis), 17-Theofanis Gekas

·**Coach :** Otto Rehhagel(Germany)

Scorers : 1-0 7' Jung-Soo Lee, 2-0 52' Ji-Sung Park

·**Caution :** 56' Vasileios Torosidis

·**Referee :** Michael Hester(New Zealand)

·**Attendance :** 31,513

Argentina-Korea Republic 4-1(2-1)

XIX. FIFA World Cup Republic of South Africa 2010, Final Phase, 2nd Round Group B

(Johannesburg-Soccer City Stadium-17.06.2010-13:30)

Argentina : 22-Sergio Romero (GK), 6-Gabriel Heinze, 2-Martin Demichelis, 13-Walter Samuel(23' 4-Nicolas Burdisso), 14-Javier Mascherano, 20-Maxi Rodríguez, 17-Jonas Gutiérrez, 7-Ángel. di María, 10-Lionel Messi, 11-Carlos Tévez(75' 16-Sergio Agüero), 9-Gonzalo Higuaín(82' 5-Mario Bolatti)

·**Coach :** Diego Maradona(Argentina)

Korea Republic : 18-Sung-Ryong Jung (GK), 12-Young-Pyo Lee, 2-Beom-Seok Oh, 4-Yong-Hyung Cho, 14-Jung-Soo Lee, 7-Ji-Sung Park, 16-Sung-Yong Ki(46' 5-Nam-Il Kim), 17-Chung-Yong Lee, 8-Jung-Woo Kim, 10-Chu-Young Park(81' 20-Dong-Gook Lee), 19-Ki-Hun Yeom

·**Coach :** Jung-Moo Huh

Scorers : 1-0 17'(OG) Chu-Young Park, 2-0 33' Gonzalo Higuaín, 2-1 46' Chung-Yong Lee, 3-1 76' Gonzalo Higuaín, 4-1 80' Gonzalo Higuaín

·**Caution :** 10' Ki-Hun Yeom, 34' Chung-Yong Lee, 54' Jonas Gutiérrez, 55' Javier Mascherano, 74' Gabriel Heinze

·**Referee :** Frank De Bleeckere(Belgium)

·**Attendance :** 82,174

Nigeria-Korea Republic 2-2(1-1)

XIX. FIFA World Cup Republic of South Africa 2010, Final Phase, 3rd Round Group B

(Durban-Moses Mabhida Stadium-22.06.2010-20:30)

Nigeria : 1-Vincent Enyeama (GK), 5-Rabiu Afolabi, 6-Danny Shittu, 2-Joseph Yobo(46' 21-Uwa Echiejile), 19-Chinedu Odiah, 13-Ayila Yussuf, 20-Dickson Etuhu, 8-Yakubu Ayegbeni(70' 18-Victor Obinna),

4-Nwankwo Kanu(57' 9-Obafemi Martins), 12-Kalu Uche, 17-ChidiObasi.

·**Coach**: Lars Lagerbäck(Sweden)

Korea Republic: 18-Sung-Ryong Jung (GK), 12-Young-Pyo Lee, 22-Du-Ri Cha, 4-Yong-Hyung Cho, 14-Jung-Soo Lee, 7-Ji-Sung Park, 16-Sung-Yong Ki(87' 13-Jae-Sung Kim), 17-Chung-Yong Lee, 8-Jung-Woo Kim, 10-Chu-Young Park(89' 15-Dong-Jin Kim), 19-Ki-Hun Yeom(64' 5-Nam-Il Kim).

·**Coach**: Jung-Moo Huh

Scorers: 1-0 12' Kalu Uche, 1-1 38' Jung-Soo Lee, 1-2 49' Chu-Young Park, 2-2 69'(P) Yakubu Ayegbeni

·**Caution**: 31' Vincent Enyeama, 37' Chinedu Obasi, 42' Ayila Yussuf, 68' Nam-Il Kim

·**Referee**: Olegário Benquerença(Portugal)

·**Attendance**: 61,874

Uruguay-Korea Republic 2-1(1-0)

XIX. FIFA World Cup Republic of South Africa 2010, Final Phase, 1/8 Final

(Port Elizabeth-Nelson Mandela Bay Stadium-26.06.2010-16:00)

Uruguay: 1-Fernando Muslera (GK), 2-Diego Lugano, 4-Jorge Fucile, 16-Maximiliano Pereira, 3-Diego Godín(46' M. Victorino), 11-Álvaro Pereira(74' N. Lodeiro), 15-Diego Pérez, 17-Egidio Arévalo, 9-Luis Suárez(84' Á. Fernández), 10-Diego Forlán, 7-Edinson Cavani

·**Coach**: Óscar Tabárez(Uruguay)

Korea Republic: 18-Sung-Ryong Jung (GK), 12-Young-Pyo Lee, 22-Du-Ri Cha, 4-Yong-Hyung Cho, 14-Jung-Soo Lee, 7-Ji-Sung Park, 13-Jae-Sung Kim(61' Dong-Gook Lee), 16-Sung-Yong Ki(85' Ki-Hun Yeom), 17-Chung-Yong Lee, 8-Jung-Woo Kim, 10-Chu-Young Park

·**Coach**: Jung-Moo Huh

Scorers: 1-0 8' Luis Suárez, 1-1 68' Chung-Yong Lee, 2-1 80' Luis Suárez

·**Caution**: 38' Jung-Woo Kim, 69' Du-Ri Cha, 83' Yong-Hyung Cho

·**Referee**: Wolfgang Stark(Germany)

·**Attendance**: 30,597

Korea Republic-Nigeria 2-1(2-1)

Friendly Match

(Suwon-Suwon World Cup Stadium-11.08.2010-20:00)

Korea Republic: 1-Woon-Jae Lee(27' 18-Sung-Ryong Jung) (GK), 12-Young-Pyo Lee, 2-Hyo-Jin Choi, 14-Jung-Soo Lee(77' 4-Yong-Hyung Cho), 5-Tae-Hwi Kwak(46' 15-Jeong-Ho Hong), 6-Young-Gwon Kim, 7-Ji-Sung Park(46' 11-Seung-Ryul Lee), 16-Sung-Yong Ki(61' 8-Ji-Hoon Baek), 24-Bit-Garam Yoon, 10-Chu-Young Park(72' 23-Bo-Kyung Kim), 22-Young-Cheol Cho

·**Coach**: Kwang-Rae Cho

Nigeria: 1-Dele Aiyenugba (GK), 6-Daniel Shittu, 5-Okeremute Sodje, 3-Valentine Nwaebili, 2-Peter Suswam(71' 15-Emman Anyanwu), 20-Dickson Etuhu, 10-Otekpa Eneji(80' 4-Ayo Saka), 7-Solomon Okoronkwo(59' 8-Joseph Akpala), 11-Peter Odemwingie, 9-Obafemi Martins, 12-Kalu Uche(32' 13-Brown Ideye)

·**Coach**: Augustine Eguavoen(Sweden)

Scorers: 1-0 16' Bit-Garam Yoon, 1-1 26' Peter Odemwingie, 2-1 44' Hyo-Jin Choi

·**Caution**: -

·**Referee**: Yuichi Nishimura (Japan)

·**Attendance**: 40,331

Korea Republic-Iran 0-1(0-1)

Friendly Match

(Seoul-Seoul World Cup Stadium-07.09.2010-20:00)

Korea Republic: 1-Sung-Ryong Jung (GK), 12-Young-Pyo Lee, 2-Hyo-Jin Choi(70' 22-Du-Ri Cha), 14-Jung-Soo Lee, 6-Young-Gwon Kim, 15-Jeong-Ho Hong(90' 26-Joo-Ho Park), 7-Ji-Sung Park, 16-Sung-Yong Ki(46' 8-Jung-Woo Kim, 66' 18-Young-Cheol Cho), 17-Chung-Yong Lee(78' 20-Hyun-Jun Suk), 24-Bit-Garam Yoon(46' 13-Do-Heon Kim), 10-Chu-Young Park

·**Coach**: Kwang-Rae Cho

Iran: 1-Mahdi Rahmati (GK), 5-Hadi Aghily, 4-Jalal Hosseini, 20-Mohammad Nosrati, 24-Ehsan HajySafi, 18-Pejman Nouri(83' 15-Hanif Zadeh), 14-Andranik Timotian, 6-Javad Nekonam, 7-Masoud Shojaei(78' 9-Mohammad Khalatbari), 21-Gholamreza Rezaei, 17-Mohammad Gholami(35' 10-Karim Fard, 72' Mehrdad

Oladi)

·**Coach :** Afshin Ghotbi(Iran)

Scorers : 0-1 34' Masoud Shojaei

·**Caution :** 34' Hadi Aghili, 34' Jung-Soo Lee, 77' Gholamreza Rezaei, 80' Mohammad Nosrati, 94' Andranik Timotian

·**Referee :** Subkhiddin Mohd Salleh (Malaysia)

·**Attendance :** 38,642

Korea Republic-Japan 0-0(0-0)

Friendly Match

(Seoul-Seoul World Cup Stadium-12.10.2010-20:00)

Korea Republic : 1-Sung-Ryong Jung (GK), 12-Young-Pyo Lee, 2-Hyo-Jin Choi(81' 22-Du-Ri Cha), 4-Yong-Hyung Cho, 14-Jung-Soo Lee, 15-Jeong-Ho Hong, 23-Hyung-Min Shin(45' 16-Sung-Yong Ki), 17-Chung-Yong Lee, 8-Bit-Garam Yoon, 10-Chu-Young Park, 20-Sung-Kuk Choi(65' 19-Ki-Hun Yeom, 81' Byung-Soo Yoo).

·**Coach :** Kwang-Rae Cho

Japan : Shusaku Nishikawa (GK), Yuichi Komano(14' Atsuto Uchida), Yuzo Kurihara, Yasuyuki Konno, Yuto Nagatomo, Yasuhito Endō(85' Kengo Nakamura), Daisuke Matsui(78' Mu Kanazaki), Makoto Hasebe, Keisuke Honda, Ryoichi Maeda, Shinji Kagawa(71' Hajime Hosogai).

·**Coach :** Alberto Zaccheroni(Italy)

Scorers : -

·**Caution :** 44' Hyung-Min Shin

·**Referee :** Ravshan Irmatov(Uzbekistan)

·**Attendance :** 62,503

Syria-Korea Republic 0-1(0-0)

Friendly Match

(Bani Yas-Bani Yas Stadium-30.12.2010-13:50)

Syria : 1-Mosab Balhous (GK), 2-Belal Abduldaim, 3-Ali Dyab, 5-Feras Ismail(88' 39-Sanharib Malki), 6-Jehad Al Hussein (75' 54-Qussai Habib), 7-Abdul Razak(85' 11-Adel Abdullah), 10-Firas Alkhatib(c), 12-Mohamad Alzino(59' 14-Wael Ayan), 53-Nadim Sabag, 17-Abdulkaoler Deka, 49-Samer Aouad(59' 18-Abdulfatah Alagha)

·**Coach :** Valeriu Tiţa(Romania)

Korea Republic : 1-Sung-Ryong Jung (GK), 12-Young-Pyo Lee, 2-Hyo-Jin Choi(86' 5-Tae-Hwi Kwak), 4-Yong-Hyung Cho, 14-Jung-Soo Lee, 7-Ji-Sung Park, 16-Sung-Yong Ki(68' 13-Ja-Cheol Koo), 17-Chung-Yong Lee(71' 9-Byung-Soo Yoo), 6-Yong-Rae Lee, 18-Bo-Kyung Kim(45' 11-Heung-Min Son), 20-Shin-Wook Kim(45' 10-Dong-Won Ji)

·**Coach :** Kwang-Rae Cho

Scorers : 0-1 83' Dong-Won Ji

·**Caution :** 35' Abdul Razak, 36' Young-Pyo Lee, 53' Sung-Yong Ki, 55' Ali Dyab

·**Referee :** Fareed Ali Mohamed Al Marzouqi(UAE)

·**Attendance :** 500

2011

Korea Republic-Bahrain 2-1(1-0)

XV. AFC Asian Cup 2011, Final Phase, 1st Round Group C
(Doha- Al-Gharafah Stadium-10.01.2011-19:15)

Korea Republic: Sung-Ryong Jung(GK), Ji-Sung Park(C), Young-Pyo Lee, Du-Ri Cha, Jung-Soo Lee, Tae-Hwi Kwak, Sung-Yong Ki, Chung-Yong Lee, Yong-Rae Lee, Ja-Cheol Koo(78' Ki-Hun Yeom), Dong-Won Ji(68' Heung-Min Son, 85' Yong-Hyung Cho)

·**Coach:** Kwang-Rae Cho

Bahrain: Mahmood Mansoor, Rashed Al Hooti, Abdulla Marzooqi, Abdulla Fatadi, Jaycee John, Ismaeel Abdulatif(79' Abdulla Al Dakeel), Faouzi Aaish, Mahmood Abdulrahman(69' Abbas Ayyad), Abdulla Omar, Husain Baba(11' Hamad Rakea), Ebrahim Meshkhas

·**Coach:** Salman Sharida(Bahrain)

Scorers: 1-0 40' Ja-Cheol Koo, 2-0 52' Ja-Cheol Koo, 2-1 86' Faouzi Aaish

·**Caution:** 54' Faouzi Aaish, 81' Jung-Soo Lee

·**Expulsion:** 83' Tae-Hwi Kwak

·**Referee:** Abdullah Al Hilali(Oman)

·**Attendance:** 6,669

Australia-Korea Republic 1-1(0-1)

XV. AFC Asian Cup 2011, Final Phase, 2nd Round Group C
(Doha-Al-Gharafah Stadium-14.01.2011-16:15)

Australia: M. Schwarzer, L. Neill, L. Wilkshire(68' J. North), D. Carney, S. Ognenovski, T. Cahill, J. Čulina(45' C. Valeri), B. Emerton, B. Holman(89' M. McKay), M. Jedinak, H. Kewell

·**Coach:** H. Osieck(Germany)

Korea Republic: Sung-Ryong Jung(GK), Ji-Sung Park(C), Young-Pyo Lee, Du-Ri Cha, Jung-Soo Lee, Jae-Won Hwang, Sung-Yong Ki, Chung-Yong Lee, Yong-Rae Lee, Ja-Cheol Koo(67' 19-Ki-Hun Yeom), Dong-Won Ji(67' Byung-Soo Yoo, 90' 8-Bit-Garam Yoon)

·**Coach:** Kwang-Rae Cho

Scorers: 0-1 24' Ja-Cheol Koo, 1-1 62' M. Jedinak

·**Caution:** 23' Du-Ri Cha, 29' B. Emerton, 35' Sung-Yong

Ki, 43' S. Ognenovski, 93' T. Cahill

·**Referee:** Abdulrahman Abdou(Qatar)

·**Attendance:** 15,526

Korea Republic-India 4-1(3-1)

XV. AFC Asian Cup 2011, Final Phase, 3rd Round Group C
(Doha- Al-Gharafah Stadium-18.01.2011-16:15)

Korea Republic: Sung-Ryong Jung(GK), Ji-Sung Park(C, 76' Bit-Garam Yoon), Young-Pyo Lee, Du-Ri Cha(45' Hyo-Jin Choi), Jae-Won Hwang, Tae-Hwi Kwak, Sung-Yong Ki(45' Heung-Min Son), Chung-Yong Lee, Yong-Rae Lee, Ja-Cheol Koo, Dong-Won Ji

·**Coach:** Kwang-Rae Cho

India: S. Paul, Surkumar Singh, S. Nabi, A. Ali, Climax Lawrence, S. Dias, Gouramangi Singh, R. Singh(5' D. Mondal), P. Pradeep(56' M. Wadoo), S. Chhetri, A. Yadav(78' B. Bhutia)

·**Coach:** R. Houghton(England)

Scorers: 1-0 6' Dong-Won Ji, 2-0 9' Ja-Cheol Koo, 2-1 12' (P) S. Chhetri. 3-1 23' Dong-Won Ji, 4-1 81' Heung-Min Son

·**Caution:** 66' S. Nabi

·**Referee:** Khalil Ibrahim Alghamdi(Saudi Arabia)

·**Attendance:** 11,366

Iran-Korea Republic 0-1(0-0,0-1)

XV. AFC Asian Cup 2011, Final Phase, Quarter Final
(Doha-Qatar SC Stadium-22.01.2011-19:25)

Iran: M. Rahmati, J. Hosseini, H. Aghili, M. Nosrati(46' K. Heydari), J. Nekounam, A. Teymourian, E. Hajsafi, P. Nouri(109' M. Gholami), K. Ansarifard(74' M. Shojaei), M. Khalatbari, G. Rezaei

·**Coach:** A. Ghotbi, A. Mansourian(Iran)

Korea Republic: Sung-Ryong Jung(GK), Ji-Sung Park(C, 117' Ki-Hun Yeom), Young-Pyo Lee, Du-Ri Cha, Jung-Soo Lee, Jae-Won Hwang, Sung-Yong Ki(111' Jeong-Ho Hong), Chung-Yong Lee, Yong-Rae Lee, Ja-Cheol Koo(81' Bit-Garam Yoon), Dong-Won Ji

·**Coach:** Kwang-Rae Cho

Scorers: 0-1 105' Bit-Garam Yoon

·**Caution:** 27' A. Timotian, 77' Jung-Soo Lee, 105' M.

Shojaei, 116' Bit-Garam Yoon, 121' Chung-Yong Lee

·Referee: R. Irmatov(Uzbekistan)

·Attendance: 7,111

Japan-Korea Republic 2-2(1-1,1-0) a.e.t 3-0 on Penalties

XV. AFC Asian Cup 2011, Final Phase, Semi Final
(Doha-Khalifa International Stadium-25.01.2011-14:25)

Japan: E. Kawashima, Y. Konno, A. Uchida, D. Iwamasa, Y. Nagatomo, Y. Endō, M. Hasebe(112' T. Honda), S. Okazaki, K. Honda, R. Maeda(105' M. Inoha), S. Kagawa(87' H. Hosogai)

·Coach: A. Zaccheroni(Italy)

Korea Republic: Sung-Ryong Jung(GK), Ji-Sung Park(C), Young-Pyo, Du-Ri Cha, Yong-Hyung Cho(103' Shin-Wook Kim), Jae-Won Hwang, Sung-Yong Ki, Chung-Yong Lee(82' Heung-Min Son), Yong-Rae Lee, Ja-Cheol Koo, Dong-Won Ji(66' Jeong-Ho Hong)

·Coach: Kwang-Rae Cho

Scorers: 0-1 23' Sung-Yong Ki (P), 1-1 36' R. Maeda, 2-1 97' (P) H. Hosogai, 2-2 120' Jae-Won Hwang

·Penalties: 1-0 K. Honda, 1-0 Ja-Cheol Koo(missed), 2-0 S. Okazaki, 2-0 Yong-Rae Lee(missed), 2-0 Y. Nagatomo(Saved), 2-0 Jeong-Ho Hong(missed), 3-0 Y. Konno

·Caution: 13' Ji-Sung Park, 53' A. Uchida, 64' Yong-Hyung Cho, 84' Y. Nagatomo, 85' D. Iwamasa, 102' Du-Ri Cha

·Referee: Khalil Al Ghamdi(Saudi Arabia)

·Attendance: 16,171

Uzbekistan-Korea Republic 2-3(1-3)

XV. AFC Asian Cup 2011, Final Phase, Third Place Match
(Doha-Jassim Bin Hamad Stadium (Al - Sadd Stadium) - 28.01.2011 - 18:00)

Uzbekistan: I. Nesterov, S. Mulladjanov, A. Haydarov, S. Djeparov, T. Kapadze, O. Akhmedov, V. Karpenko(88' J. O. Hasanov), S. Andreev, S. Tursunov, A. Geynrikh, O. Navkarov(77' S. Salomov)

·Coach: V. Abramov(Uzbekistan)

Korea Republic: Sung-Ryong Jung(GK), Du-Ri Cha(C), Young-Pyo Lee, Jung-Soo Lee, Jae-Won Hwang,

Jeong-Ho Hong(78' Tae-Hwi Kwak), Sung-Yong Ki, Chung-Yong Lee(60' Heung-Min Son), Yong-Rae Lee, Ja-Cheol Koo(53' Bit-Garam Yoon), Dong-Won Ji

·Coach: Kwang-Rae Cho

Scorers: 0-1 18' Ja-Cheol Koo, 0-2 28' Dong-Won Ji, 0-3 39' Dong-Won Ji, 1-3 45' (P) A. Geynrikh, 2-3 53' A. Geynrikh

·Caution: 44' Jae-Won Hwang, 57' Sung-Yong Ki, 85' S. Salomov, 87' S. Mulladjanov, 90' A. Geynrikh, 93' Yong-Pyo Lee

·Referee: A. Malik Abdul Bashir (Singapore)

·Attendance: 8,199

Turkey-Korea Republic 0-0 (0-0)

Friendly Match
(Trabzon-Hüseyin Avni Aker Stadyumu-09.02.2011-03:00)

Turkey: V. Demirel, S. Sarıoğlu(77' Y. Incedemir), S. Balcı(45' G. Gönül), S. Çetin, S. Kesimal, İ. Köybaşı, Hamit Altıntop(58' B. Yılmaz), E. Belözoğlu, S. İnan, M. Ekici(58' T. Torun), U. Bulut(45' C. Kazim-Richards)

·Coach: G. Hiddink(Netherlands)

Korea Republic: Sung-Ryong Jung(GK), Chu-Young Park(C), Jung-Soo Lee, Jae-Won Hwang, Jeong-Ho Hong, Chul Hong, Sung-Yong Ki, Yong-Rae Lee(86' Hyo-Jin Choi), Tae-Hee Nam(68' Sung-Kuk Choi), Ja-Cheol Koo(81' Bit-Garam Yoon), Dong-Won Ji(81' Shin-Wook Kim)

·Coach: Kwang-Rae Cho

Scorers: -

·Caution: 29' Ja-Cheol Koo, 38' Jeong-Ho Hong, 58' E. Belözoğlu, 59' E. Belözoğlu, 71' B. Yılmaz

·Expulsion: 59' E. Belözoğlu

·Referee: S. Boyko(Ukraine)

·Attendance: 20,000

Korea Republic-Honduras 4-0(2-0)

Friendly Match
(Seoul- Seoul World Cup Stadium-25.03.2011-20:00)

Korea Republic: Sung-Ryong Jung(GK), Chu-Young Park(C, 89' Gi-Dong Park), Jung-Soo Lee, Jae-Won Hwang, Young-Gwon Kim, Sung-Yong Ki, Chung-Yong Lee(75' Dong-Won Ji), Jung-Woo Kim(87' Bit-Garam Yoon), Yong-

Rae Lee(87' Chan-Ho Cho), Bo-Kyung Kim(56' Keun-Ho Lee), Young-Cheol Cho(81' Hyo-Jin Choi)

·**Coach:** Kwang-Rae Cho

Honduras: N. Valladares, M. Figueroa, E. Izaguirre(67' E. Martínez), O. Chávez(66' E. Norales), J. Palacios, J. Leverón, J. de León(86' M. Martínez), J. Claros(81' M. Acevedo), H. Thomas, W. Martínez, G. Welcome(76' C. Costly)

·**Coach:** J. Clavasquín(Honduras)

Scorers: 1-0 28' Jung-Soo Lee, 2-0 44' Jung-Woo Kim, 3-0 83' Chu-Young Park, 4-0 93' Keun-Ho Lee

·**Caution:** 19' Sung-Yong Ki

·**Referee:** R. Sato(Japan)

·**Attendance:** 31,224

Korea Republic-Serbia 2-1(1-0)

Friendly Match

(Seoul- Seoul World Cup Stadium-03.06.2011-20:00)

Korea Republic: 1-Sung-Ryong Jung(GK), 10-Chu-Young Park(C, 83' 18-Jo-Gook Jung), 22-Du-Ri Cha, 14-Jung-Soo Lee, 4-Young-Gwon Kim, 15-Jeong-Ho Hong, 16-Sung-Yong Ki(87' 25-Hyung-Min Shin), 17-Chung-Yong Lee(77' 13-Ja-Cheol Koo), 8-Jung-Woo Kim(75' 19-Bit-Garam Yoon), 6-Yong-Rae Lee, 11-Keun-Ho Lee(62' 26-Seung Hyun Lee)

·**Coch:** Kwang-Rae Cho

Serbia: 12-B. Šaranov(GK), 4-M. Biševac, 20-N. Subotić(84' 5-S. Rajković), 3-A. Kolarov(46' 16-I. Obradović), 6-N. Tomović, 10-D. Stanković(78' 14-D. Petronijević), 22-Z. Kuzmanović(68' 21-V. Trivunović), 7-Z. Tošić, 15-R. Petrović, 13-M. Mirić(46' 11-J. Damjanović), 17-R. Despotović(76' B. Ilić)

·**Coach:** V. Petrović(Serbia)

Scorers: 1-0 10' Chu-Young Park, 2-0 54' Young-Gwon Kim, 2-1 87' R. Petrović

·**Caution:** 61' R. Petrović, 91' J. Damjanović

·**Referee:** Ali Hamad Madhad Saif Al Badwawi(United Arab Emirates)

·**Attendance:** 40,876

Korea Republic-Ghana 2-1(1-0)

Friendly Match

(Jeonju-Jeonju World Cup Stadium-07.06.2011-20:00)

Korea Republic: Sung-Ryong Jung(GK), 10-Chu-Young Park(C, 82' 20-Tae-Hee Nam), 22-Du-Ri Cha(76' 2-Jae-Sung Kim), Jung-Soo Lee, 4-Young-Gwon Kim(89' 12-Won-Jae Park), Jeong-Ho Hong, Sung-Yong Ki, 17-Chung-Yong Lee(54' 11-Keun-Ho Lee), Jung-Woo Kim(60' 13-Ja-Cheol Koo), 6-Yong-Rae Lee(88' 7-Bo-Kyung Kim), Dong-Won Ji

·**Coach:** Kwang-Rae Cho

Ghana: 22-R. Kingson(GK), 4-J. Pantsil, 15-I. Vorsah, 5-J. Mensah, 2-D. Opare(54' 14-D. Addy), 11-S. Muntari(64' 9-D. Boateng), 6-A. Annan, 10-K. Asamoah(57' 18-D. Adiyiah), 8-E. Agyemang-Badu(88' 17-L. Addy), 3-A. Gyan, 7-A. Opoku(75' 13-E. Clottey)

·**Coach:** G. Stevanović(Serbia)

Scorers: 1-0 11' Dong-Won Ji, 1-1 63' A. Gyan, 2-1 90' Ja-Cheol Koo

·**Caution:** 7' D. Opare, 15' Jeong-Ho Hong

·**Referee:** R. Irmatov(Uzbekistan)

·**Attendance:** 41,271

Japan-Korea Republic 3-0(1-0)

Friendly Match

(Sapporo-Sapporo Dome-10.08.2011-19:30)

Japan: 1-E. Kawashima(GK), 3-Y. Komano(55' 16-T. Makino), 15-Y. Konno, 6-A. Uchida, 20-M. Yoshida, 7-Y. Endō(73' 14-A. Ienaga), 17-M. Hasebe(66' 22-Y. Abe), 9-S. Okazaki(35' 11-H. Kiyotake), 18-K. Honda, 10-S. Kagawa(85' 13-H. Hosogai), 19-T. Lee

·**Coach:** A. Zaccheroni(Italy)

Korea Republic: Sung-Ryong Jung(GK), 10-Chu-Young Park(C, 58' 19-Bit-Garam Yoon), Du-Ri Cha, Jung-Soo Lee, Jae-Sung Lee, 4-Young-Gwon Kim(25' 12-Won-Jae Park, 37' 2-Joo-Ho Park), Sung-Yong Ki, 8-Jung-Woo Kim(84' 20-Tae-Hee Nam), 6-Yong-Rae Lee(52' 24-Shin-Wook Kim), Ja-Cheol Koo, 11-Keun-Ho Lee(52' 7-Bo-Kyung Kim)

·**Coach:** Kwang-Rae Cho

Scorers: 1-0 35' S. Kagawa, 2-0 53' K. Honda, 3-0 55' S. Kagawa

·**Caution:** 18' Sung-Yong Ki, 50' Jae-Sung Lee

·**Referee:** R. Irmatov(Uzbekistan)

·**Attendance:** 38,263

Korea Republic-Lebanon 6-0 (2-0)

XX. FIFA World Cup Brazil 2014, Preliminaries Third Round

(Goyang- Goyang Stadium-02.09.2011-20:00)

Korea Republic: 1-Sung-Ryong Jung(GK), 10-Chu-Young Park(C, 70' 17-Keun-Ho Lee), 22-Du-Ri Cha, 14-Jung-Soo Lee, 5-Jeong-Ho Hong, 12-Chul Hong, 16-Sung-Yong Ki, 6-Yong-Rae Lee, 19-Tae-Hee Nam(83' 18-Bit-Garam Yoon), 13-Ja-Cheol Koo(75' 8-Jung-Woo Kim)

· **Coach:** Kwang-Rae Cho

Lebanon: 1-Ziad Al Samad(GK), 3-Yousif Mohamad(80' 6-Abbas Kenaan), 5-Ramez Dyoub, 4-Mohammad Baker Younes, 18-Walid Ismail(53' 2-Ali Al Saadi), 10-Abbas Ahmad Atwi(68' 20-Khodor Salameh), 7-Hassan Maatouk, 12-Mouhamad Chamass, 15-Haytham Faour, 13-Akram Moghrabi, 17-Mahmoud El Ali

· **Coach:** T. Bücker(Germany)

Scorers: 1-0 8' Chu-Young Park, 2-0 45' Chu-Young Park, 3-0 66' Dong-Won Ji, 4-0 67' Chu-Young Park, 5-0 82' Jung-Woo Kim, 6-0 85' Dong-Won Ji

· **Caution:** 14' Ramez Dyoub, 50' Walid Ismail

· **Referee:** A. Bin Abdul Bashir(Singapore)

· **Attendance:** 37,655

Kuwait-Korea Republic 1-1(0-1)

XX. FIFA World Cup Brazil 2014, Preliminaries Third Round

(Kuwait City-Peace & Friendship Stadium-06.09.2011-20:00)

Kuwait: 22-Nawaf Al Khaldy(GK), 3-Fahad Awadh Shaheen, 4-Hussain Fadhel, 2-Amer Al Fadhel(80' 19-Ahmad Al Rashidi), 5-Mohammed Rashed, 11-Fahad Al Ansari, 14-Talal Al Amer(88' 18-Jarah Al Ateeqi), 15-Waleed Ali Jumah(75' 10-Abdulaziz Alenezi), 17-Bader Al Mutawa, 20-Yousef Al Sulaiman, 7-Fahad Al Enezi

· **Coach:** G. Tufegdžić(Serbia)

Korea Republic: 1-Sung-Ryong Jung(GK), 10-Chu-Young Park(C), 22-Du-Ri Cha(17' 7-Jae-Sung Kim), 14-Jung-Soo Lee, 5-Jeong-Ho Hong, 12-Chul Hong, 16-Sung-Yong Ki, 6-Yong-Rae Lee, 19-Tae-Hee Nam(65' 11-Ki-Hun Yeom), 13-Ja-Cheol Koo(79' 8-Jung-Woo Kim), 9-Dong-Won Ji

· **Coach:** Kwang-Rae Cho

Scorers: 0-1 9' Chu-Young Park, 1-1 54' Hussain Ali

· **Caution:** 48' Waleed Ali Jumah, 90' Jae-Sung Kim

· **Referee:** M. Torki(Iran)

· **Attendance:** 20,000

Korea Republic-Poland 2-2(0-1)

Friendly Match

(Seoul-Seoul World Cup Stadium-07.10.2011-20:00)

Korea Republic: Sung-Ryong Jung(GK), Chu-Young Park(C, 80' Keun-Ho Lee), Tae-Hwi Kwak, Jae-Sung Lee, Jeong-Ho Hong(81' Byung-Kuk Cho), Chul Hong(88' Hyo-Jin Choi), Sung-Yong Ki(58' Ja-Cheol Koo), Tae-Hee Nam(58' Jung-Jin Seo), Bit-Garam Yoon(45' Yong-Rae Lee), Dong-Gook Lee(45' Heung-Min Son), Dong-Won Ji

· **Coach:** Kwang-Rae Cho

Poland: 12-Ł. Fabiański(GK), 24-D. Perquis, 27-M. Wasilewski, 3-G. Wojtkowiak, 14-J. Wawrzyniak, 5-D. Dudka(79' 17-S. Peszko), 7-E. Polanski(63' 6-A. Matuszczyk), 11-R. Murawski(89' 19-T. Jodłowiec), 16-J. Błaszczykowski(86' 4-M. Komorowski), 18-A. Mierzejewski(71' 8-M.Rybus), 9-R. Lewandowski(68' 23-Paweł Brożek)

· **Coach:** F. Smuda(Poland)

Scorers: 0-1 30' R. Lewandowski, 1-1 66' Chu-Young Park, 2-1 77' Chu-Young Park, 2-2 83' J. Błaszczykowski

· **Caution:** 16' J. Wawrzyniak, 17' Sung-Yong Ki, 80' M. Wasilewski, 92' S. Peszko

· **Referee:** Nawaf Shukralla(Bahrain)

· **Attendance:** 33,225

Korea Republic-UAE 2-1(0-0)

XX. FIFA World Cup Brazil 2014, Preliminaries Third Round

(Suwon-Suwon World Cup Stadium-11.10.2011-20:00)

Korea Republic: 1-Sung-Ryong Jung(GK), 10-Chu-Young Park(C, 80' 20-Dong-Gook Lee), 2-Hyo-Jin Choi, 14-Jung-Soo Lee, 4-Young-Gwon Kim, 5-Jeong-Ho Hong, 16-Sung-Yong Ki, 7-Jung-Jin Seo, 6-Yong-Rae Lee, 13-Ja-Cheol Koo(64' 19-Tae-Hee Nam), 9-Dong-Won Ji(73' 11-Heung-Min Son)

· **Coach:** Kwang-Rae Cho

UAE: 1-Majed Naser(GK), 5-Walid Abbas, 19-Mohamed Ahmad, 8-Hamdan Al Kamali, 14-Saeed Al Kas, 4-Subait Khater(82' 23-Ahmed Junaibi), 7-Ali Al Wehaibi(60' 9-Mohamed Al Shehhi), 18-Abdulla Mousa, 13-Mohammed Fawzi, 10-Ismaeil Matar, 15-Ismaeel Al Hamadi

· **Coach:** Abdullah Misfir(UAE)

Scorers: 1-0 51' Chu-Young Park, 2-0 63' (OG) Hamdan Al Kamali, 2-1 91' Ismaeil Matar

· **Caution:** 32' Jeong-Ho Hong, 45' Ja-Cheol Koo, 45' Hamdan Al Kamali, 55' Chu-Young Park

· **Referee:** Hai Tan(China)

· **Attendance:** 28,698

UAE-Korea Republic 0-2(0-0)

XX. FIFA World Cup Brazil 2014, Preliminaries Third Round

(Dubai-Al Ahli Stadium-11.11.2011-16:45)

UAE: 1-Majed Nasir Hameed(GK), 14-Saeed Al Kathiri, 6-Fares Juma, 19-Ahmad Aljunaibi, 4-Subait Aljunaibi(74' 9-Issa Obaid), 7-Ali Al Wehaibi(57' 11-Ahmed Khalil), 18-Abdulla Mousa, 13-Mohammed Fawzi, 5-Walid Abbas, 10-Ismaeil Matar, 15-Ismaeel Al Hamadi(90' 23-Abd Allah Kasem)

· **Coach:** Abdullah Misfir(UAE)

Korea Republic: 1-Sung-Ryong Jung(GK), 10-Chu-Young Park(C), 22-Du-Ri Cha, 14-Jung-Soo Lee, 8-Tae-Hwi Kwak, 5-Jeong-Ho Hong, 12-Chul Hong(64' 26-Seung-Ki Lee), 6-Yong-Rae Lee, 13-Ja-Cheol Koo, 19-Jung-Jin Seo(79' 17-Keun-Ho Lee), 9-Dong-Won Ji(45' 7-Heung-Min Son)

· **Coach:** Kwang-Rae Cho

Scorers: 0-1 88' Keun-Ho Lee, 0-2 93' Chu-Young Park

· **Caution:** 36' Ali Abbas Yasin, 47, Fares Juma, 51' Du-Ri Cha, 73' Chu-Young Park, 94' Majed Nasir Hameed

· **Referee:** R. Irmatov (UZB)

· **Attendance:** 8,272

Lebanon-Korea Republic 2-1(2-1)

XX. FIFA World Cup Brazil 2014, Preliminaries Third Round

(Beiru t - Camille Chamoun Sports City Stadium - 15.11.2011 -

14:30)

Lebanon: 1-Ziad El Samad(GK), 2-Ali Al Saadi, 5-Ramez DAyoub, 16-Bilal Najarin, 18-Walid Ismail, 20-Roda Antar, 10-Abbas Ahmad Atwi(82' 12-Mouhamad Chamass), 11-Ahmad Zreik, 15-Haytham Faour, 8-Hassan Chaito(84' 13-Akram Moghrabi), 17-Mahmoud El Ali(89' 9-Mohamad Haydar)

· **Coach:** T. Bücker(Germany)

Korea Republic: 1-Sung-Ryong Jung(GK), 22-Du-Ri Cha(C), 14-Jung-Soo Lee, 8-Tae-Hwi Kwak, 5-Jeong-Ho Hong(71' 18-Bit-Garam Yoon), 6-Yong-Rae Lee, 13-Ja-Cheol Koo, 26-Seung-Ki Lee, 17-Keun-Ho Lee, 19-Jung-Jin Seo(53' 20-Tae-Hee Nam), 7-Heung-Min Son(46' 9-Dong-Won Ji)

· **Coach:** Kwang-Rae Cho

Scorers: 1-0 5' Ali Al Saadi, 1-1 20' (P) Ja-Cheol Koo, 2-1 31' (P) Abbas Ahmad Atwi

· **Caution:** 23' Ja-Cheol Koo, 25' Roda Antar, 51' Ahmad Zreik

· **Referee:** Khalil Al Ghamdi(Saudi Arabia)

· **Attendance:** 35,000

Korea Republic-Uzbekistan 4-2 (2-0)

Friendly Match

(Jeonju-Jeonju World Cup Stadium-25.02.2012-14:00)

Korea Republic : Young-Kwang Kim(GK), Tae-Hwi Kwak(C), 4-Sang-Sik Kim(46' 6-Dae-Sung Ha), Hyo-Jin Choi, 14-Jung-Soo Lee(46' 22-Sung-Hwan Cho), Do-Heon Kim, 19-Jae-Sung Kim(46' 18-Shin-Wook Kim), Won-Jae Park, 20-Dong-Gook Lee(57' 8-Hyung-Min Shin), 11-Keun-Ho Lee(46' 12-Tae-Uk Choi), 9-Sang-Woon Han(46' 17-Chi-Woo Kim)

·Coach : Kang-Hee Choi

Uzbekistan : 12-I. Nesterov(GK), 2-A. Ismailov, 3-K. Tadjiev, 13-A. Filiposyan(46' 19-I. Inomov), 18-T. Kapadze, 16.J. O. Hasanov(52' 4.I. Rakhimov), 14.S. Andreev, 8-O. Kilichev(59' 6-D. Rakhmatullaev), 17-A. Merzlyakov(46' 20-I. Magdeev), 11-B. Nasimov, 9-A. Shadrin(75' 10-S. Salomov)

·Coach : V. Abramov(Uzbekistan)

Scorers : 1-0 19' Dong-Gook Lee, 2-0 45' Dong-Gook Lee, 3-0 46' Chi-Woo Kim, 3-1 78' I. Rakhimov, 3-2 82'(P) S. Andreev, 4-2 91' Chi-Woo Kim

·Caution : 69' K. Tadjiev, 81' Tae-Uk Choi, 90' K. Tadjiev

·Expulsion : 90' K. Tadjiev

·Referee : C. Mahapab(THA)

·Attendance : 28,931

Korea Republic-Kuwait 2-0(0-0)

XX. FIFA World Cup Brazil 2014, Preliminaries Third Round

(Seoul-Seoul World Cup Stadium-29.02.2012-21:00)

Korea Republic : Sung-Ryong Jung(GK), Tae-Hwi Kwak(C), 4-Sang-Sik Kim(79' 19-Jae-Sung Kim), Hyo-Jin Choi, Jung-Soo Lee, 7-Do-Heon Kim(51' 16-Sung-Yong Ki), Won-Jae Park, Chu-Young Park, Dong-Gook Lee, Keun-Ho Lee, 9-Sang-Woon Han(64' 18-Shin-Wook Kim)

·Coach : Kang-Hee Choi

Kuwait : 22-Nawaf Al Khaldy(GK), 2-Yaqoop Abdullah, 3-Fahad Shaheen, 5- Mohammad AlRashedi, 20- Yousef Alsulaiman(77' 10- Abdulaziz Al Enezi), 13-Musaed Al Enazi, 11- Fahed Al Ebrahim, 15- Wailed Jumah, 14-Talal Al Enezi(67' 16-Hamad Al Enezi), 7- Fahad Alenezi, 17-Bader Al Mutawa.

·Coach : G. Tufegdžić(Serbia)

Scorers : 1-0 65' Dong-Gook Lee, 2-0 71' Keun-Ho Lee

·Caution : 4' Bader Al Mutawa, 37' Talal Al Enezi, 76' Musaed Al Enazi, 80' Shin-Wook Kim, 80' Sung-Yong Ki, 80' Fahed Al Ebrahim

·Referee : Y. Nishimura(Japan)

·Attendance : 46,551

Spain-Korea Republic 4-1 (1-1)

Friendly Match

(Bern-Stade de Suisse-30.05.2012-20:00)

Spain : 23-Pepe Reina(GK, 79' 1- Iker Casillas), 14-Sergio Ramos, 2-Raul Albiol, 15- Ignacio Monreal(56' 18-Álvaro Domínguez), 17-Alvaro Arbeloa, 21-Xabi Alonso(66' 8-Bruno Soriano), 10-David Silva, 13-Santiago Cazorla(57' 11- Alvaro Negredo), 3-Beñat Etxebarria, 9-Fernando Torres(56' 7- Roberto Soldado), 20-Juan Mata(57' 16-Adrián)

·Coach : Vicente Del Bosque

Korea Republic : 23-Jin-Hyeon Kim(GK), 14-Jung-Soo Lee(C), 2-Hyo-Jin Choi, 3-Yong-Hyung Cho, 5-Joo-Ho Park, 6-Do-Heon Kim(80' 15-Beom-Seok Oh), 18-Tae-Hee Nam(60' 9-Chi-Woo Kim), 13-Ja-Cheol Koo(73' 19-Jae-Sung Kim), 12-Ki-Hun Yeom(46' 7-Bo-Kyung Kim), 11-Heung-Min Son(56' 17-Hyun-Beom Park), 10-Dong-Won Ji(56' 20-Dong-Gook Lee)

·Coach : Kang-Hee Choi

Scorers : 1-0 11' Fernando Torres, 1-1 42' Do-Heon Kim, 2-1 51' Sergio Ramos, 3-1 55' Juan Mata, 4-1 79' Alvaro Negredo

·Caution : 52' Yong-Hyung Cho

·Referee : A. Bieri(SWE)

·Attendance : 10,220

Qatar-Korea Republic 1-4(1-1)

XX. FIFA World Cup Brazil 2014, last preliminary match

(Doha - Jassim Bin Hamad Stadium - 08.06.2012 - 19:15)

Qatar : 1-Qasem Burhan(GK), 13-Ibrahim Majed,

8-Mesaad Ali(70' 16-Mohamed Razaq), 19-Khalid Muftah, 3-Mohammed Kasola, 15-Talal Al Bloushi, 7-Wesam Rizik(62' 2-Hamid Ismaeil), 10-Khalfan Ibrahim, 4-Lawrence(72' 11-Fábio Montezine), 20-Yousef Ahmed, 23-Sebastián Soria

·Coach : Paulo Autuori(UAE)

Korea Republic : 1-Sung-Ryong Jung(GK), 14-Jung-Soo Lee(C), 2-Hyo-Jin Choi, 6-Joo-Ho Park, 5-Tae-Hwi Kwak, 4-Do-Heon Kim(80' 10-Dong-Won Ji), 16-Sung-Yong Ki, 13-Ja-Cheol Koo(55' 18-Shin-Wook Kim), 7-Bo-Kyung Kim, 20-Dong-Gook Lee(75' 19-Tae-Hee Nam), 9-Keun-Ho Lee

·Coach : Kang-Hee Choi

Scorers : 1-0 22' Yousef Ahmed, 1-1 26' Keun-Ho Lee, 1-2 55' Tae-Hwi Kwak, 1-3 64' Shin-Wook Kim, 1-4 80' Keun-Ho Lee

·Caution : 29' Wesam Rizik, 73' Yousef Ahmad, 87' Mohammed Kasola, 87' Shin-Wook Kim

·Referee : Ali Hamad Madhad AlBadwawi(UAE)

·Attendance : 10,730

Korea Republic-Lebanon 3-0 (1-0)

XX. FIFA World Cup Brazil 2014, last preliminary match
(Goyang Goyang Stadium-12.06.2012-20:00)

Korea Republic : 1-Sung-Ryong Jung(GK), 14-Jung-Soo Lee(C), 15-Beom-Seok Oh, 6-Joo-Ho Park, 5-Tae-Hwi Kwak, 16-Sung-Yong Ki(20' 13-Ja-Cheol Koo), 8-Jung-Woo Kim(78' 10-Dong-Won Ji), 7-Bo-Kyung Kim, 20-Dong-Gook Lee, 9-Keun-Ho Lee, 12-Ki-Hun Yeom(63' 11-Heung-Min Son)

·Coach : Kang-Hee Choi

Lebanon : 1-Ziad El Samad(GK), 3-Youssef Mohamad, 5-Ramez Dayoub, 16-Bilal Cheikh El Najjarine, 18-Walid Ismail, 10-Abbas Atwi, 7-Hassan Maatouk(54' 9-Zakaria Charara), 11-Ahmad Zreik, 6-Mouhamad Chaiyhas(86' 14-Mohamad Haidar), 12-Hussein Dakik, 17-Hassan El Mohamad(63' 13-Akram Moghrabi)

·Coach : T. Bücker(Germany)

Scorers : 1-0 30' Bo-Kyung Kim, 2-0 47' Bo-Kyung Kim, 3-0 89' Ja-Cheol Koo

·Caution : 68' 6-Joo-Ho Park, 76' Zakaria Charara, 79' Ahmad Zreik

·Referee : M. toma(JPN)

·Attendance : 36,756

Korea Republic-Zambia 2-1(1-1)

Friendly Match

(Anyang - Anyang Complex Stadium - 15.08.2012 - 20:00)

Korea Republic : Young-Kwang Kim(GK), 5-Tae-Hwi Kwak(C, 46' 6-Jin-Kyu Kim), In-Hwan Jung, 2-Kwang-Hoon Shin(46' 13-Yo-Han Ko), Won-Jae Park, 7-Dae-Sung Ha(60' 10-Jin-Sung Hwang), 8-Jung-Woo Kim(60' 15-Jin-Hyung Song), Dong-Gook Lee, 11-Keun-Ho Lee(68' 4-Woo-Yeon Sim), 22-Hyung-Bum Kim(46' 9-Seung-Ki Lee), Shin-Wook Kim

·Coach : Kang-Hee Choi

Zambia : 16-K.Mweene(GK), 4-J. Musonda(27' 6-D. Nkausu), 2-E. Mbola, 5-N. Mulenga(60' 15-K. Chintu), 13-A. Katebe, 8-I. Chansa, 7-W. Njobvu, 17-J. Sitali(39' 19-T. Nyirenda), 20-E. Mayuka, 12-J. Chamanga, 3-C. Lungu(79' 14-N. Chivuta)

·Coach : H. Renard(FRA)

Scorers : 1-0 16' Keun-Ho Lee, 1-1 28' E. Mayuka, 2-1 48' Keun-Ho Lee

·Caution : 19' Shin-Wook Kim, 38' Kwang-Hoon Shin, 44' W. Njobvu, 58' A. Katebe

·Referee : Nawaf Shukralla(BRN)

·Attendance : 16,606

Uzbekistan-Korea Republic 2-2(1-1)

XX. FIFA World Cup Brazil 2014, last preliminary match
(Tashkent-Paxtakor Markaziy Stadium-11.09.2012-18:00)

Uzbekistan : 12- Ignatiy Nesterov(GK), 2-Anzur Ismailov, 4-Artyom Filiposyan, 8-Server Djeparov, 18-Timur Kapadze, 6-Jasur Khasanov(81' 23-Vagiz Galiulin), 17-Sanjar Tursunov, 9-Musaev Fozil, 19-Suorakhmedov Akmal, 22- Gadoev Shohruh, 10-Ulugbek Bakaev(65' 15-Alexander Geynrikh)

·Coach : M. Qosimov(Uzbekistan)

Korea Republic : 1-Sung-Ryong Jung(GK) 5-Tae-Hwi Kwak(C), 14-Jung-Soo Lee, 2-Joo-Ho Park, 6-Dae-Sung Ha(83' 8-Bit-Garam Yoon), 16-Sung-Yong Ki, 9-Chung-Yong Lee(55' 18-Shin-Wook Kim), 15-Yo-Han

Ko, 7-Bo-Kyung Kim, 20-Dong-Gook Lee, 11-Keun-Ho Lee(74' Chu-Young Park)

·Coach: Kang-Hee Choi

Scorers: 1-0 13'(OG) Sung-Yong Ki, 1-1 44' (OG) Artyom Filiposyan, 1-2 57' Dong-Gook Lee, 2-2 59' Sanjar Tursunov

·**Caution:** 40' Anzur Ismailov, 81' Artyom Filiposyan

·**Referee:** B. Williams(AUS)

·**Attendance:** 33,000

Iran-Korea Republic 1-0 (0-0)

XX. FIFA World Cup Brazil 2014, last preliminary match
(Teheran - Azadi Stadium - 16.10.2012 - 20:00)

Iran: 1-Mahdi Rahmati(GK), 4-J. Hossein, 15-Pejman Montazeri, 2-K. Heydari, 6-J. Nekounam, 7-M. S. Shojaei, 21-A. Dejagah, 14-A. Teymourian(89' 17-M. Zare), 19-Mohammad Nori(65' 13-H. Mahini), 23-M. Pooladi, 16-R. Ghoochannejhad(73' 9-M. Reza)

·Coach: Carlos Queiroz(Portugal)

Korea Republic: 1-Sung-Ryong Jung(GK), 5-Tae-Hwi Kwak(C), 15-Beom-Seok Oh, 4-In-Hwan Jung, 22-Suk-Young Yoon, 16-Sung-Yong Ki, 7-Bo-Kyung Kim(53' 9-Heung-Min Son), 12-Jong-Woo Park(77' 6-Dae-Sung Ha), 10-Chu-Young Park, 11-Keun-Ho Lee(69' 17-Chung-Yong Lee), 18-Shin-Wook Kim

·Coach: Kang-Hee Choi

Scorers: 1-0 72' J. Nekounam

·**Caution:** 3' M. S. Shojei, 38' Jong-Woo Park, 53' M. Pooladi, 56' M. S. Shojaei, 65' Beom-Seok Oh, 93' Chu-Young Park

·**Expulsion:** 56' M. S. Shojaei

·**Referee:** A. Bin Abdul Bashir(SNG)

·**Attendance:** 99,885

Korea Republic-Australia 1-2 (1-1)

Friendly Match
(Hwaseong - Hwaseong Stadium - 14.11.2012 - 19:00)

Korea Republic: Young-Kwang Kim(GK), 6-Dae-Sung Ha(C, 46' 8-Myong-Jin Ko), 4-In-Hwan Jung(46' 3-Seok-Ho Hwang), 16-Kwang-Hoon Shin(46' 15-Chang-Soo Kim), 14-Young-Gwon Kim(46' 2-Jae-Soo Choi), Jin-Sung

Hwang, Jong-Woo Park, Ki-Hee Kim, Seung-Ki Lee, Dong-Gook Lee, 11-Keun-Ho Lee(28' 22-Hyung-Bum Kim, 59' 18-Shin-Wook Kim)

·**Coach:** Kang-Hee Choi

Australia: 1-M. Schwarzer(GK), 2-L. Neill, 5-R. McGowan, 11-R. Cornthwaite, 6-M. Thwaite, 16-C. Valeri(57' 23-A. Behich), 14-J. Holland, 7-A. Thompson(68' 15-T. Rogić), 21-N. Rukavytsya(83' 9-E. Babalj), 20-A. Brosque(89' 13-M. Leckie), 3-T. Oar.

·**Coach:** H. Osieck(Germany)

Scorers: 1-0 12' Dong-Gook Lee, 1-1 44' N. Rukavytsya, 1-2 88' R. Cornthwaite

·**Caution:** 72' Myong-Jin Ko, 78' Shin-Wook Kim

·**Referee:** Wang Zhe(China)

·**Attendance:** 21,618

2013

Korea Republic-Croatia 0-4 (0-2)

Friendly Match

(London-Craven Cottage-06.02.2013-14:05)

Korea Republic: Sung-Ryong Jung(GK), Tae-Hwi Kwak(C), Jae-Soo Choi, 14-Jung-Soo Lee(45' 4-In-Hwan Jung), 3-Kwang-Hoon Shin(71' 15-Chul-Soon Choi), 6-Hyung-Min Shin(45' 10-Chu-Young Park), Sung-Yong Ki, 17-Chung-Yong Lee(71' 8-Seung-Ki Lee), Ja-Cheol Koo, 11-Heung-Min Son(45' 7-Bo-Kyung Kim), Dong-Won Ji (45' Dong-Gook Lee)

·**Coach:** Kang-Hee Choi

Croatia: 1-S. Pletikosa(GK), 3-J. Šimunić, 11-D. Srna, 5-V. Ćorluka, 2-I. Strinić(45' 6-D. Lovren), 19-N. Kranjčar, 10-L. Modrić(71' 20-A. Ademi), 7-I. Rakitić, 7-O. Vukojević(65' 4-F. Andrijašević), 18-I. Olić(45' 21-M. Petrić), 17-M. Mandžukić(45' 9-N. Jelavić)

·**Coach:** I. Štimac(Croatia)

Scorers: 0-1 32' M. Mandžukić, 0-2 41' D. Srna, 0-3 56' N. Jelavić, 0-4 84' M. Petrić

·**Caution:** -

·**Referee:** M. Oliver(ENG)

·**Attendance:** 3,600

Korea Republic-Qatar 2-1(0-0)

XX. FIFA World Cup Brazil 2014, last preliminary match (Seoul - Seoul World Cup Stadium - 26.03.2013 - 20:00)

Korea Republic: 1-Sung-Ryong Jung(GK), 5-Tae-Hwi Kwak(C), 15-Beom-Seok Oh, 4-In-Hwan Jung, 19-Won-Jae Park, 16-Sung-Yong Ki, 17-Chung-Yong Lee, 13-Ja-Cheol Koo, 9-Keun-Ho Lee(81' 11-Heung-Min Son), 18-Shin-Wook Kim, 10-Dong-Won Ji (53' 20-Dong-Gook Lee).

· Coach: Kang-Hee Choi

Qatar: 1-Qasem Burhan(GK), 6-Bilal Mohammed, 14-Ibrahim Al Ghanim, 13-Ibrahim Majid, 5-Mosaab Mahmoud, 2-Hamid Ismaeil(89' 17-Abdul Aziz Al Sulaity), 3-Abdelkarim Hassan(74' 16-Mahir Yousef), 15-Talal Al Bloushi, 7-Wesam Rizik, 10-Khalfan Ibrahim, 23-Sebastián Soria(89' 4-Ahmed Yasser)

· Coach: Fahad Al Thani(Qatar)

Scorers: 1-0 60' Keun-Ho Lee, 1-1 64' Khalfan Ibrahim, 2-1 95' Heung-Min Son

· Caution: 18' Tae-Hwi Kwak, 59' Sebastián Soria, 87' Sung-Yong Ki, 87' Wesam Rizik, 91' Mosaab Mahmoud

· Referee: Y. Nishimura(JPN)

· Attendance: 37,222

Lebanon-Korea Republic 1-1(1-0)

XX. FIFA World Cup Brazil 2014, last preliminary match (Beirut - Camille Chamoun Sports City Stadium - 04.06.2013 - 20:30)

Lebanon: 1-Abbas Hassan(GK), 3-Yousif Mohamad(88' 14-Amer Khan), 4-Mootaz Jounaidi, 18-Walid Ismail, 17-Zein Tahhan, 20-Abbas Ahmad Atwi, 7-Hassan Matouk, 6-Mouhamad Chamass(89' 5-Nour Mansour), 15-Haytham Faour, 8-Hassan Chaito(79' 10-Abbas Ali Atwi), 9-Mohamad Haidar

· Coach: T. Bücker(Germany)

Korea Republic: Sung-Ryong Jung(GK), Tae-Hwi Kwak(C), Kwang-Hoon Shin, Chi-Woo Kim, Nam-Il Kim, Chung-Yong Lee, 7-Bo-Kyung Kim(84' 10-Dong-Won Ji), 8-Kook-Young Han(50' 18-Shin-Wook Kim), Ki-Hee Kim, Dong-Gook Lee, 11-Keun-Ho Lee(70' 9-Heung-Min Son)

· Coach: Kang-Hee Choi

Scorers: 1-0 12' Hassan Matouk, 1-1 96' Chi-Woo Kim

· Caution: 17' Chung-Yong Lee, 59' Walid Ismail, 88' Haytham Faour, 97' Mohamad Haidar, 98' Valid Ismail

· Expulsion: 98' Valid Ismail

· Referee: B. Williams(AUS)

· Attendance: 8,430

Korea Republic-Uzbekistan 1-0(1-0)

XX. FIFA World Cup Brazil 2014, last preliminary match (Seoul-Seoul World Cup Stadium-11.06.2013-20:00)

Korea Republic: Sung-Ryong Jung(GK), 5-Tae-Hwi Kwak(C, 80' 3-Ki-Hee Kim), Chang-Soo Kim, Young-Gwon Kim, Chi-Woo Kim, 17-Chung-Yong Lee(89' 10-Dong-Won Ji), Jong-Woo Park, Myeong-Ju Lee, 11-Keun-Ho Lee(64' 20-Dong-Gook Lee), Shin-Wook Kim, Heung-Min Son

· Coach: Kang-Hee Choi

Uzbekistan: 12-I. Nesterov(GK), 5-A. Ismailov, 19-V. Denisov, 20-I. Tuhtahujaev, 7-A. Haydarov, 8-S. Djeparov, 18-T. Kapadze(83' 11-F. Tadjiyev), 9-O. Akhmedov, 23-A. Shorakhmedov(75' 17-S. Tursunov), 22-S. Gadoev, 10-U. Bakayev(74' 15-A. Geynrikh)

· Coach: M. Qosimov(Uzbekistan)

Scorers: 1-0 42' (OG) A. Shorakhmedov

· Caution: 31' Jong-Woo Park, 35' Shin-Wook Kim, 80' A. Ismailov

· Referee: M. Tojo(JPN)

· Attendance: 50,699

Korea Republic-Iran 0-1(0-0)

XX. FIFA World Cup Brazil 2014, last preliminary match (Ulsan-Munsu Cup Stadium-18.06.2013-21:00)

Korea Republic: Sung-Ryong Jung(GK), Dong-Gook Lee(C), Chang-Soo Kim, Young-Gwon Kim, Hyun-Soo Jang, Chi-Woo Kim, Ki-Hee Kim, Myeong-Ju Lee, Shin-Wook Kim, 9-Heung-Min Son(73' 7-Bo-Kyung Kim), 10-Dong-Won Ji(64' 11-Keun-Ho Lee)

Iran: 1-R. Ahmadi(GK), 4-J. Hosseini, 15-P. Montazeri, 19-H. Beikzadeh, 5-A. Sadeghi, 2-K. Heydari(67' 11-G. Rezaei), 6-J. Nekounam, 7-M. Shojaei(82' 3-E. Hajsafi), 14-A. Teymourian, 8-M. Jabari, 16-R. Ghoochannejhad(89' 21-F. Hatami)

· Coach: Carlos Queiroz(Portugal)

Scorers: 1-0 59' R. Ghoochannejhad

·**Caution:** 54' A. Teymourian, 82' M. Shojaei, 88' E. Hajsafi

·**Referee:** Hai Tan(CHN)

·**Attendance:** 43,343

Korea Republic-Australia 0-0(0-0)

Ⅴ. EAFF East Asian Cup 2013, Final Competition Match 1
(Seoul-Seoul World Cup Stadium-20.07.2013-19:00)

Korea Republic: Sung-Ryong Jung (GK), Dae-Sung Ha(C), Chang-Soo Kim, Young-Gwon Kim, Jeong-Ho Hong, Jin-Su Kim, 27-Yo-Han Ko(70' 7-Young-Cheol Cho), 22-Il-Lok Yun(59' 19-Ki-Hun Yeom), Seung-Ki Lee, Myeong-Ju Lee, 38-Dong-Sub Kim(81' 17-Shin-Wook Kim)

·**Coach:** Myung-Bo Hong

Australia: 1-E. Galeković(GK), 4-R. McGowan, 13-J. North, 22-I. Franjic, 3-M. Thwaite, 5-M. Milligan(46' 24-E. Paartalu), 10-D. Vidošić(75' 25-M. Nichols), 17-M. McKay, 16-R. Zadkovich, 7-A. Thompson, 19-M. Duke(89' 29-T. Jurić)

·**Coach:** H. Osieck(Germany)

Scorers: -

·**Caution:** 44' M. Milligan

·**Referee:** Y. Nishimura(JPN)

·**Attendance:** 31,571

Korea Republic-China 0-0 (0-0)

Ⅴ. EAFF East Asian Cup 2013, Final Competition Match 3
(Hwaseong - Hwaseong Stadium - 24.07.2013 - 20:00)

Korea Republic: Sung-Ryong Jung(GK), 19-Ki-Hun Yeom(C, 78' 34-Mu-Yeol Ko), Yong Lee, Hyun-Soo Jang, Seok-Ho Hwang, Min-Woo Kim, 22-Il-Lok Yun(60' 26-Seung-Ki Lee), Jong-Woo Park, Kook-Young Han, 9-Dong-Hyeon Seo(64' 17-Shin-Wook Kim), Young-Cheol Cho

·**Coach:** Myung-Bo Hong

China: 1-Zeng Cheng(GK), 5-Du Wei, 4-Rong Hao, 17-Zhang Linpeng, 10-Zheng Zhi, 16-Huang Bowen, 19-Yang Hao, 8-Wang Yongpo(58' 20-Wu Lei), 22-Yu Dabao(80' 11-Qu Bo), 18-Gao Lin, 14-Sun Ke(64' 21-Zhang Xizhe)

·**Coach:** Bo Fu(China)

Scorers: -

·**Caution:** 5' Wang Yongpo, 29' Dong-Hyeon Seo, 37' Min-Woo Kim, 69' Huang Bowen

·**Referee:** V. Kovalenko(UZB)

·**Attendance:** 23,675

Korea Republic-Japan 1-2 (1-1)

Ⅴ. EAFF East Asian Cup 2013, Final Competition Match 6
(Seoul - Jamsil Sports Complex Stadium - 28.07.2013 - 20:00)

Korea Republic: Sung-Ryong Jung(GK), Dae-Sung Ha(C), Chang-Soo Kim, Young-Gwon Kim, Jeong-Ho Hong, Jin-Su Kim, 27-Yo-Han Ko(89' 17-Shin-Wook Kim), Il-Lok Yun, 26-Seung-Ki Lee(80' 34-Mu-Yeol Ko), Myeong-Ju Lee, 38-Dong-Sub Kim(71' 7-Young-Cheol Cho)

·**Coach:** Myung-Bo Hong

Japan: 12-S. Nishikawa(GK), 5-Y. Komano, 16-Y. Kurihara, 5-T. Makino(51' 6-Y. Tokunaga), 36-M. Morishige, 28-T. Aoyama, 29-Y. Takahagi(87' 33-Y. Toyoda), 30-Y. Kakitani, 17-H. Yamaguchi, 11-G. Haraguchi, 9-M. Kudo(69' 14-H. Yamada)

·**Coach:** A. Zaccheroni(Italy)

Scorers: 0-1 24' Y. Kakitani, 1-1 33' Il-Lok Yun, 1-2 90' Y. Kakitani

·**Caution:** 20' Dae-Sung Ha, 23' G. Haraguchi, 25' Young-Gwon Kim, 62' Yo-Han Ko, 76' T. Aoyama, 82' Y. Kurihara

·**Referee:** B. Williams(AUS)

·**Attendance:** 47,258

Korea Republic-Peru 0-0 (0-0)

Friendly Match
(Suwon - Suwon World Cup Stadium - 14.08.2013 - 20:00)

Korea Republic: Seung-Gyu Kim(GK), 8-Dae-Sung Ha(C, 51' 16-Kook-Young Han), Jeong-Ho Hong, Yong Lee, Seok-Ho Hwang, 15-Chan-Ho Cho(68' 14-Sung-Dong Baek), Min-Woo Kim, 7-Il-Lok Yun(55' 17-Sang-Hyub Lim), 13-Myeong-Ju Lee(85' 4-Hyun-Soo Jang), 11-Keun-Ho Lee(80' 10-Seung-Ki Lee), Dong-Sub Kim

·**Coach:** Myung-Bo Hong

Peru: 1-R. Fernández(GK), 2-A. Rodríguez(46' 18-J.

Álvarez), 15-C. Ramos, 19-Y. Yotún(62' 4-A. Ampuero), 8-R. Cruzado, 20-L. Ramírez(74' 17-C. Lobatón), 22-E. Retamoso(46' 7-P. Hurtado), 13-L. Advíncula, 9-P. Guerrero(67' 10-J. Farfán), 14-C. Pizarro, 23-R. Manco(46' 24-É. Flores)

·**Coach:** S. Markarián(Uruguay)

Scorers: -

·**Caution:** 59' P. Hurtado, 89' Sang-Hyub Lim

·**Referee:** A. Bin Abdul Bashir(SGP)

·**Attendance:** 36,021

Korea Republic-Haiti 4-1 (1-1)

Friendly Match

(Incheon - Incheon Football Stadium - 06.09.2013 - 20:00)

Korea Republic: Seung-Gyu Kim(GK), 16-Dae-Sung Ha(C, 64' 23-Kook-Young Han), 2-Chang-Soo Kim(45' 22-Yong Lee), Joo-Ho Park, Young-Gwon Kim, Jeong-Ho Hong, 11-Yo-Han Ko(45' 17-Chung-Young Lee), Myeong-Ju Lee, 10-Keun-Ho Lee(76' 13-Bo-Kyung Kim), Heung-Min Son, 9-Dong-Won Ji(45' 18-ja-Cheol Koo)

·**Coach:** Myung-Bo Hong

Haiti: 1-J. Placide(GK), 5-J. Pierre, 3-M. Jérôme, 6-K. LaFrance, 4-W. Guerrier(88' 19-P. Millien), 15-Y. Desmarets, 7-J. Louis(77' 17-C. Hérold), 13-J. Monuma Constant(89' 16-J. Jean), 8-S. Mustivar(68' 20-A. Gary), 11-J. Maurice(82' 18-L. Saint-Preux), 9-K. Belfort(68' 10-S. Nordé)

·**Coach:** Saint Jean Pierre(Cuba)

Scorers: 1-0 21' Heung-Min Son, 1-1 45' K. Belfort, 2-1 48'(P) Ja-Cheol Koo, 3-1 58'(P) Keun-Ho Lee, 4-1 71' Heung-Min Son

·**Caution:** 9' W. Guerrier, 45' K. Belfort, 52' Y. Desmarets, 53' Y. Desmarets, 59' W. Guerrier, 87' Joo-Ho Park

·**Expulsion:** 53' Y. Desmarets

·**Referee:** C. Mahapab(THA)

·**Attendance:** 13,624

Korea Republic-Croatia 1-2 (0-0)

Friendly Match

(Jeonju-Jeonju World Cup Stadium-10.09.2013-20:00)

Korea Republic: Sung-Ryong Jung(GK), 18-Ja-Cheol

Koo(C, 77' 10-Keun-Ho Lee), Tae-Hwi Kwak, Suk-Young Yoon, Young-Gwon Kim, Yong Lee, Chung-Yong Lee, Bo-Kyung Kim, Jong-Woo Park, 20-Dong-Geon Cho(45' 23-Kook-Young Han), 8-Heung-Min Son(70' 14-Il-Lok Yun)

·**Coach:** Myung-Bo Hong

Croatia: 12-D. Kresic(89' 23-A. Ježina) (GK), 11-D. Srna, 21-D. Vida, 6-D. Lovren, 2-I. Bubnjić, 7-I. Rakitić(80' 15-M. Tomasov), 4-I. Perišić, 16-H. Milić(46' 24-J. Pivarić), 19-A. Ademi, 22-Eduardo Da Silva(57' 18-L. Benko), 14-N. Kalinić(70' 15-A. Halilović)

·**Coach:** I. Štimac(Croatia)

Scorers: 0-1 64' D. Vida, 0-2 70' N. Kalinić, 1-2 93' Keun-Ho Lee

·**Caution:** 80' L. Benko, 87' D. Srna

·**Referee:** M. Tojo (JPN)

·**Attendance:** 40,723

Korea Republic-Brazil 0-2(0-1)

Friendly Match

(Seoul - Seoul World Cup Stadium - 12.10.2013 - 20:00)

Korea Republic: Sung-Ryong Jung(GK), 10-Ja-Cheol Koo(C, 64' 14-Heung-Min Son), Young-Gwon Kim, Jeong-Ho Hong, Jin-Su Kim, Yong Lee, Sung-Yong Ki, 7-Chung-Young Lee(85' 9-Il-Lok Yun), 15-Bo-Kyung Kim(77' 17-Yo-Han Ko), Kook-Young Han, 18-Dong-Won Ji(50' 11-Keun-Ho Lee)

·**Coach:** Myung-Bo Hong

Brazil: 1-Jefferson(GK), 2-Dani Alves, 4-David Luiz, 6-Marcelo(80' 14-Maxwell), 13-Dante, 17-Luiz Gustavo(67' 5-Lucas Leiva), 18-Paulinho(68' 8-Hernanes), 11-Oscar(78' 20-Bernard), 19-Jô, Hulk(46' 16-Ramires), 10-Neymar

·**Coach:** Luiz Felipe Scolari(Brazil)

Scorers: 0-1 43' Neymar, 0-2 48' Oscar

·**Caution:** 16' Sung-Yong Ki, 44' Yong Lee, 77' Chung-Yong Lee

·**Referee:** R. Irmatov(Uzbekistan)

·**Attendance:** 65,308

Korea Republic-Mali 3-1(1-1)

Friendly Match

(Cheonan - Cheonan Stadium - 15.10.2013 - 20:00)

Korea Republic: Sung-Ryong Jung(GK), 10-Ja-Cheol Koo(C, 53' 15-Bo-Kyung Kim), Young-Gwon Kim, Jeong-Ho Hong, Jin-Su Kim, Yong Lee, Sung-Yong Ki, 7-Chung-Yong Lee(71' 17-Yo-Han Ko), 12-Kook-Young Han(88' 19-Jong-Woo Park), Keun-Ho Lee, 14-Heung-Min Son(86' 9-Il-Lok Yun)

·Coach: Myung-Bo Hong

Mali: 22-A. Samaké(GK), 5-I. Coulibaly(89' 15-I. Keita), 23-O. Coulibaly(87' 2-B. Sylla), 21-M. N'Diaye, 12-S. Kéita, 7-A. Traoré(72' 11-M. Samassa), 13-T. Doumbia, 14-S. Yatabaré, 8-Y. Sylla(59' 18-S. Sow), 10-M. Maïga, 9-M. Dembélé

·Coach: A. Diallo(Mali)

Scorers: 0-1 27' M. Maïga, 1-1 37'(P) Ja-Cheol Koo, 2-1 46' Heung-Min Son, 3-1 56' Bo-Kyung Kim

·Caution: 48' S. Kéita

·Referee: Y. Nishimura(Japan)

·Attendance: 26,118

Korea Republic-Switzerland 2-1 (0-1)

Friendly Match

(Seoul - Seoul World Cup Stadium - 15.11.2013 - 20:00)

Korea Republic: Seung-Gyu Kim(GK), Chung-Yong Lee(C), Young-Gwon Kim, Jeong-Ho Hong, Jin-Su Kim, Yong Lee, Hyun-Soo Jang, Sung-Yong Ki, 10-Bo-Kyung Kim(45' 18-Keun-Ho Lee), 9-Shin-Wook Kim(82' 15-Il-Lok Yun), 7-Heung-Min Son(77' 17-Tae-Hee Nam)

·Coach: Myung-Bo Hong

Switzerland: 1-D. Benaglio(GK) 3-R. Ziegler, 5-S. von Bergen(46' 4-P. Senderos), 6-M. Lang(64' 16-G. Fernandes), 22-F. Schär(46' 23-F. Lustenberger), 7-T. Barnetta(84' 19-J. Drmic), 15-B. Džemaili, 8-G. İnler, 10-G. Xhaka, 24-P. Kasami(70' 18-A. Mehmedi), 9-H. Seferović(72' 17-M. Gavranović)

·Coach: O. Hitzfeld(Germany)

Scorers: 0-1 6' P. Kasami, 1-1 58' Jeong-Ho Hong, 2-1 86' Chung-Yong Lee

·Caution: 60' B. Džemaili, 79' Shin-Wook Kim

·Referee: D. Abal(Argentina)

·Attendance: 36,813

Russia-Korea Republic 2-1 (1-1)

Friendly Match

(Dubai - Zabeel Stadium - 19.11.2013 - 23:00)

Russia: 12-Y. Lodygin(GK), 4-S. Ignashevich, 13-V. Granat, 2-I. Smolnikov(74' 22-A. Kozlov), 10-D. Tarasov(74' 17-M. Grigorjev), 23-D. Kombarov(57' 18-A. Eshchenko), 19-A. Samedov, 15-R. Shirokov, 5-A. Ryazantsev, 20-V. Faizulin(57' 8-D. Glushakov), 21-F. Smolov

·Coach: F. Capello(Italy)

Korea Republic: Sung-Ryong Jung(GK), 11-Chung-Yong Lee(C, 58' 10-Bo-Kyung Kim), Joo-Ho Park, Kwang-Hoon Shin, Young-Gwon Kim, Jeong-Ho Hong, 16-Sung-Yong Ki(66' 19-Myong-Jin Ko), Jong-Woo Park, Keun-Ho Lee, 9-Shin-Wook Kim(45' 17-Tae-Hee Nam), 7-Heung-Min Son(69' 14-Dong-Won Ji)

·Coach: Myung-Bo Hong

Scorers: 0-1 6' Shin-Wook Kim, 1-1 12' F. Smolov, 2-1 59' D. Tarasov

·Caution: 40' F. Smolov, 52' D. Tarasov, 61' V. Granat, 78' A. Samedov

·Referee: Hamad Al Shaikh Hashmi(U. A. E.)

·Attendance: 7,000

Costa Rica-Korea Republic 0-1(0-1)

Friendly Match

(Los Angeles - Coliseum Memorial Stadium - 25.01.2014 - 15:00)

Costa Rica: 23-L. Moreira (GK) , 4-M. Umaña, 19-R. Miller, 2-J. Acosta, 15-C. Meneses, 12-P. Herrera(59' 6-D. Myrie), 11-Ó. Granados(83' 10-C. Hernandez), 17-Y. Ignacio(75' 22-J. Miguel), 14-R. Brenes, 12-J. Alberto, 16-M. Ureña(80' 9-J. McDonald), 21-J. Alberto(59' 7-M. Castillo)

·**Coach:** J. Pinto(Colombia)

Korea Republic: Seung-Gyu Kim(GK), Keun-Ho Lee(C), Min-Soo Kang, Jin-Su Kim, Yong Lee, 17-Yo-Han Ko(77' 19-Tae-Hwan Kim), Min-Woo Kim, 22-Jong-Woo Park(89' 12-Jin-Hyung Song), Ki-Hee Kim, Myung-Ju Lee, 9-Shin-Wook Kim(86' 18-Seung-Ki Lee)

·**Coach:** Myung-Bo Hong

Scorers: 0-1 9' Shin-Wook Kim

·**Caution:** 34' M. Umaña, 38' Jong-Woo Park, 63' Min-Woo Kim, 76' M. Castillo, 85' M. Castillo

·**Expulsion:** 68' C. Meneses, 85' M. Castillo

·**Referee:** B. Toledo(USA)

·**Attendance:** 5,000

Mexico-Korea Republic 4-0 (2-0)

Friendly Match

(San Antonio - Alamodome - 29.01.2014 - 20:00)

Mexico: 12-A. Talavera(GK), 4-R. Márquez(46' 6-J. Valenzuela), 2-F. Rodríguez(54' 5-E. Pérez), 13-D. Reyes, 16-M. Ponce(46' 20-J. Torres Nilo), 27-C. Peña(46' 10-L. Montes), 8-J. Vázquez(54' 17-J. Zavala), 19-O. Peralta(54' 9-A. de Nigris), 18-I. Brizuela, 11-A. Pulido, 21-R. Pizarro

·**Coach:** M. Herrera(Mexico)

Korea Republic: Seung-Gyu Kim(GK), 11-Keun-Ho Lee(C, 60' 17-Yo-Han Ko), Min-Soo Kang, 20-Jin-Su Kim(67' 3-Dae-Ho Kim), Tae-Hwan Kim, Jin-Po Park, 22-Jong-Woo Park(77' 12-Jin-Hyung Song), Ki-Hee Kim, 13-Myung-Ju Lee(46' 8-Ho Lee), 7-Ki-Hun Yeom(46' 15-Min-Woo Kim), 9-Shin-Wook Kim(46'18- Seung-Ki Lee)

·**Coach:** Myung-Bo Hong

Scorers: 1-0 36' O. Peralta, 2-0 45' A. Pulido, 3-0 85' A.

Pulido, 4-0 89' A. Pulido

·**Caution:** 57' Seung-Ki Lee

·**Referee:** H. Rodríguez(Honduras)

·**Attendance:** 54,133

U.S.A-Korea Republic 2-0 (1-0)

Friendly Match

(Carson, California - Stubhub Center - 01.02.2014 - 14:00)

United States

1-N. Rimando(GK), 3-M. Parkhurst, 5-M. Besler(62' 21-C. Goodson), 4-O. Gonzalez, 6-K. Beckerman, 2-B. Evans(74' 14-D. Yedlin), 11-B. Davis(75' 16-L. Gil), 7-G. Zusi(82' 20-E. Alexander), 8-M. Diskerud(62' 15-B. Feilhaber), 10-L. Donovan, 9-C. Wondolowski(62' 18-E. Johnson)

·**Coach:** J. Klinsmann(Germany)

Korea Republic: Sung-Ryong Jung(GK), 11-Keun-Ho Lee(C, 69' 18-Seung-Ki Lee), 20-Jin-Su Kim(78' 19-Tae-Hwan Kim), Joo-Young Kim, Yong Lee, 8-Ho Lee(69' 13-Myung-Ju Lee), Yo-Han Ko, Min-Woo Kim, Jong-Woo Park, Ki-Hee Kim, Shin-Wook Kim

·**Coach:** Myung-Bo Hong

Scorers: 1-0 3' C. Wondolowski, 2-0 60' C. Wondolowski

·**Caution:** -

·**Referee:** H. Cruz(Costa Rica)

·**Attendance:** 27,000

Greece-Korea Republic 0-2 (0-1)

Friendly Match

(Athens - Karaiskakis Stadium - 06.03.2014 - 02:00)

Greece: 12-P. Glykos(GK), 20-J. Holebas, 8-A. Papadopoulos, 15-V. Torosidis(82' 3-G. Tzavellas), 4-K. Manolas 21-K. Katsouranis, 6-A. Tziolis(59' 22-D. Papadopoulos), 2-G. Maniatis(46' 10-G. Karagounis), 7-G. Samaras, 9-K. Mitroglou(59' 23-I. Fetfatzidis), 14-D. Salpingidis(46' 16-L. Christodoulopoulos)

·**Coach:** Fernando Santos(Portugal)

Korea Republic: 1-Sung-Ryong Jung(GK), 8-Ja-Cheol Koo(C, 84' 13-Keun-Ho Lee), 5-Young-Gwon Kim, 6-Jeong-Ho Hong, 2-Jin-Su Kim, 22-Yong Lee, 14-Sung-Yong Ki(86' 10-Dae-Sung Ha), 17-Chung-Yong Lee, 16-Kook-Young Han, 12-Chu-Young Park(46' 18-Shin-

Wook Kim), 11-Heung-Min Son(73' 7-Bo-Kyung Kim)

·**Coach:** Myung-Bo Hong

Scorers: 1-0 18' Chu-Young Park, 2-0 54' Heung-Min Son

·**Caution:** 79' G. Karagounis, 81' Chung-Yong Lee

·**Referee:** O. Haţegan(Romania)

·**Attendance:** 54,133

Korea Republic-Tunisia 0-1(0-1)

Friendly Match

(Seoul - Seoul World Cup Stadium - 28.05.2014 - 20:00)

Korea Republic: 21-Sung-Ryong Jung(GK), 3-Young-Gwon Kim, 4-Suk-Young Yun, 2-Yong Lee, 5-Jung-Ho Hong(61' 20-Tae-Hwi Kwak), 6-Sung-Yong Ki(77' 7-Dae-Sung Ha), 15-Chung-Yong Lee(82' 9-Ji Dong-Won), 16-Ja-Cheol Koo('60 13-Keun-Ho Lee), 8-Kook-Young Han, 18-Chu-Young Park(75' 17-Shin-Wook Kim), 11-Heung-Min Son(68' 10-Bo-Kyung Kim)

·**Coach:** Myung-Bo Hong

Tunisia: 16-BEN Mustapha Farouk(GK), 20-Aymen Abdennour, 6-Bilel Mohsni, 21-Hamza Mathlouthi, 4-Selim Ben Djemia(57' 5-Ammar Jemal), 2-Syam Ben Youssef, 14Stephane Houcine Nater, 13-Wissem Yahya, 18-Yacine Mikari(57' 8-Khaled Korbi), 15-Zouhaier Dhaouadi(86' 9-Hamza Younes), 17-Issam Jemaa

·**Coach:** Georges Leekens

Scorers: 0-1 43' Zouhaier Dhaouadi

·**Caution:** 54' Stephane Houcine Nater , 59' Issam Jemaa, 65' Keun-Ho Lee, 66' Sung-Yong Ki, 91' BEN Mustapha Farouk

·**Referee:** Martin Atkinson(England)

·**Attendance:** 57,112

Korea Republic-Gana 0-4(0-2)

(Miami - Sun Life stadium - 09.06.2014 - 19:00)

Korea Republic : 21-Sung-Ryong Jung(GK), 3-Tae-Hwi Kwak(46' 2-Jung-Ho Hong), 6-Young-Gwon Kim, 22-Chang-Soo Kim(50' 13-Yong Lee), 5-Suk-Young Yun(82' 4-Joo-Ho Park), 7-Sung-Yong Ki, 9-Chung-Yong Lee, 17-Ja-Cheol Koo(57' 18-Bo-Kyung Kim), 16-Kook-Young Han, 12-Chu-Young Park(64' 10-Keun-Ho Lee),

14-Heung-Min Son(75' 11-Dong-Won Ji)

·**Coach:** Myung-Bo Hong

Ghana: 10-Andre Ayew(73' 14-Albert Adomah), 3-Asamoah Gyan(64' 22-Wakaso Mubarak), 16-Fatau Dauda, 23-Harrison Afful, 21-John Boye, 19-Jonathan Mensah, 9-Kevin-Prince Boateng(56' 7-Chistian Atu), 20-Kwadwo Asamoah, 18-Majeed Waris(6' 13-Jordan Ayew), 17-Mohammed Rabiu(58' 8-Emmanuel Agyemang-Badu), 11-Sulley Muntari(58' 6-Afriyie Acquah)

·**Coach:** Kwesi Appiah

Scorers: 0-1 10' Jordan Ayew, 0-2 43' Asamoah Gyan, 0-3 53' Jordan Ayew, 0-4 89' Jordan Ayew

·**Caution:** 3' Sung-Yong Ki, 81' Majeed Waris

·**Referee:** David Gantar (Canada)

·**Attendance:** 4,539

Russia-Korea Republic 1-1(0-0)

XX. FIFA World Cup Brazil 2014, Final Phase, 1st Round Group H

(Cuiaba - Arena Pantanal - 17.06.2014 - 18:00)

Russia: 9-Alexander Kokorin, 19-Alexander Samedov, 22-Andrey Eshchenko, 8-Denis Glushakov(72' 7-Igor Denisov), 23-Dmitry Kombarov, 1-Igor Akinfeev, 17-Oleg Shatov(59' 10-Alan Dzagoev), 4-Sergey Ignashevich, 14-Vasily Berezutskiy, 20-Victor Fayzulin, 18-Yury Zhirkov(71' 11-Aleksandr Kerzhakov)

·**Coach:** Fabio Capello

Korea Republic: 1-Sung-Ryong Jung(GK), 20-Jung-Ho Hong(73' 6-Hwang Seok-Ho), 5-Young-Gwon Kim, 12-Yong Lee, 3-Suk-Young Yun, 16-Sung-Yong Ki, 17-Chung-Yong Lee, 13-Ja-Cheol Koo, 14-Kook-Young Han, 10-Chu-Young Park(56' 11-Keun-Ho Lee), 9-Heung-Min Son(84' 7-Bo-Kyung Kim)

·**Coach:** Myung-Bo Hong

Scorers: 1-0 68' Keun-Ho Lee, 1-1 74' Aleksandr KERZHAKOV.

·**Caution:** 13' Heung-Min Son, 30' Sung-Yong Ki, 49' Oleg SHATOV, 90' Ja-Cheol Koo

·**Referee:** Nestor PITANA (Argentina)

·**Attendance:** 37,603

Korea Republic-Algeria 2-4 (0-3)

XX. FIFA World Cup Brazil 2014, Final Phase, 2st Round Group H

(Porto Alegre - Estadio Beira-Rio - 22.06.2014 - 16:00)

Korea Republic: 1-Sung-Ryong Jung(GK), 20-Jung-Ho Hong, 5-Young-Gwon Kim, 12-Yong Lee, 3-Suk-Young Yun, 16-Sung-Yong Ki, 17-Chung-Yong Lee(64' 11-Keun-Ho Lee), 13-Ja-Cheol Koo, 14-Kook-Young Han(78' 19-Dong-Won Ji), 10-Chu-Young Park(57' 18-Shin-Wook Kim), 9-Heung-Min Son

· **Coach:** Myung-Bo Hong

Algeria: 18-Abodelmoumene Djabou(73' 9-Nabil Ghilas), 20-Aissa Mandi, 12-Carl Medjani, 6-Djamel Mesbah, 13-Islam Slimani, 2-Madjid Bouguerra(89' 4-Esseid Belkalem), 14-Nabil Bentaleb, 5-Rafik Halliche, 23-Rais Mbolhi, 10-Sofiane Feghouli, 11-Yacine Brahimi(77' 8-Medhi Lacen)

· **Coach:** Vahid Halilhodzic

Scorers: 0-1 26' Islam Slimani, 0-2 28' Rafik Halliche, 0-3 38' Abodelmoumene Djabou, 1-3 50' Heung-Min Son, 1-4 62' Yacine Brahimi, 2-4 72' Ja-Cheol Koo

· **Caution:** 54' Yong Lee, 67' Madjid Bouguerra, 69' Kook-Young Han

· **Referee:** Roldan Wilmar (Columbia)

· **Attendance:** 42,732

Korea Republic- Belgium 0-1(0-0)

XX. FIFA World Cup Brazil 2014, Final Phase, 3rd Round Group H

(Sao Paulo - Arena Corinthians - 26.06.2014 - 17:00)

Korea Republic: 21-Seung-Gyu Kim(GK), 20-Jung-Ho Hong, 5-Young-Gwon Kim, 12-Yong Lee, 3-Suk-Young Yun, 16-Sung-Yong Ki, 17-Chung-Yong Lee, 13-Ja-Cheol Koo, 14-Kook-Young Han(46' 11-Keun-Ho Lee), 18-Shin-Wook Kim(66' 7-Bo-Kyung Kim), 9-Heung-Min Son(73' 19-Dong-Won Ji)

· **Coach:** Myung-Bo Hong

Belgium: 1-Thibaut Courtois (GK), 20-Adnan Januzaj(60' 22-Nacer Chadli), 21-Anthony Vanden Borre, 15-Daniel Van Buyten, 14-Dries Mertens(60' 17-Divock Origi), 5-Jan Vertonghen, 11-Kevin Mirallas(88' 10-Eden Hazard), 8-Marouane Fellaini, 19-Moussa Dembele, 18-Nicolas Lombaerts 16-Steven Defour.

· **Coach:** Marc Wilmots

Scorers: 0-1 78' Jan Vertonghen

· **Caution:** 35' Jung-Ho Hong, 50' Moussa Dembele

· **Expulsion:** 45' Steven Defour

· **Referee:** Benjamin Williams (Australia)

· **Attendance:** 61,397

Korea Republic- Venezuela 2-0(1-1)

Friendly Match

(Bucheon - Bucheon Stadium - 05.09.2014 - 20:00)

Korea Republic: 1-Jin-Hyeon Kim(GK), 3-Joo-young Kim(64' 22-Chae-Min Lim), 4-Young-Gwon Kim, 5-Du-Ri Cha, 16-Sung-Yong Ki(73' 15-Jong-Woo Park), 19-Min-Woo Kim(81' 2-Chang-Soo Kim), 17-Chung-Yong Lee(87' 7-Han Kyo-won), 8-Myung-Joo Lee, 9-Heung-Min Son, 10-Young-Cheol Cho(46' 14-Kook-Young Han), 20-Dong-Gook Lee(78' 11-Keun-Ho Lee)

· **Coach:** Tae-Yong Shin

Venezuela: 12-Daniel Hernandez(GK), 6-Gabriel Cichero, 20-Grenddy Perozo, 4-Oswaldo Vizcarrondo, 16-Roberto Rosales, 14-Alejandro Guerra, 19-Edgar Jimenez(61' 13-Luis Manuel Seijas), 9-Mario Rondon(68' 7-Nicolas Fedor), 8-Tomas Rincon, 23-Jose Salomon Rondon(73' 21-Alexander Gonzalez), 17-Josef Martinez(56' 11-Juan Falcon)

· **Coach:** Noel Sanvicente

Scorers: 0-1 21' Mario Rondon, 1-1 33' Myung-Joo Lee, 2-1 52' Dong-Gook Lee, 3-1 63' Dong-Gook Lee

· **Caution:** 57' Dong-Gook Lee, 67' Chung-Yong Lee, 69' Grenddy Perozo, 85' Roberto Rosales, 90' Du-Ri Cha

· **Referee:** Vo Minh Tri (Vietnam)

· **Attendance:** 34,456

Korea Republic- Uruguay 0-1(0-0)

Friendly Match

(Go Yang - Go Yang Stadium - 08.09.2014 - 20:00)

Korea Republic: 21-Bum-Young Lee (GK), 3-Joo-young Kim, 2-Chang-Soo Kim, 4-Young-Gwon Kim, 5-Du-Ri Cha(78' 12-Yong Lee), 16-Sung-Yong Ki, 15-Jong-

Woo Park(74' 14-Kook-Young Han), 17-Chung-Yong Lee, 8-Myung-Joo Lee(58' 18-Tae-Hee Nam), 9-Heung-Min Son, 20-Dong-Gook Lee(69' 11-Keun-Ho Lee)

·**Coach:** Tae-Yong Shin

Uruguay: 12-Martin Silva (GK), 3-Diego Godin, 17-Egidio Arevalo, 2-Jose Gimenez, 22-Martin Caceres, 16-Maximiliano Pereira(89' 13-Matias Aguirregaray), 5-Camilo Mayada(89' 18-Matias Corujo), 7-Cristian Rodriguez(23' 6-Alvaro Pereira), 14-Nicolas Lodeiro(61' 10-Giorgian De Arrascaeta), 8-Abel Hernandez(77' 9-Diego Rolan), 21-Edinson Cavani(56' 11-Cristian Stuani)

·**Coach:** Oscar Washington Tabarez

Scorers: 0-1 68' Jose Gimenez

·**Caution:** 17' Myung-Joo Lee

·**Referee:** Sato Ryuji (Japan)

·**Attendance:** 38,183

Korea Republic- Paraguay 2-0(2-0)

Friendly Match

(Cheon an - Cheon an Stadium - 10.10.2014 - 20:00)

Korea Republic: 1-Jin-Hyeon Kim(GK), 5-Tae-Hwi Kwak, 19-Kee-Hee Kim(89' 4-Young-Gwon Kim), 12-Yong Lee, 2-Chul Hong, 16-Sung-Yong Ki(80' 15-Jong-Woo Park), 7-Min-Woo Kim(71' 18-Kyo-Won Han), 11-Tae-Hee Nam(77' 8-Myung-Joo Lee), 14-Kook-Young Han, 17-Chung-Yong Lee(46' 10-Heung-Min Son), 13-Young-Chul Cho(60' 20-Dong-Gook Lee)

·**Coach:** Ulrich Stielike

Paraguay: 1-Antony Silva(GK), 14-Gustavo Gomez, 2-Ivan Piris, 3-Leonardo Caceres(46' 7-Julian Benitez), 4-Pablo Aguilar, 16-Celso Ortiz(68' 8-Silvio Torales), 11-Marcelo Estigarribia(36' 13-David Mendoza), 6-Marcos Riveros, 20-Nestor Ortigoza(46' 18-Jorge Rojas), 10-Derlis Gonzalez(68' 19-Cecilio Dominguez), 9-Roque Santa Cruz(78' 17-Cristian Ovelar)

·**Coach:** Víctor Genes

Scorers: 1-0 27' Min-Woo Kim, 2-0 32' Tae-Hee Nam

·**Caution:** 24' Kook-Young Han

·**Referee:** Valentin Kovalenko (Uzbekistan)

·**Attendance:** 25,156

Korea Republic-Costa Rica 1-3 (1-1)

Friendly Match

(Seoul - Dongdaemun Stadium - 10.14.2014 - 20:00)

Korea Republic: 21-Seung-Gyu Kim(GK), 4-Young-Gwon Kim, 3-Joo-young Kim, 23-Hyun-Soo Jang, 22-Du-Ri Cha(86' 12-Yong Lee), 16-Sung-Yong Ki, 11-Tae-Hee Nam(66' 14-Kook-Young Han), 6-Joo-Ho Park(20' 7-Min-Woo Kim), 17-Chung-Yong Lee, 10-Heung-Min Son(83' 18-Kyo-Won Han), 20-Dong-Gook Lee

·**Coach:** Uli Stielike

Costa Rica: 1-Keilor Navas(GK), 16-Christian Gamboa(83' 19-Roy Miller), 15-Junior Diaz, 4-Michael Umana, 6-Oscar Duarte, 5-Celso Borges, 13-Johan Venegas(75' 2-Jhonny Acosta), 17-Yeltsin Tejeda, 10-Bryan Ruiz ,7-David Ramirez(86' 9-Alvaro Saborio), 12-Joel Campbell(88' 14-John Jairo Ruiz)

·**Coach:** Paulo Cesar Wanchope Watson

Scorers: 0-1 38' Celso Borges, 1-1 45' Dong-Gook Lee, 1-2 47' Celso Borges, 1-3 77' Oscar Duarte

·**Referee:** Alireza FAGHANI (Iran)

·**Attendance:** 39,210

Korea Republic-Jordan 1-0(1-0)

Friendly Match

(Amman, King Abdullah Stadium - 14.11.2014 - 16:30)

Korea Republic: 21-Sung-Ryong Jeong(GK), 19-Young-Gwon Kim, 6-Joo-Ho Park(46' 4-Chang-Soo Kim), 22-Du-Ri Cha (46' 12-Suk-Young Yun), 3-Jeong-Ho Hong, 15-Min-Woo Kim(71' 7-Heung-Min Son), 8-Tae-Hee Nam(82' 13-Ja-Cheol Koo), 18-Kyo-Won Han(65' 17-Chung-Yong Lee), 14-Kook-Young Han, 10-Chu-Young Park, 9-Young-Cheol Cho(46' 2-Hyeon-Soo Jang)

·**Coach:** Uli Stielike

Jordan: 1-Yassin Mutaz(GK), 5-Bani Yassin Anas, 3-Domairi Mohammad, 6-Khattab Tareq, 2-Zahran Odai, 8-Adnan Sharif(58' 16-Rateb Mohammad), 10-Aedll Fattah Hassan(65' 14-Sraiwa Ahmad), 11-Al-Saifi Odai, 7-Bani Ateya Khalil(74' 17-Sraiwa Abdullah), 4-Shaqran Ala`a(58' 18-Rateb Saleh), 9-Hayel Ahmed

·**Coach:** Ray Wilkins

Scorers: 1-0 33' Kyo-Won Han

- **Caution**: 85' Al-Saifi Odai
- **Referee**: Abdelameer Abdelshaheed(Bahrain)
- **Attendance**: 8,500

Korea Republic-Iran 0-1(0-0)

Friendly Match

(Tehran - Azadi Stadium - 18.11.2014 - 16:25)

Korea Republic: 1-Jin-Hyeon Kim(GK), 5-Tae-Hwi Kwak, 4-Chang-Soo Kim, 6-Joo-Ho Park, 12-Suk-Young Yun(89' 22-Du-Ri Cha), 2-Hyeon-Soo Jang, 13-Ja-Cheol Koo(83' 9-Young-Cheol Cho), 16-Sung-Yueng Ki, 7-Heung-Min Son, 17-Chung-Yong Lee(83' 8-Tae-Hee Nam), 11-Keun-Ho Lee(72' 10-Chu-Young Park)

- **Coach**: Uli Stielike

Iran: 1-Ali Reza Haghighi(GK), 18-Ali Rea Jahanbakhsh(73' 9-Omid Ebrahimi), 3-Ehsan Haji Safi, 2-Khosro Heidari(62' 23-Vorya Ghafouri), 15-Pejman Montazeri, 4-Seyed Jalal Hosseini, 14-Andranik Teimorian, 21-Ashkan Dejagah, 6-Javad Nekounam, 7-Masoud Shojaee(59' 17-Soroush Rafiei), 16-Rea Ghoochannejhad(59' 20-Sardar Azmoun)

- **Coach**: Carlos Queiroz

Scorers: 1-0 82' Sardar Azmoun

- **Caution**: 32' Heung-Min Son, 68' Joo-Ho Park, 65' Pejman Montazeri, 82' Ja-Cheol Koo, 92' Ashkan Dejagah
- **Referee**: Valentin Kovalenko(Uzbekistan)
- **Attendance**: 30,000

Korea Republic-Saudi Arabia 2-0(0-0)

Friendly Match

(Sydney - Pertek Stadium - 04.01.2015 - 20:00)

Korea Republic: 21-Jin-Hyeon Kim (GK, 46' 1-Seung-Gyu Kim), 2-Joo-ho Park, 6-Jin-Su Kim(46' 13-Myoung-Joo Lee), 10-Keun-Ho Lee (46' 17-Kyo-Won Han), 11-Heung-Min Son (90' 7-Min-Woo Kim), 14-Young-Cheol Cho(72' 9-Jeong-Hyeop Lee), 16-Kook-Young Han, 18-Ja-Cheol Koo(46' 15-Tae-Hee Nam), 19-Hyeon-Soo Jang, 22-Chang-Soo Kim, 20-Ju-Young Kim

- **Coach**: Uli Stielike

Sudi Arabia: 1-Waleed(GK), 2-Almuwallad(65' 12-Fallatah), 3-Hawsawi, 5-Othman(69' 25-Almarshadi),

6-Albassas(63' 11-Bakshwn), 7-Alfarj, 13-Alshahranz, 14-Kariri(71' 9-Hazazi), 15-alshahranz, 18-Aldawasari(84' 19-Almuwalad), 24-Alabid(69' 8-Alshehri)

- **Coach**: Cosmin Olaroiu

Scorers: 1-0 67' Hawsawi(OG), 2-0 91' Jeong-Hyeop Lee

- **Referee**: Gillett Jared
- **Attendance**: 6,320

Korea Republic-Oman 1-0(1-0)

AFC Asian Cup Australia 2015

(Canberra - Canberra Stadium - 10.01.2015 - 16:00)

Korea Repubic:

23-Jin-Hyeon Kim(GK), 2-Chang-Soo Kim(19' 22-Du-Ri Cha), 3-Jin-Su Kim, 4-Ju-young Kim, 6-Joo-Ho Park, 7-Heung-Min Son, 9-Young-Cheol Cho(71' 18-Jeong-Hyeop Lee), 13-Ja-Cheol Koo, 16-Sung-yueng KI, 17-Chung-Yong Lee(78' 12-Kyo-Won Han), 20-Hyun-Soo Jang,

- **Coach**: Uli Stielike

Oman: 1-Ali Al Habsi(GK), 2-Mohammed Al-Musalami, 3-Jaber Al Owaisi(73' 21-Mohsin Al Khaldi), 6-Raed Saleh, 7-Mohamed Ali Siyabi(86' 23-Said Al Razaiqi), 8-Eid Al-Farsi, 9-Abdul Aziz Al-Maqbali, 10-Qasim Said(61' 20-Imad Al Hosni), 12-Ahmed Mubarak, 13-Abdul Sallam Al Mukhaini , 16-Ali Sulaiman Al Busaidi

- **Coach**: Paul Le Guen

Scorers: 1-0 45' Young-Cheol Cho

- **Caution**: 32' Abdul Aziz Al-Maqbali
- **Referee**: Peter O'leary(New Zealand)
- **Attendance**: 12,552

Korea Republic-Kuwait 1-0(1-0)

AFC Asian Cup Australia 2015

(Canberra - Canberra Stadium - 13.01.2015 - 18:00)

Korea Republic: 21-Seung-Gyu Kim(GK), 19-Young-Gwon Kim, 3-Jin-Su Kim, 6-Joo-Ho Park, 20-Hyeon-Soo Jang, 22-Du-Ri Cha, 16-Sung-Yueng KI, 8-Min-Woo Kim(76' 18-Jeong-Hyeop Lee), 10-Tae-Hee Nam(86' 14-Kook-Young Han), 15-Myoung-Joo Lee(46' Young-Cheol Cho), 11-Keun-Ho Lee,

- **Coach**: Uli Stielike

Kuwait: 23-Hameed Youssef, 21-Ali Almaqseed, 2-Amer

Almatoug Alfadhel, 3-Fahad Awad Shaheen, 13-Mesaed Alenzi, 12-Sultan Alenezi(64' 17-Bader Al Almotawaa), 10-Abdulaziz Alenezi, 9-Abdullah Al Buraiki(75' 16-Faisal Zayed Alharbi), 5-Fahad Alhajeri, 11-Fahed Al Ebrahi, 20-Yousef Naser(76' 15-Faisal Alenezi),

· **Coach** : Nabil Maaloul

Scorers : 1-0 36' Tae-Hee Nam

· **Caution** : 19' Hyeon-Soo Jang, 35' Fahad Awad Shaheen, 42'Tae-Hee Nam, 70' Du-Ri Cha

· **Referee** : Alireza Faghani(Iran)

· **Attendance** : 8,795

Korea Republic-Australia 1-0(1-0)

AFC Asian Cup Australia 2015

(Brisbane - Brisbane Stadium - 17.01.2015 - 19:00)

Korea Republic : 23-Jin-Hyeon Kim(GK), 2-Chang-Soo Kim, 3-Jin-Su Kim, 5-Tae-Hwi Kwak, 6-Joo-Ho Park(41' 14-Kook-Young Han), 11-Keun-Ho Lee, 12-Kyo-Won Han(76' 20-Hyun-Soo Jang), 13-Ja-Cheol Koo(39' 7-Heung-Min Son), 16-Sung-Yueng KI, 18-Jeong-Hyeop Lee, 19-Young-Gwon Kim

· **Coach :** Uli Stielike

Australia : 1-Mathew Ryan(GK), 2-Ivan Franjic, 5-Mark Milligan, 6-Mattaew Spiranovic, 9-Tomi Juric, 13-Aziz Behich, 14-James Troisi(60' 7-Mathew Leckie), 16-Nathan Burns(71' 10-Robbie Kruse), 17-Matt Mckay(71' 4-Tim Cahill), 20-Trent Sainsbury, 21-Massimo Luongo

· **Coach :** Ange Postecoglou

Scorers : 1-0 33' Jeong-Hyeop Lee

· **Caution** : 29' Nathan Burns, 58' Kyo-Won Han, 61' Chang-Soo Kim, 79' Mattaew Spiranovic, 91' Tim Cahill

· **Referee** : Nawaf Shukralla(Bahrain)

· **Attendance** : 48,513

Korea Republic-Uzbekistan 2-0(0-0,0-0)

AFC Asian Cup Australia 2015 (Quarter Final)

(Melbourne - Melbourne Rectangular Stadium - 22.01.2015 - 18:30)

Korea Republic : 23-Jin-Hyeon Kim(GK), 2-Chang-Soo Kim (70' 22-Du-Ri Cha), 19-Young-Gwon Kim, 3-Jin-Su Kim, 5-Tae-Hwi Kwak, 6-Joo-Ho Park, 11-Keun-Ho Lee(111'

20-Hyun-Soo Jang), 7-Heung-Min Son, 16-Sung-Yueng Ki, 10-Tae-Hee Nam, 18-Jeong-Hyeop Lee(79' 14-Kook-Young Han)

· **Coach :** Uli Stielike

Uzbekistan : 12-Ignatiy Nesterov(GK), 3-Shavkatjon Mulladjanov, 4-Sardor Rashidov, 5-Anzur Ismailov, 6-Bakhodir Nasimov, 7-Azizbek Haydarov, 9-Odil Akhmedov (30' 18-Timur Kapadze), 13-Lutfulla Turaev (85' 10-Jamshid Iskanderov), 14-Shukhrat Mukhammadiev, 17-Sanjar Tursunov (105' 11-Igor Serbeev), 19-Vitaliy Denisov

· **Coach :** Mirdjalal Kasimov

Scorers : 1-0 104' Heung-Min Son, 2-0 120' Heung-Min Son

· **Caution** : 56' Tae-Hwi Kwak, 57' Vitaliy Denisov, 85' Anzur Ismailov, 115' Sung-Yueng Ki

· **Referee** : Fahad Almirdasi (Saudi Arabia)

· **Attendance** : 23,381

Korea Republic-Iraq 2-0(1-0)

AFC Asian Cup Australia 2015 (Semi Final)

(Sydney - Stadium Australia - 26.01.2015 - 20:00)

Korea Republic : 23-Jin-Hyeon Kim(GK), 22-Du-Ri Cha, 19-Young-Gwon Kim, 3-Jin-Su Kim, 5-Tae-Hwi Kwak, 6-Joo-Ho Park, 7-Heung-Min Son, 16-Sung-Yueng Ki(93' 14-Kook-Young Han), 10-Tae-Hee Nam(81' 20-Jang-Hyun Soo), 18-Jeong-Hyeop Lee, 12-Kyo-Won Han(46' 11-Keun-Ho Lee)

· **Coach :** Uli Stielike

Iraq : 12-Jalal Hassan Hachim(GK), 2-Ahmed Ibrahim, 7-Amjed Kalaf Al-Muntafik, 9-Ahmed Yaseen Gheni(63' 6-Ali Adnan Kadhim), 10-Younus Mahmood, 13-Osamah Jabbar Shafeeq(63' 19-Mahdi Kamil Shiltagh), 14-Salam Shakr, 15-Dhurgham Ismael, 17-Alaa Abdulzehra(77' 16-Marwan Hussein), 21-Saad Abdulameer, 23-Waleed Salim Al-Lami

· **Coach :** Radhi Swadi

Scorers : 1-0 20' Jeong-Hyeop Lee, 2-0 50' Young-Gwon Kim

· **Caution** : 7' Sung-Yueng Ki, 40' Joo-Ho Park, 56' Jin-Su Kim

- **Referee:** Ryusi Sato(Japan)
- **Attendance:** 36,053

Korea Republic-Australia 1-2(0-1)(1-1)

AFC Asian Cup Australia 2015 (Final)

(Sydney - Stadium Australia - 31.01.2015 - 20:00)

Korea Republic: 23-Jin-Hyeon Kim(GK), 16-Sung-Yueng Ki(C), 22-Du-Ri Cha, 19-Young-Gwon Kim, 3-Jin-Su Kim, 5-Tae-Hwi Kwak, 6-Joo-Ho Park(71' 14-Kook-Young Han), 20-Hyun-Soo Jang, 7-Heung-Min Son, 10-Tae-Hee Nam(63' 11-Keun-Ho Lee), 18-Jeong-Hyeop Lee, (87' 4-Ju-Young Kim)

- **Coach:** Uli Stielike

Australia: 1-Mathew Ryan(GK), 2-Ivan Franjic (74' 17-Matt Mckay), 3-Jason Davidson, 4-Tim Cahill (63' 9-Tomi Juric), 5-Mark Milligan, 6-Matthew Spiranovic, 7-Mathew Leckie, 10-Robbie Kruse (71' 14-James Troisi), 15-Mile Jedinak, 20-Trent Sainsbury, 21-Massimo Luongo

- **Coach:** Ange Postecoglou

Scorers: 0-1 45' Massimo Luongo, 1-1 90' Heung-Min Son, 1-2 105' James Troisi

- **Caution:** 6' Ivan Franjic, 41' jason Davidson, 59' Matthew Spiranovic, 66' Mile Jedinak, 68' Robbie Kruse
- **Referee:** Alireza Faghani(Iran)
- **Attendance:** 76,385

Korea Republic-Uzbekistan 1-1(1-1)

Friendly Match

(Daejeon - DaeJeon Worldcup Stadium - 27.03.2015 - 20:00)

Korea Republic: 23-Seung-Gyu Kim(GK), 13-Ja-Cheol Koo(C), 20-Dong-Ho Jeong(42' 2-Chang-Soo Kim), 5-Tae-Hwi Kwak, 15-Kee-Hee Kim, 21-Suk-Young Yun(72' 6-Joo-Ho Park), 7-Heung-Min Son(61' 10-Tae-Hee Nam), 11-Bo-Kyoung Kim, 14-KooK-Young Han, 17-Jae-Sung Lee(86' 12-Kyo-Won Han), 18-Jeong-Hyeop Lee(31' 16-Sung-Yueng Ki)

- **Coach:** Uli Stielike

Uzbekistan: 1-Suyunov Eldorbek(GK), 3-Mulladjanov Shavkatjon (46' 16-Filiposyan Artyom), 2-Shorakhmecov Akmal, 5-Ismilov Anzur, 9-Akhmedov Odil (80' 13-Turaev Lutfulla), 22-Sayfiev Farrukh, 7-Khaydarov Azizbek,

8-Djeparov Server (88' 11-Nurmatov Shakhzodbek), 10-Rashidov Sardor (75' 18-Mirzaev Sardor), 23-Salomov Shavkat (46' 17-Tursunov Sanjar), 19-Kuziboev Zokhir (72' 15-Shodiev Vokhid)

- **Coach:** KASIMOV Mirdjalal

Scorers: 1-0 15' Ja-Cheol Koo, 1-1 31' Kuziboev Zokhir

- **Caution:** 19' Mulladjanov Shavkatjon, 88' Bo-Kyoung Kim
- **Referee:** Sato Ryuji (Japan)
- **Attendance:** 38,680

Korea Republic-New Zealand 1-0(0-0)

Friendly Match

(Seoul - Seoul Worldcup Stadium - 31.03.2015 - 20:00)

1-Jin-Hyeon Kim(GK), Du-Ri Cha(C, 43' 2-Chang-Soo Kim), 19-Young-Gwon Kim, 4-Ju-Young Kim(46' 5-Tae-Hwi Kwak), 6-Joo-Ho Park, 7-Heung-Min Son(64' 17-Jae-Sung Lee), 10-Tae-Hee Nam, 14-KooK-Young Han(83' 11-Bo-Kyoung Kim), 12-Kyo-Won Han(46' 13-Ja-Cheol Koo), 9-Dong-Won Ji(72' 18-Jeong-Hyeop Lee), 16-Sung-Yueng Ki

- **Coach:** Uli Stielike

New Zealand: 25-Stefan Marinovic, 5-Michael Boxall, 15-Storm Roux, 4-Themistoklis Tzimopoulos, 3-Deklan Wynne, 18-Clayton Lewis(53' 10-Joel Stevens ->61' 16-Louis Fenton), 8-Michael McGlinchey, 11-Marco Rojas(78' 26-Moses Dyer), 6-Bill Tuiloma(78' 13-Benjamin Van Den Broek), 20-Ryan De Vries(46' 12-Tyler Boyd), 9-Christopher Wood

- **Coach:** Anthony Hudson (England)

Scorers: 1-0 86' Jae-Sung

- **Caution:** 35' Ju- Young Kim, 62' Dong-Won Ji
- **Referee:** Amirul Bin YAACOB (MAS)
- **Attendance:** 33,514

Korea Republic-UAE 3-0 (1-0)

Friendly Match

(Shah-Alam Stadiu-11.06.2015-18:20)

Korea Republic: 21-Seung-Gyu Kim(GK), 22-Jin-Su Kim (70' 2-Ju-Yong Lee), 20-Hyun-Soo Jang, 4-Tae-Hwi Kwak (46' 5-Jeong-Ho Hong), 3-Dong-Ho Jeong, 18-Woo-Young Jung, 6-Kook-Young Han, 19-Heung-Min Son (46'

8-Chung-Yong Lee), 7-Ki-Hun Yeom(46' 10-Tae-Hee Nam), 17-Jae-Sung Lee (81' 13-Se-Jong Joo), 16-Yong-Jae Lee(61' 11-Jeong-Hyeop Lee)

· **Coach** : Uli Stielike

UAE : 12-Khalid Eisa(GK), 2-Amer Omar (46' 24-Mohamed Alakberi), 3-Walid Abbas, 5-Amer Abdulrahman (46' 15-Ismail Alhammadi), 6-Mohnad Salem (46' 20-Saeed Alkatheeri), 10-Omar Abdulrahman, 11-Ahmed Khalil (46' 17-Majed Hassan), 13-Khamis Esmaeel (67' 4-Habib Al Frdan), 14-Abdelaziz Sanqour, 19-Ismail Ahmed, 21-Bandar Al Ahbabi

· **Coach** : Mahdi Ali

Scorers : 1-0 44' Ki-Hun Yeom, 2-0 59' Yong-Jae Lee, 3-0 90' Jeong-Hyeop Lee

· **Caution** : 29' Amer Abdulrahman, 31' Khamis Esmaeel, 68' Walid Abbas, 82' Kook-Young Han

· **Referee** : Vo Minh Tri (VIE)

· **Attendance** : 1,080

Korea Republic-Myanmar 2-0(1-0)

2018 World Cup/2019 Asian Cup Joint-Qualification Round2

(Bangkok - Rajamangala Stadium - 16.06.2015 - 21:00)

Korea Republic : 21-Seung-Gyu Kim(GK), 2-Chang-Soo Kim, 3-Jin-Su Kim(61' 22-Dong-Hoo Jeong), 4-Hyuns-Soo Jang, 5-Tae-Hwi Kwak, 7-Heung-Min Son, 8-Jae-Sung Lee, 14-Kook-Young Han, 16-Woo-Young Jung, 18-Jeong-Hyeop Lee(78' 9-Yong-Jae Lee), 19-Ki-Hun Yeom(84' 17-Chung-Yong Lee)

· **Coach** : Uli Stielike

Myanmar : 1-Vanlal Hrua(GK), 2-Aung Zaw, 3-Zaw Min Tun(66' 12-Zaw Lin), 4-David Htan (46' 8-Min Min Thu), 5-Khin Maung Lwin, 6-Yan Aung Kyaw, 7-Kyaw Zayar Win(60' 14-Hein Zar Aung), 10-Kyaw Ko Ko, 11-Nanda Lin Kyaw Chit, 15-Win Min Htut, 16-Suan Lam Mang

· **Coach** : Avramovic Radojko

Scorers : 1-0 35' Jae-Sung Lee, 2-0 68' Heung-Min Son

· **Caution** : 59' Zaw Min Tun

· **Referee** : Ahmed Abu Bakar Said Al Kaf (Oman)

· **Attendance** : 1,090

Korea Republic-China PR. 2-0(1-0)

EAFF East Asian Cup 2015

(Wuhan - Wuhan Sports Center - 02.08.2015 - 21:00)

Korea Republic : 1-Seung-Gyu Kim(GK), 19-Young-Gwon Kim, 4-Ju-Young Kim, 15-Chang-Woo Rim, 3-Chul Hong, 22-Chang-Hoon Kwon, 12-Seung-Dae Kim, 17-Jae-Sung Lee (79' 11-Yong-Jae Lee), 10-Jong-Ho Lee(89' 6-Woo-Young Jung), 20-Hyun-Soo Jang, 18-Jung-Hyub Lee(84' 9-Shin-Wook Kim)

· **Coach** : Uli Stielike

China : 23-WANG DALEI(GK), 8-CAI HUIKANG, 6-FENG XIAOTING, 14-JI XIANG, 2-REN HANG, 11-WANG YONGPO(74' 13-LIU JIANYE), 15-WU XI, 21-YU HAI(63' 22-YU DABAO), 10-ZHENG ZHI, 18-GAO LIN(H.T. 16-SUN KE), 7-WU LEI

· **Coach** : Alain Perrin

Scorers : 1-0 45' Seung-Dae Kim, 2-0 57' Jong-Ho Lee

· **Caution** : 6' REN HANG, 69' LEE Jong-ho, 90' JANG Hyun-soo

· **Referee** :

· **Attendance** :

Korea Republic-Japan 1-1(1-1)

EAFF East Asian Cup 2015

(Wuhan - Wuhan Sports Center - 05.08.2015 - 18:20)

Korea Republic : 1-Seung-Gyu Kim(GK), 13-Ju-Yong Lee(64' 3-Chul Hong), 19-Young-Gwon Kim, 5-Kee-Hee Kim, 2-Dong-Ho Jeong, 20-Hyun-Soo Jang(80' 22-Chang-Hoon Kwon), 6-Woo-Young Jung, 7-Min-Woo Kim, 8-Se-Jong Ju(64' 17-Jae-Sung Lee), 11-Yong-Jae Lee, 9-Shin-Wook Kim

· **Coach** : Uli Stielike

Japan : 12-Nishikawa Shusaku(GK), 3-Ota Kosuke, 5-Makino Tomoaki, 6-Morishige Masato, 7-Shibasaki Gaku, 8-Fjuita Naoyuki, 9-Nagai Kensuke (70' 19-Asano Takuma), 10-Kohrogi Shinzoh (78' 11-Usami Takashi), 13-Kurata Shu (88' 20-Kawamata Kengo), 16-Yamaguchi Hotaru, 21-Endo Wataru

· **Coach** : Vahid Halilhodzic

Scorers : 1-0 26' Hyun-Soo Jang(PG), 1-1 39' Yamaguchi Hotaru

· **Cautions :** 34' Se-Jong Ju, 47' Dong-Ho Jeong, 88' Makino Tomoaki, 90' Morishige Masato

·**Referee :**

·**Attendance :**

Korea Republic-DPR Korea 0-0(0-0)

EAFF East Asian Cup 2015

(Wuhan - Wuhan Sports Center - 09,08,2015 - 18:10)

Korea Republic : 1-Seung-Gyu Kim(GK), 19-Young-Gwon Kim, 13-Ju-Yong Lee, 5-Kee-Hee Kim, 15-Chang-Woo Rim(86' 2-Dong-Ho Jeong), 22-Chang-Hoon Kwon, 12-Seung-Dae Kim, 17-Jae-Sung Lee(88' 9-Shin-Wook Kim), 10-Jong-Ho Lee(66' 6-Woo-Young Jung), 20-Hyun-Soo Jang, 18-Jung-Hyub Lee

·**Coach :** Uli Stielike

DPR Korea : 1-Ri Myong-Guk(GK), 3-Jang Kuk-Chol, 6-Kang Kuk-Chol, 7-Ri Hyok-Chol, 11-Jong Il-Gwan, 13-Sim Hyon-Jin, 14-So Kyong-Jin, 15-Ri Yong-Chol, 16-Ro Hak-Su(65' 20-Pak Hyon-Il), 19-Hong Kum-Song(38' 17-So Hyon-Uk), 23-Ri Chol-Mwong

·**Coach :** Kim Chang Bok

·**Caution :** 35' Ri Yong-Chol, 61' Chang-Hoon Kwon

·**Referee :**

·**Attendance :**

Korea Republic-Laos 8-0(3-0)

2018 World Cup/2019 Asian Cup Joint-Qualifier Round2

(Hwa-Seong, Hwa-Seong Sports Complex - 03,09.2015 - 20:00)

Korea Republic : 1-Sun-Tae Kwoun(GK), 15-Jeong-Ho Hong, 19-Young-Gwon Kim, 12-Chul Hong(69' 3-Jin-Su Kim), 20-Hyun-Soo Jang, 16-Sung-Yueng Ki, 17-Chung-Yong Lee(77' 8-Jae-Sung Lee), 22-Chang-Hoon Kwon, 14-Woo-Woung Jung, 7-Heung-Min Son, 9-Hyun-Jun Suk(62' 10-Ui-Jo Hwang)

·**Coach :** Uli Stielike

Myanmar : 1-Sengdalavong(GK), 5-Pinkeo, 3-Hanevila, 16-Souksavath (79' 22-Phomsouvanh), 2-Phommapanya, 6-Sibounhuang, 20-Souliyavong (83' 21-Bounmalay), 15-Khochalern, 13-bountathip, 10-Sayavutthi, 9-Khanthavong (60' 7-Vongchiengkham)

·**Coach :** Darby STEPHEN

Scorers : 1-0 9' Chung-Yong Lee, 2-0 11' Heung-Min Son,

3-0 29' Chang-Hoon Kwon, 4-0 58' Hyun-Jun Suk, 5-0 74' Heung-Min Son, 6-0 75' Chang-Hoon Kwon, 7-0 89' Heung-Min Son, 8-0 93' Jae-Jung Lee

·**Caution :** 81' Hanevila, 86' Waenvongsoth

·**Referee :** IIDA Jumpei(JPN)

·**Attendance :** 30,205

Korea Republic-Lebanon 3-0 (2-0)

2018 World Cup/2019 Asian Cup Joint-Qualifier Round2

(LebanonSaida Municipal Stadium-08.09.2015-23:00)

Korea Republic : 21-Seung-Gyu Kim(GK), 5-Tae-Hwi Kwak, 19-Young-Gwon Kim, 3-Jin-Su Kim, 20-Hyun-Soo Jang(80' 2-Chang-woo Rim), 13-Ja-Cheol Koo(46' 8-Jae-Sung Lee), 22-Chang-Hoon Kwon, 16-Sung-Yueng Ki, 17-Chung-Yong Lee, 14-Woo-Young Jung, 9-Hyun-Jun Suk(76' 10-Ui-Jo Hwang)

·**Coach :** Uli Stielike

Lebanon : 23-Abbas Hassan(GK), 19-Ali Hamam, 16-Bilal Cheikh El Najjarine, 6-Joan Oumari, 18-Walid Ismail, 3-Youssef Mohamad, 10-Abbas Atwi(46' 14-Ahmad Moghrabi), 7-Hassan Maatouk, 15-Maytham Faour(46' 17-Mohamad Zein El Abidine Tahan), 9-Mohamad Haidar, 20-Roda Antar(57' 8-Hassan Chaito)

·**Coach :** Miodrag Radulovich

Scorers : 1-0 22' Hyun-Soo Jang(PG), 2-0 25' Hamam(OG) 3-0 60' Chang-Hoon Kwon

·**Caution :** -

·**Referee :** Dmitriy Mashentsev(KGZ)

·**Attendance :** 5,500

Kuwait-Korea Republic 0-1(0-1)

2018 World Cup/2019 Asian Cup Joint-Qualification Round 2 Group G

(Kuwait City-Kuwait Sports Club Stadium-08.10.2015-17:55)

Korea Republic : 23-Seung-Gyu Kim(GK), 5-Tae-Hwi Kwak, 6-Joo-ho Park, 8-Woo-Young Jung, 9-Hyun-Jun Suk(76' 18-Dong-won Ji), 10-Tae-hee Nam (63' 12-Kook-Young Han), 13-Ja-Cheol Koo, 16-Sung-Yueng Ki, 19-Young-Gwon Kim, 20-Hyun-Soo Jang, 22-Chang-Hoon Kwon(88' 17-Jae-Sung Lee)

·**Coach :** Uli Stielike

Kuwait: 23-Sulaiman Abdulghafoor(GK), 3-Fahad Awad Shaheen(71' 10-Abdulaziz Alenezi), 5-Fahad Alhajeri, 6-Sultan Alenezi, 7-Saif A S S Alhashan(56' 20-Yousef Naser), 11-Fahed Al Ebrahim, 13-Mesaed Alenzi, 15-Faisal Zayed Alharbi, 17-Bader Al Almotawaa, 19-Abdullah Al Buraiki(54' 18-Khaled Ebrahim Hajiah), 21-Ali Almaqseed

· **Coach:** Nabil Maaloul

Scorers: 1-0 13' Koo Ja-Cheol

· **Caution:** 24' Woo-Young Jung, 47' Young-Gwon Kim, 53' Ja-Cheol Koo, 70' Hyun-Jun Suk

· **Referee:** Alireza Faghani(IRN)

· **Attendance:** 12,350

Korea Republic-Jamaica 3-0 (1-0)

Friendly Match

(Seoul-Seoul Worldcup Stadium-13.10.2015-20:00)

Korea Republic: 1-Sung-Ryong Jung(GK), 3-Jin-Su Kim(86' 6-Joo-Ho Park), 4-Kee-Hee Kim, 15-Jeong-Ho Hong(57' 5-Tae-Hwi Kwak), 2-Chang-Soo Kim, 12-Kook-young Han, 16-Sung-Yueng Ki(89' 10-Tae-Hee Nam), 8-Woo-Young Jung(86' 20-Hyun-Soo Jang), 14-Ui-Jo Hwang, 17-Jae-Sung Lee(70' 13-Ja-Cheol Koo), 18-Dong-Won Ji(78' 22-Chang-Hoon Kwon)

· **Coach:** Uli Stielike

Jamaica: 1-Andre Blake(GK), 19-Adrian Mariappa, 6-Lance Laing, 3-Rosario Harriott(72' 15-Jermaine Woozencroft), 2-Upston Edwards, 20-Errol Stevens(78' 5-Ricardo Morris), 17-Shaun Cummings, 11-Darren Mattocks(86' 8-Michael Seaton), 14-Deshorn Brown(46' 16-Joel Grant), 9-Giles Barnes, 18-Simon Dawkins(89' 4-Allan Ottey)

· **Coach:** ?

Scorers: 1-0 35' Dong-Won Ji, 2-0 57'(P) Sung-Yueng Ki, 3-0 63' Ui-Jo Hwang

· **Caution:** 19' Kook-Young Han, 79' Jin-Su Kim, 58' Rosario Harriott

· **Referee:** Sato Ryuji(JPN)

· **Attendance:** 28,105

Korea Republic-Myanmar 4-0(2-0)

2018 World Cup/2019 Asian Cup Joint-Qualification Round2

(Suwon-Suwon Worldcup Stadium-12.11.2015-20:00)

Korea Republic: 23-Seung-Gyu Kim(GK), 5-Tae-Hwi Kwak, 19-Young-Gwon Kim, 3-Jin-Su Kim, 20-Hyun-Soo Jang, 13-Ja-Cheol Koo(77' 10-Tae-Hee Nam), 16-Sung-Yueng Ki, 22-Jae-Sung Lee(86' 9-Hyun-Jun Suk), 8-Woo-Young Jung, 18-Dong-Won Ji, 14-Ui-Jo Hwang(63' 7-Heung-Min Son)

· **Coach:** Uli Stielike

Myanmar: 1-Kyaw Zin Phyo(GK), 4-David Htan(78' 17-Nay Lin Tun), 12-Kyaw Zin Lwin(60' 11-Thiha Zaw), 5-Nanda Kyaw, 15-Phyo Ko Ko Thein, 3-Zaw Min Tun, 19-Kyaw Min Oo, 8-Kyi Lin(88' 20-Suan Lam Mang), 6-Yan Aung Kyaw, 10-Kyaw Ko Ko, 22Thet Naing

· **Coach:** Gerd Zeise

Scorers: 1-0 18' Jae-Sung Lee, 2-0 30' Ja-Cheol Koo, 3-0 82' Hyun-Soo Jang, 4-0 86' Tae-Hee Nam

· **Caution:** 33' Ja-Cheol Koo

· **Referee:** Al Marri Khamis Mohammed(QAT)

· **Attendance:** 24,270

Korea Republic-Laos 5-0(4-0)

2018 World Cup/2019 Asian Cup Joint-Qualifier Round2

(Laos-Stade National Vientiane-17.11.2015-20:00)

Korea Republic: 21-Sun-Tae Kwoun(GK), 5-Tae-Hwi Kwak, 4-Kee-Hee Kim(86' 15-Young-Sun Yun), 2-Chang-Soo Kim, 6-Joo-Ho Park, 16-Sung-Yueng KI, 10-Tae-Hee Nam(76' 19-Young-Gwon Kim), 7-Heung-Min Son, 22-Jae-Sung Lee, 12-Kook-Young Han, 9-Hyun-Jun Suk(62' 17-Chung-Yong Lee),

· **Coach:** Uli Stielike

Laos: 1-Phoutpasong Sengdalavong(GK), 5-Khamla Pinkeo, 3-Khampoumy Hanevilay, 16-Moukda Souksavath, 2-Saynakhonevieng Phommapanya(79' 4-Piyaphong Pathammavong), 6-Thotnilath Sibounhuang, 20-Paseuthsack Souliyavong, 8-Phoutthasay Khochalern, 13-Souksakhone Bountathip(60' 23-Phouthone Innalay), 10-Khampheng Sayavutthi, 9-Sitthideth Khanthavong(71' 19-Soukchinda Natphasouk)

·**Coach:** Steve Darby

Scorers: 1-0 3' Sung-Yueng Ki(PG), 2-0 33' Sung-Yueng Ki, 3-0 35' Heung-Min, 4-0 43' Hyun-Jun Suk, 5-0 68' Heung-Min Son

·**Caution:** 82' Young-Gwon Kim

·**Referee:** Turki Mohammed A Alkhudhayr(KSA)

·**Attendance:** 3,000

2016

Korea Republic-Lebanon 1-0 (0-0)

2018 Worldcup/2019 Asian Cup Joint-Qualification Round2 Group G

(Ansan - Ansan Wa Stadium - 24.03.2016 - 20:00)

Korea Republic: 23-Jin-Hyeon Kim (GK), 3-Jin-Su Kim, 4-Kee-Hee Kim, 5- Tae-Hwi Kwak, 7-Jae-Sung Lee (82' 9-Hyun-Jun Suk), 11-Ui-Jo Hwang(70' 18-Jeong-Hyeop Lee), 12-Kook-Young Han, 13-Ja-Cheol Koo (79' 10-Tae-Hee Nam), 16-Sung-Yueng Ki, 17-Chung-Yong Lee, 20-Hyun-Soo Jang

·**Coach:** Uli Stielike

Lebanon: 1-Mehdi Kahlil (GK), 3-Youssef Mohamad, 4-Nour Mansour, 5-Mootaz El Jounaidi, 7-Hassan Maatouk (89' 6-Ghazi Honeine), 10-Abbas Atwi (73' 20-Roda Antar), 13-Hassan Ali Saad(80' 2-Hilal Alhelwe), 15-Adnan Haidar, 17-Mohamad Zein Tahan, 18-Walid Ismail, 19-Joan Oumari.

·**Coach:** Radulovic Miodrag

Scorers: 1-0 93' Jeong-Hyeop Lee

·**Caution:** 30' Joan Oumari, 51' Adnan Haidar, 85' Hilal Alhelwe

·**Referee:** Ma Ning(CHN)

·**Attendance:** 30,532

Thailand - Korea Republic 0-1 (0-1)

Friendly Match

(Bangkok - Supachalasai National Stadium - 27.03.2016 - 19:30)

Thailand: 20-Sinthaweechai (GK), 3-Theerathon(71' 28-Nurul), 4-Kroe krit(46' 32-Chenrop), 7-Jakkaphan, 8-Sanarawat, 9-Adisak, 11-Mongkol(52' 2-Peerapat), 12-Prakit(46' 18-Chanathip), 13-Narubadin, 16-Parkit Chuthong, 17-Tanaboon.

·**Coach:** Kiatisuk Senamuang

Korea Republic: 23-Seung-Gyu Kim (GK), 2-Chang-Soo Kim, 6-Joo-Ho Park, 8-Woo-Young Jung(66' 12-Kook-Young Han), 9-Hyun-Jun Suk (86' 11-Ui-Jo Hwang), 10-Tae-Hee Nam, 15-Jeong-Ho Hong(46' 5-Tae-Hwi Kwak), 16-Sung-Yueng Ki(66' 14-Se-Jong Ju), 18-Jung-Hyub Lee(71' 17-Chung-Yong Lee), 19-Young-Gwon Kim(46' 4-Kee-Hee Kim), 22-Myong-Jin Koh

·**Coach:** Uli Stielike

Scorers: 1-0 4' Hyun-jun Suk

·**Caution:** 37' Narubadin, 68' Kook-Young Han.

·**Referee:** Ng Chiu Kok(HKG)

·**Attendance:** 20,000

Spain - Korea Republic 6-1 (3-0)

Friendly Match

(Salzburg - Red bull Arena - 01.06.2016- 16:30)

Spain: 1-I.Casillas(74' 23-Sergio Rico) (GK), 2-Azpilicueta(46' 11-Pedro), 3-Pique(59' 20-Aduriz), 4-Bartra, 12-Bellerin, 16-Bruno, 6-A.Iniesta(46' 5. Sergio Busquets), 10-Cesc Fabregas (46' Thiago), 21-Silva, 22-Nolito, 7-Morata.

·**Coach:** Vicente del Bosque

Korea Republic: 21-Jin-Hyeon Kim (GK), 3-Suk-Young Yun(80' 16-Chang-Woo Rim), 4-Kee-Hee Kim(61' 4-Tae-Hwi Kwak), 15-Jeong-Ho Hong, 20-Hyun-Soo Jang(70' 2-Yong Lee), 6. Sung-Yueng Ki, 14-Kook-Young Han(61' 12-Se-Jong Ju), 7-Heung-Min Son(61' 17-Jae-Sung Lee), 10-Tae-Hee Nam, 11-Dong-Won Ji, 18-Ui-Jo Hwang(46' 9-Hyun-Jun Suk)

·**Coach:** Uli Stielike

Scorers: 1-0 30' Silva, 2-0 32' Cesc Fabregas, 3-0 38' Nolito, 4-0 50' Morata, 5-0 53' Nolito, 5-1 83' Se-Jong Ju, 6-1 89' Morata

·**Caution:**

·**Referee:** Harald Lechner

·**Attendance:** 8,000

Czech Rep. - Korea Republic 1-2 (0-2)

Friendly Match

(Prague-Eden Arena-05.06.2016-15:00)

Czech Republic: 1-Petr Cech(GK), 15-David Pavelka(46' 13-Jaroslav Plasil), 18-Josef Sural(46' 23-Tomas Koubek), 19-Ladislav Krejci (68' 11-Daniel Pudil), 3-Michal Kadlec(46' 17-Marek Suchy), 2-Pavel Kaderabek(46' 8-Limbersky), 4-Sealassie Gebre, 7-Tomas Necid(78' Milan Skoda), 10-Tomas Rosicky, 6-Tomas Sivok, 22-Vladmir Darida.

·**Coach:** Pavel Vrba

Korea Republic: 1-Sung-Ryong Jung (GK), 5-Tae-Hwi Kwak, 4-Kee-Hee Kim, 2-Yong Lee, 20-Hyun-Soo Jang, 7-Heung-Min Son(89' 16-Chang-Woo Rim), 13-Bit-Garam Yoon (62' 17-Jae-Sung Lee), 8-Woo-Young Jung(82' 15-Jeong-Ho Hong), 12-Se-Jong Ju (62' 14-Kook-Young Han), 11-Dong-Won Ji(89' 6-Sung-Yueng Ki), 9-Hyun-Jun Suk(87' 18-Ui-Jo Hwang).

·**Coach:** Uli Stielike

Scorers: 1-0 27' Bit-Garam Yoon, 2-0 40' Hyun-Jun Suk, 2-1 46' Marek Suchy

·**Caution:** 25' Sealassie Gebre, 55' Tomas Sivok, 60' Sealassie Gebre, 66' Vladmir Darida, 69' Dong-Won Ji
Red Cards : Sealassie Gebre(60')

·**Referee:** Stefanski Daniel

·**Attendance:** 16,700

Korea Republic-China 3-2 (1-0)

2018 World Cup/2019 Asian Cup joint-qualification Final Round

(Seoul - Seoul Worldcup Stadium - 01.09.2016 - 20:00)

Korea Republic: 1-Sung-Ryong Jung (GK), 3-Jae-Suk Oh, 4-Kee-Hee Kim, 15-Jung-Ho Hong, 20-Hyun-Soo Jang, 13-Ja-Cheol Koo(79' 9-Hee-Chan Hwang), 14-Kook-Young Han, 16-Sung-Yueng Ki, 17-Chung-Yong Lee(83' 12-Jae-Sung Lee), 7-Heung-Min Son(91' 8-Woo-Young Jung), 10-Dong-Won Ji

·**Coach:** Uli Stielike

China: 1-Zeng Cheng, 6-Feng Xiaoting, 4-Li Xuepeng, 2-Ren Hang, 5-Zhang Linpeng(70' 13-Zhao Mingjian), 16-Huang Bowen, 14-Sun Ke(78' 18-Gao Lin), 15-Wu

Xi(46' 17-Hao Junmin), 21-Yu Hai, 10-Zheng Zhi, 7-Wu Lei,

·**Coach:** Gao Hongbo

Scorers: 1-0 21'(OG) Zheng Zhi, 2-0 63' Chung-Yong Lee, 3-0 66' Ja-Cheol Koo, 3-1 74' Yu Hai, 3-2 77' Hao Junmin

·**Caution:** 19' Zhang Linpeng, 23' Ren Hang, 49' Jae-Suk Oh, 75' Hyun-Soo Jang

·**Referee:** Mohammed Abdulla Hassan(UAE)

·**Attendance:** 51,238

Syria - Korea Republic 0-0 (0-0)

2018 World Cup/2019 Asian Cup joint-qualification Final Round

(Seremban - Tuanku Abdul Rahman Stadium – 06.09.2016 - 20:00)

Syria: 1-Ibrahim Almeh (GK), 2-Ahmad Al Salih, 3-Mouaiad Al Ajjan, 4-Jehad Al Baour, 9-Mahmoud Almawas, 10-Abdulrazak Al Hussain(78' 6-Amro Jeniat), 13-Yousef Kalfa(87' 11-Osama Omari), 15-Alaa Al Shbbli Mhd, 18-Zaher Almedani, 19-Mohamad Rafat Muhtadi, 20-Khaled Almbayed(96' 5-Omro Al Midani)

·**Coach:** Ayman Alhkeem

Korea Republic: 18-Seung-Gyu Kim (GK), 2-Yong Lee, 3-Jae-suk Oh, 10-Dong-Won Ji, 12-Jae-Sung Lee(67' 9-Hee-Chan Hwang), 13-Ja-Cheol Koo(75' 11-Chang-Hoon Kwon), 14-Kook-Young Han, 16-Sung-yueng Ki, 17-Chung-Yong Lee, 19-Young-Gwon Kim, 20-Hyun-Soo Jang

·**Coach:** Uli Stielike

Scorers: -

·**Caution:** 4' Young Gwon Kim, Mhd, 34' Zaher Almedani, 45' Jae-Suk Oh, 72' Kook Young Han.

·**Referee:** Christopher Beath(AUS)

·**Attendance:** 1,000

Korea Republic-Qatar 3-2 (1-2)

2018 World Cup/2019 Asian Cup joint-qualification Final Round

(Suwon - Suwon Worldcup Stadium – 06.10.2016 - 20:00)

Korea Republic: 23-Seung-Gyu Kim (GK), 4-Kee-Hee Kim, 6-Chul Hong, 7-Heung-Min Son(89' 8-Bo-Kyung Kim), 9-Hyun-Jun Suk(46' 18-Shin-Wook Kim), 11-Dong-Won Ji,

13-Ja-Cheol Koo(70' 5-Tae-Hwi Kwak), 15-Jeong-Ho Hong, 16-Sung-Yueng Ki, 19-Woo-Young Jung, 20-Hyun-Soo Jang

·**Coach:** Uli Stielike

Qatar: 22-Saad Al Sheeb (GK), 3-Abdelkarim Hassan(64' Ibrahim Majed), 6-Mohammed Kasola(80' Akram Hassan Afif), 7-Rodrigo Barbosa Taba, 9-Ahmed Mohamed Elsayed(64' Karim Boudiaf), 10-Hasan Al Haydos, 15-Pedro Correia, 16-Boualem Khoukhi, 18-Luiz Junior, 19-Ahmed Yasser Abdelrahman, 23-Sebastian Soria

·**Coach:** Jorge Fossati

Scorers: 1-0 11' Sung-Yueng Ki, 1-1 16'(P) Hasan Al Haydos, 1-2 45' Sebastian Soria, 2-2 55' Dong-Won Ji, 3-2 57' Heung-Min Son

·**Caution:** 15' Jeong Ho Hong, 24' Hyun-Jun Suk, 66' Jeong Ho Hong, 74' Dong-Won Ji, 77' Sung-Yueng Ki

·**Expulsion:** Jeong Ho Hong(66')

·**Referee:** Mohd Amirul(MYS)

·**Attendance:** 32,550

Iran - Korea Republic 1-0 (1-0)

2018 World Cup/2019 Asian Cup joint-qualification Final Round

(Tehran - Azadi Stadium - 11.10.2016 – 18:15)

Iran: 1-Alireza Beiranvand, 3-Ehsan Haji Safi, 4-Jalal Hosseini, 5-Milad Mohammadi, 6-Saeid Ezatolahi, 8-Morteza Pouraliganji, 11-Vahid Amiri, 18-Alireza Jahan Bakhsh (82' 17-Mehdi Taremi), 20-Sardar Azmoun (85' 14-Andranik Teymourian), 21-Ashkan Dejagah, 23-Ramin Rezaeian

·**Coach:** Carlos Quieroz

Korea Republic: 23-Seung-Gyu Kim (GK), 3-Jae-Suk Oh, 4-Kee-Hee Kim, 5-Tae-Hwi Kwak, 7-Heung-Min Son, 8-Bo-Kyung Kim(77' 13-Ja-Cheol Koo), 11-Dong-Won Ji, 14-Kook-Young Han(46' 6-Chul Hong), 16-Sung-Yueng Ki, 17-Chung-Young Lee(67' 18-Shin-Wook Kim), 20-Hyun-Soo Jang

·**Coach:** Uli Stielike

Scorers: 25' Sardar Azmoun

·**Caution:** 42' Heung-Min Son, 80' Sardar Azmoun

·**Referee:** Ryuji Sato(JPN)

·**Attendance:** 75,800

Korea Repbulic-Canada 2-0 (2-0)

Friendly Match

(Cheonan - Cheonan Sports Complex - 11.11.2016 - 20:00)

Korea Republic: 1-Sun-Tae Kwoun, 4-Kee- Hee Kim(46' 15-Jeong-Ho Hong), 22-Chang-Soo Kim(74' 25-Chul-Soon Choi), 6-Joo-Ho Park(46' 3-Suk-young Yun), 20-Hyun-Soo Jang, 8-Bo-Kyung Kim, 10-Tae-Hee Nam(66' 24-Hee-Chan Hwang), 19-Woo-Young Jung, 11-Dong-Won Ji(46' Ja-Cheol Koo), 14-Kook-Young Han, 18-Jeong-Hyeop Lee(80' 9-Shin-Wook Kim)

·**Coach:** Uli Stielike

Canada: 1-Simon Thomas(46' 18-Jayson Leutwiler) (GK), 2-Fraser Aird, 20-Karl Ouimette(62' Carl Haworth), 3-Manjrekar James (46' 19-Steven Vitoria), 11-Maxim Tissot (84' 12-Jamar Dixon), 15-Adam Straith, 5-David Edgar(46' 4-Dejan Jakovic), 17-Marcel de Jong, 14-Samuel Piette (71' 6-Charlie Trafford), 9-Marcus Haber, * 1missing.

·**Coach:** Michael Findlay

Scorers: 1-0 10' Bo-Kyung Kim, 2-0 25' Jeong-Hyeop Lee

·**Caution:** 86' Kook-Young Han

·**Referee:** Ma Ning (CHN)

·**Attendance:** 18,920

Korea Republic-Uzbekistan 2-1 (0-1)

2018 World Cup/2019 Asian Cup joint-qualification Final Round

(Seoul-Seoul Worldcup Stadium-15.11.2016-20:00)

Korea Republic: 23-Seung-Gyu Kim, 4-Kee-Hee Kim, 22-Chang-Soo Kim, 6-Joo-Ho Park(82' 3-Chul Hong), 20-Hyun-Soo Jang, 13-Ja-Cheol Koo, 16-Sung-Yueng Ki, 10-Tae-Hee Nam, 7-Heung-Min Son, 11-Dong-Won Ji(63' 12-Jae-Sung Lee), 18-Jeong-Hyeop Lee(67' 9-Shin-Wook Kim)

·**Coach:** Uli Stielike

Uzbekistan: 21-Aleksandr Lobanov (GK), 5-Anzur Ismailov, 13-Davronbek Khashimov, 2-Egor Krimets, 19-Vitaliy Denisov, 11-Igor Sergeev, 4-Marat Bikmaev(61' 15-Alexander Geynrikh), 9-Odil Akhmedov, 18-Shukurov Otabek, 17-Vadim Afonin (87' 10-Sardor Rashidov), 23-Shomurodov Eldor (80' 14-Javokhir Sokhibov)

· **Coach**: Samvel Babayan

Scorers: 1-0 25' Marat Bikmaev 1-1 67' Tae-Hee Nam 2-1 85' Ja-Cheol Koo(85')

· **Caution**: 89'Shin-Wook Kim, 90' Heung-Min Son

· **Referee**: Al Mirdasi Fahad(SAU)

· **Attendance**: 30,526

Chin - Korea Republic 1-0 (1-0)

2018 World Cup/2019 Asian Cup Joint-Qualification Final Round

(Changsha- Changsha Helong Sports Centre Stadium – 23.03.2017- 19:35)

China: 1-Zeng Cheng (GK), 6-Feng Xiaoting, 4-Jiang Zhipeng, 3-Mei Fang, 5-Zhang Linpeng, 11-Hao Junmin, 20-Zhang Xizhe, 10-Zheng Zhi, 14-Wang Yongpo (59' 17-Yin Hongbo), 7-Wu Lei (46' 15-Wu Xi), 22-Yu Dabao (76' 9-Zhang Yunning).

· **Coach**: Marcello LIPPI

Korea Republic: 1-Sun-Tae Kwoun (GK), 3-Jin-Su Kim, 2-Yong Lee, 20-Hyun-Soo Jang, 15-Jeong-Ho Hong, 8-Myong-Jin Koh(66' 19-Hee-Chan Hwang), 13-Ja-Cheol Koo, 16-Sung-Yueng Ki, 10-Tae-Hee Nam(84' 17-Yong-Joon Heo), 11-Dong-Won Ji, 18-Jeong-Hyeop Lee(46' 9-Shin-Wook Kim)

· **Coach**: Uli Stielike

Scorers: 1-0 35' Yu Dabao

· **Caution**: 8' Dong-Won Ji, 71', Yin Hongbo

· **Referee**: Peter Gree(AUS)

· **Attendance**: 30,950

Korea Republic-Syria 1-0 (1-0)

2018 World Cup/2019 Asian Cup Joint-Qualification Final Round

(Seoul - Seoul Worldcup Stadium - 28.03.2017 - 20:00)

Korea Republic: 1-Sun-Tae Kwoun (GK), 3- Jin-Su Kim, 20-Hyun-Soo Jang, 22-Chul-Soon Choi, 15-Jeong-Ho Hong, 8-Myong-Jin Koh(54' 14-Kook-Young Han), 13-Ja-Cheol Koo(86' 11-Ui-Jo Hwang), 16-Sung-Yueng Ki, 10-Tae-Hee Nam, 7-Heung-Min Son, 19-Hee-Chan Hwang(73' 18-Jeong-Hyeop Lee)

· **Coach**: Uli Stielike

Syria: 1-Ibrahim Alma (GK), 2-Ahmad Alsaleh, 17-Hadi Almasri, 15-Alaa Al Shbbli, 20-Khaled Almbayed, 9-Mahmoud Almawas (76' 8-Ouday Abduljaffal), 3-Mouaiad Al Ajjan, 14-Tamer Hag Mohamad, 12-Fahad Youssef (56' 10-Firas Mohamad Alkhatib), 21-Nassouh Nakkdahli (86' 19-Mardek Mardkian), 7-Omar Khrbin

· **Coach**: Ayman Alhkeem

Scorers: 1-0 4' Jeong-Ho Hong

· **Caution**: 90' Mardek Mardkian, 93' Sun-Tae Kwoun

· **Referee**: Adham Mohammad Makhadmeh(JOR)

· **Attendance**: 30,352

Korea Republic-Iraq 0-0 (0-0)

Friendly Match

(UAE - Emirates Club Stadium – 08.06.2017 - 02:00)

Korea Republic: 23-Seung-Gyu Kim (GK), 2-Chang-Soo Kim, 6-Joo-Ho Park, 20-Hyun-Soo Jang, 15-Jeong-Ho Hong(89' 5-Tae-Hwi Kwak), 16-Sung-Yueng Ki(77' 18-Il-Su Hwang), 10-Tae-Hee Nam(45' 8-Myung-Joo Lee), 7-Heung-Min Son(45' 19-Hee-Chan Hwang), 17-Chung-Yong Lee(45' 11-Keun-Ho Lee), 14-Kook-Young Han, 9-Dong-Won Ji(64' 13-Jae-Sung Lee),

· **Coach**: Uli Stielike

Iraq: 12-Mohamad Kadhim (GK), 2-Ahmed Khalaf, 3-Ali Fadhil, 5-Amjed Kadhid(45' 7-Hamamadi Aldaeeaa), 13-Bashar Bonyan(50' 19-Mahdi Shiltagh), 11-Humam Faraj(72' 18-Aymen Ghadhban), 21-Saad Luaibi, 23-Waleed Edwereag(87' 15-Ahmed Abdulzahra), 9-Ahmed Gheni(66' 17-Brwa Nouri), 10-Alla Khashen(83' 8-Mohamad Karrar), 22-Rebim Solaka.

· **Coach**: Bsim Qasim

· **Caution**: 39' Rebim Solaka, 86' Ali Fadhil

· **Referee**: Yaqoub Alhammadi(UAE)

· **Attendance**: 1,000

Qatar - Korea Republic 3-2 (1-0)

2018 World Cup Qualifier(Final Round)

(Qatar - Jassim Bin Hamad Stadium - 13.06.2017 - 22:00)

Qatar: 22-Saad Al Sheeb (GK), 3-Abdelkarim Hassan(62' 12-Musaab Khidir Mohamed), 13-Ibrahim Majed, 2-Mohamed Musa (81' 19-Yasir Isa), 6-Mohammed Kasola,

15-Pedro Correia, 16-Boualem Khoukhi, 7-Rodrigo Barbosa Tabata, 20-Akram Hassan Afif (67' 5-Karim Boudiaf), 8-Ali Asadalla Thaimn, 10-Hasan Al Haydos.

·Coach: Jorge Fossati

Korea Republic: 1-Sun-Tae Kwoun (GK), 5-Tae-hwi Kwak, 3-Jin-Su Kim, 20-Hyun-Soo Jang, 22-Chul-Soon Choi, 16-Sung-Yueng Ki, 7-Heung-Min Son(34' 11-Keun-Ho Lee), 13-Jae-Sung Lee, 14-Kook-Young Han(79' 10-Tae-Hee Nam), 9-Dong-Won Ji(54' 18-Il-Su Hwang), 19-Hee-Chan Hwang

·Coach: Uli Stielike

Scorers: 1-0 25' Hasan Al Haydos, 2-0 51' Akram Hassan Afif, 2-1 62' Sung-yueng Ki, 2-2 70' Hee-Chan Hwang, 2-3 74' Hasan Al Haydos

·Caution: 24' Chul-Soon Choi, 36' Ibrahim Majed

·Referee: Crishantha Dilan Perera(LKA)

·Attendance: 5,373

Korea Republic-Iran 0-0 (0-0)

2018 World Cup Qualifier(Final Round)

(Seoul-Seoul Worldcup Stadium-31.08.2017-21:00)

Korea Republic: 1-Seung-Gyu Kim, 4-Min-Jae Kim(84' 5-Ju-Young Kim), 18-Young-Gwon Kim, 3-Jin-Su Kim, 2-Chul-Soon Choi, 13-Ja-Cheol Koo, 22-Kyung-Won Kwon, 7-Heung-Min Son, 17-Jae-Sung Lee(73' 9-Shin-Wook Kim), 15-Hyun-Soo Jang, 10-Hee-Chan Hwang(89' 20-Dong-Gook Lee)

·Coach: Tae-Yong Shin

Iran: 1-Alireza Beiranvand, 5-Milad Mohammdi, 15-Mohammad Ansari, 8-Morteza Pouraliganji, 23-Ramin Rezaeian, 18-Alireza Jahan Bakhsh, 21-Ashkan Dejagah(64' 9-Mehdi Taremi), 3-Ehsan Hajasafi, 6-Saeid 11-Ezatolahi, Vahid Amiri (76' 13-Roozbeh Cheshmi), 16-Reza Ghoochannejhad(55' 14-Ali Karimi)

·Coach: Carlos Queiroz

Scorers: -

·Caution: 40' Chul-Soon Choi, 10' Morteza Pouraliganji

·Expulsion: 52' Saeid Ezatolahi

·Referee: Peter Green(AUS)

·Attendance: 63,124

Uzbekistan - Korea Republic 0-0 (0-0)

2018 World Cup Qualifier(Final Round)

(Tashkent - Bunyodkor Stadium – 06.09.2017 - 00:00)

Uzbekistan: 12-Ignatiy Nesterov, 5-Anzur Ismailov, 7-Azizbek Khaydarov, 22-Davronbek Khashimov, 2-Egor Krimets, 19-Vitaliy Denisov, 9-Akhmedov Odil, 11-Igor Sergeev(58' 15-Alexander Geynrikh), 8-Server Djeparov(52' 10-Sardor Rashidov), 17-Shukurov Otabek, 23-Shomurodov Eldor(86' 6-Masharipov Jaloliddin)

·Coach: BABAYAN Samvel

Korea Republic: 1-Seung-Gyu Kim, 14-Yo-Han Go, 12-Min-Woo Kim, 4-Min-Jae Kim, 18-Young-Gwon Kim, 15-Hyun-Soo Jang(43' 13-Ja-Cheol Koo), 22-Chang-Hoon Kwon(64' 19-Ki-Hun Yeom), 7-Heung-Min Son, 16-Woo-Young Jung, 11-Keun-Ho Lee(78' 20-Dong-Gook Lee), 10-Hee-Chan Hwang

·Coach: Tae-Yong Shin

Scorers: -

·Caution: 36' Woo-Young Jung, 38' Azizbek Khaydarov, 71' Anzur Ismailov, 84' Egor Krimets

·Referee: Muhammad Taqi(SGP)

·Attendance: 34,000

Russia - Korea Republic 4-2 (1-1)

Friendly Match

(Moscow-WEB ARENA-07.10.2017-23:00)

Russia: 1-Igor Akinfeev (GK), 30-Fedor Kudryashov, 6-Georgiy Dzhikiya, 5-Viktor Vasin, 21-Alexander Erokhin(73' 15-Aleksey Miranchuk), 19-Alexander Samedov(63' 2-Mario Figueira Fernandes), 20-Anton Miranchuk(45' 23-Dmitriy Tarasov), 8-Daler Kuzyaev (74' 27-Magomed Ozdoev), 18-Yuri Zhirkov(63' 22-Konstantin Rausch), 9-Alexander Kokorin, 10-Fedor Smolov(79' 11-Anton Zabolotny)

·Coach: Stanislav Cherchesov

Korea Republic: 1-Seung-Gyu Kim (GK), 19-Young-Gwon Kim(63' 2-Jae-Suk Oh), 5-Ju-Young Kim, 13-Ja-Cheol Koo(69' 12-Jong-Woo Park), 15-Kyung-Won Kwon, 22-Chang-Hoon Kwon(78' 18-Il-su Hwang), 7-Heung-Min Son(79' 10-Tae-Hee Nam), 17-Chung-Yong Lee, 20-Hyun-Soo Jang, 6-Woo-Young Jung(63' 16-Sung-Yueng Ki), 9-Ui-

Jo Hwang(63' 11-Dong-Won Ji)

·**Coach**: Tae-Yong Shin

Scorers: 1-0 43' Fedor Smolov, 2-0 54'(OG) Ju-young Kim, 3-0 56'(OG) Ju-young Kim, 4-0 82' Aleksey Miranchuk, 4-1 87' Kyung-Won Kwon, 4-2 93' Dong-Won Ji.

·**Caution**: 62' Woo-Young Jung, 74' Fedor Smolov

·**Attendance**: 24,000

·**Referee**: Viktor Kassai(HUN)

Korea Republic-Morocco 1-3 (0-2)

Friendly Match

(Biel/Bienne, Switzerland-Tissot Arena-10.10.2017-16:30)

Korea Republic: 21-Jin-Hyeon Kim (GK), 4-Kee-Hee Kim(28' 6-Woo-Young Jung), 14-Ju-Hun Song, 3-Chang-Woo Rim, 20-Hyun-Soo Jang, 16-Sung-Yueng Ki(79' 12-Jong-Woo Park), 7-Heung-Min Son, 8-Bo-Kyung Kim(28' 13-Ja-Cheol Koo), 10-Tae-Hee Nam (28' 22-Chang-Hoon Kwon, 52' 9-Ui-Jo Hwang), 17-Chung-Yong Lee, 11-Dong-Won Ji(45' 18-Il-Su Hwang)

·**Coach**: Tae-Yong Shin

Morocco: 1-Yassine Bounou(90' 22-Ahmed Reda Tagnaouti) (GK), 4-Badr Bennoun, 3-Fouad Chafik, 24-Jawad El-Yamiq(90' 27-Badr Boulahround), 26-Mohammed Nahiri(30' 2-Achraf Hakimi), 15-Youssef Ait Bennasser, 11-Fayçal Fajr, 19-Amine Harit(62' 10-Younès Belhanda), 18-Oussama Tannane, 25-Ismail El Haddad(75' 21-Mohammed Ounnajem), 9-Mahi Mimoun(90' 23-Rachid Alioui),

·**Coach**: Herve Renard

Scorers: 0-1 7' Oussama Tannane, 0-2 11' Oussama Tannane, 0-3 47' Ismail El Haddad, 1-3 66'(P) Heung-Min Son

Cautions :-

·**Referee**: Alain Bieri(SUI)

·**Attendance**: 2,550

Korea Republic-Colombia 2-1(1-0)

Friendly Match

(Suwon - Suwon World Cup Stadium-10.11.2017-20:00)

Korea Republic: 1-Seung-Gyu Kim (GK), 14-Yo-Han Go(82' 13-Ja-Cheol Koo), 5-Kyung-Won Kwon, 3-Jin-Su Kim, 20-Hyun-Soo Jang, 2-Chul-Soon Choi, 22-Chang-Hoon Kwon(89' 15-Chang-Min Lee), 16-Sung-Yueng Ki, 7-Heung-Min Son, 17-Jae-Sung Lee(82' 19-Gi-Hoon Yeom), 11-Keun-Ho Lee(46' 9-Jung-Hyub Lee)

·**Coach**: Tae-Yong Shin

Colombia: 1-Leandro Castellanos (GK), 2-Cristian Zapata, 23-Davinson Sanchez, 4-Stefan Medina (82' 22-Jefferson Lerma), 24-William Tesillo(62' 18-Frank Fabra), 8-Abel Aguilar, 26-Aviles Hurtado(71' 17-Felipe Pardo), 20-Giovanni Moreno(46' 6-Carlos Sanchez), 10-James Rodriguez, 14-Mateus Uribe(46' 21-Edwin Cardona), 19-Duvan Zapata(64' 7-Carlos Bacca)

·**Coach**: Pekerman Josee Neestor

Scorers: 1-0 11' Heung-Min Son 2-0 61' Heung-Min Son 2-1 77' Cristian Zapata

·**Caution**: 32' Yo-Han Go, 50' Abel Aguilar, 71'Jeong-Hyup Lee, 76'Jin-Su Kim, 78' Frank Fabra, 94' Jefferson Lerma

·**Referee**: Christopher Beath(AUS)

·**Attendance**: 29,750

Korea Republic-Serbia 1-1(0-0)

Friendly Match

(Ulsan-Ulsan Munsu Football Stadium-14.11.2017-20:00)

Korea Republic: 23-Hyeon-Woo Cho (GK), 12-Min-Woo Kim(82' 3-Jin-Su Kim), 18-Young-Gwon Kim, 20-Hyun-Soo Jang, 2-Chul-Soon Choi, 13-Ja-Cheol Koo(70' 11-Keun-Ho Lee), 22-Chang-Hoon Kwon(80' 8-Myung-Joo Lee), 16-Sung-Yueng Ki(85' 10-Se-Jong Ju), 7-Heung-Min Son, 17-Jae-Sung Lee(80' 19-Gi-Hoon Yeom), 6-Woo-Young Jeong.

·**Coach**: Tae-Yong Shin

Serbia: 1-Vladimir Stojkovic(46' 23-Marko Dmitrovic) (GK), 2-Antonio Rukavina(91' 17-Nikola Aksentijevic), 6-Branislav Ivanovic(68' 5-Milo Velikovic), 18-Ivan Obradovic, 15-Jagos Vukovic, 22-Adem Liajic(91' 24-Djordje Ivanovic), 16-Marko Grujic, 11-Nemanja Maksimovic, 20-Sergej Milinkovic-Savic(74' 14-Mijat Gacinovic), 8-Aleksandar Prijovic, 19-Andrija zivkovic(80' 21-Nemanja Radonjic)

- **Coach:** Mladen KrstajIc(SRB)
- **Scorers:** 1-0 59' Adem Ljajic, 1-1 62'(P) Ja-Cheol Koo
- **Caution:** 30' Adem Ljajic
- **Referee:** Ma Ning(CHA)
- **Attendance:** 30,560

Korea Republic-China 2-2(2-1)

EAFF E-1 Championship 2017

(Tokyo-Ajinomoto Stadium-09.12.2017-16:30)

Korea Republic: 1-Jin-Hyeon Kim (GK), 5-Kyung-Won Kwon, 3-Jin-Su Kim, 20-Hyun-Soo Jang, 2-Chul-Soon Choi(59' 14-Yo-Han Go), 19-Ki-Hun Yeom, 8-Myung-Joo Lee(80' 15-Chang-Min Lee), 17-Jae-Sung Lee, 16-Woo-Young Jung, 13-Se-Jong Ju, 9-Shin-Wook Kim

- **Coach:** Tae-Yong Shin

China: 1-Yan Junling (GK), 21-Deng Hanwen, 6-Gao Zhunyi, 2-Liu Yiming, 16-Zheng Zheng, 13-He Chao, 15-Wu Xi(73' 10-Yin Hongbo), 7-Zhao Xuri, 20-Wei Shihao(45' 17-Li Xuepeng), 18-Yang Liyu(65' 9-Xiao Zhi), 22-Yu Dabao

- **Coach:** Marcello Lippi
- **Scorers:** 0-1 9' WEI Shihao 1-1 12' Shin-Wook Kim 2-1 19' Jae-Sung Lee 2-2 76' YU Dabao
- **Caution:** 70' Jin-Su Kim
- **Referee:** Khamis Mohammed S.A. Al-Marri(QAT)
- **Attendance:** 9,103

DPR Korea - Korea Republic 0-1 (0-0)

EAFF E-1 Championship 2017

(Tokyo-Ajinomoto Stadium-12.12.2017-16:30)

DPR Korea: 1-Myong-Guk Ri (GK), 6-Kuk-Chol Kang, 18-Yong-Chol Ri, 4-Myong-Song Pak(73' 10-Byong-Jun An), 2-Hyon-Jin Sim, 3-Kuk-Chol Jang, 16-Yong-Jik Ri, 5-Un-Chol Ri(89' 12-Ok-Chol Jang), 9-Song-Chol Pak(68' 14-Kuk-Chol Kang), 23-Yu-Song Kim, 11-Il-Gwan Jong.

- **Coach:** Jorn ANDERSEN

Korea Republic: 21-Hyun-Woo Cho, 14-Yo-Han Go, 5-Kyung-Won Kwon, 12-Min-Woo Kim, 3-Jin-Su Kim, 20-Hyun-Soo Jang, 4-Seung-Hyun Jung, 17-Jae-Sung Lee, 15-Chang-Min Lee(65' 8-Myung-Joo Lee), 16-Woo-Young Jung, 18-Seong-Wook Jin(65' 9-Shin-Wook Kim)

- **Coach:** Tae-Yong Shin
- **Scorers:** 0-1 64' (OG) Yong-Chol Ri
- **Caution:** 18' Yu-Song Kim, 28' Myong-Song Pak, 80' Kyung-Won Kwon
- **Referee:** Hettikankanamge Perera (SRI)
- **Attendance:** 5,477

Japan - Korea Republic 1-4 (1-3)

EAFF E-1 Championship 2017

(Tokyo-Ajinomoto Stadium-16.12.2017-19:15)

Japan: 12-Nakamura Kosuke (GK), 5-Kurumaya Shintaro, 6-Miura Genta, 3-Shoji Gen, 22-Ueda Naomichi, 2-Ideguchi Yosuke(66' 16-Misao Kento), 17-Konno Yasuyuki, 13-Doi Shoma, 14-Ito Jyunya(70' 70-Kawamata Kengo), 11-Kobayashi Yu, 7-Kurata Shu(81' 18-Abe Hiroyuki)

- **Coach:** Vahid Halilhoczic

Korea Republic: 21-Hyun-Woo Cho (GK), 14-Yo-Han Go, 12-Min-Woo Kim, 3-Jin-Su Kim, 6-Young-Sun Yun, 20-Hyun-Soo Jang, 11-Keun-Ho Lee(68' 19-Ki-Hun Yeom), 17-Jae-Sung Lee(71' 4-Seung-Hyun Jung), 16-Woo-Young Jung, 13-Se-Jong Ju, 9-Shin-Wook Kim(88' 18-Seong-Wook Jin)

- **Coach:** Tae-Yong Shin
- **Scorers:** 1-0 3'(P) KOBAYASHI Yu, 1-1 13' Shin-Wook Kim 1-2 23' Woo-Young Jung 1-3 35' Shin-Wook Kim, 1-4 69' Ki-Hun Yeom
- **Caution:** 2' Hyun-Soo Jang, 5' Yo-Han Go, 22' KURUMAYA Shintaro, 62' Young-Sun Yun
- **Referee:** Christopher James Beath(AUS)
- **Attendance:** 36,645

Korea Republic-Moldova 1-0 (0-0)

Friendly Match

(Antalya- Mardan Stadium-27.01.2018-16:00)

Korea Republic: 21-Hyun-Woo Cho (GK), 14-Yo-Han Go(46' 17-Jae-Sung Lee), 5-Min-Jae Kim, 19-Young-Gwon Kim(46' 20-Hyun-Soo Jang), 12-Chul Hong, 8-Sung-Joon Kim(65' 22-Jun-Ho Son), 10-Seung-Dae Kim(72' 24-Chang-Min Lee), 15-Tae-Hwan Kim, 7-Seung-Gi Lee(46' 9-Shin-Wook Kim), 13-Chan-Dong Lee, 18-Seong-Wook Jin(72' 11-Keun-Ho Lee)

· **Coach:** Tae-Yong Shin

Moldova: 1-Cebanu Ilie(46' 12-Calancea Nicolai) (GK), 2-Jardan Ion, 5-Posmac Veaceslav, 14-Rogac Radu(46' 4-Racu Petru) 22-Rozgoniuc Artiom, 7-Cojocari Andrei(77' 6-Taras Dan), 10-Dedov Alexandru, 16-Paireli Vadim(61' 8-Ivanov Vladislav), 21-Platica Sergiu(61' 17-Spataru Danu), 11-Damascan Vitalie(77' 18-Ambros Vladimir), 20-Pascenco Alexandr

· **Coach:** Spiridon Alexandru

Scorers: 1-0 68' Shin-Wook Kim

Cautions :-

· **Referee:** Alper Ulusoy(TUR)

· **Attendance:** 100

2018

Korea Republic-Jamaica 2-2(0-1)

Friendly Match

(Antalya-Mardan Stadium-30.01.2018-14:00)

Korea Republic: 1-Seung-Gyu Kim (GK), 3-Jin-Su Kim, 6-Young-Sun Yun(82' 4-Seung-Hyun Jung), 20-Hyun-Soo Jang, 2-Chul-Soon Choi, 22-Jun-Ho Son(46' 8-Sung-Joon Kim), 11-Keun-Ho Lee(81' 7-Seong-Ki Lee), 17-Jae-Sung Lee, 24-Chang-Min Lee(46' 10-Seung-Dae Kim), 16-Woo-Young Jung(81' 5-Min-Jae Kim), 9-Shin-Wook Kim

· **Coach:** SHIN Tae-Yong

Jamaica: 13-Amal Knight(82' 1-Shaven Paul) (GK), 20-Kemar Lawrence(82' 6-Shawn Lawes), 4-Ladale Richie, 8-Oniel Fisher, 14-Shaun Francis, 17-Devon Williams(82' 21-Tevin Shaw), 5-Fabion Mccarthy, 15-Jevaughn Watson, 19-Ricardo Morris(57' 7-Jamiel Hardware), 16-Dane Kelly, 12-Jovan East(57' 9-Maalique Foster)

· **Coach:** Theodore Whitmore

Scorers: 0-1 5' Dane Kelly, 1-1 55' Shin-Wook Kim, 2-1 63' Shin-Wook Kim, 2-2 72' Maalique Foster

· **Caution:** 40' Dane Kelly, 49' Shaun Francis, 79' Jin-Su Kim

· **Referee:** Alper Ulusoy(TUR)

· **Attendance:** 100

Korea Republic- Latvia 2-2(0-1)

Friendly Match

(Antalya-Mardan Stadium-03.02.2018-17:30)

Korea Republic: 1-Seung-Gyu Kim (GK), 14-Yo-Han Go(89' 15-Tae-Hwan Kim), 5-Min-Jae Kim, 3-Jin-Su Kim(65' 12-Chul Hong), 4-Seung-Hyun Jung, 11-Keun-Ho Lee(89' 10-Seung-Dae Kim), 7-Seong-Ki Lee(89' 18-Sung-Wook Jin), 17-Jae-Sung Lee, 13-Chan-Dong Lee(89' Jun-Ho Son), 16-Woo-Young Jung(65' 8-Sung-Jun Kim), 9-Shin-Wook Kim

· **Coach:** SHIN Tae-Yong

Latvia: 1-Kaspars Ikstens (GK), 4-Gints Freimanis, 20-Marcis Oss, 3-Nikita Kolesovs 13-Davis Indrans(76' 14- Nikita Ivanovs), 5-Dmitijs Hmizs, 16-Jevgenijs Kzacoks(76' 11-Ingars Sarmis Stuglis), 7-Kristians Damians Torress(64' 6-Eduards Emsis), 15-Raivis Andris Jurkovskis, 22-Edgars Gauracs(46' 21-Vladislavs Fjodorovs), 19-Vitalijs Jagodinskis.

· **Coach:** Aleksandrs STARKOVS

Scorers: 1-0 33' Shin-Wook Kim

· **Caution:** -

· **Referee:** Ali Palabiyik (TUR)

· **Attendance:** 100

Northern Ireland-Korea Republic 2-1 (1-1)

Friendly Match

(Belfast- Windsor Park-24.03.2018-14:00)

Northern Ireland: 12-Trevor Carson (GK), 18-Aaron Hughes(18' 2-Conor McLaughlin), 4-Gareth McAuley, 11-Jamal Lewis, 5-Jonathan Evans(68' 20-Craig Cathcart), 13-Corry Evans(62' 10-Liam Boyce), 15-George Saville, 7-Jordan Jones(82' 8-Paul Smyth), 16-Oliver Norwood(72' 17-Patrick McNair), 19-Jamie Ward(62' 9-Conor Washington), 21-Josh Magennis.

· **Coach:** Michael O Neill

Korea Republic: 1-Seung-Gyu Kim (GK), 19-Min-Jae Kim, 2-Jin-Su Kim(35' 14-Min-Woo Kim), 12-Yong Lee, 5-Hyun-Soo Jang, 22-Chang-Hoon Kwon(62' 17-Hee-Chan Hwang), 16-Sung-Yueng Ki(67' 13-Woo-Young Jung), 15-Joo-Ho Park(67' 8-Chang-Min Lee), 10-Jae-Sung Lee, 18-Shin-Wook Kim 7-Heung-Min Son(75' 4-Gi-Hoon Yeom).

Рассказы о корейском футболе

01
нтервью со знаменитыми тренерами и футболистами сборной

Ким Хо- тренер сборной команды на Кубке мира 1994 года в США и бывший футболист национальной сборной.

1. Будучи футболистом и тренером сборной команды, расскажите о самых запоминающихся матчах и о матчах, когда вы испытывали наибольшее сожаление.

«Будучи футболистом, самые запоминающийся матчи были с 1970-го по 1973 годы, Кубок короля, Кубок Азии, Кубок Мердека, на которых мы одержали победу. Это период, когда Корея достигает невероятного успеха в современном футболе. Такие футболисты как Ким Джонг Нам, И Хве Тхек и другие футболисты сыграли такие матчи, в которых показали качественно новый, измененный футбол в Корее.

Самый грустный матч на моей памяти- это матч отборочного турнира на Олимпиаде 1971 г. в Мюнхене. В игре с Малайзией было совершено более 30 ударов в ворота, но ни один гол не был забит. А Малайзия воспользовалась одним единственным шансом и забила гол. В итоге со счетом 0:1 наше участие в Олимпиаде завершилось.

В качестве тренера, самый запоминающийся матч – это матч в групповой лиге Кубка мира 1994 г. в США (с Испанией 2:2, с Германией 2:3 (П)). В роли представителя от азиатского региона, мы смогли не просто выйти на мировую арену, но еще наравне конкурировать. А самый грустный – опять таки матч с Германией, матч Кубка мира 1990 г. в Италии, где Германия стала чемпионом. В этой игре мы имели все шансы на победу, но к сожалению, их не реализовали.

2. *Если есть интересные эпизоды сборной, не освященные прессой, расскажите, пожалуйста.*

Как футболист, в то время спонсорство было не постоянным. Когда мы передвигались на микроавтобусе, некоторые футболисты ехали в нем сидя на крыше. Настолько были тяжелые времена. А будучи тренером, я испытывал огромные трудности из-за недостаточной поддержки и содействия.

3. *Что на ваш взгляд является сильной стороной корейского футбола?*

Сила духа. У корейского народа есть дух. Но сейчас, мне кажется, взгляды на страну изменились. Когда ты прикалываешь значок государственного флага на грудь, ты должен сделать все, что возложено на тебя в рамках национальной ответственности. Но сейчас даже равнения на флаг нет, оно стерлось из нашей жизни.

4. *Что вы считаете первоочередным пунктом разрешения для развития корейского футбола?*

Должна поменяться административная структура, защищающая спортсменов и руководителей. Не должно быть доминирования. Работать должны специалисты.

И Хве Тхек- тренер сборной команды по футболу на Кубке мира 1990 г. в Италии и бывший футболист сборной Кореи.

1. *Будучи футболистом и тренером сборной команды, расскажите о самых запоминающихся матчах и о матчах, когда вы испытывали наибольшее сожаление.*

В период моей молодости игра с Японией в третьем этапе регионального отбора на Олимпийские игры 1968 г. в Мексике была самой грустной. В этой игре мы должны были победить, чтобы пройти в финальный турнир. И вот счет 3:3, у игрока Ким Ги Бока появляется возможность вывести команду вперед. Он в одиночку ведет мяч к воротам, бьет, но мяч ударяется о штангу ворот и отскакивает. Это разочарование до сих у меня перед глазами. А самый запоминающийся матч – это матч Кубка Мердека в Малайзии в начале 70-х годов. Тогда мы имели большой успех.

А в качестве тренера, из лучших матчей на память приходит матч заключительного отборочного турнира за выход в финальный турнир Кубка мира 1990 в Италии. В этом турнире мы сыграли с Саудовской Аравией, КНДР и Катаром с результатом 3 победы, 2 ничьи и 0 поражений. И обеспечили себе билет в финальный турнир.

2. *Если есть интересные эпизоды сборной, не освященные прессой, расскажите, пожалуйста.*

На Кубке мира 1990 в Италии мы проиграли в трех игровых этапах. Тогда, основываясь на заключение сотрудников о том, что 7 дней достаточно для адаптации часовой разницы, мы приехали за 1 неделю до начала первого матча. Это была наша ошибка. Проиграли Бельгии 0:2 и Испании 1:3. К третьей игре с Уругваем мы немного адаптировались и, можно сказать, подготовились физически, но, к сожалению, проиграли матч с Уругваем со счетом 0:1. В то время не было доступа к интернету, видеоматериалам для того чтобы лучше узнать соперника перед игрой. Мы заочно проиграли некой Бельгии, не овладев необходимой информацией.

3. *Что на ваш взгляд является сильной стороной корейского футбола?*

Самоотдача. На Кубке мира 1994 г. в США в знойную жару наша команда не сдалась, а боролась до конца. А на Кубке мира 2002 г. в Корее и Японии дошла до полуфинала, тем самым обрела еще большую уверенность.

   4. Что вы считаете первоочередным пунктом разрешения
      для развития корейского футбола?

Корея восемь раз подряд выходила в финальный турнир Кубка мира. Но мы не должны спокойно смотреть на развитие таких стран Азиатской федерации футбола как, Австралия, Иран и другие. Мы не должны зазнаваться. В любой момент нас может опередить другая страна. Нам нужно, не останавливаясь, опережать другие страны. У корейских футболистов недостаточно базового мастерства. И еще, не нужно экономить на финансировании юношеских команд.

Хон Мён Бо- тренер сборной команды по футболу на Кубке мира 2014 г. в Бразилии и бывший футболист национальной сборной.

   1. Будучи футболистом и тренером сборной команды,
      расскажите о самых запоминающихся матчах и о
      матчах, когда вы испытывали наибольшее сожаление.

Будучи футболистом все таки в памяти всплывает первый матч с Польшей на Кубке мира 2002. А тренером я работал недолго. Самый запоминающийся матч – это матч с Японией за 3 место на Олимпиаде в Лондоне в 2012 году.

2. *Что на ваш взгляд является сильной стороной корейского футбола?*

Самой сильной стороной корейского футбола можно назвать крепкую сплоченность и силу духа.

3. *Что вы считаете первоочередным пунктом разрешения для развития корейского футбола?*

Для будущего развития корейского футбола необходимо не столько настойчивое обучение с ранних лет, а прививание спортсменам навыков самостоятельного творческого мышления. Если они будут обучаться в более свободной атмосфере, наслаждаясь футболом, то получится не тот футбол, когда тренер оказывает давление, а получится разнообразный, творческий футбол.

Син Тхе Ёнг- тренер сборной команды по футболу на Кубке мира 2018 г. в России и бывший футболист национальной сборной.

1. *Будучи футболистом и тренером сборной команды, расскажите о самых запоминающихся матчах и о матчах, когда вы испытывали наибольшее сожаление.*

Больше всего запомнился матч со Швецией на домашнем стадионе ФК Барселоны Камф Нуэ во время Олимпийских игр 1992 г. в Барселоне. Тогда мы сыграли вничью. Но когда я вступил на стадион Камф Нуэ, вместивший сто тысяч зрителей, я был поистине счастлив. Это чувство незабываемо.

А самый грустный матч – это матч с Ираном в 1/4 финала Кубка Азии в 1996 году. Сначала мы шли впереди со счетом 1:0, затем позволили сравнять счет. Потом я снова вывожу команду вперед. Счет становится 2:1. Затем опять таки позволяем сопернику забить гол. В итоге проигрываем матч со счетом 2:6. Я до сих пор хорошо помню, как мы закончили первый тайм с опережением, а во втором тайме не устояли напора, поэтому пришлось возвращаться домой с израненной душой.

2. *Если есть интересные эпизоды сборной, не освященные прессой, расскажите, пожалуйста.*

Для меня лично радостным моментом был тогда, когда мы тренировались в Канаде в 1992 году. Мы провели разминочный матч. Рейс был через 3 дня. Поэтому мы с коллегами по команде поехали на Горнолыжный курорт Вистлер научиться кататься на лыжах. Это было действительно интересно.

3. *Что на ваш взгляд является сильной стороной корейского футбола?*

Это факт, что с 2002 года техника корейского футбола значительно возросла. И факт, что улучшение оснащения стадионов способствовало достижению прогресса в технике футбола. Я думаю, что сильная сторона традиционного нашего корейского футбола, переданная нам с тех времен, когда предшественники тренировались в таких слабо оснащенных стадионах, есть наш стержень. Даже я часто перед матчем твердо давал себе слово, что не буду есть, если проиграю. Не смотря на продвижения с технической стороны, сильная сторона корейского футбола – это несломимая воля к победе.

4. *Что вы считаете первоочередным пунктом разрешения для развития корейского футбола?*

В первую очередь, не должно быть привилегий к спортсменам на основании выпуска из одного и того же ВУЗа или по родовому происхождению. Хотя на данный момент она остается недооцененной, но впредь необходима систематичная разработка и применение системы «Юс» («Youth»- молодежная сборная). Нужно отбросить стереотип о том, что только спортсмены сборной команды уровня А самые лучшие. Нужно задуматься над тем, как эффективно воспитать молодых футболистов. Для получения результата, этот план требует минимум 10-летнего вложения и его продвижения.

Ан Джон Хван- бывший футболист национальной сборной команды.

1. *Будучи футболистом сборной команды, расскажите о самых запоминающихся матчах и о матчах, когда вы испытывали наибольшее сожаление.*

Самым запоминающимся был матч 1/8 финала с Италией на Кубке мира 2002 г. в Корее и Японии. Гол радости и разочарования. А золотой гол положил начало полуфинальному чуду. Это одна из машин времени в жизни. Через футбол я обрел любовь народа, которая тлеет в моей душе до сих пор и является моей движущей силой в жизни. Не только я, но и все члены нашей команды ощутили это тогда. Но с этим голом связаны и печальные моменты. На меня посыпались «эмиссия» Перуджи и ряд других происшествий. Еще один запомнившийся матч - это матч с Того на Кубке мира 2006 в Германии. Это был первый матч вне дома, на котором я забил гол, выведший команду в лидеры, а потом и в победителя матча.

Самым грустным матчем остался матч 1/8 финала с Уругваем на Кубке мира 2010 в ЮАР. В жизни не всегда шанс приходит три раза. В футбольной жизни ко мне шанс приходил три раза. Первый был в матче с Италией. Второй – в матче с Того, а третий – в матче с Уругваем. Не спеша шел дождь, а меня охватывало странное чувство. Сидя на скамейке запасных, я то вставал, то садился желая скорей выйти на поле. Думал даже сказать руководящему персоналу, но не решился. Я до сих пор сожалею об этом.

2. *Если есть интересные эпизоды сборной, не освященные прессой, расскажите, пожалуйста.*

На Кубке мира 2006 г. в Германии я жил в одном номере с

моим близким другом Ли Ыль Ёном. За день до матча мы не разговаривали друг с другом, чтобы не доставить неудобства или не заставить нервничать. Даже когда наступало время идти обедать, мы разговаривали взглядом.

3. Что на ваш взгляд является сильной стороной корейского футбола?

Корейский футбол становится сильней. Сегодняшний футбол гораздо сильнее футбола вчерашнего дня. Чем больше матчей мы проводим и чем больше трудностей мы испытываем, тем сильней становится футбол в Корее.

4. Что вы считаете первоочередным пунктом разрешения для развития корейского футбола?

Необходимо развивать профессиональную систему «Юс». Иначе национальная сборная не будет иметь источника для усиления.

Приложение

SHARE EVERY SPORTS MOMENT

오늘은 어떤 선수를 뽑지?

야구를 즐기는 또 하나의 방법. 데일리 판타지스포츠

내가 뽑은 선수들의 Live 기록을 실시간 연동하여 경쟁하는 데이터 분석형 놀이

No.	Date.	Venue	Time	Opponent	Score	Result	Competition
1	06.07.1948	Hong Kong HKG		China & Hong Kong Utd	5-1	W	Friendly Match
2	02.08.1948	London ENG		Mexico	5-3	W	XIV. Olympic Games
3	05.08.1948	London ENG		Sweden	0-12	L	XIV. Olympic Games
4	01.01.1949	Hong Kong HKG		Hong Kong league Selected	5-2	W	Friendly Match
5	02.01.1949	Hong Kong HKG		China & Hong Kong Selected	2-3	L	Friendly Match
6	04.01.1949	Hong Kong HKG		Hong Kong Foreigner Selected	2-3	L	Friendly Match
7	09.01.1949	Hong Kong HKG		Hong Kong	4-2	W	Friendly Match
8	15.01.1949	Saigon VNM		Vietnam	4-2	W	Friendly Match
9	16.01.1949	Saigon VNM		Vietnam	3-3	D	Friendly Match
10	18.01.1949	Saigon VNM		France Army	5-0	W	Friendly Match
11	25.01.1949	Macao MAC		Macao	3-0	W	Friendly Match
12	15.04.1950	Hong Kong HKG		Hong Kong	6-3	W	Friendly Match
13	16.04.1950	Hong Kong HKG		China & Hong Kong Selected	3-1	W	Friendly Match
14	19.04.1950	Hong Kong HKG		Hong Kong	0-1	L	Friendly Match
15	22.04.1950	Macao MAC		Macao	4-1	W	Friendly Match
16	11.04.1953	Singapore SIN		Singapore	3-2	W	Friendly Match
17	12.04.1953	Singapore SIN		China & Malaysia	0-2	L	Friendly Match
18	14.04.1953	Singapore SIN		Singapore (ENG Army Selected)	1-2	L	Friendly Match
19	16.04.1953	Singapore SIN		Malaysia Selected	3-2	W	Friendly Match
20	18.04.1953	Singapore SIN		Singapore	1:3	L	Friendly Match
21	19.04.1953	Singapore SIN		Singapore	3-1	W	Friendly Match
22	22.04.1953	Singapore SIN		China & Singapore Utd	4-0	W	Friendly Match
23	24.04.1953	Singapore SIN		Singapore	0-0	D	Friendly Match
24	27.04.1953	Hong Kong HKG		Hong Kong	3-5	L	Friendly Match
25	30.04.1953	Hong Kong HKG		Indonesia	3-1	W	Friendly Match
26	07.05.1953	Hong Kong HKG		Hong Kong (ENG Army Selected)	2-0	W	Friendly Match
27	16.05.1953	Hong Kong HKG		China & Hong Kong Selected	2-4	L	Friendly Match
28	07.03.1954	Tokyo JPN	14:00	Japan	5-1	W	V. World Cup Q
29	14.03.1954	Tokyo JPN	14:00	Japan	2-2	D	V. World Cup Q
30	02.05.1954	Manila PHI	19:00	Hong Kong	3-3	D	II. Asian Games

No.	Date.	Venue	Time	Opponent	Score	Result	Competition
31	04.05.1954	Manila PHI	19:35	Afghanistan	8-2	W	II. Asian Games
32	06.05.1954	Manila PHI	19:00	Burma	2-2	D	II. Asian Games
33	08.05.1954	Manila PHI	20:00	Taiwan	2-5	L	II. Asian Games
34	17.06.1954	Zurich SUI	18:00	Hungary	0-9	L	V. World Cup Q
35	20.06.1954	Geneva SUI	17:00	Turkey	0-7	L	V. World Cup Q
36	25.02.1956	Manila PHI		Philippines	2-0	W	I. Asian Cup Q
37	26.02.1956	Manila PHI		Taiwan	2-1	W	Friendly Match
38	28.02.1956	Manila PHI		Taiwan Univ Selected	6-1	W	Friendly Match
39	21.04.1956	Seoul KOR	15:00	Philippines	3-0	W	I. Asian Cup Q
40	03.06.1956	Tokyo JPN	15:00	Japan	2-0	W	XVI. Olympic Games Q
41	10.06.1956	Tokyo JPN	15:00	Japan	0-2	L	XVI. Olympic Games Q
42	26.08.1956	Seoul KOR	17:05	Taiwan	2-0	W	I. Asian Cup Q
43	02.09.1956	Taipei TPE		Taiwan	2-1	W	I. Asian Cup Q
44	06.09.1956	Hong Kong HKG	19:00	Hong Kong	2-2	D	I. Asian Cup
45	08.09.1956	Hong Kong HKG	19:00	Israel	2-1	W	I. Asian Cup
46	15.09.1956	Hong Kong HKG	19:00	South Vietnam	5-3	W	I. Asian Cup
47	18.09.1956	Hong Kong HKG		Hong Kong Selected	4-2	W	Friendly Match
48	31.10.1956	Seoul KOR		America	1-0	W	Friendly Match
49	18.02.1958	Hong Kong HKG		Hong Kong	2-3	L	Friendly Match
50	19.02.1958	Hong Kong HKG		Hong Kong	1-1	D	Friendly Match
51	22.02.1958	Hong Kong HKG		China Selected	1-3	L	Friendly Match
52	04.03.1958	Hong Kong HKG		China Selected	0-0	D	Friendly Match
53	26.05.1958	Tokyo JPN	10:00	Singapore	2-1	W	III. Asian Games
54	28.05.1958	Tokyo JPN	16:00	Iran	5-0	W	III. Asian Games
55	30.05.1958	Tokyo JPN	16:00	South Vietnam	3-1	W	III. Asian Games
56	31.05.1958	Tokyo JPN	16:00	India	3-1	W	III. Asian Games
57	01.06.1958	Tokyo JPN	15:00	Taiwan	2-3	L	III. Asian Games
58	30.08.1959	Kuala Lumpur MAL		South Vietnam	2-3	L	III. Merdeka Cup
59	02.09.1959	Kuala Lumpur MAL		Singapore	4-1	W	III. Merdeka Cup
60	05.09.1959	Kuala Lumpur MAL	19:00	Japan	0-0	D	III. Merdeka Cup
61	06.09.1959	Kuala Lumpur MAL	18:00	Japan	3-1	W	III. Merdeka Cup
62	07.09.1959	Kuala Lumpur MAL		Malaysia	4-2	W	Friendly Match
63	08.09.1959	Penang MAL		India	1-1	D	Friendly Match
64	10.09.1959	Penang MAL		Hong Kong	3-2	W	Friendly Match
65	12.09.1959	Singapore SIN		Singapore Selected	5-1	W	Friendly Match
66	13.09.1959	Singapore SIN		Singapore	4-0	W	Friendly Match
67	13.12.1959	Tokyo JPN	14:00	Japan	2-0	W	XVII. Olympic Games Q
68	20.12.1959	Tokyo JPN	14:00	Japan	0-1	L	XVII. Olympic Games Q
69	25.04.1960	Taipei TPE		Taiwan	2-1	W	XVII. Olympic Games Q
70	30.04.1960	Taipei TPE		Taiwan	AWD		XVII. Olympic Games Q
71	06.08.1960	Kuala Lumpur MAL		Indonesia	2-0	W	IV. Merdeka Cup

No.	Date.	Venue	Time	Opponent	Score	Result	Competition
72	08.08.1960	Kuala Lumpur MAL		Hong Kong	3-1	W	IV. Merdeka Cup
73	10.08.1960	Kuala Lumpur MAL		South Vietnam	0-0	D	IV. Merdeka Cup
74	11.08.1960	Kuala Lumpur MAL		Singapore	3-3	D	IV. Merdeka Cup
75	14.08.1960	Kuala Lumpur MAL		Malaysia	0-0	D	IV. Merdeka Cup
76	17.08.1960	Penang MAL		Penang (Malaysia)	4-0	W	Friendly Match
77	19.08.1960	Perak MAL		Perak (Malaysia)	1-2	L	Friendly Match
78	21.08.1960	Kuala Lumpur MAL		Selangor (Malaysia)	2-1	W	Friendly Match
79	30.08.1960	Hong Kong HKG		Hong Kong Selected	5-2	W	Friendly Match
80	01.09.1960	Hong Kong HKG		Hong Kong Selected	1-2	L	Friendly Match
81	14.10.1960	Seoul KOR	15:15	South Vietnam	5-1	W	II. Asian Cup
82	17.10.1960	Seoul KOR	15:00	Israel	3-0	W	II. Asian Cup
83	21.10.1960	Seoul KOR	15:00	Taiwan	1-0	W	II. Asian Cup
84	06.11.1960	Seoul KOR	14:00	Japan	2-1	W	VII. World Cup Q
85	01.04.1961	Seoul KOR		Madureira (Brazil)	2-4	L	Friendly Match
86	02.04.1961	Seoul KOR		Madureira (Brazil)	0-2	L	Friendly Match
87	11.06.1961	Tokyo JPN	14:35	Japan	2-0	W	VII. World Cup Q
88	08.10.1961	Beograd YUG	15:00	Yugoslavia	1-5	L	VII. World Cup Q
89	18.10.1961	Ankara TUR		Turkey	0-1	L	Friendly Match
90	22.10.1961	Tel-Aviv ISR		Israel	1-1	D	Friendly Match
91	28.10.1961	Rangoon BUR		Burma	3-0	W	Friendly Match
92	04.11.1961	Bangkok THA		Thailand	4-1	W	Friendly Match
93	06.11.1961	Hong Kong HKG		Hong Kong	0-1	L	Friendly Match
94	26.11.1961	Seoul KOR	13:30	Yugoslavia	1-3	L	VII. World CupQ
95	10.03.1962	Seoul KOR		Sporting Cristal (Peru)	0-1	L	Friendly Match
96	11.03.1962	Seoul KOR		Sporting Cristal (Peru)	1-3	L	Friendly Match
97	26.05.1962	Jakarta IND		Indonesia Selected A	2-1	W	Friendly Match
98	29.05.1962	Jakarta IND		Indonesia Selected B	2-1	W	Friendly Match
99	04.06.1962	Kuala Lumpur MAL		Malaysia Selected	3-1	W	Friendly Match
100	06.06.1962	Penang MAL		Malaysia Selected	4-3	W	Friendly Match
101	08.06.1962	Alosetar MAL		Malaysia Selected	0-1	L	Friendly Match
102	13.06.1962	Hong Kong HKG		Hong Kong Selected	6-2	W	Friendly Match
103	16.06.1962	Hong Kong HKG		China Selected	1-2	L	Friendly Match
104	11.08.1962	Seoul KOR		Korea Army	0-0	D	Warm up Match
105	12.08.1962	Seoul KOR		Farm Team	2-0	W	Warm up Match
106	26.08.1962	Jakarta INA	22:30	India	2-0	W	IV. Asian Games
107	27.08.1962	Jakarta INA	17:30	Thailand	3-2	W	IV. Asian Games
108	30.08.1962	Jakarta INA	21:00	Japan	1-0	W	IV. Asian Games
109	01.09.1962	Jakarta INA	21:00	Malaysia	2-1	W	IV. Asian Games
110	04.09.1962	Jakarta INA	16:00	India	1-2	L	IV. Asian Games
111	12.10.1962	Seoul KOR	16:00	Indonesia	2-0	W	Friendly Match

No.	Date.	Venue	Time	Opponent	Score	Result	Competition
112	14.10.1962	Seoul KOR		Indonesia	2-0	W	Friendly Match
113	25.04.1963	Seoul KOR		Farm Team	0-1	L	Warm up Match
114	09.08.1963	Kuala Lumpur MAL		ENG Army	1-0	W	VII. Merdeka Cup
115	11.08.1963	Kuala Lumpur MAL		Thailand	5-1	W	VII. Merdeka Cup
116	13.08.1963	Kuala Lumpur MAL		Japan	1-1	D	VII. Merdeka Cup
117	14.08.1963	Kuala Lumpur MAL		South Vietnam	3-1	W	VII. Merdeka Cup
118	16.08.1963	Kuala Lumpur MAL		Malaysia	0-3	L	VII. Merdeka Cup
119	18.08.1963	Kuala Lumpur MAL		Taiwan	0-1	L	VII. Merdeka Cup
120	20.08.1963	Penang MAL		Penang (Malaysia)	4-1	W	Friendly Match
121	24.08.1963	Rangoon BUR		Burma (Myanmar)	1-1	D	Friendly Match
122	25.08.1963	Rangoon BUR		Burma (Myanmar) U-20	1-1	D	Friendly Match
123	25.08.1963	Rangoon BUR		Burma (Myanmar) Junior	1-1	D	Friendly Match
124	27.08.1963	Burma MYA		Burma (Myanmar)	3-1	W	Friendly Match
125	01.09.1963	Hong Kong HKG		China Selected	2-2	D	Friendly Match
126	03.09.1963	Hong Kong HKG		China Selected	2-1	W	Friendly Match
127	27.11.1963	Seoul KOR		Taiwan	2-1	W	XVIII. Olympic Games Qualifier
128	07.12.1963	Taipei TPE		Taiwan	0-1	L	XVIII. Olympic Games Qualifier
129	27.05.1964	Haifa ISR	16:30	India	0-2	L	III. AFC Asian Cup
130	30.05.1964	Seoul KOR		South Vietnam	3-0	W	XVIII. Olympic Games Qualifier
131	30.05.1964	Jerusalem ISR	16:30	Hong Kong	1-0	W	III. AFC Asian Cup
132	31.05.1964	Seoul KOR		South Vietnam	2-1	W	Friendly Match
133	03.06.1964	Tel-Aviv ISR	16:00	Israel	1-2	L	III. AFC Asian Cup
134	28.06.1964	Saigon VNM		South Vietnam	2-2	D	XVIII. Olympic Games Qualifier
135	30.06.1964	Saigon VNM		South Vietnam	2-1	W	Friendly Match
136	04.07.1964	Hong Kong HKG		Hong Kong league Selected	5-4	W	Friendly Match
137	05.07.1964	Hong Kong HKG		Hong Kong league Selected	3-0	W	Friendly Match
138	15.08.1964	Seoul KOR		Farm Team	1-3	L	Warm up Match
139	20.09.1964	Seoul KOR		Farm Team	3-0	W	Warm up Match
140	21.09.1964	Seoul KOR		Farm Team	4-0	W	Warm up Match
141	12.10.1964	Tokyo JPN	14:00	Czechoslovakia	1-6	L	XVIII. Olympic Games
142	14.10.1964	Yokohama JPN	14:00	Brazil	0-4	L	XVIII. Olympic Games
143	16.10.1964	Tokyo JPN	14:00	U.A.R	0-10	L	XVIII. Olympic Games
144	14.08.1965	Kuala Lumpur MAS		Thailand	2-3	L	IX. Merdeka Cup
145	17.08.1965	Kuala Lumpur MAS		Malaysia	2-0	W	IX. Merdeka Cup
146	21.08.1966	Kuala Lumpur MAS		South Vietnam	0-0	D	IX. Merdeka Cup
147	23.08.1965	Kuala Lumpur MAS		India	1-0	W	IX. Merdeka Cup
148	25.08.1965	Kuala Lumpur MAS		Hong Kong	1-0	W	IX. Merdeka Cup

No.	Date.	Venue	Time	Opponent	Score	Result	Competition
149	28.08.1965	Kuala Lumpur MAS		Taiwan	1-1	D	IX. Merdeka Cup
150	14.08.1966	Kuala Lumpur MAS		Japan Farm Team	2-0	W	X. Merdeka Cup
151	19.08.1966	Kuala Lumpur MAS		Hong Kong	1-0	W	X. Merdeka Cup
152	21.08.1966	Kuala Lumpur MAS		Thailand	2-1	W	X. Merdeka Cup
153	23.08.1966	Kuala Lumpur MAS		Burma	0-2	L	X. Merdeka Cup
154	27.08.1966	Kuala Lumpur MAS		Malaysia	2-1	W	X. Merdeka Cup
155	28.08.1966	Kuala Lumpur MAS		India	0-1	L	X. Merdeka Cup
156	31.08.1966	Singapore SIN		Singapore	3-1	W	Friendly Match
157	04.09.1966	Hong Kong HKG		Hong Kong Selected	2-1	W	Friendly Match
158	10.12.1966	Bangkok THA		Thailand	0-3	L	V. Asian Games
159	12.12.1966	Bangkok THA		Burma	0-1	L	V. Asian Games
160	04.06.1967	Seoul KOR		Middlesex Wonderers (England)	1-2	L	Friendly Match
161	29.07.1967	Taipei TPE	16:30	Indonesia	1-1	D	IV. Asian CupQ
162	01.08.1967	Taipei TPE	17:00	Japan	1-2	L	IV. Asian CupQ
163	05.08.1967	Taipei TPE	16:30	Philippines	7-0	W	IV. Asian CupQ
164	07.08.1967	Taipei TPE	16:00	Taiwan	0-1	L	IV. Asian CupQ
165	11.08.1967	Kuala Lumpur MAS		Indonesia	3-1	W	XI. Merdeka Cup
166	13.08.1967	Kuala Lumpur MAS		Burma	1-0	W	XI. Merdeka Cup
167	18.08.1967	Kuala Lumpur MAS		Taiwan	2-1	W	XI. Merdeka Cup
168	20.08.1967	Kuala Lumpur MAS		Singapore	3-0	W	XI. Merdeka Cup
169	23.08.1967	Kuala Lumpur MAS		Malaysia	3-1	W	XI. Merdeka Cup
170	26.08.1967	Kuala Lumpur MAS		Burma	0-0	D	XI. Merdeka Cup
171	28.09.1967	Tokyo JPN	19:30	Taiwan	4-2	W	XIX. Olympic Games Qualifier
172	01.10.1967	Tokyo JPN	19:30	Lebanon	2-0	W	XIX. Olympic Games Qualifier
173	04.10.1967	Tokyo JPN	19:30	South Vietnam	3-0	W	XIX. Olympic Games Qualifier
174	07.10.1967	Tokyo JPN	19:30	Japan	3-3	D	XIX. Olympic Games Qualifier
175	09.10.1967	Tokyo JPN	19:30	Philippines	5-0	W	XIX. Olympic Games Qualifier
176	05.11.1967	Saigon VNM		Hong Kong	1-0	W	Vietnam Independence Cup
177	07.11.1967	Saigon VNM		Thailand	3-1	W	Vietnam Independence Cup
178	11.11.1967	Saigon VNM		Malaysia	2-1	W	Vietnam Independence Cup
179	12.11.1967	Saigon VNM		South Vietnam	3-0	W	Vietnam Independence Cup
180	14.11.1967	Saigon VNM		Australia	2-3	L	Vietnam Independence Cup
181	10.08.1968	Kuala Lumpur MAS		West Ausralia Selected	0-3	L	XII. Merdeka Cup

No.	Date.	Venue	Time	Opponent	Score	Result	Competition
182	12.08.1968	Ipoh MAS		Singapore	3-2	W	XII. Merdeka Cup
183	14.08.1968	Kuala Lumpur MAS		Taiwan	2-1	W	XII. Merdeka Cup
184	17.08.1968	Ipoh MAS		Indonesia	2-4	L	XII. Merdeka Cup
185	18.08.1968	Ipoh MAS		Farm Team (Japan)	2-0	W	XII. Merdeka Cup
186	21.08.1968	Kuala Lumpur MAS		Thailand	2-1	W	XII. Merdeka Cup
187	24.08.1968	Kuala Lumpur MAS		India	1-0	W	XII. Merdeka Cup
188	27.08.1968	Singapore SIN		Singapore	3-4	L	Friendly Match
189	31.08.1968	Singapore SIN		Hong Kong Selected	7-1	W	Friendly Match
190	02.10.1969	Seoul KOR		Farm Team	4-0	W	Warm up Match
191	12.10.1969	Seoul KOR	16:00	Japan	2-2	D	IX. World CupQ
192	14.10.1969	Seoul KOR	19:30	Australia	1-2	L	IX. World CupQ
193	18.10.1969	Seoul KOR	16:00	Japan	2-0	W	IX. World CupQ
194	20.10.1969	Seoul KOR	19:30	Australia	1-1	D	IX. World CupQ
195	19.11.1969	Bangkok THA		Laos	2-0	W	II. Thai King's CupQ
196	21.11.1969	Bangkok THA		Malaysia	2-0	W	II. Thai King's CupQ
197	23.11.1969	Bangkok THA		Thailand	0-0	D	II. Thai King's CupQ
198	26.11.1969	Bangkok THA		South Vietnam	3-0	W	II. Thai King's CupQ
199	28.11.1969	Bangkok THA	19:05	Indonesia	1-0	W	II. Thai King's CupQ
200	29.03.1970	Seoul KOR		Flamengo (Brazil)	0-0	D	Friendly Match
201	01.04.1970	Seoul KOR		Flamengo (Brazil)	2-1	W	Friendly Match
202	11.05.1970	Seoul KOR		Olaria (Brazil)	1-1	D	Friendly Match
203	13.05.1970	Seoul KOR		Olaria (Brazil)	0-0	D	Friendly Match
204	05.07.1970	Seoul KOR		Boldklubben (Denmark)	2-1	W	Friendly Match
205	07.07.1970	Seoul KOR		Boldklubben (Denmark)	1-1	D	Friendly Match
206	31.07.1970	Kuala Lumpur MAS		Thailand	0-0	D	XIV. Merdeka Cup
207	02.08.1970	Kuala Lumpur MAS		Japan	1-1	D	XIV. Merdeka Cup
208	04.08.1970	Penang MAS		Singapore	4-0	W	XIV. Merdeka Cup
209	06.08.1970	Kuala Lumpur MAS		Indonesia	2-1	W	XIV. Merdeka Cup
210	09.08.1970	Kuala Lumpur MAS		Hong Kong	0-0	D	XIV. Merdeka Cup
211	13.08.1970	Kuala Lumpur MAS		India	3-2	W	XIV. Merdeka Cup
212	16.08.1970	Kuala Lumpur MAS		Burma	1-0	W	XIV. Merdeka Cup
213	05.09.1970	Seoul KOR		Benfica (Portugal)	1-1	D	Friendly Match
214	13.09.1970	Seoul KOR		Farm Team	1-2	L	Warm up Match
215	10.11.1970	Bangkok THA		Hong Kong	3-0	W	III. Thai King's CupQ
216	12.11.1970	Bangkok THA		Laos	4-0	W	III. Thai King's CupQ
217	14.11.1970	Bangkok THA		Thailand	0-0	D	III. Thai King's CupQ
218	16.11.1970	Bangkok THA		Singapore	4-0	W	III. Thai King's CupQ
219	18.11.1970	Bangkok THA		Malaysia	2-0	W	III. Thai King's CupQ
220	20.11.1970	Bangkok THA		Thailand	1-0	W	III. Thai King's CupQ
221	11.12.1970	Bangkok THA	20:00	Iran	1-0	W	VI. Asian Games

No.	Date.	Venue	Time	Opponent	Score	Result	Competition
222	13.12.1970	Bangkok THA	20:00	Indonesia	0-0	D	VI. Asian Games
223	15.12.1970	Bangkok THA	20:45	Thailand	2-1	W	VI. Asian Games
224	17.12.1970	Bangkok THA	20:45	Burma	0-1	L	VI. Asian Games
225	18.12.1970	Bangkok THA	19:00	Japan	2-1	W	VI. Asian Games
226	20.12.1970	Bangkok THA	17:00	Burma	0-0	D	VI. Asian Games
227	15.01.1971	Argentina ARG		Argentina U-23	1-3	L	Friendly Match
228	18.01.1971	Argentina ARG		Argentina Junior	1-3	L	Friendly Match
229	29.01.1971	Bauru BRA		Noroeste (Brazil)	0-2	L	Friendly Match
230	31.01.1971	Ribeirao Preto BRA		Comercial (Brazil)	2-3	L	Friendly Match
231	03.02.1971	Araraquara BRA		Ferroviaria (Brazil)	1-3	L	Friendly Match
232	10.02.1971	Lima PER		Peru	0-4	L	Friendly Match
233	15.02.1971	Colombia COL		Colombia Junior	5-2	W	Friendly Match
234	02.05.1971	Seoul KOR	15:00	Thailand	1-0	W	I. President's Cup
235	06.05.1971	Seoul KOR	19:50	Malaysia	5-1	W	I. President's Cup
236	09.05.1971	Seoul KOR	16:50	Combodia	2-0	W	I. President's Cup
237	11.05.1971	Seoul KOR	19:50	Indonesia	3-0	W	I. President's Cup
238	13.05.1971	Seoul KOR	18:50	Burma	0-0	D	I. President's Cup
239	15.05.1971	Seoul KOR	15:00	Burma	0-0	D	I. President's Cup
240	24.07.1971	Seoul KOR		Dundee United (Scotland)	3-3	D	Friendly Match
241	26.07.1971	Seoul KOR		Dundee United (Scotland)	3-4	L	Friendly Match
242	26.08.1971	Seoul KOR		Setubal (Portugal)	2-4	L	Friendly Match
243	28.08.1971	Seoul KOR		Setubal (Portugal)	0-2	L	Friendly Match
244	30.08.1971	Seoul KOR		Setubal (Portugal)	0-3	L	Friendly Match
245	10.09.1971	Seoul KOR	19:30	Iran	2-0	W	Friendly Match
246	12.09.1971	Seoul KOR	19:30	Iran	0-2	L	Friendly Match
247	25.09.1971	Seoul KOR	16:45	Malaysia	0-1	L	XX. Olympic Games Qualifier
248	29.09.1971	Seoul KOR	19:45	Philippines	6-0	W	XX. Olympic Games Qualifier
249	02.10.1971	Seoul KOR	16:45	Japan	2-1	W	XX. Olympic Games Qualifier
250	04.10.1971	Seoul KOR	18:00	Taiwan	8-0	W	XX. Olympic Games Qualifier
251	08.11.1971	Bangkok THA		Malaysia	2-2	D	IV. Thai King's Cup
252	12.11.1971	Bangkok THA		Indonesia	0-0	D	IV. Thai King's Cup
253	14.11.1971	Bangkok THA	20:00	South Vietnam	1-1	D	IV. Thai King's Cup[PK2-1]
254	16.11.1971	Bangkok THA	19:00	Thailand	1-0	W	IV. Thai King's Cup
255	19.01.1972	Busan KOR		U-20	4-1	W	Warm up Match
256	04.03.1972	Daejeon KOR		U-20	2-0	W	Warm up Match
257	05.03.1972	Daegu KOR		U-20	2-0	W	Warm up Match
258	25.03.1972	Gwangju KOR		U-20	1-0	W	Warm up Match

No.	Date.	Venue	Time	Opponent	Score	Result	Competition
259	26.03.1972	Jeonju KOR		U-20	1-0	W	Warm up Match
260	02.04.1972	Seoul KOR		Trust Bank	0-0	D	Warm up Match
261	30.04.1972	Seoul KOR		Farm Team	2-0	D	Warm up Match
262	07.05.1972	Bangkok THA		Iraq	0-0	D	V. Asian Cup[PK2-4]
263	10.05.1972	Bangkok THA		Khmer Republic	4-1	W	V. Asian Cup
264	12.05.1972	Bangkok THA		Kuwait	1-2	L	V. Asian Cup
265	17.05.1972	Bangkok THA		Thailand	1-1	D	V. Asian Cup[PK2-1]
266	19.05.1972	Bangkok THA		Iran	1-2	L	V. Asian Cup
267	28.05.1972	Seoul KOR		Coventry City (England)	0-3	L	Friendly Match
268	02.06.1972	Seoul KOR		Santos (Brazil)	2-3	L	Friendly Match
269	01.07.1972	Seoul KOR		Farm Team	1-1	D	Warm up Match
270	13.07.1972	Kuala Lumpur MAS		Farm Team (Malaysia)	3-1	W	XVI. Merdeka Cup
271	15.07.1972	Kuala Lumpur MAS		Hong Kong	0-0	D	XVI. Merdeka Cup
272	17.07.1972	Kuala Lumpur MAS		Thailand	2-0	W	XVI. Merdeka Cup
273	19.07.1972	Kuala Lumpur MAS		Singapore	4-1	W	XVI. Merdeka Cup
274	23.07.1972	Kuala Lumpur MAS		Indonesia	2-0	W	XVI. Merdeka Cup
275	26.07.1972	Kuala Lumpur MAS		Japan	3-0	W	XVI. Merdeka Cup
276	29.07.1972	Kuala Lumpur MAS	20:15	Malaysia	2-1	W	XVI. Merdeka Cup
277	14.09.1972	Tokyo JPN	19:00	Japan	2-2	D	I. Korea-Japan Annual Match
278	20.09.1972	Seoul KOR	18:00	Thailand	3-0	W	II. President's Cup
279	22.09.1972	Seoul KOR	18:40	Khmer Republic	3-1	W	II. President's Cup
280	24.09.1972	Seoul KOR	16:40	Malaysia	2-0	W	II. President's Cup
281	27.09.1972	Seoul KOR	19:40	Burma	0-1	L	II. President's Cup
282	30.09.1972	Seoul KOR	15:00	Malaysia	1-0	W	II. President's Cup
283	22.10.1972	Seoul KOR	15:00	Australia	1-1	D	Friendly Match
284	24.10.1972	Seoul KOR	15:00	Australia	0-2	L	Friendly Match
285	18.11.1972	Bangkok THA		Malaysia	4-1	W	V. Thai King's Cup
286	22.11.1972	Bangkok THA		Indonesia	1-1	D	V. Thai King's Cup
287	24.11.1972	Bangkok THA		Singapore	2-0	W	V. Thai King's Cup
288	26.11.1972	Bangkok THA		Thailand	0-1	L	V. Thai King's Cup
289	28.11.1972	Bangkok THA		Singapore	0-0	D	V. Thai King's Cup
290	01.04.1973	Seoul KOR		U-20	0-1	L	Warm up Match
291	19.04.1973	Seoul KOR		Middlesex Wonderers (England)	1-0	W	Friendly Match
292	21.04.1973	Seoul KOR		Middlesex Wonderers (England)	3-1	W	Friendly Match
293	19.05.1973	Seoul KOR	15:40	Thailand	4-0	W	X. World CupQ
294	21.05.1973	Seoul KOR	19:45	Malaysia	0-0	D	X. World CupQ
295	23.05.1973	Seoul KOR	19:45	Israel	0-0	D	X. World CupQ
296	26.05.1973	Seoul KOR	15:00	Hong Kong	3-1	W	X. World CupQ

No.	Date.	Venue	Time	Opponent	Score	Result	Competition
297	28.05.1973	Seoul KOR	19:00	Israel	1-0	W	X. World CupQ
298	23.06.1973	Seoul KOR	17:00	Japan	2-0	W	II. Korea-Japan Annual Match
299	22.09.1973	Seoul KOR	16:20	Khmer Republic	6-0	W	III. President's Cup
300	24.09.1973	Seoul KOR	19:40	Indonesia	3-1	W	III. President's Cup
301	28.09.1973	Seoul KOR	18:00	Burma	0-1	L	III. President's Cup
302	30.09.1973	Seoul KOR	14:00	Malaysia	2-0	W	III. President's Cup
303	28.10.1973	Sydney AUS	15:00	Australia	0-0	D	X. World CupQ
304	10.11.1973	Seoul KOR	15:00	Australia	2-2	D	X. World CupQ
305	13.11.1973	Hong Kong HKG	20:00	Australia	0-1	L	X. World CupQ
306	16.12.1973	Bangkok THA		Khmer Republic	5-0	W	VI. Thai King's Cup
307	18.12.1973	Bangkok THA		Malaysia	0-0	D	VI. Thai King's Cup
308	22.12.1973	Bangkok THA		Burma	2-0	W	VI. Thai King's Cup
309	25.12.1973	Bangkok THA		Malaysia	2-1	W	VI. Thai King's Cup
310	21.04.1974	Seoul KOR		Business Team Selected	0-0	D	Warm up Match
311	04.05.1974	Seoul KOR		Business Team Selected	3-0	W	Warm up Match
312	11.05.1974	Seoul KOR		Farm Team (Japan)	3-0	W	IV. President's Cup
313	13.05.1974	Seoul KOR	19:40	Khmer Republic	0-1	L	IV. President's Cup
314	15.05.1974	Seoul KOR	19:40	Malaysia	4-0	W	IV. President's Cup
315	18.05.1974	Seoul KOR	16:40	Burma	3-0	W	IV. President's Cup
316	20.05.1974	Seoul KOR		Medan (Indonesia)	7-1	W	IV. President's Cup
317	15.06.1974	Seoul KOR		Middlesex Wonderers (England)	2-1	W	Friendly Match
318	17.05.1974	Seoul KOR		Middlesex Wonderers (England)	1-1	D	Friendly Match
319	14.07.1974	Seoul KOR		Army	0-0	D	Warm up Match
320	17.07.1974	Seoul KOR		Farm Team	1-0	W	Warm up Match
321	04.09.1974	Teheran IRN	16:30	Thailand	1-0	W	VII. Asian Games
322	06.09.1974	Teheran IRN	18:30	Kuwait	0-4	L	VII. Asian Games
323	09.09.1974	Teheran IRN	19:00	Iraq	1-1	D	VII. Asian Games
324	11.09.1974	Teheran IRN	19:00	Iran	0-2	L	VII. Asian Games
325	13.09.1974	Teheran IRN	19:00	Malaysia	2-3	L	VII. Asian Games
326	28.09.1974	Tokyo JPN	15:30	Japan	1-4	L	III. Korea-Japan Annual Match
327	11.12.1974	Bangkok THA		Indonesia	4-0	W	VII. Thai King's Cup
328	13.12.1974	Bangkok THA		Khmer Republic	2-1	W	VII. Thai King's Cup
329	15.12.1974	Bangkok THA		South Vietnam	2-2	D	VII. Thai King's Cup
330	18.12.1974	Bangkok THA		Malaysia	0-0	D	VII. Thai King's Cup[PK5-3]
331	20.12.1974	Bangkok THA	19:00	Thailand	3-1	W	VII. Thai King's Cup
332	22.12.1974	Hong Kong HKG		South China (Hong Kong)	3-0	W	Hong Kong Tournament
333	25.12.1974	Hong Kong HKG		Indonesia	3-1	W	Hong Kong Tournament

No.	Date.	Venue	Time	Opponent	Score	Result	Competition
334	16.03.1975	Bangkok THA		Malaysia	1-2	L	VI. Asian CupQ
335	19.03.1975	Bangkok THA		South Vietnam	1-0	W	VI. Asian CupQ
336	22.03.1975	Bangkok THA		Indonesia	1-0	W	VI. Asian CupQ
337	24.03.1975	Bangkok THA		Thailand	0-1	L	VI. Asian CupQ
338	24.04.1975	Seoul KOR		Tennis Borussia Berlin(Germany)	1-0	W	Friendly Match
339	27.04.1975	Seoul KOR		Tennis Borussia Berlin(Germany)	1-1	D	Friendly Match
340	28.04.1975	Busan KOR		Tennis Borussia Berlin(Germany)	1-1	D	Friendly Match
341	10.05.1975	Seoul KOR		Homa (Iran)	0-1	L	V. President's Cup
342	14.05.1975	Seoul KOR		Farm Team (Japan)	1-0	W	V. President's Cup
343	16.05.1975	Seoul KOR	19:40	Lebanon	1-0	W	V. President's Cup
344	18.05.1975	Seoul KOR		Farm Team (Indonesia)	3-0	W	V. President's Cup
345	20.05.1975	Seoul KOR		Homa (Iran)	1-0	W	V. President's Cup
346	22.05.1975	Seoul KOR	18:40	Burma	1-0	W	V. President's Cup
347	12.06.1975	Jakarta INA		Burma	2-0	W	VI. Jakarta Anniversary Tournament
348	13.06.1975	Jakarta INA		Farm Team (Australia)	1-1	D	Jakarta Anniversary Tournament
349	16.06.1975	Jakarta INA		Malaysia	1-1	D	VI. Jakarta Anniversary Tournament
350	18.06.1975	Jakarta INA		Indonesia	2-3	L	VI. Jakarta Anniversary Tournament
351	29.07.1975	Kuala Lumpur MAS	19:00	Malaysia	3-1	W	XIX. Merdeka Cup
352	01.08.1975	Kuala Lumpur MAS	20:40	Hong Kong	1-0	W	XIX. Merdeka Cup
353	03.08.1975	Kuala Lumpur MAS	21:15	Burma	3-2	W	XIX. Merdeka Cup
354	07.08.1975	Kuala Lumpur MAS	21:15	Thailand	6-0	W	XIX. Merdeka Cup
355	09.08.1975	Kuala Lumpur MAS	22:15	Japan	3-1	W	XIX. Merdeka Cup
356	11.08.1975	Kuala Lumpur MAS	19:03	Indonesia	5-1	W	XIX. Merdeka Cup
357	15.08.1975	Kuala Lumpur MAS		Bangladesh	4-0	W	XIX. Merdeka Cup
358	17.08.1975	Kuala Lumpur MAS	20:00	Malaysia	1-0	W	XIX. Merdeka Cup
359	08.09.1975	Seoul KOR	19:50	Japan	3-0	W	IV. Korea-Japan Annual Match
360	14.12.1975	Taipei TPE		Taiwan	2-0	W	XXI. Olympic Games Qualifier
361	21.12.1975	Bangkok THA	17:40	Burma	3-1	W	VII. Thai King's Cup
362	23.12.1975	Bangkok THA		Thailand	1-2	L	VII. Thai King's Cup
363	27.12.1975	Bangkok THA	18:00	Indonesia	2-0	W	VII. Thai King's Cup
364	30.12.1975	Bangkok THA		Singapore	5-0	W	VII. Thai King's Cup
365	02.01.1976	Bangkok THA		Malaysia Farm Team	4-0	W	VII. Thai King's Cup
366	04.01.1976	Bangkok THA		Burma	1-0	W	VII. Thai King's Cup
367	07.02.1976	Busan KOR		U-20	2-1	W	Warm up Match

No.	Date.	Venue	Time	Opponent	Score	Result	Competition
368	15.02.1976	Seoul KOR		Homa (Iran)	3-0	W	Friendly Match
369	01.03.1976	Seoul KOR		Korea Army	4-0	W	Warm up Match
370	06.03.1976	Seoul KOR	14:30	Taiwan	3-0	W	XXI. Olympic Games Qualifier
371	21.03.1976	Tokyo JPN	14:30	Japan	2-0	W	XXI. Olympic Games Qualifier
372	27.03.1976	Seoul KOR	14:30	Japan	2-2	D	XXI. Olympic Games Qualifier
373	04.04.1976	Seoul KOR	14:30	Israel	1-3	L	XXI. Olympic Games Qualifier
374	28.04.1976	Tel-Aviv ISR	15:30	Israel	0-0	D	XXI. Olympic Games Qualifier
375	01.06.1976	Busan KOR		Manchester United (England)	0-3	L	Friendly Match
376	03.06.1976	Daegu KOR		Manchester United (England)	0-3	L	Friendly Match
377	24.06.1976	Seoul KOR		Korea Farm Team	1-1	D	Warm up Match
378	26.06.1976	Jeonju KOR		Korea Farm Team	0-0	D	Warm up Match
379	27.06.1976	Cheongju KOR		Korea Farm Team	2-3	L	Warm up Match
380	07.08.1976	Kuala Lumpur MAS		Malaysia	1-2	L	XX. Merdeka Cup
381	10.08.1976	Kuala Lumpur MAS		India	8-0	W	XX. Merdeka Cup
382	12.08.1976	Kuala Lumpur MAS		Indonesia	2-0	W	XX. Merdeka Cup
383	15.08.1976	Kuala Lumpur MAS		Burma	2-2	D	XX. Merdeka Cup
384	18.08.1976	Kuala Lumpur MAS		Japan	0-0	D	XX. Merdeka Cup
385	20.08.1976	Kuala Lumpur MAS		Thailand	2-1	W	XX. Merdeka Cup
386	11.09.1976	Seoul KOR	15:30	Malaysia	4-4	D	VI. President's Cup
387	13.09.1976	Seoul KOR	19:10	India	4-0	W	VI. President's Cup
388	17.09.1976	Seoul KOR	19:10	Singapore	7-0	W	VI. President's Cup
389	19.09.1976	Seoul KOR		Sao Paulo (Brazil)	1-1	D	VI. President's Cup
390	23.09.1976	Seoul KOR	19:10	New Zealand	2-0	W	VI. President's Cup
391	25.09.1976	Seoul KOR		Sao Paulo (Brazil)	0-0	D	VI. President's Cup
392	27.09.1976	Busan KOR		Sao Paulo (Brazil)	1-1	D	Friendly Match
393	29.09.1976	Daegu KOR		Sao Paulo (Brazil)	0-2	L	Friendly Match
394	24.11.1976	Seoul KOR		U-19	2-2	D	Warm up Match
395	04.12.1976	Tokyo JPN	14:00	Japan	2-1	W	V. Korea-Japan Annual Match
396	15.12.1976	Bangkok THA		Thailand	1-2	L	IX. Thai King's Cup
397	17.12.1976	Bangkok THA		Singapore	4-0	W	IX. Thai King's Cup
398	22.12.1976	Bangkok THA		Malaysia	1-1	D	IX. Thai King's Cup [PK 2-3]
399	25.12.1976	Bangkok THA		Thailand Farm Team	3-1	W	IX. Thai King's Cup
400	06.02.1977	Busan KOR		U-19	5-0	W	Warm up Match
401	14.02.1977	Singapore SIN		Singapore	4-0	W	Friendly Match

No.	Date.	Venue	Time	Opponent	Score	Result	Competition
402	18.02.1977	Manama BHR		Bahrain	4-1	W	Friendly Match
403	20.02.1977	Manama BHR		Bahrain	1-1	D	Friendly Match
404	22.02.1977	Innsbruck AUS		SSW Innsbruck	1-0	W	Friendly Match
405	27.02.1977	Tel-Aviv ISR	15:30	Israel	0-0	D	XI. World CupQ
406	20.03.1977	Seoul KOR	15:00	Israel	3-1	W	XI. World CupQ
407	26.03.1977	Tokyo JPN	14:10	Japan	0-0	D	XI. World CupQ
408	03.04.1977	Seoul KOR	15:00	Japan	1-0	W	XI. World CupQ
409	01.05.1977	Daegu KOR		Yong-Nam Univercity	4-0	W	Warm up Match
410	15.06.1977	Seoul KOR	17:00	Japan	2-1	W	VI. Korea-Japan Annual Match
411	26.06.1977	Hong Kong HKG	20:00	Hong Kong	1-0	W	XI. World CupQ
412	03.07.1977	Busan KOR	17:00	Iran	0-0	D	XI. World CupQ
413	17.07.1977	Kuala Lumpur MAS		Libya	4-0	W	XXI. Merdeka Cup
414	20.07.1977	Kuala Lumpur MAS		Thailand	4-1	W	XXI. Merdeka Cup
415	22.07.1977	Kuala Lumpur MAS		Indonesia	5-1	W	XXI. Merdeka Cup
416	24.07.1977	Kuala Lumpur MAS		Burma	4-0	W	XXI. Merdeka Cup
417	26.07.1977	Kuala Lumpur MAS		Malaysia	1-1	D	XXI. Merdeka Cup
418	28.07.1977	Kuala Lumpur MAS		Iraq	1-1	D	XXI. Merdeka Cup
419	31.07.1977	Kuala Lumpur MAS		Iraq	1-0	W	XXI. Merdeka Cup
420	27.08.1977	Sydney AUS	15:00	Australia	1-2	L	XI. World CupQ
421	03.09.1977	Seoul KOR	15:30	Thailand	5-1	W	VII. President's Cup
422	05.09.1977	Daegu KOR	18:45	India	3-0	W	VII. President's Cup
423	07.09.1977	Busan KOR		Racing club (Lebanon)	4-1	W	VII. President's Cup
424	11.09.1977	Seoul KOR		Middlesex Wonderers (England)	6-1	W	VII. President's Cup
425	13.09.1977	Seoul KOR	16:00	Malaysia	3-0	W	VII. President's Cup
426	15.09.1977	Seoul KOR		Sao Paulo (Brazil)	0-1	L	VII. President's Cup
427	18.09.1977	Busan KOR		Sao Paulo (Brazil)	1-2	L	Friendly Match
428	09.10.1977	Seoul KOR	14:30	Kuwait	1-0	W	XI. World CupQ
429	23.10.1977	Seoul KOR	15:30	Australia	0-0	D	XI. World CupQ
430	05.11.1977	Kuwait City KUW	17:00	Kuwait	2-2	D	XI. World CupQ
431	11.11.1977	Teheran IRN		Iran	2-2	D	XI. World CupQ
432	04.12.1977	Busan KOR	14:30	Hong Kong	5-2	W	XI. World CupQ
433	18.12.1977	Gwangju KOR		Korea Farm Team	2-2	W	Charity Match
434	15.04.1978	Seoul KOR		Korea Farm Team	4-1	W	Warm up Match
435	18.04.1978	Seoul KOR		Korea Farm Team	3-1	W	Warm up Match
436	13.05.1978	Seoul KOR		Bologna (Italy)	1-1	D	Friendly Match
437	15.05.1978	Busan KOR		Bologna (Italy)	1-0	W	Friendly Match
438	20.05.1978	Osaka JPN		Palmeiras (Brazil)	0-1	L	I.Kirin Cup(Japan cup)
439	23.05.1978	Hiroshima JPN		Mönchen Gladbach (West Germany)	3-4	L	Kirin Cup(Japan cup)

No.	Date.	Venue	Time	Opponent	Score	Result	Competition
440	25.05.1978	Okayama JPN		Japan Farm Team	3-0	W	Kirin Cup(Japan cup)
441	12.07.1978	Kuala Lumpur MAS		Malaysia	3-1	W	XXII. Merdeka Cup
442	14.07.1978	Kuala Lumpur MAS		Thailand	3-0	W	XXII. Merdeka Cup
443	17.07.1978	Kuala Lumpur MAS		Singapore	2-0	W	XXII. Merdeka Cup
444	19.07.1978	Kuala Lumpur MAS		Japan	4-0	W	XXII. Merdeka Cup
445	22.07.1978	Kuala Lumpur MAS		Iraq	2-0	W	XXII. Merdeka Cup
446	25.07.1978	Kuala Lumpur MAS		Indonesia	2-0	W	XXII. Merdeka Cup
447	27.07.1978	Kuala Lumpur MAS		Syria	2-0	W	XXII. Merdeka Cup
448	29.07.1978	Kuala Lumpur MAS	19:30	Iraq	2-0	W	XXII. Merdeka Cup
449	25.08.1978	Busan KOR		Korea Farm Team	0-1	L	Warm up Match
450	27.08.1978	Daegu KOR		Korea Farm Team	5-0	W	Warm up Match
451	09.09.1978	Seoul KOR	15:30	Washington Diplomats (USA)	3-2	W	VIII. President's Cup
452	11.09.1978	Busan KOR	19:45	Malaysia	2-2	D	VIII. President's Cup
453	13.09.1978	Daegu KOR	19:00	Bahrain	3-1	W	VIII. President's Cup
454	16.09.1978	Seoul KOR	15:45	Olympic Team (USA)	4-1	W	VIII. President's Cup
455	19.09.1978	Seoul KOR		Korea Farm Team	1-0	W	VIII. President's Cup
456	21.09.1978	Seoul KOR	18:45	Washington Diplomats (USA)	6-2	W	VIII. President's Cup
457	21.10.1978	Busan KOR		Sporting Cristal (Peru)	1-1	D	Friendly Match
458	23.10.1978	Daegu KOR		Sporting Cristal (Peru)	0-0	D	Friendly Match
459	26.10.1978	Seoul KOR		Sporting Cristal (Peru)	3-1	W	Friendly Match
460	11.12.1978	Bangkok THA	15:00	Bahrain	5-1	W	VIII. Asian Games
461	13.12.1978	Bangkok THA	20:10	Kuwait	2-0	W	VIII. Asian Games
462	15.12.1978	Bangkok THA	17:00	Japan	1-0	W	VIII. Asian Games
463	17.12.1978	Bangkok THA	17:40	China	1-0	W	VIII. Asian Games
464	18.12.1978	Bangkok THA	20:40	Malaysia	5-1	W	VIII. Asian Games
465	19.12.1978	Bangkok THA	19:00	Thailand	3-1	W	VIII. Asian Games
466	20.12.1978	Bangkok THA	16:45	North Korea	0-0	D	VIII. Asian Games
467	25.12.1978	Manila PHI	15:00	Macao	4-1	W	VII. Asian CupQ
468	27.12.1978	Manila PHI	17:00	Philippines	5-0	W	VII. Asian CupQ
469	29.12.1978	Manila PHI	18:30	China	1-0	W	VII. Asian CupQ
470	25.02.1979	Busan KOR		University Selected	3-1	W	Warm up Match
471	04.03.1979	Tokyo JPN	13:30	Japan	1-2	L	VII. Korea-Japan Annual Match
472	04.05.1979	Busan KOR		Sporting Cristal (Peru)	0-0	D	Friendly Match
473	06.05.1979	Daegu KOR		Sporting Cristal (Peru)	1-1	D	Friendly Match
474	08.05.1979	Seoul KOR		Sporting Cristal (Peru)	0-1	L	Friendly Match
475	12.05.1979	Seoul KOR		Sporting Cristal (Peru)	0-1	L	Friendly Match
476	16.06.1979	Seoul KOR	17:00	Japan	4-1	W	VIII. Korea-Japan Annual Match

No.	Date.	Venue	Time	Opponent	Score	Result	Competition
477	09.07.1979	Busan KOR		Hamburger SV (West Germany)	0-1	L	Friendly Match
478	11.07.1979	Daegu KOR		Hamburger SV (West Germany)	0-1	L	Friendly Match
479	14.07.1979	Gwangju KOR		Hamburger SV (West Germany)	2-4	L	Friendly Match
480	08.09.1979	Seoul KOR	15:30	Sudan	8-0	W	IX. President's Cup
481	12.09.1979	Daegu KOR	18:45	Sri Lanka	6-0	W	IX. President's Cup
482	14.09.1979	Cheongju KOR	15:45	Bahrain	5-1	W	IX. President's Cup
483	16.09.1979	Incheon KOR	15:45	Bangladesh	9-0	W	IX. President's Cup
484	19.09.1979	Seoul KOR		Korea Farm Team	4-1	W	IX. President's Cup
485	21.09.1979	Seoul KOR		Vitoria (Brazil)	1-2	L	IX. President's Cup
486	28.09.1979	Busan KOR		New York Cosmos (USA)	1-0	W	Friendly Match
487	30.09.1979	Seoul KOR		New York Cosmos (USA)	3-2	W	Friendly Match
488	09.10.1979	Seoul KOR		Universiade represent	2-3	L	Warm up Match
489	30.01.1980	Jeddash KSA		Saudi Arabia	3-1	W	Friendly Match
490	01.02.1980	Riyadh KSA		Saudi Arabia	0-0	D	Friendly Match
491	26.02.1980	Los Angeles USA		Mexico	1-0	W	Friendly Match
492	22.03.1980	Kuala Lumpur MAS	21:15	Japan	3-1	W	XXII. Olympic Games Qualifier
493	25.03.1980	Kuala Lumpur MAS	20:00	Malaysia	0-3	L	XXII. Olympic Games Qualifier
494	27.03.1980	Kuala Lumpur MAS	19:30	Philippines	8-0	W	XXII. Olympic Games Qualifier
495	31.03.1980	Kuala Lumpur MAS	20:45	Brunei	3-0	W	XXII. Olympic Games Qualifier
496	03.04.1980	Kuala Lumpur MAS	20:00	Indonesia	1-0	W	XXII. Olympic Games Qualifier
497	06.04.1980	Kuala Lumpur MAS	20:00	Malaysia	1-2	L	XXII. Olympic Games Qualifier
498	11.06.1980	Seoul KOR		Frankfurt (West Germany)	1-2	L	Friendly Match
499	13.06.1980	Busan KOR		Frankfurt (West Germany)	0-1	L	Friendly Match
500	15.06.1980	Seoul KOR		Frankfurt (West Germany)	2-3	L	Friendly Match
501	18.07.1980	Seoul KOR		Boavista (Portugal)	1-2	L	Friendly Match
502	21.07.1980	Busan KOR		Boavista (Portugal)	2-0	W	Friendly Match
503	23.07.1980	Seoul KOR		Boavista (Portugal)	1-2	L	Friendly Match
504	09.08.1980	Gangneung KOR		Korea Farm Team	1-0	W	Warm up Match
505	15.08.1980	Cheongju KOR		Korea Farm Team	3-0	W	Friendly Match
506	17.08.1980	Daejeon KOR		Korea Farm Team	2-2	D	Friendly Match
507	23.08.1980	Seoul KOR	15:30	Malaysia Farm Team	2-0	W	X. President's Cup
508	25.08.1980	Chooncheon KOR	16:30	Indonesia	3-0	W	X. President's Cup
509	27.08.1980	Daejeon KOR	16:30	Thailand Farm Team	4-0	W	X. President's Cup
510	29.08.1980	Gwangju KOR	16:30	Bahrain Farm Team	5-0	W	X. President's Cup

No.	Date.	Venue	Time	Opponent	Score	Result	Competition
511	31.08.1980	Busan KOR	18:00	Korea Farm Team	3-0	W	X. President's Cup
512	02.09.1980	Seoul KOR	18:00	Indonesia	2-0	W	X. President's Cup
513	16.09.1980	Kuwait City KUW	18:30	Malaysia	1-1	D	VII. Asian Cup
514	19.09.1980	Kuwait City KUW	18:30	Qatar	2-0	W	VII. Asian Cup
515	21.09.1980	Kuwait City KUW	16:30	Kuwait	3-0	W	VII. Asian Cup
516	24.09.1980	Kuwait City KUW	18:30	U.A.E	4-1	W	VII. Asian Cup
517	28.09.1980	Kuwait City KUW	19:30	North Korea	2-1	W	VII. Asian Cup
518	30.09.1980	Kuwait City KUW	18:30	Kuwait	0-3	L	VII. Asian Cup
519	25.01.1981	Busan KOR		U-20	1-0	W	Warm up Match
520	26.01.1981	Busan KOR		University Selected	1-1	D	Warm up Match
521	08.02.1981	Mexico city MEX		Mexico U-23	1-1	D	Friendly Match
522	10.02.1981	Mexico city MEX		Mexico	0-4	L	Friendly Match
523	22.02.1981	Los Angeles USA		Nacional (Uruguay)	1-2	L	Friendly Match
524	25.02.1981	Los Angeles USA		Guadalajara (Mexico)	0-0	D	Friendly Match
525	03.03.1981	Seoul KOR		University Selected	3-0	W	Warm up Match
526	08.03.1981	Tokyo JPN	13:30	Japan	1-0	W	IX. Korea-Japan Annual Match
527	01.04.1981	Daegu KOR		Americano (Brazil)	2-2	D	Friendly Match
528	05.04.1981	Busan KOR		Americano (Brazil)	1-0	W	Friendly Match
529	21.04.1981	Kuwait City KUW	16:00	Malaysia	2-1	W	XII. World CupQ
530	25.04.1981	Kuwait City KUW	16:00	Thailand	5-1	W	XII. World CupQ
531	29.04.1981	Kuwait City KUW	16:00	Kuwait	0-2	L	XII. World CupQ
532	13.06.1981	Seoul KOR	15:30	Chateauroux (France)	1-1	D	XI. President's Cup
533	15.06.1981	Daejeon KOR	17:00	Saarbrucken (West Germany)	4-1	W	XI. Presiwent's Cup
534	17.06.1981	Jeonju KOR	17:00	Malaysia	2-0	W	XI. President's Cup
535	19.06.1981	Daegu KOR	19:00	Racing de Cordoba (Argentina)	1-1	D	XI. President's Cup
536	21.06.1981	Busan KOR	17:00	Japan	2-0	W	XI. President's Cup
537	24.06.1981	Seoul KOR	17:00	Danubio (Uruguay)	2-0	W	XI. President's Cup
538	26.06.1981	Seoul KOR	18:45	Racing de Cordoba (Argentina)	2-2	D	XI. President's Cup
539	09.08.1981	Gangneung KOR		Korea Farm Team	1-0	W	Warm up Match
540	13.08.1981	Jakarta INA		Bulgaria Selected	1-1	D	IX. Jakarta Independence Tournament
541	15.08.1981	Jakarta INA		Indonesia Farm Team	8-0	W	IX. Jakarta Independence Tournament
542	17.08.1981	Jakarta INA		Thailand	2-0	W	IX. Jakarta Independence Tournament
543	20.08.1981	Jakarta INA	17:30	Indonesia	1-0	W	IX. Jakarta Independence Tournament
544	22.08.1981	Jakarta INA		Bulgaria Selected	2-2	D	IX. Jakarta Independence Tournament

No.	Date.	Venue	Time	Opponent	Score	Result	Competition
545	04.09.1981	Kuala Lumpur MAS		Singapore	2-0	W	XXV. Merdeka Cup
546	07.09.1981	Kuala Lumpur MAS		Sao Paulo (Brazil)	0-2	L	
547	13.09.1981	Kuala Lumpur MAS	21:15	Iraq	1-1	D	XXV. Merdeka Cup
548	16.09.1981	Kuala Lumpur MAS	21:15	Thailand	1-1	D	XXV. Merdeka Cup
549	14.10.1981	Riyadh KSA		Saudi Arabia	0-2	L	Friendly Match
550	18.02.1982	Calcutta IND	15:00	India	2-2	D	I. Nehru Cup
551	20.02.1982	Calcutta IND	15:00	Uruguay	2-2	D	I. Nehru Cup
552	23.02.1982	Calcutta IND		Yugoslavia Selected	1-1	D	I. Nehru Cup
553	26.02.1982	Calcutta IND		Italy amateur Selected	4-2	W	I. Nehru Cup
554	01.03.1982	Calcutta IND	15:00	China	1-1	D	I. Nehru Cup
555	07.03.1982	Baghdad IRQ		Iraq	0-3	L	Friendly Match
556	10.03.1982	Baghdad IRQ		Iraq	1-1	D	Friendly Match
557	21.03.1982	Seoul KOR	15:00	Japan	3-0	W	X. Korea-Japan Annual Match
558	07.04.1982	Seoul KOR		Dusseldorf (West Germany)	2-3	L	Friendly Match
559	09.04.1982	Busan KOR		Dusseldorf (West Germany)	1-0	W	Friendly Match
560	11.04.1982	Gwangju KOR		Dusseldorf (West Germany)	2-1	W	Friendly Match
561	22.04.1982	Seoul KOR		Hallelujah (Korea)	2-1	W	Warm up Match
562	02.05.1982	Bangkok THA		Thailand Farm Team	5-0	W	XV. Tthai King's Cup
563	05.05.1982	Bangkok THA		Malaysia Selected	5-0	W	XV. Tthai King's Cup
564	08.05.1982	Bangkok THA		Niac Mitra (Indonesia)	1-0	W	XV. Tthai King's Cup
565	09.05.1982	Bangkok THA	19:45	Thailand	3-0	W	XV. Tthai King's Cup
566	10.05.1982	Bangkok THA	19:45	Niac Mitra (Indonesia)	2-0	W	XV. Tthai King's Cup
567	13.05.1982	Bangkok THA		Thailand Farm Team	1-0	W	XV. Tthai King's Cup
568	15.05.1982	Bangkok THA		Thailand Farm Team	3-1	W	XV. Tthai King's Cup
569	17.05.1982	Bangkok THA		Thailand	0-0	D	XV. Thai King's Cup [PK3-4]
570	05.06.1982	Seoul KOR	15:30	Eindhoven (Netherlands)	0-2	L	XII. President's Cup
571	07.06.1982	Daegu KOR	15:00	Indonesia Selected	3-0	W	XII. President's Cup
572	09.06.1982	Busan KOR	19:45	India	1-0	W	XII. President's Cup
573	11.06.1982	Gwangju KOR	16:45	Bahrain	3-0	W	XII. President's Cup
574	16.06.1982	Seoul KOR		Hallelujah (Korea)	2-1	W	XII. President's Cup
575	18.06.1982	Seoul KOR	19:45	Operario (Brazil)	0-0	D	XII. President's Cup
576	01.07.1982	Seoul KOR		Korea all star	0-1	L	Friendly Match
577	03.07.1982	Busan KOR		Korea all star	1-0	W	Friendly Match
578	23.10.1982	Busan KOR		Esporte (Brazil)	1-2	L	Friendly Match
579	25.10.1982	Seoul KOR		Esporte (Brazil)	0-1	L	Friendly Match
580	28.10.1982	Jeonju KOR		New York Cosmos (USA)	1-2	L	Friendly Match
581	30.10.1982	Masan KOR		New York Cosmos (USA)	0-1	L	Friendly Match

No.	Date.	Venue	Time	Opponent	Score	Result	Competition
582	21.11.1982	New Delhi IND	14:30	South Yemen	3-0	W	IX. Asian Games
583	23.11.1982	New Delhi IND	18:30	Iran	0-1	L	IX. Asian Games
584	25.11.1982	New Delhi IND	14:30	Japan	1-2	L	IX. Asian Games
585	06.03.1983	Tokyo JPN	13:30	Japan	1-1	D	XI. Korea-Japan Annual Match
586	01.05.1983	Seoul KOR		Portuguesa (Brazil)	2-1	W	Friendly Match
587	04.06.1983	Seoul KOR		Genoa	3-1	W	XIII. President's Cup
588	06.06.1983	Suwon KOR	19:00	Thailand	4-0	W	XIII. President's Cup
589	08.06.1983	Seoul KOR	20:00	Nigeria	1-0	W	XIII. President's Cup
590	10.06.1983	Busan KOR	20:00	U.S.A	2-0	W	XIII. President's Cup
591	12.06.1983	Jeonju KOR	20:00	Indonesia	3-0	W	XIII. President's Cup
592	15.06.1983	Seoul KOR	18:00	Ghana	1-0	W	XIII. President's Cup
593	17.06.1983	Seoul KOR	17:45	Eindhoven (Nederland)	2-3	L	XIII. President's Cup
594	22.06.1983	Seoul KOR		Mainz (West Germany)	3-1	W	Friendly Match
595	27.07.1983	Los Angeles USA		Mexico	1-2	L	LA Tournament
596	29.07.1983	Los Angeles USA		Guatemala	1-1	L	LA Tournament [PK3-5]
597	03.08.1983	Guatemala GTM		Guatemala	1-2	L	Friendly Match
598	09.08.1983	Guatemala GTM		CoastaRica	1-1	D	Friendly Match
599	01.11.1983	Bangkok THA	18:15	Thailand	2-1	L	XXIII. Olympic Games Qualifier
600	03.11.1983	Bangkok THA	16:00	China	3-3	D	XXIII. Olympic Games Qualifier
601	05.11.1983	Bangkok THA	16:30	Hong Kong	4-0	W	XXIII. Olympic Games Qualifier
602	08.11.1983	Bangkok THA	18:00	China	0-0	D	XXIII. Olympic Games Qualifier
603	10.11.1983	Bangkok THA	18:00	Hong Kong	0-2	W	XXIII. Olympic Games Qualifier
604	12.11.1983	Bangkok THA	18:00	Thailand	2-0	W	XXIII. Olympic Games Qualifier
605	24.02.1984	Busan KOR		U-19	2-1	W	Warm up Match
606	01.03.1984	Busan KOR		Dusseldorf (West Germany)	1-1	D	Friendly Match
607	03.03.1984	Seoul KOR		Dusseldorf (West Germany)	2-0	W	Friendly Match
608	17.03.1984	Seoul KOR		Hallelujah (Korea)	2-0	W	Warm up Match
609	24.03.1984	Seoul KOR		Jugon (Korea)	0-0	D	Warm up Match
610	05.04.1984	Seoul KOR		Independiente (Argentina)	6-0	W	Friendly Match
611	17.04.1984	Singapore SIN	18:30	Kuwait	0-0	D	XXIII. Olympic Games Qualifier
612	19.04.1984	Singapore SIN	20:30	Bahrain	1-0	W	XXIII. Olympic Games Qualifier
613	22.04.1984	Singapore SIN	20:30	New Zealand	2-0	W	XXIII. Olympic Games Qualifier

No.	Date.	Venue	Time	Opponent	Score	Result	Competition
614	24.04.1984	Singapore SIN	20:30	Saudi Arabia	4-5	L	XXIII. Olympic Games Qualifier
615	29.04.1984	Singapore SIN	19:00	Iraq	0-1	L	XXIII. Olympic Games Qualifier
616	30.05.1984	Seoul KOR	18:00	Leverkusen (West Germany)	3-2	W	XIV. President's Cup
617	01.06.1984	Gwangju KOR	16:50	Alianza (Peru)	2-2	D	XIV. President's Cup
618	03.06.1984	Busan KOR	18:50	Guatemala	2-0	W	XIV. President's Cup
619	07.06.1984	Seoul KOR		Hallelujah (Korea)	1-2	L	XIV. President's Cup
620	09.06.1984	Seoul KOR	17:00	Leverkusen (West Germany)	2-1	W	XIV. President's Cup
621	30.09.1984	Seoul KOR	15:00	Japan	1-2	L	XII. Korea-Japan Annual Match
622	02.10.1984	Seoul KOR	19:20	Fluminense (Brazil)	0-0	D	Olympic Stadium Opening Anniversary
623	04.10.1984	Seoul KOR	19:20	Cameroon	5-0	W	Olympic Stadium Opening Anniversary
624	10.10.1984	Calcutta IND	15:30	North Yemen	6-0	W	VIII. Asian CupQ
625	13.10.1984	Calcutta IND	15:30	Pakistan	6-0	W	VIII. Asian CupQ
626	16.10.1984	Calcutta IND	15:30	Malaysia	0-0	D	VIII. Asian CupQ
627	19.10.1984	Calcutta IND	15:30	India	1-0	W	VIII. Asian CupQ
628	02.12.1984	Singapore SIN	19:00	Saudi Arabia	1-1	D	VIII. Asian Cup
629	05.12.1984	Singapore SIN	19:00	Kuwait	0-0	D	VIII. Asian Cup
630	07.12.1984	Singapore SIN	21:00	Syria	0-1	L	VIII. Asian Cup
631	10.12.1984	Singapore SIN	21:00	Qatar	0-1	L	VIII. Asian Cup
632	01.01.1985	Busan KOR		88 (Farm Team)	1-2	L	Friendly Match
633	02.03.1985	Kathmandu NEP	15:30	Nepal	2-0	W	XIII. World CupQ
634	10.03.1985	Kuala Lumpur MAS	19:30	Malaysia	0-1	L	XIII. World CupQ
635	06.04.1985	Seoul KOR	15:00	Nepal	4-0	W	XIII. World CupQ
636	19.05.1985	Seoul KOR	15:00	Malaysia	2-0	W	XIII. World CupQ
637	04.06.1985	Seoul KOR	17:20	Huracan (Argentina)	1-1	D	XV. President's Cup
638	06.06.1985	Daejeon KOR	17:20	Thailand	3-2	W	XV. President's Cup
639	08.06.1985	Gwangju KOR	16:50	Bahrain	3-0	W	XV. President's Cup
640	10.06.1985	Daegu KOR	17:30	Central Espanol (Uruguay)	2-1	W	XV. President's Cup
641	12.06.1985	Seoul KOR	19:20	Bangu (Brazil)	1-1	D	XV. President's Cup
642	15.06.1985	Seoul KOR	15:00	Iraq	2-0	W	XV. President's Cup
643	17.06.1985	Seoul KOR		88 (Farm Team)	1-0	W	XV. President's Cup
644	21.07.1985	Seoul KOR	17:00	Indonesia	2-0	W	XIII. World CupQ
645	30.07.1985	Jakarta INA	19:15	Indonesia	4-1	W	XIII. World CupQ
646	26.10.1985	Tokyo JPN	15:00	Japan	2-1	W	XIII. World CupQ
647	03.11.1985	Seoul KOR	15:00	Japan	1-0	W	XIII. World CupQ
648	03.12.1985	Los Angeles USA	20:00	Mexico	1-2	L	Friendly Match
649	08.12.1985	Mexico city MEX	20:00	Hungary	0-1	L	Mexico Tournament

No.	Date.	Venue	Time	Opponent	Score	Result	Competition
650	10.12.1985	Guadalajara MEX	20:45	Mexico	1-2	L	Mexico Tournament
651	13.12.1985	Nezahualcoyotl MEX	15:00	Algeria	2-0	W	Mexico Tournament
652	19.12.1985	Mexico MEX		Atlante	1-1	D	Friendly Match
653	09.02.1986	Hong Kong HKG	15:30	Hong Kong Selected	2-0	W	Chinese New Years Cup
654	16.02.1986	Hong Kong HKG	15:30	Paraguay	1-3	L	Chinese New Years Cup
655	11.03.1986	Koblenz GER		West Germany	0-0	D	Friendly Match
656	02.04.1986	Masan KOR		Works Team	2-1	W	Warm up Match
657	05.04.1986	Daegu KOR		Works Team	3-2	W	Warm up Match
658	09.04.1986	Incheon KOR		Works Team	0-0	D	Warm up Match
659	14.05.1986	Denver USA		England	1-4	L	Friendly Match
660	18.05.1986	Los Angeles USA		Alianza (Peru)	2-0	W	Friendly Match
661	02.06.1986	Mexico city MEX	12:00	Argentina	1-3	L	XIII. World Cup
662	05.06.1986	Puebla MEX	16:00	Bulgaria	1-1	D	XIII. World Cup
663	10.06.1986	Puebla MEX	12:00	Italy	2-3	L	XIII. World Cup
664	21.08.1986	Seoul KOR		88 (Farm Team)	2-1	W	Warm up Match
665	20.09.1986	Busan KOR	16:00	India	3-0	W	X. Asian Games
666	24.09.1986	Busan KOR	16:00	Bahrain	0-0	D	X. Asian Games
667	28.09.1986	Busan KOR	16:00	China	4-2	W	X. Asian Games
668	01.10.1986	Busan KOR	17:00	Iran	1-1	D	X. Asian Games [PK 5-4]
669	03.10.1986	Seoul KOR	19:00	Indonesia	4-0	W	X. Asian Games
670	05.10.1986	Seoul KOR	16:00	Saudi Arabia	2-0	W	X. Asian Games
671	30.05.1987	Cheonan KOR		Universiade represent	1-1	D	Warm up Match
672	08.06.1987	Seoul KOR	12:00	Hungary Club Selected	1-0	W	XVI. President's Cup
673	10.06.1987	Masan KOR	17:10	Egypt	0-0	D	XVI. President's Cup [match suspended]
674	12.06.1987	Seoul KOR	19:40	U.S.A	1-0	W	XVI. President's Cup
675	14.06.1987	Daejeon KOR	17:10	Thailand	4-2	W	XVI. President's Cup
676	16.06.1987	Cheongju KOR	17:10	Espanyol (Argentina)	3-0	W	XVI. President's Cup
677	19.06.1987	Seoul KOR		Korea Farm Team	3-1	W	XVI. President's Cup
678	21.06.1987	Seoul KOR	16:00	Australia	1-1	D	XVI. President's Cup [PK 5-4]
679	10.12.1987	Kuala Lumpur MAS		Velez Mostar (Yugoslavia)	2-1	W	XXXI. Merdeka Cup
680	12.12.1987	Kuala Lumpur MAS		Dnepr (Soviet)	2-1	W	XXXI. Merdeka Cup
681	14.12.1987	Kuala Lumpur MAS		Újpest (Hungary)	2-0	W	XXXI. Merdeka Cup
682	17.12.1987	Kuala Lumpur MAS		Malaysia	1-0	W	XXXI. Merdeka Cup
683	19.12.1987	Kuala Lumpur MAS		Czechoslovakia	2-3	L	XXXI. Merdeka Cup
684	06.01.1988	Doha QAT	17:00	Egypt	1-1	D	III. Afro-Asian Cup[PK 3-4]
685	06.06.1988	Seoul KOR		University Selected	1-1	D	Warm up Match
686	16.06.1988	Seoul KOR	19:00	U-21 (Italy)	5-1	W	XVII. President's Cup
687	17.06.1988	Indonesia IND		Bahrain	0-2	L	IX. Asian CupQ

No.	Date.	Venue	Time	Opponent	Score	Result	Competition
688	19.06.1988	Suwon KOR	17:50	Zambia	4-0	W	XVII. President's Cup
689	19.06.1988	Jakarta IND		South Yemen	1-1	D	IX. Asian CupQ
690	21.06.1988	Seoul KOR	19:00	Atlas (Mexico)	1-2	L	XVII. President's Cup
691	22.06.1988	Indonesia IND		Indonesia	4-0	W	IX. Asian CupQ
692	24.06.1988	Seoul KOR	19:00	Velez Mostar (Yugoslavia)	1-0	W	XVII. President's Cup
693	26.06.1988	Seoul KOR	18:00	Czechoslovakia	0-0	D	XVII. President's Cup [PK 3-4]
694	28.06.1988	Seoul KOR	19:00	Iwuanyanwu (Nigeria)	3-2	W	XVII. President's Cup
695	23.07.1988	Seoul KOR	18:00	Penarol (Uruguay)	1-1	D	Friendly Match
696	28.07.1988	Busan KOR	19:00	Penarol (Uruguay)	2-0	W	Friendly Match
697	09.08.1988	Jeonju KOR	19:00	Racing de Cordoba (Argentina)	2-2	D	Friendly Match
698	11.08.1988	Gwangju KOR	19:00	Racing de Cordoba (Argentina)	2-2	D	Friendly Match
699	13.08.1988	Daejeon KOR	18:00	Racing de Cordoba (Argentina)	0-0	D	Friendly Match
700	09.09.1987	Seoul KOR	15:30	Iraq	2-1	W	Friendly Match
701	18.09.1988	Busan KOR	17:00	Soviet Union	0-0	D	XXIV. Olympic Games
702	20.09.1988	Busan KOR	17:00	U.S.A	0-0	D	XXIV. Olympic Games
703	22.09.1988	Busan KOR	17:00	Argentina	1-2	L	XXIV. Olympic Games
704	26.10.1988	Tokyo JPN	19:00	Japan	1-0	W	XIII. Korea-Japan Annual Match
705	03.12.1988	Doha QAT	15:00	U.A.E	1-0	W	IX. Asian Cup
706	06.12.1988	Doha QAT	15:00	Japan	2-0	W	IX. Asian Cup
707	09.12.1988	Doha QAT	17:00	Qatar	3-2	W	IX. Asian Cup
708	11.12.1988	Doha QAT	17:00	Iran	3-0	W	IX. Asian Cup
709	14.12.1988	Doha QAT	16:00	China	2-1	W	IX. Asian Cup
710	18.12.1988	Doha QAT	16:00	Saudi Arabia	0-0	D	IX. Asian Cup [PK3-4]
711	05.05.1989	Seoul KOR	15:00	Japan	1-0	W	XIV. Korea-Japan Annual Match
712	23.05.1989	Seoul KOR	19:00	Singapore	3-0	W	XIV. World CupQ
713	25.05.1989	Seoul KOR	19:00	Nepal	9-0	W	XIV. World CupQ
714	27.05.1989	Seoul KOR	18:00	Malaysia	3-0	W	XIV. World CupQ
715	03.06.1989	Singapore SIN	19:30	Nepal	4-0	W	XIV. World CupQ
716	05.06.1989	Singapore SIN	17:00	Malaysia	3-0	W	XIV. World CupQ
717	07.06.1989	Singapore SIN	17:00	Singapore	3-0	W	XIV. World CupQ
718	17.06.1989	Seoul KOR		U-21 (U.S.A)	1-1	D	XVIII. President's Cup
719	19.06.1989	Daejeon KOR		Benfica (Portugal)	2-0	W	XVIII. President's Cup
720	21.06.1989	Gwangju KOR		U-21 (Hungary)	3-0	W	XVIII. President's Cup
721	24.06.1989	Busan KOR		Broendby (Denmark)	0-2	L	XVIII. President's Cup
722	26.06.1989	Seoul KOR	19:50	Czechoslovakia	0-0	D	XVIII. President's Cup
723	04.08.1989	Harkov SOV		Metalist (Soviet Union)	1-0	W	Friendly Match

No.	Date.	Venue	Time	Opponent	Score	Result	Competition
724	07.08.1989	Moscow SOV		Spartacus (Soviet Union)	2-2	D	Friendly Match
725	10.08.1989	Los Angeles USA	20:00	Mexico	2-4	L	Marlboro Cup
726	13.08.1989	Los Angeles USA	15:00	U.S.A	2-1	W	Marlboro Cup
727	16.09.1989	Seoul KOR	15:00	Egypt	0-1	L	XI. Presilent's Cup
728	13.10.1989	Singapore SIN	18:00	Qatar	0-0	D	XIV. World CupQ
729	16.10.1989	Singapore SIN	19:00	North Korea	1-0	W	XIV. World CupQ
730	20.10.1989	Singapore SIN	17:00	China PR	1-0	W	XIV. World CupQ
731	25.10.1989	Singapore SIN	18:00	Saudi Arabia	2-0	W	XIV. World CupQ
732	28.10.1989	Singapore SIN	17:00	U.A.E	1-1	D	XIV. World CupQ
733	04.02.1990	Valletta MLT	15:00	Norway	2-3	L	III. Rothmans Tournament
734	10.02.1990	Valletta MLT	15:00	Malta	2-1	W	III. Rothmans Tournament
735	15.02.1990	Baghdad IRQ	15:00	Iraq	0-0	D	Friendly Match
736	18.02.1990	Cairo EGY	14:30	Egypt	0-0	D	Friendly Match
737	22.02.1990	Sevilla	16:00	Real Bettis(Spain)	1-1	D	Friendly Match
738	08.03.1990	Suwon KOR	19:00	Malmo(Sweden)	1-0	W	Friendly Match
739	11.03.1990	Jeju KOR	19:00	Malmo(Sweden)	1-0	W	Friendly Match
740	02.05.1990	Anyang KOR	19:00	Guarani(Paraguay)	1-1	D	Friendly Match
741	05.05.1990	Seoul KOR	15:00	Guarani(Paraguay)	1-2	L	Friendly Match
742	09.05.1990	Singapore SIN	20:00	Arsenal(England)	1-2	L	Kaltex Cup
743	17.05.1990	Suwon KOR	19:00	Spartacus(The Soviet Union)	0-1	L	Friendly Match
744	20.05.1989	Jeonju KOR	15:00	Spartacus(The Soviet Union)	1-3	L	Friendly Match
745	27.05.1990	Gangreoung KOR	15:00	Dortmund(Germany)	1-1	D	Friendly Match
746	30.05.1990	Daegu KOR	19:00	Dortmund(Germany)	3-1	W	Friendly Match
747	12.06.1990	Verona ITA	17:00	Belgium	0-2	L	XIV. World Cup
748	17.06.1990	Udine ITA	21:00	Spain	1-3	L	XIV. World Cup
749	21.06.1990	Udine ITA	17:00	Uruguay	0-1	L	XIV. World Cup
750	27.07.1990	Beijing CHN	19:00	Japan	2-0	W	I. Dynasty Cup
751	29.07.1990	Beijing CHN	19:00	North Korea	1-0	W	I. Dynasty Cup
752	31.07.1990	Beijing CHN	21:00	China	1-0	W	I. Dynasty Cup
753	03.08.1990	Beijing CHN	19:00	China	1-1	D	I. Dynasty Cup [PK 5-4]
754	06.09.1990	Seoul KOR	18:30	Australia	1-0	W	Friendly Match
755	09.09.1990	Seoul KOR	16:10	Australia	1-0	W	Friendly Match
756	23.09.1990	Beijing CHN	18:00	Singapore	7-0	W	XI. Asian Games
757	25.09.1990	Beijing CHN	20:00	Pakistan	7-0	W	XI. Asian Games
758	27.09.1990	Beijing CHN	20:00	China	2-0	W	XI. Asian Games
759	01.10.1990	Beijing CHN	18:00	Kuwait	1-0	W	XI. Asian Games
760	03.10.1990	Beijing CHN	19:45	Iran	0-1	L	XI. Asian Games
761	05.10.1990	Beijing CHN	19:45	Thailand	1-0	W	XI. Asian Games
762	11.10.1990	Pyongyang PRK	15:22	North Korea	1-2	L	Reunification Match

No.	Date.	Venue	Time	Opponent	Score	Result	Competition
763	23.10.1990	Seoul KOR	15:00	North Korea	1-0	W	Reunification Match
764	07.06.1991	Seoul KOR	18:30	Egypt	0-0	D	XIX. President's Cup
765	09.06.1991	Daejun KOR	15:50	Indonesia	3-0	W	XIX. President's Cup
766	11.06.1991	Gwangju KOR	17:00	Malta	1-1	D	XIX. President's Cup
767	14.06.1991	Seoul KOR	17:00	Australia	0-0	W	XIX. President's Cup [PK 4-3]
768	16.06.1991	Seoul KOR	15:00	Egypt	2-0	W	XIX. President's Cup
769	27.07.1991	Nagasaki JPN	16:00	Japan	1-0	W	XV. Korea-Japan Annual Match
770	19.06.1992	Bangkok THA		Bangladesh	6-0	W	92' Asian Cup
771	21.06.1992	Bangkok THA		Thailand	1-2	L	92' Asian Cup
772	22.08.1992	Beijing CHN	18:30	Japan	0-0	D	II. Dynasty Cup
773	24.08.1992	Beijing CHN	20:30	North Korea	1-1	D	II. Dynasty Cup
774	26.08.1992	Beijing CHN	20:30	China	2-0	W	II. Dynasty Cup
775	29.08.1992	Beijing CHN	20:30	Japan	2-2	L	II. Dynasty Cup [PK 2-4]
776	21.10.1992	Anyang KOR	15:00	U.A.E	0-0	D	Friendly Match
777	24.10.1992	Seoul KOR	13:00	U.A.E	1-1	D	Friendly Match
778	09.03.1993	Coquitlam CAN		Canada	2-0	W	Friendly Match
779	11.03.1993	Victoria CAN		Canada	0-2	L	Friendly Match
780	25.04.1993	Changwon KOR	14:00	Iraq	1-1	D	Friendly Match
781	28.04.1993	Ulsan KOR	19:00	Iraq	2-2	D	Friendly Match
782	09.05.1993	Beirut LEB	15:00	Bahrain	0-0	D	XV. World CupQ
783	11.05.1993	Beirut LEB	17:15	Lebanon	1-0	W	XV. World CupQ
784	13.05.1993	Beirut LEB	14:00	India	3-0	W	XV. World CupQ
785	15.05.1993	Beirut LEB	17:15	Hong Kong	3-0	W	XV. World CupQ
786	05.06.1993	Seoul KOR	16:00	Hong Kong	4-1	W	XV. World CupQ
787	07.06.1993	Seoul KOR	19:00	Lebanon	2-0	W	XV. World CupQ
788	09.06.1993	Seoul KOR	17:00	India	7-0	W	XV. World CupQ
789	13.06.1993	Seoul KOR	16:00	Bahrain	3-0	W	XV. World CupQ
790	19.06.1993	Seoul KOR	16:30	Egypt	1-2	L	XX. President's Cup
791	21.06.1993	Suncheon KOR	19:00	Atlante(Mexico)	4-0	W	XX. President's Cup
792	23.06.1993	Changwon KOR	19:00	China	3-0	W	XX. President's Cup
793	26.06.1993	Busan KOR	16:30	Czech club seloction	1-0	W	XX. President's Cup
794	28.06.1993	Seoul KOR	19:00	Egypt	0-1	L	XX. President's Cup
795	26.08.1993	Seoul KOR	19:00	Belles Sassapield(Argentina)	0-0	D	Friendly Match
796	29.08.1993	Seoul KOR	15:00	Belles Sassapield(Argentina)	1-1	D	Friendly Match
797	17.09.1993	Seoul KOR	19:00	Forgan Schegin(Poland)	1-1	D	Friendly Match
798	19.09.1993	Seoul KOR	15:00	Forgan Schegin(Poland)	1-0	W	Friendly Match
799	24.09.1993	Seoul KOR	18:40	Australia	1-1	D	Friendly Match
800	26.09.1993	Seoul KOR	15:00	Australia	1-0	W	Friendly Match

No.	Date.	Venue	Time	Opponent	Score	Result	Competition
801	16.10.1993	Doha QAT	17:00	Iran	3-0	W	XV. World Cup Final Round
802	19.10.1993	Doha QAT	17:00	Iraq	2-2	D	XV. World Cup Final Round
803	22.10.1993	Doha QAT	18:15	Saudi Arabia	1-1	D	XV. World Cup Final Round
804	25.10.1993	Doha QAT	16:00	Japan	0-1	L	XV. World Cup Final Round
805	28.10.1993	Doha QAT	16:15	North Korea	3-0	W	XV. World Cup Final Round
806	16.02.1994	Changwon KOR	15:00	Romania	1-2	L	Friendly Match
807	26.02.1994	Los Angeles USA	19:00	Colombia	2-2	D	Friendly Match
808	05.03.1994	Los Angeles USA	15:15	U.S.A	0-1	L	Friendly Match
809	12.03.1994	Fullerton USA	19:00	U.S.A	1-1	D	Friendly Match
810	01.05.1994	Seoul KOR	14:30	Cameroon	2-2	D	Friendly Match
811	03.05.1994	Changwon KOR	19:00	Cameroon	2-1	W	Friendly Match
812	12.05.1994	Seoul KOR	19:00	Internassional(Brazil)	2-2	D	Friendly Match
813	14.05.1994	Seoul KOR	15:00	Internassional(Brazil)	0-1	L	Friendly Match
814	18.05.1994	Busan KOR	19:00	Leverkusen(Germany)	3-1	W	Friendly Match
815	18.05.1994	Seoul KOR	15:00	Leverkusen(Germany)	2-0	W	Friendly Match
816	05.06.1994	Wakefield USA	19:15	Ecuador	1-2	L	Friendly Match
817	11.06.1994	Dallas USA	18:00	Honduras	3-0	W	Friendly Match
818	17.06.1994	Dallas USA	19:30	Spain	2-2	D	XV. World Cup
819	23.06.1994	Boston USA	19:30	Bolivia	0-0	D	XV. World Cup
820	27.06.1994	Dallas USA	16:00	Germany	2-3	L	XV. World Cup
821	11.09.1994	Gangreoung KOR	17:00	Ukraina	1-0	W	Friendly Match
822	13.09.1994	Seoul KOR	19:00	Ukraina	2-0	W	Friendly Match
823	17.09.1994	Seoul KOR	14:00	Saudi Arabia	4-0	W	Friendly Match
824	19.09.1994	Seoul KOR	15:00	U.A.E	0-0	D	Friendly Match
825	22.09.1994	Seoul KOR	19:00	Vasco da Gama(Brazil)	2-1	W	Friendly Match
826	25.09.1994	Ulsan KOR	15:00	Vasco da Gama(Brazil)	4-4	D	Friendly Match
827	01.10.1994	Onomichi JPN	19:00	Nepal	11-0	W	Asian Games
828	05.10.1994	Hiroshima JPN	19:00	Oman	2-1	W	Asian Games
829	07.10.1994	Miyoshi JPN	19:00	Kuwait	0-1	L	Asian Games
830	11.10.1994	Hiroshima JPN	19:00	Japan	3-2	W	Asian Games
831	13.10.1994	Hiroshima JPN	19:00	Uzbekistan	0-1	L	Asian Games
832	15.10.1994	Hiroshima JPN	19:00	Kuwait	1-2	L	Asian Games
833	31.01.1995	Hong Kong HKG	14:00	Colombia	1-0	W	Carlsberg Cup
834	04.02.1995	Hong Kong HKG	16:00	Yugoslavia	0-1	L	Carlsberg Cup
835	19.02.1995	Hong Kong HKG	17:00	China	0-0	D	Marlboro Dynasty Cup
836	21.02.1995	Hong Kong HKG	18:00	Japan	1-1	D	Marlboro Dynasty Cup
837	23.02.1995	Hong Kong HKG	20:00	Hong Kong	3-2	W	Marlboro Dynasty Cup

No.	Date.	Venue	Time	Opponent	Score	Result	Competition
838	26.02.1995	Hong Kong HKG	15:15	Japan	2-2	L	Marlboro Dynasty Cup [PK 3-5]
839	03.06.1995	Seoul KOR	15:00	Rio Selected(Brazil)	2-0	W	Korea Cup 1995
840	05.06.1995	Suwon KOR	19:00	Costa Rica	1-0	W	Korea Cup 1995
841	07.06.1995	Seoul KOR	19:00	Kilmanock(Scotland)	5-1	W	Korea Cup 1995
842	10.06.1995	Seoul KOR	15:00	Zambia	2-3	L	Korea Cup 1995
843	12.08.1995	Suwon KOR	19:00	Brazil	0-1	L	NIKE World Tour
844	30.09.1995	Seoul KOR	19:00	Boca Juniors(Argentina)	1-2	L	Friendly Match
845	31.10.1995	Seoul KOR	19:00	Saudi Arabia	1-1	D	Friendly Match
846	13.03.1996	Zagreb CRO	16:00	Croatia	0-3	L	Friendly Match
847	19.03.1996	Dubai UAE	19:30	U.A.E	2-3	L	Emarate Cup
848	23.03.1996	Dubai UAE	19:30	Morocco	2-2	D	Emarate Cup
849	25.03.1996	Dubai UAE	19:30	Egypt	1-1	D	Emarate Cup
850	21.04.1996	Seoul KOR		Olympic	2-1		Friendly Match
851	30.04.1996	Jaffa ISR	17:00	Israel	5-4	W	Friendly Match
852	16.05.1996	Seoul KOR	20:00	Sweden	0-2	L	Friendly Match
853	24.05.1996	Seoul KOR		AC Milan	3-2		Friendly Match
854	27.05.1996	Seoul KOR		Juventus	4-0		Friendly Match
855	01.06.1996	Suwon KOR		Stuttgart	3-4		Friendly Match
856	05.08.1996	Ho Chi Minh VNM	17:00	Guam	9-0	W	AFC Asian Cup
857	08.08.1996	Ho Chi Minh VNM	17:00	Taiwan	4-0	W	AFC Asian Cup
858	11.08.1996	Ho Chi Minh VNM	17:00	Vietnam	4-0	W	AFC Asian Cup
859	25.09.1996	Seoul KOR	18:30	China	3-1	W	Annual Match
860	23.11.1996	Suwon KOR	15:00	Colombia	4-1	W	Friendly Match
861	26.11.1996	Guangzou CHN	20:00	china	3-2	W	Annual Match
862	04.12.1996	Abu Dhabi UAE	17:00	U.A.E	1-1	D	1996 AFC Asian Cup
863	07.12.1996	Abu Dhabi UAE	19:00	Indonesia	4-2	W	1996 AFC Asian Cup
864	10.12.1996	Abu Dhabi UAE	19:00	Kuwait	0-2	L	1996 AFC Asian Cup
865	16.12.1996	Dubai UAE	16:45	Iran	2-6	L	1996 AFC Asian Cup
866	18.01.1997	Melbourne AUS	17:15	Norway	1-0	W	Opus Tournament, Group Stage
867	22.01.1997	Brisbane AUS	20:30	Australia	1-2	L	Opus Tournament, Group Stage
868	25.01.1997	Sydney AUS	17:15	New Zealand	3-1	W	Opus Tournament, Group Stage
869	22.02.1997	Hong Kong HKG	15:30	Hong Kong	2-0	W	FIFA World Cup France 1998
870	02.03.1997	Bangkok THA	16:00	Thailand	3-1	W	FIFA World Cup France 1998
871	23.04.1997	Beijing CHN	19:45	China	2-0	W	Warmup Match
872	21.05.1997	Tokyo JPN	19:00	Japan	1-1	D	Friendly Match
873	28.05.1997	Daejun KOR	19:00	Hong Kong	4-0	W	FIFA World Cup France 1998

No.	Date.	Venue	Time	Opponent	Score	Result	Competition
874	01.06.1997	Seoul KOR	15:00	Thailand	0-0	D	FIFA World Cup France 1998
875	12.06.1997	Seoul KOR	19:00	Egypt	3-1	W	Korea Cup 1997
876	14.06.1997	Suwon KOR	17:00	Ghana	3-0	W	Korea Cup 1997
877	16.06.1997	Seoul KOR	19:00	Yugoslavia	1-1	D	Korea Cup 1997
878	10.08.1997	Seoul KOR	19:00	Brazil	1-2	L	Friendly Match
879	24.08.1997	Daegu KOR	19:00	Tajikistan	4-1	W	Friendly Match
880	30.08.1997	Seoul KOR	19:00	China	0-0	D	Korea-China Annual Match
881	06.09.1997	Seoul KOR	19:00	Kazakhstan	3-0	W	FIFA World Cup France 1998
882	12.09.1997	Seoul KOR	19:00	Uzbekistan	2-1	W	FIFA World Cup France 1998
883	28.09.1997	Tokyo JPN	14:00	Japan	2-1	W	FIFA World Cup France 1998
884	04.10.1997	Seoul KOR	19:00	U.A.E	3-0	W	FIFA World Cup France 1998
885	11.10.1997	Almaty KAZ	16:00	Kazakhstan	1-1	D	FIFA World Cup France 1998
886	18.10.1997	Tashkent UZB	17:00	Uzbekistan	5-1	W	FIFA World Cup France 1998
887	01.11.1997	Seoul KOR	15:00	Japan	0-2	L	FIFA World Cup France 1998
888	09.11.1997	Abu Dhabi UAE	16:55	U.A.E	3-1	W	FIFA World Cup France 1998
889	25.01.1998	Bangkok THA	19:00	Denmark Selected	1-2	L	Thailand King's Cup 1998
890	27.01.1998	Bangkok THA	20:15	Egypt	2-0	W	Thailand King's Cup 1998
891	29.01.1998	Bangkok THA	18:00	Thailand	2-0	W	Thailand King's Cup 1998
892	31.01.1998	Bangkok THA	17:30	Egypt	1-1	D	Thailand King's Cup 1998 [PK 5-4]
893	07.02.1998	Auckland NZL	20:00	New Zealand	1-0	W	Friendly Match
894	11.02.1998	Sydney AUS	19:30	Australia	0-1	L	Friendly Match
895	13.02.1998	Sydney Illa	19:15	FC Wollongong City(Australia)	1-2	L	Friendly Match
896	15.02.1998	Sydney AUS	16:00	Sydney United(Australia)	1-0	W	Friendly Match
897	17.02.1998	Sydney AUS	19:30	FC Maconi(Australia)	3-1	W	Friendly Match
898	01.03.1998	Yokohama JPN	14:00	Japan	1-2	L	Marlboro Dynasty Cup 1998
899	04.03.1998	Yokohama JPN	16:15	China	2-1	W	Marlboro Dynasty Cup 1998
900	07.03.1998	Tokyo JPN	16:15	Hong Kong Selected	1-0	W	Marlboro Dynasty Cup 1998
901	01.04.1998	Seoul KOR	19:00	Japan	2-1	W	Friendly Match

No.	Date.	Venue	Time	Opponent	Score	Result	Competition
902	06.04.1998	Saint-Denis FRA	19:00	Sanint Denis (France)	1-2	L	Friendly Match
903	11.04.1998	Metz FRA	14:30	FC Metz (France)	2-1	W	Friendly Match
904	15.04.1998	Bratislava SVK	18:00	Slovakia	0-0	D	Friendly Match
905	18.04.1998	Skopje MCD	18:00	Macedonia	2-2	D	Friendly Match
906	22.04.1998	Beograd YUG	19:00	Yugoslavia	1-3	L	Friendly Match
907	16.05.1998	Seoul KOR	19:00	Jamaica	2-1	W	Friendly Match
908	19.05.1998	Seoul KOR	19:00	Jamaica	0-0	D	Friendly Match
909	27.05.1998	Seoul KOR	19:00	Czech	2-2	D	Friendly Match
910	04.06.1998	Seoul KOR	19:00	China	1-1	D	Korea-China Annual Match
911	13.06.1998	Lyon FRA	17:30	Mexico	1-3	L	FIFA World Cup France 1998
912	20.06.1998	Marseilles FRA	21:00	Netherlands	0-5	L	FIFA World Cup France 1998
913	25.06.1998	Paris FRA	16:00	Belgium	1-1	D	FIFA World Cup France 1998
914	22.11.1998	Shanghai CHN	15:55	China	0-0	D	Korea-China Annual Match
915	02.12.1998	Nakhonsawan THA	15:30	Turkmenistan	2-3	L	Asian Games Bangkok 1998
916	04.12.1998	Nakhonsawan THA	15:30	Vietnam	4-0	W	Asian Games Bangkok 1998
917	07.12.1998	Bangkok THA	15:00	Japan	2-0	W	Asian Games Bangkok 1998
918	09.12.1998	Bangkok THA	15:00	U.A.E	2-1	W	Asian Games Bangkok 1998
919	11.12.1998	Bangkok THA	17:00	Kuwait	1-0	W	Asian Games Bangkok 1998
920	14.12.1998	Bangkok THA	14:00	Thailand	1-2	L	Asian Games Bangkok 1998
921	28.03.1999	Seoul KOR	19:00	Brazil	1-0	W	Friendly Match
922	05.06.1999	Seoul KOR	20:00	Belgium	1-2	L	Friendly Match
923	12.06.1999	Seoul KOR	19:00	Mexico	1-1	D	Korea Cup 1999
924	15.06.1999	Seoul KOR	19:00	Egypt	0-0	D	Korea Cup 1999
925	19.06.1999	Seoul KOR	19:00	Croatia	1-1	D	Korea Cup 1999
926	21.01.2000	Auckland NZL	20:00	New Zealand	1-0	W	Friendly match
927	23.01.2000	Palmerstone NZL	18:00	New Zealand	0-0	D	Friendly match
928	15.02.2000	Los Angeles USA	19:00	Canada	0-0	D	CONCACAF Gold Cup 2000
929	17.02.2000	Los Angeles USA	21:00	Costa Rica	2-2	D	CONCACAF Gold Cup 2000
930	05.04.2000	Seoul KOR	17:00	Laos	9-0	W	Asian Cup Lebanon 2000
931	07.04.2000	Seoul KOR	18:30	Mongolia	6-0	W	Asian Cup Lebanon 2000
932	09.04.2000	Seoul KOR	17:00	Myanmar	4-0	W	Asian Cup Lebanon 2000
933	26.04.2000	Seoul KOR	19:00	Japan	1-0	W	Friendly match

No.	Date.	Venue	Time	Opponent	Score	Result	Competition
934	28.05.2000	Seoul KOR	19:00	Yugoslavia	0-0	D	Friendly match
935	30.05.2000	Sungnam KOR	19:00	Yugoslavia	0-0	D	Friendly match
936	07.06.2000	Teheran IRN	17:30	Macedonia	2-1	W	LG Cup
937	09.06.2000	Teheran IRN	19:45	Egypt	1-0	W	LG Cup
938	28.07.2000	Beijing CHN	18:45	China	1-0	W	Korea-China Annual Match
939	04.10.2000	Dubai UAE	17:20	U.A.E	1-1	L	LG Cup [PK 2-3]
940	07.10.2000	Dubai UAE	17:20	Australia	4-2	W	LG Cup
941	13.10.2000	Tripoli LEB	17:05	China	2-2	D	Asian Cup Lebanon 2000
942	16.10.2000	Tripoli LEB	19:45	Kuwait	0-1	L	Asian Cup Lebanon 2000
943	19.10.2000	Beiruit LEB	19:35	Indonesia	3-0	W	Asian Cup Lebanon 2000
944	23.10.2000	Tripoli LEB	16:45	Iran	2-1	W	Asian Cup Lebanon 2000
945	26.10.2000	Beiruit LEB	16:45	Saudi Arabia	1-2	L	Asian Cup Lebanon 2000
946	29.10.2000	Beiruit LEB	16:05	China	1-0	W	Asian Cup Lebanon 2000
947	20.12.2000	Tokyo JPN	19:00	Japan	1-1	D	Friendly match
948	24.01.2001	Hong kong HKG	15:30	Norway	2-3	L	Friendly match
949	27.01.2001	Hong kong HKG	14:45	Paraguay	1-1	D	Friendly match [PK 6-5]
950	08.02.2001	Dubai UAE	18:30	Morocco	1-1	D	Friendly match
951	11.02.2001	Dubai UAE	18:30	U.A.E	4-1	W	Friendly match
952	14.02.2001	Dubai UAE	18:30	Denmark	0-2	L	Friendly match
953	24.04.2001	Cairo EGY	18:00	Iran	1-0	W	Friendly match
954	26.04.2001	Cairo EGY	20:30	Egypt	2-1	W	Friendly match
955	26.05.2001	Suwon KOR	19:00	Cameroon	0-0	D	Friendly match
956	30.05.2001	Daegu KOR	17:00	France	0-5	L	2001 FIFA Confederations Cup
957	01.06.2001	Ulsan KOR	19:30	Mexico	2-1	W	2002 FIFA Confederations Cup
958	03.06.2001	Suwon KOR	19:30	Australia	1-0	W	2003 FIFA Confederations Cup
959	15.08.2001	Brno CZE	16:40	Czech Republic	0-5	L	Friendly match
960	13.09.2001	Daejun KOR	19:00	Nigeria	2-2	D	Friendly match
961	16.09.2001	Busan KOR	19:00	Nigeria	2-1	W	Friendly match
962	08.11.2001	Jeonju KOR	19:00	Senegal	0-1	L	Friendly match
963	10.11.2001	Seoul KOR	19:00	Croatia	2-0	W	Friendly match
964	13.11.2001	Gwangju KOR	19:00	Croatia	1-1	D	Friendly match
965	09.12.2001	Seoguipo KOR	17:00	U.S.A	1-0	W	Friendly match
966	19.01.2002	Los Angeles USA	15:00	U.S.A	1-2	L	Gold Cup 2002
967	23.01.2002	Los Angeles USA	21:00	Cuba	0-0	D	Gold Cup 2002
968	27.01.2002	Los Angeles USA	12:00	Mexico	0-0	D	Gold Cup 2002 [PK 4-2]
969	30.01.2002	Los Angeles USA	18:00	Costa Rica	1-3	L	Gold Cup 2002
970	02.02.2002	Los Angeles USA	10:00	Canada	1-2	L	Gold Cup 2002
971	13.02.2002	Montevideo URG	21:00	Uruguay	1-2	L	Friendly match

No.	Date.	Venue	Time	Opponent	Score	Result	Competition
972	13.03.2002	Tunis TUN	15:00	Tunisia	0-0	D	Friendly match
973	20.03.2002	Cartagena SPA	15:00	Finland	2-0	W	Friendly match
974	26.03.2002	Bochum GER	18:00	Turkey	0-0	D	Friendly match
975	20.04.2002	Daegu KOR	19:00	Costa Rica	2-0	W	Friendly match
976	27.04.2002	Incheon KOR	19:00	China	0-0	D	Friendly match
977	16.05.2002	Busan KOR	20:30	Scotland	4-1	W	Friendly match
978	21.05.2002	Seoguipo KOR	19:00	England	1-1	D	Friendly match
979	26.05.2002	Suwon KOR	18:00	France	2-3	L	Friendly match
980	04.06.2002	Busan KOR	20:30	Poland	2-0	W	2002 FIFA World Cup
981	10.06.2002	Daegu KOR	15:30	U.S.A	1-1	D	2003 FIFA World Cup
982	14.06.2002	Incheon KOR	20:30	Portugal	1-0	W	2004 FIFA World Cup
983	18.06.2002	Daejun KOR	20:30	Italy	2-1	W	2005 FIFA World Cup
984	22.06.2002	Gwangju KOR	15:30	Spain	0-0	D	2006 FIFA World Cup [PK 5-3]
985	25.06.2002	Seoul KOR	20:00	Germany	0-1	L	2007 FIFA World Cup
986	29.06.2002	Daegu KOR	20:00	Turkey	2-3	L	2008 FIFA World Cup
987	07.09.2002	Seoul KOR	19:00	North Korea	0-0	D	Reunification Match 2002
988	20.11.2002	Seoul KOR	19:00	Brazil	2-3	L	Friendly match
989	29.03.2003	Busan KOR	19:00	Colombia	0-0	D	Friendly match
990	16.04.2003	Seoul KOR	19:00	Japan	0-1	L	Friendly match
991	31.05.2003	Tokyo JPN	19:15	Japan	1-0	W	Friendly match
992	08.06.2003	Seoul KOR	19:00	Uruguay	0-2	L	Friendly match
993	11.06.2003	Seoul KOR	19:00	Argentina	0-1	L	Friendly match
994	25.09.2003	Incheon KOR	18:30	Vietnam	5-0	W	AFC Asian Cup 2004 Qualifiers
995	27.09.2003	Incheon KOR	17:00	Oman	1-0	W	AFC Asian Cup 2004 Qualifiers
996	29.09.2003	Incheon KOR	18:30	Nepal	16-0	W	AFC Asian Cup 2004 Qualifiers
997	19.10.2003	Muscat OMN	21:15	Vietnam	0-1	L	AFC Asian Cup 2004 Qualifiers
998	21.10.2003	Muscat OMN	22:15	Oman	1-3	L	AFC Asian Cup 2004 Qualifiers
999	24.10.2003	Muscat OMN	22:15	Nepal	7-0	W	AFC Asian Cup 2004 Qualifiers
1000	18.11.2003	Seoul KOR	19:00	Bulgaria	0-1	L	Friendly match
1001	04.12.2003	Tokyo JPN	16:30	Hong Kong	3-1	W	EAFF East Asian Cup 2003
1002	07.12.2003	Saitama JPN	16:30	China	1-0	W	EAFF East Asian Cup 2004
1003	10.12.2003	Yokohama JPN	19:15	Japan	0-0	D	EAFF East Asian Cup 2005
1004	14.02.2004	Ulsan KOR	19:00	Oman	5-0	W	Friendly match

No.	Date.	Venue	Time	Opponent	Score	Result	Competition
1005	18.02.2004	Suwon KOR	19:00	Lebanon	2-0	W	2006 FIFA World Cup Qualifiers
1006	31.03.2004	Male MDV	16:00	Maldives	0-0	D	2006 FIFA World Cup Qualifiers
1007	28.04.2004	Incheon KOR	19:00	Paraguay	0-0	D	Friendly match
1008	02.06.2004	Seoul KOR	19:00	Turkey	0-1	L	Friendly match
1009	05.06.2004	Daegu KOR	20:00	Turkey	2-1	W	Friendly match
1010	09.06.2004	Daejun KOR	19:00	Vietnam	2-0	W	2006 FIFA World Cup Qualifiers
1011	10.07.2004	Gwangju KOR	19:00	Bahrain	2-0	W	Friendly match
1012	14.07.2004	Seoul KOR	19:00	Trinidad Tobago	1-1	D	Friendly match
1013	19.07.2004	Jinan CHN	18:30	Jordan	0-0	D	AFC Asian Cup 2004
1014	23.07.2004	Jinan CHN	21:00	U.A.E	2-0	W	AFC Asian Cup 2004
1015	27.07.2004	Jinan CHN	19:00	Kuwait	4-0	W	AFC Asian Cup 2004
1016	31.07.2004	Jinan CHN	21:00	Iran	3-4	L	AFC Asian Cup 2004
1017	08.09.2004	Ho Chi Minh VNM	17:00	Vietnam	2-1	W	2006 FIFA World Cup Qualifiers
1018	13.10.2004	Beirut LEB	18:00	Lebanon	1-1	D	2006 FIFA World Cup Qualifiers
1019	17.11.2004	Seoul KOR	20:00	Maldives	2-0	W	2006 FIFA World Cup Qualifiers
1020	19.12.2004	Busan KOR	19:00	Germany	3-0	W	Friendly match
1021	15.01.2005	Los Angeles USA	19:00	Colombia	1-2	L	Friendly match
1022	19.01.2005	Los Angeles USA	19:00	Paraguay	1-1	D	Friendly match
1023	22.01.2005	Carson USA	19:30	Sweden	1-1	D	Friendly match
1024	04.02.2005	Seoul KOR	19:00	Egypt	0-1	L	Friendly match
1025	09.02.2005	Seoul KOR	20:00	Kuwait	2-0	W	2006 FIFA World Cup Qualifiers
1026	20.03.2005	Dubai UAE	18:40	Burkina Faso	1-0	W	Friendly match
1027	25.03.2005	Damman KSA	18:40	Saudi Arabia	0-2	L	2006 FIFA World Cup Qualifiers
1028	30.03.2005	Seoul KOR	20:00	Uzbekistan	2-1	W	2006 FIFA World Cup Qualifiers
1029	03.06.2005	Tashkent UZB	18:00	Uzbekistan	1-1	D	2006 FIFA World Cup Qualifiers
1030	08.06.2005	Kuwait City KUW	20:45	Kuwait	4-0	W	2006 FIFA World Cup Qualifiers
1031	31.07.2005	Daejun KOR	17:00	China	1-1	D	EAFF East Asian Cup 2005
1032	04.08.2005	Jeonju KOR	20:00	North Korea	0-0	D	EAFF East Asian Cup 2005
1033	07.08.2005	Daegu KOR	20:00	Japan	0-1	L	EAFF East Asian Cup 2005
1034	14.08.2005	Seoul KOR	19:00	North Korea	3-0	W	Friendly match

No.	Date.	Venue	Time	Opponent	Score	Result	Competition
1035	17.08.2005	Seoul KOR	20:00	Saudi Arabia	0-1	L	2006 FIFA World Cup Qualifiers
1036	12.10.2005	Seoul KOR	20:00	Iran	2-0	W	Friendly match
1037	12.11.2005	Seoul KOR	20:00	Sweden	2-2	D	Friendly match
1038	16.11.2005	Seoul KOR	20:00	Serbia-Montenegro	2-0	W	Friendly match
1039	18.01.2006	Dubai, United Arab Emirates	17:30	United Arab Emirates	0-1	L	Friendly match
1040	21.01.2006	Riyadh, Saudi Arabia	16:40	Greece	1–1	D	Friendly match
1041	25.01.2006	Riyadh, Saudi Arabia	16:40	Finland	1–0	W	Friendly match
1042	29.01.2006	Hong Kong, China PR	15:00	Croatia	2–0	W	2006 Carlsberg Cup
1043	01.02.2006	Hong Kong, China PR	21:15	Denmark	1–3	L	2006 Carlsberg Cup
1044	08.02.2006	Los Angeles, United States	20:00	LA Galaxy	3-0	W	Friendly match
1045	11.02.2006	Oakland, United States	15:00	Costa Rica	0–1	L	Friendly match
1046	15.02.2006	Los Angeles, United States	19:30	Mexico	1–0	W	Friendly match
1047	22.02.2006	Aleppo, Syria	14:00	Syria	2–1	W	2007 Asian Cup Qualifiers
1048	01.03.2006	Seoul, South Korea	20:00	Angola	1–0	W	Friendly match
1049	23.05.2006	Seoul, South Korea	20:00	Senegal	1–1	D	Friendly match
1050	26.05.2006	Seoul, South Korea	20:00	Bosnia and Herzegovina	2–0	W	Friendly match
1051	01.06.2006	Oslo, Norway	19:00	Norway	0–0	D	Friendly match
1052	04.06.2006	Edinburgh, Scotland	15:00	Ghana	1–3	L	Friendly match
1053	13.06.2006	Frankfurt, Germany	15:00	Togo	2–1	W	2006 World Cup Group Match
1054	18.06.2006	Leipzig, Germany	21:00	France	1–1	D	2006 World Cup Group Match
1055	23.06.2006	Hanover, Germany	21:00	Switzerland	0–2	L	2006 World Cup Group Match
1056	16.08.2006	Taipei, Taiwan	18:00	Chinese Taipei	3–0	W	2007 Asian Cup Qualifiers
1057	02.09.2006	Seoul, South Korea	20:00	Iran	1–1	D	2007 Asian Cup Qualifiers
1058	06.09.2006	Suwon, South Korea	20:00	Chinese Taipei	8–0	W	2007 Asian Cup Qualifiers
1059	08.10.2006	Seoul, South Korea	20:00	Ghana	1–3	L	Friendly match
1060	11.10.2006	Seoul, South Korea	20:00	Syria	1–1	D	2007 Asian Cup Qualifiers
1061	15.11.2006	Teheran, Iran	15:30	Iran	0–2	L	2007 Asian Cup Qualifiers
1062	06.02.2007	London, England	20:00	Greece	1–0	W	Friendly match
1063	24.03.2007	Seoul, South Korea	20:00	Uruguay	0–2	L	Friendly match
1064	02.06.2007	Seoul, South Korea	20:00	Netherlands	0–2	L	Friendly match
1065	29.06.2007	Seogwipo, South Korea	20:00	Iraq	3–0	W	Friendly match

No.	Date.	Venue	Time	Opponent	Score	Result	Competition
1066	05.07.2007	Seoul, South Korea	20:00	Uzbekistan	2–1	W	Friendly match
1067	11.07.2007	Jakarta, Indonesia	19:35	Saudi Arabia	1–1	D	2007 Asian Cup Group Match
1068	15.07.2007	Jakarta, Indonesia	19:35	Bahrain	1–2	L	2007 Asian Cup Group Match
1069	18.07.2007	Jakarta, Indonesia	17:20	Indonesia	1–0	W	2007 Asian Cup Group Match
1070	22.07.2007	Kuala Lumpur, Malaysia	18:20	Iran	0–0 (AET, 4 PK 2)	W	2007 Asian Cup Quarterfinal Game
1071	25.07.2007	Kuala Lumpur, Malaysia	18:20	Iraq	0–0 (AET, 3 PK 4)	L	2007 Asian Cup Semifinal Game
1072	28.07.2007	Palembang, Indonesia	19:35	Japan	0–0 (AET, 6 PK 5)	W	2007 Asian Cup 3rd/4th
1073	30.01.2008	Seoul, South Korea	20:00	Chile	0–1	L	Friendly match
1074	06.02.2008	Seoul, South Korea	20:00	Turkmenistan	4–0	W	2010 World Cup Qualifiers
1075	17.02.2008	Chongqing, China PR	15:35	China PR	3–2	W	2008 East Asian Cup
1076	20.02.2008	Chongqing, China PR	20:45	North Korea	1–1	D	2008 East Asian Cup
1077	23.02.2008	Chongqing, China PR	18:15	Japan	1–1	D	2008 East Asian Cup
1078	26.03.2008	Shanghai, China PR*	19:00	North Korea	0–0	D	2010 World Cup Qualifier
1079	31.05.2008	Seoul, South Korea	20:00	Jordan	2–2	D	2010 World Cup Qualifier
1080	07.06.2008	Amman, Jordan	17:30	Jordan	1–0	W	2010 World Cup Qualifier
1081	14.06.2008	Ashkabad, Turkmenistan	19:00	Turkmenistan	3–1	W	2010 World Cup Qualifier
1082	22.06.2008	Seoul, South Korea	20:00	North Korea	0–0	D	2010 World Cup Qualifier
1083	05.09.2008	Seoul, South Korea	20:00	Jordan	1–0	W	Friendly match
1084	10.09.2008	Shanghai, China PR*	20:00	North Korea	1–1	D	2010 World Cup Qualifier
1085	11.10.2008	Suwon, South Korea	19:00	Uzbekistan	3-0	W	Friendly match
1086	15.10.2008	Seoul, South Korea	20:00	United Arab Emirates	4-1	W	2010 World Cup Qualifier
1087	14.11.2008	Doha, Qatar	19:00	Qatar	1-1	D	Friendly match
1088	19.11.2008	Riyadh, Saudi Arabia	19:35	Saudi Arabia	2-0	W	2010 World Cup Qualifier
1089	01.02.2009	Dubai, United Arab Emirates	18:00	Syria	1-1	D	Friendly match
1090	04.02.2009	Dubai, United Arab Emirates	18:25	Bahrain	2-2	D	Friendly match
1091	11.02.2009	Tehran, Iran	15:30	Iran	1-1	D	2010 World Cup Qualifier
1092	28.03.2009	Suwon, South Korea	19:00	Iraq	2-1	W	Friendly match
1093	01.04.2009	Seoul, South Korea	20:00	North Korea	1-0	W	2010 World Cup Qualifier
1094	02.06.2009	Dubai, United Arab Emirates	19:30	Oman	0-0	D	Friendly match[1]
1095	06.06.2009	Dubai, United Arab Emirates	20:15	United Arab Emirates	2-0	W	2010 World Cup Qualifier

No.	Date.	Venue	Time	Opponent	Score	Result	Competition
1096	10.06.2009	Seoul, South Korea	20:00	Saudi Arabia	0-0	D	2010 World Cup Qualifier
1097	17.06.2009	Seoul, South Korea	20:00	Iran	1-1	D	2010 World Cup Qualifier
1098	12.08.2009	Seoul, South Korea	20:00	Paraguay	1-0	W	Friendly match
1099	05.09.2009	Seoul, South Korea	20:00	Australia	3-1	W	Friendly match
1100	14.10.2009	Seoul, South Korea	20:00	Senegal	2-0	W	Friendly match
1101	14.11.2009	Esbjerg, Denmark	20:00	Denmark	0-0	D	Friendly match
1102	18.11.2009	London, England	14:30	Serbia	0-1	L	Friendly match
1103	09.01.2010	Johannesburg, South Africa	16:30	Zambia	2–4	L	Friendly match
1104	18.01.2010	Malaga, Spain	15:30	Finland	2–0	W	Friendly match
1105	22.01.2010	Malaga, Spain	15:10	Latvia	1–0	W	Friendly match
1106	07.02.2010	Tokyo, Japan	19:15	Hong Kong	5–0	W	2010 EAFF Championship
1107	10.02.2010	Tokyo, Japan	19:15	China PR	0–3	L	2010 EAFF Championship
1108	14.02.2010	Tokyo, Japan	19:15	Japan	3–1	W	2010 EAFF Championship
1109	03.03.2010	London, United Kingdom	14:30	Ivory Coast	2–0	W	Friendly match
1110	16.05.2010	Seoul, South Korea	19:00	Ecuador	2–0	W	Friendly match
1111	24.05.2010	Saitama, Japan	19:20	Japan	2–0	W	Friendly match
1112	30.05.2010	Kufstein, Austria	15:00	Belarus	0–1	L	Friendly match
1113	03.06.2010	Innsbruck, Austria	18:00	Spain	0–1	L	Friendly match
1114	12.06.2010	Port Elizabeth, South Africa	13:30	Greece	2–0	W	2010 FIFA World Cup
1115	17.06.2010	Johannesburg, South Africa	13:30	Argentina	1–4	L	2010 FIFA World Cup
1116	22.06.2010	Durban, South Africa	20:30	Nigeria	2–2	D	2010 FIFA World Cup
1117	26.06.2010	Port Elizabeth, South Africa	16:00	Uruguay	1–2	L	2010 FIFA World Cup
1118	11.08.2010	Suwon, South Korea	20:00	Nigeria	2–1	W	Friendly match
1119	07.09.2010	Seoul, South Korea	20:00	Iran	0–1	L	Friendly match
1120	12.10.2010	Seoul, South Korea	20:00	Japan	0–0	D	Friendly match
1121	30.12.2010	Abu Dhabi, United Arab Emirates	13:50	Syria	1–0	W	Friendly match
1122	10.01.2011	Doha, Qatar	19:15	Bahrain	2–1	W	2011 AFC Asian Cup
1123	14.01.2011	Doha, Qatar	16:15	Australia	1–1	D	2011 AFC Asian Cup
1124	18.01.2011	Doha, Qatar	16:15	India	4–1	W	2011 AFC Asian Cup
1125	22.01.2011	Doha, Qatar	19:25	Iran	1–0 (aet)	W	2011 AFC Asian Cup
1126	25.01.2011	Doha, Qatar	14:25	Japan	2–2 (0–3p)	L	2011 AFC Asian Cup
1127	28.01.2011	Doha, Qatar	18:00	Uzbekistan	3–2	W	2011 AFC Asian Cup
1128	09.02.2011	Trabzon, Turkey	20:00	Turkey	0–0	D	Friendly match
1129	25.03.2011	Seoul, South Korea	20:00	Honduras	4–0	W	Friendly match

No.	Date.	Venue	Time	Opponent	Score	Result	Competition
1130	03.06.2011	Seoul, South Korea	20:00	Serbia	2–1	W	Friendly match
1131	07.06.2011	Jeonju, South Korea	20:00	Ghana	2–1	W	Friendly match
1132	10.08.2011	Sapporo, Japan	19:30	Japan	0–3	L	Friendly match
1133	02.09.2011	Goyang, South Korea	20:00	Lebanon	6–0	W	2014 FIFA World Cup qualification
1134	06.09.2011	Kuwait City, Kuwait	20:00	Kuwait	1–1	D	2014 FIFA World Cup qualification
1135	07.10.2011	Seoul, South Korea	20:00	Poland	2–2	D	Friendly match
1136	11.10.2011	Suwon, South Korea	20:00	United Arab Emirates	2–1	W	2014 FIFA World Cup qualification
1137	11.11.2011	Dubai, United Arab Emirates	16:30	United Arab Emirates	2–0	W	2014 FIFA World Cup qualification
1138	15.11.2011	Beirut, Lebanon	14:30	Lebanon	1–2	L	2014 FIFA World Cup qualification
1139	25.02.2012	Jeonju, South Korea	14:00	Uzbekistan	4–2	W	Friendly match
1140	29.02.2012	Seoul, South Korea	21:00	Kuwait	2–0	W	2014 FIFA World Cup qualification
1141	30.05.2012	Bern, Switzerland	20:00	Spain	1–4	L	Friendly match
1142	08.06.2012	Doha, Qatar	19:15	Qatar	4–1	W	2014 FIFA World Cup qualification
1143	12.06.2012	Goyang, South Korea	20:00	Lebanon	3–0	W	2014 FIFA World Cup qualification
1144	15.08.2012	Anyang, South Korea	20:00	Zambia	2–1	W	Friendly match
1145	11.09.2012	Tashkent, Uzbekistan	18:00	Uzbekistan	2–2	D	2014 FIFA World Cup qualification
1146	16.10.2012	Teheran, Iran	20:00	Iran	0–1	L	2014 FIFA World Cup qualification
1147	14.11.2012	Hwaseong, South Korea	19:00	Australia	1–2	L	Friendly match
1148	06.02.2013	London, England	14:05	Croatia	0–4	L	Friendly match
1149	23.03.2013	Seoul, South Korea	20:00	Qatar	2–1	W	2014 FIFA World Cup qualification
1150	04.06.2013	Beirut, Lebanon	20:30	Lebanon	1–1	D	2014 FIFA World Cup qualification
1151	11.06.2013	Seoul, South Korea	20:00	Uzbekistan	1–0	W	2014 FIFA World Cup qualification
1152	18.06.2013	Ulsan, South Korea	21:00	Iran	0–1	L	2014 FIFA World Cup qualification
1153	20.07.2013	Seoul, South Korea	19:00	Australia	0–0	D	2013 EAFF East Asian Cup
1154	24.07.2013	Hwaseong, South Korea	20:00	China PR	0–0	D	2013 EAFF East Asian Cup
1155	28.07.2013	Seoul, South Korea	20:00	Japan	1–2	L	2013 EAFF East Asian Cup
1156	14.08.2013	Suwon, South Korea	20:00	Peru	0-0	D	Friendly match
1157	06.09.2013	Incheon, South Korea	20:00	Haiti	4-1	W	Friendly match

No.	Date.	Venue	Time	Opponent	Score	Result	Competition
1158	10.09.2013	Jeonju , South Korea	20:00	Croatia	1-2	L	Friendly match
1159	12.10.2013	Seoul , South Korea	20:00	Brazil	0-2	L	Friendly match
1160	15.10.2013	Cheonan , South Korea	20:00	Mali	3-1	W	Friendly match
1161	15.11.2013	Seoul , South Korea	20:00	Switzerland	2-1	W	Friendly match
1162	19.11.2013	Dubai , United Arab Emirates	18:00	Russia	1-2	L	Friendly match
1163	25.01.2014	LA, USA	17:00	Costa Rica	1-0	W	Friendly match
1164	29.01.2014	San Antonio, USA	15:00	Mexico	0-4	L	Friendly match
1165	01.02.2014	Carson, USA	14:00	USA	0-2	L	Friendly match
1166	05.03.2014	Athens, Greece	18:00	Greece	2-0	W	Friendly match
1167	28.05.2014	Seoul, South Korea	20:00	Tunisia	0-1	L	Friendly match
1168	09.06.2014	Miami, USA	19:00	Ghana	0-4	L	Friendly match
1169	17.06.2014	Cuiaba, Brazil	18:00	Russia	1-1	D	2014 FIFA World Cup Group Stage
1170	22.06.2014	Porto Alegre, Brazil	16:00	Algeria	2-4	L	2014 FIFA World Cup Group Stage
1171	26.06.2014	Sao Paulo, Brazil	17:00	Belgium	0-1	L	2014 FIFA World Cup Group Stage
1172	05.09.2014	Bucheon, South Korea	20:00	Venezuela	3-1	W	Friendly match
1173	08.09.2014	Goyang, South Korea	20:00	Uruguay	0-1	L	Friendly match
1174	10.10.2014	Cheonan, South Korea	20:00	Paraguay	2-0	W	Friendly match
1175	14.10.2014	Seoul, South Korea	20:00	Costa Rica	1-3	L	Friendly match
1176	14.11.2014	Amman, Jordan	16:30	Jordan	1-0	W	Friendly match
1177	18.11.2014	Tehran, Iran	16:25	Iran	0-1	L	Friendly match
1178	04.01.2015	Sydney, Australia	16:00	Saudi Arabia	2-0	W	Friendly match
1179	10.01.2015	Canberra, Australia	16:00	Oman	1-0	W	AFC Asian Cup Australia 2015
1180	13.01.2015	Canberra, Australia	18:00	Kuwait	1-0	W	AFC Asian Cup Australia 2015
1181	17.01.2015	Brisbane, Australia	19:00	Australia	1-0	W	AFC Asian Cup Australia 2015
1182	22.01.2015	Melbourne, Australia	18:30	Uzbekistan	2-0	W	AFC Asian Cup Australia 2015
1183	26.01.2015	Sydney, Australia	20:00	Iraq	2-0	W	AFC Asian Cup Australia 2015
1184	31.01.2015	Sydney, Australia	20:00	Australia	1-2	L	AFC Asian Cup Australia 2015
1185	27.03.2015	Daejeon, South Korea	20:00	Uzbekistan	1-1	D	Friendly match
1186	31.03.2015	Seoul, South Korea	20:00	New Zealand	1-0	W	Friendly match
1187	11.06.2015	Shah Alam, Malaysia	18:20	UAE	3-0	W	Friendly match
1188	16.06.2015	Bangkok, Thailand	21:00	Myanmar	2-0	W	2018 Worldcup/2019 Asian Cup Joint-Qualification

No.	Date.	Venue	Time	Opponent	Score	Result	Competition
1189	02.08.2015	Wuhan, China PR.	22:00	China PR.	2-0	W	EAFF East Asian Cup 2015
1190	05.08.2015	Wuhan, China PR.	19:20	Japan	1-1	D	EAFF East Asian Cup 2015
1191	09.08.2015	Wuhan, China PR.	18:10	DPR Korea	0-0	D	EAFF East Asian Cup 2015
1192	03.09.2015	Hwaseong, South Korea	20:00	Laos	8-0	W	2018 Worldcup/2019 Asian Cup Joint-Qualification
1193	08.09.2015	Saida, Lebanon	23:00	Lebanon	3-0	W	2018 Worldcup/2019 Asian Cup Joint-Qualification
1194	08.10.2015	Kuwait City, Kuwait	23:55	Kuwait	1-0	W	2018 Worldcup/2019 Asian Cup Joint-Qualification
1195	13.10.2015	Seoul, South Korea	20:00	Jamaica	3-0	W	Friendly match
1196	12.11.2015	Suwon, South Korea	20:00	Myanmar	4-0	W	2018 Worldcup/2019 Asian Cup Joint-Qualification
1197	17.11.2015	Vientiane, Laos	20:00	Laos	5-0	W	2018 Worldcup/2019 Asian Cup Joint-Qualification
1198	24.03.2016	Ansan, Korea Republic	20:00	Lebanon	1-0	W	2018 Worldcup/2019 Asian Cup Joint-Qualification
1199	27.03.2016	Bangkok, Thailand	19:30	Thailand	1-0	W	Friendly match
1200	01.06.2016	Salzburg, Austria	16:30	Spain	1-0	L	Friendly match
1201	05.06.2016	Prague, Czech Republic	15:00	Czech Republic	2-1	W	Friendly match
1202	01.09.2016	Seoul, Korea Republic	20:00	China	3-2	W	2018 Worldcup/2019 Asian Cup Joint-Qualification
1203	06.09.2016	Seremban, Malaysia	20:00	Syria	0-0	D	2018 Worldcup/2019 Asian Cup Joint-Qualification
1204	06.10.2016	Suwon, Korea Republic	21:00	Qatar	3-2	W	2018 Worldcup/2019 Asian Cup Joint-Qualification
1205	11.10.2016	Tehran, Iran	18:15	Iran	0-1	L	2018 Worldcup/2019 Asian Cup Joint-Qualification
1206	11.11.2016	Cheonan, Korea Republic	20:00	Canada	2-0	W	Friendly match
1207	15.11.2016	Seoul, Korea Republic	20:00	Uzbekistan	2-1	W	2018 Worldcup/2019 Asian Cup Joint-Qualification
1208	23.03.2017	Changsha, China	19:35	China	0-1	L	2018 Worldcup/2019 Asian Cup Joint-Qualification

No.	Date.	Venue	Time	Opponent	Score	Result	Competition
1209	28.03.2017	Seoul, Korea Republic	20:00	Syria	1-0	W	2018 Worldcup/2019 Asian Cup Joint-Qualification
1210	07.06.2017	Dubai, U.A.E	21:00	Iraq	0-0	D	Friendly match
1211	13.06.2017	Doha, Qatar	22:00	Qatar	2-3	L	2018 Worldcup/2019 Asian Cup Joint-Qualification
1212	31.08.2017	Seoul, Korea Republic	21:00	Iran	0-0	D	2018 Worldcup/2019 Asian Cup Joint-Qualification
1213	05.09.2017	Tashkent, Uzbekistan	20:00	Uzbekistan	0-0	D	2018 Worldcup/2019 Asian Cup Joint-Qualification
1214	07.10.2017	Moscow, Russia	17:00	Russia	2-4	L	Friendly match
1215	10.10.2017	Biel/Bienne, Switzerland	16:30	Morocco	1-3	L	Friendly match
1216	10.11.2017	Suwon, Korea Republic	20:00	Colombia	2-1	W	Friendly match
1217	14.11.2017	Ulsan, Korea Republic	20:00	Serbia	1-1	D	Friendly match
1218	09.12.2017	Tokyo, Japan	16:30	China	2-2	D	EAFF E-1 Football Championship 2017
1219	12.12.2017	Tokyo, Japan	16:30	DPR Korea	1-0	W	EAFF E-1 Football Championship 2017
1220	16.12.2017	Tokyo, Japan	19:15	Japan	4-1	W	EAFF E-1 Football Championship 2017
1221	27.01.2018	Antalya,Turkey	16:00	Moldova	1-0	W	Friendly match
1222	30.01.2018	Antalya,Turkey	14:00	Jamaica	2-2	D	Friendly match
1223	03.02.2018	Antalya,Turkey	17:30	Latvia	1-0	W	Friendly match
1224	24.03.2018	Belfast, Northern Ireland	14:00	Northern Ireland	1-2	L	Friendly match
1225	27.03.2018	Chorzuw, Poland	20:45	Poland	2-3	L	Friendly match

XIV. Olympiad London 1948 Football Tournament

No	Role	First Name	Surname	Birthdate	Height/Weight	Club
	GK	Duk-Young	HONG	05.05.1921	176.70	Korea University
	GK	Soon-Jong	CHA			Chosun Electrics
	DF	Kyu-Jung	PARK	12.06.1924	169.66	Chosun Electrics
	DF	Dae-Jong	PARK	21.01.1917		Chosun Electrics
	DF	Si-Dong	LEE	20.02.1918		Inchun Morning Friends
	DF	Byung-Dae	MIN	21.01.1911	170.72	Chosun Electrics
	MF	Yoo-Hyung	LEE			Inchun Morning Friends
	MF	Sung-Gon	CHOI	19.07.1921		Chosun Electrics
	MF	Kyu-Hwan	KIM			Chosun Electrics
	FW	Jung-Hwan	WOO			Chosun Electrics
	FW	Jong-Ho	BAE	16.02.1917		Inchun Morning Friends
	FW	Nam-Shik	CHUNG	25.07.1910	162.60	Chosun Electrics
	FW	Yong-Shik	KIM	02.01.1917		Chosun Electrics
	FW	Gook-Jin	CHUNG	07.12.1920	162.60	Inchun Morning Friends
	FW	Jong-Soo	AN			Chosun Electrics
	FW	Kyung-Hwan	OH			Inchun Morning Friends
	Coach	Young-Min	LEE			

II. Asian Games Manila 1954 Football Tournament

No	Role	First Name	Surname	Birthdate	Height/Weight	Club
1	GK	Duk-Young	HONG	05.05.1921	176.70	Chosun Textile
2	GK	Heung-Chul	HAM	17.11.1930	175.69	Provost Marshal Headquarters
3	DF	Kyu-Jung	PARK	12.06.1924	169.66	Quartermaster Corps
4	DF	Jong-Gap	LEE	18.03.1920		C.I.C.
15	DF	Byung-Dae	MIN (C)	20.02.1918	170.72	C.I.C.
7	MF	Chang-Ki	KANG	28.08.1927	167.67	Chosun Textile
5	MF	Sang-Ui	LEE	1922		Chosun Textile
8	MF	Chang-Hwa	HAN	03.01.1922		C.I.C.
6	MF	Ji-Sung	KIM	07.11.1924		C.I.C.
9	MF	Young-Gwang	JOO	01.12.1920		Naval Forces
10	FW	Jung-Min	CHOI	07.07.1927	178.70	C.I.C.
11	FW	Nak-Woon	SUNG	02.02.1926	166.63	Quartermaster Corps
13	FW	Nam-Shik	CHUNG	16.02.1917	162.68	H.I.D.
14	FW	Il-Gap	PARK	21.03.1926		C.I.C.
16	FW	Gook-Jin	CHUNG	02.01.1917	162.60	Naval Forces
12	FW	Gwang-Seok	CHOI	27.03.1932		Chosun Textile
	Coach	Yoo-Hyung	LEE	21.01.1911		

V. World Cup Switzerland 1954 Final Tournament

No	Role	First Name	Surname	Birthdate	Height/Weight	Club
1	GK	Duk-Young	HONG	05.05.1921	176.70	Chosun Textile
2	DF	Kyu-Jung	PARK	12.06.1924	169.66	Quartermaster Corps
3	DF	Jae-Seung	PARK	01.04.1923	165.65	C.I.C.
4	MF	Chang-Ki	KANG	28.08.1927	167.67	Chosun Textile
5	MF	Sang-Ui	LEE	1922		Chosun Textile
6	MF	Byung-Dae	MIN (C)	20.02.1918	170.72	C.I.C.
7	FW	Soo-Nam	LEE	1927		C.I.C.
8	FW	Jung-Min	CHOI	07.07.1927	178.70	C.I.C.
9	FW	Sang-Kwon	WOO	22.12.1929	165.58	Provost Marshal Headquarters
10	FW	Nak-Woon	SUNG	02.02.1926	166.63	Quartermaster Corps
11	FW	Nam-Shik	CHUNG	16.02.1917	162.68	Intelligence Corps
12	GK	Heung-Chul	HAM	17.11.1930	175.69	Provost Marshal Headquarters
13	DF	Jong-Gap	LEE	18.03.1920		C.I.C.
14	MF	Chang-Hwa	HAN	03.01.1922	163.69	C.I.C.
15	MF	Ji-Sung	KIM	07.11.1924		C.I.C.
16	MF	Young-Gwang	JOO	01.12.1920		Naval Forces
17	FW	Il-Gap	PARK	21.03.1926		C.I.C.
18	FW	Young-Geun	CHOI	15.07.1931		Naval Forces
19	FW	Ki-Joo	LEE	12.11.1926	165.68	Chosun Textile
20	FW	Gook-Jin	CHUNG	02.01.1917	162.60	Naval Forces
	Coach	Yong-Shik	KIM	15.07.1910		

I. Asian Cup Hong Kong 1956 Final Tournament

No	Role	First Name	Surname	Birthdate	Height/Weight	Club
	GK	Heung-Chul	HAM	17.11.1930	175.69	Provost Marshal Headquarters
	GK	Sang-Hoon	PARK	19.02.1931		Marine Corps
	DF	Tae-Sung	CHA	08.10.1934	173.70	C.I.C.
	DF	Jae-Seung	PARK (C)	01.04.1923	165.65	C.I.C.
	DF	Jin-Doo	SEOK			Quartermaster Corps
	DF	Myung-Sub	SON	06.05.1929		C.I.C.
	MF	Dong-Geun	KIM	14.04.1927		Marine Corps
	MF	Hong-Bok	KIM	04.03.1935	178.69	Kookmin University
	MF	Jin-Woo	KIM			Quartermaster Corps
	MF	Ji-Sung	KIM	07.11.1924		C.I.C.
	MF	Soo-Nam	LEE	1927		C.I.C.
	FW	Nak-Woon	SUNG	02.02.1926	166.63	Quartermaster Corps
	FW	Gwang-Seok	CHOI	27.03.1932		Korea University
	FW	Jung-Min	CHOI	07.07.1927	178.70	C.I.C.
	FW	Kyung-Ho	PARK			C.I.C.
	FW	Young-Jin	KIM			Quartermaster Corps
	FW	Sang-Kwon	WOO	22.12.1929	165.58	Provost Marshal Headquarters
	Coach	Yoo-Hyung	LEE	21.01.1911		

III. Asian Games Tokyo 1958 Football Tournament

No	Role	First Name	Surname	Birthdate	Height/Weight	Club
	GK	Heung-Chul	HAM	17.11.1930	175.69	Provost Marshal Headquarters
	GK	Sang-Jin	KIM	26.10.1930		C.I.C.
	DF	Hong-Bok	KIM	04.03.1935	178.69	Provost Marshal Headquarters
	DF	Keon-Taek	SIM	10.05.1934		Marine Corps
	DF	Tae-Sung	CHA	08.10.1934	173.70	C.I.C.
	MF	Ji-Sung	KIM (C)	07.11.1924		C.I.C.
	MF	Chan-Ki	KIM	30.12.1932	167.60	Provost Marshal Headquarters
	MF	Jin-Woo	KIM			C.I.C.
	MF	Young-Il	KIM			Provost Marshal Headquarters
	FW	Dong-Geun	KIM	14.04.1927		Marine Corps
	FW	Gwang-Seok	CHOI	27.03.1932		Marine Corps
	FW	Soo-Nam	LEE	1927		C.I.C.
	FW	Nak-Woon	SUNG	02.02.1926	166.63	Quartermaster Corps
	FW	Kyung-Ho	PARK			C.I.C.
	FW	Jung-Min	CHOI	07.07.1927	178.70	C.I.C.
	FW	Young-Jin	KIM			Quartermaster Corps
	FW	Sang-Kwon	WOO	22.12.1929	165.58	Provost Marshal Headquarters
	FW	Jung-Shik	MOON	23.06.1930		C.I.C.
	Coach	Geun-Chan	KIM	1917		

II. Asian Cup South Korea 1960 Final Tournament

No	Role	First Name	Surname	Birthdate	Height/Weight	Club
	GK	Heung-Chul	HAM	17.11.1930	175.69	Military Police Commander's
	GK	Sang-Hoon	PARK	19.02.1931		Marine Corps
	DF	Hong-Bok	KIM	04.03.1935	178.69	Military Police Commander's
	DF	Eun-Sung	LEE	14.10.1937		Yonsei University
	DF	Tae-Sung	CHA	08.10.1934	173.70	C.I.C.
	MF	Chan-Ki	KIM	30.12.1932	167.60	Military Police Commander's
	MF	Seon-Hui	KIM			Korea University
	MF	Myung-Sub	SON	06.05.1929		C.I.C.
	FW	Gwang-Joon	YOO	07.03.1932		Quartermaster Corps
	FW	Soon-Chun	CHUNG	15.01.1940		C.I.C.
	FW	Jung-Shik	MOON	23.06.1930		C.I.C.
	FW	Jung-Min	CHOI	07.07.1927	178.70	C.I.C.
	FW	Soon-Myung	LEE			C.I.C.
	FW	Yoon-Ok	CHO	25.02.1940		C.I.C.
	FW	Sang-Kwon	WOO	22.12.1929	165.58	Military Police Commander's
	FW	Pan-Soon	YOO			Kyunghee University
	FW	Kyung-Hwa	PARK	02.06.1939		Yonsei University
	Coach	Yong-Shik	KIM	15.07.1910		

IV. Asian Games Jakarta 1962 Football Tournament

No	Role	First Name	Surname	Birthdate	Height/Weight	Club
	GK	Young-Hwan	CHUNG	07.12.1938	175.69	Korea Electrics
	GK	Heung-Chul	HAM	17.11.1930	178.69	Military Police Commander's
	DF	Hong-Bok	KIM	04.03.1935		Cheil Industries
	DF	Nam-Soo	CHO	16.01.1933		Korea Tungsten
	DF	Kyung-Ho	SON	30.05.1939	167.68	
	DF	Seung-Ok	PARK	28.01.1938		Korea Tungsten
	DF	Yong-Man	CHA	17.06.1937		
	MF	Doo-Seon	KIM	09.12.1937	167.60	Korea Tungsten
	MF	Chan-Ki	KIM	30.12.1932	173.70	Military Police Commander's
	MF	Tae-Sung	CHA	08.10.1934		Cheil Industries
	FW	Soon-Chun	CHUNG	15.01.1940	166.67	Cheil Industries
	FW	Yoon-Ok	CHO	25.02.1940		Korea Tungsten
	FW	Kyung-Hwa	PARK	02.06.1939		
	FW	Seok-Woo	JANG	30.04.1935	166.63	Korea Tungsten
	FW	Duk-Joong	KIM	29.04.1940		Korea Electrics
	FW	Ji-Un	JANG	06.11.1938		Korea Tungsten
	FW	Jung-Shik	MOON	23.06.1930		C.I.C.
	FW	Hyun	LEE	20.01.1942		
	Coach	Yong-Shik	KIM	25.07.1910		

XVIII. Olympiad Tokyo 1964 Football Tournament

No	Role	First Name	Surname	Birthdate	Height/Weight	Club
1	GK	Heung-Chul	HAM	17.11.1930	175.69	Korea Tungsten
19	GK	Young-Hwan	CHUNG	07.12.1938	171.69	Korea Electrics
3	DF	Hong-Bok	KIM	04.03.1935	178.69	Cheil Industries
2	DF	Jung-Seok	KIM	01.10.1939	176.68	Korea University
14	DF	Seung-Ok	PARK	28.01.1938	167.68	Korea Tungsten
13	DF	Jung-Nam	KIM	28.01.1943	170.63	Korea University
12	MF	Woo-Bong	LEE	08.06.1935	163.60	Korea Electrics
6	MF	Young-Bae	KIM	10.01.1941	169.61	Korea Electrics
16	MF	Gwang-Joon	YOO	07.03.1932	160.61	Korea Coal Corporation
4	MF	Sam-Rak	KIM	19.06.1940	162.61	Hanyang University
15	MF	Chan-Ki	KIM	30.12.1932	167.60	Korea Coal Corporation
9	FW	Sang-Kwon	WOO	22.12.1929	165.58	Military Police Commander's
5	FW	Tae-Sung	CHA	08.10.1934	173.70	Cheil Industries
7	FW	Yi-Woo	LEE	18.02.1941	175.69	Cheil Industries
11	FW	Sung-Dal	CHO	08.12.1935	172.64	Korea Electrics
10	FW	Yoon-Ok	CHO	25.02.1940	166.67	Korea Tungsten
8	FW	Yoon-Jung	HUH	30.09.1936	175.70	Korea Tungsten
17	FW	Kyung-Bok	CHA	10.01.1937	172.64	Military Police Commander's
18	FW	Duk-Joong	KIM	29.04.1940	166.63	Korea Electrics
	Coach	Gook-Jin	CHUNG	02.01.1917	162.60	

V. Asian Games Bangkok 1966 Football Tournament

No	Role	First Name	Surname	Birthdate	Height/Weight	Club
14	GK	Joon-Ok	LEE	26.09.1939	175.74	Cheil Industries
12	GK	Se-Yeon	LEE	11.07.1945	175.74	Kyunghee University
7	DF	Young-Geun	BAEK	15.04.1943	170.63	Quartermaster General's
4	DF	Gwang-Jo	PARK	22.01.1944	175.68	Choongang University
9	DF	Hyo-Gil	SEOK	28.04.1943	173.64	Kumsung Textile
17	DF	Jung-Soo	CHO	20.08.1944	174.68	Kumsung Textile
8	DF	Yoon-Chan	SEO	06.12.1944	165.56	Cheil Industries
19	DF	Ho	HWANG	22.04.1942	170.68	Kyunghee University
2	MF	Sung-Chul	KIM	23.08.1943	170.62	Marine Corps
10	MF	Won-Nam	AN	05.12.1943	184.75	Cheil Industries
1	MF	Ki-Bok	KIM	20.05.1944	170.63	Choongang University
5	MF	Soo-Il	PARK	25.04.1944	165.58	Kumsung Textile
3	MF	Chang-Il	KIM	16.08.1945	172.63	Korea Tungsten
16	MF	Gook-Chan	LIM	15.02.1940	164.55	Kyunghee University
6	FW	Geum-Soo	BAE	26.11.1943	173.72	Kyunghee University
15	FW	Hoi-Taek	LEE	11.10.1946	168.65	Korea Coal Corporation
20	FW	An-Woong	CHUNG	19.10.1943	171.69	Kumsung Textile
13	FW	Yi-Woo	LEE	18.02.1941	175.69	Cheil Industries
18	FW	Min-Hwan	JOO	23.11.1942	165.58	Yonsei University
11	FW	Wan-Seok	LEE	04.07.1938	175.70	Korea Coal Corporation
	Coach	Jong-Soo	AN	07.11.1920		

VI. Asian Games Bangkok 1970 Football Tournament

No	Role	First Name	Surname	Birthdate	Height/Weight	Club
24	GK	Se-Yeon	LEE	11.04.1945	175.74	Trust Bank
1	GK	In-Bok	OH	17.02.1938	170.69	Housing Bank
4	DF	Ki-Hyo	KIM	19.09.1946	174.65	Marine Corps
2	DF	Yoon-Chan	SEO	06.12.1944	165.57	Trust Bank
3	DF	Ho	KIM	24.11.1944	176.70	Commercial Bank
5	DF	Jung-Nam	KIM (C)	28.01.1943	170.63	Foreign Exchange Bank
6	DF	Jae-Mo	CHOI	10.07.1946	174.70	Land Forces
7	DF	Gil-Soo	CHOI	11.12.1944	171.67	Kyunghee University
8	MF	Byung-Joo	PARK	20.02.1942	172.66	Seoul Bank
11	MF	Gook-Chan	LIM	15.02.1940	164.55	Seoul Bank
12	MF	In-Woong	HONG	29.11.1942	169.62	CH Bank
22	MF	Ki-Bok	KIM	22.05.1944	170.63	Choongang University
14	FW	Hoi-Taek	LEE	11.10.1946	168.66	Hanyang University
15	FW	Yi-Chun	PARK	26.07.1947	168.65	Land Forces
16	FW	Soo-Il	PARK	25.04.1944	166.65	Foreign Exchange Bank
17	FW	Gang-Ji	CHUNG	05.10.1943	167.60	Land Forces
18	FW	Chang-Il	KIM	15.08.1945	172.63	Korea Tungsten
20	FW	Kyu-Poong	CHUNG	02.08.1947	175.70	Land Forces
21	FW	Soo-Duk	PARK	03.07.1948	175.74	Kyunghee University
23	FW	Sang-Chul	CHOI	27.02.1947	170.66	Land Forces
	Coach	Hong-Ki	HAN	20.02.1920		

V. Asian Cup Thailand 1972 Final Tournament

No	Role	First Name	Surname	Birthdate	Height/Weight	Club
1	GK	Se-Yeon	LEE	11.04.1945	175.74	Trust Bank
2	DF	Young-Tae	PARK	12.11.1948	176.70	Korea Tungsten
4	MF	Cha-Man	LEE	30.09.1950	168.66	Korea University
3	DF	Ho	KIM	24.11.1944	176.70	Commercial Bank
6	MF	Jae-Wook	KO	09.04.1951	173.72	Korea University
7	FW	Ho-Seon	CHUNG	10.10.1949	174.68	Sungkyunkwan University
10	FW	Soo-Duk	PARK	03.07.1948	175.74	Marine Corps
11	FW	Hoi-Taek	LEE	11.10.1946	168.66	Hanyang University
12	FW	Jin-Gook	KIM	14.09.1951	165.58	Kiup Bank
13	DF	Kyung-Joong	KIM	28.12.1944	173.65	Hanil Bank
14	DF	Heung-Sub	NOH	13.02.1947		Marine Corps
15	FW	Yi-Chun	PARK [c]	26.07.1947	168.65	Kookmin Bank
16	MF	Jae-Man	HWANG	24.01.1953	171.68	Korea University
17	DF	Ho-Gon	KIM	26.03.1950	172.71	Yonsei University
19	FW	Bum-Geun	CHA	22.05.1953	178.77	Korea University
21	GK	Yi-Woon	KWON	26.12.1950	173.68	Land Forces
	DF	Sang-Ki	HAN	1946	171.68	Land Forces
	FW	In-Kwon	KIM	16.02.1949	171.63	Land Forces
	FW	Sang-Chul	CHOI	27.02.1947	170.66	Land Forces
	MF	Tae-Joo	LIM	21.07.1949	167.62	Land Forces
	Coach	Byung-Seok	PARK	10.07.1924		

VII. Asian Games Teheran 1974 Football Tournament

No	Role	First Name	Surname	Birthdate	Height/Weight	Club
1	GK	Ho-Young	BYUN	19.10.1945	178.70	Seoul Bank
2	DF	Kyung-Bok	PARK	16.03.1952	175.67	Land Forces
3	DF	Ho-Gon	KIM	26.03.1950	172.71	Yonsei University
5	DF	Jae-Mo	CHOI	07.10 1946	174.70	POSCO
6	DF	Ki-Heung	YOO	11.10.1947	175.70	Commercial Bank
7	MF	Jae-Wook	KO	09.04.1951	173.72	Kookmin Bank
8	MF	Jin-Gook	KIM	14.09.1951	165.58	Kiup Bank
9	FW	Bum-Geun	CHA	22.05.1953	178.77	Korea University
10	FW	Yi-Chun	PARK (C)	26.07.1947	168.65	Kookmin Bank
11	FW	Hoi-Taek	LEE	11.10.1946	168.66	Pohang Iron/Steel
12	MF	Keon-Soo	YOO	20.07.1952	175.70	Hanyang University
13	MF	Byung-Chul	PARK	25.11.1954	177.70	Hanyang University
14	DF	Byung-Chan	KANG	15.04.1951	173.70	Commercial Bank
15	DF	Hee-Tae	KIM	10.07.1953	170.65	Yonsei University
16	MF	Jae-Man	HWANG	24.01.1953	172.68	Korea University
17	FW	Jae-Han	KIM	01.04.1947	190.84	Housing Bank
18	DF	Ki-Wook	KANG	16.01.1950	175.70	Land Forces
19	MF	Dong-Hyun	CHO	21.03.1951	180.74	Kyunghee University
20	DF	Young-Tae	PARK	12.11.1948	176.70	Commercial Bank
21	GK	Yi-Woon	KWON	26.12.1950	173.68	Kiup Bank
	Coach	Young-Geun	CHOI	15.07.1931		

VIII. Asian Games Bangkok 1978 Football Tournament

No	Role	First Name	Surname	Birthdate	Height/Weight	Club
1	GK	Hwang-Ho	KIM	15.08.1954	175.73	Naval Forces
2	DF	Sung-Ho	HONG	20.12.1954	174.72	POSCO
3	DF	Ho-Gon	KIM (C)	26.03.1950	172.71	Seoul Trust Bank
4	DF	Gwang-Rae	CHO	19.03.1954	171.64	POSCO
5	DF	Jae-Man	HWANG	24.01.1953	171.63	Air Forces
6	DF	Sung-Hwa	PARK	07.05.1955	176.74	POSCO
7	MF	Hyun-Ho	SHIN	21.09.1953	167.62	POSCO
8	DF	Young-Jeung	CHO	18.08.1954	178.76	Naval Forces
9	MF	Young-Moo	LEE	26.07.1953	165.61	POSCO
10	FW	Gang-Jo	LEE	27.10.1954	168.63	Auto Insurance
11	FW	Bum-Geun	CHA	22.05.1953	178.77	Air Forces
12	DF	Jong-Duk	CHOI	24.06.1954	177.75	POSCO
15	MF	Jung-Moo	HUH	13.01.1955	176.74	Naval Forces
17	MF	Sang-In	PARK	16.11.1952	176.74	Commercial Bank
18	MF	Sung-Nam	KIM	19.07.1954	170.68	Naval Forces
19	MF	Gang-Nam	KIM	19.07.1954	172.65	Naval Forces
20	FW	Seok-Jae	OH	13.10.1958	186.82	Keonkook University
21	GK	Hee-Chun	KIM	19.10.1955	183.78	Air Forces
22	DF	Hee-Tae	KIM	10.07.1953	170.65	Air Forces
23	GK	Byung-Deuk	CHO	26.05.1958	184.82	POSCO
	Coach	Heung-Chul	HAM	17.11.1930	175.69	

VII. Asian Cup Kuwait 1980 Final Tournament

No	Role	First Name	Surname	Birthdate	Height/Weight	Club
1	GK	Hwang-Ho	KIM	15.08.1954	175.73	Auto Insurance
2	DF	Jong-Pil	KIM	11.03.1955	174.68	Korea Electronic
3	DF	Sung-Ho	HONG	20.12.1954	174.72	Loyalty
4	MF	Gwang-Rae	CHO	19.03.1954	171.64	Loyalty
5	DF	Oh-Son	KWON	03.02.1959	175.68	Seoul City
6	MF	Sung-Hwa	PARK (C)	07.05.1955	176.74	Loyalty
8	DF	Young-Jeung	CHO	18.08.1954	178.75	First Bank
9	FW	Young-Moo	LEE	26.07.1953	165.61	Loyalty
10	MF	Hyun-Ho	SHIN	21.09.1953	167.62	Loyalty
11	FW	Jung-Il	LEE	04.11.1956	178.72	Commercial Bank
12	DF	Jong-Duk	CHOI	24.06.1954	177.75	Loyalty
13	DF	Oi-Ryung	JANG	05.04.1958	177.73	Yonsei University
14	FW	Tae-Yeop	LEE	16.06.1959	181.75	Seoul City
15	MF	Gang-Jo	LEE	27.10.1954	168.63	Korea University
16	FW	Hae-Won	CHUNG	01.07.1959	178.76	Yonsei University
18	FW	Seok-Geun	HWANG	03.09.1960	175.69	Korea University
19	DF	In-Seon	YOON	1958	178.70	Yonsei University
20	MF	Tae-Ho	LEE	26.04.1961	175.70	Korea University
21	GK	Byung-Deuk	CHO	26.05.1958	184.82	Myungji University
22	MF	Soon-Ho	CHOI	10.01.1962	185.80	POSCO
	Coach	Jung-Nam	KIM	28.01.1943	170.63	

IX. Asian Games New Delhi 1982 Football Tournament

No	Role	First Name	Surname	Birthdate	Height/Weight	Club
1	GK	Young-Soo	PARK	18.01.1959	176.72	Naval Forces
2	DF	Byung-Tae	AN	22.02.1959	180.74	POSCO
3	DF	Kyung-Shik	CHOI	01.02.1957	180.76	Daewoo
4	MF	Gwang-Rae	CHO	19.03.1954	169.65	Daewoo
5	DF	Ki-Bong	CHOI	13.11.1958	180.74	Naval Forces
6	DF	Sung-Hwa	PARK (C)	07.05.1955	178.72	Hallelujah FC
7	DF	Jong-Soo	CHUNG	27.03.1961	174.67	Korea University
8	DF	Kyung-Hoon	PARK	19.01.1961	172.68	Hanyang University
9	FW	Soon-Ho	CHOI	10.01.1962	185.80	POSCO
10	MF	Heung-Shil	LEE	10.07.1961	168.65	Hanyang University
11	FW	Byung-Joo	BYUN	26.04.1961	174.69	Yonsei University
13	DF	Oi-Ryong	JANG	05.04.1959	176.69	Daewoo
14	FW	Sin-Woo	KANG	18.03.1959	183.75	Daewoo
15	MF	Gang-Jo	LEE	27.10.1954	168.63	Korea University
16	FW	Hae-Won	CHUNG	01.07.1959	178.76	Yonsei University
17	FW	Seok-Won	KIM	07.11.1961	174.65	Korea University
20	MF	Tae-Ho	LEE	29.01.1961	174.68	Korea University
21	GK	Sung-Kyo	CHUNG	30.05.1960	183.78	Yonsei University
	Coach	Eun-Taek	CHOI	05.07.1938		

VIII. Asian Cup Singapore 1984 Final Tournament

No	Role	First Name	Surname	Birthdate	Height/Weight	Club
1	GK	In-Young	CHOI	05.03.1962	181.78	Hyundai Tigers
2	DF	Kyung-Hoon	PARK	19.01.1961	172.68	POSCO Dolphins
3	DF	Jong-Soo	CHUNG	27.03.1961	174.67	Yukong Elephants
4	DF	Pyung-Seok	KIM	22.09.1958	175.70	Hyundai Tigers
5	DF	Yong-Hwan	CHUNG	10.02.1960	178.76	Daewoo Royals
6	DF	Sung-Hwa	PARK	07.05.1955	176.70	Halleujah FC
7	MF	Jung	JANG	05.05.1964	178.70	Ajoo University
8	FW	Tae-Ho	LEE	29.01.1961	170.68	Daewoo Royals
9	MF	Jung-Moo	HUH	13.01.1955	176.74	Hyundai Tigers
10	FW	Chang-Seon	PARK (C)	02.02.1954	170.65	Daewoo Royals
11	MF	Gang-Jo	LEE	27.10.1954	168.63	Yukong Elephants
12	MF	Boo-Yeol	LEE	16.10.1958	174.65	Kookmin Bank
13	MF	Jin-Han	CHOI	22.06.1961	174.68	Myungji University
14	FW	Byung-Joo	BYUN	26.04.1961	174.69	Daewoo Royals
16	FW	Seok-Won	KIM	07.11.1961	172.64	Yukong Elephants
17	FW	Sang-Gook	CHOI	15.02.1961	174.66	POSCO Dolphins
18	FW	Gwang-Ji	CHOI	05.06.1963	185.76	Gwangwoon University
20	MF	Seon-Jae	WANG	16.03.1959	175.70	Hanil Bank
21	GK	Ki-Dong	CHUNG	13.05.1961	182.75	POSCO Dophins
22	MF	Young-Jeung	CHO	18.08.1954	178.76	Lucky Gold Star Hwangso
23	DF	Byung-Ok	YOO	02.03.1964	177.72	Hanyang University
24	DF	Ki-Bong	CHOI	13.11.1958	180.74	Yukong Elephants
	Coach	Jung-Shik	MOON	23.06.1930		

XIII. World Cup Mexico 1986 Final Tournament

No	Role	First Name	Surname	Birthdate	Height/Weight	Club
1	GK	Byung-Deuk	CHO	26.05.1958	184.83	Hallelujah FC
2	DF	Kyung-Hoon	PARK	19.01.1961	172.68	POSCO Atoms
3	DF	Jong-Soo	CHUNG	27.03.1961	174.67	Yukong Elephants
4	MF	Gwang-Rae	CHO	19.03.1954	169.64	Daewoo Royals
5	DF	Yong-Hwan	CHUNG	10.02.1960	178.76	Daewoo Royals
6	FW	Tae-Ho	LEE	29.01.1961	170.68	Daewoo Royals
7	FW	Jong-Boo	KIM	13.01.1965	183.81	Korea University
8	MF	Young-Jeung	CHO	18.08.1954	178.76	Lucky Gold Star Hwangso
9	MF	Soon-Ho	CHOI	10.01.1962	185.80	POSCO Atoms
10	FW	Chang-Seon	PARK (C)	02.02.1954	170.65	Daewoo Royals
11	FW	Bum-Keoun	CHA	22.05.1953	178.77	Bayer Leverkusen (FRG)
12	DF	Pyung-Seok	KIM	22.09.1958	175.70	Hyundai Tigers
13	MF	Soo-Jin	NOH	10.02.1962	176.73	Yukong Elephants
14	DF	Min-Gook	CHO	05.07.1963	182.80	Lucky Gold Star Hwangso
15	DF	Byung-Ok	YOO	02.03.1964	177.72	Hanyang University
16	MF	Joo-Sung	KIM	17.01.1966	177.72	Chosun University
17	MF	Jung-Moo	HUH	13.01.1955	176.74	Hyundai Tigers
18	MF	Sam-Soo	KIM	08.02.1963	171.63	Hyundai TIgers
19	FW	Byung-Joo	BYUN	26.04.1961	174.69	Daewoo Royals
20	FW	Yong-Se	KIM	21.04.1960	192.84	Yukong Elephants
21	GK	Yeon-Kyo	OH	25.05.1960	184.78	Yukong Elephants
22	FW	Deuk-Soo	KANG	16.08.1961	173.67	Lucky Gold Star Hwangso
	Coach	Jung-Nam	KIM	28.01.1943	170.63	

X. Asian Games Seoul 1986 Football Tournament

No	Role	First Name	Surname	Birthdate	Height/Weight	Club
1	GK	Byung-Deuk	CHO	26.05.1958	184.83	Hallelujah FC
2	DF	Kyung-Hoon	PARK	19.01.1961	172.68	POSCO Atoms
3	DF	Jong-Soo	CHUNG	27.03.1961	174.67	Yukong Elephants
4	MF	Gwang-Rae	CHO	19.03.1954	169.64	Daewoo Royals
5	DF	Yong-Hwan	CHUNG	10.02.1960	178.76	Daewoo Royals
6	FW	Tae-Ho	LEE	29.01.1961	170.68	Daewoo Royals
7	FW	Deuk-Soo	KANG	16.08.1961	173.67	Lucky Gold Star Hwangso
8	MF	Young-Jeung	CHO	18.08.1954	178.76	Lucky Gold Star Hwangso
9	MF	Soon-Ho	CHOI	10.01.1962	185.80	POSCO Atoms
10	FW	Chang-Seon	PARK (C)	02.02.1954	170.65	Daewoo Royals
11	FW	Byung-Joo	BYUN	26.04.1961	174.69	Daewoo Royals
12	DF	Pyung-Seok	KIM	22.09.1958	175.70	Hyundai Tigers
13	MF	Soo-Jin	NOH	10.02.1962	176.73	Yukong Elephants
14	DF	Min-Gook	CHO	05.07.1963	182.80	Lucky Gold Star Hwangso
15	DF	Byung-Ok	YOO	02.03.1964	177.72	Hanyang University
16	MF	Joo-Sung	KIM	17.01.1966	177.72	Chosun University
17	MF	Jung-Moo	HUH	13.01.1955	176.74	Hyundai Tigers
18	MF	Sam-Soo	KIM	08.02.1963	171.63	Hyundai TIgers
19	GK	Moon-Young	LEE	05.05.1965	182.78	Seoul City
20	FW	Yong-Se	KIM	21.04.1960	192.84	Yukong Elephants
	Coach	Jung-Nam	KIM	28.01.1943	170.63	

XXIV. Olympiad Seoul 1988 Football Tournament

No	Role	First Name	Surname	Birthdate	Height/Weight	Club
1	GK	Byung-Deuk	CHO	26.05.1958	184.83	POSCO Atoms
2	DF	Kyung-Hoon	PARK	19.01.1961	172.68	POSCO Atoms
3	DF	Gang-Hee	CHOI	12.04.1959	175.68	Hyundai Tigers
4	DF	Min-Gook	CHO	05.07.1963	182.79	Lucky Goldstar Hwangso
5	DF	Yong-Hwan	CHUNG	10.02.1960	178.76	Daewoo Royals
6	FW	Tae-Ho	LEE	29.01.1961	175.70	Daewoo Royals
7	MF	Soo-Jin	NOH	10.02.1962	176.73	Yukong Elephants
8	MF	Hae-Won	CHUNG (C)	01.07.1959	178.76	Daewoo Royals
9	FW	Yong-Se	KIM	21.04.1960	192.84	Yukong Elephants
10	MF	Sang-Gook	CHOI	15.02.1961	174.67	POSCO Atoms
11	FW	Byung-Joo	BYUN	26.04.1961	174.67	Daewoo Royals
12	DF	Pan-Geun	KIM	05.03.1966	172.67	Daewoo Royals
13	DF	Ki-Young	NAM	10.07.1962	182.73	POSCO Atoms
14	MF	Soon-Ho	CHOI	10.02.1960	185.80	Lucky Goldstar Hwangso
15	FW	Jong-Keon	KIM	29.03.1964	172.68	Hyundai Tigers
16	MF	Joo-Sung	KIM	17.01.1966	177.72	Daewoo Royals
17	DF	Sang-Bum	GOO	15.06.1964	175.70	Lucky Goldstar Hwangso
18	MF	Yoon-Gyeom	CHOI	21.04.1962	178.75	Yukong Elephants
19	DF	Bum-Kyu	YEO	24.06.1962	174.69	Daewoo Royals
20	GK	Poong-Joo	KIM	01.10.1964	190.84	Daewoo Royals
Coach		Jung-Nam	KIM	28.01.1943	170.63	

IX. Asian Cup Qatar 1988 Final Tournament

No	Role	First Name	Surname	Birthdate	Height/Weight	Club
1	GK	Byung-Deuk	CHO	26.05.1958	184.83	POSCO Atoms
2	DF	Kyung-Hoon	PARK	19.01.1961	172.68	POSCO Atoms
3	DF	Gang-Hee	CHOI	12.04.1959	175.68	Hyundai Tigers
4	DF	Min-Gook	CHO	05.07.1963	182.79	Lucky Goldstar Hwangso
5	DF	Yong-Hwan	CHUNG	10.02.1960	178.76	Daewoo Royals
6	FW	Tae-Ho	LEE	29.01.1961	175.70	Daewoo Royals
7	MF	Soo-Jin	NOH	10.02.1962	176.73	Yukong Elephants
8	MF	Hae-Won	CHUNG (C)	01.07.1959	178.76	Daewoo Royals
9	FW	Gwan	HWANGBO	01.03.1965	178.74	Yukong Elephants
10	MF	Hyun-Ki	HAM	26.04.1963	170.65	Hyundai Tigers
11	FW	Byung-Joo	BYUN	26.04.1961	174.67	Daewoo Royals
12	FW	Bong-Gil	KIM	15.03.1966	176.69	Yonsei University
13	DF	Yoon-Hwan	CHO	24.05.1961	181.79	Yukong Elephants
14	FW	Seon-Hong	HWANG	14.07.1968	183.79	Keonkook University
15	DF	Hyung-Seon	SON	22.02.1964	183.82	Daewoo Royals
16	MF	Joo-Sung	KIM	17.01.1966	177.72	Daewoo Royals
17	DF	Sang-Bum	GOO	15.06.1964	175.70	Lucky Goldstar Hwangso
18	MF	Tae-Shik	KANG	15.03.1963	174.68	POSCO Atoms
19	DF	Bum-Kyu	YEO	24.06.1962	174.69	Daewoo Royals
20	GK	Bong-Soo	KIM	04.12.1970	185.76	Korea University
Coach		Hoi-Taek	LEE	11.10.1946	168.66	

XIV. World Cup Italy 1990 Final Tournament

No	Role	First Name	Surname	Birthdate	Height/Weight	Club
1	GK	Poong-Joo	KIM	01.10.1964	191.84	Daewoo Royals
2	DF	Kyung-Hoon	PARK	19.01.1961	172.70	POSCO Atoms
3	DF	Gang-Hee	CHOI	12.04.1959	175.68	Hyundai Tigers
4	DF	Duk-Yeo	YOON	25.03.1961	178.70	Hyundai Tigers
5	DF	Yong-Hwan	CHUNG (C)	10.02.1960	178.76	Daewoo Royals
6	FW	Tae-Ho	LEE	29.01.1961	175.70	Daewoo Royals
7	MF	Soo-Jin	NOH	10.02.1962	176.73	Yokong Elephants
8	MF	Hae-Won	CHUNG	01.07.1959	178.70	Daewoo Royals
9	FW	Gwan	HWANGBO	01.03.1965	178.74	Yukong Elephants
10	MF	Sang-Yoon	LEE	11.04.1969	179.72	Ilhwa Chunma
11	FW	Byung-Joo	BYUN	26.04.1961	174.69	Hyundai Tigers
12	MF	Heung-Sil	LEE	10.07.1961	168.65	POSCO Atoms
13	DF	Jong-Soo	CHUNG	27.03.1961	174.67	Yukong Elephants
14	MF	Soon-Ho	CHOI	10.01.1962	185.80	Lucky Gold Star Hwangso
15	MF	Min-Gook	CHO	05.07.1963	182.80	Lucky Gold Star Hwangso
16	MF	Joo-Sung	KIM	17.01.1966	177.72	Daewoo Royals
17	DF	Sang-Bum	GOO	15.06.1964	175.70	Lucky Gold Star Hwangso
18	FW	Seon-Hong	HWANG	14.07.1968	183.79	Keonkook University
19	GK	Ki-Dong	CHUNG	13.05.1961	182.73	POSCO Atoms
20	DF	Myung-Bo	HONG	12.02.1969	181.73	Korea University
21	GK	In-Young	CHOI	05.03.1962	181.78	Hyundai Tigers
22	MF	Young-Jin	LEE	27.10.1963	168.62	Lucky Gold Star Hwangso
	Coach	Hoi-Taek	LEE	11.10.1946	168.66	

XI. Asian Games Beijing 1990 Final Tournament

No	Role	First Name	Surname	Birthdate	Height/Weight	Club
1	GK	In-Young	CHOI	05.03.1962	181.78	Hyundai Tigers
2	DF	Kyung-Hoon	PARK	19.01.1961	172.70	POSCO Atoms
3	DF	Jong-Soo	CHUNG	27.03.1961	174.67	Yukong Elephants
4	DF	Duk-Yeo	YOON	25.03.1961	178.70	Hyundai Tigers
5	DF	Yong-Hwan	CHUNG (C)	10.02.1960	178.76	Daewoo Royals
6	MF	Sang-Ho	KIM	05.10.1964	174.65	POSCO Atoms
7	MF	Young-Jin	LEE	27.10.1963	168.62	Lucky Gold Star Hwangso
8	MF	Pan-Geun	KIM	05.03.1966	172.67	Daewoo Royals
9	FW	Gwan	HWANGBO	01.03.1965	178.74	Yukong Elephants
10	MF	Joo-Sung	KIM	17.01.1966	177.72	Daewoo Royals
11	FW	Byung-Joo	BYUN	26.04.1961	174.69	Hyundai Tigers
12	MF	Jung-Yoon	NOH	28.03.1971	172.68	Korea University
13	DF	Gwang-Seok	CHUNG	01.12.1970	176.70	Sungkyunkwan University
14	MF	Soon-Ho	CHOI	10.01.1962	185.80	Lucky Gold Star Hwangso
15	GK	Poong-Joo	KIM	01.10.1964	191.84	Daewoo Royals
16	MF	Jung-Woon	KO	27.06.1966	177.76	Ilhwa Chunma
17	DF	Sang-Bum	GOO	15.06.1964	175.70	Lucky Gold Star Hwangso
18	FW	Seon-Hong	HWANG	14.07.1968	183.79	Keonkook University
19	FW	Jung-Won	SEO	17.12.1970	173.67	Korea University
20	DF	Myung-Bo	HONG	12.02.1969	181.73	Korea University
	Coach	Jong-Hwan	PARK	09.02.1936	172.71	

XV. World Cup U.S.A. 1994 Final Tournament

No	Role	First Name	Surname	Birthdate	Height/Weight	Club
1	GK	In-Young	CHOI (C)	05.03.1962	181.78	Hyundai Tigers
2	DF	Jong-Seon	CHUNG	20.03.1966	180.76	Hyundai Tigers
3	DF	Jong-Hwa	LEE	20.07.1963	179.77	Ilhwa Chunma
4	DF	Pan-Geun	KIM	05.03.1966	172.67	LG Cheetahs
5	DF	Jung-Bae	PARK	19.02.1967	183.78	Daewoo Royals
6	MF	Young-Jin	LEE	27.10.1963	168.62	LG Cheetahs
7	MF	Hong-Ki	SHIN	04.05.1968	173.67	Hyundai Tigers
8	MF	Jung-Yoon	NOH	28.03.1971	172.68	Sanfrecce Hiroshima (JPN)
9	MF	Joo-Sung	KIM	17.01.1966	177.72	VfL Bochum (GER)
10	FW	Jung-Woon	KO	27.06.1966	177.76	Ilhwa Chunma
11	FW	Jung-Won	SEO	17.12.1970	173.68	Sangmoo
12	DF	Young-Il	CHOI	25.04.1966	181.80	Hyundai Tigers
13	DF	Ik-Soo	AHN	06.05.1965	183.80	Ilhwa Chunma
14	MF	Dae-Shik	CHOI	10.01.1965	179.72	LG Cheetahs
15	MF	Jin-Ho	CHO	02.08.1973	174.65	POSCO Atoms
16	MF	Seok-Joo	HA	20.02.1968	174.72	Daewoo Royals
17	DF	Sang-Bum	GOO	15.06.1964	175.70	LG Cheetahs
18	FW	Seon-Hong	HWANG	14.07.1968	183.79	POSCO Atoms
19	MF	Moon-Shik	CHOI	06.01.1971	173.68	POSCO Atoms
20	DF	Myung-Bo	HONG	12.02.1969	181.73	POSCO Atoms
21	GK	Chul-Woo	PARK	29.09.1965	185.76	LG Cheetahs
22	GK	Woon-Jae	LEE	26.04.1973	182.80	Kyunghee University
	Coach	Ho	KIM	24.11.1944	176.70	

XII. Asian Games Hiroshima 1994 Football Tournament

No	Role	First Name	Surname	Birthdate	Height/Weight	Club
1	GK	Sang-Gwang	CHA	31.05.1963	189.83	Yukong Elephants
2	DF	Chul	KANG	02.11.1971	178.70	Yukong Elephants
4	DF	Young-Il	CHOI	25.04.1966	181.80	Hyundai Tigers
5	DF	Kyung-Choon	LEE	14.04.1969	182.75	Chunbuk Buffalo
6	MF	Young-Jin	LEE	27.10.1963	168.62	LG Cheetahs
7	MF	Dae-Shik	CHOI	10.01.1965	179.72	LG Cheetahs
8	MF	Moon-Shik	CHOI	06.01.1971	173.68	POSCO Atoms
9	FW	Do-Hoon	KIM	21.07.1970	182.77	Sangmoo
10	FW	Jung-Woon	KO	27.06.1966	177.76	Ilhwa Chunma
11	MF	Jung-Won	SEO	17.12.1970	173.68	Sangmoo
12	MF	Jin-Ho	CHO	02.08.1973	174.65	POSCO Atoms
13	MF	Jung-Yoon	NOH	28.03.1971	172.68	Sanfrecce Hiroshima (JPN)
14	MF	Nam-Yeol	PARK	08.05.1970	179.78	Ilhwa Chunma
15	DF	Sang-Chul	YOO	18.10.1971	184.78	Hyundai Tigers
16	MF	Jung-Gook	HAN	19.07.1971	180.72	Ilhwa Chunma
17	DF	Lim-Saeng	LEE	18.11.1971	182.80	Yukong Elephants
18	FW	Seon-Hong	HWANG	14.07.1968	183.79	POSCO Atoms
19	DF	Seok-Joo	HA	20.02.1968	174.72	Daewoo Royals
20	DF	Myung-Bo	HONG	12.02.1969	181.73	POSCO Atoms
21	GK	Bum-Chul	SHIN	27.09.1970	186.82	Daewoo Royals
	Coach	Anatoly	BYSHOVETS	23.04.1946	175.72	UKRAINA

XI. Asian Cup U.A.E. 1996 Final Tournament

No	Role	First Name	Surname	Birthdate	Height/Weight	Club
1	GK	Byung-Ji	KIM	08.04.1970	184.77	Ulsan Tigers
2	DF	Pan-Geun	KIM	05.03.1966	172.67	Anyang Cheetahs
3	DF	Gwang-Hyun	PARK	24.07.1967	177.74	Chunan Chunma
4	DF	Chul	KANG	02.11.1971	178.70	Sangmoo
5	DF	Ki-Tae	HUH	13.07.1967	183.78	Pucheon SK
6	MF	Hong-Ki	SHIN	04.05.1968	173.66	Ulsan Tigers
7	MF	Tae-Yong	SHIN	11.10.1970	175.69	Chunan Chunma
8	MF	Sang-Rae	ROH	15.12.1970	175.72	Chunnam Dragons
9	FW	Do-Hoon	KIM	21.07.1970	182.77	Chunbuk Dinos
11	MF	Jung-Woon	KO	27.06.1966	177.76	Chunan Chunma
12	DF	Ki-Hyung	LEE	28.09.1974	181.73	Suwon Blue Wings
13	MF	Nam-Yeol	PARK	08.05.1970	179.78	Chunan Chunma
17	MF	Seok-Joo	HA	20.02.1968	174.73	Busan Royals
18	FW	Seon-Hong	HWANG	14.07.1968	183.79	Pohang Steelers
19	FW	Jung-Won	SEO	17.12.1970	173.67	Anyang Cheetahs
20	DF	Myung-Bo	HONG	12.02.1969	181.73	Pohang Steelers
21	GK	Bong-Soo	KIM	04.12.1970	185.76	Anyang Cheetahs
22	DF	Young-Jin	LEE	27.03.1972	180.74	Chunan Chunma
23	MF	Sang-Chul	YOO	18.10.1971	184.78	Ulsan Tigers
24	DF	Joo-Sung	KIM (C)	17.01.1966	177.72	Busan Royals
Coach		Jong-Hwan	PARK	09.02.1936	172.71	

XVI. World Cup France 1998 Final Tournament

No	Role	First Name	Surname	Birthdate	Height/Weight	Club
1	GK	Byung-Ji	KIM	08.04.1970	184.77	Ulsan Tigers
2	DF	Sung-Yong	CHOI	25.12.1975	173.69	Sangmoo
3	DF	Lim-Saeng	LEE	18.11.1971	182.80	Bucheon SK
4	DF	Young-Il	CHOI	25.04.1966	181.80	Busan Royals
5	DF	Min-Sung	LEE	23.06.1973	180.73	Busan Royals
6	MF	Sang-Chul	YOO (C)	18.10.1971	184.78	Ulsan Tigers
7	MF	Do-Geun	KIM	02.03.1972	180.73	Chunnam Dragons
8	MF	Jung-Yoon	NOH	28.03.1971	172.68	NAC Breda (NED)
9	FW	Do-Hoon	KIM	21.07.1970	182.78	Vissel Kobe (JPN)
10	FW	Yong-Soo	CHOI	10.09.1973	185.80	Sangmoo
11	MF	Jung-Won	SEO	17.12.1970	173.67	RC Strasbourg (FRA)
12	DF	Sang-Heon	LEE	11.10.1975	184.82	Anyang Cheetahs
13	DF	Tae-Young	KIM	08.11.1970	180.73	Chunnam Dragons
14	MF	Jong-Soo	KO	30.10.1978	175.72	Suwon Blue Wings
15	MF	Sang-Yoon	LEE	11.04.1969	179.72	Chunan Chunma
16	DF	Hyung-Seok	JANG	09.09.1972	182.73	Ulsan Tigers
17	MF	Seok-Joo	HA	20.02.1968	174.73	Cerezo Osaka (JPN)
18	FW	Seon-Hong	HWANG	14.07.1968	183.79	Pohang Steelers
19	DF	Dae-Il	JANG	09.03.1975	185.80	Chunan Chunma
20	DF	Myung-Bo	HONG	12.02.1969	181.73	Bellmare Hiratsuka (JPN)
21	FW	Dong-Gook	LEE	29.04.1979	185.80	Pohang Steelers
22	GK	Dong-Myung	SEO	04.05.1974	194.87	Chunbuk Dinos
Coach		Bum-Geun	CHA	22.05.1953	178.79	

XIII. Asian Games Bangkok 1998 Football Tournament

No	Role	First Name	Surname	Birthdate	Height/Weight	Club
1	GK	Byung-Ji	KIM (C)	08.04.1970	184.77	Ulsan Tigers
2	DF	Sung-Yong	CHOI	25.12.1975	173.69	Sangmoo
3	DF	Hyun-Soo	KIM I	14.02.1973	176.70	Sangmoo
4	MF	Jin-Sub	PARK	11.03.1977	178.69	Korea University
5	DF	Jae-Won	SIM	11.03.1977	183.77	Yonsei University
6	MF	Sang-Chul	YOO	18.10.1971	184.78	Yokohama Marinos (JPN)
7	MF	Ki-Bok	SEO	08.01.1979	172.64	Yonsei University
8	MF	Jung-Hwan	YOON	16.02.1973	173.65	Buchon SK
9	FW	Eun-Joong	KIM	08.04.1979	183.74	Daejeon Citizen
10	FW	Yong-Soo	CHOI	10.09.1973	185.80	Sangmoo
11	FW	Byung-Joo	PARK	05.10.1977	176.70	Hansung University
12	MF	Byung-Geun	LEE	28.04.1973	175.68	Suwon Blue Wings
13	MF	Nam-Il	KIM	14.03.1977	180.75	Hanyang University
14	FW	Hyo-Yeon	AN	16.04.1978	182.74	Dongkook University
15	DF	Se-Kwon	CHO	26.06.1978	183.75	Korea University
16	DF	Sung-Geun	KIM	20.06.1977	180.75	Yonsei University
17	MF	Yoon-Yeol	CHOI	17.04.1974	185.79	Chunnam Dragons
18	GK	Yong-Dae	KIM	11.10.1979	187.80	Yonsei University
19	DF	Dong-Hyuk	PARK	18.04.1979	185.79	Korea University
20	FW	Dong-Gook	LEE	29.04.1979	185.80	Pohang Steelers
Coach		Jung-Moo	HUH	13.01.1955	176.74	

XII. Asian Cup Lebanon 2000 Final Tournament

No	Role	First Name	Surname	Birthdate	Height/Weight	Club
1	GK	Woon-Jae	LEE	26.04.1973	182.80	Sangmoo
2	DF	Chul	KANG	02.11.1971	178.76	Buchon SK
3	DF	Seok-Joo	HA	20.02.1968	174.73	Vissel Kobe (JPN)
4	MF	Jin-Sub	PARK	11.03.1977	178.70	Sangmoo
5	DF	Lim-Saeng	LEE	18.11.1971	182.80	Buchon SK
6	MF	Sang-Chul	YOO	18.10.1971	184.78	Yokohama Marinos (JPN)
7	DF	Tae-Young	KIM	08.11.1970	180.73	Chunnam Dragons
8	MF	Jung-Hwan	YOON	16.02.1973	173.65	Cerezo Osaka (JPN)
9	FW	Ki-Hyun	SEOL	08.01.1979	184.75	Royal Antwerp (BEL)
10	MF	Jung-Yoon	NOH	28.03.1971	172.68	Cerezo Osaka (JPN)
11	FW	Dong-Gook	LEE	29.04.1979	185.80	Pohang Steelers
12	MF	Young-Pyo	LEE	23.04.1977	176.68	Anyang Cheetahs
15	DF	Min-Sung	LEE	23.06.1973	180.73	Sangmoo
16	MF	Sang-Shik	KIM	17.12.1976	184.76	Sungnam Chunma
17	DF	Sung-Yong	CHOI	25.12.1975	173.65	Vissel Kobe (JPN)
18	GK	Yong-Dae	KIM	11.10.1979	187.80	Yonsei University
19	MF	Do-Kyun	KIM	13.01.1977	183.76	Ulsan Tigers
20	DF	Myung-Bo	HONG (C)	12.02.1969	181.73	Kashiwa Reysol (JPN)
21	GK	Hae-Woon	KIM	25.12.1973	185.78	Sungnam Chunma
23	MF	Ji-Sung	PARK	25.02.1981	178.72	Kyoto Purple Sanga (JPN)
24	DF	Jae-Hong	PARK	10.11.1978	185.76	Myungji University
28	FW	Chul-Woo	CHOI	30.11.1977	184.75	Ulsan Tigers
29	FW	Gwang-Min	CHUNG	08.01.1976	180.73	Anyang Cheetahs
30	DF	Jae-Won	SIM	11.03.1977	183.75	Busan Icons
Coach		Jung-Moo	HUH	13.01.1955	176.74	

III. Confederations Cup Korea/Japan 2001

No	Role	First Name	Surname	Birthdate	Height/Weight	Club
1	GK	Woon-Jae	LEE	26.04.1973	182.80	Sangmoo
2	DF	Chul	KANG	02.11.1971	178.76	LASK Linz (AUT)
3	DF	Sung-Yong	CHOI	25.12.1975	173.69	LASK Linz (AUT)
4	DF	Jong-Gook	SONG	20.02.1979	178.72	Busan Icons
5	DF	Yong-Ho	PARK	25.03.1981	183.82	Anyang Cheetahs
6	MF	Sang-Chul	YOO	18.10.1971	184.78	Kashiwa Reysol (JPN)
7	DF	Tae-Young	KIM	08.11.1970	180.73	Chunnam Dragons
8	MF	Jung-Hwan	YOON	16.02.1973	173.65	Cerezo Osaka (JPN)
9	FW	Do-Hoon	KIM	21.07.1970	182.77	Chunbuk Motors
10	FW	Yong-Soo	CHOI	10.09.1973	185.80	JEF United (JPN)
11	FW	Ki-Hyun	SEOL	08.01.1979	184.78	Royal Antwerp (BEL)
12	GK	Yong-Dae	KIM	11.10.1979	187.80	Yonsei University
13	DF	Duk-Kyu	SEO	22.10.1978	182.80	Ulsan Tigers
14	MF	Dong-Won	SEO	14.08.1975	183.79	Suwon Blue Wings
15	DF	Min-Sung	LEE	23.06.1973	180.73	Sangmoo
16	FW	Hyo-Yeon	AN	16.04.1978	182.73	Kyoto Purple Sanga (JPN)
17	MF	Seok-Joo	HA	20.02.1968	174.72	Pohang Steelers
18	FW	Seon-Hong	HWANG	14.07.1968	183.79	Kashiwa Reysol (JPN)
19	MF	Young-Pyo	LEE	23.04.1977	176.68	Anyang Cheetahs
20	DF	Myung-Bo	HONG (C)	12.02.1969	181.73	Kashiwa Reysol (JPN)
21	MF	Ji-Sung	PARK	25.02.1981	178.72	Kyoto Purple Sanga (JPN)
22	MF	Jong-Soo	KO	30.10.1978	175.72	Suwon Blue Wings
23	GK	Eun-Sung	CHOI	05.04.1971	184.82	Daejeon Citizen
	Coach	Guus	HIDDINK	08.11.1946	184.90	NEDERLAND

XVII. World Cup Korea/Japan 2002 Final Tournament

No	Role	First Name	Surname	Birthdate	Height/Weight	Club
1	GK	Woon-Jae	LEE	26.04.1973	182.80	Sangmoo
2	DF	Young-Min	HYUN	25.12.1979	179.73	Ulsan Tigers
3	DF	Sung-Yong	CHOI	25.12.1975	173.67	Suwon Blue Wings
4	DF	Jin-Chul	CHOI	26.03.1971	187.80	Chunbuk Motors
5	MF	Nam-Il	KIM	14.03.1977	180.75	Chunnam Dragons
6	DF	Sang-Chul	YOO	18.10.1971	184.78	Kashiwa Reysol (JPN)
7	DF	Tae-Young	KIM	08.11.1970	180.73	Chunnam Dragons
8	MF	Tae-Uk	CHOI	13.03.1981	173.67	Anyang Cheetahs
9	FW	Ki-Hyun	SEOL	08.01.1979	184.75	RSC Anderlecht (BEL)
10	MF	Young-Pyo	LEE	23.04.1977	176.68	Anyang Cheetahs
11	FW	Yong-Soo	CHOI	10.09.1973	185.80	JEF United (JPN)
12	GK	Byung-Ji	KIM	08.04.1970	184.77	Pohang Steelers
13	MF	Eul-Yong	LEE	08.09.1975	176.69	Buchon SK
14	MF	Chun-Soo	LEE	09.07.1981	172.63	Ulsan Tigers
15	DF	Min-Sung	LEE	23.06.1973	180.73	Busan Icons
16	FW	Doo-Ri	CHA	25.07.1980	183.74	Korea University
17	MF	Jung-Hwan	YOON	16.02.1973	173.65	Cerezo Osaka (JPN)
18	FW	Seon-Hong	HWANG	14.07.1968	183.79	Kashiwa Reysol (JPN)
19	FW	Jung-Hwan	AN	27.01.1976	177.71	AC Perugia (ITA)
20	DF	Myung-Bo	HONG (C)	12.02.1969	181.73	Pohang Steelers
21	MF	Ji-Sung	PARK	25.02.1981	178.75	Kyoto Purple Sanga (JPN)
22	MF	Jong-Gook	SONG	20.02.1979	178.72	Busan Icons
23	GK	Eun-Sung	CHOI	05.04.1971	184.82	Daejeon Citizen
	Coach	Guus	HIDDINK	08.11.1946	184.90	NEDERLAND

XIII. Asian Cup China 2004 Final Tournament

No	Role	First Name	Surname	Birthdate	Height/Weight	Club
1	GK	Woon-Jae	LEE (C)	26.04.1973	182.80	Suwon Blue Wings
2	MF	Jin-Sub	PARK	11.03.1977	178.69	Ulsan Tigers
3	DF	Jae-Hong	PARK	10.11.1978	185.78	Chunbuk Motors
4	DF	Jin-Chul	CHOI	26.03.1971	187.80	Chunbuk Motors
5	MF	Nam-Il	KIM	14.03.1977	180.75	Chunnam Dragons
7	DF	Tae-Young	KIM	08.11.1970	180.73	Chunnam Dragons
9	FW	Ki-Hyun	SEOL	08.01.1979	184.75	RSC Anderlecht (BEL)
10	MF	Young-Min	HYUN	25.12.1979	179.73	Ulsan Tigers
12	MF	Young-Pyo	LEE	23.04.1977	176.68	PSV Eindhoven (NED)
13	MF	Eul-Yong	LEE	08.09.1975	176.69	FC Seoul
14	MF	Kyung-Ho	CHUNG	22.05.1980	179.73	Ulsan Tigers
15	DF	Min-Sung	LEE	23.06.1973	180.73	Pohang Steelers
16	FW	Doo-Ri	CHA	25.07.1980	183.75	Eintracht Frankfurt (GER)
17	MF	Jung-Gyeom	KIM	09.06.1976	176.70	Chunnam Dragons
18	FW	Eun-Joong	KIM	08.04.1979	183.74	FC Seoul
19	FW	Jung-Hwan	AN	27.01.1976	177.71	Yokohama F. Marinos (JPN)
20	FW	Dong-Gook	LEE	29.04.1979	185.80	Gwangju Sangmoo Phoenix
21	MF	Ji-Sung	PARK	25.02.1981	178.75	PSV Eindhoven (NED)
23	GK	Yong-Dae	KIM	11.10.1979	187.80	Busan Icons
25	DF	Yo-Sep	PARK	03.12.1980	183.75	FC Seoul
28	DF	Jin-Kyu	KIM	16.02.1985	183.78	Chunnam Dragons
30	GK	Ki-Seok	CHA	26.12.1986	191.83	Seoul Physical Education High School
	Coach	Geun-Chan	KIM	1917		

II. East Asian Football Championship 2005

No	Role	First Name	Surname	Birthdate	Height/Weight	Club
1	GK	Woon-Jae	Lee	73.04.26	182/82	Suwon Bluewings
2	GK	Yong-Dae	Kim	79.10.11	189/83	Busan IPark
3	GK	Young-Gwang	Kim	83.06.28	184/80	Jeonnam Dragons
4	DF	Beom-Seok	Oh	84.07.29	180/74	Pohang Steelers
5	DF	Kyung-Ryul	Yoo	78.08.15	182/75	Ulsan Hyundai
6	DF	Hee-Ju	Kwak	81.10.05	184/77	Suwon Bluewings
7	DF	Han-Yoon	Kim	74.07.11	185/74	Bucheon SK
8	DF	Jin-Kyu	Kim	85.02.16	183/78	Júbilo Iwata
9	DF	Young-Chul	Kim	76.06.30	183/80	Seongnam F.C.
10	MF	Tae-Wook	Choi	81.03.13	173/67	Shimizu S-Pulse
11	MF	Ji-Hoon	Baek	85.02.28	175/65	FC Seoul
12	MF	Dong-Jin	Kim	82.01.29	183/72	FC Seoul
13	MF	Sang-Sik	Kim	76.12.17	184/72	Seongnam F.C.
14	MF	Jung-Woo	Kim	82.05.09	182/68	Ulsan Hyundai
15	MF	Soon-Hak	Hong	80.09.19	178/68	Daegu FC
16	MF	Sang-Min	Yang	84.02.24	181/77	Jeonnam Dragons
17	MF	Kyu-Sun	Park	81.09.24	182/69	Jeonbuk Hyundai Motors
18	MF	Doo-Hyun	Kim	82.07.14	175/67	Seongnam F.C.
19	FW	Chu-Young	Park	85.07.10	182/71	FC Seoul
20	FW	Kyung-Ho	Jeong	80.05.22	179/70	Gwangju Sangmu
21	FW	Jin-Yong	Kim	82.10.19	180/73	Pohang Steelers
22	FW	Dong-Kook	Lee	79.04.28	185/80	Pohang Steelers
23	FW	Cheon-Soo	Lee	81.07.01	172/62	Ulsan Hyundai
	Coach	Pim	Verbeek	1956.03.12	195/?	Netherlands

XIV. Asian Cup Indonesia/Thailand/Malaysia/Vietnam 2007

No	Role	First Name	Surname	Birthdate	Height/Weight	Club
1	GK	Sung-Ryoung	Jung	1985.01.04	190 /86	Suwon Bluewings
2	GK	Woon-Jae	Lee	1973.04.26	182 /90	Retired
3	GK	Yong-Dae	Kim	1979.10.11	188 /83	FC Seoul
4	DF	Boem-Seok	Oh	1984.07.29	181 /77	National Police Agency
5	DF	Chong-Gug	Song	1979.02.20	178 /76	Retired
6	DF	Chi-Gon	Kim	1983.07.29	183 /76	Ulsan Hyundai
7	DF	Jin-Kyu	Kim	1985.02.16	183 /83	FC Seoul
8	DF	Dong-Jin	Kim	1982.01.29	184 /78	Hangzhou Greentown FC
9	DF	Min-Soo	Kang	1986.02.14	184 /76	Ulsan Hyundai
10	MF	Sung-Kuk	Choi	1983.02.08	172 /68	Seongnam F.C.
11	MF	Ho	Lee	1984.10.22	183 /78	Sangju Sangmu
12	MF	Keun-Ho	Lee	1985.04.11	177 /75	Sangju Sangmu
13	MF	Jang-Eun	Oh	1985.07.24	176 /73	Suwon Bluewings
14	MF	Dae-Ho	Son	1981.09.11	188 /80	Seongnam F.C.
15	MF	Chi-Woo	Kim	1983.11.11	175 /69	FC Seoul
16	MF	Jung-Woo	Kim	1982.05.09	183 /71	Jeonbuk Hyundai Motors
17	MF	Sang-Sik	Kim	1976.12.17	184 /74	Retired
18	MF	Do-Heon	Kim	1982.07.14	177 /73	Suwon Bluewings
19	FW	Jae-Jin	cho	1981.07.09	185 /79	Retired
20	FW	Chun-Soo	Lee	1981.07.09	172 /66	Incheon United
21	FW	Dong-Gook	Lee	1979.04.29	187 /83	Jeonbuk Hyundai Motors
22	FW	Sung-Yong	Woo	1973.08.18	191 /78	Retired
23	FW	Ki-Hun	Yeom	1983.03.30	182 /80	Suwon Bluewings
	Coach	Pim	Verbeek	1956.03.12	195/?	Netherlands

III. EAFF East Asian Cup 2008

No	Role	First Name	Surname	Birthdate	Height/Weight	Club
1	GK	Sung-Ryong	Jung	1985.01.04	190 /86	Suwon Bluewings
2	GK	Yong-Dae	Kim	1979.10.11	188 /83	FC Seoul
3	DF	Won-Hee	Cho	1983.04.17	177 /73	
4	DF	Yong-Hyung	Cho	1983.11.03	182 /71	Al-Rayyan
5	DF	Sung-Hwan	Cho	1982.04.09	183 /77	Al Hilal
6	DF	Sang-Ho	Lee	1981.11.18	175 /72	Jeju Utd.
7	DF	Won-Jae	Park	1984.05.28	175 /69	Jeonbuk Hyundai Motors
8	DF	Hee-Ju	Kwak	1981.10.05	185 /76	Suwon Samsung
9	DF	Tae-Hwi	Kwak	1981.07.08	185 /80	Al-Hilal
10	DF	Min-Soo	Kang	1986.02.14	184 /76	Ulsan Hyundai
11	MF	Ji-Soo	Hwang	1981.03.27	176 /72	Pohang Steelers
12	MF	Jong Min	Lee	1983.09.01	175 /68	FC Seoul
13	MF	Keunho	Lee	1985.04.11	177 /75	Sangju Sangmu
14	MF	Kwan Woo	Lee	1978.02.25	175 /69	Home United FC
15	MF	Jang-Eun	Oh	1985.07.24	176 /73	Suwon Samsung
16	MF	Nam-Il	Kim	1977.03.14	180 /75	Jeonbuk Hyundai Motors
17	MF	Ja-Cheol	Koo	1989.02.27	182 /73	FSV Mainz 05
18	FW	Jin-Soo	Cho	1983.09.02	184 /75	Jeju United
19	FW	Ki-Hun	Yeom	1983.03.30	182 /80	Suwon Bluewings
20	FW	Chu-Young	Park	1985.07.10	183 /72	Watford FC
21	FW	Ki-Gu	Ko	1980.07.31	187 /82	Jeonnam Dragons
	Coach	Jung-Moo	Huh	1955.01.13	174/78	Korea Republic

XIX. FIFA World Cup Republic of South Africa 2010

No	Role	First Name	Surname	Birthdate	Height/Weight	Club
1	GK	Sung-Ryong	Jung	1985.01.04	190 /86	Seongnam F.C.
2	GK	Woon-Jae	Lee	1973.04.26	182 /90	Suwon Bluewings
3	GK	Young-Gwang	Kim	1983.06.28	184 /85	Ulsan Hyundai
4	DF	Du-Ri	Cha	1980.07.25	181 /79	SC Freiburg
5	DF	Yong-Hyung	Cho	1983.11.03	182 /71	Jeju United
6	DF	Jung-Soo	Lee	1980.01.08	185 /76	Kashima Antlers
7	DF	Young-Pyo	Lee	1977.04.23	177 /67	Al-Hilal FC
8	DF	Beom-Seok	Oh	1984.07.29	181 /77	Ulsan Hyundai
9	DF	Hyung-Il	Kim	1984.04.27	187 /83	Pohang Steelers
10	DF	Dong-Jin	Kim	1982.01.29	184 /78	Ulsan Hyundai
11	DF	Min-Su	Kang	1986.02.14	184 /76	Suwon Bluewings
12	MF	Chung-Yong	Lee	1988.07.02	180 /69	Bolton Wanderers F.C.
13	MF	Ji-Sung	Park	1981.02.25	178 /73	Machester United
14	MF	Jung-Woo	Kim	1982.05.09	183 /71	Gwangju Sangmu
15	MF	Jae-Sung	Kim	1983.10.03	180 /70	Pohang Steelers
16	MF	Bo-Kyung	Kim	1989.10.06	178 /73	Oita Trinita
17	MF	Nam-Il	Kim	1977.03.14	180 /75	FC Tom Tomst
18	MF	Sung-Yong	Ki	1989.01.24	186 /75	Celtic F.C.
19	FW	Seung-Ryul	Lee	1989.03.06	183 /72	F.C. Seoul
20	FW	Dong-Gook	Lee	1979.04.29	187 /83	Jeonbuk Hyundai Motors
21	FW	Ki-Hun	Yeom	1983.03.30	182 /80	Suwon Bluewings
22	FW	Jung-Hwan	Ahn	1976.01.27	177 /73	Dalian Shide
23	FW	Chu-Young	Park	1985.07.10	183 /72	AS Monaco FC
	Coach	Myung-Bo	Hong	1969.02.12	182/74	Korea Republic

XV. AFC Asian Cup 2011

No	Role	First Name	Surname	Birthdate	Height/Weight	Club
1	GK	Sung-Ryong	Jung	1985.01.04	190 /86	Seongnam F.C.
2	GK	Jin-Hyun	Kim	1987.07.06	193 /78	Cerezo Osaka
3	GK	Yong-Dae	Kim	1979.10.11	188 /83	F.C. Seoul
4	DF	Jae-Won	Hwan	1981.04.13	186 /80	Suwon Bluewings
5	DF	Jeong-Ho	Hong	1989.08.12	188 /77	Jeju United
6	DF	Hyo-Jin	Choi	1983.08.18	172 /70	Sangju Sangmu
7	DF	Du-Ri	Cha	1980.07.25	181 /79	Celtic F.C.
8	DF	Yong-Hyung	Cho	1983.11.03	182 /71	Al Rayyan SC
9	DF	Jung-Soo	Lee	1980.01.08	185 /76	Al Sadd SC
10	DF	Young-Pyo	Lee	1977.04.23	177 /67	Al-Hilal FC
11	DF	Tae-Hwi	Kwak	1981.07.08	185 /80	Kyoto Sanga F.C.
12	MF	Chung-Yong	Lee	1988.07.02	180 /69	Bolton Wanderers F.C.
13	MF	Yong-Rae	Lee	1986.04.17	175 /71	Suwon Bluewings
14	MF	Bit-Garam	Yoon	1990.05.07	178 /70	Gyeongnam F.C.
15	MF	Heung-Min	Son	1992.07.08	183 /78	Hamburg SV
16	MF	Ji-Sung	Park	1981.02.25	178 /73	Machester United
17	MF	Bo-Kyung	Kim	1989.10.06	178 /73	Cerezo Osaka
18	MF	Sung-Yong	Ki	1989.01.24	186 /75	Celtic F.C.
19	MF	Ja-Cheol	Koo	1989.02.27	182 /73	Jeju United
20	FW	Dong-Won	Ji	1991.05.28	186 /75	Jeonnam Dragons
21	FW	Byung-Soo	Yoo	1988.03.26	183 /76	Incheon United
22	FW	Ki-Hun	Yeom	1983.03.30	182 /80	Suwon Bluewings
23	FW	Shin-Wook	Kim	1988.04.14	196 /93	Ulsan Hyundai
	Coach	Myung-Bo	Hong	1969.02.12	182/74	Korea Republic

V. EAFF East Asian Cup 2013

No	Role	First Name	Surname	Birthdate	Height/Weight	Club
1	GK	Sung-Ryong	Jung	1985.01.04	190 /86	Suwon Bluewings
2	GK	Beom-Young	Lee	1989.04.02	199 /94	Busan IPark
3	DF	Seok-Ho	Hwang	1989.06.27	182 /71	Sanfrecce Hiroshima
4	DF	Jeong-Ho	Hong	1989.08.12	188 /77	Jeju United
5	DF	Hyun-Soo	Jang	1991.09.28	187 /77	F.C. Tokyo
6	DF	Yong	Lee	1986.12.24	180 /74	Ulsan Hyundai
7	DF	Chang-Soo	Kim	1985.09.12	179 /72	Kashiwa Reysol
8	DF	Jin-Su	Kim	1992.06.13	177 /67	Albirex Niigata
9	DF	Young-Gwon	Kim	1990.02.27	187 /74	Guangzhou Evergrande
10	DF	Min-Woo	Kim	1990.02.25	172 /69	Sagan Tosu
11	MF	Kook-Young	Han	1990.04.19	183 /73	Shonan Bellmare
12	MF	Dae-Sung	Ha	1985.03.02	182 /73	F.C. Seoul
13	MF	Young-Cheol	Cho	1989.05.31	181 /74	Omiya Ardija
14	MF	Seung-Ki	Lee	1988.06.02	177 /67	Jeonbuk Hyundai Motors
15	MF	Myeong-Ju	Lee	1990.04.24	175 /68	Pohang Steelers
16	MF	Il-Lok	Yun	1992.03.07	178 /65	F.C. Seoul
17	MF	Ki-Hun	Yeom	1983.03.30	182 /80	National Police Agency
18	MF	Jong-Woo	Park	1989.03.10	180 /74	Busan IPark
19	MF	Jong-Woo	Ko	1988.03.10	170 /65	F.C. Seoul
20	MF	Mu-Yeol	Ko	1990.09.05	185 /78	Pohang Steelers
21	FW	Dong-Hyeon	Seo	1985.06.05	188 /72	Jeju United
22	FW	Shin-Wook	Kim	1988.04.14	196 /93	Ulsan Hyundai
23	FW	Dong-Sub	Kim	1989.03.29	187 /80	Seongnam F.C.
	Coach	Myung-Bo	Hong	1969.02.12	182/74	Korea Republic

XX. FIFA World Cup Brazil 2014

No	Role	First Name	Surname	Birthdate	Height/Weight	Club
1	GK	Sung-Ryong	Jung	1985.01.04	190 /86	Suwon Bluewings
2	GK	Beom-Young	Lee	1989.04.02	199 /94	Busan IPark
3	GK	Seung-Gyu	Kim	1990.09.30	187 /80	Ulsan Hyundai
4	DF	Seok-Ho	Hwang	1989.06.27	182 /71	Sanfrecce Hiroshima
5	DF	Jeong-Ho	Hong	1989.08.12	188 /77	Augsburg
6	DF	Yong	Lee	1986.12.24	180 /74	Ulsan Hyundai
7	DF	Seok-Young	Yun	1990.02.13	182 /74	QPR
8	DF	Chang-Soo	Kim	1985.09.12	179 /72	Kashiwa Reysol
9	DF	Jin-Su	Kim	1992.06.13	177 /67	Albirex Niigata
10	DF	Young-Gwon	Kim	1990.02.27	187 /74	Guangzhou Evergrande
11	DF	Tae-Hwi	Kwak	1981.07.08	185 /80	Al-Hilal FC
12	MF	Kook-Young	Han	1990.04.19	183 /73	Kashiwa Reysol
13	MF	Dae-Sung	Ha	1985.03.02	182 /73	Beijing Guo'an
14	MF	Dong-Won	Ji	1991.05.28	186 /75	Augsburg
15	MF	Chung-Yong	Lee	1988.07.02	180 /69	Bolton Wanderers F.C.
16	MF	Heung-Min	Son	1992.07.08	183 /78	Bayer 04 LeverKusen
17	MF	Jong-Woo	Park	1989.03.10	180 /74	Guangzhou R&F
18	MF	Bo-Kyung	Kim	1989.10.06	178 /73	Cardiff City F.C.
19	MF	Sung-Yong	Ki	1989.01.24	186 /75	Sunderland(UK)
20	FW	Keun-Ho	Lee	1985.04.11	177 /75	Sangju Sangmu
21	FW	Chu-Young	Park	1985.07.10	183 /72	Watford F.C.(UK)
22	FW	Shin-Wook	Kim	1988.04.14	196 /93	Ulsan Hyundai
23	ST	Ja-Cheol	Koo	1989.02.27	182 /73	FSV Mainz 05
	Coach	Myung-Bo	Hong	1969.02.12	182/74	Korea Republic

VI. EAFF East Asian Cup 2015

No	Role	First Name	Surname	Birthdate	Height/Weight	Club
1	GK	Seung-Gyu	Kim	1990.09.30	187/80	Ulsan Hyundai
2	GK	Sung-yun	Gu	1994.06.27	187/80	Consadole Sapporo
3	GK	Bum-young	Lee	1989.04.02	199/94	Busan Ipark
4	DF	Kee-hee	Kim	1989.07.13	187/80	Jeonbuk Hyundai Motors
5	DF	Min-hyeok	Kim	1992.02.27	187/73	Sagan Tosu
6	DF	Young-Gwon	Kim	1990.02.27	187/74	Guangzhou Evergrande
7	DF	Ju-young	Kim	1988.07.09	184/80	Shanghai SIPG
8	DF	Ju-yong	Lee	1992.09.26	180/76	Jeonbuk Hyundai Motors
9	DF	Chang-woo	Rim	1992.02.13	183 / 78	Ulsan Hyundai
10	DF	Dong-ho	Jeong	1990.03.07	175 / 68	Ulsan Hyundai
11	DF	Chul	Hong	1990.09.17	180 / 68	Suwon Samsung Bluewings
12	MF	Chang-hoon	Kwon	1994.06.30	174 / 66	Suwon Samsung Bluewings
13	MF	Min-Woo	Kim	1990.02.25	172/69	Sagan Tosu
14	MF	Seung-dae	Kim	1991.04.01	175 / 64	Pohang Steelers
15	MF	Yong-jae	Lee	1991.06.08	180 / 78	V-Varen Nagasaki
16	MF	Jae-sung	Lee	1992.08.10	180 / 70	Jeonbuk Hyundai Motors
17	MF	Jong-ho	Lee	1992.02.24	180 / 77	Jeonnam Dragons
18	MF	Chan-dong	Lee	1993.01.10	183 / 80	Gwangju FC
19	MF	Hyun-soo	Jang	1991.09.28	187 / 77	Guangzhou R&F
20	MF	Woo-young	Jung	1989.12.14	186 / 78	Vissel Kobe
21	MF	Se-jong	Ju	1990.10.30	176 / 70	Busan Ipark
22	FW	Jung-hyup	Lee	1991.06.24	186/76	Sangju Sangmu
23	FW	Shin-wook	Kim	1988.04.14	196 / 93	Ulsan Hyundai
	Coach	Uli Stielike		1954.11.15		

VII. EAFF E-1 Football Championship 2017

No	Role	First Name	Surname	Birthdate	Height/Weight	Club
1	GK	Dong-jun	Kim	1994.12.19	188/74	Seongnam FC
2	GK	Jin-hyeon	Kim	1987.07.06	193/78	Cerezo Osaka
3	GK	Hyun-woo	Cho	1991.09.25	189/75	Daegu FC
4	DF	Yo-han	Go	1988.03.10	170/65	FC Seoul
5	DF	Kyung-won	Kwon	1992.01.31	188/83	Tianjin QuanJian
6	DF	Min-woo	Kim	1990.02.25	172/69	Suwon Samsung
7	DF	Jin-su	Kim	1992.06.13	177/67	Jeonbuk Hyundai Motors
8	DF	Young-sun	Yun	1988.10.04	185/78	Sangju Sangmu
9	DF	Hyun-soo	Jang	1991.09.28	187/77	Tokyo FC
10	DF	Seung-hyun	Jung	1994.04.03	188/74	Sagan Tosu
11	DF	Chul-soon	Choi	1987.02.08	175/70	Jeonbuk Hyundai Motors
12	MF	Sung-joon	Kim	1988.04.08	174/68	Seongnam FC
13	MF	Ki-hun	Yeom	1983.03.30	182/78	Suwon Samsung Bluewings
14	MF	Il-lok	Yun	1992.03.07	178/65	FC Seoul
15	MF	Keun-ho	Lee	1985.04.11	176/74	Gangwon FC
16	MF	Myung-joo	Lee	1990.04.24	176/72	FC Seoul
17	MF	Jae-sung	Lee	1992.08.10	180/70	Jeonbuk Hyundai Motors
18	MF	Chang-min	Lee	1994.01.20	178/74	Jeju UTD
19	MF	Woo-young	Jung	1989.12.14	186/78	Chongqing Lifan
20	MF	Se-jong	Ju	1990.10.30	176/70	FC Seoul
21	FW	Shin-wook	Kim	1988.04.14	196/93	Jeonbuk Hyundai Motors
22	FW	Jeong-hyeop	Lee	1991.06.24	186/76	Busan Ipark
23	FW	Seong-wook	Jin	1993.12.16	183/78	Jeju UTD
	ST	Min-jae	Kim	1996.11.15	189/88	Jeonbuk Hyundai Motors
	Coach	Tae-yong	Shin	1970.10.11		Korea Republic

количество игр по годам

Yearly Data	Number of Games	Yearly Data	Number of Games
1948	3	1986	18
1949	8	1987	13
1950	4	1988	27
1951	-	1989	22
1952	-	1990	31
1953	12	1991	6
1954	8	1992	8
1955	-	1993	28
1956	13	1994	27
1957	-	1995	13
1958	9	1996	20
1959	11	1997	23
1960	16	1998	32
1961	10	1999	5
1962	18	2000	22
1963	16	2001	18
1964	15	2002	23
1965	6	2003	15
1966	10	2004	17
1967	21	2005	18
1968	9	2006	23
1969	10	2007	11
1970	27	2008	16
1971	28	2009	14
1972	35	2010	19
1973	20	2011	17
1974	24	2012	9
1975	31	2013	15
1976	35	2014	15
1977	34	2015	21
1978	36	2016	9
1979	19	2017	13
1980	30	2018	5+@
1981	31		
1982	35		
1983	20		
1984	27		
1985	21		
Total			792

матчи по странам

By Nation	Played	Win	Draw	Lose
Ghana	6	3		3
Guatemala	3	1		2
Guam	1	1		
Greece	4	3	1	
Nigeria	5	3	2	
South Yemen	2	1	1	
Netherlands	2			2
Nepal	7	7		
Norway	4	1	1	2
New Zealand	7	6	1	
Taiwan	22	15	1	6
Denmark	3		1	2
Germany	3	1		2
Laos	5	5		
Latvia	2	2		
Russia	3		1	2
Lebanon	12	9	2	1
Romania	1			1
Libya	1	1		
Macao	3	3		
Macedonia	2	1	1	
Malaysia	47	27	12	8
Mali	1	1		
Mexico	13	4	2	7
Morocco	3		2	1
Maldives	2	1	1	
Malta	2	1	1	
Moldova	1	1		
Mongolia	1	1		
USA	11	5	3	3
Myanmar	27	15	7	5
Bahrain	16	10	4	2
Bangladesh	3	3		
Venezuela	1	1		
Vietnam	25	17	6	2
Belgium	4		1	3
Belarus	1			1
Bosnia and Herzegovina	1	1		
Bolivia	1		1	
Burkina Faso	1	1		

By Nation	Played	Win	Draw	Lose
North Yemen	1	1		
DPR of Korea	18	8	9	1
Bulgaria	2		1	1
Brazil	6	1		5
Brunei	1	1		
Saudi Arabia	18	6	7	5
Senegal	3	1	1	1
Serbia	3	1	1	1
Serbia and Montenegro	1	1		
Soviet Union	1		1	
Sudan	1	1		
Sri Lanka	1	1		
Sweden	4		2	2
Switzerland	2	1		1
Scotland	1	1		
Spain	6		2	4
Slovakia	1		1	
Syria	8	4	3	1
Singapore	26	21	3	2
UAE	20	12	6	2
Argentina	4			4
Haiti	1	1		
Afghanistan	1	1		
Algeria	2	1		1
Angola	1	1		
Ecuador	2	1		1
Oman	6	4	1	1
Honduras	2	2		
Jordan	5	3	2	
Uruguay	7		1	6
Uzbekistan	15	10	4	1
Ukraina	2	2		
Yugoslavia	7		3	4
Iraq	21	8	10	3
Iran	30	10	7	13
Israel	11	5	4	2
Egypt	17	5	7	5
Italy	2	1		1
India	19	14	2	3
Indonesia	37	31	4	2

By Nation	Played	Win	Draw	Lose
Japan	78	42	22	14
England	2		1	1
Jamaica	4	2	2	
Zambia	4	2		2
China PR	34	19	13	2
Czech	7	1	3	3
Chile	1			1
Cameroon	4	2	2	
Kazakhstan	2	1	1	
Qatar	9	5	2	2
Canada	5	2	1	2
Costa Rica	7	3	1	3
Republic of Cote d'Ivoire	1	1		
Colombia	6	3	2	1
Cuba	1		1	
Kuwait	23	11	4	8
Croatia	7	2	2	3
Khmer Republic	7	6		1
Tajikistan	1	1		
Thailand	48	32	7	9
Turkey	7	1	2	4
Togo	1	1		
Turkmenistan	3	2		1
Tunisia	2		1	1
Trinidad and Tobago	1		1	
Paraguay	6	2	3	1
Pakistan	2	2		
Peru	2		1	1
Portugal	1	1		
Poland	3	1	1	1
France	3		1	2
Finland	3	3		
Philippines	7	7		
Hungary	2			2
Australia	26	8	10	8
Hong-Kong	31	22	4	5
Total	926	498	222	206

библиография

Publications

Korean Football Association, Match Records

Korean Football Association, The History of Korean Football, 1986

Korean Football Association, The History of Korean Football,

Korean Professional Football League, Annual Review of Korean Professional Football League, 1983-1989

Korean Professional Football League, Annual Review of Korean Professional Football League, 1993

Korean Olympic Committee, 2nd Asian Games, 1954

Korean Olympic Committee, 3rd Asian Games, 1958

Korean Olympic Committee, 4th Asian Games Participation Report, 1962.

Korean Olympic Committee, 5th Asian Games Participation Report, 1966.

Korean Olympic Committee, 6th Asian Games Participation Report, 1970.

Korean Olympic Committee, 7th Asian Games Participation Report, 1974.

Korean Olympic Committee, 8th Asian Games Participation Report, 1978.

Korean Olympic Committee, 9th Asian Games Participation Report, 1982.

Korean Olympic Committee, 18th Olympic Games Tokyo Participaiton Report, 1964.

FIFA Technical Study Group. FIFA World Cup Mexico 1970 Technical Report. FIFA, 1970

FIFA Technical Study Group. FIFA World Cup West Germany 1974 Technical Report. FIFA, 1974

FIFA Technical Study Group. FIFA World Cup Argentina 1978 Technical Report. FIFA, 1978

FIFA Technical Study Group. FIFA World Cup Spain 1982 Technical Report. FIFA, 1982

FIFA Technical Study Group. FIFA World Cup Mexico 1986 Technical Report. FIFA, 1986

FIFA Technical Study Group. FIFA World Cup Italy 1990 Technical Report. FIFA, 1990

FIFA Technical Study Group. FIFA World Cup U.S.A 1994 Technical Report. FIFA, 1970

AFC Technical Group. AFC Asian Nations Cup 1988 Technical Study. AFC 1989.

Organizing Committee For Asian Games. II. Asian Games 1954 Manila. 1954

Organizing Committee For Asian Games In Tokyo. III. Asian Games 1958 Tokyo. 1958

Organizing Committee For Asian Games. 4th Asian Games Djarkarta 1962

The Organizing Committee for the Fifth Asian Games Bangoko. 5th Asian Games Bangkok. 1966

Computer and Statistics Committee. Sixth Asian Games Sport Officials. 1970

Computer and Statistics Committee. Sixth Asian Games Registration. 1970

Computer and Statistics Committee. Sixth Asian Games Results. 1970

The Organizing Committee Seventh Asian Games in Bangkok. Official Results 8th Asian Games. 1987

The Organizing Committee Asian Games in Delhi. Statistics. 1982

SAGOC. 10th Asian Games Seoul 1986 Official Report. 1987

Chinese Football Association Asian Games Beijing 1990 Football Tournament Technical Report. 1990

Hiroshima Asian Games ORG.CO. Football Results. 1994.

Goto Takeo, Japanese Soccer History-National Team-Japanese National Team. Futabasha, 2002.

Andrzej Gowarzewski. Encyklopedia Pilkarska FUJI Vol. 7 ROCZNIK 93-94. GiA, 1993

Edizioni Panini Modena. Almanacco Illustrato del Calcio 1983. Edizioni Panini Modena,

Books

Kang, Junman, 『축구는 한국이다』, (Inmul gwa Sasangsa, 2006)

Kim, Sungwon, 『한국 축구 발전사』, (Salrim, 2006)

Jae Hyun Kim, 『The Historical Review of Korean Football』, 2nd Ed., (Fast-Print, 2010)

Newspapers

You, Seokgun, 「"귀환길 기차역마다 인산인해": 당시 대표팀 막내 최광석씨」, 『Hankuk Ilbo』, 4th March 2004, p. A17

「공격력이 강하다」, 『Chosun Ilbo』, 7th March 1954, p. 2

「'꼴인'소리에 환호」, 『Chosun Ilbo』, 9th March 1954, p. 2

「한국팀 5대1로 쾌승」, 『Chosun Ilbo』, 9th March 1954, p. 2

「한국팀 당당, 일팀을 격파」, 『Chosun Ilbo』, 16th March 1954, p. 2

「희비 가른 "운명의 20초"」, 『Sports Seoul』, 30th October 1993, p. 19

Magazines

Football Monthly

Best Eleven Monthle

Articles from websites

「A rivalry is born in Tokyo」, 『Classic Football Matches Qualifiers - FIFA.com』, FIFA official website, http://www.fifa.com/classicfootball/matches/qualifiers/match=1303/

「Delirium and devastation in Doha」, 『Classic Football Matches Qualifiers - FIFA.com』, FIFA official website, http://www.fifa.com/classicfootball/history/news/newsid=2207030/

Webpage

FIFA(Federation Internationale do Football Associations), http://www.fifa.com

AFC(Asian Football Confederation), http://www.the-afc.com

RSSSF(Rec.Sprot.Soccer Statistics Foundation), http://www.rsssf.com

Korean Football Association, http://www.kfa.or.kr

Japanese Football Association, http://www.jfa.or.jp

Team Melli(Iran), http://www.teammelli.com

OzFootball(Australia), http://www.ozfootball.net/ark/AusSoc.html

INTERNATIONAL MATCHES PROJECT, http://www.srcf.ucam.org/~nfm24/football/

75-летняя история футбола в Корее

Publication date 14-06-2018

Author   Jae-Hyun Kim

Planning manager   Hyun-Ju Choi
Marketing manager Ji-Man Park
record assistant   Jae-Eun Choi, Young-Woong Na, Seong-Hoon Yu,
                   Min-Seo Ju, Soo-Min Hwang, Seong Hyeon Han
Legal advice   Lee, Brock, Camargo Advogados

Published by DOCENT
P&M A-dong 3F 183-25, Sannam-ro, Paju-si, Gyeonggi-do
Tel +82-70-4797-9111

ISBN 979-11-88166-21-3 03690